Olaf Apel, Bernd Belke, Sabine Frings, Isabell Keil, Stefan Lorscheid, Karin Nießen,
Markus Peters, Elvira Pürling, Tina Saglam, Lukas Wieland, Michael Wigger

Herausgeber: Elvira Pürling, Olaf Apel, Karin Nießen, Markus Peters

BüroWelt Teil 2

Fachbuch

Kaufmann/Kauffrau für Büromanagement

1. Auflage

Bestellnummer 94303

Bildungsverlag EINS

Die in diesem Produkt gemachten Angaben zu Unternehmen (Namen, Internet- und E-Mail-Adressen, Handelsregistereintragungen, Kontonummern, Steuer-, Telefon- und Faxnummern und alle weiteren Angaben) sind i. d. R. fiktiv, d. h., sie stehen in keinem Zusammenhang mit einem real existierenden Unternehmen in der dargestellten oder einer ähnlichen Form. Dies gilt auch für alle Kunden, Lieferanten und sonstigen Geschäftspartner der Unternehmen wie z. B. Kreditinstitute, Versicherungsunternehmen und andere Dienstleistungsunternehmen. Ausschließlich zum Zwecke der Authentizität werden die Namen real existierender Unternehmen und z. B. im Fall von Kreditinstituten auch deren Bankleitzahlen, IBAN und BIC verwendet.

Die in diesem Werk aufgeführten Internetadressen sind auf dem Stand zum Zeitpunkt der Drucklegung. Die ständige Aktualität der Adressen kann von Seiten des Verlages nicht gewährleistet werden. Darüber hinaus übernimmt der Verlag keine Verantwortung für die Inhalte dieser Seiten.

Legende der verwendeten Symbole:

LF 1 Verweis auf BüroWelt 1 mit Lernfeldangabe

LS 1.1 Verweis auf BüroMaterial 1 mit Angabe der Lernsituation

LS 8.1 Verweis auf BüroMaterial 2 mit Angabe der Lernsituation

LF 9, 1 Verweis auf ein anderes Kapitel in diesem Buch

Word, 1 Verweis auf BüroTechnik mit Angabe des jeweiligen Programms und Kapitels

Web – Verweis auf BuchPlusWeb

service@bv-1.de
www.bildungsverlag1.de

Bildungsverlag EINS GmbH
Ettore-Bugatti-Straße 6–14, 51149 Köln

ISBN 978-3-427-**94303**-7

Vorwort

Das Buch BüroWelt 2 deckt, ergänzend zum Buch BüroWelt 1, die Inhalte des Lehrplans für den Ausbildungsberuf Kaufmann/Kauffrau für Büromanagement der zweiten Hälfte der Ausbildung (Lernfeld 8 bis Lernfeld 13) ab. Das Buch ist Bestandteil der Büroreihe BüroWelt – BüroMaterial – BüroTechnik. Die Reihe folgt einem innovativen und praxiserprobten Konzept, welches betriebliche Handlungen und den neuen kompetenz- bzw. lernfeldorientierten Lehrplan in besonderer Weise berücksichtigt. Das Fachbuch BüroWelt 2 enthält die schüleradäquat formulierten Sachinformationen. Das dazugehörige Arbeitsbuch BüroMaterial 2 beinhaltet handlungsorientierte Lernsituationen. Die Bücher BüroWelt 2 und BüroMaterial 2 bilden eine Einheit. Im Buch BüroWelt 2 befinden sich an gegebenen Stellen Symbole, die einen Bezug zur jeweiligen Lernsituation im Buch BüroMaterial 2 herstellen. Das Buch BüroWelt 2 kann aber auch losgelöst von den übrigen Werken der Reihe genutzt werden. Es kann ebenso als Nachschlagewerk für die Vor- und Nachbereitung des Unterrichts von Schülerinnen und Schülern dienen. In der Reihe wird im Lehrerhandbuch zu BüroMaterial 2 für jede Lernsituation ein ausgefülltes Dokumentationsraster mitgeliefert. In diesem sind u. a. die zu vermittelnden Kompetenzen sowie Lern- und Arbeitstechniken dokumentiert. Darauf aufbauend wird ein Vorschlag für eine didaktische Jahresplanung zur Verfügung gestellt.

Die Reihe stützt sich auf das Modellunternehmen Duisdorfer BüroKonzept KG. Die Lernenden werden in die Rolle einer/eines Auszubildenden versetzt, in der sie die Arbeitsaufträge bearbeiten.

So sollen sich die Lernenden mit dem jeweiligen Arbeitsauftrag identifizieren. Die Einführung in die jeweiligen Themen wird den Schülerinnen und Schülern anhand von realistischen Situationen verdeutlicht, sodass stets der Sinn und der Nutzen des jeweiligen Inhalts und der zu vermittelnden Kompetenzen deutlich werden. Es wird ein Bezug zur Lebenswirklichkeit der Schülerinnen und Schüler hergestellt.

Zu dem Buch besteht die Möglichkeit unter www.bildungsverlag1.de/buchplusweb/94303 Dateien herunterzuladen. Es findet sich an den gegebenen Stellen des Buches ein Symbol als Hinweis auf die jeweilige Datei.

Aus Gründen der besseren Lesbarkeit der Texte in diesem Buch wird im Folgenden nur die kürzere, männliche Schreibweise verwendet und gilt vereinfacht als Synonym für die männliche und weibliche Form. Alle männlichen und weiblichen Personen werden gleichberechtigt angesprochen.

Das Autorenteam

Inhaltsverzeichnis

Das Unternehmen Duisdorfer BüroKonzept KG

Die Duisdorfer BüroKonzept KG besteht seit 10 Jahren. Gegründet wurde sie von vier Freunden, die ihre beruflichen Erfahrungen und ihr verfügbares Kapital in ein gemeinsames Unternehmen einbringen wollten. Sebastian Falo hatte kurz vorher seine Meisterprüfung als Möbeltischler absolviert und wollte sich selbstständig machen. Katharina Niester hatte im Betrieb ihrer Eltern eine kaufmännische Ausbildung gemacht und nach vier Jahren die Leitung der Einzelunternehmung übernommen. Nach weiteren vier Jahren übertrugen die Eltern das betriebliche Eigentum auf Katharina und zogen sich aus dem Unternehmen zurück.

In Gesprächen mit Sebastian Falo, den Katharina Niester aus ihrer gemeinsamen Schulzeit kannte, entstand die Idee, das Bürohandelsunternehmen ihrer Eltern um die Produktion von Büromöbeln zu erweitern. Für die erforderlichen Investitionen benötigten sie finanzielle Mittel. Beate Keller-Rössler und Matthias Suttner beteiligten sich mit insgesamt 160.000 Euro an dem Unternehmen. An einer Mitarbeit im Unternehmen hatten beide kein Interesse.

So gründeten die vier Freunde eine Kommanditgesellschaft. Sebastian Falo und Katharina Niester wurden Komplementäre (Vollhafter). Beate Keller-Rössler und Matthias Suttner waren als Kommanditisten (Teilhafter) an dem Unternehmen beteiligt. Die Höhe der Einlagen sowie die Rechte und Pflichten der vier Gesellschafter wurden im Gesellschaftsvertrag vereinbart.

Der Eintrag ins Handelsregister beim Amtsgericht Bonn erfolgte mit der Firma Duisdorfer BüroKonzept KG unter HRA 1221. Zweck des Unternehmens ist seit damals die Herstellung und der Vertrieb von Ausstattungsgegenständen im Bürobereich und sowie die Beratung in allen Fragen der Büroorganisation. Die Duisdorfer BüroKonzept KG ist Mitglied der **Industrie- und Handelskammer Bonn/Rhein-Sieg** und gehört dem Tarifverband der **IG Metall – Holz und Kunststoff** an.

Der Sitz der Duisdorfer BüroKonzept KG mit Produktions- und Lagerhalle, einem Ausstellungsraum und dem Verwaltungsgebäude befindet sich in Bonn. Der Standort ist von der Autobahn gut zu erreichen und bietet Erweiterungsmöglichkeiten bei zukünftigen Expansionen. Die Mitarbeiter können ihren Arbeitsplatz gut mit öffentlichen Verkehrsmitteln erreichen, haben aber auch Parkmöglichkeiten auf dem Betriebsgelände.

Das Organigramm zeigt die derzeitige Organisationsstruktur der Duisdorfer BüroKonzept KG.

Organigramm der Duisdorfer BüroKonzept KG

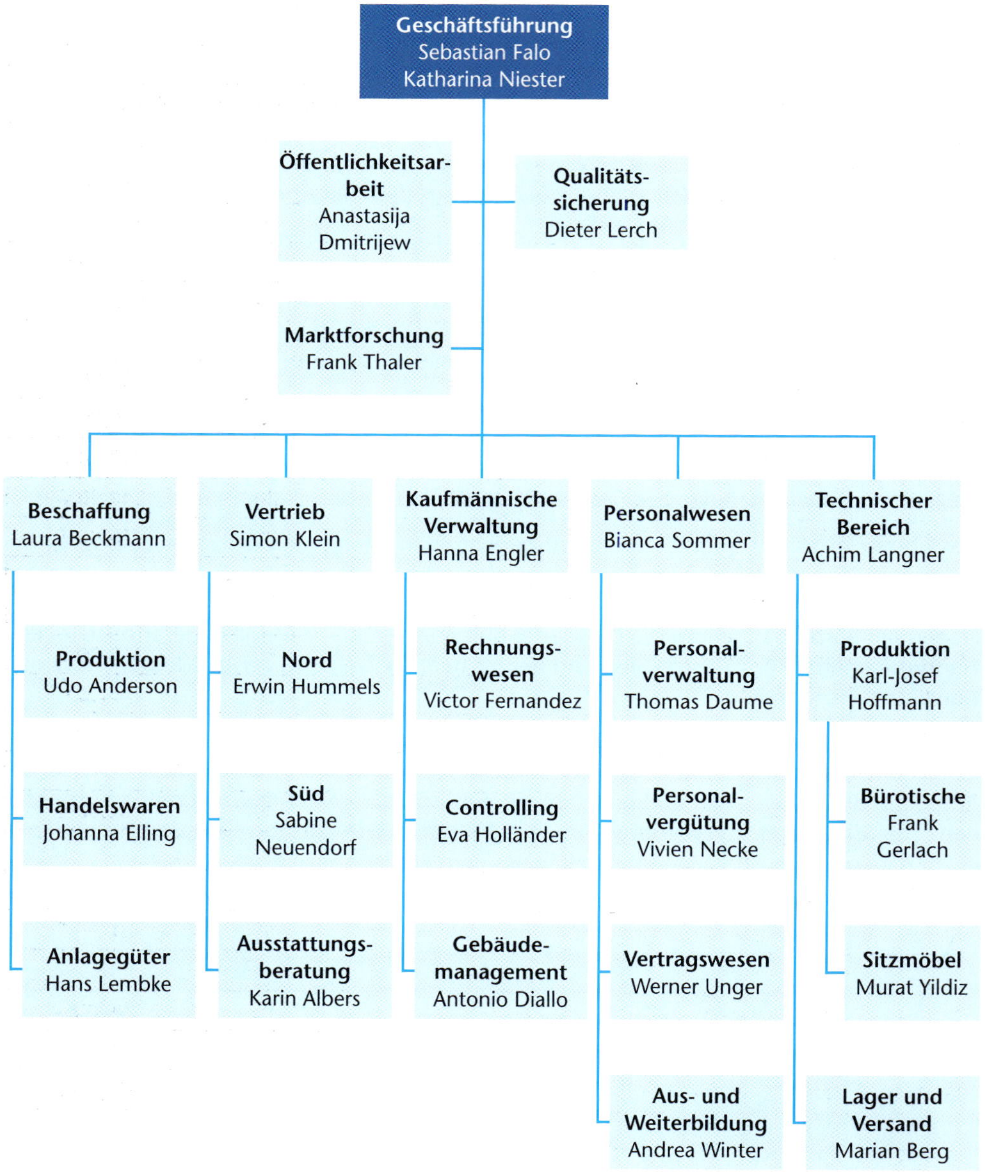

Die Tabelle führt eine Auswahl der Artikel auf, die die Duisdorfer BüroKonzept KG vertreibt. Die Artikel in den Warengruppen 10, 20, 40 und 88 sind selbst hergestellt. Die als Handelsware beschafften Artikel werden den Warengruppen 30 und 50 geführt. Die jeweilige Warengruppe ist aus den beiden ersten Ziffern der Artikelnummer zu ersehen.

Artikelliste (Auszug)			
Artikel-Nr.	**Artikelbezeichnung**	**Warengruppe**	**Einzelpreis**
101111	Schreibtisch Ökostar	10	489,00 €
101112	Schreibtisch Ahorn	10	519,00 €
101113	Schreibtisch weiß C-Füße	10	219,00 €
101114	Konferenztischelement lichtgrau	10	98,00 €
101115	Mehrzwecktisch oval lichtgrau	10	579,00 €
202111	Bürostuhl Comfort	20	228,00 €
202112	Bandscheiben-Drehstuhl extra	20	299,00 €
202113	Chefsessel Bonn Maxx	20	399,00 €
202114	Bürosessel Tenno (zuvor Bürosessel Bodu L)	20	349,00 €
202115	Hocker Milano	20	59,00 €
300212	Aktenvernichter Safeway	30	79,00 €
300213	Scann-Chef 100	30	150,00 €
301111	Multifax 0912	30	59,00 €
302222	Tischkopierer Sumsang	30	275,00 €
401589	Ventilator Orkano	40	36,00 €
500013	Magnettafel Memoboard weiß 60 x 90	50	59,90 €
500023	Tafellöscher für Magnettafel	50	10,99 €
885961	Naturkontor Schreibtisch 140 x 80	88	399,00 €
885963	Naturkontor Schreibtisch 160 x 80	88	449,00 €
885965	Naturkontor Schreibtisch 180 x 90	88	599,00 €

Warengruppenliste	
Warengruppe	**Bezeichnung**
10	eigene Erzeugnisse Tische
20	eigene Erzeugnisse Stühle
30	Handelswaren Bürotechnik
40	eigene Erzeugnisse Bürotechnik
50	sonstige Büroausstattung
88	Büromöbelprogramm Naturkontor

Die Kunden der Duisdorfer BüroKonzept KG sind Wiederverkäufer sowie Endkunden aus Deutschland und dem europäischen Ausland. So finden sich in der Kundenliste Unternehmen des Bürohandels sowie Betriebe und Einrichtungen, die die Produkte und Artikel zur Ausstattung ihrer eigenen Büros nutzen.

Kundenliste (Auszug)

Kunden-Nr.	Firma	Firmenzusatz	Straße Nummer	PLZ	Ort	Telefon	Bank	IBAN	BIC	Ansprechpartner	Rabattsatz %	Kunde seit
2401	Neuhoff KG	RaumDesign	Brunnenstraße 3	38700	Hannover	0511 886055-0	Sparda Hannover	DE95 2509 0500 5588 4674 58	GENODEF1S09	Otto Langner	5,0	27.03.2005
2402	Intermöbel GmbH	Großhandel für Büromöbel	Kaiserstraße 10	57074	Siegen	0271 522455-0	Commerzbank Siegen	DE09 4604 0033 7987 8544 31	COBADEFF460	Zeta Franke	7,5	05.01.2006
2403	Stadt Bonn	Gebäude-management	Berliner Platz 2	53103	Bonn	0228 953378-0	Westdeutsche Landesbank Köln	DE10 3005 0000 7584 6214 70	WELADEDDXXX	Laura Bender	0,0	05.05.2006
2404	Frohn KG	Büroausstattung	Lerchenweg 44	69117	Heidelberg	06221 474456-0	Sparkasse Heidelberg	DE51 6725 0020 5934 8754 24	SOLADES1HDB	Udo Frohn	5,0	21.09.2007
2405	Brinkmann OHG	Alles fürs Büro	Im Ruhrfeld 35 a	22866	Norderstedt	040 214455-0	Hamburger Sparkasse	DE71 2005 0550 5957 5413 59	HASPDEHHXXX	Hans Bräuner	10,0	28.03.2008
2406	Gilles & Partner	Möbelgroßhand-lung	Königstraße 28	06618	Naumburg	03445 977567-0	Volks- und Raiffeisenbank Saale-Unstrut eG	DE10 8006 3648 6947 3278 51	GENODEF1NMB	Sabine Gilles	5,0	29.05.2008
2407	Stammhaus KG	Bürokonzepte	Berliner Damm 9	56077	Koblenz	0261 2554778-0	Postbank Frankfurt Main	DE33 5001 0060 8574 9636 14	PBNKDEFFXXX	Matthias Höpfner	7,5	07.08.2008
2408	Rhenag GmbH	Bürogroßhandel	Annostraße 56	68239	Mannheim	0621 745567-0	Kreissparkasse Köln	DE33 3705 0299 2574 9652 14	COKSDE33XXX	Lisa Henseler	10,0	03.06.2009
2409	Blattschneider & Partner	Rechtsanwalts-kanzlei	Mozartplatz 89a	60322	Frankfurt M.	069 558944-0	Deutsche Bank Frankfurt	DE35 5007 0024 1526 8495 76	DEUTDEDBFRA	Bianca Tänzer	0,0	08.09.2009
2410	Ärztezentrum Bonn	Ganzheitliche Medizin	Hohenzollernplatz 83	53188	Bonn	0228 588755-0	Deutsche Apotheker- und Ärztebank eG Düsseldorf	DE70 3006 0601 1649 7643 25	DAAEDEDDXXX	Gerd Trapagini	0,0	13.01.2010
2411	Peter Wagner e.K.	Gartenbaube-trieb	Große Straße 12	53332	Bornheim	02223 47885	Volksbank Bonn/Rhein-Sieg eG	DE50 3806 0186 3696 2585 14	GENODED1BRS	Peter Wagner	5,0	06.07.2011
2412	Schulzentrum Nord		Effertzgasse 13	53721	Siegburg	02241 144856-0	Westdeutsche Landesbank Köln	DE39 3005 0000 1937 4682 55	WELADEDDXXX	Hanna Danzer	0,0	19.09.2012
2499	Sonstige Kunden											

Lieferantenliste (Auszug)

Liefe-rer-Nr.	Firma	Firmen-zusatz	Anschrift	PLZ	Ort	Telefon	Telefax	E-Mail	Bank	Zah-lungs-ziel (Tage)	Skonto-frist (Tage)	Skon-tosatz (%)	IBAN	BIC
4401	Frank Zettler OHG	Metallbau	Steinacker 38	53177	Bonn	0228 58766-0	0228 58766-123	info@zettler-metallbau.de	Volksbank Bonn/ Rhein-Sieg	30	10	2	DE90 3806 0186 2487 3215 74	GENODED1BRS
4402	Saam KG	Büro-technik	Am Sonnen-hang 9	36039	Fulda	0661 88672-0	0661 88672-444	info@saam-kg.de	Commerzbank Fulda	40	14	3	DE51 5304 0012 3988 4658 94	COBADEFF530
4403	Opitz AG	Holz- und Span-platten	Scheeren-gasse 177	53721	Sieg-burg	02241 6955-0	02241 6955-555	info@holz-opitz.de	Postbank Köln	30	8	2	DE67 3701 0050 5886 2478 76	PBNKDEFF370
4404	Balthasar GmbH	Spedition	Kierbach 27	52324	Düren	02421 888999-0	02421 888999-11	info@balthasar-spedition.de	Sparkasse Düren	20	0	0	DE38 3955 0110 2114 7598 64	SDUEDE33XXX
4405	Metall-teile	Rösgen e.K.	Beet-hoven-straße 30	38700	Han-nover	0511 23796-0	0511 23796-55	info@schrauben-roesgen.de	Hannoversche Volksbank	30	10	3	DE29 2519 0001 1185 7566 57	VOHADE2HXXX
4406	Keupen	Farben AG	Industrie-park 100	81249	Mün-chen	089 16854-0	089 16854-99	info@farben-keupen-ag.de	Postbank München	30	10	2	DE67 7001 0080 9675 5157 74	PBNKDEFF700
4407	Papier Spoth GmbH	Großhan-del für Papier- und Bürobedarf	Auf der Höhe 90	22076	Ham-burg	040 963486-0	040 963486-44	info@papier-spoth.de	Hamburger Sparkasse	30	8	2	DE68 2005 0550 5445 4668 70	HASPDEHHXXX
4408	pctech AG	Fachhandel für Elektronik	Hambur-ger Str. 111	45317	Essen	0201 487665-0	0201 487665-12	info@pctechag.de	Bank für Sozialwirtschaft	30	8	3	DE77 3702 0500 4448 7657 15	BFSWDE33XXX
4409	Willi Lauf OHG	Bürobedarf	Mander-scheider Platz 1	34414	War-burg	05641 48006-0	05641 48006-88	kontakt@willi-lauf.de	Vereinigte Volksbank Brakel	30	10	2	DE33 4726 4367 1500 2221 08	GENODEM1STM
4410	Wittman AG	Bürotech-nik	Untere Dorfstr. 130	57074	Siegen	0271 80053-0	0271 80053-10	kontakt@wittmann-ag.de	Postbank Köln	30	10	2	DE82 3701 0050 5135 1547 81	PBNKDEFF370

Lieferantenliste (Auszug)

Liefe-rer-Nr.	Firma	Firmen-zusatz	Anschrift	PLZ	Ort	Telefon	Telefax	E-Mail	Bank	Zah-lungs-ziel (Tage)	Skonto-frist (Tage)	Skon-tosatz (%)	IBAN	BIC
4411	Rüdiger Kiel GmbH	Schaum-stoffe und Polstereibe-darf	Brunnen-str. 23	53340	Me-cken-heim	02225 646440-0	02225 646440-11	info@polster-kiel.de	Volksbank Bonn/ Rhein-Sieg	30	10	3	DE96 3806 0186 2677 7898 90	GENODED1BRS
4499	Sonstige Lieferan-ten													

Die Duisdorfer BüroKonzept KG kauft bei ihren Lieferanten Handelswaren zur weiteren Veräußerung sowie Rohstoffe und halbfertige Erzeugnisse zur Produktion der eigenen Erzeugnisse. Die Lieferanten stammen aus Deutschland und dem europäischen Ausland.

Im Gesellschaftsvertrag der Duisdorfer BüroKonzept KG sind die rechtlichen Grundlagen für die Führung des Unternehmens als Kommanditgesellschaft geregelt. Diese sind neben den entsprechenden Paragrafen im Handelsgesetzbuch zu berücksichtigen.

Duisdorfer BüroKonzept KG
Gesellschaftsvertrag

Die Gesellschafter

A. Sebastian Falo
wohnhaft in 53113 Bonn, Euskirchener Straße 17

B. Katharina Niester
wohnhaft in 53123 Bonn, Rochusstraße 33

C. Beate Keller-Rössler
wohnhaft in 53347 Alfter, Domgasse 25

D. Matthias Suttner
wohnhaft in 51023 Köln, Petersweg 9

verbinden sich zu einer Kommanditgesellschaft und schließen zu diesem Zweck den folgenden **Gesellschaftsvertrag.**

§ 1 Zweck der Gesellschaft

(1) Die Gesellschafter gründen eine Kommanditgesellschaft.
(2) Zweck der Gesellschaft ist die Herstellung und der Vertrieb von Ausstattungsgegenständen im Bürobereich. Die Gesellschaft berät auch in Fragen der Büroorganisation.

§ 2 Firma und Sitz der Gesellschaft

(1) Die Gesellschaft führt die Firma Duisdorfer BüroKonzept KG.
(2) Der Sitz der Gesellschaft ist 53123 Bonn, Rochusstraße 30.

§ 3 Beginn, Dauer

(1) Die Gesellschaft beginnt am 1. Januar 2005.
(2) Ihre Dauer ist unbestimmt.

§ 4 Gesellschafter/Einlagen

(1) Persönlich haftende Gesellschafter (Komplementäre) sind die Gesellschafter A und B. Kommanditisten sind die Gesellschafter C und D.
(2) Der Komplementär A erbringt folgende Einlage:
100.000 EUR.
Der Komplementär B erbringt folgende Einlage:
80.000 EUR.
Der Kommanditist C erbringt folgende Einlage:
70.000 EUR.
Der Kommanditist D erbringt folgende Einlage:
90.000 EUR.
(3) Die Kapitalanteile (EUR) entsprechen den Einlagen. Sie sind Festkapitalanteile, die auf einem Kapitalkonto zu buchen sind.
(4) Die in das Handelsregister einzutragende Haftsumme der Kommanditisten C und D entspricht ihrem Festkapitalanteil.

§ 5 Geschäftsführung und Vertretung

(1) Zur Geschäftsführung und Vertretung sind die Komplementäre berechtigt und verpflichtet.

(2) Den Komplementären obliegt die alleinige wirtschaftliche und fachlich-technische Leitung.

(3) Bei Geschäften, die über den gewöhnlichen Betrieb des Handelsgewerbes der Gesellschaft hinausgehen, steht den Kommanditisten ein Widerspruchsrecht zu. Als derartige außergewöhnliche Geschäfte gelten insbesondere Erwerb, Veräußerung und Belastung von Grundstücken, grundstücksgleichen Rechten sowie Rechten an Grundstücken und an grundstücksgleichen Rechten; Aufnahme und Gewährung von Darlehen und Eingehen von Verbindlichkeiten, die im Einzelfall einen Betrag von 50.000 EUR übersteigen.

Macht ein Kommanditist von seinem Widerspruchsrecht Gebrauch, ist ein Beschluss sämtlicher Gesellschafter erforderlich.

§ 6 Gesellschafterversammlungen, Gesellschafterbeschlüsse, Stimmrecht

(1) Die Gesellschafter entscheiden über die ihnen nach Gesetz oder Gesellschaftervertrag zugewiesenen Angelegenheiten durch Beschlüsse, die in Gesellschafterversammlungen gefasst werden.

(2) Eine Gesellschafterversammlung wird durch die Komplementäre einberufen und geleitet. Sie ist mindestens einmal im Jahr einzuberufen.

(3) Zu einer Gesellschafterversammlung ist unter Einhaltung einer Frist von 14 Tagen schriftlich einzuladen. Die Frist beginnt mit der Absendung der Einladung. Tagungsort, Tagungszeit und Tagesordnung sind in der Ladung mitzuteilen. Stimmen alle Gesellschafter zu, können Beschlüsse auch außerhalb einer Gesellschafterversammlung mündlich oder schriftlich gefasst werden. Werden die Beschlüsse mündlich gefasst, haben die Komplementäre unverzüglich ein Protokoll zu erstellen und den Beteiligten vorzulegen.

(4) Schreiben Gesetz oder Gesellschaftsvertrag nicht zwingend eine andere Mehrheit vor, werden die Gesellschafterbeschlüsse mit einfacher Mehrheit der abgegebenen Stimmen gefasst. Je 10.000 EUR des Kapitalkontos gewähren eine Stimme. Stimmenthaltungen zählen nicht als abgegebene Stimme. Bei Stimmengleichheit gilt der Antrag als abgelehnt.

(5) Der Zustimmung von 75 % der abgegebenen Stimmen bedürfen Beschlüsse über:
- Änderung des Gesellschaftsvertrags, soweit nicht für einzelne Bestimmungen ausdrücklich etwas anderes geregelt ist,
- Auflösung der Gesellschaft,
- Aufnahme eines Gesellschafters.

(6) Jeder Kommanditist ist berechtigt, eine Ausfertigung des Jahresabschlusses zu verlangen und dessen Richtigkeit unter Einsicht in die entsprechenden Unterlagen zu prüfen. Er kann auf seine Kosten einen zur Verschwiegenheit verpflichteten Dritten bei der Wahrnehmung dieser Rechte hinzuziehen oder allein damit beauftragen.

§ 7 Wettbewerb und tätige Mitarbeit

(1) Der Komplementär verpflichtet sich, dem Unternehmen seine volle Arbeitskraft zur Verfügung zu stellen.

(2) Nebentätigkeiten – gewerblicher/freiberuflicher Art oder auf arbeitsvertraglicher Basis – während der Vertragsdauer sind nicht zulässig; ebenso nicht die direkte oder indirekte Beteiligung an Konkurrenzunternehmen. Ausnahmen hiervon bedürfen eines Gesellschafterbeschlusses, der mit 75 % der Stimmen der übrigen Gesellschafter zu fassen ist.

(3) Scheidet der Komplementär durch Kündigung aus der Gesellschaft aus, so darf er ab dem Tag der Wirksamkeit seines Ausscheidens fünf Jahre lang im Umkreis von 200 km Luftlinie, gemessen vom Sitz der Gesellschaft aus, ein Unternehmen ähnlichen oder

gleichen Gegenstandes weder selbstständig führen noch als Gesellschafter oder Geschäftsführer in einer solchen Gesellschaft tätig werden.

§ 8 Buchführung, Bilanzierung

(1) Geschäftsjahr ist das Kalenderjahr. Die Gesellschaft hat unter Beachtung der steuerlichen Vorschriften Bücher zu führen und jährliche Abschlüsse zu erstellen.

§ 9 Verteilung von Gewinn und Verlust

(1) Die Komplementäre erhalten für ihre Tätigkeit – unabhängig davon, ob ein Gewinn erzielt worden ist – eine Vergütung, deren Höhe von der Gesellschafterversammlung festgesetzt und dem Umfang der Tätigkeit entsprechend angepasst wird.

(2) An dem danach verbleibenden Gewinn sind die Gesellschafter zunächst mit einem Anteil in Höhe von vier vom Hundert ihrer Kapitalanteile zu beteiligen. Reicht der verbleibende Gewinn hierzu nicht aus, so bestimmen sich die Anteile nach einem entsprechend niedrigeren Satz.

(3) An dem Teil des Gewinns, welcher die nach den Absätzen 1 und 2 zu berechnenden Gewinnanteile übersteigt, sowie am Verlust eines Geschäftsjahres sind die Gesellschafter entsprechend ihrer Beteiligung am Gesellschaftsvermögen gem. § 4 Abs. 3 beteiligt.

(4) Über die Entnahme der Gewinnanteile beschließt die Gesellschafterversammlung einstimmig.

§ 10 Kündigung der Gesellschaft

(1) Der Komplementär kann die Gesellschaft mit einer Frist von 6 Monaten zum Jahresende mit eingeschriebenem Brief kündigen. Für die Rechtzeitigkeit der Kündigung kommt es nicht auf die Absendung, sondern den Zugang der Kündigung an. Das Recht zur fristlosen Kündigung aus wichtigem Grunde bleibt hiervon unberührt. Der kündigende Gesellschafter scheidet aus der Gesellschaft aus. Die Gesellschaft wird von den übrigen Gesellschaftern fortgesetzt. Verbleibt nach dem Ausscheiden nur ein Gesellschafter, ist dieser berechtigt, das Unternehmen mit allen Aktiva und Passiva fortzuführen. Dieses Recht ist bis zum Ablauf der Kündigungsfrist durch eingeschriebenen Brief auszuüben. Satz 2 gilt entsprechend.

(2) Kündigt der Komplementär, sind die Kommanditisten berechtigt, zum Kündigungsstichtag einen neuen Komplementär aufzunehmen oder zu bestimmen, dass einer von ihnen die Stellung des Komplementärs übernimmt. Ist am Kündigungsstichtag kein Komplementär vorhanden, ist die Gesellschaft aufgelöst.

§ 11 Ausschluss eines Gesellschafters

(1) Ein Gesellschafter, in dessen Person ein wichtiger Grund vorliegt, der die übrigen Gesellschafter zur fristlosen Kündigung aus wichtigem Grunde berechtigen würde, kann aus der Gesellschaft ausgeschlossen werden. Gleiches gilt, wenn über das Vermögen eines Gesellschafters das Insolvenzverfahren eröffnet wird oder ein Gläubiger eines Gesellschafters die Pfändung des Anteils am Gesellschaftsvermögen erwirkt hat.

(2) Der Ausschluss erfolgt durch einstimmigen Beschluss der übrigen Gesellschafter. Mit dem Zugang dieses Beschlusses scheidet der betroffene Gesellschafter aus der Gesellschaft aus; die Gesellschaft wird von den übrigen Gesellschaftern fortgesetzt. § 10 Satz 6 gilt entsprechend.

(3) Wird der Komplementär ausgeschlossen, sind die Kommanditisten berechtigt, einen neuen Komplementär aufzunehmen oder zu bestimmen, dass einer von ihnen die Stellung des Komplementärs übernimmt. Ist zu dem Zeitpunkt, in dem der Ausschluss wirksam wird, kein Komplementär vorhanden, ist die Gesellschaft aufgelöst.

§ 12 Tod eines Gesellschafters

(1) Beim Tod eines Gesellschafters wird die Gesellschaft nicht aufgelöst, sondern ohne dessen Erben von den verbleibenden Gesellschaftern fortgesetzt. Verbleibt nach dem Tode des Gesellschafters nur eine Person, wird das Unternehmen unter Ausschluss der Liquidation mit allen Aktiva und Passiva von dieser fortgeführt. Den Erben des verstorbenen Gesellschafters steht ein Abfindungsguthaben zu.

(2) Stirbt der Komplementär, sind die Kommanditisten berechtigt, einen neuen Komplementär aufzunehmen und mit diesem die Gesellschaft fortzuführen oder zu bestimmen, dass einer von ihnen die Stellung des Komplementärs übernimmt.

§ 13 Schlussbestimmungen

(1) Änderungen und Ergänzungen dieses Vertrages bedürfen der Schriftform. Dies gilt auch für einen Verzicht auf das Schriftformerfordernis.

(2) Sollten einzelne Bestimmungen dieses Vertrages unwirksam oder undurchführbar sein oder werden, wird hierdurch die Wirksamkeit des Vertrages im Übrigen nicht berührt. Insoweit verpflichten sich die Gesellschafter, die jeweilige Bestimmung durch eine wirtschaftlich sinnvolle, dem Sinn und Zweck des Vertrages Rechnung tragende Regelung zu ersetzen.

(3) Als Gerichtsstand wird Bonn vereinbart.

Bonn, 20.12.20..

Sebastian Falo

Unterschrift A

Katharina Niester

Unterschrift B

Beate Keller-Rössler

Unterschrift C

Matthias Suttner

Unterschrift D

Stellenplan und Stellenbesetzungsplan

Der aktuelle **Stellenplan** der Duisdorfer BüroKonzept KG:

- **Duisdorfer BüroKonzept KG**
  - **Beschaffung** – 6 Mitarbeiter
  - **Vertrieb** – 12 Mitarbeiter
  - **Kaufmännische Verwaltung** – 11 Mitarbeiter
  - **Personalwesen** – 8 Mitarbeiter
  - **Technischer Bereich** – 34 Mitarbeiter

Der aktuelle **Stellenbesetzungsplan** der Duisdorfer BüroKonzept KG:

- **Duisdorfer BüroKonzept KG**
  - **Beschaffung** – Laura Beckmann
    - **Produktion**: Udo Anderson, Heiko Groß
    - **Handelswaren**: Johanna Elling, Moritz Wagner
    - **Anlagegüter**: Hans Lembke
  - **Vertrieb** – Simon Klein
    - **Nord**: Erwin Hummels, Mara Sommer, Pascal Stuch
    - **Süd**: Melissa Brenig, Sabine Neuendorf, Tugay Selmani
    - **Ausstattungsberatung**: Karin Albers, Simone Bieligk, Serdar Schurr
  - **Kaufmännische Verwaltung** – Hanna Engler
    - **Rechnungswesen**: Victor Fernandez, Sonja Lose, Kevin Kaufmann, Janina Dehnert
    - **Controlling**: Eva Holländer, Michael Bollig, Laura Fischer, Markus Kleinert, Kai Toptun
    - **Gebäudemanagement**: Antonio Diallo, Anna Schulz
  - **Personalwesen** – Bianca Sommer
    - **Personalverwaltung**: Thomas Daume, Petra Schütz, Christina Schwarz
    - **Personalvergütung**: Vivien Necke, Udo Monschau
    - **Vertragswesen**: Werner Unger
    - **Aus- und Weiterbildung**: Andrea Winter
  - **Technischer Bereich** – Achim Langner
    - **Produktion** – Karl-Josef Hoffmann
      - **Bürotische**: Frank Gerlach, Andreas Nüsgen, Matthias Cremer, Martin Küster, Mine Schorn, Manfred Rünz, Otto Bollenbeck, Franka Krämer, Christian Wolters, Sebastian Calakovic, Aykut Atasoy, Edgard Neuhalfen, Mustafa Yalcin, Lasse Zaun, Lena Mager
      - **Sitzmöbel**: Murat Yildiz, Annika Kaiser, Ursula Meier, Luka Schiz, Kevin Fischer, Julia Prinz, Marie Erden
    - **Lager und Versand**: Marian Berg, Lukas Feldmeier, Anne Schneider, Max Dierlein, Daniel Kasiske, Moritz Großmann, Wojtus Chistow

Auszug aus dem Manteltarifvertrag für die Holz und Kunststoff verarbeitende Industrie[1]

[...]

§ 3 Arbeitszeit

Die regelmäßige wöchentliche Arbeitszeit beträgt 35 Stunden von montags bis freitags.

Die Festlegung von Beginn und Ende der täglichen Arbeitszeit und der Pausen sowie die Regelungen der Modelle zur Flexibilisierung der Arbeitszeit werden unter Berücksichtigung der gesetzlichen Bestimmungen durch Betriebsvereinbarung geregelt.

§ 4 Teilzeitarbeit

Teilzeitarbeit liegt vor, wenn die zwischen Arbeitgeber und Arbeitnehmer vereinbarte Arbeitszeit die tarifliche Regelarbeitszeit unterschreitet.

Die Vergütung für Teilzeitarbeit erfolgt anteilig im Verhältnis der vereinbarten Arbeitszeit zur regelmäßigen Arbeitszeit für Vollzeitarbeit.

§ 5 Mehrarbeit

Mehrarbeit ist die über die vereinbarte tägliche Arbeitszeit hinaus geleistete Arbeit.

Durch Betriebsvereinbarung kann auf Initiative des Arbeitgebers oder des Betriebsrats ein Freizeitausgleich von der ersten Mehrarbeitsstunde an vereinbart werden.

Mehrarbeitszuschläge sind auch bei einem Freizeitausgleich für die Mehrarbeitsstunde für den Monat zu bezahlen, in dem die Mehrarbeit geleistet wurde.

Zuschläge für Mehrarbeit

Die Zuschläge betragen:

für Mehrarbeit bis zu 2 Stunden täglich	25 %
für Mehrarbeit ab der 3. Stunde täglich	50 %
für Nachtschichtarbeit	20 %
für Arbeit an Samstagen (1. bis 7. Stunde einschließlich)	35 %
für Arbeit an Sonntagen (1. bis 7. Stunde einschließlich)	50 %

§ 6 Urlaub und Urlaubsdauer

Jede Arbeitnehmerin/jeder Arbeitnehmer hat in jedem Kalenderjahr Anspruch auf Erholungsurlaub unter Fortzahlung des Arbeitsentgelts. Der Urlaub dient der Erholung und der Erhaltung der Arbeitskraft. Der Urlaubsanspruch ist deshalb grundsätzlich durch Freistellung von der Arbeit zu erfüllen.

Der Urlaub ist zusammenhängend zu gewähren, es sei denn, dass dringende betriebliche oder in der Person der Arbeitnehmerin/des Arbeitsnehmers liegende Gründe eine Teilung des Urlaubs erforderlich machen.

Die Urlaubsdauer beträgt 30 Urlaubstage.

[1] *Anspruch auf Leistungen aus Tarifverträgen gelten nur für Mitglieder der vertragsschließenden Parteien*

§ 7 Urlaubsgeld

Neben dem Urlaubsgeld wird für den Urlaub ein zusätzliches Urlaubsgeld gewährt. Es beträgt 56 % des Urlaubsentgelts.

[...]

Gehaltsrahmenabkommen

Auszug[1] aus dem Gehaltsrahmenabkommen für die kaufmännischen Angestellten zwischen dem Verband der Holzindustrie und Kunststoffverarbeitung Westfalen-Lippe e. V. und der Gewerkschaft IG Metall – Holz und Kunststoff

Gehaltsgruppe B:
Um die Aufgaben der Stelle erfüllen zu können, ist keine Berufsausbildung notwendig. Es werden überwiegend schematische oder mechanische Tätigkeiten ausgeführt.
Bespiele für zugeordnete Tätigkeiten:

- Die Ein- und Ausgangspost oder sonstige Unterlagen werden geordnet und abgelegt.
- Die Poststelle wird unterstützt.
- Formulare werden nach Vorlage ausgefüllt.
- Leichte Schreib- oder Rechenarbeiten werden mithilfe zurechtgelegter Unterlagen durchgeführt.

Gehaltsgruppe C:
Um die Aufgaben der Stelle erfüllen zu können, ist eine zweijährige einschlägige Ausbildung oder eine Tätigkeit von mindestens 2,5 Jahren in diesem Bereich notwendig. Die Tätigkeiten können nach eingehender Einweisung bewältigt werden.
Bespiele für zugeordnete Tätigkeiten:

- Die Ein- und Ausgangspost wird erledigt.
- Schematische Kalkulationen werden berechnet.
- Die Eingangsrechnungen werden auf rechnerische Richtigkeit überprüft.
- Einfache, immer wiederkehrende Rechnungen werden erstellt.

Gehaltsgruppe D:
Um die Aufgaben der Stelle erfüllen zu können, ist eine abgeschlossene Ausbildung als Kaufmann/Kauffrau für Büromanagement, als Kaufmann/Kauffrau im Groß- und Außenhandel oder eine gleichwertige Ausbildung notwendig. Die benötigten Kenntnisse und Fertigkeiten können auch durch eine entsprechende praktische Tätigkeit von mindestens 4 Jahren erlangt werden.
Bespiele für zugeordnete Tätigkeiten:

- Wiederkehrende Angebote und Bestellungen werden bearbeitet.
- Termine werden überwacht.
- Im Außendienst werden Verkäufe getätigt, jedoch ohne Abschlussvollmacht.
- Belege werden gemäß dem Kontenrahmen kontiert.

[1] *In Anlehnung an Gehaltsrahmenabkommen für die Angestellten des Groß- und Außenhandels NRW*

Gehaltsgruppe E:
Um die Aufgaben der Stelle erfüllen zu können, sind eine kaufmännische Ausbildung und eine mehrjährige, einschlägige Tätigkeit notwendig. Die benötigten Kenntnisse und Berufserfahrungen können auch durch eine andere, gleichwertige Ausbildung und mehrjährige, einschlägige Tätigkeit erlangt werden.
Bespiele für zugeordnete Tätigkeiten:
- Verkaufsverhandlungen werden selbstständig geführt.
- Lohn-, Gehalts- und Provisionsabrechnungen werden erstellt, die entsprechenden Lohn- und Gehaltskonten geführt und die Sozialabgaben und Steuern abgeführt.
- Sekretariatsaufgaben werden urteilsicher erledigt.
- Gewährleistungs- und Schadenersatzansprüche werden geprüft und bearbeitet.

Gehaltsgruppe F:
Um die Aufgaben der Stelle erfüllen zu können, sind profunde Fachkenntnisse und eine umfassende, einschlägige Erfahrung notwendig. Der Stelleninhaber/die Stelleninhaberin muss selbstständig und verantwortlich agieren können und die Zusammenhänge des eigenen Tätigkeitsbereichs mit den angrenzenden Tätigkeitsbereichen überblicken können.
Bespiele für zugeordnete Tätigkeiten:
- Problematische Ein- und Verkaufsvorgänge, auch in einer Fremdsprache, werden bearbeitet.
- Problematische Vorgänge im Personalbereich werden sachkundig erledigt.
- Arbeit als Fachkraft für Arbeitssicherheit.
- Der Kundendienst wird disponiert.

Gehaltsgruppe G:
Um die Aufgaben der Stelle erfüllen zu können, sind vielseitige und spezielle Fachkenntnisse, auch für angrenzende Bereiche, und Berufserfahrung notwendig. Ein Aufgabengebiet wird eigenverantwortlich und selbstständig bearbeitet. Dieser Gehaltsgruppe wird außerdem zugeordnet, wer über Dispositions-, Weisungs- oder Aufsichtsrecht verfügt.
Bespiele für zugeordnete Tätigkeiten:
- Die Umsatzentwicklung des Unternehmens und der Konkurrenz werden überwacht und es werden Marktanalysen erstellt.
- Verkaufsförderungsmaßnahmen werden entwickelt und umgesetzt.
- Arbeit als Referent/die Referentin in der Aus- und Weiterbildung.
- Es werden vielfältige Aufgaben in der Organisation oder Revision erledigt.

Auszüge aus den tariflich vereinbarten Entgelttabellen

- **Auszug aus der Gehaltstabelle für die kaufmännischen und technischen Angestellten**

Gruppe	Euro
B	2.034,00
C	2.418,00
D	2.843,00
E	3.205,00
F	3.612,00

Gruppe	Euro
G	4.060,00
H	4.584,00
Meister M2	3.193,00
Meister M3	3.661,00
Meister M4	4.278,00

- **Auszug aus der Lohntabelle**

Lohngruppe	Schlüssel	Stundenlohn Euro
V	100 %	15,86
IV	95 %	15,07
III	90 %	14,27
II	89 %	14,12
I	86 %	13,64

- **Ausbildungsvergütungen**

Ausbildungsjahr	Euro
1. Ausbildungsjahr	666,00
2. Ausbildungsjahr	711,00
3. Ausbildungsjahr	770,00

Betriebsvereinbarung

Betriebsvereinbarung zur Urlaubsrahmenplanung

auf Grundlage des § 87 BetrVG

Duisdorfer BüroKonzept KG

zwischen der Duisdorfer BüroKonzept KG, Bonn
und dem Betriebsrat der Duisdorfer BüroKonzept KG, Bonn

Präambel

Diese Betriebsvereinbarung dient zur Gewährleistung einer reibungslosen Urlaubsplanung für die Arbeitnehmerinnen und Arbeitnehmer des Betriebes. Außerdem soll sie der Geschäftsleitung Rechtssicherheit bei der Abwicklung des Urlaubs geben.

§ 1 Geltungsbereich

(1) Die Betriebsvereinbarung gilt für alle Arbeitnehmerinnen und Arbeitnehmer der Duisdorfer BüroKonzept KG.
(2) Die Betriebsvereinbarung gilt ausschließlich für den Erholungsurlaub.
(3) Sollte eine in der Betriebsvereinbarung enthaltene Regelung unwirksam sein, so tritt an ihre Stelle die gesetzliche Regelung. Dies beeinflusst jedoch nicht die Gültigkeit der Betriebsvereinbarung insgesamt.

§ 2 Erstellung eines Urlaubsplanes; Genehmigung von Urlaubswünschen

(1) Jede Abteilung hat bis zum 31.12. des Kalendervorjahres einen Jahresurlaubsplan für alle Beschäftigten der Abteilung aufzustellen.
(2) Die Beschäftigten haben den Urlaub mit dem dafür vorgesehenen Antragsformular zu beantragen und bei dem zuständigen Abteilungsleiter/Abteilungsleiterin abzugeben. Werden Anträge nicht fristgerecht eingereicht, so finden diese bei der Gewährung des Urlaubs nur dann Berücksichtigung, wenn diesem nicht andere, fristgerecht eingegangene Urlaubsanträge entgegenstehen.
(3) Widerspricht der Arbeitgeber den in den Anträgen genannten Urlaubswünschen nicht spätestens bis zum 15.01., so gilt der gewünschte Urlaub als genehmigt. Der Arbeitgeber hat den Urlaub der einzelnen Beschäftigten in den Urlaubsplan einzutragen.
(4) Die Abteilungsleitung hat in Absprache mit den Beschäftigten der Abteilung und dem Betriebsrat einen Urlaubs-Vertretungsplan zu erstellen.

§ 3 Grundsätze für die Urlaubsgewährung

(1) Bei der Urlaubsgewährung sind sowohl die betrieblichen Erfordernisse als auch die Wünsche der Arbeitnehmerinnen und Arbeitnehmer zu berücksichtigen.
(2) Arbeitnehmerinnen und Arbeitnehmer mit schulpflichtigen Kindern erhalten während der Schulferien bevorzugt Urlaub. Überschneiden sich die Urlaubswünsche mehrerer Arbeitnehmerinnen und Arbeitnehmer mit schulpflichtigen Kindern während der Schulferien und ist eine (auch teilweise) Urlaubsgewährung für alle aus betrieblichen Gründen nicht möglich, ist eine Interessenabwägung durchzuführen. Hierbei werden berücksichtigt:
 (a) Anzahl und Alter der schulpflichtigen Kinder,
 (b) Betriebszugehörigkeit und Lebensalter der Arbeitnehmerin/des Arbeitnehmers sowie
 (c) Urlaubsgewährung in den letzten drei Jahren.
(3) Überschneiden sich Urlaubswünsche von Arbeitnehmerinnen und Arbeitnehmern ohne schulpflichtige Kinder und ist eine (auch teilweise) Urlaubsgewährung für alle aus betrieblichen Gründen nicht möglich, ist eine Interessenabwägung durchzuführen. Hierbei werden berücksichtigt:
 (a) Betriebs- oder Schulferien des Ehe- oder Lebenspartners/Ehe- oder Lebenspartnerin,
 (b) geplanter Urlaub mit Kindern in der Ausbildung oder im Studium,
 (c) Betriebszugehörigkeit und Lebensalter der Arbeitnehmerin/des Arbeitnehmers,
 (d) gesundheitliche Gründe,
 (e) Gebundenheit des Urlaubswunsches an einen bestimmten Zweck (z. B. Fortbildung) sowie
 (f) Urlaubsgewährung in den letzten drei Jahren.
(4) Pro Urlaubsjahr sollen mindestens drei Wochen Urlaub zusammenhängend gewährt werden.
(5) Auszubildenden ist der Urlaub während der Berufsschulferien zu gewähren.

Die Betriebsvereinbarung tritt am 01.05.20.. in Kraft und kann mit einer Frist von sechs Monaten zum Jahresende gekündigt werden. Die Kündigung bedarf der Schriftform.

Bonn, 15.04.20..

Geschäftsleitung Betriebsrat

LernFeld 8

Personalwirtschaftliche Aufgaben wahrnehmen

Überblick Lernfeld

1 Personalplanung

Bei der Personalplanung geht es darum, die zukünftigen Anforderungen des Unternehmens festzustellen und die erforderlichen Maßnahmen in Bezug auf das Personal festzulegen. Dies ist notwendig, da die Zukunft unsicher ist und Fehlentwicklungen vermieden werden sollen. Zu den Aufgaben der Personalplanung gehört es, dafür zu sorgen, dass dem Unternehmen immer genügend geeignete Arbeitskräfte zur Verfügung stehen und diese bestmöglich eingesetzt werden.

LS 8.1

Der Bereich der Personalplanung unterliegt der **betrieblichen Mitbestimmung**. Die betriebliche Mitbestimmung beruht auf zwei qualitativ unterschiedlichen Rechten (Mitbestimmung und Mitwirkung). Nach § 92 Abs. 1 Betriebsverfassungsgesetz hat der Arbeitgeber den Betriebsrat über seine Personalplanung zu unterrichten. Es handelt sich hierbei um ein **Unterrichtungs- und Beratungsrecht** und fällt damit unter die Mitwirkung, aber nicht unter die Mitbestimmung des Betriebsrates.

LF 1, 2.3

§ 92 BetrVG

Personalplanung

(1) Der Arbeitgeber hat den Betriebsrat über die Personalplanung, insbesondere über den gegenwärtigen und künftigen Personalbedarf sowie über die sich daraus ergebenden personellen Maßnahmen und Maßnahmen der Berufsbildung anhand von Unterlagen rechtzeitig und umfassend zu unterrichten. Er hat mit dem Betriebsrat über Art und Umfang der erforderlichen Maßnahmen und über die Vermeidung von Härten zu beraten.

(2) Der Betriebsrat kann dem Arbeitgeber Vorschläge für die Einführung einer Personalplanung und ihre Durchführung machen.

[...]

Der Arbeitgeber muss den Betriebsrat umfassend und rechtzeitig informieren. **Rechtzeitig** ist die Unterrichtung, wenn der Betriebsrat nach der Unterrichtung noch die Möglichkeit hat, Einfluss auf die Entscheidung des Arbeitgebers zu nehmen. Der Arbeitgeber darf also noch nicht mit der Durchführung einer Maßnahme begonnen haben. **Umfassend** ist die Unterrichtung nur dann, wenn der Betriebsrat in die Lage versetzt wird, dem Arbeitgeber als gleichwertiger Verhandlungspartner gegenüberzutreten. Dazu muss der Arbeitgeber den Betriebsrat über Inhalt, Gründe und Auswirkungen der geplanten Maßnahmen mithilfe von Unterlagen informieren. Dies geschieht mithilfe der Unterlagen, die der Arbeitgeber selbst als Grundlage für seine Planung verwendet, wie beispielsweise Stellenpläne, Stellenbesetzungspläne, Stellenbeschreibungen, Personalstatistiken oder Personalkostenpläne. Die Informationen müssen für die Mitglieder des Betriebsrates nachvollziehbar sein.

Die Personalplanung wird in verschiedene Unterbereiche unterteilt:

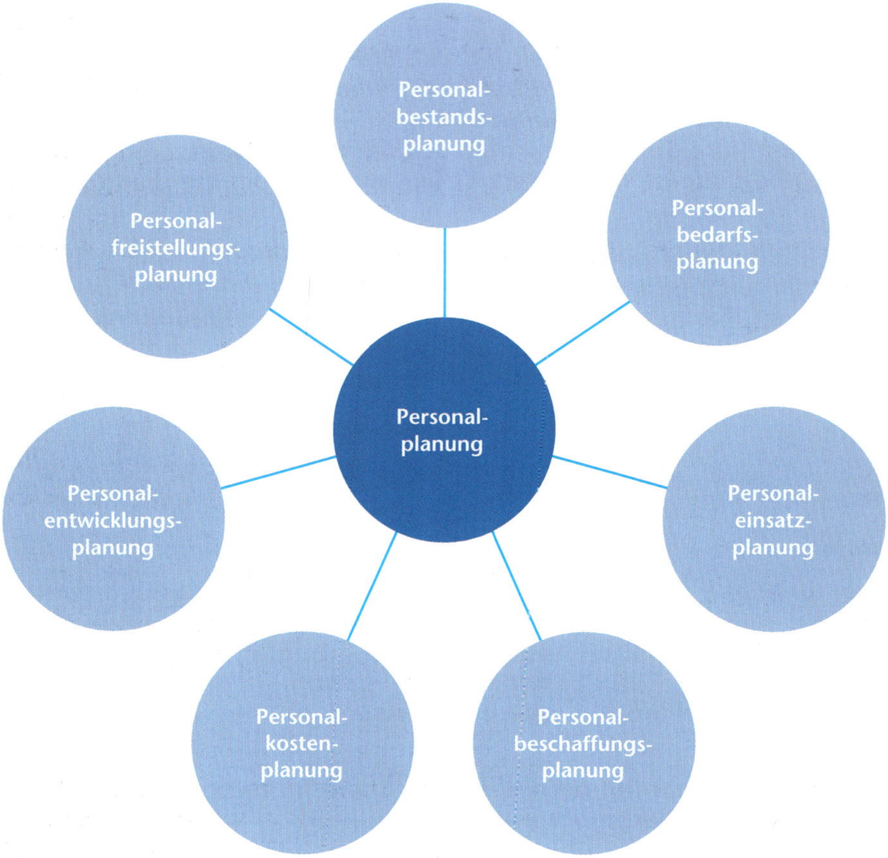

Personalbestandsplanung =	Sie ermittelt auf Grundlage des aktuellen Personalbestands den voraussichtlichen zukünftigen Bestand.
Personalbedarfsplanung =	Sie ermittelt die Anzahl der zukünftig benötigten Mitarbeiter sowie die erforderlichen Qualifikationen.
Personaleinsatzplanung =	Hierbei wird geschaut, welcher Mitarbeiter aufgrund seiner Fähigkeiten welcher Stelle zugeordnet wird.
Personalbeschaffungsplanung =	Sie beinhaltet alle planerischen Maßnahmen rund um die interne und externe Bereitstellung von Personal.
Personalkostenplanung =	Sie beschäftigt sich mit den Kosten, die das vorhandene Personal verursacht.
Personalentwicklungsplanung =	Sie beschäftigt sich mit dem Erhalt und der Erweiterung der Qualifikationen der Mitarbeiter.
Personalfreistellungsplanung =	Sie plant den notwendigen Abbau von Personal.

Die beiden ersten Teilbereiche der Personalplanung (Personalbestands- und Personalbedarfsplanung) werden im Folgenden ausführlich betrachtet.

1.1 Personalbestandsplanung

Die Personalbestandsplanung ermittelt den aktuellen Personalbestand, das heißt, wie viele Mitarbeiter mit welchen Qualifikationen im Unternehmen vorhanden sind, sowie die Personalveränderungen. Diese Veränderungen, die sowohl quantitativ als auch qualitativ sein können, werden anschließend in die Zukunft prognostiziert.

Der aktuelle **Personalbestand** kann aus den verschiedenen Personalstatistiken und -daten eines Unternehmens entnommen werden. Zusätzlich können viele Informationen über die Belegschaft eines Unternehmens aus diesen Statistiken gewonnen werden, die für weitere Entscheidungen zu berücksichtigen sind. Die Kriterien, nach denen das Personal unterschieden wird, können sowohl quantitativer als auch qualitativer Art sein.

Kriterien

quantitativ, z. B.	qualitativ, z. B.
– Anzahl Auszubildender	– höchster Abschluss
– befristet/unbefristete Arbeitnehmer	– Berufserfahrung
– Vollzeit-/Teilzeitarbeitnehmer	– Betriebszugehörigkeit
– Altersstruktur	– Auslandserfahrung
– Geschlechterverteilung	– Sprachkenntnisse
– Abteilungszuordnung	– Fort- und Weiterbildung

Beispiel

In der Duisdorfer BüroKonzept KG liegen momentan folgende Statistiken vor: 78 % der Mitarbeiter haben einen unbefristeten Vertrag, in Vollzeit arbeiten 65 %. Fünf Mitarbeiter sind unter 20 Jahren alt, 14 Mitarbeiter sind zwischen 50 und 60 Jahre alt. Länger als 35 Jahre arbeitet ein Mitarbeiter bereits bei uns. Zwölf unserer Mitarbeiter besitzen die Allgemeine Hochschulreife, 20 Mitarbeiter haben den Hauptschulabschluss.

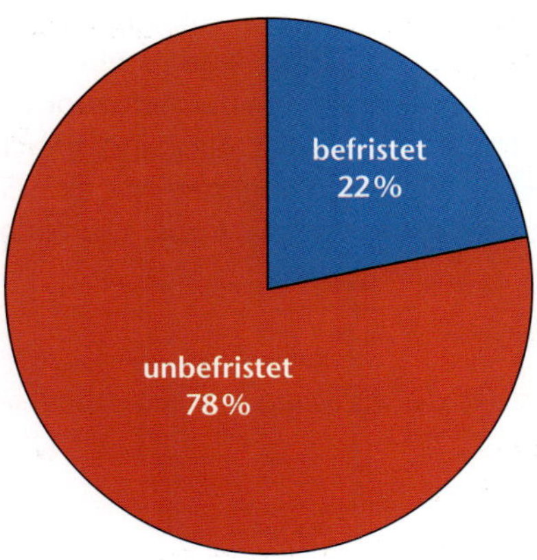

befristete und unbefristete Verträge
bei der Duisdorfer BüroKonzept KG

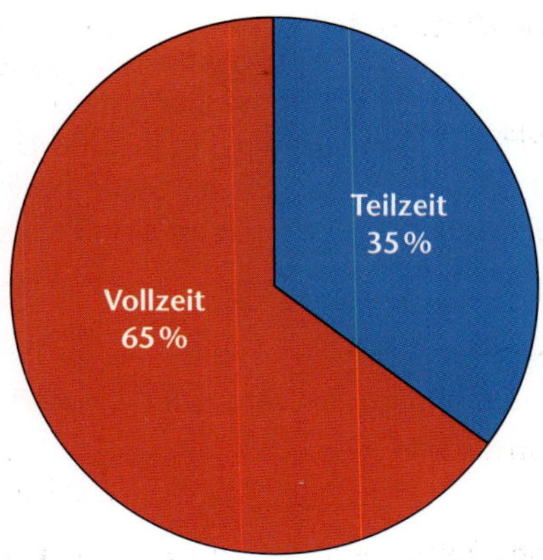

Vollzeit- und Teilzeitkräfte
bei der Duisdorfer BüroKonzept KG

Altersspanne	Anzahl Arbeitnehmer
15–20 Jahre	5
20–30 Jahre	9
30–40 Jahre	13
40–50 Jahre	21
50–60 Jahre	14
60–70 Jahre	5

Betriebs-zugehörigkeit	Anzahl Arbeitnehmer
≤ 5 Jahre	16
> 5 Jahre	11
> 10 Jahre	8
> 15 Jahre	10
> 20 Jahre	15
> 25 Jahre	3
> 30 Jahre	3
> 35 Jahre	1

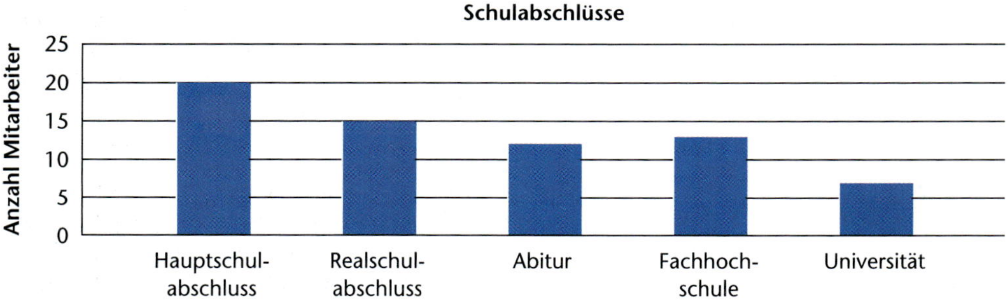

Der aktuelle **Personalbestand** kann aus dem **Stellenbesetzungsplan** abgelesen werden. Der Stellenbesetzungsplan zeigt an, welcher Mitarbeiter auf welcher Stelle eingesetzt ist. Jeder Mitarbeiter wird mit seinem Namen einer konkreten Stelle zugeordnet. Der Stellenbesetzungsplan basiert auf dem **Stellenplan**. In diesem werden nur die benötigten und genehmigten Stellen je Abteilung aufgeführt, ohne dass eine konkrete Zuordnung von Mitarbeitern erfolgt. Es kann also in einem Stellenplan eines Unternehmens eine höhere Personenanzahl aufgeführt sein, als in dem entsprechenden Stellenbesetzungsplan des Unternehmens, der die wirklich besetzten Stellen widerspiegelt. Unter einer **Stelle** versteht man in diesem Zusammenhang die kleinste organisatorische Einheit in der Aufbauorganisation eines Unternehmens. In ihr sind bestimmte Aufgaben gebündelt. Umgangssprachlich wird oft ein Arbeitsplatz als Stelle bezeichnet. Dies ist allerdings ungenau, da eine Stelle weder an einen Ort noch an eine Person gebunden ist, ein Arbeitsplatz aber räumlich gebunden ist.

Beispiel
*Laut **Stellenplan** der Duisdorfer BüroKonzept KG sind für die Abteilung Personalwesen sieben Stellen **vorgesehen**.*

Der **aktuelle Stellenbesetzungsplan** der Duisdorfer BüroKonzept KG (siehe Modellunternehmen) zeigt, dass im Moment im Personalwesen acht Mitarbeiter beschäftigt sind.

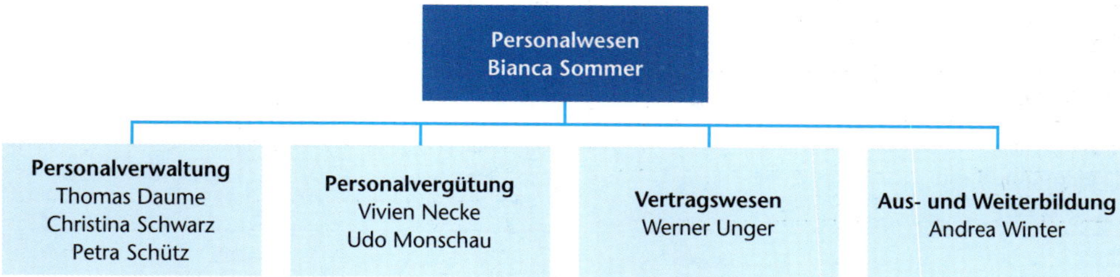

Stellenbesetzungsplan der Abteilung Personalwesen der Duisdorfer BüroKonzept KG

Wichtig ist, dass im Vorfeld der Personalplanung festgelegt wird, was man rein rechnerisch unter einer Arbeitskraft versteht. Wie werden beispielsweise Teilzeitbeschäftigte, langfristig erkrankte Mitarbeiter, Mitarbeiter in Elternzeit oder Leiharbeitnehmer gezählt? Oftmals werden z. B. Teilzeitmitarbeiter im Verhältnis zu der von Vollzeitbeschäftigten geleisteten Arbeitszeit gezählt. Arbeitet eine Vollzeitkraft 40 Stunden in der Woche und wird mit 1,0 gezählt, so wird eine Teilzeitkraft, die 20 Stunden (30 Stunden) in der Woche arbeitet, mit 0,5 (0,75) gezählt.

Der jeweilige Stellenbesetzungsplan bleibt meist nicht lange aktuell, da sich in Unternehmen ständig Veränderungen des Personals, sogenannte **Fluktuationen** (Zu- und Abgänge), ergeben. Deshalb versucht man den zukünftigen Personalbestand für einen bestimmten Zeitpunkt zu ermitteln. Dazu muss man die Zu- und Abgänge von Mitarbeitern berücksichtigen.

Zugänge entstehen, indem Mitarbeiter intern versetzt werden, aus Mutterschutz, Elternzeit, freiwilligem Wehr- oder Zivildienst oder längerer Krankheit zurückkehren oder wenn Auszubildende nach bestandener Abschlussprüfung übernommen werden. Auch bereits feststehende Einstellungen, die erst später erfolgen, weil beispielsweise der neue Mitarbeiter seine Kündigungsfrist im alten Unternehmen noch einhalten muss, werden hier berücksichtigt. Zugänge werden nur berücksichtigt, wenn sie sicher feststehen.

Gründe für **Abgänge** sind z. B. das Auslaufen befristeter Verträge, Kündigung, Entlassung, Mutterschutz, Elternzeit, langfristige Weiterbildung, geplante Versetzung, freiwilliger Wehr- oder Zivildienst, Rente, Vorruhestand, Invalidität und Sterbefälle. Nur ein Teil der Abgänge kann relativ genau erfasst werden, wie z. B. Mitarbeiter, die in Rente gehen, oder bei Auslaufen befristeter Verträge. Einige der Abgänge, wie z. B. Kündigungen, können nur geschätzt werden.

Beispiel

*In der Abteilung **Beschaffung** wird ein Auszubildender nach Abschluss seiner Ausbildung in ein Arbeitsverhältnis übernommen. Im **Vertrieb** kehren zwei Mitarbeiterinnen aus der Elternzeit zurück, außerdem wurden zwei neue Arbeitsverträge geschlossen. Ein Mitarbeiter aus dem Vertrieb geht in Rente, ein zweiter nimmt Elternzeit. In der **kaufmännischen Verwaltung** kehrt ein Mitarbeiter aus dem Bundesfreiwilligendienst zurück und ein Mitarbeiter geht in Vorruhestand. Im **Personalwesen** ist ein Mitarbeiter neu eingestellt worden, zwei weitere kommen nach einer längerfristigen Fortbildung zurück. Ein Mitarbeiter hat gekündigt. Im **technischen Bereich** wurden vier neue Verträge geschlossen und eine Mitarbeiterin kehrt aus dem Mutterschutz zurück. Zwei Mitarbeiter gehen in Ruhestand, zwei in Elternzeit und zwei befristete Verträge laufen aus. Anhand dieser Fakten kann nun der zukünftige Personalbestand der einzelnen Abteilungen der Duisdorfer BüroKonzept KG mithilfe der nachfolgenden Tabelle ermittelt werden.*

	Beschaffung	Vertrieb	Kfm. Verwaltung	Personalwesen	Technischer Bereich
Personalbestand 01.01.20..	6	10	12	8	31
+ Zugänge	1	4	1	3	5
– Abgänge	0	2	1	1	6
Personalbestand 31.12.20..	7	12	12	10	30

1.2 Personalbedarfsplanung

Der nächste Schritt in der Personalplanung ist die Personalbedarfsplanung. Sie ermittelt den Personalbedarf zu einem bestimmten Zeitpunkt und legt die Grundlage für alle anderen Bereiche der Personalplanung. Werden hierbei Fehler gemacht, wirkt sich dies besonders schwerwiegend aus, da der Produktionsfaktor Arbeit in der Regel die meisten Kosten in einem Unternehmen verursacht.

Wichtig ist, dass sich der Personalbedarf nicht aus dem Personalbestand ergibt. Es ist eher andersherum so, dass der Personalbestand an den Personalbedarf angeglichen werden muss. Aus diesem Grund ist eine sorgfältige Personalbedarfsplanung so immens wichtig. Ziel der Personalbedarfsplanung ist es dafür zu sorgen, dass alle zukünftigen Aufgaben des Unternehmens erledigt werden können. Dazu müssen die jeweiligen Mitarbeiter (Anzahl, Qualifikationen) zum entsprechenden Zeitpunkt zur Verfügung stehen. Es kann sowohl für die Gegenwart (= aktueller Personalbedarf) oder für die Zukunft (= späterer Personalbedarf) geplant werden.

Der Personalbedarf wird dabei von verschiedenen Faktoren beeinflusst. Diese Faktoren können sowohl vom Betrieb selbst ausgehen oder außerhalb des Betriebes liegen. **Innerbetriebliche** Faktoren sind beispielsweise die unternehmerischen Ziele, das Absatzprogramm, die vorhandene Mitarbeiter- und Organisationsstruktur, die Produktionsmethoden oder wie gut das Unternehmen mit Kapital ausgestattet ist. Zu den **außerbetrieblichen** Einflussfaktoren zählen beispielsweise die konjunkturelle Lage, die Arbeitsmarktstruktur, die technologische und demografische Entwicklung, rechtliche Rahmenbedingungen, wirtschaftspolitische Förderprogramme und die Entwicklung des Exports. Alle diese Faktoren bewirken, dass neue Stellen entstehen, alte Stellen wegfallen, sich verändern oder zusammengeführt werden.

Die konjunkturelle Lage als außerbetrieblicher Einflussfaktor beeinflusst die Unternehmen stark in ihren Planungen und Entscheidungen. Die **Konjunktur**, also die wirtschaftliche Lage, unterliegt grundsätzlich Schwankungen, die sich meist wellenförmig wiederholen. Man unterscheidet vier Phasen der Konjunktur:

1. Aufschwung (Expansion)
2. Hochkonjunktur (Boom)
3. Abschwung (Rezession)
4. Tiefstand (Depression)

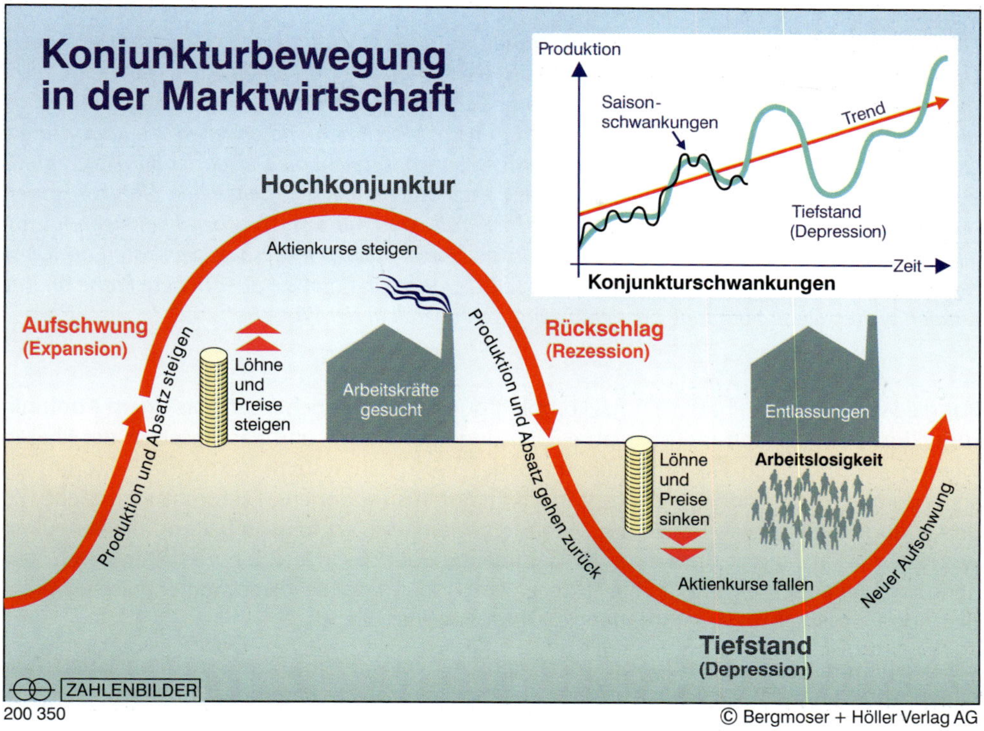

Jede Konjunkturphase ist durch bestimmte Merkmale, die sogenannten Konjunkturindikatoren, gekennzeichnet:

Konjunkturphase / Konjunkturindikatoren	Expansion (Aufschwung)	Boom (Hochkonjunktur)	Rezession (Abschwung)	Depression (Tiefstand)
Arbeitslosigkeit/ Beschäftigung	Arbeitslosigkeit sinkt	Beschäftigungsgrad ist hoch	Beschäftigungsgrad sinkt	hohe Arbeitslosigkeit (Massenentlassungen)
Produktion	Kapazitätsauslastung steigt	Kapazitäten sind voll ausgelastet	Kapazitätsauslastung sinkt	Kapazitäten sind nicht ausgelastet (eventuelle Betriebsstilllegungen)
Preisentwicklung	Preise steigen leicht	Preisniveau ist hoch	Preise sinken	Preisniveau ist niedrig
Lohnentwicklung	Löhne steigen	Lohnniveau ist hoch	Löhne sinken	Lohnniveau ist niedrig
Absatz	Absatz steigt	Absatz ist hoch (eventuell Lieferengpässe)	Absatz sinkt	Absatz niedrig (Lagerbestände steigen)

Beispiel
Befindet sich die Wirtschaft in einer ***Hochkonjunktur****, ist die Nachfrage nach Produkten sehr hoch. Die Duisdorfer BüroKonzept KG kommt bei der Produktion ihrer Büromöbel der Nachfrage nicht mehr nach, es kommt zu Lieferengpässen. Um dieses Problem zu lösen und die Nachfrage befriedigen zu können, investiert das Unternehmen in neue Maschinen und erweitert die Kapazitäten. Damit die neuen Maschinen auch bedient werden können, braucht die Duisdorfer BüroKonzept KG zudem neue Mitarbeiter. Da es kaum verfügbare Fachkräfte auf dem Arbeitsmarkt gibt, konkurriert das Unternehmen mit vielen anderen um die Fachkräfte und muss entsprechend hohe Löhne zahlen. Durch die erhöhten Lohnkosten und die Investitionen steigen insgesamt die Kosten an. Diese möchte die Duisdorfer BüroKonzept KG nicht selbst tragen und gibt sie über höhere Preise an ihre Kunden weiter. Diese Vorgänge passieren zeitgleich überall in der Wirtschaft.*

Hat die Wirtschaft alle Phasen einmal komplett durchlaufen, spricht man von einem **Konjunkturzyklus**. Dieser dauert mehrere Jahre. Die Länge der Phasen und das Einsetzen der Phasen werden sowohl durch Faktoren außerhalb des Wirtschaftssystems (exogene Faktoren) als auch durch Faktoren innerhalb des Wirtschaftssystems (endogene Faktoren) verursacht. Zu den endogenen Faktoren zählen u. a. Veränderungen des Nachfrageverhaltens, die Verteilung des Einkommens, die Veränderung der Geldmenge oder das Investitionsverhalten von Unternehmen. Von außerhalb wirken die Faktoren Entwicklung der Bevölkerung, technische Veränderungen, Streiks, Kriege, internationale Krisen oder der Ölpreis.

Zusätzlich spielen die Erwartungen der Menschen eine Rolle. Erwarten diese einen Aufschwung und geben deshalb mehr Geld aus, beeinflussen sie damit die Entwicklung und es kann zu einem Aufschwung kommen. Dieses Phänomen bezeichnet man auch als selbsterfüllende Prophezeiung.

Um möglichst viele Veränderungen des Personalbedarfs erfassen und berücksichtigen zu können, werden zur Ermittlung des Personalbedarfs verschiedene Verfahren angewendet.

Die Planung des aktuellen Personalbedarfs ist relativ unproblematisch. Die Personalbedarfsplanung für die Zukunft ist jedoch mit vielen Unsicherheiten behaftet.

Die Ermittlung des Personalbedarfs erfolgt sowohl in **quantitativer** als auch **qualitativer** Hinsicht. Dabei können unterschiedliche Verfahren verwendet werden. Hier werden beispielhaft die nachfolgenden Verfahren näher betrachtet:

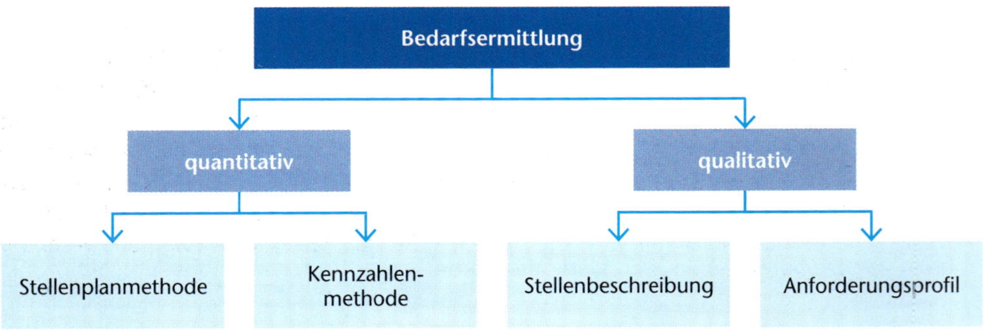

1.2.1 Quantitative Personalbedarfsplanung

Stellenplanmethode

Bei der Stellenplanmethode werden die Stellenpläne in die Zukunft fortgeschrieben. Man versucht, alle angekündigten Veränderungen im Unternehmen zu berücksichtigen, um den zukünftigen Personalbedarf zu ermitteln. Dies erfolgt in den folgenden fünf Schritten:

1. Schritt: Anhand des Stellenplans wird zuerst der **Soll-Personalbestand** errechnet, d.h. die Anzahl der Mitarbeiter, die benötigt werden, um alle anfallenden Aufgaben erledigen zu können.

2. Schritt: Mithilfe des Stellenbesetzungsplan[1] wird ermittelt, welche Stellen wirklich besetzt sind. Dies nennt man den **Ist-Personalbestand**.

3. Schritt: Dann zieht man den Ist-Personalbestand vom Soll-Personalbestand ab.
Soll-Personalbestand > Ist-Personalbestand = **Unterdeckung**, es müssen noch Mitarbeiter eingestellt werden.
Soll-Personalbestand < Ist-Personalbestand = **Überdeckung**, es müssen Mitarbeiter abgebaut werden.
Zuerst werden aber weitere Veränderungen beachtet.

4. Schritt: Es wird der **Neubedarf** (Erweiterungsbedarf) an Mitarbeitern addiert. Dieser geht über den momentan vorhandenen Personalbestand hinaus und entsteht z.B. durch steigende Absatzzahlen, eine Erhöhung der Kapazität oder Arbeitszeitverkürzungen. Außerdem wird der **Minderbedarf** (Personaleinschränkung) subtrahiert. Dieser entsteht z.B. nach Rationalisierungsmaßnahmen oder durch strukturelle Krisen.

5. Schritt: Es werden alle Personalbewegungen, die sogenannten Zu- und Abgänge (siehe Personalbestandplanung) berücksichtigt. Aus den Abgängen ergibt sich ein **Ersatzbedarf**, es müssen also neue Mitarbeiter gesucht werden.

6. Schritt: Hier wird der **Nettopersonalbedarf** ermittelt. Dazu werden zum Bruttopersonalbedarf die Abgänge addiert (da diese ja zusätzlich ersetzt werden müssen) und die Zugänge subtrahiert. Hier ergibt sich nun endgültig, ob neue Mitarbeiter benötigt oder abgebaut werden müssen.

Beispiel

In der Duisdorfer BüroKonzept KG sind die nachfolgenden Soll- und Ist-Bestände durch den Stellenplan und den Stellenbesetzungsplan ermittelt worden. Der ***Neubedarf*** *entsteht aufgrund einer Erhöhung der Kapazität, die sich auf fast alle Abteilungen des Unternehmens auswirkt. Gleichzeitig gibt es im* ***Personalwesen*** *einen* ***Minderbedarf****, da dort ein neu eingeführtes Computerprogramm eine Stelle überflüssig gemacht hat. Nach Berücksichtigung der* ***Zu- und Abgänge*** *(Rückkehr Elternzeit, Übernahme Auszubildender, Einstellung, Kündigung und Elternzeit) ergibt sich der* ***Nettopersonalbedarf*** *der Duisdorfer BüroKonzept KG. Die Stabstellen werden bei der Berechnung nicht berücksichtigt.*

---

[1] *Übersicht, in der festgehalten wird, welcher Mitarbeiter gerade welche Stelle besetzt*

	Beschaffung	Vertrieb	Kfm. Verwaltung	Personalwesen	Technischer Bereich
Personalbestand (Soll)	6	12	11	8	34
– Personalbestand (Ist)	6	10	12	8	31
= Unterdeckung	0	2	0	0	3
Überdeckung	0	0	1	0	0
+ Neubedarf – Minderbedarf	1 0	2 0	1 0	0 1	2 0
= Bruttopersonalbedarf	1	4	0	–1	5
– Zugänge + Abgänge	0 1	1 0	1 1	0 0	2 1
= Nettopersonalbedarf	2	3	0	–1	4

*Für die Abteilungen **Beschaffung, Vertrieb** und **technischer Bereich** werden also neue Mitarbeiter benötigt, das **Personalwesen** hat einen Mitarbeiter zu viel und muss diesen ggf. abbauen.*

Für berechenbare kurzfristige Ausfälle und sonstige Abwesenheiten wie Krankheit und Urlaub kann der sogenannte **Zusatzbedarf** als Reserve in die Berechnung mit einbezogen werden. Die Ermittlung erfolgt in der Regel aus statistischen Auswertungen und wird dann als prozentualer Zuschlag mit einberechnet. Dies soll dafür sorgen, dass immer genügend Personal vorhanden ist, um alle anfallenden Aufgaben erledigen zu können.

Kennzahlenmethode

Bei dieser Methode geht es darum, eine Beziehung zwischen dem Personalbedarf und einer Bezugsgröße festzustellen. Diese Beziehung wird dann in einer Kennzahl ausgedrückt. Ändert sich die Bezugsgröße, kann man so unmittelbar den Personalbedarf ableiten. In der Praxis werden verschiedene Kennzahlen verwendet. Sie werden häufig aufgrund von Erfahrungswerten oder durch arbeitswissenschaftliche Methoden ermittelt. Wichtig ist, dass sich diese Kennzahl während des Bezugszeitraums nicht verändert, sondern stabil bleibt und die Arbeitsvorgänge gleichartig sind.

Im Produktionsbereich kann man z. B. feststellen, wie viel Zeit für die Herstellung eines Produktes benötigt wird. Daraus kann eine Kennzahl gebildet werden, aus der sich der Personalbedarf ermitteln lässt. Weiß man beispielsweise, dass im nächsten Jahr 10 000 Produkte mehr hergestellt werden sollen, kann sehr schnell der neue Personalbedarf ermittelt werden. Weitere Kennzahlen sind z. B. der Pro-Kopf-Umsatz, die Arbeitsproduktivität, die Anzahl der Kunden oder die Anzahl der Aufträge.

Beispiel
***Im Jahr 1** wurden in der Duisdorfer BüroKonzept KG 40 000 Schreibtische Typ Ökostar produziert. In der Produktion wurden 46 Wochen mit durchschnittlich 15 Mitarbeitern gearbeitet. Durchschnittlich hat jeder Mitarbeiter pro Woche 39 Stunden gearbeitet. **Für das Jahr 2** soll die Produktivität der Mitarbeiter um 5 % gesteigert werden. In diesem Jahr sollen insgesamt 48 000 Schreibtische Ökostar produziert werden.*

1. ***Schritt:*** *Wie hoch war die Arbeitsproduktivität im **Jahr 1**?*

   a) Ermittlung der geleisteten Gesamtstunden aller Mitarbeiter im Jahr 1:

   39 Stunden/Woche · 46 Wochen = 1 794 Stunden/Mitarbeiter und Jahr
   1 794 · 15 Mitarbeiter = 26 910 geleistete Arbeitsstunden/Jahr

   b) Ermittlung der produzierten Schreibtische je Arbeitsstunde (= Kennzahl Produktivität):

   40 000 Schreibtische : 26 910 Arbeitsstunden = 1,49 Tische/Stunde.

2. ***Schritt:*** *Wie viele Mitarbeiter brauche ich im Jahr 2, wenn die Produktivität um 5 % gesteigert werden soll und 48 000 Schreibtische Ökostar gefertigt werden sollen? (Alle anderen Angaben bleiben unverändert.)*

   a) Ermittlung der neuen Kennzahl nach der Produktivitätssteigerung:

   1,49 + 5 % = 1,57Stück/Stunde, d. h. in einer Stunde sollen 1,57 Arbeitstische hergestellt werden.

   b) Ermittlung der benötigten Arbeitsstunden:

   48 000 Schreibtische : 1,57 = 30 573,25 Arbeitsstunden werden dafür benötigt.

   c) Ermittlung der benötigten Mitarbeiter:

   39 Stunden/Woche · 46 Wochen = 1 794 Stunden/Mitarbeiter und Jahr
   30 573,25 Arbeitsstunden : 1 794 Stunden/Mitarbeiter und Jahr = 17,04 Mitarbeiter werden nun benötigt.

3. ***Schritt:*** *Habe ich genügend Mitarbeiter, um die 48 000 Schreibtische im Jahr 2 fertigen zu können?*
   Vergleich der vorhandenen Mitarbeiterzahl mit der benötigten Mitarbeiterzahl:

   15 Mitarbeiter sind vorhanden, 17,04 Mitarbeiter werden benötigt, es besteht also ein Personalbedarf von 2,04 Mitarbeitern.

Ein Vorteil der Kennzahlenmethode liegt darin, dass sie relativ objektiv ist. Ist die Vorarbeit (also die Ermittlung der Daten und Kennzahlen) im ersten Jahr geleistet, hält sich außerdem der Arbeitsaufwand in den nächsten Jahren in Grenzen und die Berechnung kann einfach durchgeführt werden. Nachteilig ist, dass die Methode nicht für alle Arbeitsvorgänge geeignet ist, sondern nur dann, wenn die Arbeitsvorgänge gleichartig sind bzw. der Arbeitsanfall gleichmäßig erfolgt. Außerdem wird nur mit Durchschnittswerten gearbeitet und nicht mit den realen Zahlen. Für die Prognose werden vergangenheitsbezogenen Daten verwendet. Da man vorher nicht weiß, ob diese Daten auch in der der Zukunft noch richtig sind, können immer Planungsfehler entstehen.

Im Rahmen des **Personalcontrollings** werden **statistische Auswertungen** vorgenommen, die **Einfluss auf die Personalplanung haben**. Exemplarisch werden im Folgenden die Fehlzeiten-, Unfall- und Personalfluktuationsquote betrachtet.

Die **Fehlzeitenquote** gibt an, wie hoch der prozentuale Anteil der Soll-Arbeitszeit ist, der durch Fehlzeiten verloren geht. Fehlzeiten können in drei Gruppen unterteilt werden. Zum einen können sie gesetzlich, tariflich oder vertraglich bedingt sein. Hierunter fallen Feiertage, Urlaub oder Sonder-/Zusatzurlaub. Die zweite Gruppe von Fehlzeiten sind krankheitsbedingte Fehlzeiten. Darunter fallen auch Unfälle und Kuren. Der Absentismus stellt den dritten

Bereich dar. Darunter fallen Fehlzeiten, die aufgrund von Problemen im privaten Umfeld bzw. fehlender Motivation eines Mitarbeiters entstehen. Diese werden umgangssprachlich auch als „blaumachen" bezeichnet. Der Mitarbeiter entscheidet sich also im Gegensatz zur Krankheit bewusst für die Abwesenheit. Ursachen für Absentismus können beispielsweise sein:

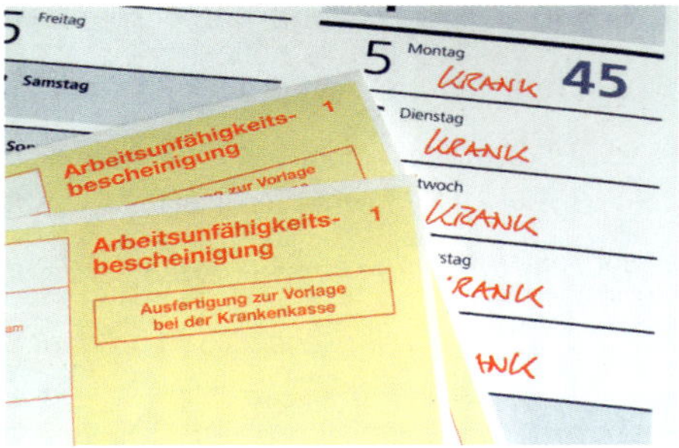

- schlechtes Betriebsklima
- eintönige Arbeit
- schlechte Arbeitsbedingungen (subjektiv so empfunden oder objektiv vorhanden)
- Arbeitsunlust
- schlechter Führungsstil

$$\textit{Fehlzeitquote (in \%)} = \frac{\textit{Fehlzeiten (in Std. oder Tagen)}}{\textit{Sollarbeitszeit (in Std. oder Tagen)}} \cdot 100\,\%$$

Die Fehlzeitenquote wird monatlich oder jährlich ermittelt. Sie kann nach Mitarbeitergruppen (Alter, Geschlecht, Beruf, Tätigkeit etc.) berechnet werden.

Werden alle Fehlzeitenarten (also auch der Urlaub) in die Berechnung mit einbezogen, liegt die Fehlzeitenquote in Deutschland bei ca. 25 %. Eine größere Aussagekraft kann man erreichen, wenn man die Fehlzeitenquote für die einzelnen Bereiche separat ermittelt. Wichtig ist die Analyse der krankheitsbedingten und absentismusbedingten Fehlzeiten, um mögliche Ursachen zu ermitteln und hierfür Gegenmaßnahmen und Präventionsmaßnahmen ergreifen zu können.

Beispiel

*In der Abteilung **Beschaffung** der Duisdorfer BüroKonzept KG arbeiten momentan sechs Mitarbeiter. Es soll die Fehlzeitenquote der Abteilung Beschaffung (ohne Berücksichtigung von Urlaub als Fehlzeit) ermittelt werden. Alle Mitarbeiter haben 30 Tage Urlaub pro Jahr.*

- *52 Kalenderwochen · 5 Arbeitstage – 30 Urlaubstage = 230 mögliche Arbeitstage pro Mitarbeiter*
- *230 Arbeitstage · 6 Mitarbeiter = 1 380 Arbeitstage gesamt für die Abteilung Beschaffung*

Im Laufe des Jahres sind folgende zusätzliche Fehlzeiten in der Abteilung Beschaffung entstanden:

Mitarbeiter	Tage	Ursache
Laura Beckmann	0	
Udo Anderson	2	Sonderurlaub
Heiko Groß	0	
Johanna Elling	4	Krankheit
Moritz Wagner	15	Krankenhausaufenthalt nach Skiunfall
Hans Lembke	5	Krankheit
Ausfalltage insgesamt	**26**	

Berechnung:

$$\frac{\textit{26 Ausfalltage}}{\textit{1 380 Arbeitstage}} \cdot 100 = 1{,}88\,\%$$

Für die Abteilung Beschaffung liegt also eine Fehlzeitenquote von 1,88 % vor.

Die Kennzahl **Unfallhäufigkeit** gibt die Zahl der Arbeitsunfälle der eigenen Mitarbeiter je 1 000 000 geleisteter Arbeitsstunden[1] an. Erfasst werden durch die Kennzahl alle Arbeitsunfälle, die eine Ausfallzeit ab einem Tag Abwesenheit (ohne Unfalltag selbst) verursachen. Wegeunfälle werden hierbei nicht berücksichtigt. Die Multiplikation mit 1 000 000 relativiert die Kennzahl und ermöglicht dadurch einen Vergleich von verschiedenen großen Unternehmen.

Die Ermittlung erfolgt oftmals getrennt nach Tätigkeitsbereichen, z. B. für die Verwaltung und die Produktion, da die Aussagekraft ansonsten leidet. Zur Interpretation der Werte, also ob die Unfallhäufig hoch oder niedrig ist, muss entweder ein Vergleich mit Branchenwerten erfolgen oder mit Werten aufeinanderfolgender Jahre des eigenen Unternehmens. Ursachen für hohe Unfallquote sind beispielsweise unzureichende Arbeitsschutzmaßnahmen, schlechte Organisation oder ein schlechtes Arbeitsklima. Ziel sollte es sein, eine Unfallquote von 0 % zu erreichen

$$\text{Unfallquote (in \%)} = \frac{\text{Anzahl Arbeitsunfälle im Jahr}}{\text{Zahl der geleisteten Arbeitsstunden}} \cdot 1\,000\,000 \text{ Arbeitsstunden}$$

Arbeitsunfälle nach Branchen – je 1 Million Arbeitsstunden 2012

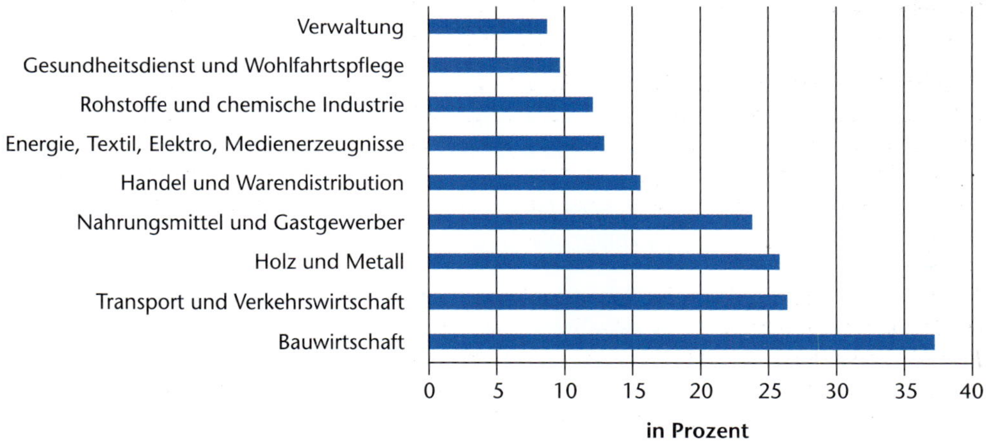

Eigene Darstellung, basierend auf Werten der Deutschen Gesetzlichen Unfallversicherung

Beispiel

Bei der Duisdorfer BüroKonzept KG sind im vergangenen Jahr zwei Unfälle in der Produktion der Büromöbel und ein Unfall im kaufmännischen Bereich passiert. Insgesamt waren durchschnittlich 67 Personen angestellt. Jeder Mitarbeiter hat 30 Tage Urlaub.

Zahl der geleisteten Arbeitsstunden je Mitarbeiter =
52 Wochen · 5 Arbeitstage · 8 Stunden – (30 Urlaubstage · 8 Stunden) = 1 840
1 840 Arbeitsstunden/Mitarbeiter · 67 Mitarbeiter = 123 280 geleistete Arbeitsstunden

$$\frac{\text{3 Arbeitsunfälle}}{\text{123 280 geleistete Arbeitsstunden}} \cdot 1\,000\,000 \text{ Arbeitsstunden} = 24{,}33\,\%$$

[1] Man multipliziert die Kennzahl mit 1 000 000 Arbeitsstunden, um eine Vergleichbarkeit zwischen verschieden großen Unternehmen zu erreichen. 1 000 000 Arbeitsstunden entsprechen 45 Arbeitswochen im Jahr bei einer 38-h-Woche und 585 Arbeitnehmern.

Personalfluktuation

Bei der Personalfluktuation handelt es sich um Personalbewegungen. Die **Fluktuationsquote** kann anhand verschiedener Formeln berechnet werden. Hier soll die Formel, die von der Bundesvereinigung der Arbeitgeberverbände (BDA) herausgegeben wurde, betrachtet werden. Nicht zu den Abgängen gezählt werden für diese Quote die ruhenden Mitarbeiter, beispielsweise solche, die in Elternzeit oder in einem Sabbatical (bezahlte Auszeit) sind und nach einer gewissen Zeit zurückkehren. Die Quote wird jährlich erhoben und meist für die verschiedenen Unternehmensbereiche, Abteilungen, Hierarchieebenen oder Mitarbeitergruppen (Geschlecht, Alter, Beruf, Tätigkeit) ermittelt. Ihre Aussagekraft erhält die Fluktuationsquote erst, wenn sie mit Werten anderer Unternehmen oder mit Branchenwerten verglichen wird. Außerdem ist ein zeitlicher Vergleich mit eigenen Werten möglich. Liegt die Fluktuationsrate bspw. bei 12,5 %, so bedeutet dies, dass rein rechnerisch alle acht Jahre die komplette Belegschaft einmal ausgetauscht wird. Nach der Ermittlung und dem Vergleich der Quoten sollte eine Fluktuationsanalyse erfolgen. Ziel ist es nicht, die Quote gegen Null zu senken, da gewisse Bewegungen im Personalbestand durchaus gewünscht bzw. geplant sind. So erzeugt das Ausscheiden eines Mitarbeiters in den Ruhestand auch eine Fluktuation, ist aber – wenn bereits ein Nachfolger eingearbeitet wurde – nicht als negativ zu betrachten. Verlassen hingegen die Leistungsträger das Unternehmen und nehmen Wissen mit, das sonst keiner im Unternehmen hat, ist dies für das Unternehmen schädlich und sollte vermieden werden. Angestrebt werden sollte eine Fluktuationsquote von unter 10 %.

$$\text{Fluktuationsquote (in \%)} = \frac{\text{Zahl der Abgänge}}{\text{durchschnittl. Personalbestand}} \cdot 100$$

Um die Fluktuation gering zu halten, können beispielsweise folgende Maßnahmen ergriffen werden:

- Eine leistungsgerechte Entlohnung, damit die Mitarbeiter sich auch monetär wertgeschätzt fühlen. Zusätzliche Sozialleistungen tragen dazu ebenfalls bei.
- Die Arbeitszeit so individuell wie möglich gestalten, sodass das Arbeits- und Privatleben in Einklang gebracht werden können (Work-Life-Balance). Darauf legen Mitarbeiter immer größeren Wert. LF 2, 3.3
- Für ein gutes Betriebsklima sorgen, indem die Arbeitsplätze ergonomisch eingerichtet werden, gemeinsame Aktivitäten stattfinden oder Büros individuell gestaltet werden können. Auch der angewandte Führungsstil trägt wesentlich zum Betriebsklima bei. LF 2, 1.2
- Entwicklungsmöglichkeiten für die Mitarbeiter schaffen, indem für diese beispielsweise Seminare angeboten werden und wirkliche Aufstiegschancen bestehen.
- Arbeitsinhalte so abwechslungsreich und herausfordernd wie möglich gestalten. LF 8, 6.2

Beispiel

Bei der Duisdorfer BüroKonzept KG sind im letzten Jahr 6 Mitarbeiter ausgeschieden, zwei davon sind in Rente gegangen. Durchschnittlich 67 Personen waren bei der Duisdorfer BüroKonzept KG beschäftigt. Daraus ergibt sich nachfolgende Fluktuationsquote:

$$\frac{6}{67} \cdot 100 = 8{,}96\ \%$$

1.2.2 Qualitative Personalplanung

Zusätzlich zur mengenmäßigen Personalplanung muss auch überprüft werden, welche Anforderungen die zu erledigenden Aufgaben an die Mitarbeiter stellen. Dieser Vorgang wird qualitative Personalplanung genannt.

Jede zu erfüllende Aufgabe stellt dabei bestimmte Arbeitsanforderungen (erwartete Kenntnisse, Fertigkeiten und Erfahrungen) an den Mitarbeiter. Diese Anforderungen bleiben jedoch nicht immer identisch, sondern variieren mit organisatorischen oder technischen Veränderungen. Durch solche Vorgänge kann sich auch der Personalbedarf des Unternehmens verändern.

Die qualitative Personalplanung kann wie auch die quantitative Personalplanung mit verschiedenen Methoden vorgenommen werden. Im Folgenden soll dies anhand der **Stellenbeschreibung** und des **Anforderungsprofils** beispielhaft geschehen.

Stellenbeschreibung

In einer Stellenbeschreibung werden alle wesentlichen Merkmale einer Stelle festgehalten. Sie sind die Grundlage für die qualitative Personalplanung. Stellenbeschreibungen sind nicht an eine bestimmte Person gebunden und enthalten deshalb auch keine Informationen zum Stelleninhaber. Durch die Stellenbeschreibung wird der Tätigkeits- und Verantwortungsbereich eines Mitarbeiters verbindlich abgegrenzt und die Einordnung des Arbeitsplatzes in die betriebliche Organisation (Hierarchie) wird deutlich. Zusätzlich erhält der Mitarbeiter Informationen darüber, welche Befugnisse er hat und welche Anforderungen die Stelle an ihn stellt. Meist werden die Stellenbeschreibungen mithilfe eines standardisierten Formulars verfasst. In manchen Unternehmen werden die Stellenbeschreibungen auch Job description, Arbeitsplatzbeschreibung oder Tätigkeitsbeschreibung genannt. Im gewerblichen Bereich werden hierin ebenfalls die verwendeten Arbeitsmittel und Maschinen festgehalten.

Die Stellenbeschreibung unterstützt die Personalabteilung nicht nur bei der Ermittlung des qualitativen Personalbedarfs, sondern auch bei weiteren Tätigkeiten. Die Stellenbeschreibung

- dient als Grundlage zur Erstellung von Anforderungsprofilen,
- dient als Grundlage für die Stellenausschreibungen und optimiert dadurch die Personalbeschaffung,
- informiert die Mitarbeiter über ihre Aufgaben und Verantwortungsbereiche,
- schafft Transparenz,
- ermöglicht eine anforderungsgerechte Entlohnung,
- gibt Orientierung für die Personalbeurteilung,
- hilft bei der Ermittlung des Personalentwicklungsbedarfs,
- ist die Grundlage für die Erstellung eines Arbeitszeugnisses.

Es ist sinnvoll, die Stellenbeschreibung regelmäßig, z. B. einmal jährlich beim Zielvereinbarungsgespräch, auf ihre Aktualität zu überprüfen und bei Bedarf anzupassen.

Beispiel
In der Duisdorfer BüroKonzept KG liegt nachfolgende Stellenbeschreibung vor.

Stellenbezeichnung	**Personalsachbearbeiter Personalverwaltung** Duisdorfer BüroKonzept KG
Kostenstelle	Verwaltung
Beschäftigungsumfang	☒ Vollzeit ☐ Teilzeit % ________
Stellenbezeichnung des direkten Vorgesetzten	Abteilungsleitung Personalwesen
Stellenbezeichnung und Anzahl der direkt unterstellten Mitarbeiter	------------------
Der Stelleninhaber vertritt	Personalsachbearbeiter Personalvergütung
Der Stelleninhaber wird vertreten von	Personalsachbearbeiter Personalvergütung
Ziele der Stelle	Korrekte und termingerechte Personalsachbearbeitung
Aufgaben	• Bearbeitung des allgemeinen Schriftverkehrs • Erstellung von Stellenanzeigen • Bewerbermanagement • Anlegen und verwalten der Personalakten • Bearbeitung Ein- und Austritte • Einpflegen von Änderungen • Erstellung von Arbeitszeugnissen • Erstellung von Bescheinigungen
Befugnisse/Verantwortung	----------------------
Anforderungen	• abgeschlossene kaufmännische Berufsausbildung • eventuell Weiterbildung Personalfachkaufmann • Diskretion • gute Umgangsformen • Zuverlässigkeit und Sorgfalt

Datum:	Datum:	Datum:	Datum:
Unterschrift Stelleninhaber	Unterschrift unmittelbarer Vorgesetzter	Unterschrift nächsthöherer Vorgesetzter	Unterschrift einführende Stelle

Anforderungsprofil

Eine weitere Methode der qualitativen Personalplanung ist die Erstellung von Anforderungsprofilen. Ein solches Profil wird im Idealfall aus einer bereits vorhandenen Stellenbeschreibung abgeleitet und gibt Auskunft darüber, welche Fähigkeiten ein Mitarbeiter für die zu besetzende Stelle mitbringen muss. Das Anforderungsprofil enthält sowohl fachliche als auch persönliche Anforderungen. Erfüllt ein Mitarbeiter das Profil, so ist gewährleistet, dass die Stellenbeschreibung auch erfüllt werden kann und somit alle Aufgaben der Stelle erledigt werden können. Jedes Unternehmen sollte für alle seine Positionen ein Anforderungsprofil erstellen. Die Profile sind als Grundlage für die Personalsuche und Bewerberauswahl unverzichtbar.

Folgende Inhalte finden sich in einem Anforderungsprofil:

1. Anforderungen an **fachliche** Kompetenz/Wissen/Kenntnisse: Dazu zählen der Schulabschluss, die Berufsausbildung, Studienabschluss, Berufserfahrung, Computerkenntnisse, Sprachkenntnisse, zusätzliche Kenntnisse und absolvierte Weiterbildungen.
2. Anforderungen an die **persönlichen** Kompetenzen/Eigenschaften:
   Welche körperlichen und geistigen Anforderungen sind für die Stelle erforderlich? Dazu gehören analytisches Denkvermögen, Urteils- und Auffassungsvermögen, Verantwortungsbewusstsein, Sorgfalt, Zuverlässigkeit, Ausdauer, Belastbarkeit sowie Kreativität.
3. Anforderungen an die **sozialen** Kompetenzen: Wie geht der Mitarbeiter mit seinen Mitmenschen um? Dazu gehören Umgangsformen, Auftreten, Teamfähigkeit, Toleranz, Kritik- und Konfliktfähigkeit, Kommunikationsfähigkeit, Kundenorientierung und Verhandlungsgeschick.

Handelt es sich bei der Stelle um eine Stelle für Führungskräfte, kommen auch noch Anforderungen an die **Führungskompetenz** hinzu. Darunter wird verstanden, wie ein Vorgesetzter mit seinen unterstellten Mitarbeitern umgeht. Für eine Führungskraft liegen folgende Anforderungen zusätzlich vor: Delegationsvermögen, Organisationsvermögen, Entscheidungsfähigkeit, Motivationsfähigkeit, Durchsetzungsvermögen und Zielerreichung.

Um das Ausmaß der gewünschten Anforderungen deutlich zu machen, ist es sinnvoll, die Anforderungen zu differenzieren. Das kann entweder durch eine Aufteilung in wünschenswerte, dringend notwendige oder unerlässliche Anforderungen oder durch Aufteilung in Muss-, Soll- oder Kann-Anforderungen geschehen. Auch ist es denkbar, das Ausmaß mithilfe von Werten (z. B. 1–6) deutlich zu machen. Ein Anforderungsprofil lässt sich auch grafisch darstellen.

Beispiel

***Anforderungsprofil** Personalsachbearbeiter Personalverwaltung*

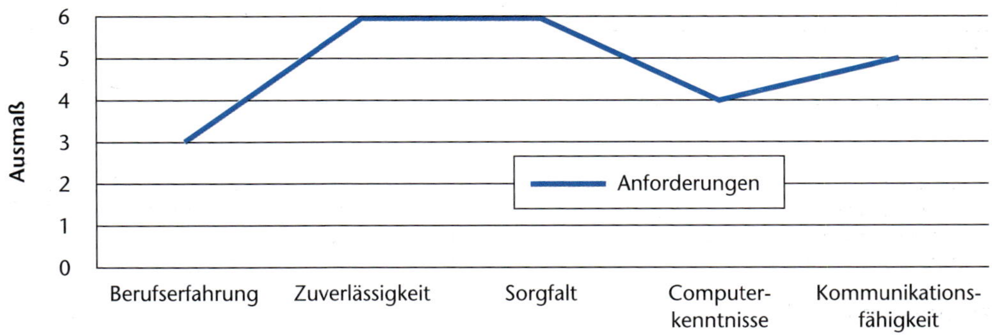

Auch für einen Mitarbeiter kann man ein Profil erstellen, das sogenannte **Fähigkeitsprofil**. In diesem Profil werden die Ausprägungen der Fähigkeiten des Mitarbeiters dokumentiert. Hier werden fachliche, persönliche, soziale Fähigkeiten und Führungseigenschaften dargestellt. Auch dieses Profil lässt sich grafisch darstellen.

Beispiel

***Fähigkeitsprofil** von Herrn Oskan*

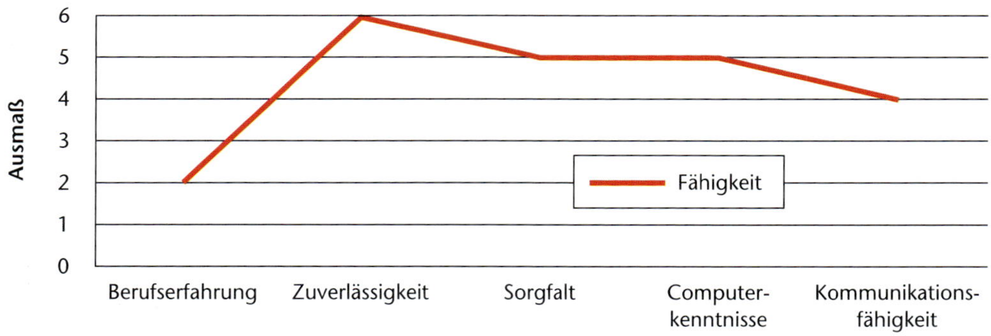

Stellt man nun das Fähigkeitsprofil eines Mitarbeiters dem Anforderungsprofil einer Stelle gegenüber, können zwei Ergebnisse auftreten:

1. Die beiden Profile stimmen komplett überein, der Mitarbeiter ist also perfekt für die Stelle geeignet bzw. die Stelle ist perfekt für den Mitarbeiter geeignet.
2. Es gibt Abweichungen. Sind die Anforderungen der Stelle höher, als die Fähigkeiten des Mitarbeiters, könnte der Mitarbeiter überfordert sein. Sind die Anforderungen der Stelle niedriger als die Fähigkeiten des Mitarbeiters, könnte der Mitarbeiter unterfordert sein. Beide Zustände sollten vermieden werden, weil sie zu Unzufriedenheit des Mitarbeiters führen können. Gelöst werden kann dieser Konflikt nur, indem der Mitarbeiter an die An forderungen der Stelle angepasst wird (Personalentwicklung) oder die Stelle an die Fähigkeiten des Mitarbeiters angepasst (Veränderung der Aufgaben der Stelle) wird.

LF 8, 6

Beispiel

***Gegenüberstellung** des Anforderungsprofils Personalsachbearbeiter Personalverwaltung und des Fähigkeitsprofils von Herrn Oskan*

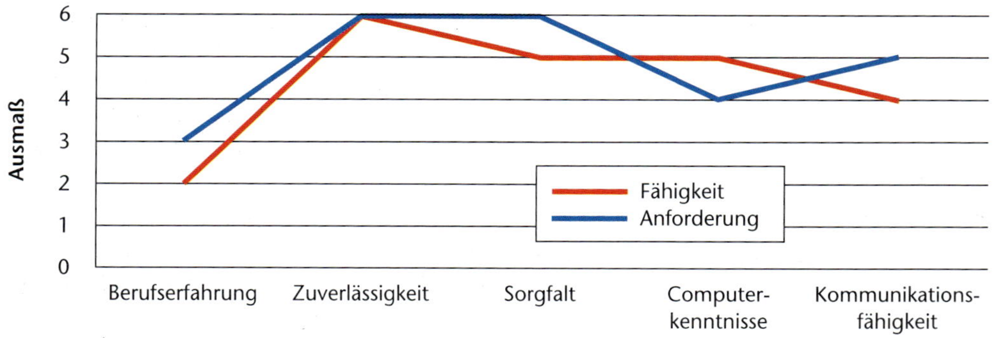

Wenn man die Anforderungen und Fähigkeiten miteinander vergleicht, fallen Abweichungen auf. In diesem konkreten Beispiel kann man durch Personalentwicklungsmaßnahmen, z. B. einem Seminar zum Thema Kommunikation, die Kommunikationsfähigkeit von Herrn Oskan an die Anforderung der Stelle anpassen. Die Berufserfahrung kann nicht verändert werden, er verfügt noch nicht ganz über die geforderte Erfahrung. Die Computerkenntnisse von Herrn

Oskan sind höher als gefordert. Eventuell wird er dadurch zum „Spezialisten" seiner Abteilung und steht seinen Kollegen bei Computerproblemen bei.

Nutzt man die Gegenüberstellung von Fähigkeits- und Anforderungsprofil zur Bewerberauswahl, so wird in den meisten Fällen der Kandidat die Stelle bekommen, der die höchste Übereinstimmung aufweist.

2 Personalbeschaffung

Ergibt sich im Rahmen der Personalplanung, dass eine personelle Unterdeckung vorliegt, muss zusätzliches Personal beschafft werden. Dafür gibt es verschiedene Möglichkeiten, die im Folgenden näher beschrieben werden:

2.1 Wege der Personalbeschaffung

Das neue Personal kann entweder aus dem Unternehmen selbst kommen, also intern, oder von außerhalb des Unternehmens, also extern, beschafft werden.

Grundsätzlich kann ein Unternehmen selbst wählen, ob eine zu besetzende Stelle intern oder extern besetzt werden soll. Jedoch kann nach § 93 **Betriebsverfassungsgesetz** der **Betriebsrat** eine innerbetriebliche Stellenausschreibung verlangen. Dabei hat der Betriebsrat die Wahl, ob die innerbetriebliche Ausschreibung allgemein (für alle zu besetzenden Stellen) oder nur für bestimmte Tätigkeiten zu erfolgen hat. Hiervon ausgenommen sind alle Stellen für leitende Angestellte. Sie vertreten gegenüber der Belegschaft die Interessen des Unternehmens, deshalb werden sie nicht vom Betriebsrat vertreten.

Ist das Unternehmen kein Wirtschaftsunternehmen, sondern gehört zum Öffentlichen Dienst, dann gilt das **Bundespersonalvertretungsgesetz** (BPersVG) und anstelle eines Betriebsrats gibt es dann einen **Personalrat**. Grundsätzlich müssen freie Dienstposten intern ausgeschrieben werden. Möchte die Dienststelle davon abweichen, muss sie den Personalrat beteiligen (§ 75, Abs. 3 Nr. 14 BPersVG). Ist die Dienststelle auf Landesebene anstatt auf Bundesebene angesiedelt, gilt das jeweilige eigene Landespersonalvertretungsrecht des entsprechenden Bundeslandes.

Gibt es sowohl interne als auch externe Bewerber auf eine Stelle, so hat der interne Bewerber nicht grundsätzlich Vorrang vor einem externen Bewerber. Allerdings gibt es in manchen Unternehmen Betriebsvereinbarungen, die regeln, dass ein interner Bewerber bei gleicher Eignung den Vorzug vor einem externen Bewerber bekommt.

2.1.1 Interne Personalbeschaffung

Zu den **internen** Beschaffungswegen zählen die innerbetrieblichen Stellenausschreibungen, Mehrarbeit, Versetzung, Umwandlung von Teilzeit- in Vollzeitverträge, die Personalentwicklung oder die Übernahme von Auszubildenden. Diese Wege werden nachfolgend dargestellt.

Innerbetriebliche Stellenausschreibungen

Die innerbetriebliche Stellenausschreibung fordert die bereits im Unternehmen beschäftigten Arbeitnehmer auf, sich für bestimmte Arbeitsplätze innerhalb des Unternehmens zu bewerben. Der Inhalt und die Form sind gesetzlich nicht geregelt. Als Mindestinhalte werden jedoch die Angaben über den zu besetzenden Arbeitsplatz, die Anforderungen an den Mitarbeiter und die Bewerbungsfrist angesehen. Zusätzlich bietet es sich an, Angaben zum voraussichtlichen Einstellungstermin, zur tariflichen Eingruppierung und zum Besetzungstermin zu machen.

Die innerbetriebliche Stellenanzeige kann über verschiedene Kanäle erfolgen, beispielsweise über Aushänge am Schwarzen Brett, Mitteilungen oder Newsletter im Intranet, die Werkszeitung oder Hausmitteilungen. Zusätzlich besteht die Möglichkeit, geeignet erscheinende Mitarbeiter direkt anzusprechen. Wie die innerbetriebliche Stellenausschreibung erfolgt, unterliegt nicht der Mitbestimmung des Betriebsrates.

Für die bereits im Unternehmen tätigen Mitarbeiter erhöht sich durch die innerbetriebliche Stellenanzeige die Transparenz über die freien Stellen des Unternehmens sowie die Chancen für Aufstiege und Höhergruppierungen.

Ist der Arbeitsplatz auch als Teilzeitarbeitsplatz geeignet, so muss es in der Stellenausschreibung vermerkt werden (§ 7 Abs.1 TzBfG).

Bei der Stellenausschreibung muss das Allgemeine Gleichbehandlungsgesetz (AGG) berücksichtigt werden. So muss z. B. eine Stellenausschreibung geschlechtsneutral ausgeschrieben werden, es sei denn, für die zu besetzende Stelle ist ein bestimmtes Geschlecht eine unverzichtbare Voraussetzung. Sucht ein Unternehmen beispielsweise für einen Film einen männlichen Hauptdarsteller, so darf in der Stellenausschreibung „männlich" als Anforderungskriterium enthalten sein.

Hat der Betriebsrat eine innerbetriebliche Stellenausschreibung verlangt, so muss das Unternehmen diesem entsprechen. Ist dies nicht der Fall, kann der Betriebsrat nach § 99 Abs. 2 Nr. 5 BetrVG seine Zustimmung zu einer geplanten Einstellung oder Versetzung verweigern. Das Unternehmen kann dann beim Arbeitsgericht beantragen, die Zustimmung zu ersetzen (§ 99 Abs. 3 BetrVG).

Zusätzlich kann der Betriebsrat im Rahmen seines Mitbestimmungsrechts beispielsweise in folgenden Fällen einer Einstellung widersprechen (§ 99 Abs. 2 BetrVG):
- Verstoß gegen eine Rechtsnorm, z. B. das Allgemeine Gleichbehandlungsgesetz;
- Verstoß gegen Auswahlrichtlinien;
- Sorge, dass die im Betrieb beschäftigten Arbeitnehmer gekündigt werden oder sonstige Nachteile erleiden.

Mehrarbeit

Eine weitere Möglichkeit der internen Personalbeschaffung ist die Mehrarbeit. Mehrarbeit bedeutet, dass einzelne oder auch alle Mitarbeiter länger arbeiten, als dies die vereinbarte Arbeitszeit vorsieht. Durch diese Maßnahme verändert sich die Anzahl der Beschäftigten im Unternehmen nicht. Mehrarbeit eignet sich jedoch nur bei kurzfristigem Personalbedarf und wird dann z. B. als Überstunden oder Sonderschichten eingesetzt.

Versetzung

Von einer Versetzung spricht man, wenn der Arbeitgeber im Rahmen seines Direktionsrechts dem Arbeitnehmer eine Änderung des Arbeitsplatzes (Ort, Art, Zeit, und/oder Umfang der Tätigkeit) anordnet. Es gibt vielfältige Gründe für eine Versetzung, so können Arbeitsplätze durch Rationalisierungsmaßnahmen wegfallen, neue Arbeitsplätze durch Unternehmenserweiterungen entstehen oder Arbeitsplätze durch Kündigung oder Tod von Kollegen frei werden, die schnell wieder besetzt werden sollen. Zusätzlich können Gründe in der Person des zu versetzenden Mitarbeiters liegen, wie beispielweise eine Veränderung der Familiensituation oder bei (Berufs-)Krankheit oder Unfall.

Bei einer Versetzung muss der Betriebsrat angehört werden und kann seine Zustimmung verweigern (§ 99 BetrVG).

Beispiel
Bei der Duisdorfer BüroKonzept KG fällt aufgrund von wirtschaftlichen Rationalisierungsmaßnahmen im Bereich des Gebäudemanagements der Arbeitsplatz von Wojtus Chistow weg. Er wird in den Bereich Lager und Versand am Standort Bonn versetzt.

Umwandlung von Teilzeitverträgen in Vollzeitverträge

Auch über die Umwandlung von Teilzeit- in Vollzeitverträge besteht die Möglichkeit, Personalbedarf intern zu decken.

Beispiel
Kevin Kaufmann aus dem Rechnungswesen hat bisher einen Teilzeitvertrag mit 50 % Stundenumfang. Aufgrund der wirtschaftlich guten Lage ist auch im Rechnungswesen mehr zu tun, sodass eine zusätzliche halbe Stelle als Personalbedarf vorhanden ist. Der Vertrag von Herrn Kaufmann wird auf 100 % zu einer Vollzeitstelle aufgestockt.

Personalentwicklung

Um zukünftigen qualitativen Personalbedarf zu decken, kann auch die Personalentwicklung genutzt werden. Dabei werden die Qualifikationen der Mitarbeiter verbessert, sodass sie neue Aufgaben im Unternehmen übernehmen können.

Die Personalentwicklung kann über drei verschiedene Arten erfolgen:
- Ausbildung
- Fortbildung
- Umschulung

LF 8, 6.2

Übernahme von Auszubildenden

Auch die Übernahme von Auszubildenden nach erfolgreichem Abschluss ihrer Ausbildung gehört mit zu den internen Beschaffungswegen. Dieser Weg gewinnt durch den zunehmenden Fachkräftemangel immer stärker an Bedeutung, da die Auszubildenden passgenau für das Unternehmen und die zu besetzende Stelle ausgebildet werden können.

2.1.2 Externe Personalbeschaffung

Stellenanzeigen in Print-Medien oder in Internetstellenbörsen, Vermittlung durch die Agentur für Arbeit, Nutzung der Arbeitnehmerüberlassung oder Vermittlung durch eigene Mitarbeiter zählen zu den **externen** Beschaffungswegen.

Stellenanzeige

LS 8.2

Die Stellenanzeige ist das am meisten genutzte Instrument der externen Personalbeschaffung und kann sowohl in Printmedien als auch auf der eigenen Homepage sowie in Internetjobbörsen eingesetzt werden. Sie wird auf Grundlage der Stellenbeschreibung verfasst und soll möglichst viele potenzielle Interessenten ansprechen. Ziel ist es, dass sich nur geeignete Kandidaten bewerben. Deshalb sollte die Stellenanzeige gründlich formuliert werden, damit im Auswahlprozess nicht unnötig viele Bewerbungen zu bearbeiten sind.

Die Anzeige hat gleichzeitig auch noch einen werbewirksamen Effekt. Deshalb sollte sie entsprechend sorgfältig gestaltet werden. Das Stellenangebot trägt zusätzlich zur Öffentlichkeitsarbeit bei, da sich unter den Lesern neben potenziellen Bewerbern auch Kunden, Lieferanten, Konkurrenten und eventuelle zukünftige Beschäftigte befinden können. Verwendet man das Corporate Design des Unternehmens in den Stellenanzeigen, dann sorgt das für einen Wiedererkennungseffekt bei den Betrachtern.

Möchte man als Unternehmen nicht, dass der eigene Unternehmensname in der Anzeige verwendet wird, bietet es sich an, die Stellenanzeige über einen **Personalberater** schalten zu lassen. Dies kann dann der Fall sein, wenn die ausgeschriebene Stelle noch besetzt ist oder die Konkurrenz nicht wissen soll, dass man sucht. Der Personalberater schreibt die freie Stelle in seinem Namen aus, ist also der Ansprechpartner. Oftmals wird das suchende Unternehmen dann nur vage beschrieben oder die Branche genannt. Bewerber können aber auf Nachfrage nähere Informationen bekommen oder dem Personalberater mitteilen, wenn für sie bestimmte Unternehmen oder Branchen nicht vorgeschlagen werden möchten.

Veröffentlichung in Printmedien

Als Unternehmen muss man entscheiden, in welchen Zeitungen oder Zeitschriften die **Stellenanzeige** veröffentlich werden soll. Dabei möchte man vor allem potenzielle Bewerber erreichen und nicht Personen, die sich nicht für die Stelle interessieren. Diese sogenannten Streuverluste kann man minimieren, indem man sich vor der Schaltung informiert, mit welcher Zeitung man welche Zielgruppe am besten erreichen kann. Sucht das Unternehmen Mitarbeiter in der unteren bis mittleren Hierarchieebene, bieten sich regionale Tageszeitungen an, da davon auszugehen ist, dass sich genügend passende Bewerber im regionalen Umfeld befinden. Werden hingegen Mitarbeiter auf höheren bis hohen Hierarchieebenen gesucht, bietet es sich an, die Stellenanzeige in überregionalen Tages- oder Wochenzeitungen zu veröffentlichen. Dadurch können mehr potenzielle Bewerber angesprochen werden, die zumeist auch über eine höhere Mobilität verfügen. Sucht ein Unternehmen Mitarbeiter mit Spezialkenntnissen, z. B. im IT-Bereich, ist die Schaltung der Anzeige in Fachzeitschriften sinnvoll. Bei Fachzeitschriften ist der Streuverlust am geringsten und die Wirkungsdauer länger als bei Tageszeitungen.

Beispiel

Die Duisdorfer BüroKonzept KG sucht momentan eine Fachkraft für Lagerlogistik, einen Vertriebsmitarbeiter mit mehrjähriger Berufserfahrung im internationalen Verkauf und einen System- und Netzwerkadministrator. Das Unternehmen hat sich entschieden, die Stellenanzeige für die Fachkraft für Lagerlogistik im Bonner Generalanzeiger, in der Bonner Rundschau und im Kölner Stadt-

anzeiger zu veröffentlichen (regionale Tageszeitungen). Die Stellenanzeige für den Vertriebsmitarbeiter wurde in der Frankfurter Allgemeinen (FAZ), der Welt und der Süddeutschen Zeitung veröffentlicht. Die Fachzeitschrift IT Administrator wurde genutzt, um die Anzeige für den System- und Netzwerkadministrator zu schalten.

Die **Kosten** für die Stellenanzeigen unterscheiden sich je nach Veröffentlichungstag (Samstag oder ein anderer Wochentag), der gewählten Zeitung/Zeitschrift (regional, überregional, Auflagenstärke), der Größe der Anzeige und der Gestaltung der Anzeige (farbig oder schwarzweiß gestaltet mit Fotos/Grafiken). Besteht die Anzeige nur aus Worten, errechnet sich der Preis nach der Anzahl der Worte. Bei allen anderen Anzeigen werden die Kosten auf Grundlage eines Spaltenpreises pro mm berechnet.

Beispiel
Für die bunte Stellenanzeige in der FAZ (1/8 Seite) muss die Duisdorfer BüroKonzept KG netto 11.407,50 € zahlen (Stand November 2014).

Wird eine Stelle ausgeschrieben, muss darauf geachtet werden, dass das **Allgemeine Gleichbehandlungsgesetz (AGG)** eingehalten wird. Das AGG hat zum Ziel, Benachteiligungen zu verhindern oder zu beseitigen und unterscheidet acht Diskriminierungsmerkmale:

- **Gründe der Rasse**: Damit sind Benachteiligungen aus rassistischen Gründen, z. B. aufgrund von äußerer Erscheinung wie Hautfarbe oder Körperbau gemeint. Menschliche Rassen gibt es nicht.
- **Ethnische Herkunft**: Das AGG bezieht sich dabei auf die Abstammung eines Menschen und seine damit verbundenen Eigenheiten wie die Zugehörigkeit zu einem Volk oder einer Volksgruppe und deren sprachliche oder kulturelle Verbundenheit. Ethnische Herkunft ist dabei nicht identisch mit Nationalität. Beispiele: Russlanddeutsche, Sinti und Roma.
- **Geschlecht**: Das Geschlecht kann in männlich/weiblich/zweigeschlechtlich unterschieden werden. Es umfasst auch die Ungleichbehandlung wegen Schwangerschaft/Mutterschutz, da dies nur Frauen betrifft.
- **Religion**: Sie umfasst Glaubensvorstellungen, die sich auf ein Jenseits beziehen. Bezugspunkt ist eine überweltliche Macht.
- **Weltanschauung**: Dies sind Überzeugungen über die Stellung des Menschen in der Welt. Diese Überzeugungen müssen grundlegend und umfassend sein. Deshalb sind reine politische Meinungen noch keine Weltanschauung.
- **Behinderung:** Man spricht von einer Behinderung, wenn körperliche Funktionen, geistige Fähigkeiten oder die seelische Gesundheit länger als sechs Monate von dem für das Lebensalter typischen Zustand abweichen. Eine Krankheit ist keine Behinderung.
- **Alter**: Damit ist das Lebensalter gemeint.
- **Sexuelle Identität**: Damit ist die sexuelle Ausrichtung bzw. die sexuelle Neigung (Heterosexualität bzw. Homosexualität) und die von einem Menschen empfundene Zugehörigkeit zu einem bestimmten Geschlecht, d. h. das Selbstverständnis als Mann oder als Frau (auch transsexuelle und zwischengeschlechtliche Personen), gemeint. Strafrechtlich relevantes Verhalten, beispielsweise Pädophilie, wird nicht geschützt.

Um eine Diskriminierung aufgrund einer dieser Merkmale zu vermeiden, sollte auf die Anforderung eines Fotos in der Stellenanzeige verzichtet werden.

Die inhaltliche Gestaltung der Stellenanzeige umfasst z. B. nachfolgende Angaben.

Wer wir sind: Angaben zum Unternehmen, Firmenlogo, Branche, Standort, eventuell Unternehmensgröße und Mitarbeiterzahl etc.

Duisdorfer BüroKonzept KG

Die Duisdorfer BüroKonzept KG ist ein Hersteller und Vertreiber von Ausstattungsgegenständen im Bürobereich in Bonn und berät in allen Fragen der Büroorganisation.

Zur Stärkung unseres Vertriebs suchen wir zum nächstmöglichen Zeitpunkt einen

Vertriebsmitarbeiter (m/w) im Außendienst
für die Niederlande

Was wir haben: Aufgabenbeschreibung, Grund der Ausschreibung, Umfang der Verantwortung, Vertretungsmacht etc.

Ihre Aufgaben
- aktives Akquirieren neuer Kunden
- individuelle Betreuung unserer Kunden
- Kontaktaufnahme zu Entscheidern vor Ort
- Präsentation unseres Waren- und Serviceangebots
- Preisverhandlungen und Angebotserstellungen
- Umsetzung unserer Vertriebsstrategien

Was wir suchen: Berufsbezeichnung, Ausbildung, Studium, Kenntnisse, Berufserfahrung, Fähigkeiten, persönliche Eigenschaften etc.

Das bringen Sie mit
- fundierte Erfahrungen im Vertrieb
- verhandlungssicheres Englisch
- gültigen Führerschein der Klasse B
- abgeschlossene Berufsausbildung (vorzugsweise kaufmännisch) und/oder ein abgeschlossenes betriebswirtschaftliches Studium
- gute EDV-Kenntnisse
- selbstständige, strukturierte und kundenorientierte Arbeitsweise
- Verhandlungsstärke, Ergebnis- und Abschlussorientierung
- Branchenkenntnisse sind von Vorteil

Was wir bieten: Entgelt, Sozialleistungen, Arbeitszeiten, Fahrgeld, etc.

Zusätzlich zum Fixgehalt bieten wir Ihnen eine attraktive, leistungsgerechte Vergütung, umfangreiche Sozialleistungen und einen Firmen-Pkw (auch zur privaten Nutzung) inkl. Tankkarte, ein Mobiltelefon und zahlreiche Schulungen.

Wir sind gespannt, Sie kennenzulernen! Auf Ihre aussagefähigen Unterlagen mit Ihrem frühestmöglichen Eintrittstermin und Ihren Gehaltsvorstellungen, vorzugsweise per E-Mail, freut sich Herr Simon Klein.

E-Mail: bewerbung@duisdorfer-bueko.de, Tel.: 0228 98765-0
Duisdorfer BüroKonzept KG • Rochusstr. 30 • 53123 Bonn • www.duisdorfer-bueko.de

Worum wir bitten: Bewerbungsschreiben, Lebenslauf, Zeugnisse, persönliches Gespräch, auf welche Weise die Bewerbung erfolgen soll, etc.

Zusätzlich zur inhaltlichen Gestaltung muss die Stellenanzeige auch optisch gestaltet werden. Dabei können folgende Gestaltungstipps helfen:

- Verwendung von Schlagworten als Blickfang
- Mindestschriftgröße von 8 bis 12 Punkt einhalten
- Textblöcke zur Übersichtlichkeit verwenden
- Einfügen des Firmenlogos
- Verwendung des Corporate Design
- eventuelle Verwendung von Fotos
- eventuell farbig

Veröffentlichung im Internet

Das Internet hat in den letzten Jahren auch bei der Personalsuche immer stärker an Bedeutung gewonnen. Viele Stellenanzeigen werden nicht mehr in Printmedien, sondern in Internetstellenbörsen oder parallel in beiden Medien veröffentlicht. Viele Zeitschriften bieten dafür sogenannte Kombiangebote an. Die Veröffentlichung auf Internetjobbörsen erfolgt oftmals aus Kostengründen, sie bietet aber auch Vorteile wie ein integriertes Online-Bewerbermanagement und längere Laufzeiten als eine Printanzeige. Für die Veröffentlichung einer Stellenanzeige im Internet gibt es mehrere Möglichkeiten:

1. Veröffentlichung auf der **eigenen Unternehmenshomepage**
   Diese Option wird mittlerweile von vielen Unternehmen genutzt und bietet die Möglichkeit, sein eigenes Unternehmen wesentlich umfangreicher zu präsentieren als dies mit einer Anzeige in einem Printmedium möglich gewesen wäre. Einige Unternehmen bieten zudem ein sogenanntes Karriereportal auf ihrer Homepage an, über das sich Bewerber sofort online bewerben können.

2. Veröffentlichung auf **kommerziellen Jobbörsen**
   Diese haben in den letzten Jahren stark zugenommen. Wichtig ist, eine sorgfältige Auswahl vorzunehmen, da sich die Jobbörsen in Professionalität, Seriosität, Benutzerfreundlichkeit und Service erheblich voneinander unterscheiden. Einige kommerzielle Jobbörsen sind zudem auf bestimmte Branchen, Regionen, Berufsfelder oder Qualifikationen spezialisiert. Für die Schaltung eines Stellenangebots fallen je nach Ausführung und Schaltungsdauer Kosten in Höhe von bis zu 3.500,00 € an. Beispiele für kommerzielle Jobbörsen sind stepstone, monster, jobscout24, meinestadt, jobware oder kalaydo.

3. Veröffentlichung auf **nicht kommerziellen Jobbörsen**
   Die bekannteste nicht kommerzielle Jobbörse ist die der Bundesagentur für Arbeit. Sie ist das größte Online-Stellenportal und verfügt nach eigenen Angaben über rund 900 000 Stellen und ca. 3 Millionen Bewerberprofile. Unter www.arbeitsagentur.de können Unternehmen kostenlos Stellenausschreibungen veröffentlichen. Zusätzlich verfügt dieses Portal auch über eine App, die einen einfachen Zugriff von unterwegs ermöglicht. Weitere nicht kommerzielle Jobbörsen findet man bei Universitäten und Fachhochschulen.

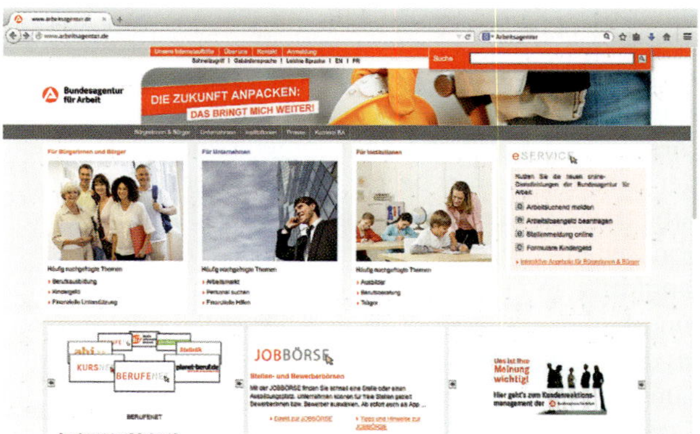

Agentur für Arbeit

Die Bundesagentur für Arbeit ist mit ca. 150 Agenturen für Arbeit und ca. 300 Jobcentern (Stand November 2014) regional in ganz Deutschland vertreten. Sie bietet für Unternehmen unterschiedliche Angebote:

1. Die bereits beschriebene **Jobbörse** im Internet unterstützt die Unternehmen bei der Suche nach Arbeitskräften.
2. Die **Zentrale Auslands- und Fachvermittlung** (ZAV) für Fach- und Führungskräfte berät Unternehmen individuell. Dort bekommen Unternehmen aus dem Bewerberpool geeignete Kandidaten vorgeschlagen und werden beim Recruitingprozess begleitet.
3. **Zuschüsse** der Arbeitsagentur für Unternehmen (Stand November 2014)
   Die Arbeitsagentur vergibt für förderungsbedürftige Menschen, die aufgrund von in ihrer Person liegenden Gründen schwer vermittelbar sind, Eingliederungszuschüsse. Die beruflichen Kenntnisse und Erfahrungen entsprechen dann noch nicht der Stelle. Dies macht eine längere Einarbeitungszeit notwendig. Um Unternehmen zu ermuntern, diese Mitarbeiter trotzdem einzustellen, vergibt die Arbeitsagentur Zuschüsse zum Arbeitsentgelt, um die Minderleistungen zu kompensieren.
   - Förderung von bis zu 50 % des gezahlten Entgelts (je nach Einschränkung) für bis zu einem Jahr.
   - Bei älteren Arbeitnehmern, die das 50. Lebensjahr vollendet haben, kann die Förderungsdauer auf bis zu 36 Monate ausgeweitet werden.
   - Für behinderte und schwerbehinderte Arbeitnehmer kann die Förderhöhe bis auf 70 % des Arbeitsentgelts erhöht werden. Die Förderdauer beträgt 24 Monate. Nach Ablauf von 12 Monaten sinkt der Eingliederungszuschuss in den folgenden 12 Monaten jeweils um 10 Prozentpunkte, jedoch höchstens bis auf 30 %.
   - Besonders betroffene schwerbehinderte Menschen können bis zu 60 Monate gefördert werden. Ab dem vollendeten 55. Lebensjahr ist sogar eine Förderung bis zu 96 Monate möglich. Nach 24 Monaten sinkt der Zuschuss jährlich um 10 Prozentpunkte ab, bis zu einer Höhe von 30 %.

Die Unternehmen verpflichten sich, die Arbeitnehmer auch über die Förderdauer hinaus zu beschäftigen. Wird das Beschäftigungsverhältnis während der Förderdauer oder in der Nachbeschäftigungszeit ohne wichtigen Grund vonseiten des Arbeitgebers gekündigt, müssen die Eingliederungszuschüsse zurückerstattet werden.

Arbeitnehmerüberlassung

Soll ein kurzfristiger, nicht dauerhafter Arbeitskräftebedarf gedeckt werden, kann die Arbeitnehmerüberlassung als externer Beschaffungsweg genutzt werden. Sie ist auch unter dem Namen Zeitarbeit oder Leiharbeit bekannt und wird im Arbeitnehmerüberlassungsgesetz (AÜG) geregelt. Unter Arbeitnehmerüberlassung versteht man ein Arbeitsverhältnis, bei dem der Leiharbeitnehmer bei der Leiharbeitsunternehmung (Verleiher) fest angestellt ist, aber der Arbeitseinsatz in einem Kundenbetrieb für eine bestimmte Zeit stattfindet. Durch den Einsatz von Zeitarbeit wird ein hohes Maß an Flexibilität erreicht, da sich der Kundenbetrieb nicht langfristig an einen Mitarbeiter binden muss und Einsparungen z. B. bei Such- und Einstellungskosten entstehen. Der zu zahlende Stundenverrechnungssatz an den Verleiher ist höher als der vergleichbare Stundenlohn eines festangestellten Mitarbeiters, da der Stundenverrechnungssatz neben dem Lohn und den Sozialabgaben auch alle Verwaltungskosten und die Gewinnspanne des Verleihers beinhaltet.

Verfahrensweise bei der Arbeitnehmerüberlassung

Die Zeitarbeitsunternehmung (= Verleiher, Arbeitgeber) schließt einen regulären Arbeitsvertrag (1.) mit dem Leiharbeiter (= Arbeitnehmer, Entliehener, Zeitarbeitnehmer, Leiharbeitnehmer) ab. In diesem Vertrag werden Vereinbarungen wie der Lohn, die Zuschläge oder der Urlaub festgehalten. Die Zeitarbeitsfirma wird so mit allen Rechten und Pflichten zum Arbeitgeber. Wichtig ist, dass sie als solcher auch für die Arbeitsschutz- und Unfallverhütungsmaßnahmen verantwortlich ist.

Nun schließt das Kundenunternehmen (= Entleiher, Einsatzbetrieb) mit der Zeitarbeitsunternehmung einen Arbeitnehmerüberlassungsvertrag (2.) ab. In diesem Vertrag werden z. B. der Arbeitsort und die Tätigkeiten sowie der Stundenverrechnungssatz fixiert. Wird der Vertrag unterschrieben, entsteht ein beschränktes Direktionsrecht für den Entleiher, d. h. er darf dem Zeitarbeitnehmer Weisungen vor Ort geben. Nun erbringt der Leiharbeiter beim Kundenunternehmen seine Arbeitsleistung (3.). Der Entleiher zahlt den vereinbarten Stundenverrechnungssatz (4.) an das Zeitarbeitsunternehmen. Dieses wiederrum überweist dem Zeitarbeitnehmer nach Abzug von Steuern und Sozialabgaben den vereinbarten Lohn (5.).

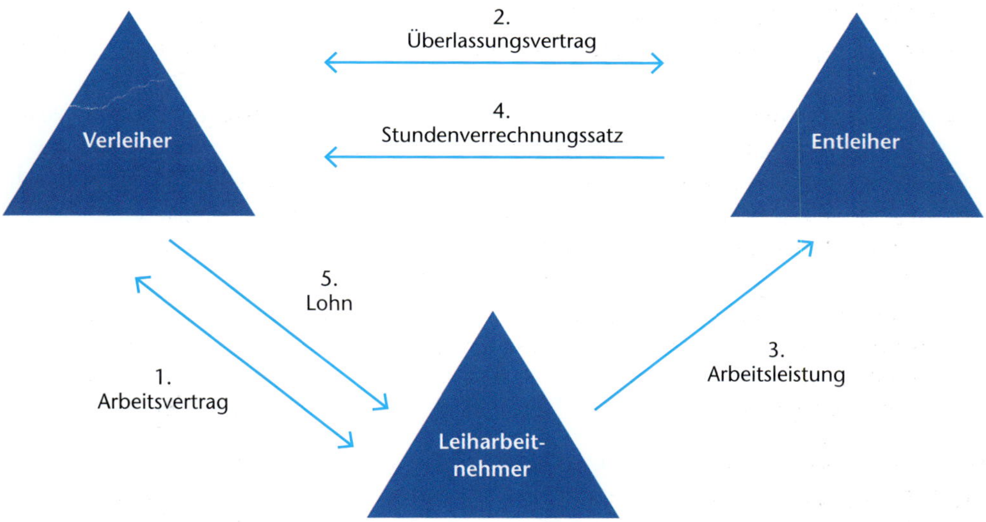

Ablauf der Arbeitnehmerüberlassung

Sonstige Wege der externen Personalbeschaffung

Neben den bereits beschriebenen Möglichkeiten der externen Personalbeschaffung können noch andere Wege genutzt werden. So bietet sich als weiterer Rekrutierungskanal die **Mitarbeiterempfehlung** an. Mitarbeiter können dabei Personen aus ihrem Freundes- und Bekanntenkreis für freie Stellen im Unternehmen vorschlagen und diese über offene Stellen informieren. War die Empfehlung des Mitarbeiters/die Weiterleitung des Stellenangebotes erfolgreich und führt sie zu einer Einstellung, wird dies in einigen Unternehmen mit Sach- oder Geldprämien belohnt. Für Unternehmen hat dies den Vorteil, dass dadurch schon eine Vorauswahl stattfindet, da Mitarbeiter sich genau überlegen, wen sie vorschlagen.

Zusätzlich können freie Stellen über **Aushänge** am Unternehmenseingang oder über die Verteilung von **Handzetteln** veröffentlicht werden. Auch **Betriebsbesichtigungen**, z. B. bei einem „Tag der offenen Tür" können zur Rekrutierung von neuem Personal genutzt werden.

Möchte ein Unternehmen Hochschulabsolventen oder Auszubildende einstellen, empfiehlt sich auch eine Teilnahme an den zahlreich veranstalteten Messen an Schulen, Universitäten oder durch die Agentur für Arbeit.

Vor- und Nachteile der internen und externen Personalbeschaffung

Beide Beschaffungswege haben Vor- und Nachteile. So punktet die interne Beschaffung mit geringen Beschaffungskosten, da z. B. keine teure Stellenanzeige geschaltet werden muss. Bewirbt sich ein interner Bewerber, so sind über ihn bereits viele zuverlässige Informationen vorhanden, aber er ist eventuell auch bereits „betriebsblind" und nicht offen für neue Lösungsansätze. Wird die Stelle extern ausgeschrieben, dann kann aus vielen verschiedenen Bewerbern ausgewählt werden, die zudem Erfahrungen und Kenntnisse aus anderen Unternehmen mitbringen und neue Impulse setzen können. Wird ein externer Bewerber ausgewählt, kann dies zur Demotivation interner Bewerber führen, weil diese sich zurückgesetzt fühlen und meinen, dass ihnen keine Entwicklungs- und Aufstiegschancen geboten werden. Außerdem führt eine externe Einstellung oftmals zu höheren Gehaltsforderungen als eine interne Einstellung, da bei Neueinstellungen ein größerer Verhandlungsspielraum in Gehaltsfragen vorhanden ist. Eine verkürzte Einarbeitungszeit spricht für einen internen Bewerber, jedoch wird dadurch das Problem eines fehlenden Mitarbeiters nur auf eine andere Abteilung verlagert. Eine interne Besetzung verursacht oftmals Neid unter den Kollegen. Dies beeinflusst das Betriebsklima negativ. Ist die neue Stelle mit einem Aufstieg in der Hierarchie des Unternehmens verbunden, kann dies zu mangelnder Autorität gegenüber den ehemals gleichgestellten Kollegen führen. Geht es um eine schnelle Besetzung der Stelle, ist meist eine Beschaffung über einen internen Weg rascher möglich. Die Einarbeitungszeit verkürzt sich, da der Mitarbeiter das Unternehmen bereits kennt. Außerdem können durch die interne Beschaffung eventuelle Entlassungen vermieden werden.

2.2 Personalauswahl

Ist die Stellenanzeige geschaltet, werden bald darauf die ersten Bewerbungen im Unternehmen eintreffen. Die anschließende Bewerberauswahl ist für das Unternehmen von sehr großer Bedeutung, da Fehlentscheidungen hohe Kosten verursachen. Zusätzlich können durch eine Fehlbesetzung Arbeitsabläufe komplizierter werden oder nicht zueinander passende Mitarbeiter das Betriebsklima beeinträchtigen. Deshalb ist es wichtig, den Auswahlprozess möglichst strukturiert und **kriterienorientiert** vorzunehmen.

2.2.1 Analyse der Bewerbungsunterlagen

In den meisten Fällen sind die Bewerbungsunterlagen das erste, was ein Unternehmen von einem Bewerber zu sehen bekommt. Diese sollten sorgfältig analysiert werden und ungeeignete Kandidaten aussortiert werden. Jeder ungeeignete Kandidat, der bei diesem ersten Schritt der Bewerberauswahl – aus welchen Gründen auch immer – nicht aussortiert wird, verursacht unnötige Kosten.

Deshalb sollte man als erstes alle Bewerbungen grob anschauen und auf Vollständigkeit prüfen. Ist hierbei zu erkennen, dass der Kandidat nicht auf die Stelle passt, erhält dieser seine Unterlagen sofort mit einem entsprechenden Brief zurück. Allen anderen Bewerbern wird der Eingang der Bewerbung per Brief oder E-Mail bestätigt und es erfolgt eine sorgfältige Betrachtung des Bewerbungsschreibens, des Lebenslaufs und der eingereichten Zeugnisse.

Bewerbungsschreiben

Das Bewerbungsschreiben kann auf **Aussehen**, **Inhalt** und **Stil** untersucht werden.

Wie das Bewerbungsschreiben aussieht, zeigt, ob der Bewerber es mit seiner Bewerbung ernst meint oder nicht. Hat es Flecken, Risse oder Eselsohren, wird die Bewerbung schon im ersten Schritt aussortiert. Im zweiten Schritt kann noch untersucht werden, ob das Anschreiben klar gegliedert und ordentlich gestaltet ist. Je nach Berufsgruppe (technisch, kaufmännisch oder kreativ) oder Hierarchiestufe sind die Anforderungen an das Aussehen des Anschreibens sehr unterschiedlich. Auch auf die Rechtschreibung wird geachtet, da sie Aufschluss über das wirkliche Interesse und die Sorgfalt des Bewerbers gibt.

Inhaltlich soll der Bewerber mit dem Bewerbungsschreiben darlegen, warum er sich für die ausgeschriebene Stelle interessiert. Außerdem soll er das Unternehmen davon überzeugen, dass er auf diese Stelle passt. Dazu muss der Bewerber die in der Stellenausschreibung genannten Anforderungen aufgreifen und eventuelle Fragen (z. B. Gehaltsvorstellung, frühester Einstellungstermin etc.) beantworten.

Auch der **Stil** des Bewertungsschreibens kann untersucht werden. Durch den Stil kann man erkennen, wie sich der Bewerber einschätzt, welche Ziele er hat und wie er sich anderen gegenüber präsentiert. Außerdem wird geschaut, ob der Stil zu der zu besetzenden Stelle passt.

Lebenslauf

Der Lebenslauf wird auf verschiedene Faktoren, abhängig von der zu besetzenden Stelle, untersucht:

- Sind unerklärte Lücken vorhanden?
- Sind die benötigten Fachkenntnisse und -erfahrungen erkennbar?
- Sind die beruflichen Stationen nach der Ausbildung logisch aufeinanderfolgend?
- Gibt es Hinweise auf eine kontinuierliche Weiterbildung?
- Wie lange war der Bewerber jeweils bei seinen alten Arbeitgebern beschäftigt?
- Passen die Sprachkenntnisse zur Stelle?
- Passen die EDV-Kenntnisse zur Stelle?
- Ist Auslandserfahrung vorhanden?
- Ist ein kontinuierlicher Aufstieg über die verschiedenen Positionen vorhanden?
- Hatte der Bewerber Führungsverantwortung?

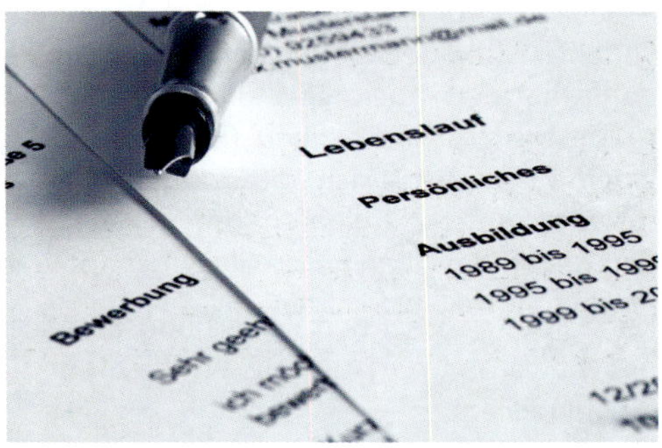

Eine Möglichkeit, den Lebenslauf systematisch zu analysieren, ist die **Nutzwertanalyse**. Immer häufiger wird in Deutschland der sogenannte amerikanische Lebenslauf gefordert. Er unterscheidet sich vom klassischen Lebenslauf darin, dass die aktuelle Tätigkeit an erster Stelle steht. LS 8.3

Zeugnisse

Zeugnisse lassen sich in Schulzeugnisse und Arbeitszeugnisse unterscheiden. Mithilfe der **Schulzeugnisse** soll die Eignung der Bewerber festgestellt werden. Da die Noten auf Schulzeugnissen jedoch vielen Einflüssen unterliegen, ist es sinnvoller, nicht einzelne Noten zu betrachten. Stattdessen bietet es sich an, die Noten als Ganzes oder als Gruppen zu analysieren. Gibt es gute Noten in bestimmten Fächern, kann daraus meist auf Interessensgebiete geschlossen werden. Hat der Bewerber z. B. gute Noten in Mathematik, Biologie und Physik, kann man daraus auf naturwissenschaftliches Interesse schließen. Schlechte Noten in bestimmten Fächer lassen die Vermutung zu, dass der Bewerber faul war, kein Interesse und fehlenden Willen hatte. Sinnvoll ist es, mehrere Zeugnisse anzufordern, da dann die Aussagekraft steigt. Die Anzahl der Fehlstunden bzw. der unentschuldigten Fehlstunden kann bei Schulzeugnissen ein weiterer Indikator für die Auswahl sein.

Schulzeugnisse sind vor allem für die Auswahl von Auszubildenden bzw. bei jüngeren Bewerbern von Bedeutung. Mit zunehmendem Alter und Berufserfahrung verlieren die Schulzeugnisse an Bedeutung, da dann die Arbeitszeugnisse die relevanten Aussagen enthalten.

LF 8, 7.6

Verlässt ein Mitarbeiter das Unternehmen, hat er ein Anrecht auf ein **Arbeitszeugnis**. Dies enthält neben den Angaben zum Mitarbeiter und zu den Inhalten seiner Tätigkeiten je nach Art auch Angaben in Bezug auf Leistung und Führung. Da Arbeitszeugnisse meist in einer besonderen Sprache geschrieben sind, muss der Leser sie erst „entschlüsseln". Auch bei Arbeitszeugnissen steigt die Aussagekraft, wenn mehrere Arbeitszeugnisse eines Bewerbers vorliegen.

Arbeitsproben

Um die Qualifikation eines Bewerbers möglich direkt erkennen zu können, kann man bei bestimmten Berufsgruppen auch eine Arbeitsprobe anfordern. Arbeitsproben können auf zwei Wegen abgegeben werden. Zum einen können sie eingereicht werden, zum anderen können sie vor Ort abgeleistet werden. So reicht beispielsweise der Journalist veröffentlichte Artikel oder der Architekt vorgenommene Entwürfe ein. Ein Tischler zeigt sein Können vor Ort und fertigt unter den Blicken seines eventuellen zukünftigen Arbeitgebers z. B. einen Tisch an. Im kaufmännischen Bereich sind Arbeitsproben eher unüblich.

Nach Abschluss der Analyse der Unterlagen müssen im **Umgang mit den Bewerbungsunterlagen** einige Regeln beachtet werden, die im Folgenden erläutert werden.

Hat sich der Bewerber aufgrund einer Stellenanzeige oder einer Aufforderung der Agentur für Arbeit beworben, dann muss der Arbeitgeber nach Abschluss des erfolglosen Bewerbungsverfahrens die Bewerbungsunterlagen auf seine Kosten an den Bewerber zurücksenden. Bis dahin hat der Arbeitgeber die Pflicht, die Unterlagen sorgfältig aufzuheben und haftet für eventuelle Beschädigungen (z. B. Eselsohren, Fettflecken etc.) oder den Verlust der Unterlagen. Es empfiehlt sich, die Unterlagen mindestens drei Monate lang aufzubewahren, bevor sie zurückgeschickt werden, um im Fall von Streitigkeiten (z. B. Geltendmachung von Verstößen gegen das Allgemeine Gleichbehandlungsgesetz) noch Beweismittel zu haben.

Handelt es sich bei den Bewerbungsunterlagen um unverlangt eingesandte Unterlagen (Initiativbewerbung), dann müssen diese nur zurückgeschickt werden, wenn ihnen ein Freiumschlag beiliegt.

2.2.2 Einstellungstest

Neben der Analyse der Bewerbungsunterlagen greifen viele Unternehmen auch auf Einstellungstests zurück, um die Eignung der Bewerber für eine Stelle zu testen.
Grundsätzlich lassen sich drei Arten von Tests unterscheiden.

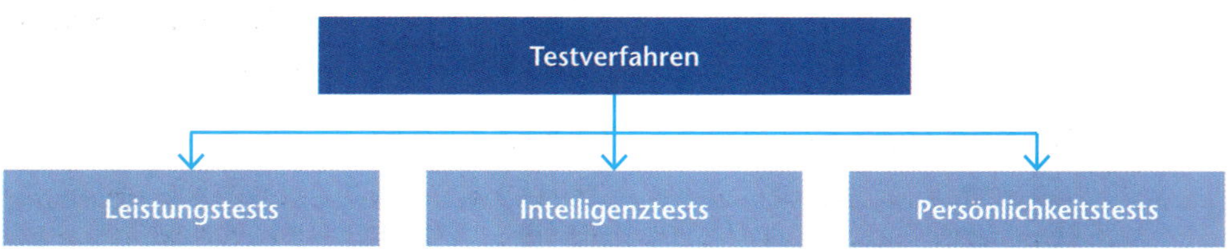

Bei **Leistungstests** wird die Leistungsfähigkeit anhand von Leistungsmerkmalen, z. B. Konzentration, Belastbarkeit oder Ausdauer, untersucht. Angewandt werden die Tests vor allem dort, wo die Stelle besondere Anforderungen an die Psyche und an die geistige und körperliche Geschicklichkeit stellt.

Mithilfe von **Intelligenztests** wird die Intelligenzstruktur der Bewerber untersucht. Intelligenz besteht dabei aus verschiedenen Fähigkeiten, wie sprachliches und mathematisches Verständnis, Assoziationsfähigkeit, räumliches und schussfolgerndes Denken, Gedächtnis und Auffassungsgabe. Das Ausmaß der Intelligenz wird mithilfe des Intelligenzquotienten (IQ) ermittelt. Dieser besteht aus dem Verhältnis von Intelligenzalter zum Lebensalter. Ein IQ-Wert von 90–109 gilt als durchschnittliche Intelligenz.

Persönlichkeitstests sollen Aufschluss über das Vorhandensein und die Ausprägung bestimmter Persönlichkeitsmerkmale oder die Persönlichkeitsstruktur eines Bewerbers geben. Mit ihrer Hilfe sollen Interessen, Neigungen, innere Einstellungen, soziale Verhaltensweisen oder charakterliche Eigenschaften ermittelt werden. Dazu werden beispielsweise Formdeutungstests, Interessenstests oder Farbtests verwendet. Die Mitarbeiter, die diese Tests auswerten, müssen besonders gut geschult sein, da die zu ermittelnden Eigenschaften nicht direkt messbar sind oder noch gedeutet werden müssen.

Da die Bewerber sich für viele der Einstellungstests mithilfe von Büchern und dem Internet gut vorbereiten können, kann die Aussagekraft der Testergebnisse in manchen Fällen verfälscht sein. Große Unternehmen greifen deshalb bei höheren Positionen auf das nachfolgend beschriebene Element der Personalauswahl, das Assessment-Center, zurück.

2.2.3 Assessment-Center

Sollen höherwertige Stellen besetzt werden, wird oftmals ein Assessment-Center (AC) zum Einsatz kommen. In einem Assessment-Center werden meist acht bis zwölf Teilnehmer über ein bis drei Tage beobachtet und beurteilt. Ziel des Assessment-Centers ist es einzuschätzen, ob die Bewerber bestimmte Aufgaben erfüllen können. Deshalb variiert der Inhalt eines Assessment-Centers je nach den Anforderungen der zu besetzenden Stelle. Wichtig ist, dass die verwendeten Übungen eine Bewertung der jeweiligen Anforderungsmerkmale der Stelle ermöglichen. Wenn dies der Fall ist, ist die Wahrscheinlichkeit, einen geeigneten Bewerber aufgrund des Assessment-Centers auszuwählen, hoch und rechtfertigt damit auch die hohen Kosten. Die Beobachter sind meist Psychologen, die zuständigen Führungskräfte und eventuell auch noch besonders geschulte Mitarbeiter der Personalabteilung. Sie beobachten die Bewerber bei allen Übungen, bewerten diese und geben am Schluss jedem Bewerber ein Feedback zu seinen jeweiligen Stärken und Schwächen. In die Bewertung fließt auch das Verhalten außerhalb der Übungen, z. B. während der vermeintlich bewertungsfreien Pausen mit ein.

Zu den **typischen Übungen eines Assessment-Centers** gehören:

- die **Postkorbübung**, in der der Bewerber unter Zeitdruck verschiedene berufliche und private Dokumente einer Führungskraft abarbeiten muss. Mit dieser Übung sollen vor allem die Stressresistenz, Entscheidungsfähigkeit, Arbeitsorganisation, analytisches Denken und Konzentration getestet werden.

- bei der **Gruppendiskussion** wird meist ein aktuelles Thema oder ein Thema mit Bezug zum Unternehmen vorgegeben, das dann von der Gruppe diskutiert wird. Hiermit sollen vor allem soziale Kompetenzen, systematisches Denken, Durchsetzungsvermögen und die rhetorischen Fähigkeiten überprüft werden.
- das **Rollenspiel**, bei dem der Bewerber ein praxistypisches Zweiergespräch führen muss. Abhängig von der zu besetzenden Stelle kann dies z. B. ein Mitarbeiter- oder Verkaufsgespräch sein. Durch das Rollenspiel sollen Führungskompetenz, Konfliktmanagement, Gesprächsverhalten und Entscheidungsfähigkeit sichtbar werden.
- die **Präsentation**, die sowohl als Gruppen- oder Einzelpräsentation gestaltet werden kann. Der Bewerber bekommt dafür entweder eine Aufgabenstellung oder muss sich auch selbst präsentieren. Sichtbar wird bei dieser Übung, ob der Bewerber über didaktische Fähigkeiten verfügt, Themen gut aufbereiten kann und wie hoch seine Stressresistenz ist.
- das **Interview**, das sowohl als Einzel- wie auch als Gruppeninterview stattfinden kann. Ziel des Interviews ist es, nicht direkt beobachtbare Werte wie Einstellungen und Motive herauszufinden.
- die **Fallstudie**, deren Ziel es ist, das Fachwissen des Bewerbers und die Umsetzung in einer praxisnahen Aufgabe festzustellen. Dafür erhalten die Bewerber ein komplexes fachliches Problem, welches sie in einer vorgegebenen (kurzen) Zeit lösen sollen.

2.2.4 Vorstellungsgespräch

LS 8.4

Hat der Bewerber die ersten Hürden im Bewerberprozess erfolgreich geschafft, erfolgt der nächste Schritt im Rahmen der Personalauswahl, das Vorstellungsgespräch.

Mithilfe des Vorstellungsgesprächs möchte das Unternehmen einen persönlichen Eindruck über den Bewerber gewinnen und fehlende Informationen ergänzen. Außerdem soll geschaut werden, ob der Bewerber wirklich Potenzial mitbringt. Zusätzlich dient das Vorstellungsgespräch dazu, die Interessen und Wünsche des Bewerbers zu erkennen und ihn über das Unternehmen und seinen eventuellen zukünftigen Arbeitsplatz zu informieren.

Ein Vorstellungsgespräch kann auf drei verschiedene **Arten** erfolgen:

- **freies Vorstellungsgespräch**, d. h. es werden im Vorfeld weder der Ablauf noch die Fragen festgelegt. Das Vergleichen verschiedener Bewerber ist fast unmöglich.
- **halbstrukturiertes Vorstellungsgespräch,** hierbei wird festgelegt, welche Informationen man auf jeden Fall vom Bewerber erhalten möchte. Wie diese Fragen dann formuliert werden, in welcher Reihenfolge sie gestellt werden und der Ablauf bleiben offen. Auch bei dieser Form ist ein Vergleich von Bewerbern nur sehr begrenzt möglich.
- **das vollstrukturierte Vorstellungsgespräch** zeichnet sich dadurch aus, dass alle Bewerber dieselben Fragen und Erläuterungen in der gleichen Reihenfolge und unter weitgehend gleichen Bedingungen gestellt bekommen. Dies ermöglicht es, Vorstellungsgespräche verschiedener Bewerber besser miteinander zu vergleichen.

Ein Vorstellungsgespräch verläuft typischerweise in **sieben Phasen:**

Phase 1
Begrüßung des Bewerbers, Warm-up
(z. B. Vorstellung der Gesprächspartner, Dank für die Bewerbung, Smalltalk)

↓

Phase 2
Beruflicher Werdegang
(z. B. Ausbildung, Weiterbildungen, warum dieser Beruf/diese Branche, Schwerpunkte)

↓

Phase 3
Motivation und Gründe für die Bewerbung
(z. B. Überprüfen von Interessen und Motivation, persönliche Neigung, Ziele)

↓

Phase 4
Persönlicher, sozialer und familiärer Hintergrund des Bewerbers
(z. B. Freizeit, Hobbys, Umgang mit Kritik, Stärken und Schwächen, Lebenssituation, berufliche Pläne, familiäre Zukunft, größte Erfolge/Misserfolge)

↓

Phase 5
Berufliche Eignung
(z. B. Testen der Eignung durch gezielte Fragen)

↓

Phase 6
Informationen über das Unternehmen und die Stelle
(z. B. Grundsätzliches über das Unternehmen, Unternehmensphilosophie, zukünftige Aufgaben, Besonderheiten Abteilung, Vertragsinhalte)

↓

Phase 7
Abschluss
(Weiteres Vorgehen, Dank für das Gespräch)

In der Praxis überschneiden sich die Phasen immer mal wieder und auch die Reihenfolge des Gesprächs kann variieren.

Im Rahmen des Vorstellungsgesprächs werden viele Fragen an den Bewerber gestellt. Dabei können **zulässige** und **unzulässige Fragen** unterschieden werden. Zulässig sind nur Fragen, die im Zusammenhang mit dem Arbeitsplatz oder der zu leistenden Arbeit stehen und an deren Beantwortung das Unternehmen ein berechtigtes Interesse hat. Grundsätzlich unzulässig sind alle Fragen, die dazu führen, dass ein Bewerber wegen bestimmter Eigenschaften, Persönlichkeitsmerkmale oder Einstellungen diskriminiert wird.

Ist die Frage des Arbeitgebers arbeitsrechtlich **unzulässig**, dann braucht der Bewerber die Frage nicht zu beantworten bzw. darf ohne negative Folgen lügen.

Sind die Fragen arbeitsrechtlich **zulässig** und für die Stelle angemessen, müssen sie vom Bewerber wahrheitsgemäß beantwortet werden. Werden diese vom Bewerber unvollständig oder unwahr beantwortet, kann der Arbeitgeber den Vertrag wegen arglistiger Täuschung anfechten. Dies gilt jedoch nur, wenn die Lüge oder das Verschweigen der Tatsache für die Einstellung des Bewerbers entscheidend war. Ist das der Fall, endet das Arbeitsverhältnis sofort ohne Kündigungsschutz, Kündigungsfrist und ohne Schutz durch den Betriebsrat.

Ebenfalls zur Anfechtung des Vertrages wegen arglistiger Täuschung ist der Arbeitgeber berechtigt, wenn der Arbeitnehmer gegen seine **Offenbarungspflicht** verstößt. Offenbarungspflicht bedeutet, dass der Bewerber aufgrund des vorvertraglichen Vertrauensverhältnisses verpflichtet ist, dem Arbeitgeber die benötigten Informationen zu geben, auch wenn er nicht danach gefragt wird. Laut Rechtsprechung besteht die Offenbarungspflicht nur dann, wenn es um Tatsachen geht, die die Ausübung der Position unmöglich machen oder sonst von erkennbarer Wichtigkeit sind.

Beispiel
Die Duisdorfer BüroKonzept KG stellt Hans Meier zwei Wochen nach dem Bewerbungsgespräch als Auslieferungsfahrer mit Lkw-Führerschein ein. Zwei Tage nach Arbeitsbeginn stellt sich heraus, dass dem Auslieferungsfahrer vor drei Monaten der Führerschein für ein Jahr entzogen wurde. Da der vorhandene Lkw-Führerschein entscheidend für seine Einstellung war, kann die Duisdorfer BüroKonzept KG nun den Arbeitsvertrag wegen arglistiger Täuschung anfechten.

Frage	arbeitsrechtlich unzulässig	arbeitsrechtlich zulässig	Offenbarungspflicht des Bewerbers
Beruflicher Werdegang		darf uneingeschränkt gefragt werden, beispielsweise Fragen zu: ▪ Schullaufbahn ▪ Zeugnisnoten ▪ Prüfungsergebnissen ▪ Ausbildung ▪ besonderen Sprachkenntnissen ▪ Stärken/Schwächen ▪ beruflicher Weiterbildung ▪ Auslandsaufenthalten	
Schwerbehinderung	grundsätzlich unzulässig	zulässig, wenn für die Stelle von Bedeutung.	Wenn der Bewerber weiß, dass er aufgrund seiner Behinderung die vorgesehene Arbeit nicht leisten kann.

Frage	arbeitsrechtlich unzulässig	arbeitsrechtlich zulässig	Offenbarungspflicht des Bewerbers
Krankheiten	grundsätzlich unzulässig	zulässig, wenn für die Stelle von Bedeutung. Frage nach einer HIV-Erkrankung ist aufgrund eines erhöhten Infektionsrisikos bei Heil- und Pflegeberufen erlaubt, sonst nicht.	Wenn der Bewerber weiß, dass er aufgrund seiner Erkrankung die vorgesehene Arbeit nicht leisten kann.
Schwangerschaft	grundsätzlich unzulässig	Ausnahmsweise zulässig, wenn die Schwangere die vereinbarte Tätigkeit aufgrund der Schwangerschaft nicht erbringen kann, z. B. Sportlehrerin oder Model. Außerdem, wenn nach dem Mutterschutzgesetz ein Beschäftigungsverbot für die Tätigkeit vorliegt, z. B. Arbeit mit Gefahrstoffen.	
Vorstrafen	grundsätzlich unzulässig	Zulässig nur dann, wenn die Strafe etwas mit der Stelle zu tun hat. Bsp.: Bei einem Kassierer darf nach einer Verurteilung wegen Veruntreuung gefragt werden. Erzieher/innen dürfen nach Vorstrafen im Bereich der Sexualdelikte gefragt werden.	
Wettbewerbsverbot[1]		Zulässig	Offenbarungspflicht
Religionszugehörigkeit	grundsätzlich unzulässig	Zulässig bei einem konfessionell gebundenem Arbeitgeber oder einer seiner Einrichtungen, z. B. katholischer Kindergarten, evangelisches Krankenhaus	
Parteizugehörigkeit	grundsätzlich unzulässig	Zulässig bei parteipolitisch gebundenen Arbeitgebern, z. B. Friedrich-Ebert-Stiftung, Konrad-Adenauer-Stiftung	
Gewerkschaftliche Zugehörigkeit	grundsätzlich unzulässig		

2.2.5 Entscheidung für einen Bewerber

Sind alle Bewerbungsunterlagen gesichtet, die Bewerbungsgespräche geführt und liegen gegebenenfalls Ergebnisse von Einstellungstests oder einem Assessment-Center vor, kann eine Entscheidung getroffen werden. Es geht nun darum, den für die zu besetzende Stelle

[1] *Ein Wettbewerbsverbot bedeutet, dass ein Arbeitnehmer im Tätigkeitsbereich des Arbeitgebers keine Geschäfte für andere Personen oder auf eigene Rechnung durchführen darf.*

am besten geeigneten Kandidaten auszuwählen. Dabei müssen sich Abteilungs- und Personalleiter auf einen Bewerber einigen. Beide haben möglicherweise jedoch unterschiedliche Interessen, was eine Einigung nicht immer einfach macht. Dem Abteilungsleiter ist daran gelegen, einen fachlich gut passenden Bewerber zu bekommen, der zum angeforderten Zeitpunkt die Stelle antreten kann. Der Personalleiter hat hingegen vor allem rechtliche und personalpolitische Gesichtspunkte, z. B. die Zusammensetzung der Belegschaft, im Hinterkopf.

Vor der Versendung einer Zusage ist nach § 99 BetrVG die Zustimmung des Betriebsrates zu der Einstellung es Bewerbers einzuholen. Alle anderen Bewerber, die nun nicht mehr berücksichtigt werden, sollten zeitnah eine Absage inklusive ihrer Bewerbungsunterlagen erhalten.

2.3 Mitbestimmung bei der Personalbeschaffung

Auszug aus dem **Betriebsverfassungsgesetz**:

§ 99 Mitbestimmung bei personellen Einzelmaßnahmen

(1) In Unternehmen mit in der Regel mehr als zwanzig wahlberechtigten Arbeitnehmern hat der Arbeitgeber den Betriebsrat vor jeder Einstellung, Eingruppierung, Umgruppierung und Versetzung zu unterrichten, ihm die erforderlichen Bewerbungsunterlagen vorzulegen und Auskunft über die Person der Beteiligten zu geben; er hat dem Betriebsrat unter Vorlage der erforderlichen Unterlagen Auskunft über die Auswirkungen der geplanten Maßnahme zu geben und die Zustimmung des Betriebsrats zu der geplanten Maßnahme einzuholen. [...]

(2) Der Betriebsrat kann die Zustimmung verweigern, wenn

1. die personelle Maßnahme gegen ein Gesetz, eine Verordnung, eine Unfallverhütungsvorschrift oder gegen eine Bestimmung in einem Tarifvertrag oder in einer Betriebsvereinbarung oder gegen eine gerichtliche Entscheidung oder eine behördliche Anordnung verstoßen würde,

2. die personelle Maßnahme gegen eine Richtlinie nach § 95 verstoßen würde,

3. die durch Tatsachen begründete Besorgnis besteht, dass infolge der personellen Maßnahme im Betrieb beschäftigte Arbeitnehmer gekündigt werden oder sonstige Nachteile erleiden, ohne dass dies aus betrieblichen oder persönlichen Gründen gerechtfertigt ist; als Nachteil gilt bei unbefristeter Einstellung auch die Nichtberücksichtigung eines gleich geeigneten befristet Beschäftigten,

4. der betroffene Arbeitnehmer durch die personelle Maßnahme benachteiligt wird, ohne dass dies aus betrieblichen oder in der Person des Arbeitnehmers liegenden Gründen gerechtfertigt ist,

5. eine nach § 93 erforderliche Ausschreibung im Betrieb unterblieben ist oder

6. die durch Tatsachen begründete Besorgnis besteht, dass der für die personelle Maßnahme in Aussicht genommene Bewerber oder Arbeitnehmer den Betriebsfrieden durch gesetzwidriges Verhalten oder durch grobe Verletzung der in § 75 Abs. 1 enthaltenen Grundsätze, insbesondere durch rassistische oder fremdenfeindliche Betätigung, stören werde.

(3) Verweigert der Betriebsrat seine Zustimmung, so hat er dies unter Angabe von Gründen innerhalb einer Woche nach Unterrichtung durch den Arbeitgeber diesem schriftlich mitzuteilen. Teilt der Betriebsrat dem Arbeitgeber die Verweigerung seiner Zustimmung nicht innerhalb der Frist schriftlich mit, so gilt die Zustimmung als erteilt.

(4) Verweigert der Betriebsrat seine Zustimmung, so kann der Arbeitgeber beim Arbeitsgericht beantragen, die Zustimmung zu ersetzen.

Das **Bundespersonalvertretungsgesetz** sieht vor, dass der Personalrat bei Personalangelegenheiten mitzubestimmen hat.

§ 75

(1) Der Personalrat hat mitzubestimmen in Personalangelegenheiten der Arbeitnehmer bei

1. Einstellung,

2. Übertragung einer höher oder niedriger zu bewertenden Tätigkeit, Höher- oder Rückgruppierung, Eingruppierung,

3. Versetzung zu einer anderen Dienststelle, Umsetzung innerhalb der Dienststelle, wenn sie mit einem Wechsel des Dienstortes verbunden ist (das Einzugsgebiet im Sinne des Umzugskostenrechts gehört zum Dienstort) [...]

2.4 Arbeitsvertrag

Ist das Auswahlverfahren beendet, muss noch ein Arbeitsvertrag abgeschlossen werden. Dabei werden die Arbeitsbedingungen zwischen einem Arbeitgeber und dem einzelnen Arbeitnehmer im **Einzelarbeitsvertrag** vereinbart. Aus diesem Vertrag ergeben sich die Pflichten von Arbeitnehmer und Arbeitgeber.

LS 8.5

Pflichten

Arbeitgeber	Arbeitnehmer
Hauptpflicht: Lohnzahlung **Nebenpflichten:** ▪ Fürsorgepflicht ▪ Beschäftigungspflicht ▪ Gleichbehandlungspflicht ▪ Urlaubsgewährungspflicht ▪ Zeugniserteilungspflicht ▪ Pflicht zum Abführen von Steuern und Sozialabgaben	**Hauptpflicht:** Erbringung der vereinbarten Arbeitsleistung **Nebenpflicht:** ▪ Treuepflicht (Schutz berechtigter Arbeitgeberinteressen, z. B. Betriebsgeheimnisse bewahren, Wettbewerbsverbot) ▪ Haftungspflicht bei Vorsatz und grober Fahrlässigkeit

2.4.1 Form und Inhalt des Arbeitsvertrags

Der Abschluss eines Arbeitsvertrages ist grundsätzlich formlos (schriftlich oder mündlich) möglich. Diese Formfreiheit gilt jedoch nicht, wenn Gesetze, Tarifverträge oder Betriebsvereinbarungen die Schriftform vorschreiben.

Das **Nachweisgesetz** sieht außerdem vor, dass die wichtigsten Vereinbarungen des Arbeitsvertrages innerhalb von vier Wochen nach Arbeitsbeginn schriftlich festgehalten und dem Arbeitnehmer ausgehändigt werden müssen. Zu den wichtigsten Vereinbarungen gehören:

- Name und Anschrift der Vertragspartner
- Datum des Beginns des Arbeitsverhältnisses
- bei Befristung die Dauer der Befristung
- Arbeitsort
- Tätigkeitsbeschreibung
- Höhe und Zusammensetzung des Arbeitsentgeltes
- Arbeitszeit
- Urlaubsanspruch
- Kündigungsfristen
- Hinweis auf die Tarifverträge, Betriebs- oder Dienstvereinbarungen

Weitere mögliche Inhalte sind beispielsweise ein Wettbewerbsverbot, freiwillige Sozialleistungen (bspw. Weihnachtsgeld, Dienstwagen, Werkswohnung usw.) oder die Dauer der Probezeit.

Auch die Arbeitszeit wird im Arbeitsvertrag geregelt. Man unterscheidet Vollzeit- und Teilzeitverträge. Von Teilzeit spricht man, wenn die regelmäßige Wochenarbeitszeit kürzer ist als die eines vergleichbaren vollzeitbeschäftigten Arbeitnehmers.

Beispiel
Frau Holländer und Herr Fernandez arbeiten beide in der Kaufmännischen Verwaltung und haben ähnliche Aufgaben. Frau Holländer arbeitet die tariflich festgelegte Wochenarbeitszeit von 35 Stunden. Herr Fernandez arbeitet hingegen 2 Stunden weniger und gilt damit als teilzeitbeschäftigt.

Beispiel
So sieht der unbefristete Arbeitsvertrag der Duisdorfer BüroKonzept KG mit der Mitarbeiterin Frau Elling aus der Abteilung Beschaffung aus.

Unbefristeter Arbeitsvertrag

Zwischen der Duisdorfer BüroKonzept KG, Rochusstr. 30, 53123 Bonn
(im Folgenden „Arbeitgeber")
und Frau/Herrn Johanna Elling (im Folgenden „Arbeitnehmer")
wird folgendes vereinbart:

§ 1 Einstellungstermin und Aufgabenbereich

(1) Der Arbeitnehmer wird mit Wirkung vom 01.03.20.. als Sachbearbeiterin Beschaffung Handelswaren in Bonn auf unbestimmte Zeit eingestellt. Der Aufgabenbereich umfasst insbesondere die termingerechte Beschaffung von Handelswaren unter wirtschaftlichen und qualitativen Gesichtspunkten.
Die einzelnen zum Aufgabenbereich gehörenden Tätigkeiten ergeben sich aus der als Anlage beigefügten und zum Vertrag gehörenden Stellenbeschreibung.

(2) Der Arbeitgeber behält sich vor, dem Arbeitnehmer innerhalb des Unternehmens eine andere, seiner Vorbildung und seinen Fähigkeiten entsprechende gleichwertige Tätigkeit zu übertragen.

§ 2 Probezeit

(1) Die ersten sechs Monate des Arbeitsverhältnisses gelten als Probezeit.

(2) Während der Probezeit können beide Parteien das Arbeitsverhältnis mit einer Frist von zwei Wochen kündigen.

§ 3 Arbeitszeit

(1) Die regelmäßige Arbeitszeit ohne Berücksichtigung der Pausen beträgt pro Woche 35 Stunden.

(2) Die Arbeitszeit verteilt sich grundsätzlich auf die Wochentage Montag bis Freitag. Ihre Lage richtet sich nach der betrieblichen Einteilung.

§ 4 Vergütung

(1) Der Arbeitnehmer erhält eine Arbeitsvergütung pro Monat. Er ist in die Gehaltsgruppe E eingestuft und erhält brutto 2.995,00 €[1].

(2) Die Vergütung wird jeweils am Letzten eines Monats fällig. Die Zahlung erfolgt bargeldlos auf das dem Arbeitgeber genannte Konto des Arbeitnehmers.

(3) Die Zahlung von etwaigen Sondervergütungen (Gratifikationen, Urlaubsgeld, Prämien etc.) erfolgt in jedem Einzelfall freiwillig und auch bei wiederholter Gewährung ohne Begründung eines Rechtsanspruchs für die Zukunft (Freiwilligkeitsvorbehalt, Ausschluss betrieblicher Übung).

§ 5 Urlaub

(1) Dem Arbeitnehmer steht der tarifvertraglich vereinbarte Urlaub von 30 Tagen zu.

[1] *Als dieser Arbeitsvertrag geschlossen wurde, galt ein vorheriger Tarifvertrag.*

§ 6 Verschwiegenheitspflicht

(2) Der Arbeitnehmer verpflichtet sich, über seine arbeitsvertraglichen Regelungen sowie über alle betrieblichen Angelegenheiten vertraulicher Art, insbesondere Geschäfts- und Betriebsgeheimnisse, die ihm im Rahmen oder aus Anlass seiner Tätigkeit in der Firma zur Kenntnis gelangen, sowohl während der Dauer dieses Vertrags als auch nach seiner Beendigung Stillschweigen zu bewahren. Zu den vertraulichen Angelegenheiten gehören auch die persönlichen Verhältnisse von Mitarbeitern und Vorgesetzten (z. B. Gehaltspfändungen, Vorschüsse, Darlehen).

§ 7 Kündigung

(1) Nach Ablauf der Probezeit ist eine Kündigung für beide Parteien nur unter Einhaltung der gesetzlichen Kündigungsfristen gemäß § 622 BGB zulässig. Verlängert sich die Kündigungsfrist für den Arbeitgeber aus tariflichen oder gesetzlichen Gründen, gilt diese Verlängerung auch für den Arbeitnehmer.

(2) Jede Kündigung bedarf zu ihrer Wirksamkeit der Schriftform.

§ 8 Betriebliche und tarifliche Regelungen

(1) Die betrieblichen Regelungen (Betriebsordnung, bestehende Betriebsvereinbarungen) können im Personalbüro eingesehen werden.

(2) Im Übrigen gilt unabhängig von einer Gewerkschaftszugehörigkeit des Arbeitnehmers der Tarifvertrag für die Holz und Kunststoffverarbeitende Industrie in seiner derzeitigen Fassung vom 31.10.20..

§ 9 Schlussbestimmungen

(1) Änderungen oder Ergänzungen dieses Vertrages bedürfen der Schriftform.

(2) Mündliche Nebenabreden gelten als nicht getroffen.

(3) Sollte eine Bestimmung dieser Vereinbarung unwirksam sein oder werden, wird die Wirksamkeit der übrigen Bestimmungen hiervon nicht berührt.

Bonn, 15.02.20..
Ort, Datum

Sebastian Falo
Duisdorfer BüroKonzept KG

Johanna Elling
Arbeitnehmer

In Deutschland gilt grundsätzlich das Prinzip der **Vertragsfreiheit**, d. h. jeder kann vereinbaren, was und mit wem er will. Beim Arbeitsvertrag wird dieses Prinzip jedoch durch Arbeitsgesetze, Tarifverträge und Betriebsvereinbarungen beschränkt. Zum Schutz der Arbeitnehmer werden durch **Arbeitsgesetze** Mindestrechte gewährt. Dazu zählen beispielsweise Bundesurlaubsgesetz, Jugendarbeitsschutzgesetz, Arbeitszeitgesetz, Entgeltfortzahlungsgesetz, Kündigungsschutzgesetz oder Mutterschutzgesetz.

Im Arbeitsrecht gilt zuerst das **Rangprinzip**, das bedeutet, dass ranghöhere Vorschriften rangniedrigeren Vorschriften grundsätzlich vorgehen (Normenhierarchie). Eine Regelung in einem Tarifvertrag, einer Betriebsvereinbarung oder in einem Einzelarbeitsvertrag darf beispielsweise nicht gegen das Grundgesetz, das rangmäßig über den anderen steht, verstoßen.

Die Rangfolge der verschiedenen, für das Arbeitsrecht zu beachtenden Vorschriften, sehen Sie in der nächsten Übersicht.

Um die Arbeitnehmer zusätzlich zu schützen, gibt es das sogenannte **Günstigkeitsprinzip.** Dieses Prinzip besagt, dass eine rangniedrigere Regelung, z. B. eine Betriebsvereinbarung gilt, wenn diese für den Arbeitnehmer besser ist. Ausnahmen davon sind möglich, wenn die ranghöhere Regelung ausdrücklich eine ungünstigere Regelung zulässt. Das Günstigkeitsprinzip hebt also teilweise das Rangprinzip auf.

Beispiel

Das Bundesurlaubsgesetz sieht 24 Werktage Urlaub vor. Die Duisdorfer BüroKonzept KG unterliegt dem Manteltarifvertrag der IG Metall Holz und Kunststoff, darin sind 30 Tage Urlaub festgelegt. Nun greift das Günstigkeitsprinzip für die Arbeitnehmer der Duisdorfer BüroKonzept KG, d. h. die für sie günstigere Regelung greift, sie erhalten also 30 Tage Urlaub, obwohl der Tarifvertrag rangniedriger ist als das Bundesurlaubsgesetz.

Tarifverträge

Auf den Inhalt des Arbeitsvertrages wirken auch vorhandene Tarifverträge. Alles, was explizit in einem Tarifvertrag geregelt wurde, muss im Arbeitsvertrag nicht erneut geregelt werden. Ein Verweis auf den Tarifvertrag reicht aus.

Bei einem Tarifvertrag schließen die sogenannten Tarifparteien einen Vertrag ab. Die Tarifparteien sind einzelne oder in Verbänden zusammengeschlossene Arbeitergeber (sogenannte Arbeitgeberverbände) und die Gewerkschaften (zusammengeschlossene Arbeitnehmer). Grundsätzlich gelten Tarifverträge nur für die Mitglieder einer Tarifpartei. Der Minister für Arbeit und Soziales kann den Tarifvertrag für **allgemeinverbindlich** erklären. Dann gilt er auch für die nicht organisierten Arbeitnehmer, also die Arbeitnehmer, die nicht Mitglied der Gewerkschaft sind.

Tarifverträge können in zwei Arten unterschieden werden, zum einen nach dem Vertragspartner und zum anderen nach dem Inhalt.

Bei einem **Verbandstarifvertrag** sind die Gewerkschaften sowie ein Zusammenschluss mehrerer Arbeitgeber einer Branche in einer Region die Vertragspartner. Wird hingegen ein **Haus-, Firmen-** oder **Werktarifvertrag** abgeschlossen, sind nur ein einzelner Arbeitgeber und die für diesen Betrieb zuständige Gewerkschaft beteiligt.

Der **Manteltarifvertrag** enthält die allgemeinen Arbeitsbedingungen wie Arbeitszeit, Urlaubstage, Regelungen zu Kündigung oder Krankheit, Weihnachts- und Urlaubsgeld, Höhe der Arbeitgeberanteils zur Vermögenswirksamen Leistung oder Zuschläge (Mehr-, Nacht-, Sonntags- und Feiertagsarbeit). Er gilt längerfristig, meist für drei bis vier Jahre. Der bekannteste Manteltarifvertrag ist der Tarifvertrag für den öffentlichen Dienst (TVöD), der für alle Beschäftigten bei Einrichtungen der öffentlichen Verwaltung von Bund und Kommunen gilt. Ebenfalls eine mehrjährige Laufzeit hat der **Rahmentarifvertrag.** In ihm werden die Entgeltgruppen geregelt. Je nach Ausbildung, Schwierigkeitsgrad der auszuführenden Arbeit und Alter kann dort jeder Arbeitnehmer einer Lohn- oder Gehaltsgruppe zugeordnet werden.

Die Höhe der Vergütung wie das Arbeitsentgelt pro Stunde oder Monat (gestaffelt nach den verschiedenen Lohn-/Gehaltsgruppen) oder die Höhe der Ausbildungsvergütung werden im **Lohn-/Gehaltstarifvertrag** geregelt. Dieser Tarifvertrag hat meist eine kurze Laufzeit, häufig gilt er für ein Jahr.

Die unterschiedlichen Laufzeiten ergeben sich daraus, dass Urlaub und die Wochenarbeitszeit längerfristig geregelt sein sollen. Die Bruttolöhne hingegen sollen regelmäßig an die konjunkturelle Entwicklung angepasst werden, damit die Mitarbeiter auch am Aufschwung teilhaben.

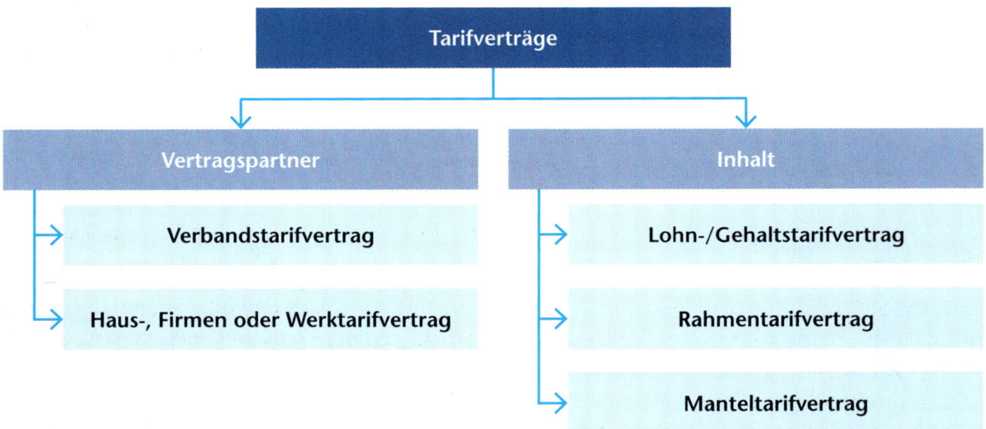

Betriebsvereinbarungen

Neben den Tarifverträgen wirken sich auch die Betriebsvereinbarungen auf den Arbeitsvertrag aus. Betriebsvereinbarungen sind Verträge zwischen dem Arbeitgeber und dem Betriebsrat und müssen von beiden gemeinsam beschlossen, schriftlich festgelegt und unterschrieben werden.

Sie beinhalten allgemeine Regelungen, die für alle Arbeitnehmer eines Betriebes oder für bestimmte Arbeitnehmergruppen gelten. Diese Regelungen legen die Rechte und Pflichten der Arbeitnehmer fest. Betriebsvereinbarungen gelten „unmittelbar und zwingend“, also wie ein Gesetz. Sie müssen nicht ausdrücklich im Arbeitsvertrag erwähnt werden. In Betriebsvereinbarungen werden Fragen behandelt, die sich nicht finanziell auswirken, z. B. Urlaubsgrundsätze, Pausenregelungen oder Raucherregelungen. Wichtige finanzielle Dinge wie Löhne, Arbeitszeiten oder Urlaubstage werden hingegen in Tarifverträgen geregelt. § 77 Abs. 5 BetrVG legt fest, dass Betriebsvereinbarungen mit einer Frist von drei Monaten gekündigt werden können. Abweichend davon können Arbeitgeber und Betriebsrat gemeinsam kürzere oder längere Kündigungsfristen für Betriebsvereinbarungen beschließen.

Betriebsvereinbarungen dürfen nicht für Arbeitsentgelte und sonstige Arbeitsbedingungen, die durch Tarifvertrag geregelt sind oder üblicherweise geregelt werden, geschlossen werden (§ 77 Abs. 3 BetrVG). Ausnahme: Der Tarifvertrag lässt ausdrücklich den Abschluss ergänzender Betriebsvereinbarungen zu.

Beispiel
Bei der Duisdorfer BüroKonzept KG gibt es eine Betriebsvereinbarung zur Urlaubsrahmenplanung (siehe Modellunternehmen). Darin ist geregelt, bis wann und wie die Urlaubswünsche der einzelnen Arbeitnehmer geäußert werden müssen und wie mit diesen Urlaubswünschen umgegangen wird.

Die getroffenen Regelungen in einem Arbeitsvertrag gehen einer Betriebsvereinbarung vor, wenn sie für den Arbeitnehmer günstiger sind (Günstigkeitsprinzip). Anders sieht es aus, wenn gesetzliche oder tarifliche Regelungen vorliegen und diese abschließend sind. Dann kann es für diese Angelegenheit keine Betriebsvereinbarung geben, auch keine, die für den Arbeitnehmer günstiger wäre.

Beispiel
Der Manteltarifvertrag der IG Metall Holz und Kunststoff, unter den die Duisdorfer BüroKonzept KG fällt, schreibt eine Wochenarbeitszeit von 35 Stunden vor. Der Betriebsrat der Duisdorfer BüroKonzept KG möchte die Wochenarbeitszeit auf 34 Stunden senken. Das ist nicht möglich, auch wenn es für die Arbeitnehmer günstiger wäre, weil die Wochenarbeitszeit bereits abschließend tarifvertraglich geregelt ist.

2.4.2 Arten von Arbeitsverträgen

Grundsätzlich gibt es zwei Arten von Arbeitsverträgen, den **befristeten** und den **unbefristeten** Vertrag.

Der **unbefristete** Arbeitsvertrag wird auch als Dauerarbeitsvertrag bezeichnet und hat grundsätzlich erst einmal kein Ende. Es gibt jedoch drei Möglichkeiten, diesen Vertrag zu beenden:
- Kündigung durch den Arbeitgeber,
- Kündigung durch den Arbeitnehmer,
- Lösen durch einen Aufhebungsvertrag (= Vereinbarung, die das Arbeitsverhältnis einvernehmlich auflöst).

Ein **befristeter** Arbeitsvertrag ist für eine genau bestimmte Zeit geschlossen. Er endet genau an dem Datum, das vertraglich vereinbart wurde. Ein befristeter Arbeitsvertrag kann außer für einen Zeitraum auch für einen bestimmten Zweck (z. B. für ein Projekt) befristet werden. Der Vertrag endet dann, wenn der Zweck erfüllt ist, also z. B. das Projekt beendet ist.

Beispiele
- *Der Arbeitsvertrag von Frau Schmitz ist befristet zum 31.03.20.. Der Vertrag endet dann genau am 31.03.20..*
- *Die Duisdorfer BüroKonzept KG möchte für eine neue Werbekampagne wissen, welche Bedürfnisse ihre Kunden momentan haben. Dafür soll im Rahmen eines Projektes eine Befragung der vorhandenen Kunden vorgenommen werden. Dafür wird Frau Klara Grube mit einem befristeten Vertrag eingestellt, der mit Ende der Befragung automatisch endet.*

Für befristete Arbeitsverträge gilt das **Teilzeit- und Befristungsgesetz**. Dieses Gesetz gilt für Betriebe ab 16 Arbeitnehmern.

Befristete Verträge dürfen nur schriftlich abgeschlossen werden (Formvorschrift), außerdem muss für die Befristung ein sachlicher Grund vorliegen.

Auszug aus dem Teilzeit- und Befristungsgesetz (TzBfG)

§ 14 Zulässigkeit der Befristung

(1) Die Befristung eines Arbeitsvertrages ist zulässig, wenn sie durch einen sachlichen Grund gerechtfertigt ist. Ein sachlicher Grund liegt insbesondere vor, wenn

1. der betriebliche Bedarf an der Arbeitsleistung nur vorübergehend besteht,

2. die Befristung im Anschluss an eine Ausbildung oder ein Studium erfolgt, um den Übergang des Arbeitnehmers in eine Anschlussbeschäftigung zu erleichtern,

3. der Arbeitnehmer zur Vertretung eines anderen Arbeitnehmers beschäftigt wird,

4. die Eigenart der Arbeitsleistung die Befristung rechtfertigt,

5. die Befristung zur Erprobung erfolgt,

[...]

(2) Die kalendermäßige Befristung eines Arbeitsvertrages ohne Vorliegen eines sachlichen Grundes ist bis zur Dauer von zwei Jahren zulässig; bis zu dieser Gesamtdauer von zwei Jahren ist auch die höchstens dreimalige Verlängerung eines kalendermäßig befristeten Arbeitsvertrages zulässig. [...]

Eine Befristung ohne Sachgrund ist nur bei Neueinstellung möglich. Hat ein Arbeitgeber bereits einmal ein Arbeitsverhältnis (egal ob befristet oder unbefristet) mit einem Mitarbeiter gehabt, darf er keinen befristeten Vertrag ohne sachlichen Grund mehr mit diesem Mitarbeiter abschließen, es sei denn, das Ende der letzten Beschäftigung liegt mehr als drei Jahre zurück (Urteil BAG, 06.04.2011).

Befristete Verträge haben in den letzten Jahren deutlich zugenommen. So hat das Institut für Arbeitsmarkt- und Berufsforschung (IAB), welches zur Bundesagentur für Arbeit gehört, ermittelt, dass 2013 1,3 Millionen Arbeitsverträge befristet waren. Fast 50 % dieser Befristungen erfolgten ohne Sachgrund.

Beispiele

- *Die Duisdorfer BüroKonzept KG bietet ihrem fast fertigen Auszubildenden einen auf ein Jahr befristeten Arbeitsvertrag an, da sie leider keine freie feste Stelle hat. In dieser Zeit hat der neue Mitarbeiter Gelegenheit, in Ruhe nach einem anderen Arbeitsgeber zu suchen.*
- *Frau Schulz wurde befristet für zwei Jahre eingestellt. In dieser Zeit vertritt sie Frau Kleinschmidt, die eine zweijährige Elternzeit genommen hat.*
- *Vor fünf Jahren war Herr Yildiz Mitarbeiter im Vertrieb der Duisdorfer BüroKonzept KG. Zwischenzeitlich war er anderweitig angestellt. Nun bekommt er einen befristeten Vertrag angeboten, ohne dass dafür ein sachlicher Grund vorliegt. Dies ist möglich, weil sein letztes Arbeitsverhältnis mit der Duisdorfer BüroKonzept KG mehr als drei Jahre zurückliegt.*

2.4.3 Einstellungsunterlagen

Der Arbeitgeber kann bei Abschluss des Arbeitsvertrages **Arbeitspapiere** vom Arbeitnehmer verlangen. Zu diesen Arbeitspapieren gehören:

- Sozialversicherungsausweis
- Elektronische Lohnsteuerabzugsmerkmale (ELStAM), vormals Lohnsteuerkarte
- Arbeitszeugnis
- Urlaubsbescheinigung, in der die im Kalenderjahr bereits gewährten oder abgegoltenen Urlaubstage vermerkt sind
- Unterlagen für vermögenswirksame Leistungen
- Mitgliedsbescheinigung der Krankenkasse

Jugendliche unter 18 Jahre müssen zusätzlich noch eine Gesundheitsbescheinigung der Erstuntersuchung bzw. Nachuntersuchung nach dem Jugendarbeitsschutzgesetz einreichen. **Ausländische Arbeitnehmer aus Nicht-EU-Staaten** müssen den Aufenthaltstitel, der eine Arbeitserlaubnis enthält, einreichen.

3 Personal verwalten

3.1 Die Personalakte

LS 8.6

Unter einer Personalakte wird in der Personalwirtschaft eine Sammlung von Urkunden, Unterlagen und Vorgängen verstanden, die der Arbeitgeber über den Arbeitnehmer führt. Die gesammelten Daten stehen dabei in einem sachlichen Zusammenhang zum Arbeitsverhältnis im Unternehmen.

Arbeitgeber sind gesetzlich **nicht** zur Führung einer Personalakte verpflichtet. Dennoch wird der Arbeitgeber in der betrieblichen Praxis nicht um die Führung einer Personalakte herumkommen, da er bestimmte Vorgänge dokumentieren und aufbewahren sollte.

3.1.1 Personalakten anlegen

Personalakten sollen ein vollständiges, wahrheitsgemäßes und sorgfältiges Bild über die Verhältnisse des Arbeitnehmers im Unternehmen geben.
Schon bei der Einstellung eines neuen Mitarbeiters fallen neben den Bewerbungsunterlagen viele Dokumente an, die aufbewahrt werden sollten, z. B.

- das Gesundheitszeugnis,
- die Urlaubsbescheinigung des alten Arbeitgebers,
- eine Arbeitserlaubnis (bei ausländischen Bewerbern),
- der Arbeitsvertrag,
- das Personalstammblatt sowie
- Ergebnisse von Einstellungstests.

Weiterhin müssen Meldungen an bestimmte außerbetriebliche Stellen, wie z. B. die Krankenkasse, erfolgen. Auch diese Vorgänge werden im Idealfall dokumentiert und aufbewahrt. Während des Beschäftigungsverhältnisses fallen weitere Dokumente an, die das Arbeitsverhältnis betreffen und aufbewahrt werden, z. B.

- Mitteilung an den Betriebsrat über die erfolgte Einstellung,
- Meldung zur Sozialversicherung,
- eventuelle Abmahnungen.

Damit jederzeit ein schneller Zugriff auf die gesuchten Daten möglich ist, sollte sich jedes Unternehmen auf eine **Ablagestruktur** einigen. Nur so ist gewährleistet, dass die gesuchten Unterlagen schnell gefunden werden und nicht unnötig Zeit mit dem Suchen wichtiger Dokumente verloren geht. In der Praxis gibt es viele verschiedene Ablagestrukturen. Häufig haben diese aber den folgenden **Aufbau**:

Inhaltsverzeichnis	Beispiele
Persönliche Unterlagen/ Vorvertragsdaten	▪ Personalfragebogen ▪ Bewerbungsschreiben ▪ Ergebnisse von Eignungstests ▪ Zeugnisse über den Bildungs- und beruflichen Werdegang ▪ polizeiliches Führungszeugnis ▪ ärztliches Zeugnis ▪ persönliche Veränderungen (z. B. Heiratsurkunde)
Vertragliche Vereinbarungen	▪ Einstellungsschreiben ▪ Arbeitsvertrag ▪ Regelungen zur Benutzung betrieblicher Einrichtungen ▪ zusätzliche Vereinbarungen zum Arbeitsvertrag, z. B. Wettbewerbsklausel
Unterlagen zur Tätigkeit	▪ Versetzungen innerhalb des Unternehmens ▪ Tätigkeitsbereiche ▪ Beurteilungen ▪ Fortbildungsmaßnahmen ▪ Abmahnungen ▪ Disziplinarmaßnahmen
Unterlagen zu den Bezügen	▪ Grundgehalt ▪ Zulagen/Prämien ▪ Vorschüsse ▪ Lohnsteuer ▪ Sozialversicherung ▪ Krankenversicherung ▪ Sonstige Versicherungen ▪ Darlehen
Unterlagen zu Abwesenheiten	▪ Krankheitstage ▪ Urlaubstage
Allgemeiner Schriftverkehr	Hier wird jeder Schriftverkehr abgeheftet, der sich keinem der obigen Ordnungspunkte zuordnen lässt, z. B. Schriftverkehr mit der Agentur für Arbeit.

In Anlehnung an Olfert, Klaus, Personalwirtschaft, 15. Auflage, Kiehl, 2010, S. 556

3.1.2 Berücksichtigung des Datenschutzgesetzes bei der Aufbewahrung von Personalakten

Gemäß § 32 Bundesdatenschutzgesetz ist der Arbeitgeber berechtigt, personenbezogene Daten des einzelnen Beschäftigten nur zu bestimmten Zwecken zu erheben, zu verarbeiten oder zu nutzen:

a) zur Entscheidung über die Begründung eines Beschäftigungsverhältnisses,
b) zur Durchführung eines Beschäftigungsverhältnisses,
c) zur Beendigung eines Beschäftigungsverhältnisses.

Die gesammelten und gespeicherten Mitarbeiterdaten sind mit geeigneten Mitteln gegen eine unbefugte Einsichtnahme Dritter (z. B. Kunden, Mitarbeiter) zu sichern. Zugang zur Personalakte dürfen nur die Mitarbeiter und Vorgesetzten haben, die unmittelbar mit dieser arbeiten. Werden aus organisatorischen Gründen Teile der Personalakte an verschiedenen Standorten aufbewahrt, z. B. in Form von Nebenakten, so hat in der Stammakte ein entsprechender Verweis zu stehen. Jeder Arbeitgeber ist dazu verpflichtet, Personalakten sorgfältig aufzubewahren und sensible Daten verstärkt vor unberechtigtem Zugriff zu schützen.

3.1.3 Rechte des Arbeitnehmers

Einsichtsrecht

Gemäß § 83 Abs. 1 BetrVG hat der Mitarbeiter das Recht, in die über ihn geführten Unterlagen in einer Personalakte Einsicht zu nehmen. Bei der Einsichtnahme kann er ein Mitglied des Betriebsrates hinzuziehen. Das Recht auf Einsichtnahme in die Personalakte bezieht sich dabei auf alle Unterlagen, die über die Person des Arbeitnehmers im Unternehmen vorhanden sind. Auch Nebenakten oder Datenbanken, die Informationen über den Arbeitnehmer beinhalten, kann dieser einsehen.

Das Recht auf Einsichtnahme in die Personalakte besteht grundsätzlich jederzeit aber vor allem innerhalb der betrieblichen Arbeitszeit. Dem Mitarbeiter muss die Möglichkeit gegeben werden, sich Auszüge und Fotokopien auf eigene Kosten anzufertigen. Das Einsichtsrecht kann der Arbeitnehmer auch ohne eine besondere Begründung wahrnehmen.

Berichtigungsanspruch

Wurden über den Arbeitnehmer unrichtige Angaben gespeichert, so kann der Arbeitnehmer verlangen, dass diese aus der Personalakte entfernt werden, ggf. auch klageweise.

Hat der Arbeitgeber Eintragungen in die Personalakte vorgenommen, so kann der Arbeitnehmer nach § 83 Abs. 2 BetrVG verlangen, dass ihm der Arbeitgeber diese Eintragungen erklärt und zusätzlich kann er eine schriftliche Erklärung zum Inhalt abgeben, die dann in die Personalakte aufgenommen wird.

3.1.4 Exkurs: Die digitale Personalakte

Die modernen Technologien und der zunehmende Einsatz von PCs am Arbeitsplatz bewirkt ein Umdenken in vielen Unternehmen. Immer mehr Unternehmen setzen ihren Wunsch nach einem papierlosen Büro um und ersetzen die klassischen Papierakten durch digitale Personalakten.

Neben der Ersparnis von Papier bietet die digitale Personalakte viele weitere Vorteile. So kann jedem Zugriffsberechtigten schnell und ortsunabhängig die erforderliche Akte zur Verfügung gestellt werden. Weiterhin können bei richtiger Pflege der Dateien Statistiken leichter und schneller erstellt werden.

Das Digitalisieren von Dokumenten ist allerdings auch mit rechtlichen Risiken verbunden. Kommt es zu einem Rechtsstreit, so kann sich der Beweiswert verringern, da eine Urkunde vor Gericht i. d. R. im Original unterzeichnet sein muss. Auch wenn ein Dokument mit einer qualifizierten elektronischen Signatur versehen ist, wird dennoch in manchen Verhandlungen gegen den Beweiswert einer solchen Signatur entschieden. Daher sollten auch zukünftig wichtige Dokumente, bei denen der Verdacht einer Fälschung aufkommen könnte, sicherheitshalber in Papierform gehalten werden.

LS 8.7

3.2 Mutterschutzgesetz (MuSchG)[1]

3.2.1 Anwendungsbereich des Mutterschutzgesetzes

Das Mutterschutzgesetz gilt für alle (werdenden) Mütter, die in einem Arbeitsverhältnis stehen oder geringfügig beschäftigt sind. Das Gesetz gilt dabei u. a. nicht für Selbstständige sowie für Hausfrauen. Für Beamtinnen gelten besondere Regelungen, die im Beamtenrecht festgelegt sind.

Die Aufgabe des gesetzlichen Mutterschutzes besteht darin, (werdende) Mütter, die in einem abhängigen Beschäftigungsverhältnis stehen, und ihr Kind vor

- Gefährdung der Gesundheit
- Überforderung am Arbeitsplatz
- finanziellen Einbußen
- dem Verlust des Arbeitsplatzes

während der Schwangerschaft und einige Zeit **nach** der Geburt zu schützen. Daher enthält das Mutterschutzgesetz besondere Regelungen für die Arbeitsplatzgestaltung, zum Kündigungsschutzgesetz, zu Beschäftigungsverboten und zur finanziellen Unterstützung in Form des Mutterschaftsgeldes.

Weitere gesetzliche Regelungen im Umgang mit Schwangeren liefern z. B. die Arbeitsstättenverordnung, die Röntgenverordnung und die Strahlenschutzverordnung.

Wird eine Frau während des Bestehens eines befristeten Arbeitsverhältnisses schwanger, so greift das Mutterschutzgesetz, solange das befristete Arbeitsverhältnis besteht. Berufsausbildungsverhältnisse zählen dabei zu den befristeten Arbeitsverhältnissen.

LF 8, 2.2.4

Damit das Unternehmen die im Mutterschutzgesetz enthaltenen Bestimmungen einhalten kann, sollten Frauen ihre Schwangerschaft sobald wie möglich mitteilen. Bei Bewerbungen während einer Schwangerschaft muss die Frau auf die Frage, ob sie schwanger ist, nicht wahrheitsgemäß antworten (Ausnahmen möglich). Der Arbeitgeber ist ab Kenntnisnahme der Schwangerschaft dazu verpflichtet, den zuständigen Aufsichtsbehörden die Schwangerschaft mitzuteilen, die die Einhaltung der Mutterschutzvorschriften kontrolliert. Kommt der Arbeitgeber dieser Informationspflicht nicht nach, so kann er mit einem Bußgeld belegt werden.

[1] *In Anlehnung an: Bundesministerium für Familie, Senioren, Frauen und Jugend: Leitfaden zum Mutterschutz*

3.2.2 Kündigungsschutz für (werdende) Mütter

Eine Kündigung des Arbeitsverhältnisses ist vom Beginn der Schwangerschaft bis zum Ablauf von vier Monaten nach der Entbindung **unzulässig**. Das Verbot der Kündigung gilt allerdings nur dann, wenn dem Arbeitgeber die bereits bestehende Schwangerschaft oder die Entbindung zum Zeitpunkt der Kündigung bekannt war oder sie ihm innerhalb von zwei Wochen nach Zugang der Kündigung mitgeteilt wird.

Wird eine Frau nach Zugang der Kündigung schwanger, so gilt das Kündigungsverbot nach dem Mutterschutzgesetz nicht.

Das Kündigungsschutzgesetz greift weiterhin **nicht**, wenn die Kündigung wegen besonders schwerer Pflichtverletzung seitens der Arbeitnehmerin ausgesprochen wurde oder im Fall einer Insolvenz. Der Arbeitgeber muss in diesen besonderen Fällen **vor** dem Ausspruch der Kündigung die Zustimmung der Aufsichtsbehörde beantragen, die der Kündigung zustimmen muss. Gegen die Zustimmung kann die Arbeitnehmerin Widerspruch einlegen.

Kommt es zum Ausspruch einer Kündigung trotz bestehendem Kündigungsschutz, so kann die Arbeitnehmerin innerhalb von drei Wochen nach Zugang der Kündigung Klage beim zuständigen Arbeitsgericht erheben. Wird keine Klage innerhalb der vorgegebenen Frist erhoben, so gilt die Kündigung als von Anfang an rechtswirksam. Hat der Arbeitgeber Kenntnis von der Schwangerschaft und wurde bei der Aufsichtsbehörde ein Antrag auf Zustimmung zur Kündigung gestellt, so läuft die dreiwöchige Frist zur Klageerhebung erst ab Bekanntgabe der Entscheidung der Aufsichtsbehörde.

Das Kündigungsverbot gilt nicht bei einer Kündigung durch die schwangere Frau. Kommt es zu einer Eigenkündigung, kann die Arbeitnehmerin keine Ansprüche mehr gegen den Arbeitgeber geltend machen. Auch im Fall einer Eigenkündigung muss die Aufsichtsbehörde in Kenntnis gesetzt werden.

3.2.3 Generelles Beschäftigungsverbot

Der Arbeitgeber muss eine schwangere oder stillende Mutter während und nach der Schwangerschaft so beschäftigen, dass sie vor Gefahren ausreichend geschützt ist. Konkret bedeutet das:

- Werdenden oder stillenden Müttern ist es zu ermöglichen, dass sie sich unter geeigneten Bedingungen hinlegen und ausruhen können, soweit dies aus gesundheitlichen Gründen erforderlich ist.
- Im Rahmen der täglichen Bildschirmarbeit wird empfohlen, den Betriebsarzt einzubeziehen, um mit diesem die gesundheitsgerechte Arbeitsplatzgestaltung zu besprechen. Gemeinsam sollen Möglichkeiten zur Vermeidung lang andauernder einseitiger Körperhaltung und monotoner Arbeiten durch wechselnde Tätigkeiten und geeignete Pausenregelungen besprochen werden. Der Betriebsrat kann für die Dauer der Schwangerschaft auch einen Arbeitsplatzwechsel vorschlagen.
- Werdende und stillende Mütter dürfen nicht in Nachtarbeit (zwischen 20:00 Uhr und 6:00 Uhr), nicht an Sonn- und Feiertagen und nicht mit Mehrarbeit beschäftigt werden. Ausnahmen sind für Krankenhäuser, Gaststätten, Landwirtschaft und im Hotelgewerbe möglich.

Weiterhin gelten folgende **generelle Beschäftigungsverbote** für Arbeiten, bei denen ...

- ... regelmäßig Lasten von mehr als 5 kg oder gelegentlich Lasten von 10 kg gehoben, bewegt oder befördert werden müssen (ohne mechanische Hilfsmittel).
- ... die Arbeitnehmerin nach dem fünften Monat ständig stehen muss (gilt ab einer täglichen Arbeitszeit von vier Stunden).
- ... sich die Arbeitnehmerin häufig erheblich strecken oder beugen muss.
- ... Geräte und Maschinen aller Art mit hoher Fußbeanspruchung bedient werden müssen.
- ... sie einer erhöhten Unfallgefahr ausgesetzt ist.
- ... die Schwangere gesundheitsgefährdenden Stoffen, Strahlen, Dämpfen, Lärm, Kälte, Hitze oder Nässe ausgesetzt ist.
- ... die Schwangere im Akkord oder am Fließband arbeiten muss.

3.2.4 Individuelles Beschäftigungsverbot

Neben dem bereits beschriebenen allgemeinen Beschäftigungsverbot enthält das Mutterschutzgesetz ein individuelles Beschäftigungsverbot, das im Einzelfall Anwendung findet. Voraussetzung für ein individuelles Beschäftigungsverbot ist das Vorliegen eines ärztlichen Zeugnisses.

Ein Arzt muss entscheiden, ob die schwangere Frau wegen eingetretener Komplikationen arbeitsunfähig krank ist oder ob ein Beschäftigungsverbot (generell oder für bestimmte Arbeiten) zum Schutz des Lebens oder der Gesundheit von Mutter und Kind notwendig ist (auch ohne, dass eine Krankheit vorliegt).

Hat der Arbeitgeber einen begründeten Zweifel daran, dass das Zeugnis richtig ist, kann er eine Nachuntersuchung verlangen. Aufgrund des Rechts der freien Arztwahl kann er aber nicht verlangen, dass ein bestimmter Arzt (z. B. Werksarzt) diese Untersuchung vornimmt. Die Kosten des ärztlichen Zeugnisses trägt die Krankenkasse der Schwangeren.

Wenn die Frau nach der Entbindung nicht voll leistungsfähig ist, kann ebenfalls ein individuelles Beschäftigungsverbot (maximal bis zum sechsten Monat nach der Geburt) ausgesprochen werden. Die Frau muss in diesem Fall ein ärztliches Attest vorlegen, aus dem deutlich wird, inwiefern ihre Leistungsfähigkeit eingeschränkt ist und welche Tätigkeiten möglich sind.

Wird ein allgemeines oder ein individuelles Beschäftigungsverbot ausgesprochen oder wird die werdende Mutter an einen anderen zumutbaren Arbeitsplatz versetzt, hat sie mit keinen finanziellen Nachteilen zu rechnen. Es wird für diese Zeit ein Durchschnittsverdienst (Mutterschutzlohn) gezahlt, der sich aus dem Verdienst der letzten 13 Wochen oder bei monatlicher Entlohnung aus den letzten drei Monaten vor Eintritt der Schwangerschaft berechnet.

3.2.5 Schutzfristen vor und nach der Entbindung

Der Gesetzgeber hat festgelegt, dass die werdende Mutter sechs Wochen **vor** der **(prognostizierten)** Geburt ihres Kindes nur dann beschäftigt werden darf, wenn sie selbst ausdrücklich erklärt, dass sie weiterarbeiten möchte. Diese Entscheidung kann sie jederzeit widerrufen.

Nach der Entbindung besteht ein absolutes Beschäftigungsverbot für mindestens acht Wochen (bei Mehrlingsgeburten und Frühgeburten zwölf Wochen). Während dieser Zeit darf die Frau nicht beschäftigt werden, auch dann nicht, wenn sie dazu bereit wäre. Die Nichtbeachtung dieses absoluten Beschäftigungsverbotes nach einer Geburt wird als Ordnungswidrigkeit und unter Umständen sogar als Straftat verfolgt.

Beispiel
Der ausgerechnete Geburtstermin von Frau Müller ist der 05.10.2015. Fällt der tatsächliche Geburtstermin ebenfalls auf den 05.10.2015, befindet sich Frau Müller vom 24.08.2015 bis 30.11.2015 in Mutterschutz.

Bei einer **Frühgeburt**[1] sowie bei einer sonstigen vorzeitigen Entbindung **verlängert** sich nach der Geburt die Schutzfrist um den Zeitraum, der vor der Geburt nicht in Anspruch genommen werden konnte.

Wird der errechnete Geburtstermin überschritten, so verkürzt sich die Schutzfrist nach der Entbindung nicht. Sie beträgt dann ebenfalls acht bzw. zwölf Wochen.

Die Schutzfrist berechnet sich nach dem durch einen Arzt oder die Hebamme **errechneten Geburtstermin**. Wird das Kind **früher** geboren, verkürzt sich die vorgeburtliche Mutterschutzfrist. Die **nachgeburtliche Mutterschutzfrist verlängert sich** um dieselbe Zeitspanne bei jeder vorzeitigen Geburt, d.h. das Ende der **Mutterschutzfrist** bleibt daher bei einer vorzeitigen Geburt im **Ergebnis unverändert!**

Beispiel
Der ausgerechnete Geburtstermin von Frau Müller ist der 05.10.2015. Der tatsächliche Geburtstermin ist der 01.10.2015. Somit befindet sich Frau Müller vom 24.08.2015 bis 30.11.2015 in Mutterschutz (Berechnungsgrundlage ist in beiden Fällen der 05.10.2015).

Wird das Kind **später** als prognostiziert geboren, verlängert sich die vorgeburtliche Mutterschutzfrist tageweise bis zur tatsächlichen Entbindung, die nachgeburtliche Schutzfrist verkürzt sich aber **nicht**. Konkret bedeutet das, dass sich die Schutzfrist nach der Geburt **nach hinten** verschiebt, da ein absolutes Beschäftigungsverbot von acht Wochen nach der Geburt besteht.

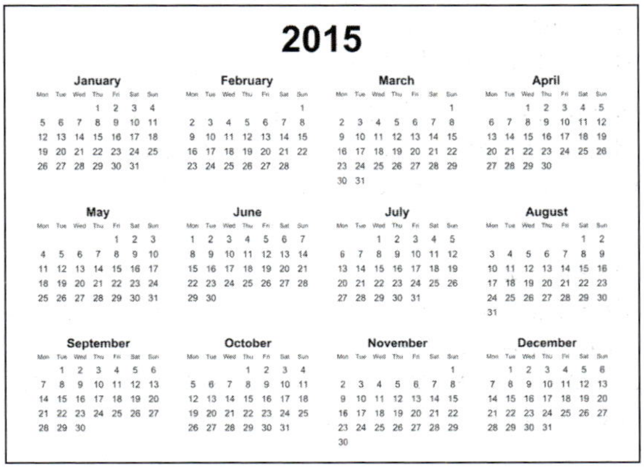

Beispiel
Der errechnete Geburtstermin von Frau Müller ist der 05.10.2015. Der tatsächliche Geburtstermin ist der 10.10.2015. Somit befindet sich Frau Müller vom 24.08.2015 bis 05.12.2015 in Mutterschutz.

3.2.6 Elternzeit

Nach der Mutterschutzfrist schließt unmittelbar die Elternzeit nach dem Bundeselterngeld- und Elternzeitgesetz (BEEG) an. Die Mutter hat ein Wahlrecht, ob sie nach Ablauf der Mutterschutzfrist ihre Arbeit wieder aufnehmen möchte oder Elternzeit in Anspruch nimmt.

---

[1] *Nach § 6 Abs. 1 MuSchG handelt es sich um eine Frühgeburt, wenn das Kind bei der Geburt weniger als 2500 Gramm wiegt oder wenn das Kind trotz höheren Geburtsgewichts wegen noch nicht voll ausgebildeter Reifezeichen einer wesentlichen Pflege bedarf.*

Ist geplant, Elternzeit zu nehmen, so muss dies rechtzeitig, spätestens sieben Wochen vor ihrem Beginn, dem Arbeitgeber mitgeteilt werden. Die Eltern können dabei die Elternzeit ganz oder zeitweise auch gemeinsam nehmen. Für die Elternzeit gilt ebenfalls ein besonderer Kündigungsschutz. Außerdem ruht das Arbeitsverhältnis während der Elternzeit, d. h. Eltern erhalten während dieser Zeit kein Entgelt von ihrem Arbeitgeber, allerdings können sie das staatliche Elterngeld für maximal 14 Monate beantragen.

3.3 Schwerbehindertenrecht nach dem Sozialgesetzbuch (SGB)

3.3.1 Definition Behinderung

Gemäß dem Neunten Sozialgesetzbuch (SGB IX) liegt eine Behinderung vor, wenn die körperliche Funktion, die geistige Fähigkeit oder die seelische Gesundheit mit hoher Wahrscheinlichkeit länger als sechs Monate von dem für das Lebensalter typischen Zustand abweicht und daher die Teilhabe der Person am Leben in der Gesellschaft beeinträchtigt ist.

Das Neunte Sozialgesetzbuch enthält die gesetzlichen Regelungen zur Rehabilitation (= Bestrebung, einen Menschen in seinen vormals existierenden körperlichen Zustand zu versetzen) und zur Teilhabe von Menschen mit Behinderungen, von Schwerbehinderten und von Menschen, die von einer Behinderung bedroht sind. Weiterhin sind in diesem Gesetz wichtige Regelungen zu Nachteilsausgleichen, die Menschen mit einer Behinderung in Anspruch nehmen können, Leistungen zur medizinischen Rehabilitation und Maßnahmen zur Teilhabe am Arbeitsleben enthalten.

Wie schwer ein Mensch beeinträchtigt ist, wird mit dem Grad der Behinderung (GdB) festgelegt, der aus medizinischen Gutachten ermittelt wird. Der GdB kann zwischen 20 und 100 variieren. Er ist in 10er-Schritten gestaffelt; es handelt sich bei dem Wert nicht um eine Prozentangabe.

Eine Behinderung ab einem GdB von 50 gilt als Schwerbehinderung. In diesem Fall kann ein Schwerbehindertenausweis beantragt werden, indem der GdB eingetragen wird. Der Schwerbehindertenausweis dient dazu, sich gegenüber Arbeitgebern, Sozialleistungsträgern, Behörden etc. als schwerbehinderter Mensch ausweisen zu können.

Menschen mit einem Grad der Behinderung von mindestens 30 und weniger als 50 können auf Antrag bei der Agentur für Arbeit einem schwerbehinderten Menschen gleichgestellt werden. Voraussetzung hierfür ist, dass der Betreffende infolge der Behinderung ohne die Gleichstellung keinen geeigneten Arbeitsplatz erlangen würde oder diesen nicht behalten kann. Gleichgestellte behinderte Menschen können alle Rechte und Leistungen zur Teilhabe am Arbeitsleben nach dem Schwerbehindertenrecht in Anspruch nehmen. Arbeitsrechtlich werden sie wie Menschen mit Schwerbehinderung behandelt. Allerdings haben sie keinen Anspruch auf Zusatzurlaub, auf unentgeltliche Beförderung in Bus und Bahn oder auf die vorgezogene Altersrente für Schwerbehinderte.

3.3.2 Schwerbehindertenvertretung

In Betrieben und Dienststellen, in denen mindestens fünf schwerbehinderte Arbeitnehmer beschäftigt sind, wird alle **vier** Jahre eine Schwerbehindertenvertretung gewählt. Wählen dürfen alle schwerbehinderten Angestellten eines Betriebes sowie alle Mitarbeiter, die Menschen mit einer Schwerbehinderung gleichgestellt werden. Die Mitglieder der Schwerbehindertenvertretung selber müssen dabei nicht schwerbehindert sein.

Die Schwerbehindertenvertretung soll die berufliche Eingliederung schwerbehinderter Menschen in einen Betrieb fördern und sichern und die Interessen von Menschen mit einer Behinderung gegenüber dem Betrieb vertreten. Zu beachten ist, dass die Schwerbehindertenvertretung nicht dem Betriebsrat oder dem Personalrat untergeordnet ist, sondern eine eigenständige Institution darstellt.

Folgende **Aufgaben** fallen in den Bereich der Schwerbehindertenvertretung:

- Überwachung der Einhaltung von festgelegten Vorschriften zugunsten schwerbehinderter Menschen (z. B. Regelungen im Tarifvertrag, Gesetze etc.);
- Beantragung von Maßnahmen, die schwerbehinderten Menschen z. B. zur Wiedereingliederung dienen;
- Entgegennahme von Beschwerden und Anregungen von schwerbehinderten Menschen und Verhandlungen mit dem Arbeitgeber über die Klärung der Beschwerden;
- Unterstützung der Beschäftigten bei der Erstellung von Anträgen bei den zuständigen Behörden.

3.3.3 Besondere Rechte schwerbehinderter Beschäftigter

Zum Schutz schwerbehinderter Beschäftigter hat der Gesetzgeber ihnen eine Reihe besonderer Rechte eingeräumt, die im Folgenden näher beschrieben werden.

Kündigungsschutz

Die ordentliche (fristgerechte) Kündigung eines schwerbehinderten oder gleichgestellten behinderten Menschen durch den Arbeitgeber bedarf der vorherigen Zustimmung des Integrationsamts (Amt für die Sicherung der Integration schwerbehinderter Menschen im Arbeitsleben). Der besondere Kündigungsschutz für schwerbehinderte Beschäftigte greift erst ab dem siebten Monat der Betriebszugehörigkeit. Auch der außerordentlichen Kündigung (fristlose Kündigung aus wichtigem Grund) muss das Integrationsamt zustimmen. Es muss bei einer außerordentlichen Kündigung die Zustimmung erteilen, wenn der Kündigungsgrund nicht in Zusammenhang mit der anerkannten Behinderung des Betroffenen steht.

LF 8, 7.2

Zusatzurlaub

Schwerbehinderte Beschäftigte – nicht jedoch gleichgestellte – erhalten einen Zusatzurlaub von einer Arbeitswoche.

Beispiele

- *Die schwerbehinderte Mitarbeiterin der Büromöbel GmbH Frau Kruse hat eine regelmäßige Arbeitszeit von Montag bis Donnerstag von 8:00 Uhr bis 16:00 Uhr. Aufgrund ihrer 4-Tage-Arbeitswoche erhält sie auch lediglich einen Zusatzurlaub von vier Arbeitstagen.*

- *Der schwerbehinderte Mitarbeiter der Büromöbel GmbH Herr Franz hat eine regelmäßige Arbeitszeit von Montag bis Samstag von 8:00 Uhr bis 16:00 Uhr. Da Herr Franz regelmäßig sechs Tage in der Woche arbeitet, besteht ein Anspruch auf Zusatzurlaub von sechs Tagen. (Hinweis: Laut Tarifvertrag der Büromöbel GmbH arbeitet das Unternehmen 6 Tage die Woche).*

Mehrarbeit

Mehrarbeit ist laut Gesetz die Zeit, die über die gesetzlich zulässige Arbeitszeit von acht Stunden werktäglich (= 48 Stunden/Woche) hinausgeht. Auf Verlangen sind schwerbehinderte und ihnen gleichgestellte behinderte Mitarbeiter von einer Mehrarbeit freizustellen.

Teilzeit aus behinderungsbedingten Gründen

Menschen mit einer Behinderung können einen Anspruch auf Teilzeitarbeit geltend machen, wenn dieses wegen der Art oder der Schwere der Behinderung notwendig ist. Bei der Gewährung von Teilzeit muss beachtet werden, dass die Gewährung für den Arbeitgeber zumutbar ist. Unzumutbar wäre die Teilzeitbeschäftigung, z. B. wenn es im Einzelfall zu einer unzumutbaren Änderung in der Arbeitsorganisation führen würde, die auch Arbeitsverhältnisse von Kollegen betreffen, oder wenn die notwendigen Räumlichkeiten nicht zur Verfügung stehen.

Nachteilsausgleich bei Abschluss- und Gesellenprüfung

Die besonderen Belange der körperlich, geistig und seelisch behinderten Menschen sind bei der Prüfung zu berücksichtigen. Schon bei der Zwischenprüfung soll erprobt werden, in welcher Weise Behinderungen bei der Abschlussprüfung zu berücksichtigen sind. Daraufhin sollen Maßnahmen ergriffen werden, die eine behinderungsbedingte Benachteiligung (z. B. durch eine Zeitverlängerung, angemessene Pausen, Zulassung spezieller Hilfen) ausgleichen. Die Prüfungsanforderungen dürfen qualitativ nicht verändert werden.

Neben den oben aufgeführten Rechten schwerbehinderter Menschen gibt es eine Vielzahl weiterer Rechte, wie z. B. den Anspruch auf technische Arbeitshilfen und Hilfsmittel, die die Arbeitsfähigkeit überhaupt erst ermöglichen, oder auf Hilfen zum Erreichen des Arbeitsplatzes. Auch Zuschüsse zu Fortbildungen durch das Integrationsamt sind möglich, wenn die Weiterbildung behinderungsbedingt notwendig ist.

Damit die Rechte von Menschen mit einer Behinderung in den Betrieben umgesetzt werden können, gibt es eine Reihe von Leistungen und Förderungen für den Arbeitgeber, z. B.:
- Förderung von behinderungsbedingten baulichen Maßnahmen rund um den Arbeitsplatz (z. B. behindertengerechte Toiletten);
- Prämien und Zuschüsse bei der Ausbildung von behinderten Menschen;
- Einstellungsprämien für besonders stark von Behinderung betroffene Menschen;
- Investitionskostenzuschüsse für neue Arbeits- und Ausbildungsplätze;
- Zuschüsse und Beratung zur behindertengerechten Ausstattung des Arbeitsplatzes;
- Zuschüsse zur Ausbildungsvergütung (bis zu 80 % der Ausbildungsvergütung)

3.3.4 Inklusion

Inklusion hat das Ziel, allen Menschen von Anfang an eine gleichberechtigte Teilhabe in gesellschaftlichen Bereichen zu ermöglichen. Inklusion wird im Zusammenleben einer Gemeinde verwirklicht, z. B. beim Einkaufen, bei der Arbeit, in der Freizeit und in der Nachbarschaft. Es geht um die selbstverständliche Einbeziehung von Menschen mit Behinderung in allen Bereichen des Lebens, indem auf die Bedürfnisse der Einzelnen geschaut wird.

Um ein derartiges Miteinander zu gewährleisten, werden in sämtlichen Bereichen der Gesellschaft die notwendigen Voraussetzungen hierfür geschaffen (u. a. mithilfe von Aufzügen, Rampen, Blindenleitsystemen, Dolmetschern und anderen Unterstützungsformen). Das Ziel der Inklusion ist erreicht, wenn die Unterscheidung „behindert/nicht behindert" keine Rolle mehr spielt und sich nicht der Mensch mit Behinderung anpasst, sondern das Umfeld dafür sorgt, dass die vorhandenen Angebote für alle nutzbar und zugänglich sind.

Die Initiative Inklusion ist ein bundesweites Förderungsprogramm für mehr Ausbildung und Beschäftigung von schwerbehinderten Menschen. Es wird vom Bundesministerium für Arbeit und Soziales finanziert und läuft von 2011 bis 2018. In Deutschland ist die Initiative Inklusion hauptsächlich im Bereich der Schulbildung ein Thema. In diversen Schulen können seit 2011 sowohl behinderte als auch nicht behinderte Schülerinnen und Schüler gemeinsam unterrichtet werden.

3.4 Entgeltfortzahlungsgesetz[1]

Die Entgeltfortzahlung nach dem Entgeltfortzahlungsgesetz ist eine der wichtigsten sozialen Leistungen, die der Arbeitgeber aufgrund von gesetzlichen Bestimmungen gegenüber erkrankten Arbeitnehmern zu leisten hat. Von besonderer Bedeutung ist, dass die im Rahmen des Entgeltfortzahlungsgesetzes vorgeschriebenen Gesetze und Regelungen **Mindeststandards** darstellen, die in Deutschland für alle Arbeitnehmer gelten.

Diese Mindeststandards können durch freiwillige Absprachen, durch Arbeitsverträge und Tarifverträge geändert werden, sofern sich durch diese Änderungen keine Nachteile für den Arbeitnehmer gegenüber der gesetzlichen Regelung ergeben.

[1] *In Anlehnung an: Bundesministerium für Arbeit und Soziales: Entgeltfortzahlung*

3.4.1 Anspruch auf Entgeltfortzahlung

Wenn ein Arbeitnehmer infolge Krankheit **ohne Verschulden** arbeitsunfähig ist, hat er Anspruch auf Entgeltfortzahlung durch den Arbeitgeber bis zu einer Dauer von sechs Wochen. Dieser Anspruch gilt unabhängig vom Umfang der wöchentlich oder monatlich zu leistenden Arbeitszeit und beginnt, wenn das Arbeitsverhältnis vier Wochen ohne Unterbrechung bestanden hat.

Merke
- ***Bestehendes Arbeitsverhältnis ➔ Anspruch auf Entgeltfortzahlung***
- ***Ende des Arbeitsverhältnisses ➔ kein Anspruch auf Entgeltfortzahlung***

Kommt es zu einer selbstverschuldeten Arbeitsunfähigkeit, hat der Arbeitnehmer keinen Anspruch auf Entgeltfortzahlung. Im Sinne des Gesetzes liegt eigenes Verschulden vor, wenn die Arbeitsunfähigkeit auf einen groben Verstoß gegen das von einem verständigen Menschen im eigenen Interesse zu erwartende Verhalten zurückzuführen ist. In diesem Fall kann dem Arbeitgeber nicht zugemutet werden, dass er den Arbeitnehmer während seiner Krankheit entlohnt. Im Streitfall muss allerdings der Arbeitgeber beweisen, dass ein Verschulden durch den Arbeitnehmer vorliegt.

Beispiel
Beispiele einer selbstverschuldeten Arbeitsunfähigkeit sind:
- *Verkehrsunfall infolge Trunkenheit oder grob fahrlässigem Verhalten*
- *fahrlässige Nichtbeachtung von Unfallverhütungsvorschriften, die dann zu einem Arbeitsunfall führen*
- *Verletzungen, die das Ergebnis einer selbstprovozierten Schlägerei sind*

Sportunfälle sind nur dann als selbstverschuldet anzusehen, wenn der Arbeitnehmer eine Sportart betreibt, die seine Fähigkeiten und Kräfte eindeutig übersteigt oder wenn es sich um eine extrem gefährliche Sportart handelt. (Hinweis: Fußball, Skifahren, Drachenfliegen oder Amateurboxen sind generell **nicht** als besonders gefährlich einzuschätzen.)

3.4.2 Krankheit im Sinne des Entgeltfortzahlungsgesetzes

Eine Krankheit ist eine geistige oder körperliche Beeinträchtigung, die eine Heilbehandlung erforderlich macht und/oder zu einer Arbeitsunfähigkeit führt. Es kommt dabei nicht auf die Art und die Schwere der Krankheit an. Daher bestehen eine Krankheit und ein Anspruch auf Entgeltfortzahlung auch dann, wenn sich z. B. ein Unfall außerhalb des Betriebes (im privaten Bereich) ereignet.

Die Krankheit muss dabei so erheblich sein, dass der Arbeitnehmer nicht in der Lage ist, seine arbeitsvertraglich vereinbarte Leistung zu erbringen, und er somit als arbeitsunfähig gilt.

Wird ein Arbeitnehmer mehrmals arbeitsunfähig, gilt folgendes:

- Wenn der Arbeitnehmer **nach Ende** der ersten Arbeitsunfähigkeit aufgrund **einer anderen Krankheit** erneut arbeitsunfähig wird, so beginnt die Sechs-Wochen-Frist erneut zu laufen (neue Krankheit nach Ablauf der ersten Arbeitsunfähigkeit = neuer Anspruch).
- Tritt **während einer aktuellen Arbeitsunfähigkeit** eine weitere neue Krankheit auf, so verlängert sich die Bezugsdauer von insgesamt sechs Wochen ab Beginn der ersten Erkran-

kung **nicht** (neue Krankheit während einer bestehenden Arbeitsunfähigkeit = kein neuer Anspruch).

- Wird der Arbeitnehmer aufgrund **derselben Krankheit** mehrfach krankgeschrieben, so besteht der Anspruch auf Entgeltfortzahlung nur für maximal sechs Wochen (gleiche Krankheit = maximal sechs Wochen Entgeltfortzahlung durch den Arbeitgeber).

3.4.3 Höhe des Arbeitsentgelts im Krankheitsfall

Grundlage für die Berechnung des Arbeitsentgelts im Krankheitsfall ist die Vergütung, die der Arbeitnehmer im Normalfall erhält. Folgende Vergütungsbestandteile werden z. B. bei der Berechnung berücksichtigt:

- effektives Monatsgehalt, Wochen-, Tages-, Stunden- oder Akkordlohn
- Zulagen für Nacht-, Sonntags- oder Feiertagsarbeit
- Vermögenswirksame Leistungen

Abweichend von den gesetzlichen Regelungen kann die **Berechnungsgrundlage** durch Tarifvertragsparteien anders festgelegt werden. Im Rahmen des Tarifvertrages können die Parteien eine andere Berechnungsmethode einführen und bestimmte Vergütungsbestandteile von der Entgeltfortzahlung ausnehmen.

3.4.4 Rechte des Arbeitgebers

Gelegentlich kommt es in der Praxis vor, dass der Arbeitgeber Zweifel an der tatsächlichen Arbeitsunfähigkeit des Arbeitnehmers hat. Ist dies der Fall, so kann der Arbeitgeber verlangen, dass ein Gutachten des Medizinischen Dienstes der Krankenversicherung erstellt wird. Krankenkassen sind grundsätzlich dazu verpflichtet, bestehende Zweifel zu beseitigen.

Beispiel
Frau Sommer war in den letzten vier Monaten insgesamt zwölfmal montags und gelegentlich auch dienstags krank. Der Arbeitgeber zweifelt wegen der auffallend häufigen und der oft kurzen Dauer der Arbeitsunfähigkeit an einer tatsächlichen Erkrankung der Arbeitnehmerin. Ein Gutachten des Medizinischen Dienstes soll diese Zweifel beseitigen.

Liegen begründete Zweifel des Arbeitgebers vor, die er auch vor Gericht beweisen kann, so kann er die Entgeltfortzahlung im Krankheitsfall trotz Vorlage einer ärztlichen Arbeitsunfähigkeitsbescheinigung verweigern.

3.4.5 Anzeige- und Nachweispflicht

Gemäß § 4 Entgeltfortzahlungsgesetz ist der Arbeitnehmer verpflichtet, dem Arbeitgeber seine Arbeitsunfähigkeit und deren voraussichtliche Dauer **unverzüglich** mitzuteilen. Hierzu reicht es, wenn der Arbeitnehmer den Arbeitgeber telefonisch informiert.

Dauert die Arbeitsunfähigkeit **länger als drei Kalendertage**, hat der Arbeitnehmer eine ärztliche Bescheinigung über das Bestehen der Arbeitsunfähigkeit sowie deren voraussichtliche Dauer **spätestens am darauffolgenden Arbeitstag** vorzulegen. Der Arbeitgeber ist aber auch dazu berechtigt, die Vorlage der ärztlichen Bescheinigung früher zu verlangen.

Beispiel
Frau Johanna Elling geht aufgrund einer starken Erkältung am Montag, 07.12.20.. zu ihrem Hausarzt, der sie für den Rest der Woche krankschreibt. Frau Elling muss die Duisdorfer BüroKonzept KG unverzüglich, d.h. am 07.12.20.. über ihre Krankheit **informieren**. *Da die Arbeitsunfähigkeit länger als drei Tage dauert, muss sie spätestens am 08.12.20.. zusätzlich eine ärztliche Bescheinigung* **vorlegen**.

Dauert die Arbeitsunfähigkeit länger als in der Bescheinigung angegeben, ist der Arbeitnehmer verpflichtet, eine neue ärztliche Bescheinigung vorzulegen.

Beispiel
Herr Markus Klein wurde von seinem Orthopäden wegen starker Rückenbeschwerden zunächst von Montag, 09.11.20.. bis Freitag, 13.11.20.. krankgeschrieben. Da sich die Beschwerden nicht gebessert haben, stellt ihm der Arzt am Montag, 16.07.20.. eine Folgebescheinigung bis zum 20.11.20.. aus. Diese reicht Herr Klein unverzüglich bei der Duisdorfer BüroKonzept KG ein.

Wenn der Arbeitnehmer Mitglied einer **gesetzlichen Krankenkasse** ist, muss die ärztliche Bescheinigung einen Vermerk des behandelnden Arztes enthalten, dass der Krankenkasse unverzüglich eine Bescheinigung über die Arbeitsunfähigkeit mit Angaben über Befund und die voraussichtliche Dauer der Arbeitsunfähigkeit zugeschickt wird.

3.4.6 Krankengeld

Wie bereits oben dargestellt hat ein arbeitsunfähiger Arbeitnehmer sechs Wochen lang Anspruch auf Entgeltfortzahlung im Krankheitsfall. Der Arbeitgeber zahlt dem Arbeitnehmer in dieser Zeit seine Vergütung weiter.

Ist der Arbeitnehmer länger als sechs Wochen arbeitsunfähig, so hat er Anspruch auf Krankengeld gegen den Träger seiner gesetzlichen Krankenversicherung (z.B. die AOK, BKK, BARMER GEK). Selbstständig Erwerbstätige haben kraft Gesetz keinen Anspruch auf Krankengeld.

Das Krankengeld beträgt in der Regel 70 % des entgangenen regelmäßigen Bruttoverdienstes und maximal 90 % des Nettoverdienstes.

Wer Krankengeld bekommt, hat sogenannte „Mitwirkungspflichten" zu erfüllen. Dazu gehören auch Beratungen und Untersuchungen beim Medizinischen Dienst der Krankenversicherung. Wird im Rahmen eines ärztlichen Gutachtens festgestellt, dass die Erwerbsfähigkeit gefährdet ist, kann die Krankenkasse verlangen, Rehabilitationsmaßnahmen durchzuführen. Kommt der Arbeitnehmer dieser Mitwirkungspflicht nicht nach, entfällt sein Anspruch auf Krankengeld.

Bei Arbeitsunfähigkeit wird Krankengeld wegen der gleichen Krankheit für längstens 78 Wochen innerhalb von drei Jahren gezahlt. Kommt während der Arbeitsunfähigkeit eine weitere Krankheit hinzu, verlängert sich die Leistungsdauer nicht.

4 Arbeitszeit

Die Gestaltung der **Arbeitszeit** ist ein wichtiges Element unternehmerischer Entscheidungen. Dabei stellen sich u. a. folgende Fragen:

- In welcher Zeit möchten unsere Kunden uns gut erreichen können?
- Wie muss die Arbeitszeit im Produktionsbereich gestaltet sein, damit unsere Maschinen optimal ausgelastet sind?
- Wie kann die Arbeitszeit an unterschiedliche Kapazitätsanforderungen im Laufe eines Jahres oder durch eine veränderte Konjunktur angepasst werden?
- Welche Arbeitszeit wünschen sich unsere Mitarbeiter, um Beruf und Familie gut miteinander vereinbaren zu können?
- Welche Rolle spielt die Gestaltung der Arbeitszeit für die berufliche Motivation und Zufriedenheit unserer Mitarbeiter?
- Welche gesetzlichen Anforderungen müssen bei der Gestaltung der Arbeitszeit berücksichtigt werden?
- Wie erfassen wir die Arbeitszeit unserer Mitarbeiter?
- Welche Regelungen zur Vergütung unterschiedlicher Arbeitszeiten müssen beachtet werden?

Bei den **Fragen** wird deutlich, dass einerseits **betriebliche Anforderungen**, andererseits **persönliche Wünsche der Mitarbeiter** bei der Gestaltung von Arbeitszeitmodellen zu berücksichtigen sind.

Faktoren zur Gestaltung von Arbeitszeitmodellen sind:

1. Dauer und Betrachtungszeitraum der Arbeitszeit
   - Wie viele Stunden umfasst die tägliche, wöchentliche, monatliche oder jährliche Arbeitszeit?
2. Lage der Arbeitszeit
   - Zu welcher Tageszeit muss die Arbeit geleistet werden?
   - An welchen Wochentagen wird gearbeitet?
3. Flexibilität der Arbeitszeit
   - In welchem Umfang kann der Arbeitnehmer seine Arbeitszeit selbst bestimmen?
   - In welchem Umfang kann der Arbeitgeber bestimmen, wann die Arbeit zu leisten ist?
4. Verfahren zur Erfassung der Arbeitszeit
   - Wie können die Daten zur Dokumentation und Berechnung der Arbeitszeit erfasst werden?
5. Gesetzliche Rahmenbedingungen
   - Welche Gesetze müssen bei der Gestaltung der Arbeitszeit berücksichtigt werden?

Um die vielen Fragen besser beantworten zu können, ist es sinnvoll, sich zunächst mit den unterschiedlichen Formen der Arbeitszeit zu beschäftigen.

4.1 Modelle der Arbeitszeitgestaltung

Nach § 2 Abs. 1 des Arbeitszeitgesetzes (ArbZG) ist Arbeitszeit die Zeit vom Beginn bis zum Ende der Arbeit ohne die Ruhepausen. Die Arbeitstage werden im Arbeitszeitgesetz als Werktage definiert. Gemeint sind dann die sechs Wochentage von Montag bis Samstag. In den meisten Arbeitsverträgen ist allerdings heute eine Fünf-Tage-Woche vereinbart. Die tarif- oder arbeitsvertragliche wöchentliche Arbeitszeit liegt häufig unter 40 Stunden pro Woche.

Wann Arbeitnehmer ihre Arbeitszeiten leisten, hängt von vielen Faktoren ab. So erfordern verschiedene Berufe und Branchen (z. B. Bäcker, Hotel- und Gaststättengewerbe, Berufe in der Krankenpflege, Öffentlicher Personennahverkehr) auch Arbeitszeiten in der Nacht und am Wochenende. Oft wünschen Arbeitnehmer auch eine reduzierte Arbeitszeit oder den flexiblen Beginn bzw. ein flexibles Ende ihrer Arbeitszeit, um z. B. Anforderungen der Familie besser berücksichtigen zu können. Aus diesen Anforderungen haben sich unterschiedliche Formen der Arbeitszeit entwickelt.

4.1.1 Vollzeitarbeit

Grundsätzlich ist die Arbeitszeit in Deutschland im Arbeitszeitgesetz geregelt. Sie beträgt maximal acht Stunden je Werktag und darf nur unter bestimmten Bedingungen verlängert werden. In Tarifverträgen können Arbeitgeber(verbände) und Arbeitnehmer(vertretungen) andere Arbeitszeiten vereinbaren. So sieht der Tarifvertrag der IG Metall Holz und Kunststoff, der für das Modellunternehmen Duisdorfer BüroKonzept KG angewendet wird[1], eine wöchentliche Arbeitszeit von 35 Stunden vor.

4.1.2 Mehrarbeit

Mehrarbeit liegt dann vor, wenn die vertraglich vereinbarte Arbeitszeit überschritten wird. Sie ist nur in den engen Grenzen des Arbeitszeitgesetzes zulässig und kann in Tarifverträgen oder Betriebsvereinbarungen geregelt sein. Mehrarbeit wird vom Arbeitgeber angeordnet oder vom Arbeitnehmer freiwillig geleistet. Sie wird dann erforderlich, wenn die Regelarbeitszeit einzelner Arbeitnehmer z. B. bei guter Auftragslage nicht ausreicht, um alle Aufträge termingerecht zu erledigen.

Beispiel

Für die Duisdorfer BüroKonzept KG gilt der Manteltarifvertrag für die Holz und Kunststoff verarbeitende Industrie. Die Regelungen zur Mehrarbeit sehen die Zahlung von Mehrarbeitszuschlägen vor. Die Zuschläge betragen:

---

[1] *Siehe Abdruck der Auszüge aus dem Manteltarifvertrag zum Unternehmen Duisdorfer BüroKonzept KG zu Beginn des Buches*

für Mehrarbeit bis zu 2 Stunden täglich	25 %
für Mehrarbeit ab der 3. Stunde täglich	50 %
für Nachtschichtarbeit	20 %
für Arbeit an Samstagen (1. bis 7. Stunde einschließlich)	35 %
für Arbeit an Sonntagen (1. bis 7. Stunde einschließlich)	50 %

Aufgrund der derzeitig guten Auftragslage ordnet das Unternehmen für einige Mitarbeiter in der Produktion an zwei Samstagen im Monat Mai Mehrarbeit im Umfang von jeweils 7 Stunden an. Die betroffenen Mitarbeiter erhalten zusätzlich zu ihrer Grundvergütung einen Zuschlag in Höhe von 35 %.

Für Manfred Rünz bedeutet dies, dass er zusätzlich zu seinem Stundenlohn in Höhe von 15,86 € eine Mehrarbeitsvergütung im Monat Mai von insgesamt 77,71 € erhält (14 Stunden · 15,86 € · 35 %).

Mehrarbeit wird entweder vergütet oder kann durch Freizeit ausgeglichen werden. Häufig werden die Begriffe Überstunden bzw. **Plusstunden** mit Mehrarbeit gleichgesetzt.

4.1.3 Schichtarbeit

Schichtarbeit ist häufig in Produktionsunternehmen anzutreffen. Sie wird genutzt, um Maschinen intensiv und wirtschaftlicher zu nutzen und Investitionen schneller zu amortisieren. Zur Organisation der Schichtarbeit wird der Arbeitstag in zeitlich zusammenhängende Einheiten (Schichten) eingeteilt, in denen die Arbeitnehmer nacheinander und anhand eines festen Zeitplans eingesetzt werden.

Beispiel
In der Duisdorfer BüroKonzept KG werden die Produktionsanlagen zur Herstellung der Schreibtische im Zweischichtbetrieb genutzt. Die Frühschicht beginnt um 06:00 Uhr und dauert 7 Stunden. Die Ruhepausen umfassen insgesamt 30 Minuten. Um 13:30 Uhr beginnt die Arbeitszeit der Mitarbeiter in der Spätschicht. In der Nacht wird nicht produziert, sodass mit dem Ende der Spätschicht um 21:00 Uhr die Maschinen abgeschaltet werden.

4.1.4 Kurzarbeit

Gerät ein Unternehmen durch eine schlechte Auftragslage z. B. aufgrund einer schlechten Konjunktur, durch unabwendbare Ereignisse (Überschwemmungen oder Naturkatastrophen) oder durch Fehler bei unternehmerischen Entscheidungen bei der Gestaltung des Warensortiments in wirtschaftliche Schwierigkeiten, können die Arbeitnehmer nicht im geplanten Umfang beschäftigt werden. Dadurch stehen den ohnehin schon zurückgehenden Erträgen auf der Einnahmeseite hohe Personalaufwendungen gegenüber, weil die Arbeitnehmer auch vergütet werden müssen, wenn sie vorübergehend nicht eingesetzt werden können.

Um die wirtschaftlichen Härten für die Unternehmen und die Arbeitnehmer zu mildern, kann Kurzarbeit eingesetzt werden. Mit der Kurzarbeit wird die Regelarbeitszeit kurzfristig reduziert. Für das Unternehmen bedeutet dies, dass nur die geleistete Arbeitszeit vergütet werden muss. Kündigungen der Mitarbeiter können vermieden werden. Erfahrene Mitarbeiter stehen dem Unternehmer also auch weiterhin zur Verfügung.

Die Arbeitnehmer erhalten unter bestimmten Voraussetzungen zusätzlich zur betrieblichen Vergütung Kurzarbeitergeld, eine Leistung der Bundesagentur für Arbeit aus der Arbeitslosenversicherung.

Beispiel
In der Duisdorfer BüroKonzept KG werden für die Produktion der Schreibtische u. a. Hölzer aus Sachsen verwendet. Aufgrund der Hochwasserkatastrophe im Jahr 2010 konnten bestellte und für die Produktion vorgesehene Holzplatten nicht termingerecht geliefert werden. Zur Überbrückung der Wartezeit wurde für einen Teil der Mitarbeiter in der Produktion Kurzarbeit eingeführt. Dies war möglich, weil der Manteltarifvertrag für die Holz und Kunststoff verarbeitende Industrie eine entsprechende Regelung enthält. Nach dieser Regelung kann – wenn es die betrieblichen Verhältnisse erfordern, insbesondere zur Vermeidung von Entlassungen – durch Betriebsvereinbarungen von der regelmäßigen betriebsüblichen wöchentlichen Arbeitszeit abgewichen und Kurzarbeit eingeführt werden.

Die Geschäftsleitung der Duisdorfer BüroKonzept KG und der Betriebsrat einigten sich in einer Betriebsvereinbarung über die Kurzarbeit in einem befristeten Zeitraum, wodurch Entlassungen von Mitarbeitern vermieden werden konnten.

4.1.5 Teilzeitarbeit

Der Begriff der Teilzeit ist in § 2 des Gesetzes über Teilzeitarbeit und befristete Arbeitsverträge (Teilzeit- und Befristungsgesetz, TzBfG) definiert. So ist ein Arbeitnehmer teilzeitbeschäftigt, wenn dessen regelmäßige Wochenarbeitszeit kürzer ist als die eines vergleichbaren vollzeitbeschäftigten Arbeitnehmers. Vergleichbar ist ein vollzeitbeschäftigter Arbeitnehmer des Betriebes mit derselben Art des Arbeitsverhältnisses und der gleichen oder einer ähnlichen Tätigkeit.

Beispiel
In der Duisdorfer BüroKonzept KG gilt aufgrund des anwendbaren Tarifvertrags eine Arbeitszeit von wöchentlich 35 Stunden als Vollzeitbeschäftigung. Im Arbeitsvertrag mit Frau Dehnert (Rechnungswesen) ist eine wöchentliche Arbeitszeit von 25 Stunden vereinbart. Im speziellen Fall von Frau Dehnert wird die vertraglich vereinbarte Leistung an 5 Wochentagen mit einer täglichen Arbeitszeit von 5 Stunden erbracht.

Eine besondere Form der Teilzeitarbeit ist die **geringfügige Beschäftigung**. Sie ist geregelt in § 8 Abs.1 Nr. 1 des Vierten Sozialgesetzbuches und liegt dann vor, wenn das Arbeitsentgelt aus dieser Beschäftigung regelmäßig 450,00 €[1] nicht übersteigt. Für Arbeitsverhältnisse mit geringfügiger Beschäftigung gelten besondere sozialversicherungsrechtliche und steuerrechtliche Bestimmungen.

4.1.6 Gleitende Arbeitszeit

Die Arbeitszeit ist dann als **gleitende Arbeitszeit** gestaltet, wenn die Mitarbeiter im Rahmen vereinbarter Zeitzonen den Beginn und das Ende ihrer individuellen Arbeitszeit selbst bestimmen können. In der Regel wird eine **Kernarbeitszeit** festgelegt, in der alle Mitarbeiter mit gleitender Arbeitszeit im Unternehmen anwesend sein müssen. Die Zeitzonen, in denen die

[1] *Stand 2014*

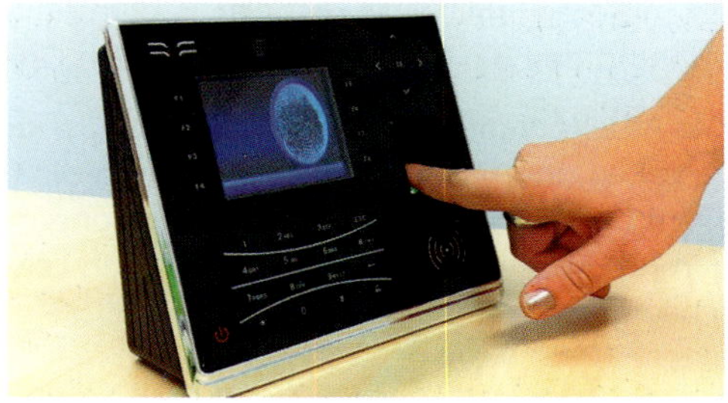

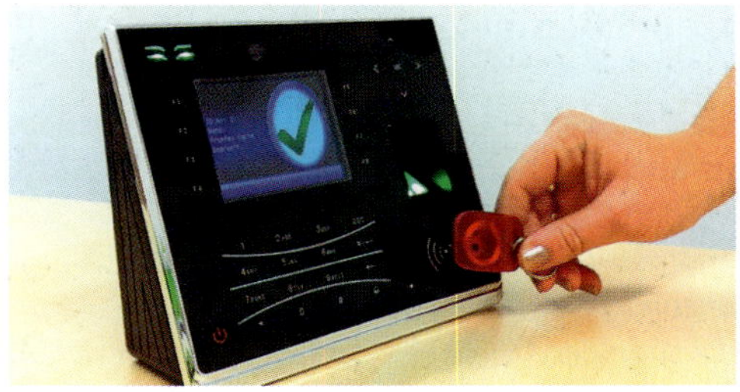

Arbeitnehmer ihre Arbeit individuell beginnen oder beenden können, werden **Gleitzonen** genannt. Der Umfang der Stunden, die durch Mehr- oder Minderarbeit angesammelt werden können (sogenannte Plus- oder Minusstunden) sowie der Zeitraum, in dem ein entsprechender Ausgleich erfolgen muss, sind i.d.R. durch eine Betriebsvereinbarung oder arbeitsvertraglich festgelegt. Die Einführung von gleitender Arbeitszeit ist mitbestimmungspflichtig.

Der Beginn und das Ende der Arbeitszeit werden heute meist durch elektronische Verfahren erfasst. Eine Möglichkeit ist der Mitarbeiterausweis in Kartenform, auf den ein Chip aufgebracht ist. Die Daten auf dem Chip werden beim Zutritt in das Unternehmen durch ein spezielles Gerät gelesen und mit der Uhrzeit gespeichert. Ebenso wird die Uhrzeit beim Verlassen des Unternehmens erfasst. Verlässt der Mitarbeiter während der Ruhepause das Unternehmen, kann auch diese Zeit gespeichert werden. Moderne Zeiterfassungssysteme sehen die Mitarbeiteridentifikation mit biometrischen Verfahren, z.B. durch Auflegen eines Fingers auf dem Lesegerät vor.

Beispiel

In der Duisdorfer BüroKonzept KG gilt für die Mitarbeiter in der Verwaltung das Arbeitszeitmodell Gleitende Arbeitszeit. Die Gleitzonen liegen morgens in der Zeit von 07:00 bis 10:00 Uhr, beenden können die Mitarbeiter ihre Arbeitszeit im Zeitraum von 15:00 bis 18:00 Uhr. Pro Monat dürfen maximal 10 Plus- bzw. 10 Minusstunden aufgebaut werden. Dies wurde durch eine Betriebsvereinbarung festgelegt.

07:00 bis 10:00 Uhr	10:00 bis 15:00 Uhr	15:00 bis 18:00 Uhr
Gleitzone	Kernarbeitszeit	Gleitzone

4.1.7 Vertrauensarbeitszeit

Bei der Vertrauensarbeitszeit verzichtet das Unternehmen auf die Kontrolle der Arbeitszeit und geht davon aus, dass der Mitarbeiter die vereinbarten Leistungen in eigener Verantwortung erbringt. Dieses Arbeitszeitmodell beinhaltet gleichzeitig, dass der Arbeitnehmer die Lage seiner Arbeitszeit im Rahmen arbeits- oder tarifvertraglicher Vorgaben selbst bestimmen kann.

Vertrauensarbeitszeit setzt voraus, dass das Unternehmen den Mitarbeitern ein hohes Maß an Wertschätzung entgegenbringt und in den Leistungen der Arbeitnehmer einen wichtigen – wenn nicht den wichtigsten – Bestimmungsfaktor für unternehmerischen Erfolg sieht. Das Wissen und die Kompetenzen sowie das Verantwortungsempfinden der Mitarbeiter für das Unternehmen stehen im Mittelpunkt aller betrieblichen Ressourcen. Vertrauensarbeitszeit kann zudem nur dann erfolgreich funktionieren, wenn die Vorgesetzten ihre Mitarbeiter mit Ergebnisorientierung führen und mit ihnen realistische Zielvereinbarungen formulieren. Dabei muss die Erreichung der Ziele in dem zur Verfügung gestellten zeitlichen Rahmen möglich sein und darf die Mitarbeiter nicht an die Grenzen ihrer Belastbarkeit führen.

Der Arbeitnehmer muss in der Lage sein, seine Arbeitszeit effektiv und eigenverantwortlich zu gestalten und selbst zu erkennen, wenn die Gefahr einer Überlastungssituation entsteht. Vor allem bei sehr motivierten und karriereorientierten Mitarbeitern kann die Bereitschaft zu langen Arbeitszeiten und außerordentlichen Leistungen zu überhöhtem Stress und gesundheitsschädigenden Auswirkungen führen.

4.1.8 Beispiele für individuelle Arbeitszeitgestaltung

Die flexible Gestaltung individueller Arbeitszeit liegt sowohl im Interesse des Unternehmens als auch des einzelnen Mitarbeiters. Dieser Sachverhalt soll an zwei Beispielen verdeutlicht werden.

Beispiel 1
Die Lage der Arbeitszeit wird flexibel über den Arbeitstag verteilt. So betreuen Herr Erwin Hummels und Frau Mara Sommer in der Duisdorfer BüroKonzept KG gemeinsam die Kunden in der Region Nord. Sie arbeiten beide Vollzeit und stimmen sich wochenweise ab, wer den Frühdienst ab 07:00 Uhr und wer den Spätdienst ab 10:00 Uhr übernimmt.

Vorteile für das Unternehmen
- *Das Unternehmen bzw. die persönlichen Ansprechpartner der Kunden sind über die Dauer der Regelarbeitszeit hinaus erreichbar.*
- *Es müssen keine Überstunden vergütet werden.*
- *Die Arbeitsmotivation und die Identifikation mit dem Unternehmen steigen bei Frau Sommer und Herrn Hummels, da sie in die Planung der Arbeitszeit mit einbezogen werden und ihre persönlichen Bedürfnisse hinsichtlich der Gestaltung der täglichen Arbeitszeit berücksichtigt werden.*

Vorteile für die Mitarbeiter
- *Herr Hummels begrüßt diese Regelung, da er sich so bei der Aufgabe, die drei- und fünfjährigen Söhne morgens in den Kindergarten zu bringen, mit seiner Frau abwechseln kann.*
- *Frau Sommer kann mit dieser Regelung alle zwei Wochen den günstigen Frühschwimmertarif im städtischen Hallenbad nutzen.*

Beispiel 2
Die Duisdorfer BüroKonzept KG unterstützt Teilzeitverträge der Arbeitnehmer und wandelt auf Wunsch auch Vollzeitverträge in Verträge mit reduzierter Arbeitszeit um. So bittet Frau Krämer um die Änderung ihrer vertraglichen Arbeitszeit von Vollzeit auf Teilzeit. Das Unternehmen einigt sich mit Frau Krämer auf eine wöchentliche Arbeitszeit von 21 Stunden, die an den Tagen Montag bis Mittwoch zu leisten ist.

Vorteile für das Unternehmen
- *Mitarbeiter, die aufgrund einer Veränderung ihrer persönlichen Situation (z. B. Geburt eines Kindes) oder des Wunsches nach mehr Freizeit weniger arbeiten möchten, bleiben im Unternehmen. Das Unternehmen kann somit auch weiterhin die Erfahrungen und Kompetenzen des Mitarbeiters nutzen.*
- *Das Unternehmen kann bei einer Stellenausschreibung mehr Interessierte ansprechen.*

Vorteile für die Mitarbeiter
- *Die Mitarbeiter erhalten weiterhin eine Vergütung und können zumindest partiell zum Familieneinkommen beitragen.*

- *Sie können ihre Berufserfahrung auch mit reduzierter Arbeitszeit nutzen und ausbauen.*
- *Eine Aufstockung der Arbeitszeit ist später leichter möglich.*
- *Beruf und Familie bzw. private Bedürfnisse sind gut miteinander zu verbinden.*

Bei der flexiblen Gestaltung von Arbeitszeit haben sich unterschiedliche Formen entwickelt. Sie sind gesetzlich oder in Tarifverträgen geregelt, können aber auch Bestandteil von individuellen Arbeitsverträgen sein.

4.2 Gesetzliche und vertragliche Regelung der Arbeitszeit

Gesetzliche Regelungen zur Arbeitszeit finden sich im **Arbeitszeitgesetz (ArbZG)**. So ist in § 3 ArbZG z. B. geregelt, dass die „werktägliche **Arbeitszeit** der Arbeitnehmer ... acht Stunden nicht überschreiten (darf). Sie kann auf bis zu zehn Stunden nur verlängert werden, wenn innerhalb von sechs Kalendermonaten oder innerhalb von 24 Wochen im Durchschnitt acht Stunden werktäglich nicht überschritten werden." Weiterhin finden sich im Arbeitszeitgesetz Regelungen zu **Ruhepausen** (§ 4), zu **Ruhezeiten** zwischen der Beendigung einer Arbeitszeit und dem Beginn einer neuen Arbeitszeit (§ 5) sowie zur **Nacht- und Schichtarbeit** (§ 6). Weiterhin werden in §§ 7–10 ArbZG abweichende Regelungen zur Beschäftigung von Mitarbeitern außerhalb der grundsätzlichen Zeiten (z. B. Regelung der Arbeitszeit in Tarifverträgen und Betriebsvereinbarungen oder die Beschäftigung an Sonn- und Feiertagen in ausgewählten Bereichen, wie Not- und Rettungsdienste, Krankenhäuser, Gaststätten, oder bei kulturellen Veranstaltungen) ausführlich aufgeführt.

Häufig werden Fragen zur Arbeitszeit in **Tarifverträgen**[1] abweichend von den gesetzlichen Bestimmungen geregelt. Geht das Arbeitszeitgesetz z. B. von den 6 Werktagen (Montag bis Samstag) als Arbeitstagen aus, sehen die meisten Tarifverträge in Deutschland eine Arbeit an den Wochentagen Montag bis Freitag vor. Auch geben die Tarifverträge vielfach eine tägliche Arbeitszeit vor, die geringer ist als 8 Stunden. Auch die Regelungen zum Ausgleich von verlängerten täglichen Arbeitszeiten sind vielfach anders vereinbart.

In **Betriebsvereinbarungen** können weitere Regelungen zur Arbeitszeit zwischen den Unternehmen und dem Betriebsrat getroffen werden. Dies wird häufig zur flexiblen Gestaltung der Arbeitszeit, z. B. bei Gleitzeit im gesamten Unternehmen oder in Teilbereichen des Unternehmens, genutzt.

Individuelle Regelungen zur Arbeitszeit sind auch in den einzelnen **Arbeitsverträgen** möglich. So kann z. B. der Umfang und die Lage von Teilzeit für einen bestimmten Mitarbeiter im Arbeitsvertrag vereinbart werden.

Bei allen vertraglichen Regelungen zur Arbeitszeit (Tarifvertrag, Betriebsvereinbarung und Arbeitsvertrag) muss das **Günstigkeitsprinzip** beachtet werden. Danach sind vertragliche Abweichungen von den gesetzlichen Regelungen nur möglich, wenn Sie zugunsten des Mitarbeiters sind.

---

[1] *Zum Abschluss von Tarifverträgen siehe Kapitel 2.5.1*

4.3 Arbeitszeitgestaltung und Mitbestimmung

Nach § 87 Betriebsverfassungsgesetz (BetrVG) hat der Betriebsrat ein Mitbestimmungsrecht u. a.

- hinsichtlich Beginn und Ende der täglichen Arbeitszeit einschließlich der Pausen sowie Verteilung der Arbeitszeit auf die einzelnen Wochentage;
- bei vorübergehender Verkürzung oder Verlängerung der betriebsüblichen Arbeitszeit;
- bezüglich der Aufstellung allgemeiner Urlaubsgrundsätze und des Urlaubsplans;
- bei Einführung und Anwendung von technischen Einrichtungen, die dazu bestimmt sind, das Verhalten oder die Leistung des Arbeitnehmers zu überwachen.

Damit können Regelungen zur Arbeitszeit, die von den gesetzlichen Bestimmungen oder den Bestimmungen in Tarifverträgen abweichen bzw. diese konkretisieren, nur unter Beteiligung des Betriebsrats an den Entscheidungsverfahren getroffen werden. Beispiele für konkrete Angelegenheiten zur Arbeitszeitgestaltung, bei denen der Betriebsrat ein Mitbestimmungsrecht hat, sind:

- Einführung von Gleitzeit in einem Unternehmensbereich
- Einführung von Pausen, deren Dauer über die im Arbeitszeitgesetz vorgesehene Dauer hinausgehen
- Einführung von Vertrauensarbeitszeit für einzelne Mitarbeiter
- Regelungen zu Beginn und Ende von Früh- und Spätschicht
- Einführung eines elektronischen Zeiterfassungssystems
- vorübergehende Kurzarbeit aufgrund einer konjunkturell bedingt schlechten Auftragslage
- Anordnung von Mehrarbeit aufgrund günstiger Auftragslage durch das Unternehmen
- Einführung eines „Brückentages" als arbeitsfreier Tag nach einem Feiertag für einen Unternehmensbereich (z. B. Freitag nach Christi Himmelfahrt)

War der Betriebsrat bei getroffenen Regelungen zur Arbeitszeit nicht beteiligt, kann er der Entscheidung des Unternehmens widersprechen und sie damit verhindern. Die Ausübung des Mitbestimmungsrechts kann beim Abschluss von Betriebsvereinbarungen, die für alle oder eine Gruppe von Mitarbeitern gelten, genutzt werden. Die Mitbestimmung kann aber auch Einzelmaßnahmen, z. B. bei der Anordnung von Mehrarbeit für bestimmte Mitarbeiter, betreffen.

5 Vergütung von Arbeit

LS 8.8

Arbeitnehmer erhalten für ihre Arbeit von den Unternehmen eine Vergütung, die auch Entgelt bzw. Arbeitsentgelt genannt wird. Sie wird in der Regel monatlich auf das Bankkonto des Mitarbeiters überwiesen. Grundlage für die Höhe des Arbeitsentgelts sind tarifvertragliche oder arbeitsvertragliche Bestimmungen. Dabei wird der Arbeitnehmer einer Vergütungsgruppe zugeordnet, die u. a. die Art der geleisteten Arbeit, seine beruflichen Erfahrungen oder seine Beschäftigungsdauer bzw. sein Alter berücksichtigt.

Die Duisdorfer BüroKonzept KG gehört dem Tarifverband der IG Metall Holz und Kunststoff an. Sie wendet daher den entsprechenden **Manteltarifvertrag** und unterschiedliche **Entgelttarifverträge** an, die die Besonderheiten der unterschiedlichen Mitarbeitergruppen berücksichtigen. So sind im Manteltarifvertrag u. a. grundsätzliche Aspekte der Vergütung, wie Bezugszeitraum, Termin und Art der Entgeltzahlung oder das Urlaubsgeld geregelt. In den **Vergütungstarifverträgen** (z. B. Lohntarifvertrag für gewerbliche Arbeitnehmer, Gehaltstarifvertrag für Angestellte oder Vertrag über Ausbildungsvergütungen) finden sich konkrete Bestimmungen zu der Einstufung der Arbeitnehmer in Vergütungsgruppen und zu den konkreten Beträgen, die den Mitarbeitern für ihre Arbeit gezahlt werden. Unterschiedliche Formen der Arbeitszeit werden entsprechend berücksichtigt.

Beispiel
Die Mitarbeiter der Duisdorfer BüroKonzept KG, die in der Produktion tätig sind, gelten als gewerbliche Arbeitnehmer. Sie werden einer von insgesamt fünf Lohngruppen (I, II, III, IV, V) zugeordnet. Diese Zuordnung ist im Lohntarifvertrag der IG Metall Holz und Kunststoff geregelt[1]. In Lohngruppe V sind z. B. alle Arbeitnehmer eingestuft, die über eine abgeschlossene Berufsausbildung in ihrem Tätigkeitsbereich verfügen. Der Lohngruppe I gehören die Mitarbeiter an, die einfache Arbeiten ohne vorherige Arbeitskenntnisse (also ohne Ausbildung, Anlernung oder Übung) nach kurzer Einweisung ausführen können, ohne dabei besonderen körperlichen Belastungen ausgesetzt zu sein.

Die angestellten Mitarbeiter der Duisdorfer BüroKonzept KG (z. B. Mitarbeiter in der Verwaltung oder angestellte Meister in der Produktion) werden nach dem Gehaltsrahmenabkommen der IG Metall Holz und Kunststoff eingestuft und vergütet.

Mit den Beträgen wird das **Bruttoentgelt** angegeben, das dem Arbeitnehmer für seine Arbeit zusteht. Ausgezahlt wird allerdings das **Nettoentgelt**, da vor der Auszahlung steuerliche Abzüge und Sozialversicherungsbeiträge berücksichtigt werden. Das Unternehmen ermittelt die jeweiligen Beträge im Rahmen der Vergütungsabrechnung, behält sie ein und leitet sie für alle Beschäftigten an die jeweiligen Institutionen (z. B. Finanzamt, Krankenversicherungen) weiter. Die Abzüge können für jeden Arbeitnehmer sehr unterschiedlich ausfallen, da viele Aspekte, wie Familienstand, Alter und Anzahl der Kinder bei der Berechnung berücksichtigt werden.

5.1 Entgeltformen

Je nach Art der vereinbarten Vergütung werden unterschiedliche Entgeltformen unterschieden, die bei der Ermittlung des Bruttoentgelts berücksichtigt werden müssen.

5.1.1 Zeitlohn

Grundlage für den Zeitlohn ist die Dauer (i. d. R. pro Stunde oder Monat), die der Arbeitnehmer für das Unternehmen gearbeitet hat.

Beispiel
Die in der Duisdorfer BüroKonzept KG geltenden Tarifverträge sehen für die gewerblichen Arbeitnehmer einen Zeitlohn auf Stundenbasis vor. So würde Kevin Fischer (Produktion Sitzmöbel), der

[1] *Die anzuwendenden tariflichen Regelungen für das Modellunternehmen Duisdorfer BüroKonzept KG wurden in Anlehnung an die Tarifverträge der IG Metall der Holzindustrie und des Serienmöbelhandwerks in Westfalen-Lippe und mit Zustimmung der IG Metall formuliert.*

der Lohngruppe V angehört und im vergangenen Monat 168 Stunden bei einem Stundenlohn von 15,86 € gearbeitet hat, eine Bruttovergütung von 2.664,48 € erhalten.

Für die Angestellten werden im Gehaltstarifvertrag die Gehälter auf Basis des Beschäftigungsmonats bei Vollzeitarbeit angegeben. Teilzeitarbeitnehmer erhalten entsprechend ihrer Arbeitszeit ein anteilig gekürztes Bruttoentgelt. Laut Manteltarifvertrag beträgt die regelmäßige wöchentliche Arbeitszeit (montags bis freitags) 35 Stunden. Frau Sonja Lose (Rechnungswesen) arbeitet in Teilzeit mit 21 Wochenstunden. Sie gehört der Gehaltsgruppe D an, für die ein monatliches Bruttoentgelt von 2.843,00 € gilt. Da ihre Arbeitszeit mit 21 Stunden 60% der regelmäßigen wöchentlichen Arbeitszeit beträgt, wird ihr monatliches Bruttogehalt mit 1.705,80 € berechnet.

5.1.2 Leistungslohn

Der Leistungslohn ist eine Art der Vergütung, bei der der Arbeitnehmer die Höhe seines Entgelts durch seine Leistung mitbestimmen kann. Zum Leistungslohn gehören der **Akkordlohn** und der **Prämienlohn**.

Akkordlohn

Die Berechnung eines Akkordlohns basiert auf der erbrachten Arbeitsleistung, die sich i.d.R. auf produzierte Einheiten wie z.B. Stück bezieht. Zur Entlohnung im Akkord kommen nur solche Arbeiten infrage, die immer in der gleichen Form ablaufen und zu einem gleichen Ergebnis führen. Die Ermittlung der Vorgabezeiten für den Akkord erfolgt durch Zeitaufnahme, durch Berechnungen oder durch Vergleiche mit ähnlichen Arbeiten im Betrieb.

Beispiel
Der Lohn in einem Produktionsbereich wird mit 13,50 €/Stunde festgelegt. Durch Beobachtungen wurde ermittelt, dass die Arbeitnehmer für die Produktion eines Stücks 10 Minuten (Vorgabezeit) benötigen, also in der Regel 6 Stück pro Stunde (Leistungseinheiten bei Normalzeit) produzieren können. In einer Betriebsvereinbarung wurde weiterhin bestimmt, dass Akkordarbeit mit einem Zuschlag von 20% vergütet wird.

Die Errechnung des Akkordlohns – im Beispiel für den laufenden Monat – erfolgt nun in drei Schritten:

1. *Ermittlung des Akkordrichtsatzes*

   Akkordrichtsatz = Stundenlohn + Akkordzuschlag
   16,20 € = 13,50 € + 2,70 €

2. *Ermittlung des Akkordsatzes*

   $$\text{Akkordsatz} = \frac{\text{Akkordrichtsatz}}{\text{Leistungseinheit bei Normalzeit}} = \frac{16{,}20\ €}{6\ \text{Stück}} = 2{,}70\ €/\text{Stück}$$

3. *Ermittlung des Akkordlohns*
   Für den Arbeiter, dessen Entgelt für den laufenden Monat ermittelt werden soll, wurde eine Produktionsmenge von 870 Stück gezählt.

   Akkordlohn = produzierte Stück im Monat · Akkordsatz
   870 Stück · 2,70 €/Stück = 2.349,00 €

Durch veränderte industrielle Arbeitsformen, in denen viele akkordfähige Tätigkeiten durch Maschinen übernommen werden und dem Arbeitnehmer eher steuernde und überwachende Aufgaben zufallen, reduziert sich die Anwendung von Akkordlohn immer mehr.

Prämienlohn

Mit der Zahlung von Prämienlohn möchte das Unternehmen seinen Mitarbeitern einen Anreiz zu einer sowohl quantitativ als auch qualitativ hochwertigen Arbeit bieten. Ein Teil der Vergütung wird dabei leistungsunabhängig gewährt und als Grundlohn bezeichnet. Der weitere Teil, die Prämie richtet sich nach besonderen Leistungen, die über den Normalleistungen liegen.

Prämien können für einzelne Mitarbeiter bezogen auf ihre individuelle Leistung (Einzelprämie) oder für Gruppen von Mitarbeitern, die gemeinsam eine Leistung erbringen, gezahlt werden. Die Verteilung innerhalb der Gruppe erfolgt nach getroffenen Vereinbarungen (z. B. gleicher Betrag für jedes Gruppenmitglied oder Prämienanteil prozentual zum Grundlohn).

Prämien können für unterschiedliche Leistungen gezahlt werden:

- **Quantitätsprämie**: Es wird eine Leistung belohnt, die mengenmäßig über einer Normalleistung liegt.
- **Nutzungsprämie**: Sie belohnt die gute Ausnutzung von Betriebsmitteln, indem z. B. Zeiten für Reparaturen, Umrüstungen der Maschinen oder Leerlaufzeiten reduziert werden.
- **Qualitätsprämie**: Sie wird für besonders hochwertige Ausführung von Arbeiten gezahlt. Dies zeigt sich z. B. durch gute Kundenbewertungen oder sinkenden Nachbesserungsaufwand.
- **Ersparnisprämie**: Mit dieser Prämie wird z. B. die Reduzierung von Rohstoffkosten bei materialsparsamen Zuschneideplänen oder der sparsame Umgang mit Energie belohnt.
- **Anwesenheitsprämie**: Sie wird für nur geringe Abwesenheit des Arbeitnehmers vom Arbeitsplatz z. B. durch Krankheit gezahlt, ist allerdings nicht unumstritten, da sie die Gefahr in sich trägt, dass der Mitarbeiter auch krank zur Arbeit kommt.

5.1.3 Beteiligungslohn

Mit der Zahlung eines Beteiligungslohns möchten die Unternehmen ihre Mitarbeiter an dem finanziellen Erfolg beteiligen. Der Erfolg kann sich dabei auf das gesamte Unternehmen beziehen. In diesem Fall wird der Gewinn aus dem Jahresabschluss zugrunde gelegt und alle Mitarbeiter erhalten in einer einmaligen Zahlung einen entsprechenden Betrag zusätzlich zu ihrer normalen Vergütung. Die Beteiligung kann sich aber im Speziellen auf die besonderen Erfolge einer Abteilung oder eines Unternehmensbereiches beziehen.

Die Unternehmen möchten mit dem Beteiligungslohn die Motivation ihrer Mitarbeiter steigern. Angestrebt wird dabei, dass der Einzelne mit seinem Einsatz die wirtschaftliche Situation des Unternehmens oder einzelner Unternehmensbereiche verbessert und damit die persönlichen Chancen auf eine Beteiligung an einem möglichst hohen Gewinn steigert.

5.2 Vom Bruttoentgelt zum Nettoentgelt

Jeder Mitarbeiter, der zum Monatsende seine Vergütungsabrechnung erhält, erkennt auf einen Blick, dass bei der Ermittlung des Bruttoentgelts und des Überweisungsbetrags (Nettoentgelt) eine Vielzahl von Faktoren und Abzügen zu berücksichtigen sind.

5.2.1 Rechtliche und vertragliche Regelungen des Arbeitsentgelts

Ein Arbeitsvertrag ist ein Dienstvertrag, in dem der Arbeitnehmer zur Leistung der Dienste und der Arbeitgeber zur Gewährung der vereinbarten Vergütung verpflichtet ist (§ 611 ff BGB). Die Höhe der Vergütung bzw. des Arbeitsentgelts ist grundsätzlich im Arbeitsvertrag geregelt. Falls ein Tarifvertrag auf das Arbeitsverhältnis anwendbar ist, werden die Arbeitsentgelte meist in Vergütungstarifverträgen geregelt. Im Arbeitsvertrag ist dann die Vergütungsgruppe angegeben, in die der Arbeitnehmer eingestuft wird. Die anzuwendende Vergütungsgruppe hängt ab von der Art der vertraglich vereinbarten Tätigkeit und der hierzu geforderten Qualifikationen.

Die Duisdorfer BüroKonzept KG gehört dem Tarifverband der IG Metall – Holz und Kunststoff an. Im Tarifvertrag sind Entgelttabellen enthalten, in denen die Löhne für die gewerblichen Arbeitnehmer und die Gehälter für kaufmännische und technische Angestellte sowie die Vergütungen für die Auszubildenden geregelt sind. Die Entgelttabelle ist zu Beginn dieses Fachbuchs bei den Informationen zum Modellunternehmen Duisdorfer BüroKonzept KG in Auszügen abgedruckt.

5.2.2 Bestimmungsfaktoren und Ermittlung des Bruttoentgelts

Zusätzlich zum grundlegenden Entgelt werden häufig Zuschläge und andere Beträge vom Arbeitgeber an die Mitarbeiter gezahlt, die bei der Ermittlung des Bruttolohns berücksichtigt werden müssen. Dies können tarif- oder arbeitsvertraglich vereinbarte oder vom Arbeitgeber freiwillig gewährte Leistungen sein.

Zuschläge werden häufig in Tarifverträgen vereinbart und für Arbeit aus besonderen Anlässen oder zu besonderen Zeiten gewährt.

- Mehrarbeit
- Arbeit am Wochenende
- Arbeit an Feiertagen
- Schichtarbeit
- Nachtarbeit

Sonstige vertragliche oder freiwillige Zuwendungen gewähren die Unternehmen, um z. B. die Arbeitszufriedenheit und Arbeitsmotivation der Mitarbeiter positiv zu beeinflussen. Die zusätzlichen Zahlungen zur Grundvergütung sollen verdeutlichen, dass die Leistungen der Arbeitnehmer anerkannt werden und dass das Unternehmen ein Interesse an der Beschäftigungstreue der Mitarbeiter hat. Zuwendungen können sein: Beiträge zu vermögenswirksamen Leistungen, Zuwendungen für Arbeitskleidung, Mietbeihilfen.

5.2.3 Steuerliche Faktoren

Abzüge vom Bruttoentgelt, die vom Arbeitgeber an das Arbeitsamt abgeführt werden, sind die Lohnsteuer, die Kirchensteuer und der Solidaritätsbeitrag.

Die Lohnsteuer

Jeder Beschäftigte in nicht selbstständiger Arbeit muss Lohnsteuer zahlen. Der Arbeitgeber behält den Lohnsteuerbetrag bei der Vergütungsabrechnung ein und führt ihn an das zuständige Finanzamt ab. Der Betrag der Lohnsteuer richtet sich nach der Höhe des Bruttoarbeitsentgelts und den Elektronischen Lohnsteuerabzugsmerkmalen (ELStAM), die seit 2013 als Ersatz für die Lohnsteuerkarte aus Papier dienen. Die Angaben werden von der Finanzverwaltung zum elektronischen Abruf für die Arbeitgeber bereitgestellt. Eine eindeutige Zuordnung der Lohnsteuerabzugsmerkmale zum jeweiligen Arbeitgeber ist durch die persönliche steuerliche

Identifikationsnummer möglich, die der Arbeitnehmer zu Beginn seines Arbeitsverhältnisses beim Arbeitgeber angeben muss. Zu den Lohnsteuerabzugsmerkmalen gehören:

Steuerklassen

In Deutschland werden insgesamt sechs Lohnsteuerklassen angewendet. Sie führen zu unterschiedlich hohen Lohnsteuerabzügen, da in ihnen soziale Komponenten berücksichtigt werden.

Lohnsteuerklasse	Personenkreis
I	Ledige, Eheleute und eingetragene Lebenspartner, die dauernd getrennt leben, Verwitwete, Geschiedene
II	Alleinerziehende, die die Voraussetzungen der Steuerklasse I erfüllen
III	Eheleute und eingetragene Lebenspartner (nicht dauernd getrennt lebend), die nicht die Steuerklasse IV gewählt haben; der berufstätige Partner hat die Steuerklasse V
IV	Eheleute und eingetragene Lebenspartner (nicht dauernd getrennt lebend), die nicht die Steuerklasse III bzw. V gewählt haben
V	Ehepartner/eingetragener Lebenspartner, dessen Partner die Steuerklasse III gewählt hat
VI	Arbeitnehmer, die ein zweites oder drittes Arbeitsverhältnis haben; Steuerklasse VI gilt nur für das zweite oder dritte Arbeitsverhältnis

Kinder

Bei der Berechnung der Lohnsteuer werden Freibeträge berücksichtigt, die sich nach der Anzahl der Kinder berechnen. Durch diese Freibeträge zahlen Arbeitnehmer mit Kindern weniger Lohnsteuer. Der Gesetzgeber will mit dieser Regelung erreichen, dass den Familien mit der monatlichen Entgeltzahlung mehr Geld zur Verfügung steht, das dann für familiäre Ausgaben genutzt werden kann.

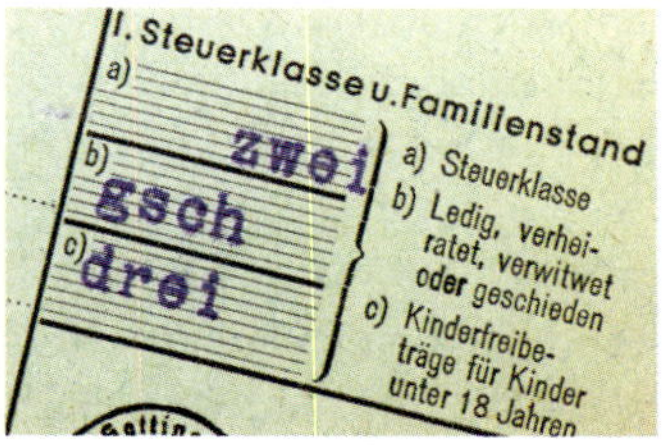

Freibeträge

Unter bestimmten Voraussetzungen kann ein Arbeitnehmer beim zuständigen Finanzamt beantragen, dass bei den elektronischen Abzugsmerkmalen ein **Freibetrag** eingetragen wird. Dies ist dann möglich, wenn er Aufwendungen hat, die zu einer geringeren Steuerschuld führen. Beispiele sind hohe Aufwendungen für beruflich bedingte Fahrten oder absetzbare Aufwendungen wegen einer vorliegenden Schwerbehinderung.

Grundsätzlich wird bei der Berechnung der Lohnsteuer stets ein **Grundfreibetrag** auch ohne Antrag berücksichtigt. Er lag 2014 bei 8.354,00 € pro Jahr und wird i. d. R. jährlich neu festgelegt. Aus dem Grundfreibetrag ergibt sich, dass ein Arbeitnehmer erst dann zur Zahlung von Lohnsteuer herangezogen wird, wenn sein Jahresbruttoeinkommen über dem Grundfreibetrag liegt. Der Gesetzgeber möchte mit dieser Regelung erreichen, dass das Einkommen, das für die Sicherstellung des Existenzminimums erforderlich ist, nicht durch die Zahlung von Steuern gemindert wird.

Liegt das jährliche Entgelt des Arbeitnehmers über dem Grundfreibetrag, muss Lohnsteuer gezahlt werden. Der Prozentsatz, nach dem sich der Betrag der Lohnsteuer berechnet, hängt ab von der Höhe des Entgelts und steigt mit der Höhe des Einkommens kontinuierlich an. 2014 lag der **Eingangssteuersatz** in Deutschland bei 14 %, der **Spitzensteuersatz** bei 45 %.

Kirchensteuer

Angehörige von Religionsgemeinschaften können zur Zahlung von Kirchensteuer herangezogen werden. Die Höhe der Kirchensteuer berechnet sich aus der Lohnsteuer und dem Kirchensteuersatz. Der Kirchensteuersatz beträgt derzeit für Bayern und Baden-Württemberg 8 %, in den anderen Bundesländern 9 %. Die Kirchensteuerabzugsmerkmale sind in den Elektronischen Steuerabzugsmerkmalen aufgeführt.

Solidaritätszuschlag

Im Jahr 1991 wurde der Solidaritätszuschlag eingeführt. Der Gesetzgeber beabsichtigte mit dieser Abgabe ursprünglich die Finanzierung der deutschen Wiedervereinigung. Bemessungsgrundlage für den Solidaritätszuschlag ist die Lohnsteuer. Derzeit beträgt der Solidaritätszuschlagssatz 5,5 %.

5.2.4 Faktoren der Sozialversicherung

Bei der Ermittlung der Nettovergütung sind vier Zweige der Sozialversicherung zu berücksichtigen:

- Krankenversicherung
- Pflegeversicherung
- Rentenversicherung
- Arbeitslosenversicherung

Grundsätzlich ist jeder Arbeitnehmer zur Zahlung von Sozialversicherungsbeiträgen verpflichtet. Die Beiträge werden bei der Vergütungsabrechnung vom Arbeitgeber einbehalten und an die Krankenversicherungsunternehmen der Arbeitnehmer überwiesen. Diese leiten anschließend die Beiträge zur Rentenversicherung an den jeweiligen Rentenversicherungsträger und die Beiträge zur Arbeitslosenversicherung an die Bundesanstalt für Arbeit weiter.

Krankenversicherung

Die Beiträge zur Krankenversicherung werden vom Arbeitnehmer und vom Arbeitgeber gemeinsam geleistet. Der allgemeine Beitragssatz beträgt derzeit 14,6 % vom sozialversicherungspflichtigen Bruttoentgelt. Arbeitnehmer und Arbeitgeber zahlen mit 7,3 % jeweils die Hälfte. Die Krankenkassen können einen Zusatzbeitrag festlegen, der allein vom Arbeitnehmer zu tragen ist. So wird zum Beispiel die AOK Rheinland/Hamburg im Jahr 2015 einen Zusatzbeitrag von 0,9 % erheben.[1]

Pflegeversicherung

Wie bei der Krankenversicherung zahlen Arbeitnehmer und Arbeitgeber die Beiträge zur Pflegeversicherung gemeinsam. Der derzeitige Beitragssatz liegt bei 2,35 %[2] vom sozialversicherungspflichtigen Bruttoentgelt, von denen Arbeitgeber und Arbeitnehmer je 1,175 % zahlen. Für Arbeitnehmer, die keine Kinder haben und mindestens 23 Jahre alt sind, erhöht sich der Beitragssatz zur Pflegeversicherung um 0,25 % auf 1,425 %.

Ab einem jährlichen Bruttoentgelt über der **Versicherungspflichtgrenze**, die derzeit 54.900,00 € jährlich beträgt, kann der Arbeitnehmer entscheiden, ob er sich bei einer gesetzlichen Krankenversicherung kranken- und pflegeversichert oder ob er zu einer privaten Krankenversicherung wechselt.

---

[1] *Die aufgeführten Angaben zu den Sozialversicherungssätzen, der Beitragsbemessungsgrenzen und der Versicherungspflichtgrenze gelten für das Jahr 2015.*

[2] *außer Sachsen*

Rentenversicherung

Die Beiträge zur gesetzlichen Rentenversicherung tragen Arbeitgeber und Arbeitnehmer gemeinsam je zur Hälfte. Der Beitragssatz liegt derzeit bei 18,7 %, sodass Arbeitgeber und Arbeitnehmer je 9,35 % vom sozialversicherungspflichtigen Bruttoentgelt zahlen.

Arbeitslosenversicherung

Wie bei der Rentenversicherung werden die Beiträge zur Arbeitslosenversicherung von Arbeitgeber und Arbeitnehmer gemeinsam je zur Hälfte getragen. Derzeit liegt der Beitragssatz bei 3 %, sodass Arbeitgeber und Arbeitnehmer je 1,5 % vom sozialversicherungspflichtigen Bruttoentgelt zahlen.

Sozialversicherungszweig	Arbeitnehmeranteil	Arbeitgeberanteil
Krankenversicherung	7,3 %; Zusatzbeiträge können von den Krankenversicherungen festgelegt werden	7,3 %
Pflegeversicherung	1,425 % (ohne Kind, mindestens 23 Jahre alt) 1,175 % (mit Kind/ern bzw. unter 23 Jahren)	1,175 %
Rentenversicherung	9,35 %	9,35 %
Arbeitslosenversicherung	1,5 %	1,5 %

Übersicht über die Sozialversicherungsbeitragssätze im Jahr 2015

Durch die festen Prozentsätze, nach denen die Sozialversicherungsbeiträge berechnet werden, wird erreicht, dass gut Verdienende auch mehr an die Sozialversicherungskassen zahlen als Arbeitnehmer mit einem geringeren Entgelt. Dies gilt allerdings nur, wenn die Bruttoentgelte unterhalb der **Beitragsbemessungsgrenze** liegen. Bei Bruttoentgelten, die über der Beitragsbemessungsgrenze liegen, werden die Sozialversicherungsbeiträge maximal vom Betrag der Beitragsbemessungsgrenze berechnet. Derzeit gelten die folgenden Beitragsbemessungsgrenzen:

Sozialversicherungsart	Gebiet	monatlich	jährlich
Krankenversicherung	alle Bundesländer	4.125,00 €	49.500,00 €
Pflegeversicherung	alle Bundesländer	4.125,00 €	49.500,00 €
Rentenversicherung	alte Bundesländer	6.050,00 €	72.600,00 €
	neue Bundesländer	5.200,00 €	62.400,00 €
Arbeitslosenversicherung	alte Bundesländer	6.050,00 €	72.600,00 €
	neue Bundesländer	5.200,00 €	62.400,00 €

Liegt das Bruttoentgelt über der Versicherungspflichtgrenze (im Jahr 2015 54.900,00 € pro Jahr oder 4.575,00 € monatlich), hat der Mitarbeiter die Möglichkeit zu entscheiden, ob er sich privat krankenversichern möchte. Er kann dann aus der gesetzlichen Krankenversicherung ausscheiden. Alternativ besteht die Möglichkeit in der gesetzlichen Krankenversicherung freiwillig weiter versichert zu bleiben.

Beispiel

Frau Bianca Sommer, Mutter einer 15-jährigen Tochter, ist als Leiterin der Abteilung Personalwesen in der Duisdorfer BüroKonzept KG tätig. Ihr monatliches Bruttoentgelt beträgt 6.400,00 €. Ihr jährliches Einkommen liegt über der Versicherungspflichtgrenze. Sie hat sich entschieden, weiterhin bei ihrer gesetzlichen Krankenversicherung freiwillig kranken- und pflegeversichert zu bleiben.

Bei der Berechnung ihrer Sozialversicherungsbeiträge werden die Beitragsbemessungsgrenzen zugrunde gelegt. Sie zahlt die folgenden Beiträge:

- *Krankenversicherung[1]: 8,2 % von 4.125,00 €*
- *Pflegeversicherung: 1,175 % von 4.125,00 €*
- *Rentenversicherung: 9,35 % von 6.050,00 €*
- *Arbeitslosenversicherung: 1,5 % von 6.050,00 €*

5.2.5 Die Berechnung von Brutto- und Nettoentgelt

Duisdorfer BüroKonzept KG

Beispiel 1

Vivien Necke ist Mitarbeiterin der Duisdorfer BüroKonzept KG. Sie ist als Sachbearbeiterin Personalvergütung tätig. Laut Arbeitsvertrag ist sie der Entgeltgruppe E des Entgeltrahmenabkommens der IG Metall – Holz und Kunststoff zugeordnet und hat damit eine monatliche Bruttovergütung von 3.205,00 €. Da sie unverheiratet und kinderlos ist, hat sie die Steuerklasse I. Sie gehört der römisch-katholischen Religionsgemeinschaft an. Da Frau Necke älter als 23 Jahre ist, zahlt sie einen Beitrag zur Pflegeversicherung in Höhe von 1,425 % ihres Bruttoentgelts. Weitere Elektronische Lohnsteuerabzugsmerkmale sind nicht zu berücksichtigen.

Nach Ermittlung der gesetzlichen Abzüge erhält sie eine monatliche Nettovergütung von 1.958,15 €. Die Arbeitgeberanteile zur Sozialversicherung betragen insgesamt 619,38 €. Aus ihrer Entgeltabrechnung und dem Auszug aus der anzuwendenden Lohnsteuertabelle kann Frau Necke ganz genau ablesen, wie sich die einzelnen Werte berechnen[2].

Entgeltabrechnung für Monat	Februar
Personalnummer	124
Nachname	Necke
Vorname	Vivien
Geburtsdatum	13.06.90
Familienstand	ledig
Steuerklasse	I
Kinderfreibetrag	0
Religion	römisch-katholisch
Sozialversicherungsnummer	53448222V876
Krankenkasse	AOK Rheinland/ Hamburg

Tarifentgelt	3.205,00 €
Steuerfreibetrag	– €
steuerpflichtiges Bruttoentgelt	3.205,00 €
sozialversicherungspflichtiges Bruttoentgelt	3.205,00 €

Gesetzliche Abzüge Arbeitnehmer	
Lohnsteuer	515,83 €
Kirchensteuer	46,42 €
Solidaritätszuschlag	28,37 €
Krankenversicherung	262,81 €
Rentenversicherung	299,67 €
Arbeitslosenversicherung	48,08 €
Pflegeversicherung	45,67 €

Überweisungsbetrag	1.958,15 €

Arbeitgeberanteile zur Sozialversicherung	
Krankenversicherung	233,97 €
Rentenversicherung	299,67 €
Arbeitslosenversicherung	48,08 €
Pflegeversicherung	37,66 €

Entgeltabrechnung von Frau Necke

[1] *Frau Bianca Sommer ist bei der AOK Rheinland/Hamburg krankenversichert.*

[2] *Die angegebenen Werte für die steuerlichen Abzüge sind den Lohnsteuertabellen für das Jahr 2014 entnommen. Die Werte für die Sozialversicherungsbeiträge gelten für das Jahr 2015.*

Beispiel 2

Herr Murat Yildiz arbeitet im Bereich der Produktion von Sitzmöbeln in der Duisdorfer BüroKonzept KG. Laut Arbeitsvertrag ist er der Lohngruppe III zugeordnet. Herr Yildiz ist verheiratet, hat die Steuerklasse IV, ist Vater von zwei Kindern und zahlt keine Kirchensteuer. Seine Ehefrau hat ebenfalls ein sozialversicherungspflichtiges Beschäftigungsverhältnis und unterliegt wie er der Steuerklasse IV. Herr Yildiz und seine Frau haben zwei gemeinsame Kinder, sodass jeder von beiden in den Elektronischen Steuerabzugsmerkmalen einen Kinderfreibetrag für ein Kind besitzt. Weitere Elektronische Steuerabzugsmerkmale sind nicht zu berücksichtigen.

Mit der Entgeltabrechnung des laufenden Monats werden auch die Mehrarbeitsstunden des Vormonats vergütet. Im laufenden Monat arbeitete Herr Yildiz an 22 Tagen jeweils sieben Stunden täglich. Im vergangenen Monat hat er an acht Tagen Mehrarbeit im Umfang von je 1,5 Stunden geleistet. Für diese Mehrarbeit erhält Herr Yildiz laut Betriebsvereinbarung einen Zuschlag von 25 %. Außerdem wurde im Vormonat zur Einhaltung eines fest vereinbarten Liefertermins für Bürotische an einem Samstag Mehrarbeit angeordnet, die zusätzlich mit einem Zuschlag von 35 % vergütet wird.

Duisdorfer BüroKonzept KG

Entgeltabrechnung für Monat	September
Personalnummer	159
Nachname	Yildiz
Vorname	Murat
Geburtsdatum	09.01.73
Familienstand	verheiratet
Steuerklasse	IV
Kinderfreibetrag	1
Religion	–
Sozialversicherungsnummer	12130680G123
Krankenkasse	AOK Rheinland/ Hamburg

Entgelt laufender Monat	2.197,58 €
Entgelt Vormonat	271,13 €
Zuschläge Vormonat	77,77 €
Steuerfreibetrag	– €
steuerpflichtiges Bruttoentgelt	2.546,48 €
sozialversicherungspflichtiges Bruttoentgelt	2.546,48 €

Gesetzliche Abzüge Arbeitnehmer	
Lohnsteuer	341,00 €
Kirchensteuer	– €
Solidaritätszuschlag	9,84 €
Krankenversicherung	208,81 €
Rentenversicherung	238,10 €
Arbeitslosenversicherung	38,20 €
Pflegeversicherung	29,92 €

Überweisungsbetrag	1.680,61 €

Arbeitgeberanteile zur Sozialversicherung	
Krankenversicherung	185,89 €
Rentenversicherung	238,10 €
Arbeitslosenversicherung	38,20 €
Pflegeversicherung	29,92 €

Entgeltabrechnung von Herrn Yildiz

Ermittlung des Bruttoentgelts:

Normalarbeit im laufenden Monat:	*22 Tage · 7 Stunden = 154 Stunden · 14,27 €*	*= 2.197,58 €*
Mehrarbeit im Vormonat:	*8 Tage · 1,5 Stunden = 12 Stunden · 14,27 €*	*= 171,24 €*
	1 Tag · 7 Stunden = 7 Stunden · 14,27 €	*= 99,89 €*
Zuschläge für Mehrarbeit	*12 Stunden · 14,27 € · 25 %*	*= 42,81 €*
	7 Stunden · 14,27 € · 35 %	*= 34,96 €*
	Bruttoentgelt	*= 2.546,48 €*

Nach Ermittlung der gesetzlichen Abzüge erhält Herr Yildiz eine monatliche Nettovergütung von 1.680,61 €. Die Arbeitgeberanteile zur Sozialversicherung betragen insgesamt 492,11 €.

Beispiel 3

Herr Karl-Josef Hoffmann ist Leiter der Abteilung Produktion und unterliegt als leitender Angestellter nicht dem Entgelttarifvertrag der IG Metall Holz und Kunststoff. Sein monatliches Bruttoentgelt beträgt 6.800,00 €. Herr Hoffmann ist verheiratet, evangelisch, hat zwei Kinder und wird nach Steuerklasse III besteuert. Bei den Elektronischen Steuerabzugsmerkmalen ist ein jährlicher Steuerfreibetrag von 2.400,00 € vermerkt.

Das Bruttoentgelt von Herrn Hoffmann liegt sowohl über der Beitragsbemessungsgrenze für die Kranken- und Pflegeversicherung als auch für die Renten- und Arbeitslosenversicherung. Daher berechnen sich seine Kranken- und Pflegeversicherungsbeiträge von der Höhe der Beitragsbemessungsgrenze von 4.125,00 €[2]. Die Renten- und Arbeitslosenversicherungsbeiträge werden von einem Betrag in Höhe von 6.050,00 €[3] erhoben. Das Einkommen von Herrn Hoffmann liegt über der Pflichtversicherungsgrenze. Er hat sich für eine freiwillige Versicherung in der gesetzlichen Krankenkasse entschieden.

Der Steuerfreibetrag in Höhe von jährlich 2.400,00 € wurde in den Elektronischen Steuerabzugsmerkmalen vermerkt, da Herr Hoffmann in seiner Einkommensteuererklärung Aufwendungen für Werbungskosten (z. B. Fahrtkosten zur Arbeitsstätte oder Aufwendungen für Fortbildungen) in dieser Höhe geltend machen kann. Dadurch sinkt sein monatliches steuerpflichtiges Entgelt um 200,00 € auf 6.600,00 €.

Duisdorfer BüroKonzept KG

Entgeltabrechnung für Monat	Oktober
Personalnummer	87
Nachname	Hoffmann
Vorname	Karl-Josef
Geburtsdatum	08.03.71
Familienstand	verheiratet
Steuerklasse	III
Kinderfreibetrag	2
Religion	evangelisch
Sozialversicherungsnummer	47080367555
Krankenkasse	AOK Rheinland/ Hamburg

Tarifentgelt	6.800,00 €
Steuerfreibetrag[1]	200,00 €
steuerpflichtiges Bruttoentgelt	6.600,00 €
sozialversicherungspflichtiges Bruttoentgelt	6.800,00 €

Gesetzliche Abzüge Arbeitnehmer	
Lohnsteuer	1.200,00 €
Kirchensteuer	74,11 €
Solidaritätszuschlag	45,29 €
Krankenversicherung	338,25 €
Rentenversicherung	565,68 €
Arbeitslosenversicherung	90,75 €
Pflegeversicherung	48,47 €

Überweisungsbetrag	4.437,45 €

Arbeitgeberanteile zur Sozialversicherung	
Krankenversicherung	301,13 €
Rentenversicherung	565,68 €
Arbeitslosenversicherung	90,75 €
Pflegeversicherung	48,47 €

Entgeltabrechnung von Herrn Hoffmann

[1] *monatlich*

[2] *Betrag der Beitragsbemessungsgrenze für die Kranken- und Pflegeversicherung im Jahr 2015*

[3] *Betrag der Beitragsbemessungsgrenze für die Renten- und Arbeitslosenversicherung in den alten Bundesländern im Jahr 2015*

6 Personal betreuen und entwickeln

Die Personalbetreuung stellt eine Funktion des Personalwesens dar. Sie umfasst u. a. die Personalentwicklung und die Personalbeurteilung, die in den verschiedensten Bereichen eines Unternehmens zum Einsatz kommen.

6.1 Ziele der Personalentwicklung

Unter Personalentwicklung werden in der Personalwirtschaft sämtliche Maßnahmen verstanden, die

LS 8.9

- Entwicklungspotentiale bei Mitarbeitern identifizieren,
- den dazu notwendigen Entwicklungsumfang festlegen,
- geeignete Maßnahmen hierzu planen sowie
- die Entwicklungserfolge der Mitarbeiter überwachen und kontrollieren.

Die Hauptaufgabe der Personalentwicklung besteht in der Erhaltung und Verbesserung der Qualifikationen der Mitarbeiter. Die Personalentwicklung umfasst dabei die **Personalbildung**, die **Personalförderung** und die **Arbeitsstrukturierung**.

Personalbildung
(Ausbildung, Fortbildung, Umschulung)

+

Personalförderung
(Traineeprogramme, Coaching, Outdoortraining, Mentoring)

+

Arbeitsstrukturierung
(job enlargement, job enrichement, job rotation)

→ Personalentwicklung

Die **Ziele** der **Personalentwicklung** sind aus Sicht ...

- des Unternehmens und der Vorgesetzen
  - die Sicherung von Fach- und Führungskräften
  - die Bindung qualifizierter Mitarbeiter an das Unternehmen
  - der optimale Einsatz der Mitarbeiter an den ihnen entsprechenden Arbeitsplätzen
  - die Erhaltung bzw. Verbesserung der Mitarbeiterqualifikation
  - die Anpassung der Mitarbeiterfähigkeiten an die technischen Entwicklungen
  - ein verbessertes Leistungsverhalten der Mitarbeiter
  - die Senkung der Fluktuation
  - die Vermeidung von Fehlbesetzungen
  - die Entwicklung von Verantwortungsfähigkeit und Kreativität

- der Mitarbeiter
  - die Erhöhung der Mitarbeitermotivation
  - die Aktivierung bisher nicht genutzter persönlicher Kenntnisse und Fähigkeiten
  - die Anpassung der individuellen Qualifikationen an die Erfordernisse des Arbeitsplatzes
  - die Verbesserung der Fach-, Führungs- und Sozialkompetenz
  - die Verbesserung der Aufstiegsmöglichkeiten
  - die Sicherung der Existenzgrundlage
  - eine Einkommenssteigerung
  - die Übernahme von mehr Verantwortung
  - der berufliche Aufstieg
  - die Verbesserung des Selbstwertgefühls (Prestige)

6.2 Formen der Personalentwicklung

6.2.1 Personalbildung

Die Personalbildung (= berufliche Bildung) hat in den letzten Jahren durch den schnellen technologischen und wirtschaftlichen Wandel an Bedeutung gewonnen. Mitarbeiter müssen befähigt werden, schnell auf anstehende Entscheidungen zu reagieren und sich hierzu die erforderlichen Informationen sowie das benötigte Wissen anzueignen.

Um bei eintretenden Veränderungen schnell reagieren zu können, müssen Mitarbeiter ihre Schnelligkeit und Flexibilität erhalten und verbessern. Auch die Innovationsbereitschaft der Mitarbeiter stellt einen erheblichen Baustein für den Erfolg und die Wettbewerbsfähigkeit eines Unternehmens dar. Mitarbeiter müssen Probleme erkennen und kreativ mit diesen umgehen. Dabei müssen sie lernen, mit Konflikten umzugehen, da Neuerungen oft Widerstand und Meinungsverschiedenheiten hervorrufen.

Während früher hauptsächlich die fachliche Kompetenz eine Rolle spielte, hat sich in den letzten Jahren herausgestellt, dass die Entwicklung einer **beruflichen Handlungskompetenz** zunehmend wichtiger wird. Diese umfasst die Fachkompetenz, die Sozialkompetenz und die Methodenkompetenz.

Handlungskompetenz

Fachkompetenz (Fachkenntnis, Fachwissen, Hard Skills)	Sozialkompetenz (Soft Skills)	Methodenkompetenz
Fähigkeit, berufstypische Aufgaben eigenverantwortlich zu bewältigen. Voraussetzung hierfür ist in der Regel eine Ausbildung.	Fähigkeit, die hilft, das Verhalten und die Einstellung von Mitarbeitern positiv zu beeinflussen. Zur Sozialkompetenz zählen Aspekte wie die Teamfähigkeit, Motivation, Konfliktfähigkeit, Kommunikationsfähigkeit, Belastbarkeit, Frustrationstoleranz.	Fähigkeit zur Anwendung bestimmter Lern- und Arbeitsmethoden und die Fähigkeit, Informationen zu beschaffen und diese zu verwenden.

Formen der Personalbildung

Die Personalbildung bzw. die berufliche Bildung umfasst folgende Formen:

Ausbildung

In Deutschland erfolgt die berufliche Ausbildung in der Regel im Dualen System, das die betriebliche Ausbildung und begleitend den Berufsschulunterricht umfasst. Die Grundlage aller Berufsausbildungsverhältnisse ist das Berufsbildungsgesetz (BBiG).

LF 1, 2.1

Um ausbilden zu können, müssen folgende Voraussetzungen erfüllt sein:

- **Betriebliche Eignung**: Die Kenntnisse und Fertigkeiten, die einem bestimmten Berufsbild entsprechen, müssen in der Praxis des Betriebes vermittelt werden können.
- **Persönliche Eignung**: Die persönliche Eignung ist nicht gegeben, wenn jemand Kinder oder Jugendliche nicht beschäftigen darf (z. B. wegen besonderer Straftaten) oder schwer gegen das Berufsbildungsgesetz verstoßen hat.
- **Fachliche Eignung**: Ausbilder sind geeignet, wenn sie die erforderlichen beruflichen Fertigkeiten und Kenntnisse und die erforderlichen berufs- und arbeitspädagogischen Kenntnisse besitzen.

Damit die Ausbildung im Unternehmen erfolgreich umgesetzt werden kann, ist der Ablauf sorgfältig zu organisieren. Folgende **Phasen** sollten dabei berücksichtigt werden:

a) Planung
Zusätzlich zu den vorhandenen gesetzlichen Ausbildungsrahmenplänen sind betriebliche Ausbildungspläne zu erstellen, um sicherzustellen, dass alle Abteilungen in einem Unternehmen durchlaufen und alle Ausbildungsinhalte vermittelt werden. Im Rahmen der Planung sollten Faktoren wie Urlaubszeiten, Betriebsferien, Blockunterricht, aber auch eine eventuell verkürzte Ausbildung berücksichtigt werden. Die Planung kann dabei individuell für jeden einzelnen Auszubildenden oder für alle Auszubildende gleichermaßen erfolgen.

b) Durchführung
Die Ausbildung wird sowohl im Betrieb als auch in der Berufsschule durchgeführt. Der Berufsschulunterricht kann dabei als Teilzeitunterricht an ein bis zwei Tagen in der Woche oder als Blockunterricht erfolgen.

c) Kontrolle
Mithilfe der Abschlussprüfung vor der Industrie und Handwerkskammer wird kontrolliert, ob die Ausbildung erfolgreich war und der Auszubildende über die beruflichen Fähigkeiten verfügt, in dem entsprechenden Beruf tätig zu werden.

Fortbildung

Mithilfe von Fortbildungen sollen die im Rahmen der beruflichen Erstausbildung erworbenen Fähigkeiten und Kenntnisse **erhalten, erweitert oder an die technischen Entwicklungen angepasst** werden. Heutzutage wird davon ausgegangen, dass nach etwa fünf Jahren nur die Hälfte des in der Berufsausbildung Erlernten noch aktuell ist.

Beispiele

- *Frau Schmitz, gelernte Kauffrau für Bürokommunikation, wurde in den letzten Jahren hauptsächlich mit dem Schreiben von Anfragen, Angeboten und sonstigem Schriftverkehr beschäftigt. Damit ihre im Rahmen der Ausbildung erworbenen Fähigkeiten und Fertigkeiten nicht verloren gehen, nimmt sie an einer Fortbildung teil, die die Grundlagen der Buchführung noch einmal auffrischt* (= **Erhaltungsfortbildung**).

- *Die Fremdsprachenkorrespondentin, Frau Großmeier, nimmt an einer Fortbildung teil, bei der sie als dritte Fremdsprache Chinesisch lernt, ohne dass der gegenwärtige Arbeitsplatz dies aktuell erfordert* (= **Erweiterungsfortbildung**).
- *Herr Müller nimmt an einer EDV-Fortbildung teil, die aufgrund einer innerbetrieblichen Umstellung der EDV-Anlage auf ein neues Programm notwendig wird* (= **Anpassungsfortbildung**).
- *Herr Ruder wurde im Rahmen einer innerbetrieblichen Stellenausschreibung die Aufgabe eines Gruppenleiters angeboten. Damit er dieser neuen Aufgabe gerecht werden kann, nimmt er an einer Fortbildung für Führungskräfte teil, die ihm das erforderliche Führungswissen und Führungsverhalten vermittelt* (= **Aufstiegsfortbildung**).

Um unnötige Fortbildungskosten zu vermeiden, sollte der Fortbildungsbedarf genau ermittelt werden. Dazu müssen zunächst die **Anforderungen** ermittelt werden, die aus der Sicht des Unternehmens zu bewältigen sind, z. B. erforderliches Fachwissen, Belastbarkeit, Konfliktbewältigung. Der **Fortbildungsbedarf** ergibt sich dann daraus, dass die Anforderungen mit den zuvor ermittelten Mitarbeiterqualifikationen verglichen werden.

Beispiel
Bei der Duisdorfer BüroKonzept KG wird von einem Kaufmann für Bürokommunikation, der im Vertrieb arbeitet, erwartet, dass er hohe Fähigkeiten bezüglich der Qualität der Arbeit, der Belastbarkeit und des Verhandlungsgeschicks aufweist (= Anforderungen). Im Rahmen einer Personalbeurteilung wurde bei Herrn Erwin Hummels ermittelt, dass sein Verhandlungsgeschick relativ gering ist. Die sich daraus ergebende „Fähigkeitslücke" soll mit geeigneten Fortbildungsmaßnahmen beseitigt werden.

Der Fortbildungsbedarf muss nun effektiv gedeckt werden. Dazu können **innerbetriebliche** und **außerbetriebliche Fortbildungen** eingesetzt werden. Bei der innerbetrieblichen Fortbildung werden die notwendigen Maßnahmen durch das Unternehmen selbst entwickelt, geplant und durchgeführt. Ob dabei unternehmenseigene oder unternehmensfremde Trainer in den Räumlichkeiten des Unternehmens oder außerhalb eingesetzt werden, muss das Unternehmen individuell entscheiden. Vorteile innerbetrieblicher Fortbildungen sind, dass sie günstiger sind und sich stärker an den Gegebenheiten des Unternehmens orientieren.

Bei der außerbetrieblichen Fortbildung wird die entsprechende Maßnahme durch einen selbstständigen, externen Trainer oder Bildungsträger entwickelt, geplant und durchgeführt. Häufig sind externe Trainer professioneller ausgebildet, wodurch die Kosten meist wesentlich höher sind als bei einer innerbetrieblichen Fortbildung. Vorteil einer außerbetrieblichen Fortbildung ist z. B. der unternehmensübergreifende Austausch der Teilnehmer (= keine Betriebsblindheit).

Umschulung

Unter Umschulung wird die Aus- bzw. Weiterbildung für eine andere als die zuvor ausgeübte Tätigkeit verstanden. Mithilfe einer Umschulung können sich Arbeitnehmer für eine neue Arbeitstätigkeit qualifizieren, wenn der alte Beruf z. B. aus gesundheitlichen Gründen nicht mehr ausgeführt werden kann. Eine Umschulung endet ebenso wie die Ausbildung mit einer entsprechenden Prüfung vor der zuständigen Kammer (IHK, Handwerkskammer). Die Dauer einer derartigen Maßnahme richtet sich nach der Dauer der eigentlichen Ausbildung (meist drei Jahre).

Häufige Gründe für eine Umschulung sind

- längere Ausfallzeiten aufgrund von Krankheiten, Kindererziehung usw., die einen Wiedereinstieg in den alten Beruf verhindern
- Berufskrankheiten
- technische Neuerungen, Einsatz neuer Technologien
- nicht mehr genügend Nachfrage im alten Beruf

Die Umschulung kann als betriebliche oder überbetriebliche Maßnahme bei einem Bildungsträger durchgeführt werden. Die **betriebliche Umschulung** erfolgt wie eine Ausbildung in einem Ausbildungsbetrieb, d.h. parallel zur betrieblichen Tätigkeit besucht der Umschüler idealerweise den Berufsschulunterricht. Bei der überbetrieblichen Umschulung übernimmt ein Bildungsträger (bzw. Berufsförderungswerk) die Funktion des Ausbildungsbetriebes. In Übungswerkstätten erlernen die Umschüler den Beruf. Die Kosten derartiger Maßnahmen werden z.B. von der Agentur für Arbeit oder den Rentenversicherungen getragen.

6.2.2 Personalförderung

Das Ziel der Personalförderung liegt darin, die Mitarbeiter in ihrer **persönlichen Entwicklung** im Unternehmen zu unterstützen. Das Unternehmen versucht, das Potenzial der Mitarbeiter bestmöglich auszunutzen, um die Personalkosten zu senken. Weiterhin soll der Mitarbeiter durch geeignete Maßnahmen an das Unternehmen gebunden werden und die Fluktuations- und Krankheitsrate sollen gesenkt werden. Mithilfe der sogenannten Potenzialanalyse wird festgestellt, welche Fähigkeiten ein Mitarbeiter besitzt und wo Förderungsmaßnahmen erforderlich sind. Im Rahmen eines zukunftsorientierten Förderungsgespräches sollten hierzu die Erwartungen der Mitarbeiter, die vorhandenen Möglichkeiten und letztendlich konkrete Förderungsmaßnahmen besprochen werden.

Folgende **Fördermaßnahmen** können unterschieden werden:

Traineeprogramme

Traineeprogramme werden in der Praxis vorwiegend für Hochschulabsolventen eingesetzt, um potenzielle Führungskräfte zu rekrutieren. Das Traineeprogramm vermittelt den Teilnehmern, ggf. mithilfe eines Mentors, einen vertiefenden Einblick in die Arbeitstechniken des Unternehmens. Der Ablauf wird entsprechend der persönlichen Neigungen und der gesetzten Studienschwerpunkte individuell gestaltet. Die Trainees durchlaufen meistens eine **Orientierungsphase**, in der sie die wichtigsten Bereiche des Unternehmens kennenlernen, und eine **Vertiefungsphase**, in der sie ihre im Studium erworbenen Kenntnisse und Kompetenzen anwenden können. Zusätzlich erwerben sie u.a. in angebotenen Seminaren Wissen, das zur Bewältigung der anstehenden Aufgaben notwendig ist. Die Programme dauern durchschnittlich sechs Monate bis zwei Jahre. Aufgrund der sehr hohen Kosten dieser Maßnahmen werden die Teilnehmer sehr sorgfältig ausgewählt (meist mithilfe eines mehrtätigen Assessment-Center). Nach erfolgreichem Abschluss des Traineeprogramms wird im Rahmen einer Abschlussbeurteilung entschieden, ob der Betreffende einen festen Arbeitsplatz erhält oder nicht.

Coaching

Coaching ist ein Gesprächs-, Beratungs- und Entwicklungsangebot für Menschen mit dem Ziel, berufliche und persönliche Fragen zu klären. Mithilfe eines Coaches versucht der Coachee (also die gecoachte Person), sich selbst besser zu organisieren, die individuellen Potenziale besser zu entfalten und neue Energie zu erwerben. Bei folgenden Fragestellungen/Situationen kann ein Coaching gute Hilfe leisten:

- „Ich habe Probleme mit meinem neuen Job."
- „Was mache ich falsch, dass Herr/Frau ... immer wieder auf mir herumhackt?"
- „Ich komme mit meiner Zeit und der Arbeit nicht zu Rande."
- „Ich bin unsicher und weiß nicht, was richtig und falsch ist."
- „Ich soll unsere Abteilung umstrukturieren. Da brauche ich als Führungskraft Hilfe, wie ich das erfolgreich umsetzen kann."
- ...

Beim Coaching werden in der Literatur unterschiedliche Phasen beschrieben.

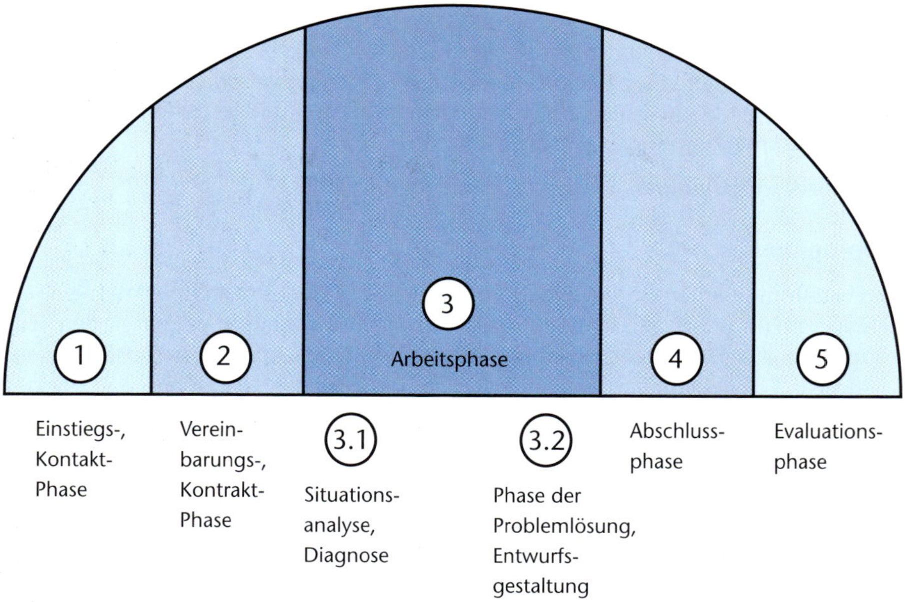

Phasen des Coaching (nach Vogelauer 2000)

1. **Einstiegsphase:**
   Coach und Coachee lernen sich kennen und klären grundlegende Probleme, Organisatorisches sowie den Ablauf.

2. **Vereinbarungsphase:**
   Die Ziele werden geklärt.

3. **Arbeitsphase:**
   Das eigentliche Coaching beginnt. Ziele und Fragen werden anhand von konkreten Beispielen besprochen. Gemeinsam wird nach Problemlösungen gesucht. Der Coach unterstützt den Coachee bei der Problemlösung. Jede Stunde schließt mit einem Vorhaben des Kunden ab, das bei der nächsten Sitzung reflektiert wird.

4. **Abschlussphase**
   Nach Abschluss des Coachings wird rückblickend geschaut, ob die Ziele erreicht wurden. Weiterhin wird ein Blick in die Zukunft gerichtet und überlegt, wie der Coachee seine positiven Ergebnisse beibehalten kann.

5. **Evaluationsphase**
   Nach ca. drei bis sechs Monaten sollte der Coachee noch einmal Kontakt zum Coach aufnehmen, um ihm seine Erfahrungen zu berichten.

Je nachdem, wo und durch wen das Coaching durchgeführt wird, unterscheidet man **internes** und **externes Coaching**. Das interne Coaching wird durch einen hauptberuflichen Mitarbeiter (meist interne Stabstelle) oder durch einen Vorgesetzten durchgeführt. Beim externen Coaching werden Coaches von außerhalb des Unternehmens tätig. Je höher die Hierarchiestufe der Coachees ist, umso wahrscheinlicher ist der Einsatz eines externen Coaches, da hier die notwendige Neutralität und Unabhängigkeit eher gewährleistet ist als bei einem internen Coach.

Outdoortraining

Das Outdoortraining ist ein Training in der freien Natur, bei dem die Teilnehmer ungewohnte Aufgaben durchführen müssen. Die Entwicklung der Teamfähigkeit, ein besseres Konfliktmanagement und die Führungskräfteentwicklung sind wesentliche Ziele eines derartigen Trainings. Es geht also nicht um fachliche Inhalte, sondern die Erkenntnis, dass bei einer optimalen Zusammenarbeit das Team eine höhere Leistung erbringen kann als eine Person alleine. Die Teilnehmer lernen ihre Geschicklichkeit, Körperbeherrschung, Ausdauer und Energie richtig einzuschätzen und der Gemeinschaftssinn und die Teamfähigkeit werden gefördert. Typische Outdoortrainings finden in Hochseilgärten oder als Survivaltrainings statt, bei dem die Teilnehmer z. B. Techniken des Feuermachens oder das Knoten von Seilen lernen.

Mentoring

Beim Mentoring vermittelt ein erfahrener Mentor (= Vorgesetzter oder Führungskraft) einem Mentee (= ein Beschäftigter, der noch am Anfang des Berufslebens steht) wesentliche Qualifikationen und Kompetenzen, indem er ihn über einen längeren Zeitraum hinweg berät und fördert. Der Mentor kann als Lehrer, Ratgeber, Trainer, Beschützer, Talentförderer usw. agieren. Von der Art her sind das **formelle Mentoring**, bei dem z. B. das Ziel, der Inhalt und die Dauer der Beziehung genau festgelegt sind, und das **informelle Mentoring**, bei dem der Mentor und der Mentee situationsbezogen den Inhalt und die Dauer der Beziehung bestimmen, zu unterscheiden.

6.2.3 Arbeitsstrukturierung

Unternehmen haben die Aufgabe, eine Gesamtleistung zu erstellen. Da diese Gesamtleistung nicht von einem Mitarbeiter alleine erstellt werden kann, müssen die Arbeitsprozesse strukturiert und organisiert werden. Mithilfe der Arbeitsstrukturierung werden die Arbeitsinhalte und das Ausmaß der Arbeitsteilung so gestaltet, dass die Arbeit möglichst produktiv erfolgen kann. Bis vor einigen Jahren wurde dabei ein hoher **Grad an Arbeitsteilung** angestrebt und die Fließbandarbeit als klassische Form eingesetzt. Heutzutage entfernen sich Unternehmen von der klassischen Fließbandarbeit.

Die Veränderungen in der Gesellschaft haben in den letzten Jahren dazu geführt, dass den Mitarbeitern motivierende Maßnahmen wichtig sind, dass sie Arbeitsprozesse mitgestalten möchten, Verantwortung übernehmen und sich im Rahmen ihrer Arbeit selbst entfalten wollen. Dies ist nur möglich, wenn die Mitarbeiter über ein hohes Qualifikations- und Kompetenzniveau verfügen.

Folgende Maßnahmen werden im Rahmen der Arbeitsstrukturierung eingesetzt:

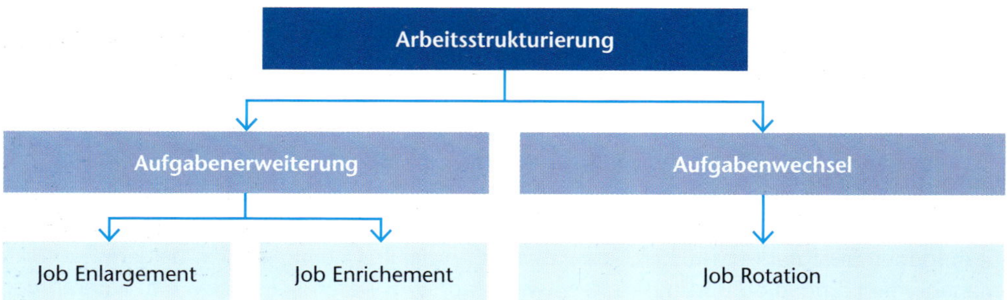

Job Enlargement

Job Enlargement stellt eine **Aufgabenerweiterung** dar, bei der der Mitarbeiter neue, **qualitativ gleichwertige** oder ähnliche Aufgaben **zusätzlich** zu erledigen hat. Da das Anforderungsniveau der Aufgaben sich nicht verändert, spricht man von einer horizontalen Umstrukturierung des Arbeitsplatzes. Der Mitarbeiter erfährt hierdurch eine höhere Arbeitszufriedenheit, die Monotonie sinkt und die Kosten werden reduziert. Auf der anderen Seite muss der Mitarbeiter sich zusätzliche Qualifikationen und Kompetenzen im Rahmen von Fortbildungen aneignen. Gegebenenfalls bestehen Anpassungsschwierigkeiten oder Widerstände gegen eine derartige Veränderung.

Job Enlargement
Prinzip der Aufgabenerweiterung/-vergrößerung

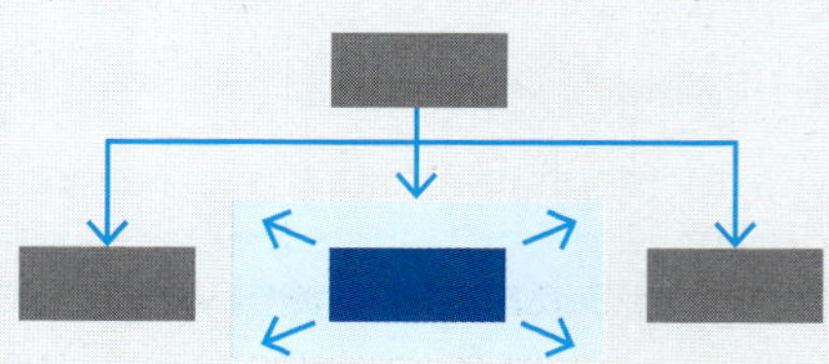

Der Mitarbeiter übernimmt innerhalb seines Arbeitsplatzes mehrere unterschiedliche Tätigkeiten

Beispiel
Die Aufgabe von Frau Hausmann aus dem Einkauf bestand in den letzten 20 Jahren darin, Angebote bei unterschiedlichen Anbietern einzufordern. Im Rahmen des Job Enlargements soll sie nun auch Bestellungen schreiben.

Job Enrichement

Job Enrichement stellt eine **Aufgabenbereicherung** dar, bei der der Mitarbeiter neben den bereits bestehenden Aufgaben zusätzlich **qualitativ höherwertige** zu erledigen hat. Die neuen Aufgaben sind dabei häufig schwieriger, anspruchsvoller und ggf. interessanter. Der Mitarbeiter erfährt durch diese Art der Arbeitsstrukturierung eine erhöhte Arbeitszufriedenheit und eine Verringerung der Monotonie. Um Überforderungen des Mitarbeiters zu vermeiden, sind Fortbildungen unbedingt erforderlich.

Job Enrichment
Prinzip der Aufgabenbereicherung

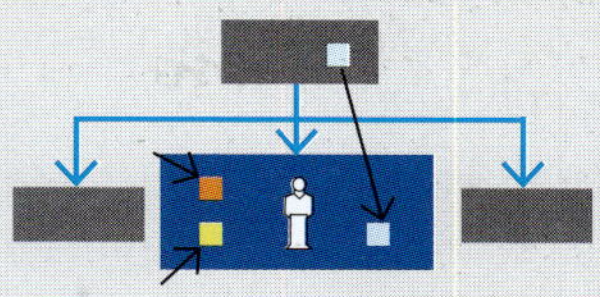

Der bisherige Aufgabenbereich wird bereichert, durch Aufgaben und Tätigkeiten,

- die zuvor einer höheren hierarchischen Ebene zugeordnet waren und
- die qualitativ höherwertig und anspruchsvoller sind.

Durch ein Mehr an Entscheidungs-, Durchführungs- und Verantwortungskompetenzen vergrößert sich der Dispositions- und Handlungsspielraum des Mitarbeiters.

Beispiel

Herr Kruse aus dem Einkauf war in den letzten Jahren mit dem Schreiben von Bestellungen beschäftigt. Zusätzlich soll er nun im Rahmen des Job Enrichments geeignete Lieferanten auswählen und Reklamationen abwickeln.

Job Rotation

Job Rotation ist gekennzeichnet durch einen **regelmäßigen** und **planmäßigen Arbeitsplatzwechsel** bzw. **Arbeitsaufgabenwechsel**. Der Mitarbeiter übernimmt im Rahmen des Arbeitsplatzwechsels gleiche oder ähnliche Aufgaben. Job Rotation führt zu einer Aufgabenerweiterung für den Mitarbeiter. Der Vorteil liegt darin, dass einseitige Belastungen abgebaut werden, die Mitarbeiter Arbeitszusammenhänge besser verstehen und anpassungsfähiger werden. Auf der anderen Seite bedarf diese Form der Arbeitsstrukturierung eine erhöhte Einarbeitungszeit, mehr Zeit für die Planung und Stockungen können entstehen, wenn die Mitarbeiter mit unterschiedlichen Geschwindigkeiten arbeiten.

6.3 Personalbeurteilung

Mithilfe der Personalbeurteilung (Mitarbeiterbeurteilung) werden in einem Unternehmen die persönlichen **Leistungen** und das **Verhalten** eines Mitarbeiters bewertet. Im Rahmen der Leistungsbeurteilung werden die Leistungsfähigkeit (z. B. Wissen, Fertigkeiten, Belastbarkeit, Anpassungsfähigkeit, Durchsetzungsfähigkeit) und die Leistungsbereitschaft (z. B. innere Motivation, Initiative) analysiert. Bei der Verhaltensbeurteilung geht es um das Verhalten gegenüber Vorgesetzten und Mitarbeitern. Die Personalbeurteilung hat folgende **Aufgaben/Ziele:** LS 8.10

- Objektive Leistungsbeurteilung, um im Rahmen der Entgeltermittlung eine gerechte Vergütungsbasis herzustellen.
- Ermittlung des Fortbildungsbedarfs im Unternehmen.

- Um einen optimaler Personaleinsatz zu gewährleisten, muss beurteilt werden an welcher Stelle im Unternehmen die Mitarbeiter am besten eingesetzt werden können.
- Weiterhin spielt die Beurteilung eine wesentliche Rolle im Fall einer Beförderung, aber auch bei einer Kündigung.
- Regelmäßige Personalbeurteilungen stellen einen Anreiz für viele Mitarbeiter dar, ihre Leistungen zu steigern und zu optimieren. Die Bedeutung der Beurteilung für die Entgeltbemessung kann diese Motivation wesentlich verstärken.

Die Realisierung dieser Ziele bedeutet allerdings auch eine erhöhte Arbeitsbelastung für Vorgesetzte und die Gefahr von Konflikten zwischen Beurteiltem und Beurteilendem.

6.3.1 Beurteilungskriterien

Es gibt eine Vielzahl von Kriterien, die im Rahmen der Personalbeurteilung herangezogen werden. Je größer die Anzahl der eingesetzten Kriterien ist, umso genauer lässt sich ein Bild von dem Mitarbeiter machen. Auf der anderen Seite ist das Beurteilungsverfahren mit steigender Anzahl der Kriterien aufwendiger und für den Betroffenen ermüdender, was zu einem negativen Einfluss auf die Aussagekraft führen kann.

In der Praxis empfiehlt es sich nicht mehr als zwölf Beurteilungskriterien zu nutzen. Dabei müssen die gewählten Kriterien für die Leistung des Beurteilenden erheblich sein, sich nur auf bestimmbare Leistungen beziehen, dürfen nicht abhängig voneinander sein und müssen den gesamten Leistungsbereich des beurteilten Mitarbeiters erfassen können.

LS 8.3

Ähnlich wie bei der Nutzwertanalyse, die im Rahmen der Personalbeschaffung eine Rolle spielt, werden die Kriterien bei einer Personalbeurteilung häufig gewichtet. Jedem Beurteilungskriterium wird ein Gewichtungsfaktor zugeordnet, um die Kriterien entsprechend ihrer Wichtigkeit zu berücksichtigen.

Duisdorfer BüroKonzept KG

Beispiel

Mitarbeiterbeurteilungsbogen							
Name: ____________						Abteilung: ____________	
Grund der Beurteilung: ____________						Datum: ____________	
Beurteilungskriterium	**Einstufung**					**Gewichtungsfaktor**	**Ergebnis**
	5	4	3	2	1		
▪ Arbeitsqualität							
▪ Arbeitsquantität							
▪ Fachliches Wissen							
▪ Erfahrungen							
▪ Belastbarkeit							
▪ Flexibilität							
▪ Motivation							
▪ Selbstständigkeit							
▪ Zuverlässigkeit							
▪ Kreativität							
▪ Hilfsbereitschaft							
▪ Teamfähigkeit							
Summe							

Erläuterung:

- *Beurteilungskriterien*
  Weitere Beurteilungskriterien können sein:
  Engagement, Pflichtbewusstsein, Einsatzwille, Auffassungsgabe, Urteilsvermögen, Ausdauer, Sorgfalt, Vertraulichkeit, Arbeitsgeschwindigkeit, Termintreue, Kontaktfreudigkeit, Loyalität, Informationsverhalten, Vertrauenswürdigkeit, Kostenbewusstsein, Innovationsfähigkeit, Führungsverhalten etc.

- *Grund der Beurteilung*
  Als Gründe für eine Beurteilung kommen z. B. eine Versetzung, eine Entlassung, eine geplante Lohn- oder Gehaltserhöhung, eine Zeugniserstellung, der Ablauf der Probezeit, eine Beförderung oder das in vielen Unternehmen eingesetzte jährliche Mitarbeitergespräch in Betracht.

- *Einstufung*
  Die Einstufung des Mitarbeiters erfolgt beispielsweise mit fünf Ziffern.

  5 Überdurchschnittliche Leistungen des Mitarbeiters.

  4 Gute Leistungen. Der Mitarbeiter erfüllt die Anforderungen deutlich besser als seine Kollegen, die vergleichbare Aufgaben haben.

  3 Durchschnittliche Leistungen. Der Mitarbeiter erfüllt die Anforderungen im Allgemeinen, ohne sich besonders hervorzuheben.

  2 Unterdurchschnittliche Leistungen. Der Mitarbeiter erfüllt die Anforderungen gerade noch, im Vergleich zu seinen Kollegen ist er schlechter.

  1 Der Mitarbeiter ist nicht brauchbar, da er den Anforderungen nicht gerecht wird.

- *Gewichtungsfaktor*
  Die Gewichtung der Kriterien ist je nach Tätigkeitsfeld des Mitarbeiters unterschiedlich. So spielt das Kriterium Kreativität bei einem Mitarbeiter im Marketing eine andere Rolle als bei einem Mitarbeiter in der Personalabteilung. Entsprechend der Bedeutung des Kriteriums sind beispielsweise Gewichtungsfaktoren von 1 bis 4 zu vergeben.

- *Ergebnis*
  Das Ergebnis der Mitarbeiterbeurteilung wird ermittelt, indem die Bewertung mit dem entsprechendem Gewichtungsfaktor multipliziert wird.

6.3.2 Beurteilungsfehler

Beurteilende Vorgesetzte unterliegen häufig einer Reihe von subjektiven Faktoren (z. B. Wünsche, Werte und Gefühle), die dazu führen, dass bestimmte Beurteilungskriterien stärker betrachtet werden als andere. Damit Beurteiler nicht zu gänzlich unterschiedlichen Beurteilungsergebnissen kommen, sollten sie sich der möglichen Beurteilungsfehler bewusst sein und versuchen, diese zu vermeiden. Typische Beurteilungsfehler sind:

- **Halo-Effekt**
  Hier bewertet der Beurteiler den Mitarbeiter hinsichtlich eines Kriteriums besonders positiv oder negativ und zieht dabei Rückschlüsse auf weitere und im schlimmsten Fall auf alle Eigenschaften.

- **Übernahmefehler**
  Frühere Beurteilungen werden bei der aktuellen Beurteilung übernommen, obwohl sich der Mitarbeiter in der Zwischenzeit positiv oder negativ verändert hat.

- **Nikolaus-Effekt (Recency-Effekt)**
  Der Beurteiler bezieht sich nur auf kurz zurückliegende Leistungen seines Mitarbeiters und betrachtet nicht den gesamten Beurteilungszeitraum. Die Leistungen gegen Ende der Beurteilungsperiode werden überbewertet.
- **Ergozentriefehler**
  Der Beurteiler berücksichtigt nicht die unterschiedlichen Erfahrungen und Ausbildungen der Mitarbeiter, sondern geht bei der Beurteilung von sich selbst aus.
- **Ideologiefehler**
  Mitarbeiter, die die gleichen Vorstellungen haben wie der Beurteiler, werden besser bewertet als diejenigen mit anderen Einstellungen.
- **Hierarchie-Effekt**
  Mitarbeiter, die sich auf einer höheren Hierarchieebene befinden, werden besser bewertet als diejenigen, die sich auf einer niedrigeren Hierarchieebene befinden.

6.3.3 Feedback

Im Anschluss an die Beurteilung sollte dem Mitarbeiter im Rahmen eines Beurteilungsgesprächs ein **Feedback** gegeben werden. Ziel ist es, dem Beurteilten seine Schwachpunkte aufzuzeigen und ihn zu motivieren, seine Leistungen zu verbessern. Feedback geben ist eine Methode zur Beeinflussung des Verhaltens. Beurteilungsgespräche wirken sich auf das Betriebsklima aus, deshalb müssen sie gut vorbereitet und sorgfältig durchgeführt werden. Folgende Feedbackregeln sollten eingehalten werden:

- das Gespräch sollte unter vier Augen stattfinden
- höflicher, sachlicher und nicht verletzender Umgang mit dem Mitarbeiter
- genaue Beschreibung des jeweiligen Verhaltens
- nur Verhaltensweisen und Eigenschaften besprechen, die mit der eigentlichen Tätigkeit im Zusammenhang stehen
- keine Vermutungen äußern, sondern nur Tatsachen
- aktive Kommunikation
- geduldig sein
- im eigenen Namen sprechen (nicht „wir“, sondern „ich“)
- Raum für Gegenfragen lassen

Jeder Arbeitnehmer hat das Recht, eine Stellungnahme zu seiner Beurteilung abzugeben, die zu den Beurteilungsunterlagen aufgenommen werden muss. Weiterhin ist dem Mitarbeiter zu ermöglichen, ein Mitglied des Betriebsrates hinzuzuziehen, und nach § 82 Abs. 2 Betriebsverfassungsgesetz kann jeder Arbeitnehmer verlangen, dass ihm seine Beurteilung erklärt wird.

7 Beschäftigungsverhältnisse beenden

Die Beendigung von Arbeitsverhältnissen stellt in der Regel eine folgenreiche und wichtige Entscheidung für den Arbeitgeber und den Arbeitnehmer eines Unternehmens dar. Grundsätzlich sind bei der Beendigung von Arbeitsverhältnissen folgende Möglichkeiten zu unterscheiden:

- Beendigung durch **Zeitablauf**, d.h. im Arbeitsvertrag haben sich die Vertragspartner (Arbeitnehmer oder Arbeitgeber) auf eine Befristung geeinigt, die nun endet.

  Beispiel
  Um einen Engpass in der Fertigung zu vermeiden, stellt die Duisdorfer BüroKonzept KG kurzfristig drei Mitarbeiter ein, die in der Produktion des Unternehmens eingesetzt werden. Das Beschäftigungsverhältnis beginnt laut Arbeitsvertrag am 01.08.2015 und endet am 28.02.2015.

- Beendigung durch **Aufhebungsvertrag**, d.h. das Arbeitsverhältnis wird im gegenseitigen Einvernehmen gekündigt.

  Beispiel
  Die Geschäftsführung der Duisdorfer BüroKonzept KG hat sich mit einem ihrer Mitarbeiter auf die Aufhebung des bestehenden Arbeitsvertrages zum Ende des Geschäftsjahres geeinigt, da diese Stelle aufgrund von Rationalisierungsmaßnahmen überflüssig geworden ist. Als Entschädigung zahlt die Duisdorfer BüroKonzept KG dem Mitarbeiter eine Abfindung.

- Beendigung aufgrund des Erreichens einer bestimmten **Altersgrenze.**

  Beispiel
  Mit dem Erreichen der Altersgrenze wird Frau Susanne Schulz in Rente gehen und aus der Duisdorfer BüroKonzept KG ausscheiden.

- Beendigung durch **Kündigung**, d.h. ein Vertragspartner (Arbeitnehmer oder Arbeitgeber) beendet das Arbeitsverhältnis einseitig.

  Beispiel
  Der Produktionsleiter Stefan Sauer hat fristgerecht sein Arbeitsverhältnis zum 15.04.2015 gekündigt, da er sich beruflich weiterentwickeln möchte und zum 01.05.2015 in ein anderes Unternehmen wechseln wird.

7.1 Abmahnung

LS 8.11

Die Abmahnung stellt ein Instrument des Arbeitgebers dar, um den Arbeitnehmer auf ein vertragswidriges Verhalten hinzuweisen. Obwohl es gesetzlich **keine Regelungen** zum Inhalt einer Abmahnung gibt, wird die Schriftform ausdrücklich zu Dokumentations- und Nachweiszwecken empfohlen.

7.1.1 Funktionen einer Abmahnung

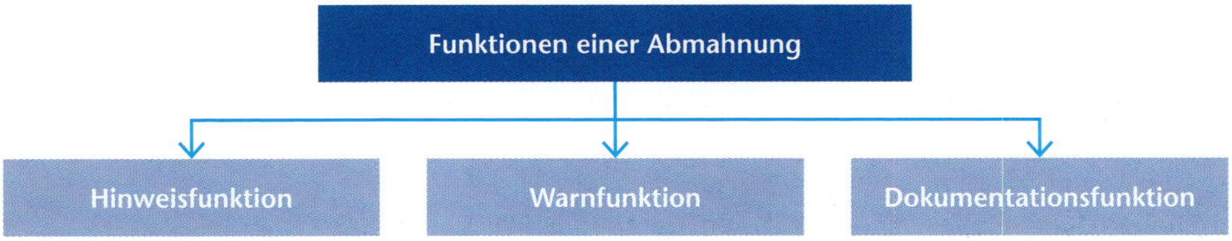

Die Abmahnung dient dazu, den Arbeitnehmer darauf hinzuweisen, dass Mängel im Leistungs- bzw. im Verhaltensbereich vorliegen.

Beispiel 1
Frau Anne Schneider wurde wiederholt dabei beobachtet, wie sie trotz eines absoluten Rauchverbotes im Lager eine Zigarette geraucht hat. Durch dieses Verhalten gefährdet sie sich selbst und ihre Kollegen, da das Unternehmen hochentflammbare Güter lagert (= Verhaltensbereich).

Beispiel 2
Die Kauffrau für Büromanagement Janina Dehnert ist im Vergleich zu ihren Kolleginnen nicht in der Lage, einen Brief fehlerfrei zu schreiben. Wiederholt hat sie ihrem Chef einen Brief vorgelegt, der den Mindestanforderungen in keinster Weise entspricht (= Leistungsbereich).

Mithilfe einer Abmahnung weist der Arbeitgeber den Arbeitnehmer darauf hin, dass sein Verhalten eine arbeitsrechtliche Pflichtverletzung darstellt (= **Hinweisfunktion**) und er im Wiederholungsfall mit Sanktionen rechnen muss bzw. das Fortbestehen des Arbeitsverhältnisses gefährdet ist (= **Warnfunktion**). Dem Arbeitnehmer soll die Möglichkeit gegeben werden, sein Fehlverhalten zu ändern und so sein Arbeitsverhältnis zu erhalten. Darüber hinaus stellt die Abmahnung eine notwendige Voraussetzung für eine spätere *verhaltensbedingte* Kündigung dar.

Grundsätzlich ist jeder weisungsbefugte Vorgesetzte berechtigt, eine Abmahnung zu verfassen. Aus Beweissicherungsgründen wird sie immer in die Personalakte des Arbeitnehmers aufgenommen (= **Dokumentationsfunktion**).

7.1.2 Gründe einer Abmahnung

Folgende Gründe können dazu führen, dass der Arbeitgeber den Arbeitnehmer abmahnt:

- wiederholte Verspätungen;
- Verstöße gegen die Betriebsordnung, z. B. gegen das betriebliche Rauch- oder Alkoholverbot;
- unentschuldigtes Fehlen;
- eigenmächtiger Urlaubsantritt oder eigenmächtige Urlaubsverlängerung;
- rechtsextreme oder fremdenfeindliche Äußerungen.

7.1.3 Anforderungen an eine Abmahnung

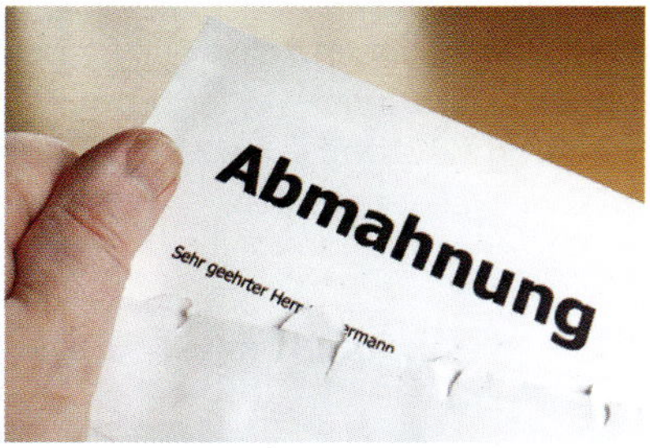

Eine Abmahnung, die ohne **genaue und detaillierte** Darstellung des Fehlverhaltens und ohne Androhung arbeitsrechtlicher Konsequenzen (i. d. R. die Kündigung) geschrieben wurde, ist unwirksam und **hat vor Gericht keine Wirksamkeit.** Damit das nicht passiert, sollte der Arbeitgeber das Fehlverhalten seines Mitarbeiters so genau wie möglich beschreiben.

Folgende Aspekte sollten grundsätzlich in einer Abmahnung stehen:

- **Was** genau hat der Mitarbeiter getan bzw. nicht getan?
- **Wann** genau kam es zu dem Fehlverhalten (Datum, Uhrzeit)?
- **Wo** genau kam es zu einem Fehlverhalten (genaue Ortsangabe)?
- Gab es **Zeugen**, die das Fehlverhalten bestätigen können (Zeugen nennen)?
- Welche rechtliche **Konsequenz** hat das Fehlverhalten im Wiederholungsfall (z. B. Kündigung)?

Merke:
Bei der Formulierung einer Abmahnung sollte auf subjektive Ausdrücke und Gefühle ebenso verzichtet werden wie auf pauschale Behauptungen, die nicht nachgewiesen werden können. Weiterhin muss die Abmahnung zeitnah erfolgen, d. h. der Vorfall sollte nicht länger als zwei Wochen zurückliegen.

Wenn die Abmahnung unrichtige Behauptungen enthält, die den Arbeitnehmer in seiner Rechtsstellung und seinem beruflichen Fortkommen beeinträchtigen, hat er einen gerichtlich durchsetzbaren Anspruch auf Rücknahme der Abmahnung sowie auf Entfernung des Abmahnungsschreibens aus der Personalakte (BAG, Urteil v. 27.11.1985, 5 AZR 101/84).

Duisdorfer BüroKonzept KG

Duisdorfer BüroKonzept KG · Rochusstraße 30 · 53123 Bonn

Ausstattung und Beratung für das Büro

Herr
Stefan Rünz
Kleinstraße 9
53123 Bonn

Ihr Zeichen:
Ihre Nachricht vom:
Unser Zeichen:
Unsere Nachricht vom:

Name: Bianca Sommer
Telefon: 0228/98765-0
Telefax: 0228/98765-10
E-Mail: bsommer@duisdorfer-bueko.de

Datum: 05.09.20..

Abmahnung

Sehr geehrter Herr Rünz,

Ihr nachfolgend dargestelltes Verhalten gibt uns Veranlassung, Sie auf die ordnungsgemäße Erfüllung Ihrer arbeitsrechtlichen Verpflichtungen hinzuweisen.

Am 03.09.20.. wurden Sie von Herrn Matthias Cremer und Frau Ursula Meier um 9:00 Uhr dabei beobachtet, wie Sie aus einer Weinbrandflasche tranken. Damit haben Sie gegen das betriebliche Alkoholverbot verstoßen.

Anschließend wurden Sie von den oben genannten Personen dabei beobachtet, wie Sie Herrn Lukas Feldmeier als „dumm und faul" bezeichneten.

Herr Feldmeier hat sich daraufhin bei seinem Vorgesetzten Herrn Achim Langner über Ihr Verhalten beschwert und ihn darauf hingewiesen, dass Sie betrunken gewesen waren. Aus sicherheitsrechtlichen Gesichtspunkten mussten Sie von Herrn Langner um 10:30 Uhr nach Hause entlassen werden.

Wir sind nicht bereit, ein derartiges Verhalten zu akzeptieren. Sollte es erneut zu einem derartigem Fehlverhalten Ihrerseits kommen, sehen wir uns gezwungen, das Arbeitsverhältnis mit Ihnen zu kündigen.

Wir bitten Sie den Erhalt dieser Abmahnung, die wir zu Ihrer Personalakte nehmen werden, zu bestätigen.

Mit freundlichen Grüßen

05.09.20.. Bianca Sommer

(Datum, Unterschrift)

Duisdorfer BüroKonzept KG
Rochusstraße 30
53123 Bonn
Ust.-IdNr.: DE 244 111 855

Geschäftsführer:
Sebastian Falo
Katharina Niester
Amtsgericht Bonn
HRA 1221

Telefon: 0228 98765-0
Fax: 0228 98765-80
Internet: www.duisdorfer-bueko.de
E-Mail: info@duisdorfer-bueko.de

Bankverbindungen:
Volksbank Bonn Rhein-Sieg
IBAN DE85 3860 0186 2401 2345 67
BIC GENODED1BRS
Postbank Köln
IBAN DE23 3701 0050 8884 4412 34
BIC PBNKDEFF370

7.1.4 Abmahnungen in der Personalwirtschaft effektiv einsetzen

Abmahnungen stellen in der Personalwirtschaft ein wichtiges Instrument dar, um Mitarbeiter zu führen und sie zu „erziehen". Damit eine Abmahnung ihre gewollte Wirkung nicht verfehlt, sind folgende Fragen grundsätzlich zu klären:

- **Frage: Wie war der genaue Sachverhalt?**
  Grundsätzlich sollte sich der Vorgesetzte selbst ein vollständiges Bild von dem zu beanstandenden Vorfall machen und die vorliegenden Fakten zusammentragen. Dabei sind auch Fakten zu berücksichtigen, die den Mitarbeiter entlasten.
- **Frage: Was hat der Mitarbeiter selber zu dem Vorfall zu sagen?**
  Auf ein persönliches Gespräch mit dem Mitarbeiter sollte nicht verzichtet werden, um dem Mitarbeiter die Chance zu geben, den Vorfall aus seiner Sicht darzustellen und über sein Fehlverhalten nachzudenken.
- **Frage: Soll eine Abmahnung geschrieben werden?**
  Erst nach Anhörung des Mitarbeiters wird die Entscheidung für oder gegen eine Abmahnung getroffen. Entscheidet sich der personalverantwortliche Mitarbeiter, eine Abmahnung zu schreiben, so sollte dieses aus Beweisgründen schriftlich dokumentiert werden.
- **Frage: Wie kann der Mitarbeiter unterstützt werden?**
  In einem persönlichen Gespräch wird dem Mitarbeiter klar gemacht, dass er die Abmahnung als Chance sehen sollte, sein Verhalten zu ändern. Dem Mitarbeiter ist das Gefühl zu vermitteln, dass er dabei unterstützt wird, sein Verhalten zu ändern.
- **Frage: Wie entwickelt sich der Mitarbeiter?**
  Nachdem der Mitarbeiter abgemahnt wurde, sollte nach einer gewissen Zeit überprüft werden, wie sich das Verhalten des Mitarbeiters entwickelt hat. Hierzu kann der unmittelbare Vorgesetzte des Mitarbeiters dazu befragt werden, was ihm positiv oder negativ aufgefallen ist.
- **Frage: Wann kann die Abmahnung aus der Personalakte entfernt werden?**
  Nach sechs bis zwölf Monaten wird geprüft, ob die Abmahnung in der Personalakte bleiben soll. Hat sich das Verhalten des Mitarbeiters geändert, so ist die Abmahnung aus der Personalakte zu entfernen, es sei denn, dass eine besonders schwerwiegende Pflichtverletzung vorlag.

LS 8.12

7.2 Die Kündigung

7.2.1 Grundlagen

LF 3, 3

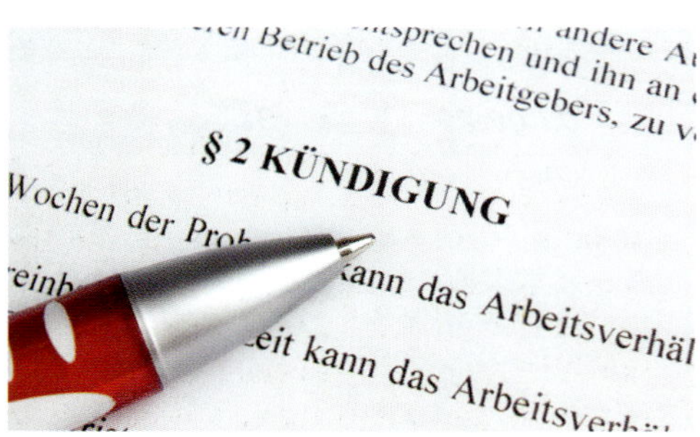

Die Kündigung stellt eine einseitige, empfangsbedürftige Willenserklärung dar. Sie kann sowohl vom Arbeitgeber als auch vom Arbeitnehmer ausgesprochen werden.

Einseitig bedeutet in diesem Zusammenhang, dass die Kündigung durch den Arbeitnehmer (= Arbeitnehmerkündigung) oder durch den Arbeitgeber (= Arbeitgeberkündigung) erfolgt, ohne dass die jeweilige andere Partei zustimmen muss.

Der Arbeitnehmer muss bei einer Kündigung lediglich die Kündigungsfristen beachten. Für den Arbeitgeber hingegen gelten strengere Voraussetzungen, um eine Kündigung rechtswirksam umzusetzen.

Empfangsbedürftig bedeutet, dass die Kündigung der jeweiligen Vertragspartei zugegangen sein muss, damit sie wirksam ist (§ 139 BGB).

Zugang des Kündigungsschreibens

Einem **Anwesenden** geht das Kündigungsschreiben zu dem Zeitpunkt zu, an dem es ihm ausgehändigt wird.

Beispiel
Frau Bianca Sommer von der Duisdorfer BüroKonzept KG übergibt ihrem Mitarbeiter Stefan Müller die Kündigung persönlich, um ihm die Gründe für ihre Entscheidung darzulegen. In diesem Fall gilt die Kündigung mit der Übergabe als zugegangen. Grundsätzlich ist es empfehlenswert, sich den Empfang der Kündigung auf einer Zweitanfertigung schriftlich bestätigen zu lassen, um spätere Streitigkeiten bezüglich der Kündigungsfristen zu vermeiden.

Der Zugang unter **Abwesenden** erfolgt dagegen erst dann, wenn das Kündigungsschreiben in den Machtbereich des Empfängers gelangt.

Beispiele
- *Der Postbote wirft die Kündigung der Duisdorfer BüroKonzept KG in den **Briefkasten** von Marita Opitz. Die Kündigung gilt in diesem Fall als zugegangen, wenn unter normalen Umständen mit der Leerung des Briefkastens gerechnet werden kann.*
- *Die Duisdorfer BüroKonzept KG kündigt einem ihrer Mitarbeiter, in dem sie das Schreiben per **Übergabeeinschreiben** verschickt. Ist der Mitarbeiter zu Hause und nimmt das Schreiben an, gilt es als angenommen und zugestellt. Bei Abwesenheit des Mitarbeiters wird allerdings nicht das Kündigungsschreiben hinterlassen, sondern nur eine Notiz, dass der Mitarbeiter einen Brief bei der Post abholen soll. Da das Kündigungsschreiben zu diesem Zeitpunkt nicht im Machtbereich des Gekündigten ist, gilt es als **nicht** zugegangen. Erst durch die Abholung des Schreibens bei der Post gelangt es in den Machtbereich des Empfängers. Das Verschicken einer Kündigung mittels Einschreiben wird nicht empfohlen, da nicht sichergestellt werden kann, **ob** und **wann** der Betroffene das Schreiben abholt.*

Formalien bei einer Kündigung

In der Praxis ist es schon oft vorgekommen, dass eine Kündigung aufgrund eines Formmangels unwirksam war. Deshalb ist hier besondere Sorgfalt geboten und folgende **Formalien** sollten unbedingt berücksichtigt werden:

- **Einhaltung der Schriftform**
  Kündigungen bedürfen zu ihrer Gültigkeit der Schriftform (§ 623 BGB). Eine mündlich abgegebene Kündigungserklärung ist nichtig. Weiterhin ist darauf zu achten, dass die Kündigung eigenhändig vom Arbeitgeber (bzw. vom Arbeitnehmer) unterschrieben und das Original dem Mitarbeiter (bzw. dem Arbeitgeber) ausgehändigt wird. Eine elektronische Signatur kann die Schriftform nicht ersetzen. Weiterhin kann das Arbeitsverhältnis nicht durch E-Mail, SMS, Telefax, Telegramm oder durch ein Schreiben ohne Unterschrift bzw. mit bloßem Namensstempel gekündigt werden.

Bezogen auf die Unterschrift gilt der Grundsatz, dass bei einer Arbeitgeberkündigung der Arbeitgeber oder ein von ihm bevollmächtigter Vertreter die Kündigung unterschreiben muss. Bei juristischen Personen sind dieses die gesetzlichen Vertreter bzw. Organe.

- **Eindeutige Formulierung der Kündigung**
  Das Kündigungsschreiben muss, um wirksam zu sein, eindeutig formuliert werden. Das Wort „kündigen" muss aber nicht ausdrücklich erwähnt werden. Der Kündigungsgrund muss bei einer Kündigung nicht zwingend genannt werden, es sei denn, dass im Tarifvertrag, Arbeitsvertrag oder in einer Betriebsvereinbarung etwas anderes festgelegt wurde. Eine Nichteinhaltung dieser Vereinbarungen würde in diesem Fall dazu führen, dass die Kündigung unwirksam ist. Bei einer außerordentlichen Kündigung kann der Arbeitnehmer verlangen, dass ihm die Kündigungsgründe mitgeteilt werden (§ 626 Abs. 2 BGB).

Ordentliche versus außerordentliche Kündigung

Grundsätzlich lassen sich zwei Kündigungsarten unterscheiden. Zum einen die **ordentliche Kündigung**, die unter Einhaltung einer Kündigungsfrist erfolgt, und zum anderen die **außerordentliche Kündigung**, die fristlos, d. h. ohne Einhaltung einer Kündigungsfrist, erfolgt.

Im Gegensatz zur ordentlichen Kündigung stellt die außerordentliche Kündigung gemäß § 626 Abs. 1 BGB eine Kündigung wegen eines **wichtigen** Grundes dar. Das Arbeitsverhältnis wird im Gegensatz zur ordentlichen Kündigung i. d. R. mit sofortiger Wirkung beendet. Voraussetzung für die Anwendbarkeit der außerordentlichen Kündigung ist, dass dem Kündigenden unter Berücksichtigung aller Umstände eine Weiterbeschäftigung nicht mehr zugemutet werden kann. Hierbei handelt es sich häufig um Straftaten, wie z. B. Diebstahl, Betrug, Körperverletzung, Arbeitszeitbetrug (Fremdstempeln).

7.2.2 Kündigungsschutz

Der Gesetzgeber sieht vor, dass der Arbeitnehmer vor einer Kündigung durch den Arbeitgeber geschützt werden soll. Grundsätzlich ist hier zwischen dem allgemeinen und dem speziellen Kündigungsschutz zu unterscheiden.

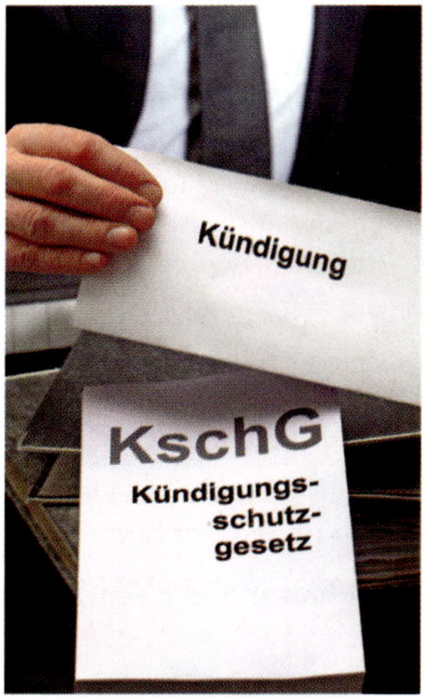

Allgemeiner Kündigungsschutz

Die Grundlage für die Anwendung des allgemeinen Kündigungsschutzes ist das Kündigungsschutzgesetz (KSchG).

Die Anwendbarkeit des Kündigungsschutzgesetzes hängt von folgenden **Voraussetzungen** ab:

- Das Arbeitsverhältnis zwischen Arbeitgeber und Arbeitnehmer besteht seit mehr als sechs Monaten ohne Unterbrechung in ein und demselben Betrieb (§ 1 Abs.1 KSchG).
- Das kündigende Unternehmen beschäftigt in der Regel mehr als zehn Vollzeitmitarbeiter.
- Gemäß § 13 Abs. 1 KSchG darf kein wichtiger Kündigungsgrund vorliegen, der zu einer außerordentlichen Kündigung führt. Fazit: Das Kündigungsschutzgesetz greift nur im Fall einer ordentlichen Kündigung.

Allgemeiner Kündigungsschutz

§ 1 Sozial ungerechtfertigte Kündigungen (KSchG)

(1) Die Kündigung des Arbeitsverhältnisses gegenüber einem Arbeitnehmer, dessen Arbeitsverhältnis in demselben Betrieb oder Unternehmen ohne Unterbrechung länger als sechs Monate bestanden hat, ist rechtsunwirksam, wenn sie sozial ungerechtfertigt ist.

(2) Sozial ungerechtfertigt ist die Kündigung, wenn sie nicht durch Gründe, die in der Person oder in dem Verhalten des Arbeitnehmers liegen, oder durch dringende betriebliche Erfordernisse, die einer Weiterbeschäftigung des Arbeitnehmers in diesem Betrieb entgegenstehen, bedingt ist (...)

Nach § 1 Abs. 1 KSchG ist eine Kündigung durch den Arbeitgeber **rechtsunwirksam, wenn sie sozial ungerechtfertigt ist.** Nähere Ausführungen macht der Gesetzgeber in § 1 Abs. 2 KSchG, in dem er aufführt, wann eine Kündigung **sozial ungerechtfertigt** ist.

Sozial ungerechtfertigt		Sozial gerechtfertigt
§ 1 Abs. 2 KSchG: **Sozial ungerechtfertigt** ist eine Kündigung, wenn **keine Gründe** vorliegen, die...	Umkehrschluss	Eine Kündigung ist **sozial gerechtfertigt**, wenn **Gründe** vorliegen, die ...
... in der Person		... in der Person (personenbedingte Kündigung)
... in dem Verhalten		... in dem Verhalten (verhaltensbedingte Kündigung)
... durch betriebliche Erfordernisse		... durch betriebliche Erfordernisse (betriebsbedingte Kündigung)
begründet sind.		begründet sind.
Folge: Das Kündigungsschutzgesetz ist **anwendbar** und der Arbeitnehmer kann innerhalb von drei Wochen nach Zugang der Kündigung Klage beim Arbeitsgericht erheben (Kündigungsschutzklage).		**Folge:** Das Kündigungsschutzgesetz ist **nicht anwendbar**. Es liegt ein Grund für die Kündigung vor und die Kündigung ist in der Regel gültig.

Merke:
Ein Arbeitgeber kann einen Mitarbeiter, der allgemeinen Kündigungsschutz genießt, nur dann entlassen, wenn ein Grund hierfür vorliegt. Die Kündigung muss also sozial gerechtfertigt sein.

Beispiel: Trennung ohne Kündigungsschutz
Die Duisdorfer BüroKonzept KG ist mit den Leistungen ihres Mitarbeiters Herrn Richter, der seit vier Monaten in dem Unternehmen arbeitet, unzufrieden. Daraufhin entschließt sich Herr Falo, das Arbeitsverhältnis zu kündigen. Da er noch keine sechs Monate im Unternehmen ist, kann sich Herr Richter nicht auf den allgemeinen Kündigungsschutz berufen.

Spezieller Kündigungsschutz

Für Arbeitnehmer, die besonders schutzbedürftig sind, gilt der besondere Kündigungsschutz, der eine Kündigung durch den Arbeitgeber erschwert. Eine Kündigung durch den Arbeitnehmer ist davon nicht betroffen.

Folgende Personengruppen fallen unter den speziellen Kündigungsschutz:

Personengruppen, die unter den speziellen Kündigungsschutz fallen	
	Schwangere Frauen und Frauen bis vier Monate nach der Entbindung (§ 9 Abs. 1 Mutterschutzgesetz MuSchG)
	Schwerbehinderte und ihnen Gleichgestellte (§ 85 Sozialgesetzbuch IX, SGB)
	Personen in Elternzeit (§ 18 Abs. 1 Bundeserziehungsgeldgesetz, BErzGG)
	Mitglieder des Betriebsrates und der Jugend- und Auszubildendenvertretung während ihrer Amtszeit und ein Jahr danach (§ 15 ff. Kündigungsschutzgesetz, KSchG)
	Auszubildende nach Ablauf der Probezeit (Ausnahmen möglich) (§ 22 Abs. 2 Berufsbildungsgesetz, BBiG)

Erläuterungen[1]:

- **Schwangere Frauen und Frauen bis vier Monate nach der Entbindung**
  Grundsätzlich gilt, dass die Kündigung gegenüber einer schwangeren Frau während und bis zum Ablauf von vier Monaten nach der Entbindung nicht zulässig ist, wenn dem Arbeitgeber zur Zeit der Kündigung die Schwangerschaft oder Entbindung bekannt war oder diese ihm innerhalb von zwei Wochen nach Zugang der Kündigung mitgeteilt wurde. § 9 Abs. 1 Mutterschutzgesetz (MuSchG) verbietet hier allerdings nur die Kündigung durch den Arbeitgeber. Eine einvernehmliche Kündigung, z. B. durch einen Aufhebungsvertrag, ist weiterhin möglich.
- **Schwerbehinderte und ihnen Gleichgestellte**
  Die Kündigung eines schwerbehinderten Arbeitnehmers ist gemäß § 85 SGB IX bis zur Zustimmung durch das Integrationsamt unwirksam. Die Zustimmung des Integrationsamtes muss **vor** dem Ausspruch der Kündigung eingeholt werden.
- **Personen in Elternzeit**
  Während der Elternzeit darf der Arbeitgeber das Arbeitsverhältnis ohne die Zustimmung der obersten Landesbehörde grundsätzlich nicht kündigen. Das Verbot der Kündigung gilt dabei gegenüber allen Personen, die einen Anspruch auf Elternzeit haben. Hierzu zählen z. B. Mütter, Väter, Adoptiveltern und Pflegeeltern.
- **Mitglieder des Betriebsrates und der Jugend- und Auszubildendenvertretung**
  Die Kündigung eines Mitglieds des Betriebsrats oder der Jugend- und Auszubildendenvertretung ist gemäß § 15 Kündigungsschutzgesetz unzulässig.

---

[1] *Hinweis: Die oben aufgeführten Erläuterungen zum speziellen Kündigungsschutz stellen die grundsätzlichen gesetzlichen Regelungen dar. Ausnahmen sind möglich.*

- **Auszubildende nach Ablauf der Probezeit**
  Während der vereinbarten Probezeit kann das Ausbildungsverhältnis sowohl vom Arbeitgeber als auch vom Arbeitnehmer jederzeit und ohne Einhaltung einer Kündigungsfrist gekündigt werden (§ 22 BBiG Abs. 1).
  Nach Ablauf der Probezeit ist es für den Arbeitgeber nur noch möglich, den Auszubildenden zu kündigen, wenn ein wichtiger Grund vorliegt. Der Arbeitgeber hat bei Vorliegen eines wichtigen Grundes die Kündigung innerhalb von zwei Wochen nach Bekanntwerden des wichtigen Grundes auszusprechen.
  Der Auszubildende kann nach der Probezeit das Arbeitsverhältnis mit einer Frist von vier Wochen kündigen, wenn er die Berufsausbildung aufgeben möchte oder sich für eine andere Berufstätigkeit ausbilden lassen wird.

LF 1, 2

7.2.3 Verhaltensbedingte Kündigung

Grundlagen

Die verhaltensbedingte Kündigung kommt zum Einsatz, wenn der Arbeitnehmer vorsätzlich oder fahrlässig seine arbeitsvertraglichen Pflichten verletzt hat und der Arbeitgeber dieses nicht mehr tolerieren möchte.

Je nachdem wie stark die Pflichtverletzung durch den Arbeitnehmer war, kann der Arbeitgeber diesen …

a) **ordentlich, d.h. <u>mit</u> Einhaltung einer Kündigungsfrist kündigen.**
Um eine ordentliche verhaltensbedingte Kündigung aussprechen zu können, muss das konkrete Fehlverhalten mindestens einmal durch eine **Abmahnung** beanstandet werden (= Ermahnfunktion). Die Abmahnung muss dabei konkret und klar erkennen lassen, welches Verhalten beanstandet wird, und dem Mitarbeiter die Konsequenzen seines Fehlverhaltens aufzeigen (= Warnfunktion). Weiterhin muss beachtet werden, dass die Abmahnung relativ zeitnah mit dem Fehlverhalten verfasst wird (Faustregel: maximal zwei Wochen nach Bekanntwerden des Fehlverhaltens).

Merke:
Grundsätzlich gilt, dass jeder verhaltensbedingten Kündigung eine Abmahnung vorausgehen muss!

b) **außerordentlich, d.h. <u>ohne</u> Einhaltung einer Kündigungsfrist (= fristlos) kündigen (= Sonderfall).**
Die außerordentlich verhaltensbedingte Kündigung ist ein Sonderfall, bei dem eine besonders schwerwiegende Pflichtverletzung durch den Arbeitnehmer vorliegt. Es ist dem Arbeitgeber nicht mehr zumutbar, den Arbeitnehmer weiter zu beschäftigen. Der Arbeitgeber kann bei einem schwerwiegenden Pflichtverstoß (z.B. im Vertrauensbereich) auf eine Abmahnung verzichten und den Arbeitnehmer fristlos kündigen.

Merke:
Bei Störungen im Vertrauensbereich kann auf eine Abmahnung verzichtet werden, wenn mit einer Wiederherstellung des Vertrauens nicht zu rechnen ist. Der Arbeitnehmer kann fristlos gekündigt werden (z.B. bei Diebstahl, Missbrauch der Stempeluhr, Androhung einer Arbeitsunfähigkeit, Manipulation eines ärztlichen Attestes).

Beispiel
Die Kassiererin Elke Müller hat 500,00 € aus der Kasse des Unternehmens gestohlen. Hier liegt eine gravierende Pflichtverletzung im Vertrauensbereich vor, die der Arbeitgeber nicht dulden muss. Er kann Frau Müller fristlos ohne Abmahnung kündigen.

Wichtig bei der verhaltensbedingten Kündigung ist, dass der Arbeitgeber **jeden Einzelfall** gesondert prüfen muss. Dabei muss jeweils geprüft werden, ob ein Sachverhalt vorliegt, der eine Kündigung zulässt, und im zweiten Schritt müssen die Interessen des Arbeitgebers den Interessen des Arbeitnehmers gegenübergestellt werden (Interessenabwägung). Bezogen auf den **Arbeitnehmer** sind hier u.a. die Art, Schwere und Häufigkeit des Fehlverhaltens, die Dauer der Betriebszugehörigkeit, das Lebensalter, die Anzahl der Unterhaltspflichtigen, das frühere Verhalten des Arbeitnehmers und die Arbeitsmarktlage zu berücksichtigen. Bei dem **Arbeitgeber** spielen z.B. Faktoren wie Art und Umfang der betrieblichen Nachteile, die Auswirkungen auf den Betriebsfrieden, die Wiederholungsgefahr, der Eintritt eines Vermögensschadens und der Schutz der Arbeitnehmer eine Rolle.

Da die deutschen Gesetze erst durch die Rechtsprechung konkretisiert werden, empfiehlt es sich vor einer Kündigung vorliegende Urteile der Bundesarbeitsgerichte durch einen rechtskundigen Berater prüfen zu lassen.

Die wichtigsten verhaltensbedingten Kündigungsgründe

	Beispiel	Erläuterung
1.	Alkohol - missbrauch	Bei einem Verstoß gegen das betriebliche Alkoholverbot kann der Arbeitgeber seinen Arbeitnehmer nach vorheriger Abmahnung ordentlich kündigen. In sehr schwerwiegenden Fällen, wenn z.B. eine konkrete Gefährdung von Menschen oder Gütern vorliegt (z.B. alkoholisierter Pilot), kann der Arbeitnehmer auch außerordentlich gekündigt werden. Zu unterscheiden ist hier, ob ein **Alkoholmissbrauch** oder **Alkoholismus** (= anerkannte Krankheit) vorliegt. Ist der Arbeitnehmer alkoholkrank, so kann er nur personenbedingt gekündigt werden. Die Feststellung des Alkoholmissbrauchs ist in der Praxis relativ schwierig. Indizien hierfür können eine Alkoholfahne, eine lallende Sprache, ein aggressives Verhalten oder aber auch ein schwankender Gang sein. Für den Beweis von Alkoholgenuss sollte sich der Arbeitgeber deshalb auch eines Zeugen bedienen.
2.	Arbeitszeitbetrug	Falsche Angaben über Beginn und Ende der täglichen Arbeitszeit stellen einen wichtigen Grund dar und rechtfertigen eine außerordentliche Kündigung. Der Arbeitnehmer hat in diesem Fall vorsätzlich eine schwere Pflichtverletzung begangen. Der Arbeitszeitbetrug stellt einen schweren Vertrauensverlust dar (BAG Urteil vom 09.06.2011, 2 AZR 381/10).
3.	Ausländerfeindliche Äußerungen	Eine ausländerfeindliche Äußerung kann gegebenenfalls auch ohne vorherige Abmahnung eine außerordentliche Kündigung rechtfertigen (vgl. dazu auch § 12 AGG).
4.	Beharrliche Arbeitsverweigerung	Weigert sich ein Arbeitnehmer, seinen arbeitsvertraglichen Pflichten nachzukommen, so kann der Arbeitgeber ihn nach vorheriger Abmahnung grundsätzlich ordentlich kündigen. Dies gilt nicht, wenn der Arbeitnehmer aus Glaubens- oder Gewissensgründen seiner Arbeit nicht nachkommt. Der Arbeitgeber muss dann nach zumutbaren Alternativen suchen. Sollte es keine Alternativen geben, kann der Arbeitgeber gegebenenfalls personenbedingt kündigen.

	Beispiel	Erläuterung
5.	Beleidigung und Bedrohung	Beleidigt oder bedroht ein Arbeitnehmer seinen Arbeitgeber, Vorgesetzten oder Arbeitskollegen, so kann er auch ohne vorherige Abmahnung ordentlich gekündigt werden. Liegt eine besonders schwerwiegende Beleidigung bzw. Bedrohung vor, so kann dies auch eine fristlose (außerordentliche) Kündigung rechtfertigen.
6.	Einsicht in die Personalakten	Wenn ein nicht befugter Mitarbeiter in die Personalakten seiner Kollegen einsieht, kann dies eine ordentliche verhaltensbedingte Kündigung rechtfertigen. Da hier ein erheblicher Vertrauensbruch vorliegt, ist eine Abmahnung in der Regel nicht erforderlich.
7.	Leistungsmängel (Schlechtleistung)	Wenn ein Arbeitnehmer seine im Arbeitsvertrag geschuldete Leistung langfristig und erheblich unterschreitet, so kann der Arbeitgeber diesen nach vorherigen Abmahnungen kündigen. In der Regel reicht eine Abmahnung nicht aus. Die schlechte Leistung kann sich dabei in der Qualität, aber auch in der Quantität zeigen und muss vom Arbeitgeber konkret nachgewiesen werden (Achtung: Eine Leistungsminderung aufgrund einer Erkrankung berechtigt nicht zu einer verhaltensbedingten Kündigung).
8.	Verstoß gegen das Rauchverbot	Wenn ein Arbeitnehmer trotz eines betrieblichen Rauchverbotes raucht, so kann der Arbeitgeber diesen nach vorheriger Abmahnung kündigen.
9.	Vermögensdelikte	Kommt es zu einem Betrug oder einer Unterschlagung durch den Arbeitnehmer, so **kann** er in der Regel ohne Abmahnung ordentlich oder außerordentlich gekündigt werden. Es kommt hier grundsätzlich nicht auf die Höhe des Schadens an.
10.	Verspätete Krankmeldung	Eine **einmalige** verspätete Krankmeldung rechtfertigt grundsätzlich weder eine ordentliche noch eine außerordentliche Kündigung. Der Arbeitgeber ist verpflichtet, den Arbeitnehmer mehrfach abzumahnen (i. d. R. zweimal), bevor er eine ordentliche verhaltensbedingte Kündigung aussprechen kann. Eine außerordentliche Kündigung ist nur in Ausnahmefällen möglich.
11.	Vorgetäuschte Arbeitsunfähigkeit	Eine vorgetäuschte Arbeitsunfähigkeit rechtfertigt den Arbeitgeber in der Regel zu einer außerordentlichen Kündigung. Eine vorherige Abmahnung ist nicht erforderlich, da eine Pflichtverletzung im Vertrauensbereich vorliegt.
12.	Wiederholtes Zuspätkommen	Wenn ein Arbeitnehmer wiederholt zu spät zur Arbeit erscheint, kann der Arbeitgeber diesen nach entsprechenden Abmahnungen, *in der Regel* ordentlich, verhaltensbedingt kündigen.
13.	Androhung einer Erkrankung	Droht ein Arbeitnehmer bei Nichtgenehmigung seines Urlaubsantrages mit Krankheit, so kann der Arbeitgeber diesen außerordentlich kündigen. Die Androhung einer Erkrankung stellt eine schwere Störung des Vertrauensverhältnisses dar.

7.2.4 Betriebsbedingte Kündigung

Grundlagen

Gemäß § 1 Kündigungsschutzgesetz (KSchG) muss eine Kündigung sozial gerechtfertigt sein. Dies ist der Fall, wenn Gründe vorliegen, die in der Person des Arbeitnehmers oder in dem Verhalten des Arbeitnehmers zu sehen sind. Aber auch **betriebsbedingte Gründe** rechtfertigen unter gewissen Umständen eine Kündigung. Bei der betriebsbedingten Kündigung liegen die Gründe nicht in der Person des Arbeitnehmers, sondern ergeben sich durch dringende betriebliche Erfordernisse, die einer Weiterbeschäftigung des Arbeitnehmers entgegenstehen.

Als **Gründe** hierfür kommen betriebs**externe** Gründe (z. B. Auftragsmangel, Umsatzrückgang, Absatzschwierigkeiten, Rohstoffmangel) oder betriebs**interne** Gründe (z. B. Änderung der Produktionsmethoden, organisatorische oder technische Rationalisierungsmaßnahmen, Stilllegungen des Betriebes oder von Betriebsteilen) in Betracht.

Wichtig ist, dass die betrieblichen Gründe „**dringend**" sind. Dringende betriebliche Gründe liegen vor, wenn der Arbeitgeber den Arbeitnehmer nicht an einem anderen Arbeitsplatz (ggf. sogar einem schlechteren Arbeitsplatz) weiterbeschäftigen kann.

So hat eine Änderungskündigung (= Kündigung eines Arbeitsverhältnisses mit dem Angebot, einen neuen Arbeitsvertrag abzuschließen, um das Arbeitsverhältnis zu geänderten Bedingungen fortzusetzen) Vorrang vor einer Beendigungskündigung, da die Kündigung immer das letzte Mittel sein soll. Ein Anspruch des Arbeitnehmers auf eine höherwertige Stelle besteht dagegen nicht.

Sollte der Arbeitgeber in Erwägung ziehen, betriebsbedingt zu kündigen, so liegt die Darlegungs- und Beweislast im Fall eines gerichtlichen Kündigungsschutzprozesses grundsätzlich bei ihm.

Voraussetzungen der betriebsbedingten Kündigung

1. **Das Kündigungsschutzgesetz findet Anwendung**
   Zunächst einmal ist zu klären, ob das Kündigungsschutzgesetz überhaupt angewendet werden kann (§ 1 KSchG). Dies ist der Fall, wenn der Arbeitgeber mehr als zehn Mitarbeiter beschäftigt und der Arbeitnehmer länger als sechs Monate in dem Unternehmen arbeitet. Liegen diese Voraussetzungen nicht vor, so kann der Arbeitgeber den Mitarbeiter auch ohne betriebsbedingten Grund entlassen.

2. **Es liegen dringende betriebliche Erfordernisse vor**
   Die Kündigung sollte das letzte Mittel sein. Daher müssen für die betriebsbedingte Kündigung unvermeidbare Gründe vorliegen, die zum **Wegfall des Arbeitsplatzes** (vollständig oder teilweise) führen.
   Bevor es zu einer betriebsbedingten Kündigung kommt, sollten alternative Maßnahmen, wie z. B. der Abbau von Überstunden, die vorzeitige Beendigung von befristeten Arbeitsverträgen oder der Abbau von Leiharbeitsverhältnissen, in Betracht gezogen werden.

3. **Der Arbeitgeber kann seine Entscheidungen rechtssicher beweisen**
   Der Arbeitgeber muss nachweisbar belegen können, dass betriebliche Gründe eine betriebsbedingte Kündigung rechtfertigen.

   Beispiel
   Die Auftragslage bei der Schneider Büromöbel KG hat sich im letzten Jahr so verschlechtert, dass es zu einer Stilllegung eines Teils des Betriebes gekommen ist. Selbst der Abbau von Überstunden und eine Nichtverlängerung von befristeten Arbeitsverträgen konnten die wirtschaftliche Situation nicht verbessern. Der Arbeitgeber darf in diesem Fall betriebsbedingt kündigen.

4. **Es wurde eine konkrete Sozialauswahl durchgeführt**
Die meisten betriebsbedingten Kündigungen scheitern daran, dass die Sozialauswahl nicht sorgfältig durchgeführt wurde. Im Rahmen der Sozialauswahl darf der Arbeitgeber nur diejenigen Mitarbeiter kündigen, die im Verhältnis zu anderen Arbeitnehmern am wenigsten auf den Arbeitsplatz angewiesen sind.
Bei der Sozialauswahl muss der Arbeitgeber zunächst ermitteln, welche Mitarbeiter untereinander vergleichbar sind und in den Kreis der an der Sozialauswahl beteiligten Mitarbeiter fallen.

Nicht in die **Sozialauswahl** einzubeziehen sind:

- Arbeitnehmer, die weniger als sechs Monate in dem Unternehmen arbeiten und somit keinen Kündigungsschutz genießen;
- Arbeitnehmer, die aufgrund einer Vereinbarung im Arbeitsvertrag oder eines Tarifvertrages nicht ordentlich gekündigt werden können, und
- Arbeitnehmer, die unter den besonderen Kündigungsschutz fallen (Ausnahme: Zustimmung der zuständigen Behörde liegt vor).

Im zweiten Schritt wird der Arbeitnehmer prüfen, welche Mitarbeiter er aus der Sozialauswahl herausnehmen möchte. Der Gesetzgeber hat an dieser Stelle ein legales Schlupfloch für den Arbeitgeber erschaffen. Nach § 1 Abs. 3 KSchG können Mitarbeiter, deren Weiterbeschäftigung wegen ihrer Kenntnisse, Fähigkeiten und Leistungen oder zur Sicherung einer ausgewogenen Personalstruktur im berechtigten betrieblichen Interesse liegt, von der Sozialauswahl ausgenommen werden (= Leistungsträgerklausel).

Im letzten Schritt muss der Arbeitgeber bei der Durchführung der Sozialauswahl die folgenden vier Kriterien, die vom Gesetzgeber vorgegeben sind, beachten:

- Betriebszugehörigkeit
- Lebensalter
- Unterhaltspflicht
- Schwerbehinderung

Diese Gewichtung der vier Kriterien ist in der Praxis verbreitet. Je mehr Punkte der einzelne Mitarbeiter erhält, desto größer ist seine soziale Schutzbedürftigkeit.

5. **Der Betriebsrat wurde angehört (§ 102 Betriebsverfassungsgesetz)**
Vor jeder betriebsbedingten Kündigung ist der Betriebsrat umfassend anzuhören. Der Arbeitgeber muss dabei seine unternehmerische Entscheidung, die eine fehlende Weiterbeschäftigungsmöglichkeit nach sich zieht, sowie die Informationen zur Sozialauswahl darlegen. Der Betriebsrat kann nun Stellung beziehen, indem er der Kündigung **zustimmt**, seine **Bedenken äußert** oder **Widerspruch** einlegt. Hierbei ist die Schriftform einzuhalten.

LF 8, 7.3

Betriebsbedingte Kündigung und Abfindungsanspruch

Seit dem 01.01.2004 hat der Arbeitgeber im Rahmen der Reform des Kündigungsschutzgesetzes die Möglichkeit, dem Arbeitnehmer bei einer betriebsbedingten Kündigung eine Abfindung anzubieten. Das Ziel dieser gesetzlichen Regelung ist die Entlastung der Arbeitsgerichte, da viele Kündigungsschutzklagen geführt werden, um eine Abfindung zu erhalten.

Der Anspruch auf gesetzliche Abfindung besteht nach § 1a KSchG allerdings nur, wenn der Arbeitgeber den Arbeitnehmer in der betriebsbedingten Kündigung schriftlich darauf hingewiesen hat und der Arbeitnehmer im Gegenzug auf eine Kündigungsschutzklage verzichtet bzw. die dreiwöchige Frist hierzu verstreichen lässt.

Die Höhe des gesetzlichen Abfindungsanspruches ist in § 1a Abs. 2 geregelt und beträgt einen halben Monatsverdienst für jedes Jahr der Betriebszugehörigkeit.

Anzumerken ist, dass trotz des § 1a KSchG der Arbeitgeber nicht dazu verpflichtet ist, dem Arbeitnehmer eine „gesetzliche" Abfindung anzubieten, und der Arbeitnehmer keinen Anspruch hierauf hat. Auf der anderen Seite ist der Arbeitnehmer nicht verpflichtet, die ihm vorgeschlagene Abfindung anzunehmen und somit auf eine Kündigungsschutzklage zu verzichten.

Mögliche Formulierung im Kündigungsschreiben:

Leider sehen wir uns gezwungen, das Arbeitsverhältnis mit Ihnen zum ... ordentlich zu kündigen. Sollten Sie die dreiwöchige Frist zur Erhebung einer Kündigungsschutzklage verstreichen lassen, erklären wir uns hiermit bereit, Ihnen nach § 1a KSchG eine Abfindung in Höhe eines halben Monatsgehaltes pro Beschäftigungsjahr zu zahlen.

7.2.5 Personenbedingte Kündigung (§ 1 Abs. 2 KSchG)

Grundlagen

Bei der personenbedingten Kündigung liegen die Gründe für eine Kündigung in der Person des Arbeitnehmers. Der Arbeitnehmer kann aufgrund seiner individuellen Eigenschaften und Fähigkeiten seinen arbeitsvertraglichen Pflichten nicht mehr nachkommen („er will, kann aber nicht"). Ob ein Verschulden des Arbeitnehmers vorliegt, ist unerheblich.

Da zahlreiche Voraussetzungen an die Wirksamkeit einer personenbedingten Kündigung geknüpft sind, kann nur im Einzelfall beurteilt werden, ob diese sozial gerechtfertigt ist.

Der häufigste personenbedingte Kündigungsgrund in der Praxis ist die „krankheitsbedingte Kündigung".

Voraussetzungen der personenbedingten Kündigung:

1. **Kündigungsgrund**
   Es liegt ein Grund in der Person des Arbeitnehmers vor, den er nicht persönlich beeinflussen kann (z. B. Krankheit).

2. **Negative Prognose**
   Auch in der Zukunft ist davon auszugehen, dass der Arbeitnehmer nicht in der Lage ist, seine arbeitsvertraglichen Pflichten vollständig zu erbringen.

3. **Erhebliche Beeinträchtigung der betrieblichen Interessen**
   Es müssen Gründe in der Person des Arbeitnehmers vorliegen, die **konkrete** und **erhebliche** Auswirkungen auf das Unternehmen haben. Diese Störungen müssen zum Zeitpunkt der Kündigung vorliegen und auch in Zukunft noch erwartet werden.

4. **Keine Weiterbeschäftigungsmöglichkeit auf einem anderen Arbeitsplatz im Unternehmen**
   Der Arbeitgeber muss prüfen, ob eine Weiterbeschäftigungsmöglichkeit auf einem anderen Arbeitsplatz im Unternehmen besteht und diese für den Arbeitnehmer zumutbar ist. Der Arbeitnehmer muss gegebenenfalls an einer zumutbaren Umschulungs- und Fortbildungsmaßnahme teilnehmen. Im Fall einer Weiterbeschäftigung an einem anderen Ar-

beitsplatz im Unternehmen kommt es zu einer Änderungskündigung. Der Arbeitgeber muss den Arbeitnehmer allerdings nur dann umschulen bzw. fortbilden, wenn zum Zeitpunkt der Kündigung feststeht, dass ein geeigneter freier Arbeitsplatz im Unternehmen vorhanden ist.

5. **Interessensabwägung**
   Hier ist das Interesse des Arbeitgebers, das Arbeitsverhältnis zu beenden, dem Interesse des Arbeitnehmers, das Arbeitsverhältnis fortzusetzen, gegenüberzustellen und abzuwägen. Zugunsten des Arbeitnehmers werden beispielsweise die Dauer der Betriebszugehörigkeit, sein Lebensalter, die Ursache für die Erkrankung und die Unterhaltsverpflichtungen berücksichtigt. Zugunsten des Arbeitgebers werden die Belastbarkeit des Betriebes und die wirtschaftlichen Auswirkungen betrachtet.

Häufige Gründe für eine personenbedingte Kündigung

- Krankheit
- Alkohol- und Drogensucht
- fehlende oder ablaufende Arbeitserlaubnis bei ausländischen Mitarbeitern
- Führerscheinverlust (z. B. bei Kraftfahrern)
- Haftstrafe

Merke:
Bei der personenbedingten Kündigung muss jeder Einzelfall sorgfältig geprüft werden. Eine Abmahnung ist nicht erforderlich.

Siehe auch den Exkurs „Betriebliches Eingliederungsmanagement" im Bereich BuchPlusWeb in der Datei „Buerowelt_2_Exkurs betriebliches Eingliederungsmanagement". Web

7.2.6 Kündigungsfristen

Gesetzliche Kündigungsfrist

LS 8.13

Das Arbeitsverhältnis kann nach § 622 Abs. 1 BGB mit einer Frist von **vier Wochen (= 28 Tage) zum Monatsende** oder zum **15. eines Kalendermonats** gekündigt werden. In Abhängigkeit von der Dauer der Betriebszugehörigkeit verlängert sich diese **Grundkündigungsfrist** für eine vom **Arbeitgeber** ausgesprochene Kündigung (§ 622 Abs. 2 BGB).

Für den **Arbeitnehmer** gilt, dass dieser auch bei einer längeren Betriebszugehörigkeit das Arbeitsverhältnis mit der kurzen Grundkündigungsfrist von vier Wochen zum Monatsende oder zum 15. eines Kalendermonats kündigen kann, wenn im Arbeits- oder Tarifvertrag nichts anderes vereinbart wurde.

Wurde im Arbeitsvertrag eine Probezeit (maximal sechs Monate) vereinbart, beträgt die gesetzliche Kündigungsfrist während dieser Zeit sowohl für den Arbeitgeber als auch für den Arbeitnehmer genau 14 Tage.

§ 622 BGB Kündigungsfristen bei Arbeitsverhältnissen

(1) Das Arbeitsverhältnis eines Arbeiters oder eines Angestellten (Arbeitnehmers) kann mit einer Frist von vier Wochen zum Fünfzehnten oder zum Ende eines Kalendermonats gekündigt werden.

(2) Für eine Kündigung durch den Arbeitgeber beträgt die Kündigungsfrist, wenn das Arbeitsverhältnis in dem Betrieb oder Unternehmen

1. zwei Jahre bestanden hat, einen Monat zum Ende eines Kalendermonats,
2. fünf Jahre bestanden hat, zwei Monate zum Ende eines Kalendermonats,
3. acht Jahre bestanden hat, drei Monate zum Ende eines Kalendermonats,
4. zehn Jahre bestanden hat, vier Monate zum Ende eines Kalendermonats,
5. zwölf Jahre bestanden hat, fünf Monate zum Ende eines Kalendermonats,
6. 15 Jahre bestanden hat, sechs Monate zum Ende eines Kalendermonats,
7. 20 Jahre bestanden hat, sieben Monate zum Ende eines Kalendermonats.

Bei der Berechnung der Beschäftigungsdauer werden Zeiten, die vor der Vollendung des 25. Lebensjahrs des Arbeitnehmers liegen, nicht berücksichtigt.

(3) Während einer vereinbarten Probezeit, längstens für die Dauer von sechs Monaten, kann das Arbeitsverhältnis mit einer Frist von zwei Wochen gekündigt werden

Hinweis:
§ 622 Abs. 2 BGB sieht derzeit noch vor, dass Beschäftigungszeiten vor dem 25. Lebensjahr bei der Berechnung der Dauer der Betriebszugehörigkeit nicht mitzuzählen sind. Diese Vorschrift ist nach einer Entscheidung des Europäischen Gerichtshofes vom 19.01.2010 rechtswidrig. Bei der Berechnung der Kündigungsfrist muss seitdem auch die Beschäftigungszeit vor dem 25. Lebensjahr berücksichtigt werden.

Die oben dargestellten Kündigungsfristen beziehen sich auf die ordentliche Kündigung. Der Gesetzgeber hat in § 626 BGB festgelegt, dass ein Dienstverhältnis von jedem Vertragsteil aus wichtigem Grund ohne Einhaltung einer Kündigungsfrist gekündigt werden kann, wenn Tatsachen vorliegen, die eine Weiterbeschäftigung bis zum Ablauf einer Kündigungsfrist unzumutbar machen. Die Kündigung muss in diesem Fall innerhalb von zwei Wochen erfolgen. Die Frist beginnt mit dem Zeitpunkt, in dem der Kündigungsberechtigte von den für die Kündigung maßgebenden Tatsachen Kenntnis erlangt.

Kündigungsfristen im Überblick:

Beschäftigungsdauer	Kündigungsfrist	Kündigung möglich zum..
bis 6 Monate (Probezeit)	14 Tage	jeden Tag
bis 2 Jahre	4 Wochen	15. oder Monatsende
2 – 4 Jahre	1 Monat	Monatsende
5 – 7 Jahre	2 Monate	Monatsende
8 – 9 Jahre	3 Monate	Monatsende
10 – 11 Jahre	4 Monate	Monatsende
12 – 14 Jahre	5 Monate	Monatsende
15 – 19 Jahre	6 Monate	Monatsende
20 Jahre und mehr	7 Monate	Monatsende

Arbeitsvertragliche Kündigungsfristen

§ 622 Abs. 5 Satz 2 BGB besagt, dass im Arbeitsvertrag längere als die gesetzlichen Kündigungsfristen vereinbart werden können. Eine Verkürzung der gesetzlichen Kündigungsfrist im Arbeitsvertrag ist von dieser Regelung ausgeschlossen (Ausnahme: Aushilfsarbeitsverhältnisse und Kleinunternehmen). Zu beachten ist weiterhin, dass für die Kündigung des Arbeitsverhältnisses durch den Arbeitnehmer keine längere Frist vereinbart werden darf als für die Kündigung durch den Arbeitgeber.

Tarifvertragliche Kündigungsfristen

Abweichend von den gesetzlichen Kündigungsfristen können durch Tarifvertrag Kündigungsfristen **zugunsten oder zuungunsten** des Arbeitnehmers vereinbart werden. Der Arbeitgeber muss hierbei nur beachten, dass unterschiedliche Regelungen für Arbeiter oder Angestellte nur rechtmäßig sind, wenn hierfür ein sachlicher Grund besteht.

Die tarifliche Kündigungsfrist gilt, wenn der Arbeitgeber und der Arbeitnehmer tarifgebunden sind. Darüber hinaus gelten kürzere tarifvertragliche Kündigungsfristen auch dann, wenn im Arbeitsvertrag die Anwendung des Tarifvertrags vereinbart wurde oder der Tarifvertrag für allgemeinverbindlich erklärt wurde.

7.2.7 Inhalte eines Kündigungsschreibens

Jede Kündigung muss inhaltlich deutlich und zweifelsfrei formuliert sein. Das Wort „Kündigung" muss nicht explizit in dem Schreiben stehen. Es ist aber notwendig, dass der Kündigungsempfänger erkennt, ob er ordentlich (fristgemäß) oder außerordentlich (fristlos) gekündigt wird. Die Angabe von Kündigungsgründen ist grundsätzlich nicht zwingend erforderlich. Allerdings muss der Arbeitgeber bei einer außerordentlichen Kündigung auf Wunsch des Arbeitnehmers diesem die Kündigungsgründe unverzüglich schriftlich mitteilen. Im Kündigungsschreiben sollte der Arbeitgeber den Gekündigten über seine Verpflichtung, sich bei der Agentur für Arbeit als arbeitssuchend zu melden informieren. Weiterhin ist es ratsam, den Arbeitnehmer über die Reaktion des Betriebsrates zur geplanten Kündigung zu informieren.

Beispiel *Verhaltensbedingte Kündigung*

Duisdorfer BüroKonzept KG

Ausstattung und Beratung für das Büro

Duisdorfer BüroKonzept KG · Rochusstraße 30 · 53123 Bonn

Herr
Klaus Kleinhuber
Lichtweg 122
53123 Bonn

Ihr Zeichen:
Ihre Nachricht vom:
Unser Zeichen:
Unsere Nachricht vom:

Name: Bianca Sommer
Telefon: 0228/98765-0
Telefax: 0228/98765-10
E-Mail: bsommer@duisdorfer-bueko.de

Datum: 20.10.20..

Kündigung

Sehr geehrter Herr Kleinhuber,

hiermit kündigen wir das mit Ihnen bestehende Arbeitsverhältnis fristgemäß unter Einhaltung der gesetzlichen Kündigungsfrist zum 30.11.20.. Die Kündigung erfolgt aus verhaltensbedingten Gründen:

Sie sind im August und September 20.. nachweislich und ohne vorweislichen Grund viermal zu spät zur Arbeit erschienen:

am **27.08.20..** um 10 Minuten
am **29.08.20..** um 30 Minuten
am **30.08.20..** um 13 Minuten und
am **15.09.20..** um 23 Minuten.

Bereits am 17.09.20.. wurden Sie wegen dieses Verhaltens abgemahnt und schriftlich auf die Konsequenzen hingewiesen, wenn Sie Ihr Verhalten nicht ändern (Kopie anbei).

Leider sind Sie nun erneut zweimal unpünktlich zur Arbeit erschienen:

am **28.09.20..** um 50 Minuten und
am **03.10.20..** um 23 Minuten.

Wir sind nicht mehr bereit, Ihr Verhalten zu akzeptieren und das Arbeitsverhältnis mit Ihnen fortzuführen.
Laut unseren Unterlagen haben Sie noch einen offenen Urlaubsanspruch von 2 Tagen. Diesen nehmen Sie bitte innerhalb der Kündigungsfrist.

Der Betriebsrat wurde gemäß § 102 BetrVG vor Ausspruch der Kündigung angehört und hat dieser zugestimmt. Ihre Arbeitspapiere werden wir Ihnen am letzten Tag zu unserer Entlastung aushändigen. Sollten Sie sich in der Zwischenzeit bei einem anderen Unternehmen bewerben, sind wir selbstverständlich jederzeit dazu bereit, Ihnen ein Zwischenzeugnis auszustellen. Sollten Sie darüber hinaus weitere Unterlagen benötigen, melden Sie sich bitte kurz in der Personalabteilung bei Frau Schwarz.
Gemäß § 38 SGB II weisen wir Sie mit diesem Schreiben daraufhin hin, dass Sie gesetzlich dazu verpflichtet sind, sich bei der Agentur für Arbeit als arbeitssuchend zu melden. Sollten Sie sich nicht rechtzeitig bei der Agentur für Arbeit arbeitssuchend melden, müssen Sie mit einer Sperrfrist bei dem Bezug von Arbeitslosengeld rechnen.

Mit freundlichen Grüßen

Duisdorfer BüroKonzept KG

i.V. *Bianca Sommer*

Bianca Sommer

Das Original der Kündigung habe ich am __________ erhalten.

____
(Unterschrift Mitarbeiter)

Duisdorfer BüroKonzept KG
Rochusstraße 30
53123 Bonn
Ust.-IdNr.: DE 244 111 855

Geschäftsführer:
Sebastian Falo
Katharina Niester
Amtsgericht Bonn
HRA 1221

Telefon: 0228 98765-0
Fax: 0228 98765-80
Internet: www.duisdorfer-bueko.de
E-Mail: info@duisdorfer-bueko.de

Bankverbindungen:
Volksbank Bonn Rhein-Sieg
IBAN DE85 3860 0186 2401 2345 67
BIC GENODED1BRS
Postbank Köln
IBAN DE23 3701 0050 8884 4412 34
BIC PBNKDEFF370

7.3 Die Rolle des Betriebsrates bei einer Kündigung

Gemäß § 102 Betriebsverfassungsgesetz ist der Betriebsrat vor jeder Kündigung zu hören und ihm sind die Gründe für die Kündigung mitzuteilen. Eine ohne Anhörung des Betriebsrats ausgesprochene Kündigung ist **unwirksam**.

Der Betriebsrat kann, nachdem er informiert wurde, wie folgt auf die geplante Kündigung reagieren:

Äußerung von Bedenken

Hat der Betriebsrat gegen die **ordentliche Kündigung Bedenken**, so hat er dies innerhalb von einer Woche unter Angabe seiner Gründe schriftlich mitzuteilen.

Wenn sich der Betriebsrat innerhalb der Ein-Wochen-Frist nicht äußert, gilt seine Zustimmung zur Kündigung als erteilt. Hat der Betriebsrat bei einer **außerordentlichen Kündigung Bedenken**, so muss er diese unverzüglich (spätestens innerhalb von drei Tagen) schriftlich mitteilen.

Wenn der Betriebsrat Bedenken geäußert hat, so scheidet der Arbeitnehmer mit Ablauf der Kündigungsfrist aus, d. h. trotz der Bedenken kann der Arbeitgeber die Kündigung aussprechen.

Beispiel
Frau Maria Müller, die seit zwei Jahren bei der Duisdorfer BüroKonzept KG als Putzfrau beschäftigt ist, hat wegen wiederholtem Fehlverhalten am 24.04.20.. ein Kündigungsschreiben erhalten. Die ordentlich ausgesprochene Kündigung soll zum nächst möglichen Termin erfolgen. Der Betriebsrat hat gegen die Kündigung seine Bedenken geäußert. Trotz der geäußerten Bedenken endet das Arbeitsverhältnis am 31.05.20.., da die gesetzliche Kündigungsfrist einen Monat zum Monatsende beträgt.

Widerspruch des Betriebsrates

Der Betriebsrat kann der **ordentlichen Kündigung** innerhalb von einer Woche widersprechen, wenn:

- **soziale Gesichtspunkte** nicht oder unzureichend berücksichtigt wurden,
- die Kündigung gegen eine **Auswahlrichtlinie** verstößt, die der Betriebsrat und der Arbeitgeber bezüglich der Kündigung vereinbart haben,
- der Arbeitnehmer an einem anderen Arbeitsplatz im Unternehmen **weiterbeschäftigt** werden könnte,
- eine Weiterbeschäftigung nach zumutbaren **Umschulungs- oder Fortbildungsmaßnahmen** möglich ist,
- eine Weiterbeschäftigung unter **geänderten Vertragsbedingungen** möglich ist und der Arbeitnehmer sein Einverständnis hierzu erteilt hat.

Hat der Betriebsrat einer ordentlichen Kündigung frist- und ordnungsgemäß widersprochen und hat der Arbeitnehmer Klage nach dem Kündigungsschutzgesetz erhoben, so muss der Arbeitgeber den Arbeitnehmer auf sein **Verlangen bis zum rechtskräftigen Abschluss des Rechtsstreits** unter unveränderten Arbeitsbedingungen weiterbeschäftigen (Ausnahmen möglich).

Hinweis:
Der Betriebsrat hat kein Recht einer außerordentlichen Kündigung zu widersprechen.

Zustimmung des Betriebsrates

Wenn sich der Betriebsrat von den Kündigungsgründen überzeugen lässt, kann er der geplanten Kündigung zustimmen. Der Arbeitnehmer scheidet im Fall einer Zustimmung mit Ablauf der Kündigungsfrist aus dem Unternehmen aus. Eine Zustimmung bedeutet hier allerdings nicht automatisch, dass die Kündigung auch sozial gerechtfertigt oder rechtmäßig ist. Der Arbeitnehmer kann auch bei Zustimmung des Betriebsrates innerhalb von drei Wochen nach Erhalt der Kündigung Klage beim Arbeitsgericht einreichen.

Reaktionsmöglichkeiten des Betriebsrates (bei ordentlicher Kündigung)

Betriebsrat äußert Bedenken

Rechtsfolge:
- evtl. Kündigung
- Mit Ablauf der Kündigungsfrist scheidet der Arbeitnehmer aus dem Unternehmen aus.

Widerspruch (innerhalb einer Woche)

Rechtsfolge:
- evtl. Kündigung
- Falls der Arbeitnehmer klagt, hat er ein Recht auf Weiterbeschäftigung bis zum Ablauf des Verfahrens.

Zustimmung/Schweigen

Rechtsfolge:
- Kündigung
- Mit Ablauf der Kündigungsfrist scheidet der Arbeitnehmer aus dem Unternehmen aus.

Grundsätzlich gilt:
Unabhängig von der Reaktion des Betriebsrates hat der Arbeitnehmer das Recht, innerhalb von drei Wochen nach Erhalt der Kündigung Klage beim Arbeitsgericht zu erheben.

In Anlehnung an: Hot – Unterrichtsmagazin für Wirtschaftsfächer 1. Auflage 2010

Beispiel:
Interne Mitteilung an den Betriebsrat

Duisdorfer BüroKonzept KG

Duisdorfer BüroKonzept KG		
Interne Mitteilung an den Betriebsrat		
Von	**Name:** ____________________	**Abteilung: Personal**
An	**Name:** ____________________	**Abteilung: Betriebsrat**
Betrifft: Kündigung von Herrn/Frau ____________		Datum:
Mit der Bitte um Stellungnahme gemäß § 102 BetrVG		

Sehr geehrte/r ____________________

Es ist beabsichtigt, Herrn/Frau ____________________ , geboren am ______________

( ) ordentlich
( ) außerordentlich ← **Kündigungsart**

zum ______________ zu kündigen. ← **Kündigungstermin**

Frau/Herr war seit dem ______________ in unserem Unternehmen (Adresse des Unternehmens) tätig als ______________ . ← **Beschäftigungsort/ Beschäftigungsart**

Leider sehen wir uns gezwungen, das Arbeitsverhältnis mit Herrn/Frau aus folgenden Gründen zu kündigen:

Kündigungsgründe

- Hier folgt nun eine ausführliche Darstellung des Fehlverhaltens (Art, Tag, Uhrzeit, genauer Hergang, Zeugen) und der Maßnahmen, die der Arbeitgeber bisher ergriffen hat (z. B. Abmahnungen).
- Bei personenbedingter Kündigung wegen Krankheit muss der Betriebsrat über die Fehlzeiten und die wirtschaftlichen Auswirkungen auf den Betrieb (z. B. Entgeltfortzahlungskosten) informiert werden.
- Sollte der Arbeitgeber betriebsbedingt gekündigt werden, sollten Informationen zu folgenden Punkten mitgeteilt werden:
  – Betriebszugehörigkeit
  – Lebensalter
  – Unterhaltspflicht
  – Schwerbehinderung
  – Daten über weitere Mitarbeiter, die in die Sozialauswahl mit einbezogen wurden

← **Persönliche und soziale Daten des Arbeitnehmers**

______________________ ______________________
(Ort, Datum) (Unterschrift des Arbeitgebers)

LS 8.14

7.4 Kündigungsschutzklage und Aufbau der Arbeitsgerichtsbarkeit

7.4.1 Kündigungsschutzklage

Wenn ein Arbeitnehmer eine Kündigung erhalten hat und die Gültigkeit infrage stellt, kann er diese mithilfe des Arbeitsgerichtes überprüfen lassen. Gemäß § 4 KSchG hat der Arbeitnehmer nach dem Zugang einer Kündigung **drei Wochen** Zeit eine Kündigungsschutzklage beim zuständigen Arbeitsgericht des Geschäftssitzes des Arbeitgebers zu erheben.

Erhebt der Arbeitnehmer nicht innerhalb dieser Drei-Wochen-Frist Klage beim zuständigen Arbeitsgericht, so gilt die Kündigung als von Anfang an rechtswirksam. Die Unkenntnis der Drei-Wochen-Frist stellt in der Regel keinen Entschuldigungsgrund für die Nichteinhaltung der Frist dar.

Häufige Gründe für eine Kündigungsschutzklage sind z. B. die fehlende Sozialauswahl bei betriebsbedingter Kündigung oder die fehlende Abmahnung bei einer verhaltensbedingten Kündigung.

Für die Dauer der Klage muss der Arbeitnehmer in der Regel weiterbeschäftigt werden. Hat das Arbeitsgericht im Rahmen des Prozesses festgestellt, dass die Kündigung sozial ungerechtfertigt ist, so muss der Arbeitnehmer auch nach Ablauf des Prozesses weiterbeschäftigt werden und die Kündigung ist unwirksam. Ist eine Weiterbeschäftigung des Arbeitnehmers aufgrund der vielen Streitigkeiten nicht mehr zumutbar, so wird das Arbeitsverhältnis in der Regel aufgelöst und der Arbeitnehmer erhält eine vom Gericht festgelegte Abfindung.

7.4.2 Aufbau der Arbeitsgerichtsbarkeit

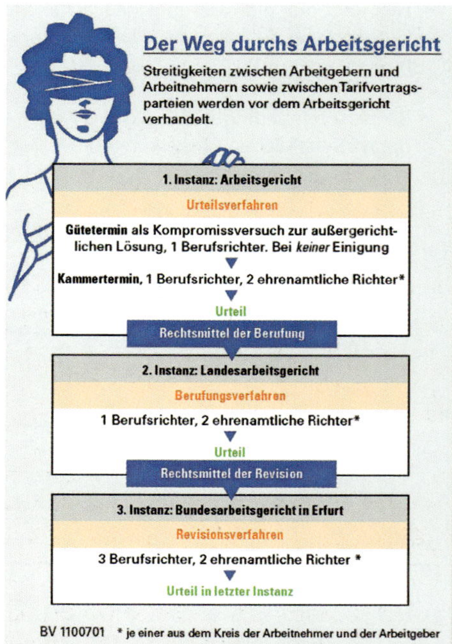

In Deutschland sind für alle arbeitsrechtlichen Streitigkeiten die Arbeitsgerichte zuständig. Die Arbeitsgerichtsbarkeit umfasst dabei **drei Instanzen**. Die Arbeitsgerichte in der ersten Instanz, die Landesarbeitsgerichte in der zweiten Instanz und das Bundesarbeitsgericht in der dritten Instanz.

In der ersten Instanz sitzen je ein ehrenamtlicher Richter aus den Kreisen der Arbeitnehmer, ein ehrenamtlicher Richter aus den Kreisen der Arbeitgeber und ein Berufsrichter. Die ehrenamtlichen Richter haben dasselbe Stimmrecht wie der berufsrichterliche Vorsitzende (= Berufsrichter). Der Berufsrichter leitet als Vorsitzender die Verhandlung.

In der Regel findet am Arbeitsgericht (erste Instanz) zunächst eine **Güteverhandlung** vor dem Vorsitzenden (= Berufsrichter) statt. Hierbei wird

der Sachverhalt mit beiden Parteien analysiert und auf wichtige rechtliche Gesichtspunkte hingewiesen. Anschließend wird versucht, eine gütliche Einigung der Parteien (= Vergleich) zu erreichen.

Kommt es zu keiner Einigung, wird ein weiterer Termin, der möglichst zeitnah stattfinden muss, vor der Kammer einberufen (= **Kammertermin**). Die Kammer ist dabei besetzt mit dem Berufsrichter und zwei ehrenamtlichen Richtern. Im Kammertermin haben beide Parteien schriftlich ihre Beweise vorzulegen und vorzutragen. Die Richter hören sich beide Seiten an und erörtern eingehend den Sach- und Streitstand. Auch in dieser Verhandlung ist eine gütliche Einigung noch möglich. Kommt sie nicht zustande, wird i. d. R. am Ende des Sitzungstages die Entscheidung der Kammer verkündet (= i. d. R. durch ein Urteil). In der ersten Instanz besteht im Gegensatz zum Landesgericht und zum Oberlandesgericht in aller Regel kein Anwaltszwang.

In der **zweiten Instanz** findet das Berufungsverfahren vor dem Landesarbeitsgericht (LAG) statt. Die Berufung stellt ein Rechtsmittel zur Überprüfung eines gerichtlichen Urteils dar und ist z. B. dann möglich, wenn der Wert des Beschwerdegegenstandes 600 Euro übersteigt oder das Arbeitsgericht in der ersten Instanz die Berufung in seinem Urteil zugelassen hat. Bei der Berufung wird das Ausgangsurteil in rechtlicher und tatsächlicher Hinsicht überprüft und das Berufungsgericht führt gegebenenfalls erneut eine Beweisaufnahme durch. Das Landesarbeitsgericht besteht, ebenso wie das Arbeitsgericht, aus einem Berufsrichter und zwei Beisitzern.

In der **dritten Instanz** findet das Revisionsverfahren beim Bundesarbeitsgericht statt. Eine Revision (= Überprüfung) gegen ein Urteil des Landesarbeitsgerichtes ist möglich, wenn das Landesarbeitsgericht diese in seinem Urteil zulässt und wenn die Rechtsfrage grundsätzliche Bedeutung hat oder das Urteil von einer Entscheidung eines gleichrangigen oder höherrangigen Gerichts abweicht. Das Bundesarbeitsgericht ist dabei mit jeweils drei Berufsrichtern und zwei ehrenamtlichen Richtern besetzt.

7.5 Soziale Folgen einer Kündigung

Die **Folgen** der Arbeitslosigkeit sind für den einzelnen Menschen erheblich.

Untersuchungen zur Lebenszufriedenheit haben ergeben, dass die psychischen Folgen einer durch den Arbeitgeber vorgenommenen Kündigung dem Verlust des Partners oder einer Scheidung nahe kommen. Der Verlust des Arbeitsplatzes bewirkt häufig auch den Verlust von sozialen Kontakten und den Verlust von Anerkennung. Der Tagesablauf kann durch das Wegfallen von gewohnten Strukturen negativ beeinflusst werden.

Wissenschaftlich nachgewiesen wurde, dass langanhaltende Arbeitslosigkeit zu Depressionen und zu psychosomatischen Beschwerden führen können.

Häufige Beschwerden, die durch eine Arbeitslosigkeit hervorgerufen werden, sind:

- Niedergeschlagenheit
- Kopf- und Rückenschmerzen
- Selbstmordgedanken
- Schlafstörungen
- geschwächtes Immunsystem
- ggf. eine verstärkte Gefahr der Alkoholabhängigkeit
- erhöhter Tablettenkonsum
- Angststörungen

Um diesen Folgen der Arbeitslosigkeit vorzubeugen, sollten Arbeitslose selbst aktiv werden und das Selbstvertrauen nicht verlieren. Sie sollten sich um Kontakte kümmern und sich nicht zu sehr zurückziehen. Weiterbildungen oder eine ehrenamtliche Tätigkeit stellen häufig eine gute Möglichkeit dar, nicht in eine Depression abzurutschen.

LS 8.15

7.6 Das Arbeitszeugnis

7.6.1 Grundlagen

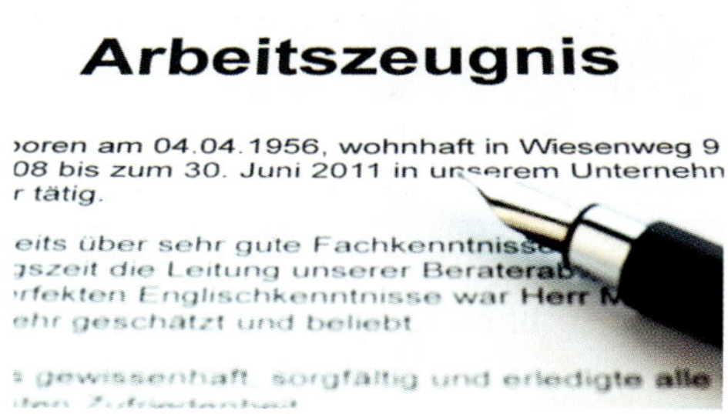

Arbeitszeugnisse stellen eine schriftliche Bescheinigung des Arbeitgebers für die Beschäftigung seiner Arbeitnehmer dar.

Gemäß § 109 Gewerbeordnung ist dem Beschäftigten (= u.a. Arbeitnehmer, leitender Angestellter, Auszubildender, Praktikant, Heimarbeiter) am Ende des Arbeitsverhältnisses ein **Endzeugnis** auszustellen, das sich auf sein Verlangen auch auf Leistung und Verhalten bezieht. Der Anspruch entsteht mit Beendigung des Arbeitsverhältnisses, d.h. mit Ablauf der Kündigungsfrist oder bei tatsächlichem Ausscheiden.

Hat der Arbeitnehmer während eines bestehenden Arbeitsverhältnisses ein begründetes Interesse an einem Zeugnis, z.B. weil sich Änderungen im Arbeitsverhältnis ergeben haben oder eine Insolvenz droht, so kann er ein **Zwischenzeugnis** verlangen.

Der Arbeitnehmer muss das Arbeitszeugnis grundsätzlich bei seinem Arbeitgeber abholen (= Holschuld). Nur wenn die Abholung eine unzumutbare Belastung für den Arbeitnehmer darstellt, muss der Arbeitgeber dieses per Post zuschicken (= Bringschuld).

Beispiel
Die ehemalige Arbeitnehmerin Paula Kleinschmidt wohnt rund 300 km vom Geschäftssitz der Duisdorfer BüroKonzept KG entfernt. Eine Abholung des Zeugnisses stellt für sie eine unzumutbare Belastung dar. Daher muss ihr das Zeugnis zugeschickt werden.

7.6.2 Zeugnisarten/Zeugnisgliederung

Inhaltlich lassen sich zwei Arten von Zeugnissen unterscheiden:

a) Einfache Zeugnisse

Das einfache Zeugnis enthält **Angaben zur Person** des Arbeitnehmers und zu **Art und Dauer der Beschäftigung**. Das Zeugnis muss dabei so umfassend formuliert werden, dass sich ein außenstehender Leser ein eindeutiges Bild von der bisherigen Tätigkeit machen kann und dann auf der Grundlage des Zeugnisses entscheiden kann, ob der Arbeitnehmer für die neue Tätigkeit geeignet ist. Das einfache Zeugnis enthält keine Angaben zur Leistung oder zur Führung des Arbeitnehmers. Es sind aber alle wesentlichen Aspekte anzugeben, die für eine Gesamtbeurteilung von Bedeutung sind.

Das einfache Zeugnis sollte wie folgt gegliedert werden:

Einleitung	▪ Überschrift „Zeugnis" ▪ Angaben zur Person des Arbeitnehmers (Name, Vorname, Beruf und Titel. Anschrift, Geburtsdatum nur wenn Zustimmung des Arbeitnehmers vorliegt)
Tätigkeits-beschreibung	▪ Hier erfolgt eine vollständige und genaue Beschreibung der Art der Beschäftigung ▪ Aufgaben, Verantwortung, Werdegang im Unternehmen, Kompetenzen, Fähigkeiten, Sonderaufgaben
Dauer der Beschäftigung	▪ Hier ist die rechtliche Dauer des Beschäftigungsverhältnisses anzugeben ▪ Austrittstermin ▪ Kurze Unterbrechungen wegen Krankheit, Urlaub etc. sind nicht anzugeben
Schlussformel	▪ Eine Schlussformulierung ist üblich, kann aber nicht vom Arbeitnehmer erzwungen werden ▪ Dank, Bedauern, Zukunftswünsche
Ort, Datum	▪ In der Abschlusszeile werden Ort und das Datum der Zeugnisausstellung angegeben ▪ Unterschrift des Ausstellers

b) Qualifizierte Zeugnisse

Das qualifizierte Zeugnis stellt eine Erweiterung bzw. Ergänzung zum einfachen Zeugnis dar. Zusätzlich enthält es Leistungs- und Verhaltensbeurteilungen, die nach der Tätigkeitsbeschreibung erfolgen.

Einleitung	▪ Überschrift „Zeugnis" ▪ Angaben zur Person des Arbeitnehmers (Name, Vorname, Beruf und Titel. Anschrift, Geburtsdatum nur wenn Zustimmung des Arbeitnehmers vorliegt)
Tätigkeitsbeschreibung	▪ Hier erfolgt eine vollständige und genaue Beschreibung der Art der Beschäftigung ▪ Aufgaben, Verantwortung, Werdegang im Unternehmen, Kompetenzen, Fähigkeiten, Sonderaufgaben
Leistungsbeurteilung	▪ Im Rahmen der Leistungsbeurteilung werden die Leistungbereitschaft, das fachliche Können und die Arbeitsweise des Mitarbeiters genau und wohlwollend beschrieben ▪ Die Leistung wird nach Schulnoten kategorisiert und in die in der Praxis üblichen Zeugnissprache übersetzt ▪ Führungsleistung bei Führungskräften
Verhaltensbeurteilung	▪ Hier wird das Verhalten des Arbeitnehmers und der Umgang mit Kollegen, Vorgesetzten und Dritten (z. B. Kunden) beschrieben
Dauer der Beschäftigung	▪ Anzugeben ist die rechtliche Dauer des Beschäftigungsverhältnisses bzw. der Austrittstermin ▪ Kurze Unterbrechungen wegen Krankheit, Urlaub etc. sind nicht anzugeben
Schlussformel	▪ Eine Schlussformulierung ist üblich, kann aber nicht vom Arbeitgeber gefordert werden ▪ Gründe für die Beendigung ▪ Dank, Bedauern, Zukunftswünsche
Ort, Datum	▪ In der Abschlusszeile werden Ort und das Datum der Zeugnisausstellung angegeben ▪ Unterschrift des Ausstellers

7.6.3 Textbausteine „Zeugnisformulierung“

Einleitung

- Überschrift: Zeugnis, Arbeitszeugnis
- Herr/Frau … geborene(r) … geboren am … in …
  war vom … bis zum …
  als … in unserem Unternehmen tätig.

(Hinweis: ggf. wird an dieser Stelle auch das Unternehmen vorgestellt ➔ Art, Größe, Produkte, Jahresumsatz)

Tätigkeits-beschreibung

- Sein/Ihr Aufgabenbereich umfasste …
- Er/Sie war verantwortlich für …
- In dieser Funktion hatte er/sie folgende Aufgabenbereiche: (…)
- Sein/Ihr Aufgabengebiet umfasste im Wesentlichen folgende Tätigkeiten: (…)

(Hinweise: Besondere Kenntnisse, die durch Fortbildungsmaßnahmen erzielt wurden, sind auch aufzuführen. Die Tätigkeiten sind nach ihrer Wichtigkeit aufzuführen.)

Leistungsbeurteilung

Fachwissen:

Herr/Frau … überzeugte uns stets mit seinen/ihren sehr guten Fachkenntnissen …	Note 1
Herr/Frau … überzeugte uns stets mit seinen/ihren guten Fachkenntnissen …	Note 2
Herr/Frau … bewältigte neue Arbeitssituationen erfolgreich/stets zu unserer Zufriedenheit.	Note 3
Herr/Frau … verfügt über die erforderlichen Kenntnisse und Fertigkeiten und wurde den Anforderungen des Arbeitsplatzes gerecht.	Note 4
Herr/Frau … verfügt über entwicklungsfähige Kenntnisse in seinem/ihrem Arbeitsbereich.	Note 5

Leistungsbereitschaft und Eigeninitiative:

Herr/Frau … zeigte stets hohe/außerordentliche Eigeninitiative und überzeugte stets mit großer Einsatzfreude.	Note 1
Herr/Frau … bewies stets große Eigeninitiative und überzeugte jederzeit mit überdurchschnittlicher Einsatzfreude für unser Unternehmen.	Note 2
Herr/Frau … zeigte Eigeninitiative und Einsatzfreude.	Note 3
Herr/Frau … zeigte Einsatzbereitschaft in ausreichendem Maße. Herr/Frau … erfüllte seine/ihre Aufgaben den Erwartungen entsprechend.	Note 4
Herr/Frau … hat der geforderten Einsatzbereitschaft im Wesentlichen/im Allgemeinen entsprochen.	Note 5

Arbeitsweise:

Er/Sie erledigte seine/ihre Aufgaben stets selbstständig mit äußerster Sorgfalt und Genauigkeit	Note 1
Er/Sie erledigte seine/ihre Aufgaben stets selbstständig und mit großer Sorgfalt.	Note 2
Er/Sie erledigte seine/ihre Aufgaben stets sorgfältig und genau.	Note 3
Er/Sie erledigte seine/ihre Aufgaben mit Sorgfalt und Genauigkeit.	Note 4
Er/Sie erledigte die ihm/ihr übertragenen Aufgaben im Allgemeinen sorgfältig und genau.	Note 5

Leistungsbeurteilung

Arbeitsergebnisse:

Er/Sie hat sowohl in qualitativer als auch in quantitativer Hinsicht stets sehr gute Arbeitsergebnisse erzielt.	Note 1
Er/Sie zeigte sowohl in qualitativer als auch in quantitativer Hinsicht stets gute Arbeitsergebnisse.	Note 2
Er/Sie hat sowohl in qualitativer als auch in quantitativer Hinsicht zumeist zufriedenstellende Arbeitsergebnisse erzielt.	Note 3
Seine/Ihre Arbeitsergebnisse entsprachen den Anforderungen.	Note 4
Seine/Ihre Arbeitsergebnisse entsprachen im Allgemeinen den Anforderungen.	Note 5

Führungsfähigkeit:

Durch seine/ihre fach- und personenbezogene Führung motivierte er/sie die ihm/ihr unterstellten Mitarbeiter stets zu sehr guten Leistungen. *Oder:* Er/Sie verhielt sich seinen/ihren Mitarbeitern gegenüber stets offen und kollegial, verstand es aber dennoch, sich in schwierigen Situationen durchzusetzen und die Mitarbeiter zu optimalem Einsatz zu bewegen.	Note 1
Durch seine/ihre fach- und personenbezogene Führung motivierte er/sie die ihm/ihr unterstellten Mitarbeiter stets zu guten Leistungen.	Note 2
Durch seine/ihre fach- und personenbezogene Führung motivierte er/sie die ihm/ihr unterstellten Mitarbeiter zu guten Leistungen.	Note 3
Durch seine/ihre fach- und personenbezogene Führung motivierte er/sie die ihm/ihr unterstellten Mitarbeiter zu zufriedenstellenden Leistungen	Note 4
Er/Sie bemühte sich, durch eine fach- und personenbezogene Führung die ihm/ihr unterstellten Mitarbeiter zu motivieren.	Note 5

Verhalten:

Sein/Ihr Verhalten gegenüber Vorgesetzten, Mitarbeitern und Kunden war stets vorbildlich/ausnahmslos vorbildlich und loyal.	Note 1
Sein/Ihr Verhalten gegenüber Vorgesetzten, Mitarbeitern und Kunden war vorbildlich/war stets einwandfrei.	Note 2
Sein/Ihr Verhalten gegenüber Mitarbeitern, Vorgesetzten und Kunden war vorbildlich/war zuvorkommend und korrekt.	Note 3
Sein/Ihr Verhalten gegenüber Vorgesetzten, Mitarbeitern und Kunden gab zu Klagen meist keinen Anlass. *Oder:* Wegen seines/ihres freundlichen und ausgeglichenen Wesens wurde er/sie geschätzt.	Note 4
Er/Sie galt als kollegialer/kollegiale Mitarbeiter/Mitarbeiterin. *Oder:* Sein/Ihr persönliches Verhalten war insgesamt/im Wesentlichen einwandfrei.	Note 5

Leistungsbeurteilung	**Zusammenfassende Leistungsbeurteilung:**	
	Die Leistungen von Herrn/Frau ... wurden stets zu unserer vollsten Zufriedenheit erledigt. *Oder:* Er/Sie hat unsere Erwartungen immer und in allerbester Weise erfüllt.	Note 1
	Die Leistungen von Herrn/Frau .. wurden stets zu unserer Zufriedenheit erledigt. *Oder:* Wir waren mit seinen/ihren Leistungen voll und ganz zufrieden.	Note 2
	Er/Sie hat die ihm/ihr übertragenen Aufgaben zu unserer Zufriedenheit erledigt. *Oder:* Seine/Ihre Leistungen waren stets zufriedenstellend.	Note 3
	Er/Sie hat die ihm/ihr übertragenen Aufgaben zu unserer Zufriedenheit erledigt. *Oder:* Mit seinen/ihren Leistungen waren wir zufrieden.	Note 4
	Er/Sie hat unseren Erwartungen entsprochen. *Oder:* Er/Sie hat unsere Erwartungen größtenteils erfüllt.	Note 5
Schlussformel	Herr/Frau ... verlässt unser Unternehmen auf eigenen Wunsch. Wir bedauern dies sehr, weil wir mit ihm/ihr eine(n) sehr gute(n) Mitarbeiter(in) verlieren. Wir bedanken uns für die stets sehr guten Leistungen und wünschen ihm/ihr für die Zukunft beruflich und privat weiterhin viel Erfolg und alles Gute.	Note 1
	Das Arbeitsverhältnis endet auf Initiative von Herrn/Frau ... zum ... Wir bedauern dies, weil wir mit Herrn/Frau ... eine(n) gute(n) Mitarbeiter(in) verlieren. Wir bedanken uns für die stets guten Leistungen und wünschen ihm/ihr für die Zukunft beruflich und privat weiterhin viel Erfolg und alles Gute.	Note 2
	Herr/Frau ... hat das Arbeitsverhältnis zum ... gekündigt. Wir wünschen ihm/ihr für die Zukunft weiterhin Erfolg und alles Gute.	Note 3
	Wir bedanken uns für die gute Zusammenarbeit und wünschen ihm/ihr alles Gute.	Note 4
	Wir bedauern, auf die weitere Zusammenarbeit verzichten zu müssen. Unsere besten Wünsche begleiten ihn/sie.	Note 5

In Anlehnung an Dr. Huber, Günter: Das Arbeitszeugnis in Recht und Praxis, Haufe Mediengruppe, 2004, S. 10. Auflage

7.6.4 Form des Zeugnisses

Zeugnisse sind schriftlich zu erteilen und zu unterschreiben. Bezüglich der Unterschrift gilt, dass diese nicht zwingend vom Inhaber des Unternehmens, sondern auch von einem Vorgesetzten erfolgen kann. Die Ausstellung eines Zeugnisses in elektronischer Form (E-Mail, Telefax) ist nicht zulässig. Weiterhin muss das Zeugnis tadellos sein, d. h. es ist auf einem Papier von guter Qualität mit aktuellem Firmenbriefkopf zu verfassen. Das Zeugnis muss sauber und ordentlich geschrieben werden und darf keine Flecken, Verbesserungen, Streichungen oder Radierungen aufweisen.

Zeugnisse sind klar und verständlich zu formulieren, damit sie nicht zu Irrtümern oder Mehrdeutigkeiten bei Dritten führen. Weiterhin gilt, dass Zeugnisse der Wahrheit entsprechen müssen, wobei darauf zu achten ist, dass wohlwollend formuliert werden muss. Der Grundsatz der Wahrheit steht häufig in einem Konflikt zur wohlwollenden Formulierung. Aus diesem Grund hat sich in der Praxis die sogenannte Zeugnissprache entwickelt.

7.6.5 Zeugniscodes

Zeugniscodes stellen im Gegensatz zu den typischen Zeugnisformulierungen unzulässige Aussagen über das Verhalten des Arbeitnehmers durch den Arbeitgeber dar. Jeder Mitarbeiter hat bei der Verwendung solcher Formulierungen in seinem Arbeitszeugnis einen gerichtlich durchsetzbaren Anspruch auf Entfernung.

Zeugnisformulierung (Zeugniscode)	Wahre Bedeutung
Er stand voll hinter uns.	Er war ein Alkoholiker.
Mit seinen Vorgesetzten ist er gut zurechtgekommen.	Er war ein „Ja-Sager".
Er hat alle Aufgaben in seinem und im Firmeninteresse gelöst.	Er war ein Dieb.
Sein Verhalten gegenüber Kollegen und Kunden war stets einwandfrei.	Er hatte Probleme mit seinen Vorgesetzten.
Seine Standpunkte stellte er in selbstbewusster Art vor.	Er war arrogant.

7.6.6 Rechte des Arbeitnehmers bezüglich des Arbeitszeugnisses

Neben dem bereits beschriebenen Anspruch auf ein Arbeitszeugnis bei Beendigung eines Arbeitsverhältnisses sowie den inhaltlichen und formalen Ansprüchen an das Arbeitszeugnis hat der Arbeitnehmer noch das Recht auf Änderung eines fehlerhaften oder nicht ordnungsgemäß ausgestellten Arbeitszeugnisses.

Ein Arbeitszeugnis ist nicht ordnungsgemäß, wenn z. B. die Leistungs- und Verhaltensbeurteilung falsch ist oder wichtige Aussagen hierin fehlen. Weiterhin sind Schreibfehler, unrichtige Daten oder Bezeichnungen zu korrigieren. Liegen derartige Mängel bei einem Zeugnis vor, so hat der Arbeitgeber ein neues formgerechtes und inhaltlich berichtigtes Zeugnis mit dem Datum des früher ausgestellten Zeugnisses auszustellen.

7.6.7 Musterformulierung

Duisdorfer BüroKonzept KG

Zeugnis

Frau Mara Bieberbaum, geboren am 08.05.20.. in München trat am 01.08.20.. in die Duisdorfer BüroKonzept KG ein.	**Einleitung**
Frau Bieberbaum war für das Schreiben von Angeboten und Rechnungen nach Vorlagen zuständig. Die Arbeit erledigte sie mit dem Computer und der sich darauf befundenen Software. Zusätzlich wurde Frau Bieberbaum noch in der Post eingesetzt, wo sie für den Versand der anfallenden Tagespost zuständig war.	**Tätigkeitsbeschreibung**
Frau Bieberbaum bemühte sich, ihre Fachkenntnisse auf zufriedenstellende Weise in der Praxis einzusetzen und alle Schreibprozesse sorgfältig zu planen.	**Fachwissen**
Ihre Arbeitsergebnisse entsprachen im Allgemeinen den Anforderungen. Sie war stets bemüht, den üblichen Arbeitsanfall zu bewältigen. Frau Bieberbaum hat die ihr übertragenen Aufgaben im Großen und Ganzen zu unserer Zufriedenheit erledigt. Mit ihren Leistungen waren wir zufrieden.	**Leistungsbeurteilung**
Ihr persönliches Verhalten war im Wesentlichen einwandfrei.	**Verhaltensbeurteilung**
Das Arbeitsverhältnis mit Frau Bieberbaum endet zum 31.05.20... Wir wünschen ihr für die Zukunft alles Gute.	**Schlussformel**

Bonn, 28.05.20..

Bianca Sommer

(Personalchefin)

In Anlehnung an: Haufe Personal Office, Version 13.4.0.0, Stand 20.08.2008

Beurteilung des Zeugnisses:
Frau Bieberbaum wird mit mangelhaft bewertet. Auch wenn die Tätigkeitsbeschreibung noch angemessen formuliert wurde, so sind das Fachwissen, die Leistungsbeurteilung und die Verhaltensbeurteilung als mangelhaft beschrieben worden. Weiterhin fehlt im Rahmen der Schlussformulierung das Bedauern des Arbeitgebers über das Ausscheiden von Frau Bieberbaum.

7.7 Den Personalaustritt organisieren

Neben dem Arbeitszeugnis hat der Arbeitgeber bei der Trennung von seinem Arbeitnehmer eine gesetzliche Verpflichtung auf Ausstellung und Aushändigung der erforderlichen Arbeitspapiere. Dabei muss er beachten, dass diese rechtzeitig, d. h. mit der tatsächlichen Beendigung des Arbeitsverhältnisses, erstellt und ausgehändigt werden.

Beispiel
Frau Hellwig hat zum 31.10.20.. gekündigt. Spätestens am letzten Arbeitstag, hier der 31.10.20.., muss die Duisdorfer BüroKonzept KG ihr die Arbeitspapiere sowie das Arbeitszeugnis zur Verfügung stellen.

Notwendige Arbeitspapiere

Unter anderem sind dem Arbeitnehmer bei Beendigung des Arbeitsverhältnisses folgende Arbeitspapiere auszuhändigen:

1. **Arbeitszeugnis**
   Bei Beendigung eines Arbeitsverhältnisses kann der ausscheidende Arbeitnehmer vom Arbeitgeber ein schriftliches Zeugnis über das Dienstverhältnis und dessen Dauer verlangen. Der Arbeitnehmer hat die Wahl zwischen einem einfachen und einem qualifizierten Zeugnis.

2. **Lohnsteuerbescheinigung**
   Wenn die Berufstätigkeit bei einem Arbeitgeber beendet wird, muss dieser das sogenannte Lohnkonto seines Angestellten schließen und das Finanzamt hierüber informieren. Daraufhin bekommt der Arbeitnehmer vom Arbeitgeber eine Lohnsteuerbescheinigung, die u. a. Auskunft über die bisherigen Einkünfte und die abgeführte Lohnsteuer beinhaltet. Ein Beispiel für eine elektronische Lohnsteuerbescheinigung finden Sie auf Seite 149.

3. **Arbeitsbescheinigung zur Vorlage bei der Agentur für Arbeit**
   Am **letzten Arbeitstag** muss der Arbeitgeber die sogenannte Arbeitsbescheinigung ausstellen und dem Arbeitnehmer übergeben. Die Arbeitsbescheinigung ist eine Urkunde, mit der die maßgeblichen Tatsachen zur Begründung eines Anspruchs auf Arbeitslosengeld möglichst unmittelbar nach Beendigung des Arbeitsverhältnisses nachgewiesen werden. Die Agentur für Arbeit stellt hierfür einen einheitlichen Vordruck unter www.arbeitsagentur.de zur Verfügung. Die wesentlichen Inhalte dieser Arbeitsbescheinigung sind:

   - Angaben zu den persönlichen Daten des Arbeitnehmers
   - Angaben zum Beschäftigungsverhältnis
   - Angaben zur Beendigung des Beschäftigungs-/Arbeitsverhältnisses
   - Angaben zur wöchentlichen Arbeitszeit
   - Angaben zum Arbeitsentgelt
   - Leistungen im Zusammenhang mit der Beendigung des Arbeitsverhältnisses, z. B. Urlaubsabgeltung, Abfindung, Vorruhestandsgeld
   - Angaben zur Kündigungsfrist

   Eine Verletzung gegen die ordnungsgemäße Ausstellung der Arbeitsbescheinigung kann zu Schadenersatzansprüchen sowohl durch den Arbeitnehmer als auch durch die Bundesagentur für Arbeit führen.

   Web

   Das Beispiel einer Arbeitsbescheinigung finden Sie in der Datei „ArbBesch.pdf" im Bereich BuchPlusWeb.

Ausdruck der elektronischen Lohnsteuerbescheinigung für 20..

Nachstehende Daten wurden maschinell an die Finanzverwaltung übertragen.

Datum:

eTIN:

Identifikationsnummer:

Personalnummer:

Geburtsdatum:

Transferticket:

Dem Lohnsteuerabzug wurden zugrunde gelegt:

Steuerklasse/Faktor	gültig ab

Zahl der Kinderfreibeträge	gültig ab

Steuerfreier Jahresbetrag	gültig ab

Jahreshinzurechnungsbetrag	gültig ab

Kirchensteuermerkmale	gültig ab

Anschrift und Steuernummer des Arbeitgebers:

1. Dauer des Dienstverhältnisses		vom - bis	
2. Zeiträume ohne Anspruch auf Arbeitslohn		Anzahl „U"	
Großbuchstaben (S, M, F)			
		EUR	Ct
3. Bruttoarbeitslohn einschl. Sachbezüge ohne 9. und 10.			
4. Einbehaltene Lohnsteuer von 3.			
5. Einbehaltener Solidaritätszuschlag von 3.			
6. Einbehaltene Kirchensteuer des Arbeitnehmers von 3.			
7. Einbehaltene Kirchensteuer des Ehegatten von 3. (nur bei konfessionsverschiedener Ehe)			
8. In 3. enthaltene Versorgungsbezüge			
9. Ermäßigt besteuerte Versorgungsbezüge für mehrere Kalenderjahre			
10. Ermäßigt besteuerter Arbeitslohn für mehrere Kalenderjahre (ohne 9.) und ermäßigt besteuerte Entschädigungen			
11. Einbehaltene Lohnsteuer von 9. und 10.			
12. Einbehaltener Solidaritätszuschlag von 9. und 10.			
13. Einbehaltene Kirchensteuer des Arbeitnehmers von 9. und 10.			
14. Einbehaltene Kirchensteuer des Ehegatten von 9. und 10. (nur bei konfessionsverschiedener Ehe)			
15. Kurzarbeitergeld, Zuschuss zum Mutterschaftsgeld, Verdienstausfallentschädigung (Infektionsschutzgesetz), Aufstockungsbetrag und Altersteilzeitzuschlag			
16. Steuerfreier Arbeitslohn nach	a) Doppelbesteuerungsabkommen		
	b) Auslandstätigkeitserlass		
17. Steuerfreie Arbeitgeberleistungen für Fahrten zwischen Wohnung und erster Tätigkeitsstätte			
18. Pauschalbesteuerte Arbeitgeberleistungen für Fahrten zwischen Wohnung und Tätigkeitsstätte			
19. Steuerpflichtige Entschädigungen und Arbeitslohn für mehrere Kalenderjahre, die nicht ermäßigt besteuert wurden - in 3. enthalten			
20. Steuerfreie Verpflegungszuschüsse bei Auswärtstätigkeit			
21. Steuerfreie Arbeitgeberleistungen bei doppelter Haushaltsführung			
22. Arbeitgeberanteil	a) zur gesetzlichen Rentenversicherung		
	b) an berufsständische Versorgungseinrichtungen		
23. Arbeitnehmeranteil	a) zur gesetzlichen Rentenversicherung		
	b) an berufsständische Versorgungseinrichtungen		
24. Steuerfreie Arbeitgeberzuschüsse	a) zur gesetzlichen Krankenversicherung		
	b) zur privaten Krankenversicherung		
	c) zur gesetzlichen Pflegeversicherung		
25. Arbeitnehmerbeiträge zur gesetzlichen Krankenversicherung			
26. Arbeitnehmerbeiträge zur sozialen Pflegeversicherung			
27. Arbeitnehmerbeiträge zur Arbeitslosenversicherung			
28. Beiträge zur privaten Kranken- und Pflege-Pflichtversicherung oder Mindestvorsorgepauschale			
29. Bemessungsgrundlage für den Versorgungsfreibetrag zu 8.			
30. Maßgebendes Kalenderjahr des Versorgungsbeginns zu 8. und/oder 9.			
31. Zu 8. bei unterjähriger Zahlung: Erster und letzter Monat, für den Versorgungsbezüge gezahlt wurden			
32. Sterbegeld; Kapitalauszahlungen/Abfindungen und Nachzahlungen von Versorgungsbezügen - in 3. und 8. enthalten			
33. Ausgezahltes Kindergeld			–
Finanzamt, an das die Lohnsteuer abgeführt wurde (Name und vierstellige Nr.)			

6.13

4. **Urlaubsbescheinigung**
   Wenn ein Arbeitnehmer während des Kalenderjahres aus dem Unternehmen ausscheidet, ist der Arbeitgeber verpflichtet, ihm eine Bescheinigung über den im laufenden Jahr gewährten Urlaub zu erstellen. Diese Bescheinigung benötigt der Arbeitnehmer zur Vorlage bei dem neuen Arbeitgeber, woraufhin dieser ermitteln kann, wie viel Urlaub seinem neuen Arbeitnehmer noch zustehen. Die Bescheinigung muss die persönlichen Daten des Mitarbeiters (Vor- und Zuname, Geburtsdatum, Wohnort), die Dauer des Arbeitsverhältnisses, die Anzahl der beanspruchten Urlaubstage (ggf. Zusatzurlaub) und die bereits gewährten Urlaubstage beinhalten.

5. **Ausgleichsquittung**
   Mithilfe einer sogenannten Ausgleichsquittung sollen bei der Beendigung eines Arbeitsverhältnisses klare Verhältnisse geschaffen werden und die Vertragsbeziehung endgültig abgewickelt werden. Der Arbeitnehmer bestätigt mit der Unterzeichnung der Ausgleichsquittung, dass er alle Arbeitspapiere erhalten hat und keine Geltungsansprüche gegen den alten Arbeitgeber mehr bestehen. Weiterhin kann der Arbeitgeber sich auf dieser Quittung den Erhalt von Betriebseigentum, Schlüsseln oder sonstigen herausgegebenen Materialien und Unterlagen bestätigen lassen.

6. **Meldung an den Sozialversicherungsträger**
   Wenn sich am Beschäftigungsverhältnis eines Arbeitnehmers etwas ändert, ist der Arbeitgeber verpflichtet, eine Meldung zur Sozialversicherung vorzunehmen. Diese Meldungen fallen meist mit Beginn oder Auflösung eines Beschäftigungsverhältnisses an. Die Meldungen dürfen nur aus maschinell geführten Lohn- und Gehaltsabrechnungsprogrammen oder mittels zugelassener Ausfüllhilfen erzeugt werden. Die gesetzlichen Krankenkassen stellen die kostenlose Ausfüllhilfe *sv.net* zur Verfügung.

Bei den Arbeitspapieren besteht für den Arbeitnehmer eine Holschuld, d.h. der Arbeitgeber ist verpflichtet, diese zur Abholung für den Arbeitnehmer bereitzustellen. Der Arbeitgeber ist nur in Ausnahmefällen dazu verpflichtet, dem Arbeitnehmer die Arbeitspapiere per Post zuzusenden, z.B. dann, wenn er diese nicht rechtzeitig und vollständig zur Verfügung gestellt hat oder wenn es dem Arbeitnehmer nicht zumutbar ist, diese bei seinem Arbeitgeber abzuholen, z.B. weil er einen weit entfernten Wohnsitz hat.

Versäumt der Arbeitgeber die rechtzeitige Herausgabe der notwendigen Unterlagen, so gerät er ohne Mahnung in Verzug und der Arbeitnehmer kann ihm gegenüber Schadenersatzansprüche (u.a. Telefonkosten, Portokosten, Kosten eines Rechtsanwalts, Verdienstausfallskosten, wenn der Arbeitnehmer wegen fehlender Arbeitspapiere nicht eingestellt wird) geltend machen.

Der Anspruch auf Ausstellung der Arbeitspapiere verjährt nach drei Jahren und der Anspruch auf Herausgabe nach 30 Jahren (§ 195 BGB, § 197 BGB).

LernFeld 9

Liquidität sichern und Finanzierung vorbereiten

Überblick Lernfeld

1 Investition und Finanzierung – Begriffe und Zusammenhang

LS 9.1

Damit Unternehmen langfristig bestehen können, sind sie darauf angewiesen, sich ständig weiterzuentwickeln. Konkret bedeutet dies, dass es notwendig ist, existierende Produkte zu verbessern, neue Produkte zu entwickeln, Märkte zu erschließen, das Unternehmen zu vergrößern, Maschinen zu modernisieren, Rechte zu erwerben, Mitarbeiter zu schulen usw. Es ist erforderlich, ständig neue Investitionen zu tätigen. Dabei muss jede Investition durch die Bereitstellung des benötigten Kapitals finanziert werden. Oftmals verfügen Unternehmen nicht über genügend Mittel, um die notwendigen Investitionsauszahlungen unmittelbar zu vollziehen. Die notwendigen Finanzmittel müssen erst beschafft werden. Die Entscheidung für eine Investition kann also nicht ohne die Entscheidung für eine konkrete Finanzierungsmöglichkeit getroffen werden.

Definition:
Investitionen = langfristige Bindung finanzieller Mittel in materielle oder immaterielle Vermögensgegenstände (Mittelverwendung)
Finanzierung = Maßnahmen zur Beschaffung von Kapital (Mittelherkunft)

Investitionen in materielle Vermögensgegenstände schlagen sich dabei auf der Aktivseite der Bilanz nieder und Finanzierungsmaßnahmen auf der Passivseite.

Beispiel

Aktiva	**Bilanz der Duisdorfer BüroKonzept KG zum 31. Dezember 20..**		**Passiva**
I. Anlagevermögen		I. Eigenkapital	340.000,00 €
1. Grundstücke und Bauten	1.070.000,00 €		
2. Technische Anlagen und Maschinen	850.000,00 €	II. Fremdkapital	
3. Betriebs- u. Geschäftsausstattung	333.000,00 €	1. Hypothekenschulden	920.000,00 €
		2. Darlehensschulden	1.100.000,00 €
II. Umlaufvermögen		3. Verbindlichkeiten a. LL	450.000,00 €
1. Rohstoffe	26.000,00 €		
2. Hilfsstoffe	8.500,00 €		
3. Betriebsstoffe	2.200,00 €		
4. Unfertige Erzeugnisse	67.000,00 €		
5. Fertige Erzeugnisse	102.000,00 €		
6. Handelswaren	137.000,00 €		
7. Forderungen a. LL	66.600,00 €		
8. Kassenbestand	1.900,00 €		
9. Bank	145.800,00 €		
	2.810.000,00 €		2.810.000,00 €

Bonn, 5. Januar 20... *S. Falo* *K. Niester*

LF 6, 2.1

Die Duisdorfer BüroKonzept KG erwirbt eine neue Maschine für 50.000,00 €. Die Bilanzposition Technische Anlagen und Maschinen steigt von 850.000,00 € auf 900.000,00 €. Der benötigte Betrag wird durch eine Erhöhung der Kapitaleinlagen von Frau Keller-Rössler in Höhe von

20.000,00 € und Herrn Falo von 30.000,00 € finanziert (Aktiv-Passiv-Mehrung). Dadurch erhöht sich das Eigenkapital um den entsprechenden Betrag. Die Bilanzsumme vergrößert sich auf 2.860.000,00 €.

Die Chancen und Risiken von Investitionsvorhaben sind sorgfältig abzuwägen. Investitionen schränken den finanziellen Spielraum von Unternehmen zunächst ein, da der Kapitalrückfluss i. d. R. erst zeitverzögert erfolgt. Fehlinvestitionen können im schlimmsten Fall zur Insolvenz des Unternehmens führen.

2 Arten von Investitionen

Investitionen können nach dem Objekt, in das investiert wird, und nach ihrer Wirkung für das Unternehmen unterschieden werden.

2.1 Objektbezogene Investitionen

Diese Kategorie geht der Frage nach, worauf sich die Investition bezieht. Dabei wird zwischen Sachinvestitionen, Finanzinvestitionen und immateriellen Investitionen unterschieden.

Sachinvestitionen

Sachinvestitionen beziehen sich auf eine Erweiterung des Anlage- und Umlaufvermögens.

Beispiel
Zur Ausweitung ihrer Produktionskapazitäten plant die Duisdorfer BüroKonzept KG die Errichtung einer neuen Produktionshalle. Dazu ist ein geeignetes Grundstück zu erwerben und eine Produktionshalle muss errichtet werden, die mit den geeigneten Maschinen ausgestattet wird (Investitionen in das Anlagevermögen). Zusätzlich müssen mehr Rohstoffe eingelagert werden, um dem erhöhten Materialaufwand gerecht zu werden (Investition in das Umlaufvermögen).

Finanzinvestitionen

Hierbei handelt es sich um Investitionen in das Finanzanlagevermögen. Dabei können durch den Kauf von **Beteiligungsrechten** Anteile an anderen Unternehmen erworben werden.

Beispiel
Die Duisdorfer BüroKonzept KG beteiligt sich als stiller Gesellschafter an der Rüdiger Kiel GmbH. Herr Falo und Frau Niester erhoffen sich eine engere Bindung an die Rüdiger Kiel GmbH, da es sich bei dem Unternehmen um einen wichtigen Lieferanten handelt.

Forderungsrechte ergeben sich aus der Anlage von Kapital gegen Zinsen bei Geldinstituten, aus der Gewährung von Darlehen oder aus dem Kauf festverzinslicher Wertpapiere.

Ziele von Finanzinvestitionen können in der Einflussnahme auf die Geschäftspolitik anderer Unternehmen bestehen oder in verzinslichen Anlagen von Kapital.

Immaterielle Investitionen

Der Begriff immaterielle Investitionen ist nicht sehr weit verbreitet, da man mit Investitionen meist eine Mehrung des Anlage- bzw. Umlaufvermögens verbindet. Immaterielle Investitionen gehen nicht in das Vermögen der Bilanz ein. Sie bilden im Rahmen der GuV-Rechnung Aufwendungen und senken somit kurzfristig den Jahresgewinn. Auf längere Sicht sichern sie aber die Wettbewerbsfähigkeit und tragen positiv zur Gewinnentwicklung bei.

Beispiele für immaterielle Investitionen sind:

Investitionen im Personalbereich

Zu ihnen zählen alle Maßnahmen der Personalentwicklung, die dazu beitragen sollen, qualifizierte Mitarbeiter in ausreichender Zahl bereitzustellen. Dabei spielen Qualifizierung und Weiterbildung des Mitarbeiterstamms eine wichtige Rolle. Führungs-, Rhetorik- und Managementseminare zählen zum internen Schulungsangebot vieler Unternehmen. Immer wichtiger wird das Anwerben fähiger Nachwuchskräfte. Hierzu präsentieren sich viele Unternehmen mit großem Aufwand bereits an Schulen, Hochschulen und Ausbildungsmessen.

Investitionen in Forschung und Entwicklung

Hierbei handelt es sich um Investitionen, die dazu dienen, Produkte oder Fertigungsverfahren weiterzuentwickeln bzw. neue Produkte zu entwickeln.

Investitionen im Absatzbereich

Sie umfassen alle Ausgaben für Werbung, Verkaufsförderung und Öffentlichkeitsarbeit.

2.2 Wirkungsbezogene Investitionen

Diese Kategorie untersucht, welche Auswirkung die Investition auf die betrieblichen Produktionsmöglichkeiten (Kapazität) hat.

Ersatzinvestitionen

Betriebsmittel unterliegen einem ständigen Wertverlust, der durch Abnutzung oder technische Überalterung hervorgerufen wird. Ersatzinvestitionen dienen dem Ersatz veralteter oder abgenutzter Betriebsmittel, damit die betriebliche Leistungsfähigkeit aufrechterhalten bleibt.

Nettoinvestitionen

Hierzu zählen Erst- und Erweiterungsinvestitionen. Erstinvestitionen fallen bei der Errichtung oder dem Kauf eines Unternehmens an und danach nicht mehr. Erweiterungsinvestitionen vergrößern das Leistungspotenzial, sodass sie die Kapazität des Unternehmens erhöhen.

Die Summe aus Ersatz- und Nettoinvestitionen ergibt die **Bruttoinvestitionen**.

3 Ziele von Investitionen

Investitionen dienen meist ökonomischen Zielen:

- Erhöhung des Gewinns
- Erhalt der Betriebsbereitschaft
- Ausdehnung der Kapazität
- Anpassung an den technischen Fortschritt
- Verbesserung der Zukunftsaussichten
- Imageverbesserungen
- […]

Investitionen können auch soziale oder ökologische Ziele verfolgen, wie z. B. die Verringerung von Unfallgefahren, Schaffung einer verbesserten Arbeitsumgebung, Vermeidung von Umweltbelastungen oder eine Verminderung des Rohstoffverbrauchs.

Häufig besteht zwischen ökonomischen und sozialen/ökologischen Zielen ein positiver Zusammenhang (Zielharmonie). So führen Investitionen in umweltfreundlichere Produktionsverfahren zu einem verbesserten Image. Maßnahmen zur Arbeitssicherheit tragen zu weniger Unfällen und damit zu geringeren Ausfallzeiten von Mitarbeitern bei.

4 Investitionsrechnung

LS 9.1

Investitionen sind häufig mit hohen Aufwendungen und Risiken für ein Unternehmen verbunden. Darum muss im Vorfeld geprüft werden, ob eine Investition rentabel ist bzw. welche der möglichen Investitionsalternativen gewählt werden soll. Diese Prüfung wird in der Investitionsrechnung vorgenommen. Dabei unterscheidet man statische und dynamische Verfahren.

Bei den statischen Verfahren werden durchschnittliche Kosten und Erlöse der Investitionsobjekte für eine Periode, i. d. R. ein Jahr, gegenübergestellt. Es wird unterstellt, dass die Perioden vergleichbar sind. Unterschiedliche Zahlungszeitpunkte von Aufwendungen und Erträgen werden nicht berücksichtigt.

Dynamische Verfahren beziehen den Zeitfaktor mit ein und beinhalten somit Zins- und Zinseszinseffekte. Sie sollen genauere Aussagen liefern und zu fundierteren Entscheidungen führen. Gerade der Zeitaspekt führt aber zu größerer Unsicherheit, da Aussagen über die entferntere Zukunft schwieriger zu treffen sind als über die nähere.

Beispiel
Die Duisdorfer BüroKonzept KG plant die Anschaffung einer neuen Produktionsanlage. Die Erträge, die mit dieser Anlage im ersten Jahr erwirtschaftet werden können, lassen sich relativ genau ermitteln, da die Angebots- und die Nachfragesituation bekannt sind. Deren Entwicklung ist aber schwer abzuschätzen: Werden neue Anbieter auf dem Markt erscheinen? Wie ändern sich die Ansprüche und Wünsche der Kunden? Wie entwickelt sich die allgemeine wirtschaftliche Lage?

4.1 Ermittlung der Kosten

Wichtige Grundlage für die unterschiedlichen Verfahren der Investitionsrechnung bildet die Erfassung der Kosten für eine Investition. Dabei unterscheidet man zwischen Kapitalkosten und Betriebskosten.

Kosten	
Kapitalkosten	**Betriebskosten**
▪ kalkulatorische Zinsen ▪ kalkulatorische Abschreibung ▪ [...]	▪ Personalkosten ▪ Instandhaltungskosten ▪ Materialkosten ▪ [...]

4.1.1 Kapitalkosten

Kalkulatorische Zinsen

Investitionen binden Kapital im Unternehmen. Dem Investor entgehen somit Erträge, die er mit diesem Kapitalbetrag alternativ erwirtschaften könnte (z. B. am Kapitalmarkt). Da verschiedene Investitionsvorhaben unterschiedlich viel Kapital beanspruchen können, müssen diese entgangenen Erträge (z. B. Zinserträge) berücksichtigt werden, um die Alternativen vergleichbar zu machen.

Es wird davon ausgegangen, dass durchschnittlich die Hälfte der Anschaffungskosten im Unternehmen gebunden und somit zu verzinsen ist. Verfügt das Investitionsobjekt am Ende der Laufzeit über einen Restwert, so ist dieser während der Nutzung auch im Unternehmen gebunden und muss bei der Ermittlung der kalkulatorischen Zinsen berücksichtigt werden.

Für die Berechnung der kalkulatorischen Zinsen ergibt sich folgende Formel:

$$\textit{kalkulatorischer Zins} = \frac{\textit{Anschaffungskosten} + \textit{Restwert}}{2} \cdot \textit{Kalkulationszinssatz}$$

Zu den Anschaffungskosten zählt der Nettopreis des Investitionsobjekts abzüglich aller Anschaffungspreisminderungen, wie z. B. Skonto. Zusätzlich sind die Anschaffungsnebenkosten zu berücksichtigen. Hierbei kann es sich um Kosten für den Transport sowie dessen Versicherung handeln oder für die Montage.

Beispiel
Die Duisdorfer BüroKonzept KG plant die Anschaffung einer hydraulischen Presse mit 500 t Pressdruck. Ihr liegt ein Angebot der Industriepressen Schmitz GmbH vor. Der Listenpreis der Presse, DP 500, beträgt netto 250.000,00 €. Darauf wird ein Rabatt von 5 % gewährt. Die Frachtkosten betragen 2.300,00 €. Zusätzlich fallen Montagekosten von 3.200,00 € an. Für die Maschine muss ein eigenes Fundament gegossen werden, dessen Kosten sich auf 10.000,00 € belaufen. Als Restwert werden 7.000,00 € veranschlagt.

Listenpreis:		*250.000,00 €*
Anschaffungspreisminderung:		
	Rabatt:	*– 12.500,00 €*
Anschaffungsnebenkosten:		
	Fracht:	*+ 2.300,00 €*
	Montage:	*+ 3.200,00 €*
	Fundament:	*+ 10.000,00 €*
Anschaffungskosten:		*253.000,00 €*

Die Duisdorfer BüroKonzept KG rechnet mit einem kalkulatorischen Zinssatz von 7 %. Die kalkulatorischen Zinsen berechnen sich nach folgender Formel

$$\text{kalkulatorischer Zins} = \frac{253.000{,}00\ € + 7.000{,}00\ €}{2} \cdot 7\,\% = 9.100{,}00\ €$$

Der Kalkulationszinssatz gibt die gewünschte Mindestverzinsung an, die durch die Investition erwirtschaftet werden soll. Bei der Festsetzung des Kalkulationszinssatzes orientiert man sich häufig am aktuellen Kapitalmarktzins. Da jede Investition mit einem Risiko verbunden ist, kann dies in Form eines Risikoaufschlags berücksichtig werden. Bei einem risikoscheuen Investor fällt der Aufschlag höher aus als bei einem risikofreudigen.

Die kalkulatorischen Zinsen finden keinen Niederschlag in der Finanzbuchhaltung. Sie dienen dazu, Investitionsalternativen vergleichbar zu machen.

Kalkulatorische Abschreibungen

LF 6, 7.2

Die Nutzung von Sachanlagen führt zu einem Werteverlust, der nach handelsrechtlichen Vorschriften in der GuV-Rechnung erfasst wird. Die kalkulatorischen Abschreibungen sollen den tatsächlichen Werteverzehr abbilden, der in der Preiskalkulation angesetzt wird oder zum Vergleich von Investitionsalternativen genutzt wird. Dabei müssen keine gesetzlichen Vorschriften beachtet werden.

Beispiel
Die Nutzungsdauer der hydraulischen Presse beträgt laut AfA-Tabelle acht Jahre. Der Produktionsleiter Herr Hoffmann vermutet aufgrund seiner langjährigen Berufserfahrung, dass die Maschine zehn Jahre genutzt wird. Darum wird zur Ermittlung der kalkulatorischen Abschreibung von einer zehnjährigen Nutzungsdauer ausgegangen.

Bei der Preiskalkulation wird zur Ermittlung des kalkulatorischen Abschreibungsbetrags häufig der Wiederbeschaffungswert des Investitionsobjektes zugrunde gelegt, da über die Preise der Ersatz erwirtschaftet werden muss. Bei der Kostenvergleichsrechnung sollen die tatsächlichen Kosten so exakt wie möglich erfasst werden. Darum ist es hier sinnvoll, die Anschaffungskosten anzusetzen. Üblicherweise geht man in der Investitionsrechnung von der linearen Abschreibung aus. Unter Beachtung des Restwerts berechnet sich die kalkulatorische Abschreibung in einer Periode nach folgender Formel:

$$\text{kalkulatorische Abschreibung} = \frac{\text{Anschaffungskosten} - \text{Restwert}}{\text{geschätzte Nutzungsdauer}}$$

Beispiel

Die kalkulatorische Abschreibung für die anzuschaffende Presse berechnet sich demnach wie folgt:

$$\text{kalkulatorische Abschreibung} = \frac{253.000{,}00\ € - 7.000{,}00\ €}{10\ \text{Jahre}} = 24.600{,}00\ €/\text{Jahr}$$

4.1.2 Betriebskosten

Zu den Betriebskosten zählen alle Kosten, die durch die Nutzung eines Investitionsobjekts entstehen. Hierunter fallen Personal-, Material-, Instandhaltungs- und Werkzeugkosten.

Personalkosten umfassen Löhne, Gehälter und Sozialleistungen.

Bei den **Materialkosten** handelt es sich hauptsächlich um die Kosten für die Rohstoffe, die den Hauptbestandteil eines Produktes ausmachen. Hinzu kommen die Kosten für Hilfsstoffe, die als Nebenbestandteil in das Produkt eingehen, beispielsweise Schrauben oder Leim. Betriebsstoffe gehen nicht in das Produkt ein, werden aber zum Betreiben von Maschinen benötigt, z. B. Benzin oder Schmierstoffe.

Instandhaltungskosten werden durch Reparaturen und Wartungen verursacht. Werden für Wartungen Verträge mit speziellen Firmen geschlossen, sind die Kosten dafür relativ exakt zu bestimmen.

Werkzeuge sind Hilfsmittel, mit denen durch die menschliche Hand oder Maschinen formverändernd auf ein Werkstück eingewirkt wird. Hierzu zählen u. a. Feilen, Hämmer, Meißel und Pressformen, die für besondere Aufträge oft neu anzufertigen sind und damit höhere Kosten verursachen.

Die **Anschaffungskosten** eines Investitionsobjekts sind vergleichsweise leicht zu berechnen, da die benötigten Angaben durch Angebote ermittelt werden können. Die tatsächlichen Werte für die unterschiedlichen Betriebskosten ergeben sich erst durch die Nutzung eines Investitionsobjekts und müssen somit im Vorfeld geschätzt werden.

4.2 Verfahren der Investitionsrechnung

4.2.1 Kostenvergleichsrechnung

Bei der Kostenvergleichsrechnung werden alle Kosten mehrerer Investitionsmöglichkeiten ermittelt und gegenübergestellt. Dieses Verfahren ist nur dann sinnvoll, wenn von annähernd gleichen Erträgen ausgegangen wird, d. h. die erzeugten Produkte dürfen sich in Güte, Qualität und Menge nicht wesentlich unterscheiden.

Kostenvergleich pro Periode

Hierbei werden die Kosten alternativer Investitionsobjekte für einen gegebenen Zeitraum gegenübergestellt. Die Darstellung erfolgt dabei häufig in tabellarischer Form.

Beispiel

Neben dem Angebot der Industriepressen Schmitz GmbH wird ein weiteres Angebot eingeholt. Zum Vergleich der Alternativen werden die Kosten in einer Tabelle gegenübergestellt:

	Investitionsobjekt 1	Investitionsobjekt 2
Anbieter	**Industriepressen Schmitz GmbH**	**ATC Hydra AG**
Produktbezeichnung	DP 500	Hydra XTS
Anschaffungskosten	253.000,00 €	280.000,00 €
Restwert	7.000,00 €	9.000,00 €
Nutzungsdauer	10 Jahre	10 Jahre
Auslastung	20 000 Stück/Jahr	20 000 Stück/Jahr
kalk. Zinssatz	7 %	7 %

kalk. Zinsen	9.100,00 €/Jahr	10.115,00 €/Jahr
kalk. Abschreibung	24.600,00 €/Jahr	27.100,00 €/Jahr
Instandhaltungskosten	2.000,00 €/Jahr	2.500,00 €/Jahr
Gehälter	6.000,00 €/Jahr	6.000,00 €/Jahr
fixe Kosten	41.700,00 €/Jahr	45.715,00 €/Jahr

Löhne	88.000,00 €/Jahr	82.000,00 €/Jahr
Materialkosten	215.000,00 €/Jahr	205.000,00 €/Jahr
Energiekosten	7.500,00 €/Jahr	6.500,00 €/Jahr
Werkzeugkosten	5.000,00 €/Jahr	4.500,00 €/Jahr
variable Kosten	315.500,00 €/Jahr	298.000,00 €/Jahr

Gesamtkosten	357.200,00 €/Jahr	343.715,00 €/Jahr
Kostendifferenz	13.485,00 €/Jahr	

Trotz der deutlich höheren Anschaffungskosten sind die jährlichen Gesamtkosten bei der Hydra XTS geringer. Der Kostenvorteil ergibt sich vor allem durch die geringeren Lohn- und Materialkosten. Ursachen dafür können in einer einfacheren Bedienung und damit geringerem Personaleinsatz sowie weniger Verschnitt liegen. Damit verfügt die Hydra XTS gegenüber der DP 500 bei den jährlichen Fixkosten über einen Kostennachteil, der aber durch die geringeren jährlichen variablen Kosten ausgeglichen wird.

Verfügt ein Investitionsobjekt, ausgehend von zwei Alternativen, über geringere fixe und variable Kosten, so ist es unabhängig von der Fertigungsmenge immer die kostengünstigere Möglichkeit. Besitzt ein Investitionsobjekt lediglich bei einer der beiden Kostengruppen einen Vorteil, gibt es eine Menge, bei der die Kosten der Alternativen identisch sind. Diese Menge wird als kritische Menge bezeichnet. Ab der kritischen Menge verfügt das vorher kostenintensivere Investitionsobjekt über einen Kostenvorteil.

Zur Ermittlung der **kritischen Menge** werden die Kostenfunktionen der beiden Alternativen gleichgesetzt und nach der Menge aufgelöst.

Die jährlichen Gesamtkosten für das Investitionsobjekt I ergeben sich aus den gesamten fixen und variablen Kosten:

$K_I = K_{fI} + K_{vI}$

Die gesamten variablen Kosten (K_{VI}) werden durch die variablen Stückkosten (k_{vI}) und die Menge (x) ersetzt.

$K_I = K_{fI} + x \cdot k_{vI}$

Setzt man die Kostenfunktionen gleich, ergibt sich die folgende Formel:

$K_{fI} + x \cdot k_{vI} = K_{fII} + x \cdot k_{vII}$

Löst man die Gleichung nach der Menge x auf, erhält man zur Ermittlung der kritischen Menge die Formel:

$$x = \frac{K_{fII} - K_{fI}}{k_{vI} - k_{vII}}$$

Beispiel
Die Geschäftsführerin der Duisdorfer BüroKonzept KG, Frau Niester, möchte wissen, ab welcher Fertigungsmenge die Gesamtkosten der Hydra XTS unter denen der DP 500 liegen. Zur Ermittlung der variablen Stückosten (k_{vI} und k_{vII}) teilt sie die variablen Kosten durch die geplante Ausbringungsmenge und trägt die Werte in die Formel zur Berechnung der kritischen Menge ein:

$$x = \frac{45.715{,}00\ € - 41.700{,}00\ €}{15{,}775\ € - 14{,}90\ €} \approx 4\,589 \text{ Stück}$$

Bis zu einer Ausbringungsmenge von 4 589 Stück ist die DP 500 günstiger als die Hydra XTS. Bei dieser Menge sind die Gesamtkosten der beiden Pressen identisch, danach wird die Hydra XTS günstiger.

Kostenvergleich je Leistungseinheit

Der Kostenvergleich je Periode ist nur dann sinnvoll, wenn die zu vergleichenden Alternativen über die gleiche Kapazität verfügen. Unterscheiden sich die Alternativen in ihrer Auslastung, ist der Kostenvergleich je Leistungseinheit aussagefähiger.

Beispiel
Die neu anzuschaffende Presse soll eine alte Anlage ersetzen, die noch voll funktionstüchtig ist und deren Kapazitätsgrenze bei 15 000 Stück pro Jahr liegt. Um zu entscheiden, ob die alte Anlage oder die Hydra XTS kostengünstiger ist, muss ein Stückkostenvergleich durchgeführt werden, da sich die Ausbringungsmengen um 5 000 Stück unterscheiden.

	Altes Investitionsobjekt		Neues Investitionsobjekt	
Produktbezeichnung	PressPower 4		Hydra XTS	
Auslastung	15 000 Stück/Jahr		20 000 Stück/Jahr	
Anschaffungskosten	200.000,00 €		280.000,00 €	
	Jahr	Stück	Jahr	Stück
fixe Kosten	38.000,00 €	2,53 €	45.715,00 €	2,29 €
variable Kosten	230.000,00 €	15,33 €	298.000,00 €	14,90 €
Summe	268.000,00 €	17,87 €	343.715,00 €	17,19 €

	Jahr	Stück
Kostendifferenz	−75.715,00 €	0,68 €

Aus der Tabelle ist ersichtlich, dass die alte Anlage über einen Kostenvorteil von 75.715,00 € pro Jahr verfügt. Bei den Stückkosten liegt sie allerdings 0,68 € über der neuen Anlage. Ausgehend von der Kostenvergleichsrechnung ist die Anschaffung der Hydra XTA aus Kosten- und Kapazitätseffekten sinnvoll.

Liegt die geplante Fertigungsmenge unter der Auslastung, sollte die Kostenvergleichsrechnung je Leistungseinheit mit der Planmenge durchgeführt werden, da die Fixkosten auf eine kleinere Stückzahl verteilt werden. Die variablen Stückkosten bleiben dabei unverändert.

Beispiel
Es wird vermutet, dass mit der Presse 10 000 Teile pro Jahr gefertigt werden sollen. Die Kostenvergleichsrechnung je Leistungseinheit wird mit dieser geplanten Fertigungsmenge durchgeführt.

	Altes Investitionsobjekt		Neues Investitionsobjekt	
Produktbezeichnung	PressPower 4		Hydra XTS	
Fertigungsmenge	10 000 Stück/Jahr		10 000 Stück/Jahr	
Anschaffungskosten	200.000,00 €		280.000,00 €	
	Jahr	Stück	Jahr	Stück
fixe Kosten	38.000,00 €	3,80 €	45.715,00 €	4,57 €
variable Kosten	153.333,00 €	15,33 €	149.000,00 €	14,90 €
Summe	191.333,00 €	19,13 €	194.715,00 €	19,47 €

	Jahr	Stück
Kostendifferenz	−3.382,00 €	−0,34 €

Die alte Presse verfügt jetzt über einen Gesamt- und Stückkostenvorteil.

Beurteilung der Kostenvergleichsrechnung

Der Vorteil der Kostenvergleichsrechnung liegt darin, dass sie relativ einfach durchzuführen ist.

Die Aussagekraft der Ergebnisse wird durch mehrere Nachteile eingeschränkt:

- Die Erlöse werden nicht berücksichtigt. Eine Investition sollte nicht durchgeführt werden, weil sie die geringsten Kosten verursacht, sondern die Gewinnentwicklung am ehesten positiv beeinflusst.
- Die Kostenvergleichsrechnung erfolgt immer für einen Zeitraum, üblicherweise ein Jahr. Die Kosten unterschiedlicher Jahre können jedoch stark voneinander abweichen.

  Beispiel
  Die Duisdorfer BüroKonzept KG beschafft die Presse Hydra XTS, da sie in der Kostenvergleichsrechnung die günstigste Alternative darstellt. Die zugrunde gelegten Kosten bezogen sich auf das Anschaffungsjahr. In Fachkreisen ist bekannt, dass diese Presse nach einer Ausbringungsmenge von ca. 100 000 Stück extrem störanfällig wird und hohe Reparaturkosten verursacht. Diese Kosten fanden keine Berücksichtigung in der Kostenvergleichsrechnung.

- Die Höhe des Kapitaleinsatzes bleibt unberücksichtigt.

  Beispiel
  Innerhalb der Duisdorfer BüroKonzept KG hätte die alte Presse PressPower 4 weiter genutzt werden können. Die Kosten von 280.000,00 € für die Anschaffung der Hydra XTS wären nicht angefallen und hätten für andere Vorhaben genutzt werden können.

4.2.2 Gewinnvergleichsrechnung

Gewinnvergleichsrechnung je Periode

Die Kostenvergleichsrechnung geht von gleichen Erlösen für alternative Investitionsvorhaben aus. Die Erlöse können aber unterschiedlich hoch sein. Gründe dafür können in unterschiedlicher qualitativer und quantitativer Leistungsfähigkeit der Vorhaben liegen. Erzeugt ein Investitionsobjekt eine höhere Qualität, kann dafür ein höherer Erlös pro Stück erzielt werden. Lässt sich mit einem Vorhaben eine höhere Ausbringungsmenge erzeugen, so ist deren Erlös pro Periode höher. Voraussetzung dafür ist, dass die gesamte Menge abgesetzt werden kann.

Die Gewinnvergleichsrechnung erweitert die Ergebnisse der Kostenvergleichsrechnung um die Berücksichtigung von Erlösen. Der Gewinn berechnet sich aus der Differenz von Erlösen und Kosten.

Gewinn = Erlöse – Kosten

Dabei gilt für die Erlöse:

Erlöse = Menge · Absatzpreis

Und für die Kosten:

Kosten = Fixkosten + Menge · variable Stückkosten

Eine Investition ist immer dann vorteilhaft, wenn ihr Gewinn positiv ist. Bei alternativen Investitionsobjekten ist die Variante vorzuziehen, die den höheren Gewinn erzielt. Dabei kann auch der Verbleib einer maschinellen Anlage eine Alternative sein, d. h. der Gewinn einer Neuanschaffung wird mit dem Gewinn der bisherigen Anlage verglichen.

Beispiel

Zwei Investitionsobjekte stehen zur Auswahl. Die Ergebnisse der Kostenvergleichsrechnung wurden um die erwarteten Erlöse ergänzt.

	Investitionsobjekt 1	Investitionsobjekt 2
Anschaffungskosten	120.000,00 €	145.000,00 €
Restwert	5.000,00 €	6.000,00 €
Nutzungsdauer	6 Jahre	6 Jahre
Auslastung	20 000 Stück/Jahr	20 000 Stück/Jahr
kalk. Zinssatz	7 %	7 %
variable Kosten	11,50 €/Stück	11,00 €/Stück
Absatzpreis	15,00 €/Stück	15,00 €/Stück
variable Kosten	230.000,00 €/Jahr	220.000,00 €/Jahr
fixe Kosten	32.000,00 €/Jahr	37.000,00 €/Jahr
Gesamtkosten	262.000,00 €/Jahr	257.000,00 €/Jahr
Erlös	300.000,00 €/Jahr	300.000,00 €/Jahr
Gewinn	38.000,00 €/Jahr	43.000,00 €/Jahr

Die jährlichen variablen Kosten ergeben sich durch Multiplikation der Auslastung von 20 000 Stück pro Jahr und den jeweiligen variablen Stückkosten. Die durchgeführte Gewinnvergleichsrechnung bezieht sich auf eine jährliche Auslastung von 20 000 Stück. Trotz der höheren Fixkosten ist der Jahresgewinn bei Investitionsobjekt 2 höher. Ursache dafür sind die um 0,50 € geringeren variablen Stückkosten.

Gewinnvergleichsrechnung je Leistungseinheit

Geht man von einer geringeren Auslastungsmenge aus, könnte das Investitionsobjekt 1 den höheren Gewinn erzielen, da die Fixkosten dann einen größeren Bestandteil der Gesamtkosten ausmachen. D. h. es müsste eine Menge geben, ab der der Gewinnvorteil von einer Investitionsalternative auf die andere übergehen würde. Diese Menge wird als kritische Menge bezeichnet.

Beispiel
Zur Ermittlung der kritischen Menge werden die Gewinne der Investitionsalternativen bei variierender Stückzahl gegenübergestellt:

Menge	Gewinn	
	Investitionsobjekt 1	Investitionsobjekt 2
0	–32.000,00 €/Jahr	–37.000,00 €/Jahr
2000	–25.000,00 €/Jahr	–29.000,00 €/Jahr
4000	–18.000,00 €/Jahr	–21.000,00 €/Jahr
6000	–11.000,00 €/Jahr	–13.000,00 €/Jahr
8000	– 4.000,00 €/Jahr	– 5.000,00 €/Jahr
10000	3.000,00 €/Jahr	3.000,00 €/Jahr
12000	10.000,00 €/Jahr	11.000,00 €/Jahr
14000	17.000,00 €/Jahr	19.000,00 €/Jahr
16000	24.000,00 €/Jahr	27.000,00 €/Jahr
18000	31.000,00 €/Jahr	35.000,00 €/Jahr
20000	38.000,00 €/Jahr	43.000,00 €/Jahr

Der Tabelle kann man entnehmen, dass

- bis 10000 Stück Investitionsobjekt 1 vorteilhaft ist, da der Gewinn größer bzw. der Verlust kleiner ist.
- bei 10000 Stück der Gewinn für beide Alternativen gleich ist.
- ab 10000 Stück der Gewinn bei Investitionsobjekt 2 größer ist.

Die Gewinnverläufe der Alternativen lassen sich als Grafik darstellen:

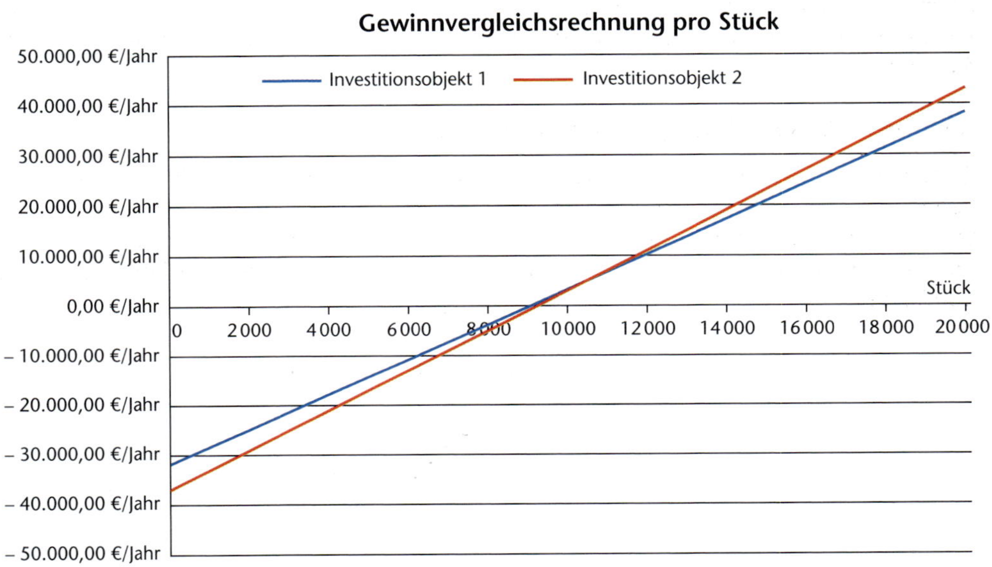

Die kritische Menge liegt im Schnittpunkt der beiden Geraden. An den Stellen, an denen die Geraden die Abszisse schneiden, liegen die Gewinnschwellen der einzelnen Investitionsobjekte. Die Gewinnschwelle gibt an, ab welcher Stückzahl die Erlöse die Kosten übersteigen.

Beurteilung der Gewinnvergleichsrechnung

Die Gewinnvergleichsrechnung liefert gegenüber der Kostenvergleichsrechnung eine verbesserte Entscheidungsgrundlage, da die Erlöse mitberücksichtigt werden. Die weiteren Nachteile der Kostenvergleichsrechnung werden nicht beseitigt, d. h. die Ergebnisse unterschiedlicher Perioden können voneinander abweichen und der Kapitaleinsatz wird nicht berücksichtigt. Zusätzlich ist es häufig schwer, die Erlöse einem Investitionsobjekt zuzurechnen, da zur Fertigstellung eines Produktes meist mehrere Maschinen benötigt werden.

4.2.3 Rentabilitätsvergleichsrechnung

Diese Methode hat zum Ziel, die durchschnittliche jährliche Verzinsung einer Investition zu ermitteln. Dazu setzt man den Gewinn und den durchschnittlichen Kapitaleinsatz in Beziehung:

$$\text{Rentabilität} = \frac{\text{Gewinn} \cdot 100}{\text{Durchschnittlicher Kapitaleinsatz}}$$

Für den durchschnittlichen Kapitaleinsatz gilt:

$$\text{Durchschnittlicher Kapitaleinsatz} = \frac{\text{Anschaffungskosten} + \text{Restwert}}{2}$$

Die berechnete Rentabilität gibt die Verzinsung des eingesetzten Kapitals an, darum bleiben kalkulatorische Zinsen bei der Gewinnermittlung unberücksichtigt.

Beispiel
Der Gewinnvergleich zweier Investitionsvorhaben ergibt für das Objekt 1 einen voraussichtlichen Jahresgewinn von 32.650,00 € und für Objekt 2 von 27.215,00 €. Als kalkulatorischer Zinssatz wurden 7 % zugrunde gelegt. Führt man die Gewinnvergleichsrechnung – als Grundlage für die Rentabilitätsvergleichsrechnung – ohne kalkulatorische Zinsen durch, bleibt Objekt 1 vorteilhafter:

	Investitionsobjekt 1	Investitionsobjekt 2
Anschaffungskosten	200.000,00 €	145.000,00 €
Restwert	10.000,00 €	6.000,00 €
Nutzungsdauer	8 Jahre	8 Jahre
Auslastung	25 000 Stück/Jahr	25 000 Stück/Jahr
kalk. Zinssatz	0 %	0 %
variable Kosten	8,50 €/Stück	9,50 €/Stück
Absatzpreis	14,50 €/Stück	14,00 €/Stück
variable Kosten	212.500,00 €/Jahr	237.500,00 €/Jahr
fixe Kosten	110.000,00 €/Jahr	80.000,00 €/Jahr
Gesamtkosten	322.500,00 €/Jahr	317.500,00 €/Jahr
Erlös	362.500,00 €/Jahr	350.000,00 €/Jahr
Gewinn	40.000,00 €/Jahr	32.500,00 €/Jahr

Für die Rentabilität ergeben sich folgende Werte:

Investitionsobjekt 1

$$\text{Rentabilität} = \frac{40.000{,}00\ € \cdot 100}{105.000{,}00\ €} = 38{,}10\,\%$$

Investitionsobjekt 2

$$\text{Rentabilität} = \frac{32.500{,}00\ € \cdot 100}{75.500{,}00\ €} = 43{,}05\,\%$$

Aus Sicht der Rentabilitätsvergleichsrechnung ist Investitionsobjekt 2 günstiger, da das eingesetzte Kapital eine höhere Verzinsung erzielt. Ursächlich hierfür sind die geringeren Anschaffungskosten bei Investitionsobjekt 2.

Beurteilung der Rentabilitätsvergleichsrechnung

Die Rentabilitätsvergleichsrechnung ist aussagekräftiger als die bisher dargestellten Methoden der Investitionsrechnung, da sie den Kapitaleinsatz berücksichtigt. Problematisch ist, wie bei den anderen Methoden, dass Werte unterschiedlicher Perioden voneinander abweichen können. Die Ermittlung der Erlöse stellt eine zusätzliche Schwierigkeit dar, da z. B. Absatzpreise schwanken können oder die Zurechnung der Erlöse zu einem Investitionsprojekt problematisch ist.

5 Finanzierung

Notwendigkeit

Zu Beginn des Lernfeldes wurde die Finanzierung als Maßnahme zur Beschaffung von Kapital (Mittelherkunft) definiert. Unternehmen durchlaufen einen permanenten Kreislauf von Finanzierung, Investition und Desinvestition. Investitionen binden Kapital und führen zu Ausgaben. Hierzu zählen die Bezahlung von Löhnen, Maschinenkäufe und Lieferantenrechnungen. Desinvestitionen führen zu Einnahmen und setzen Kapital frei. Beispiele hierfür sind Kundenzahlungen und Zahlungen für den Verkauf nicht mehr benötigter Maschinen. Investitionen führen zu kapitalbindenden Zahlungsströmen, die meist vor kapitalfreisetzenden Zahlungsströmen liegen. Die Notwendigkeit zur Finanzierung ergibt sich aus dieser zeitlichen Differenz.

Beispiel

Die Duisdorfer BüroKonzept KG bezieht auf dem Beschaffungsmarkt Rohstoffe, Betriebsmittel etc. Innerhalb des Unternehmens erfolgt die Verarbeitung zu fertigen Erzeugnissen, die am Absatzmarkt verkauft werden (Güterströme). Die Rechnungen für die auf dem Beschaffungsmarkt bezogenen Waren und Materialien sind i. d. R. vor dem Geldeingang für die verkauften Produkte zu begleichen (Geldströme).

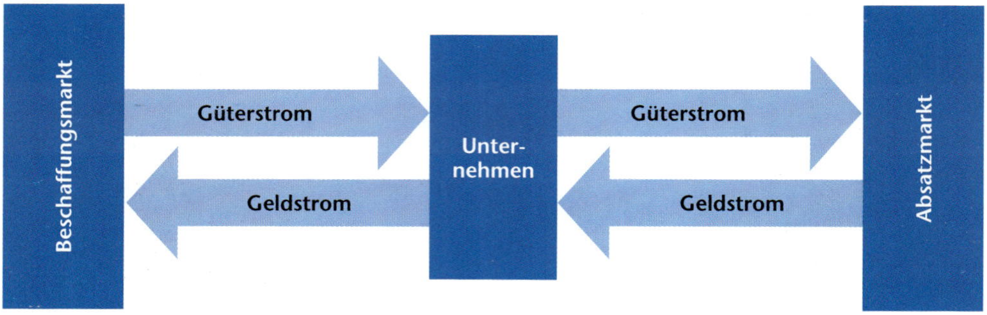

Investitionsgüter geben ihre Leistung über einen längeren Zeitraum ab. Dementsprechend erfolgt der Kapitalrückfluss über diesen Zeitraum. Finanzierungsmaßnahmen sollten an diesen Zeitraum angepasst werden.

Zielsetzung

Finanzierung befasst sich mit der Bereitstellung von Kapital. Benötigtes Kapital soll zum richtigen Zeitpunkt und in der notwendigen Höhe zur Verfügung stehen. Dabei werden unterschiedliche Ziele verfolgt.

Sicherung der Liquidität

Liquidität beschreibt die Fähigkeit, jederzeit seinen fälligen Zahlungsverpflichtungen termingerecht nachkommen zu können. Mangelnde Liquidität führt dazu, dass Fremdkapital beschafft werden muss, für das entsprechend Zinsen zu zahlen sind. Schlimmstenfalls kann das Unternehmen seinen Zahlungsverpflichtungen nicht nachkommen und muss das Insolvenzverfahren einleiten. Zu hohe Liquidität bedeutet, dass Kapital nicht für unternehmerische Zwecke genutzt wird und Gewinnchancen nicht genutzt werden.

Steigerung der Rentabilität

Die Rentabilität ist eine Messzahl, die sich aus dem Verhältnis von Gewinn und eingesetztem Kapital ergibt. Die Wahl geeigneter Finanzierungsmethoden verringert die Kosten der Kapitalbereitstellung und führt somit zu höheren Gewinnen. Zusätzlich kann die Rentabilität durch sinnvolle Anlage liquider Überschüsse gesteigert werden.

Wahrung der Unabhängigkeit

Die Unabhängigkeit gibt die Entscheidungsfreiheit der Eigentümer oder Geschäftsführer eines Unternehmens an. Bei rein mit Eigenkapital finanzierten Unternehmen ist die Entscheidungsfreiheit ausgesprochen hoch. Steigt der Grad der Fremdfinanzierung, fällt die Unabhängigkeit, da Fremdkapitalgeber oft ein Mitspracherecht verlangen und Sicherheiten gegeben werden müssen, die die freie Verfügbarkeit der als Sicherheit gestellten Vermögenswerte einschränkt.

LS 9.2

5.1 Erstellung von Finanzplänen

Finanzpläne stellen die erwarteten Einnahmen den erwarteten Ausgaben für eine Planungsperiode (z. B. ein Quartal oder Halbjahr) gegenüber. Die wesentliche Funktion kurzfristiger Finanzpläne ist es, Liquiditätsengpässe zu erkennen und Gegenmaßnahmen zu ergreifen. Überschüssige liquide Mittel sollen nicht ungenutzt im Unternehmen verbleiben, sondern gewinnbringend investiert werden.

Ein Finanzplan ist durch sechs Bereiche gekennzeichnet:

- Anfangsbestand an Zahlungsmitteln
- erwartete Einzahlungen
- erwartete Auszahlungen
- Unterdeckung/Überdeckung
- Anpassungsmaßnahmen
- Endbestand an Zahlungsmitteln

Anfangsbestand an Zahlungsmitteln

Der Anfangsbestand an Zahlungsmitteln ergibt sich aus dem Saldo der Vorperiode. Er setzt sich im Wesentlichen aus dem Kassenbestand und den Guthaben bei Kreditinstituten zusammen.

Dabei wird der Kassenbestand täglich in einem Kassenbuch erfasst und fortgeführt. Das Kassenbuch zählt in der Buchführung zu den Nebenbüchern und dient der Aufzeichnung und Kontrolle aller baren Zahlungsvorgänge. Neben dem Anfangsbestand werden alle Ein- und Auszahlungen in chronologischer Reihenfolge aufgeführt. Abschließend wird der aktuelle Kassenbestand als Saldo ermittelt.

Kassenbuch

Juni

Duisdorfer BüroKonzept KG
Rochusstraße 30
53123 Bonn
Ust.-IdNr.: DE 244 111 855

Telefon: 0228 98765-0
Fax: 0228 98765-80
Internet: www.duisdorfer-bueko.de
E-Mail: info@duisdorfer-bueko.de

Duisdorfer BüroKonzept KG

aktueller Kassenbestand	**523,00 €**

Beleg-Nr.	Datum	Bezeichnung	Einnahme	Ausgabe	Umsatzsteuersatz	Umsatzsteuer	Kassenbestand
1	01.06.	Saldo Vormonat					312,00 €
2	01.06.	Porto		51,00 €	0%	- €	261,00 €
3	01.06.	Getränkeautomat	112,00 €		19%	17,88 €	373,00 €
4	02.06.	Verkauf an Mitarbeiter	250,00 €		19%	39,92 €	623,00 €
5	02.06.	Privatentnahme		100,00 €	0%	- €	523,00 €

Das Guthaben bei Kreditinstituten wird über die Kontoauszüge des jeweiligen Kreditinstitutes dokumentiert.

Erwartete Einzahlungen

Zu den erwarteten Einzahlungen zählen, wie im nachfolgenden Finanzplan der Duisdorfer BüroKonzept KG ersichtlich, folgende Positionen:

Einzahlungen aus ...	Beispiele:
Verkauf von Waren	Verkauf von eigenen Erzeugnissen, Handelswaren
Verkauf von Sachanlagen	Verkauf von Grundstücken, Gebäuden, BGA
Verkauf von Finanzanlagen	Verkauf von Wertpapieren, Beteiligungen
Aufnahme von Eigenkapital	Aufnahme neuer Gesellschafter, Erhöhung der Eigenkapitalanteile
Aufnahme von Fremdkapital	Kreditaufnahme
Zinsen	verschiedene Zinserträge
Sonstiges	Einzahlungen aus Vermietungen, Steuererstattungen

Erwartete Auszahlungen

Im kurzfristigen Finanzplan der Duisdorfer BüroKonzept KG finden sich nachfolgende zu erwartende Auszahlungen:

Auszahlungen für ...	Beispiele:
Personal	Auszahlungen für Löhne, Gehälter, gesetzliche Unfallversicherung
Material	Auszahlungen für Roh-, Hilfs-, Betriebsstoffe
Handelsware	Auszahlungen für Fertigerzeugnisse
Steuern	Auszahlungen für Einkommenssteuern, gewinnabhängige Steuern
Anlageinvestitionen	Auszahlungen für Grundstücks-, Maschinenkäufe
Wartung/Reparaturen	Auszahlung für Instandhaltungen
Zinsen	verschiedene zu zahlende Zinsen
Tilgung von Fremdkapital	Rückzahlung von Krediten
Sonstiges	Auszahlungen für Versicherungen, Werbung, Mieten

Unterdeckung/Überdeckung

Ergibt sich aus dem Anfangsbestand an Zahlungsmitteln, erwarteten Einzahlungen und Auszahlungen ein positives Ergebnis, spricht man von Überdeckung, bei einem negativen Ergebnis von Unterdeckung.

Anpassungsmaßnahmen

Die Anpassungsmaßnahmen stellen eine Reaktion auf eine Unter- bzw. Überdeckung dar. Dabei handelt es sich wieder um Einzahlungen und Auszahlungen. Bei einer Überdeckung werden Auszahlungen, wie z. B. die Tilgung von Darlehen oder das Anlegen von liquiden Mitteln getätigt, damit die liquiden Mittel nicht ungenutzt bleiben. Im Gegensatz dazu sind bei einer Unterdeckung Einzahlungen notwendig, die aus Kreditaufnahme, Eigenkapitalerhöhung, Rückfordern von gewährten Darlehen oder anderen Maßnahmen bestehen können. Eine wichtige Maßnahme um eine Unterdeckung zu verhindern, stellt im Unternehmen die regelmäßige Kontrolle der offenen Posten, der Forderungen und Verbindlichkeiten eines Unternehmens, dar. Im Forderungsmanagement kann beispielsweise mit zeitnahen Zahlungserinnerungen und Mahnbriefen darauf hingewirkt werden, dass säumige Kunden ihre Schulden frühzeitig zahlen. Eigene Verbindlichkeiten dagegen sollten so spät wie möglich beglichen werden. Damit können u. U. Einzahlungen durch Kreditaufnahmen o. ä. vermieden werden.

Als Saldo der gesamten Bewegungen ergibt sich der **Endbestand an Zahlungsmitteln**.

Die Werte, die in der Finanzplanung angesetzt werden, können teilweise aus der Buchhaltung entnommen werden oder beruhen auf Erfahrungswerten.

Beispiel
Zu den Aufgaben von Herrn Fernandez, dem Leiter des Rechnungswesens, zählt die Erstellung kurzfristiger Finanzpläne. Gemeinsam mit Frau Engler entscheidet er, welche Maßnahmen aufgrund deren Ergebnissen einzuleiten sind.

Finanzplan für Mai 20..						
	1. Woche			2. Woche		
	Soll	Ist	Abweichung	Soll	Ist	Abweichung
Zahlungsmittelbestand	**42.000,00 €**	**42.000,00 €**	**– €**	**6.450,00 €**		
Einzahlungen aus …						
Verkauf von Waren	315.000,00 €	317.000,00 €	2.000,00 €	210.000,00 €		
Verkauf von Sachanlagen	5.500,00 €	4.200,00 €	–1.300,00 €	– €		
Verkauf von Finanzanlagen	– €	– €	– €	10.000,00 €		
Aufnahme von Eigenkapital	– €	– €	– €	– €		
Aufnahme von Fremdkapital	– €	– €	– €	– €		
Zinsen	850,00 €	850,00 €	– €	850,00 €		
Sonstiges	– €	– €	– €	– €		
Summe Einzahlungen	**321.350,00 €**	**322.050,00 €**	**700,00 €**	**220.850,00 €**	**– €**	**– €**
Auszahlungen für …						
Personal	157.000,00 €	156.500,00 €	–500,00 €	– €		
Material	78.000,00 €	79.300,00 €	1.300,00 €	70.000,00 €		
Handelsware	50.000,00 €	52.000,00 €	2.000,00 €	51.000,00 €		
Steuern	– €	– €	– €	35.000,00 €		
Anlageinvestitionen	– €	– €	– €	– €		
Wartung/ Reparaturen	– €	30.000,00 €	30.000,00 €	16.000,00 €		
Zinsen	1.200,00 €	1.200,00 €	– €	1.100,00 €		
Tilgung von Fremdkapital	3.600,00 €	3.600,00 €	– €	3.600,00 €		
Sonstiges	– €	– €	– €			
Summe Auszahlungen	**289.800,00 €**	**322.600,00 €**	**32.800,00 €**	**176.000,00 €**	**– €**	**– €**
Über-/ Unterdeckung	**73.550,00 €**	**41.450,00 €**	**–32.100,00 €**	**50.600,00 €**	**– €**	**– €**
Anpassungsmaßnahmen						
Tilgung von Fremdkapital	35.000,00 €	35.000,00 €	– €			
Endbestand an Zahlungsmitteln	**38.550,00 €**	**6.450,00 €**	**–32.100,00 €**	**50.600,00 €**	**– €**	**– €**

Nach Abschluss der Finanzplanung für den Monat Mai hat sich am Ende der ersten Woche eine Überdeckung von 73.550,00 € ergeben. Daraufhin haben Frau Engler und Herr Fernandez beschlossen, zusätzlich Kreditschulden in Höhe von 35.000,00 € zu tilgen. Die tatsächlichen Zahlen der ersten Maiwoche weichen erheblich von den Planungsgrößen ab, da eine computergesteuerte Lackieranlage für 30.000,00 € repariert werden müsste. Aufgrund der weiteren positiven Planungszahlen wird an dem Beschluss der zusätzlichen Tilgung festgehalten.

5.2 Finanzierungsarten

Unterschiedliche Finanzierungsmöglichkeiten lassen sich nach zwei Kriterien einteilen.

Das erste Kriterium unterscheidet nach der Herkunft der Mittel. Stammen die finanziellen Mittel aus der Unternehmung, spricht man von **Innenfinanzierung**, werden sie von außerhalb zugeführt, von **Außenfinanzierung**.

Das zweite Kriterium berücksichtigt verschiedene Kapitalarten. Es wird unterschieden, ob die finanziellen Mittel dem Eigen- (**Eigenfinanzierung**) oder Fremdkapital (**Fremdfinanzierung**) zuzurechnen sind.

Die verschiedenen Finanzierungsmöglichkeiten lassen sich i. d. R. beiden Kriterien zuordnen.

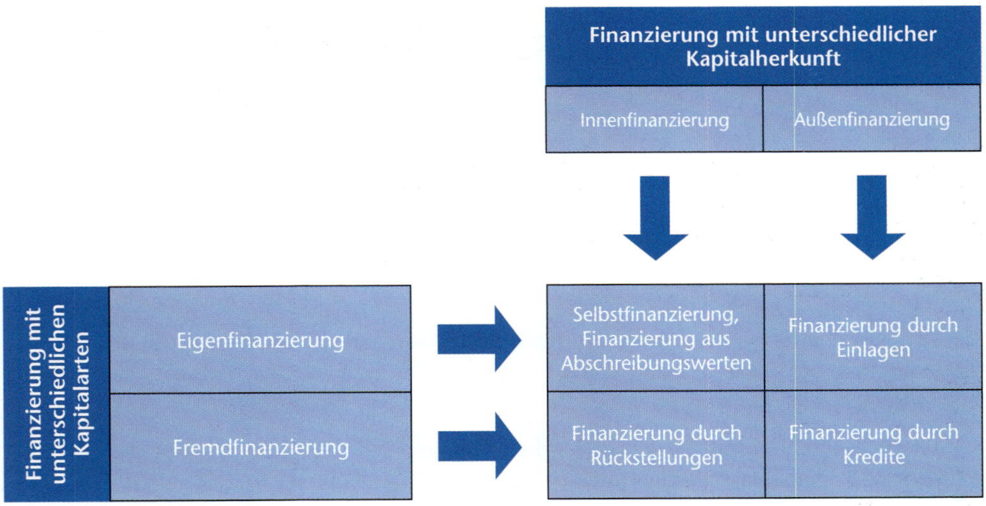

6 Innenfinanzierung

6.1 Selbstfinanzierung

Bei der Selbstfinanzierung bleiben erwirtschaftete Gewinne im Unternehmen und werden nicht ausgeschüttet. Es wird zwischen der offenen und stillen Selbstfinanzierung unterschieden.

6.1.1 Offene Selbstfinanzierung

Der offenen Selbstfinanzierung liegt das Ergebnis der Gewinn- und Verlustrechnung zugrunde. Der erwirtschaftete Gewinn wird in der Bilanz ausgewiesen, aber nicht oder nur teilweise an die Gesellschafter ausgeschüttet. Bei einer Einzelunternehmung erhöht sich das Kapitalkonto des Einzelunternehmers und bei Personengesellschaften die Kapitalkonten der Gesellschafter. Die Verteilung von Gewinnen oder Verlusten erfolgt bei Personengesellschaften nach gesetzlichen Bestimmungen oder den Regelungen des Gesellschaftsvertrags.

LF 1, 1.3.4

Beispiel

Die Duisdorfer BüroKonzept KG erwirtschaftete im vergangenen Geschäftsjahr einen Gewinn von 320.000,00 €. Der Gewinn ist nach den Regeln des Gesellschaftsvertrags zu verteilen, d. h. die Einlagen werden mit 4 % verzinst und der Rest im Verhältnis der Einlagen verteilt.

Gewinnverteilung 20..				
Gesellschafter	Einlage	Verzinsung	Rest	Gewinnanteil
Falo, Sebastian	220.000,00 €	8.800,00 €	92.494,96 €	101.294,96 €
Niester, Katharina	160.000,00 €	6.400,00 €	67.269,06 €	73.669,06 €
Keller-Rössler, Beate	135.000,00 €	5.400,00 €	56.758,27 €	62.158,27 €
Suttner, Matthias	180.000,00 €	7.200,00 €	75.677,70 €	82.877,70 €
Summe	695.000,00 €	27.800,00 €	292.200,00 €	320.000,00 €
Gewinn	320.000,00 €			

Nachdem der Gewinn um den für die Verzinsung notwendigen Betrag vermindert wurde, bleiben 292.200,00 €, die im Verhältnis der Einlagen verteilt werden. Dazu wird dieser Betrag durch die Gesamteinlage dividiert und anschließend mit den jeweiligen Einlagen multipliziert. In der Gesellschafterversammlung wurde beschlossen, den Gewinn nicht auszuschütten. Die Kapitalkonten der Gesellschafter erhöhen sich somit um ihren Gewinnanteil.

Kapitalgesellschaften weisen nicht ausgeschüttete Gewinne in der Bilanzposition Gewinnrücklagen aus, bei der es sich um einen Bestandteil des Eigenkapitals handelt. Wie hoch die Gewinnrücklage ist, kann von den beschlussfassenden Organen festgelegt werden.

Bei Aktiengesellschaften ist es vorgeschrieben, dass ein Teil des Jahresgewinns in die gesetzliche Rücklage eingestellt werden muss (§ 150 AktG). Dabei gilt:

- Der Jahresüberschuss wird um einen eventuellen Verlustvortrag aus dem Vorjahr vermindert.
- Von dem verbleibenden Betrag sind 5 % in die gesetzliche Rücklage einzustellen, bis die gesamte gesetzliche Rücklage und Kapitalrücklage 10 % des Grundkapitals ausmachen.
- In der Satzung kann ein höherer Prozentsatz des Grundkapitals festgelegt werden.

6.1.2 Stille Selbstfinanzierung

Die in der Bilanz ersichtlichen Rücklagen ergeben sich daraus, dass ein Teil des Jahresüberschusses aufgrund gesetzlicher bzw. satzungsgemäßer Vorgaben oder freiwillig einbehalten wird. Sie werden als offene Rücklagen bezeichnet. Davon sind die stillen Reserven zu unterscheiden. Stille Reserven entstehen durch die Unterbewertung von Vermögensgegenständen oder die Überbewertung von Schulden.

Beispiel

Die Duisdorfer BüroKonzept KG verkauft einen fünf Jahre alten Lkw, dessen Buchwert 25.000,00 € beträgt. Da die Laufleistung des Lkws gering ist und das Fahrzeug gut gepflegt wurde, beläuft sich der Nettoverkaufspreis auf 31.000,00 €. Nachdem der Käufer das Geld überwiesen hat, wird der Lkw abgemeldet und mit den Papieren übergeben. Der entsprechende Buchungssatz lautet:

Konto Soll	Konto Haben	Betrag Soll	Betrag Haben
2800 Bank		36.890,00 €	
an	0840 Fuhrpark		25.000,00 €
an	5460 Erträge aus dem Abgang von Vermögensgegenständen		6.000,00 €
an	4800 Umsatzsteuer		5.890,00 €

In den vergangenen fünf Jahren lagen die Abschreibungsbeträge über dem tatsächlichen Werteverlust des Lkws. Es entstand eine stille Reserve, um die der Gewinn verringert wurde. Beim Verkauf des Lkw wurde diese Reserve aufgelöst und der Gewinn dementsprechend gesteigert.

Die Bildung stiller Reserven erfolgt durch:

- überhöhte Abschreibung
- zu niedrige Wertansätze des Anlage- und Umlaufvermögens und
- zu hohe Wertansätze von Verbindlichkeiten.

6.2 Finanzierung aus Abschreibungswerten

LS 9.4

Betriebsmittel binden Kapital. Im Zeitablauf nutzen sich die Betriebsmittel ab und verlieren an Wert. Diese Werteverluste stellen Kosten dar, die in den Abschreibungen erfasst werden. Wie alle anderen Kosten auch, werden sie in die Absatzpreise einkalkuliert. Geht man davon aus, dass die Abschreibungsbeträge durch die Verkaufserlöse voll zurückfließen, kommt es in Höhe dieser Beträge zu einem Zufluss an liquiden Mitteln, der zu Finanzierungszwecken genutzt werden kann. Die Abschreibungsbeträge eines Anlagegutes stellen einen Bruchteil seiner Anschaffungs- bzw. Wiederbeschaffungskosten dar, sodass der Gegenwert i. d. R. erst zum Ende der Nutzungsdauer erwirtschaftet wurde. Verfügt ein Unternehmen über mehrere gleichartige Anlagegüter, so können die zusammengefassten Abschreibungsbeträge bereits vor Ende der Nutzungsdauer ausreichen, um eine Erweiterungsinvestition durchzuführen.

Beispiel

Die Duisdorfer BüroKonzept KG schafft sechs leistungsfähige Kopierer an. Die Anschaffungskosten je Stück belaufen sich auf 7.500,00 €. Die gesamten Anschaffungskosten betragen 45.000,00 €. Bei einer Nutzungsdauer von sieben Jahren und linearer Abschreibung ergibt sich ein jährlicher Abschreibungsbetrag von 6.428,57 €. Dieser Betrag reicht nicht aus, um einen weiteren Kopierer anzuschaffen. Im zweiten Jahr würde wieder derselbe Betrag abgeschrieben, d. h. die gesamte bisherige Abschreibung betrüge 12.857,14 €. Davon könnten 7.500,00 € in einen neuen Kopierer investiert werden. Dieses Vorgehen kann für die folgenden Jahre in einer Tabelle dargestellt werden:

Menge:	6
Anschaffungskosten je Stück:	7.500,00 €

Jahr	Stück			Euro			
	Kopierer Jahres-beginn	Zugang Jahres-ende	Abgang Jahres-ende	Abschrei-bungen	kumulierte Abschrei-bung	reinvestiert	Rest
1	6	0	0	6.428,57 €	6.428,57 €	– €	6.428,57 €
2	6	1	0	6.428,57 €	12.857,14 €	7.500,00 €	5.357,14 €
3	7	1	0	7.500,00 €	12.857,14 €	7.500,00 €	5.357,14 €
4	8	1	0	8.571,43 €	13.928,57 €	7.500,00 €	6.428,57 €
5	9	2	0	9.642,86 €	16.071,43 €	15.000,00 €	1.071,43 €
6	11	1	0	11.785,71 €	12.857,14 €	7.500,00 €	5.357,14 €
7	12	2	6	12.857,14 €	18.214,29 €	15.000,00 €	3.214,29 €
8	8	1	1	8.571,43 €	11.785,71 €	7.500,00 €	4.285,71 €

Zum Beginn des siebten Jahres würde die Duisdorfer BüroKonzept GmbH über zwölf Kopierer verfügen. Nach Ablauf der ersten sieben Jahre scheiden die sechs Geräte aus, mit denen begonnen wurde.

6.3 Finanzierung aus Rückstellungsgegenwerten

Beispiel
Bei der Erstellung des Jahresabschlusses wird die Duisdorfer BüroKonzept KG regelmäßig von dem Steuerberater Herr Lambert unterstützt. Zum Ende des aktuellen Geschäftsjahres ist noch unklar, wie hoch die Forderung von Herrn Lambert sein wird.

Rückstellungen sind handelsrechtliche Verbindlichkeiten, Aufwendungen oder Verluste, die hinsichtlich ihrer Entstehung oder Höhe ungewiss sind. Zwecks einer periodengerechten und vorsichtigen Erfolgsermittlung müssen die Beträge geschätzt werden und als Rückstellungen auf der Passivseite der Bilanz erfasst werden.

Beispiel
Damit der Erfolg des vergangenen Geschäftsjahres möglichst genau ermittelt werden kann, wird für Herrn Lamberts Dienste ein Schätzwert angesetzt. Dabei ist es sinnvoll, sich auf die Höhe der Beratungskosten vorangegangener Jahre zu beziehen. Im vergangenen abgeschlossenen Geschäftsjahr 01 hat Herr Lambert 13.000,00 € erhalten. Dieser Wert wird nun auch für das aktuelle Jahr angesetzt.

Der Buchungssatz zum 31.12.02 lautet:

Konto Soll	Konto Haben	Betrag Soll	Betrag Haben
6770 Rechts- und Beratungskosten		13.000,00 €	
an	3920 Rückstellungen für Rechts- und Beratungskosten		13.000,00 €

Rückstellungen werden für Aufwendungen gebucht. Der Gewinn der Rechnungsperiode wird um diesen Betrag gemindert. Steuern und Ausschüttungen, die vom Gewinn abhängig sind, verringern sich dementsprechend. Der Finanzierungseffekt ergibt sich dadurch, dass der Aufwand für die Rückstellung direkt erfasst wird, die Auszahlung aber erst später anfällt.

Beispiel

Am 25.01.03 erhält die Duisdorfer BüroKonzept KG die Rechnung von Herrn Lambert, die sich über einen Betrag von 9.700,00 € netto beläuft. Mit Eingang der Rechnung ist die Rückstellung aufzulösen.

Konto Soll	Konto Haben	Betrag Soll	Betrag Haben
3920 Rückstellungen für Rechts- und Beratungskosten		13.000,00 €	
2600 Vorsteuer		1.843,00 €	
an	4400 Vbk. a. LL.		11.543,00 €
an	5480 Erträge aus der Auflösung von Rückstellungen		3.300,00 €

Mit dem Erhalt der Rechnung und der Auflösung der Rückstellung ergibt sich eine neue Finanzierungsmöglichkeit, die dadurch entsteht, dass die Rechnung nicht direkt beglichen wird. LF 9, 7.2.2

In dem Beispiel wurden die Rückstellungen zu hoch angesetzt, sodass eine stille Reserve gebildet wurde. Bei der Auflösung der Rückstellung entsteht ein Ertrag von 3.300,00 €. Zusätzlich liegt also eine Form der stillen Selbstfinanzierung vor.

Im § 249 Abs.1 HGB wird ausdrücklich aufgeführt, in welchen Fällen Rückstellungen zu bilden sind.

§ 249 HGB Rückstellungen

(1) Rückstellungen sind für ungewisse Verbindlichkeiten und für drohende Verluste aus schwebenden Geschäften zu bilden. Ferner sind Rückstellungen zu bilden für

1. im Geschäftsjahr unterlassene Aufwendungen für Instandhaltung, die im folgenden Geschäftsjahr innerhalb von drei Monaten, oder für Abraumbeseitigung, die im folgenden Geschäftsjahr nachgeholt werden,

2. Gewährleistungen, die ohne rechtliche Verpflichtung erbracht werden.

(2) Für andere als die in Absatz 1 bezeichneten Zwecke dürfen Rückstellungen nicht gebildet werden. Rückstellungen dürfen nur aufgelöst werden, soweit der Grund hierfür entfallen ist.

Aus Finanzierungssicht sind Pensionsrückstellungen von besonderer Bedeutung, da sie langfristig zur Verfügung stehen. Sie stellen Fremdkapital dar und ergeben sich aufgrund von Ruhegeldverpflichtungen gegenüber Betriebsangehörigen. Pensionsrückstellungen sind vom Zeitpunkt einer Ruhegeldzusage an zu bilden.

6.4 Beurteilung der Innenfinanzierung

Bei der Innenfinanzierung werden die Mittel aus eigener Kraft zugeführt. Daraus ergeben sich folgende Vorteile:

- Es entstehen keine Verpflichtungen gegenüber Kapitalgebern. Neue Gesellschafter, die an Entscheidungsprozessen beteiligt werden müssen, brauchen nicht aufgenommen werden.
- Angeschaffte Anlagegüter sind nicht mit fremden Rechten belastet, d. h. über sie kann frei verfügt werden.
- Die Innenfinanzierung verursacht keine weiteren Kosten, wie Gebühren oder Zinszahlungen, die bei der Aufnahme von Krediten anfallen.
- Der Anteil des Eigenkapitals am Gesamtvermögen wird erhöht, in der Folge steigt die Kreditwürdigkeit.
- ...

Der Finanzierungsspielraum, der sich durch die Innenfinanzierung ergibt, reicht besonders bei kleinen und mittelständischen Unternehmen nicht aus, um größere Investitionsprojekte umzusetzen. Hierzu müssen häufig weitere Finanzierungsmöglichkeiten in Anspruch genommen werden.
Das Ausmaß der Finanzierung aus Abschreibungen oder aus Rückstellungen bzw. die Gewinnthesaurierung sind im Wesentlichen von den handels- und gesellschaftsrechtlichen Regelungen abhängig. Sie gewähren somit wenig unternehmerischen Entscheidungsspielraum.

7 Außenfinanzierung

LS 9.3

7.1 Einlagen- und Beteiligungsfinanzierung

Bei der **Beteiligungsfinanzierung** wird Eigenkapital von außerhalb der Unternehmung zugeführt. Dabei besteht die Möglichkeit, dass bisherige Gesellschafter ihre Einlage erhöhen oder dass neue Gesellschafter aufgenommen werden können. Die Aufnahme neuer Gesellschafter birgt spezifische Vor- und Nachteile.

	Vorteile für ...	Nachteile für ...
... neue Gesellschafter	▪ Gewinnbeteiligung ▪ Mitspracherecht bei unternehmerischen Entscheidungen	▪ Je nach Unternehmensform schlechte Veräußerung der Anteile möglich ▪ Verlustbeteiligung ▪ u. U. Übernahme weiterer Pflichten
... bisherige Gesellschafter	▪ Keine Kapitaldienste für Zins und Tilgung erforderlich ▪ Streuung des Verlustrisikos ▪ Erhöhte Eigenkapitalausstattung verbessert die Möglichkeiten der Fremdfinanzierung	▪ Beeinträchtigung der Entscheidungsfreiheit ▪ Gewinn wird auf mehrere Gesellschafter verteilt

Ob und inwieweit die Aufnahme neuer Gesellschafter für diese mit weiteren Verpflichtungen verbunden ist, hängt stark von der Unternehmensform ab. *LF 1, 1.3.4*

Die Aktiengesellschaft stellt bei der Beteiligungsfinanzierung einen Sonderfall dar, da sie über organisierte Märkte zum Handel mit Beteiligungen, den Wertpapierbörsen, verfügt.

Der Anleger kann nicht direkt selbst Aktien an der Börse kaufen oder verkaufen. Dafür benötigt er ein Unternehmen, das hierzu befugt ist. Solche Unternehmen werden als Broker, meist Banken, bezeichnet. Der Kurswert von Aktien bildet sich aufgrund von Angebot und Nachfrage an der Börse, wobei Kursschwankungen wirtschaftliche Entwicklungen widerspiegeln.

Eine besondere Form der Beteiligungsfinanzierung stellt die **stille Gesellschaft** dar. Bei ihr handelt es sich um eine vertragliche Vereinbarung eines Kaufmanns mit einem Kapitalgeber, dessen Einlage in das Vermögen des Geschäftsinhabers übergeht. Geschäftsinhaber und stiller Gesellschafter können eine natürliche oder juristische Person sein. Die stille Gesellschaft ist nicht an der Firma zu erkennen und der stille Gesellschafter verfügt über keine Geschäftsführungs- und Vertretungsbefugnis. Sein Interesse besteht in einer profitablen Geldanlage. Für Unternehmen besteht auf diese Weise die Möglichkeit, die Eigenkapitalbasis zu verbessern, ohne dass hierdurch Einschränkungen in der Geschäftsführung entstehen.

7.2 Kredite und Darlehen

LS 9.4, 9.5

Obwohl umgangssprachlich häufig von einem Kredit die Rede ist, verwendet das Bürgerliche Gesetzbuch (BGB) lediglich den Begriff des Darlehens. Die Regelungen zum Kredit beziehen sich ebenfalls auf den nachstehenden § 488 BGB zum Darlehen.

§ 488 Abs. 1 BGB

Durch den Darlehensvertrag wird der Darlehensgeber verpflichtet, dem Darlehensnehmer einen Geldbetrag in der vereinbarten Höhe zur Verfügung zu stellen. Der Darlehensnehmer ist verpflichtet, einen geschuldeten Zins zu zahlen und bei Fälligkeit das zur Verfügung gestellte Darlehen zurückzuzahlen.

Im heutigen Wirtschaftsleben werden die Begriffe Kredit und Darlehen in der Regel gleichgesetzt und lediglich hinsichtlich der Laufzeit des Kredit-/Darlehensvertrags unterschieden. Ist von einem (kurzfristigen) Kredit die Rede, wird eine Laufzeit von bis zu zwölf Monaten unterstellt. Von einem (langfristigen) Darlehen ist gemäß Handelsgesetzbuch (HGB) hingegen die Rede, wenn eine Laufzeit von mindestens fünf Jahren vorliegt.

Die **kurzfristigen Kredite** werden in den Kapiteln 7.2.1 sowie 7.2.2 dargestellt, während die **langfristigen Darlehen** im Kapitel 7.2.4 thematisiert werden.

Anmerkung:
Neben den im Folgenden aufgeführten Krediten gibt es weitere kurz- bzw. mittelfristige Kredite (Laufzeit von ein bis fünf Jahren). Hierzu gehören zum Beispiel Kredite zur Finanzierung von neuen Fahrzeugen, Büroausstattung etc. Da diese keine besonderen Merkmale aufweisen und ihre Berechnung identisch mit denen der langfristigen Darlehen ist, wird auf ihre Darstellung bewusst verzichtet.

Die wesentlichen Inhalte eines Kredits bzw. Darlehens werden – mit Ausnahme des in Kapitels 7.2.2 beschriebenen Lieferantenkredits – stets in einem Kreditvertrag schriftlich festgehalten.

Hierzu gehören die folgenden Punkte:
- vereinbarte Kreditart
- Höhe des Kreditbetrags
- vereinbarte Laufzeit
- Tilgungshöhe bzw. anfänglicher Tilgungssatz (bei einem Annuitätendarlehen) und
- ggf. zu erbringende Sicherungsmöglichkeiten.

7.2.1 Kontokorrentkredit als kurzfristige Kreditmöglichkeit

Beim Kontokorrentkredit handelt es sich um einen Kredit, bei dem die kontoführende Bank dem Kontoinhaber eine Kreditlinie einräumt, bis zu welcher er sein Konto ohne vorherige Antragstellung überziehen kann. Ob und bis zu welcher Höhe er die Kreditlinie in Anspruch nimmt, liegt dabei ausschließlich im Ermessen des Kreditnehmers.
Der Kontokorrentkredit wird gerne in Situationen mit Liquiditätsengpässen in Anspruch genommen. Dies ist z. B. am Monatsende der Fall, wenn durch die Lohn- und Gehaltszahlungen das Konto einen negativen Wert annehmen kann, sofern nicht ausreichend hohe Kundenzahlungen dem Konto gutgeschrieben werden.

Im Gegensatz zu anderen Krediten bzw. Darlehen ist der Kontokorrentkredit nicht zweckgebunden (z. B. für die Finanzierung eines Fahrzeugs bzw. eines Gebäudes). Ein weiteres Unterscheidungsmerkmal zu anderen Krediten ist der Umstand, dass für die Inanspruchnahme des Kontokorrentkredits kein neues Konto eingerichtet wird. Vielmehr wird der Kredit direkt auf dem bestehenden Bankkonto eingeräumt.

Für die Gewährung eines Kontokorrentkredits wird zwischen der Bank und dem Kontoinhaber ein Kreditvertrag vereinbart, der neben der Höhe der Kreditlinie auch die Laufzeit, die anfallenden Kosten sowie mögliche Kreditsicherheiten (vgl. Kapitel 10 dieses Lernfelds) klärt.
Die Laufzeit wird vertraglich in der Regel auf sechs Monate beschränkt, wobei sich der Vertrag im Normalfall automatisch verlängert (prolongiert). Voraussetzung hierfür ist, dass der Kredit im genannten Zeitraum zurückgezahlt wird. Die Rückzahlung (Tilgung) erfolgt dabei durch normale Zahlungseingänge, zum Beispiel in Form von Rechnungseingängen.

Für den Kontokorrentkredit können folgende Kosten anfallen:
- Kontoführungsgebühren (z. B. in Form einer monatlichen Fixpauschale).
- Bereitstellungsgebühren (diese werden von der Bank mit der Begründung erhoben, dass sie für den Kreditnehmer jederzeit einen gewissen Betrag vorhalten müssen, der nicht für andere Kredite verwendet werden kann).
- Kontokorrentzinsen (diese fallen für den Zeitraum der tatsächlichen Inanspruchnahme der Kreditlinie an).
- Überziehungszinsen (sofern der Kreditnehmer die Kreditlinie überzieht, müssen zusätzlich Überziehungszinsen gezahlt werden).

Nachstehend wird der Kontokorrentkredit der Duisdorfer BüroKonzept KG aus dem vergangenen Juli grafisch veranschaulicht dargestellt. Der Grund für die Inanspruchnahme des Kontokorrentkredits lag in dem Umstand, dass der Begleichung einiger Eingangsrechnungen keine Zahlungseingänge auf dem Konto gegenüberstanden.

Ausgangswerte:
Kreditlinie: 100.000,00 €
Bereich für geduldete Überziehung des Kontos: 140.000,00 €
Kontokorrentzinsen: 11,0 %
Überziehungszinsen: 14,0 %

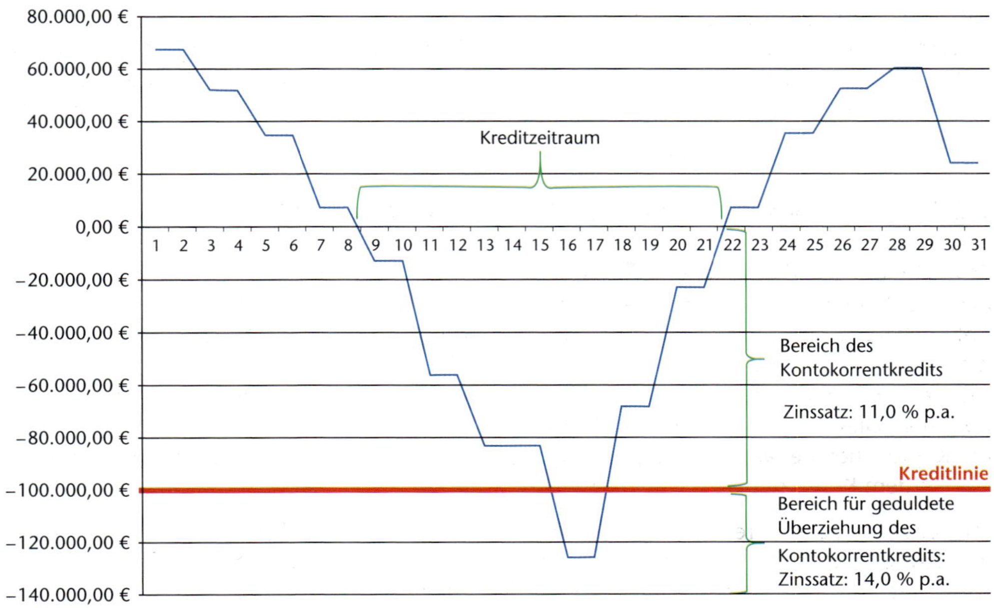

7.2.2 Lieferantenkredit als kurzfristige Kreditmöglichkeit

Von einem Lieferantenkredit ist die Rede, wenn sich der Käufer (Geldschuldner) bei Vorliegen einer Eingangsrechnung mit zwei unterschiedlichen Zahlungszeitpunkten für die Zahlung zum späteren Zeitpunkt entscheidet und damit einen möglichen Skontoabzug nicht wahrnimmt.

Beispiel

Der Duisdorfer BüroKonzept KG liegt eine Eingangsrechnung in Höhe von 20.000,00 € des Lieferanten Wittmann AG mit den nachstehenden Zahlungsbedingungen vor:
„Zahlbar 30 Tage ab Rechnungsdatum ohne Abzug, 2% Skonto bei Zahlung innerhalb von 10 Tagen ab Rechnungsdatum."

Aufgrund der Formulierung der Zahlungsbedingungen kann ein nur wenig erfahrener kaufmännischer Angestellter der Duisdorfer BüroKonzept KG davon ausgehen, dass die Zahlung des Rechnungsbetrags in Höhe von 20.000,00 € nach 30 Tagen der Regelfall ist. Bei dieser Sichtweise wird irrtümlich unterstellt, dass die Duisdorfer BüroKonzept KG bei Zahlungsausgleich der Rechnung innerhalb von zehn Tagen mit dem zweiprozentigen Skontoabzug eine Art „Geschenk" erhält, welches angenommen werden kann, aber nicht muss.

Diese Annahme ist falsch, weil die Wittmann AG als Lieferant bei ihrer Kalkulation des Angebotspreises alle anfallenden Kosten und den Gewinn bereits beim Barverkaufspreis in Höhe von 19.600,00 € berücksichtigt hat. Dieser Betrag stellt die eigentliche Zielsetzung der Wittmann AG als Verkäufer dar. Lediglich aus verkaufspsychologischen Gesichtspunkten kalkuliert die Wittmann AG – ausgehend vom Barverkaufspreis – noch den zweiprozentigen Kundenskonto und den zwanzigprozentigen Kundenrabatt in den Angebotspreis ein (vgl. nachstehende Kalkulation):

LF 10, 6.2.1

Auszug aus der Kalkulation der Wittmann AG:

[...]			
= Selbstkosten	17.000,00 €		
+ Gewinnzuschlag	2.600,00 €		
= Barverkaufspreis	19.600,00 €	98 %	
+ Kundenskonto (2 %)	400,00 €	2 %	
= Zielverkaufspreis	20.000,00 €	100 % →	80 %
+ Kundenrabatt (20 %)	5.000,00 €		20 %
= Listenverkaufspreis (Angebotspreis)	**25.000,00 €**		**100 %**

Verzichtet die Duisdorfer BüroKonzept KG als Geldschuldner auf die Ausnutzung des Skontoabzugs, nimmt sie im vorliegenden Beispiel für den Zeitraum vom 10. bis zum 30. Tag einen Kredit beim Lieferanten auf. Die Kosten für diesen 20-tägigen Kredit liegen bei 400,00 €.

Der nachstehenden Abbildung sind die zuvor beschriebenen Werte zu entnehmen:

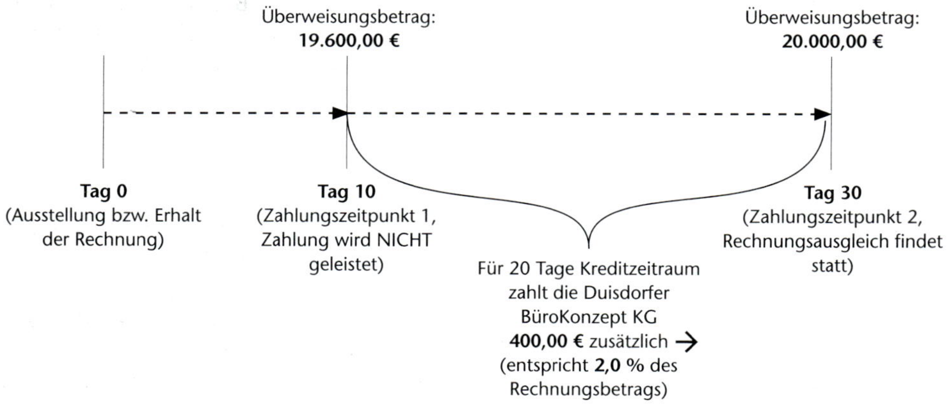

Im folgenden Kapitel wird dargestellt, dass der Lieferantenkredit im Regelfall ein sehr teurer Kredit ist. Zielsetzung der Duisdorfer BüroKonzept KG ist daher grundsätzlich, einen Lieferantenkredit nicht in Anspruch zu nehmen und stattdessen die Möglichkeit eines Skontoabzugs zu realisieren.

7.2.3 Kontokorrentkredit oder Lieferantenkredit

Die Duisdorfer BüroKonzept KG verzeichnet nahezu jeden Tag Ein- und Auszahlungen auf ihrem Konto. Bedingt durch die Ende eines jeden Monats ausgezahlten Löhne und Gehälter oder den Ausgleich hoher Eingangsrechnungen kann es vorkommen, dass sich der Kontostand dem Wert Null nähert oder sogar in den negativen Bereich absinkt.

Hierfür hat die Hausbank der Duisdorfer BüroKonzept KG einen Kontokorrentkredit in Höhe von 100.000,00 € zur Verfügung gestellt, der ohne gesonderte Antragstellung voll ausgeschöpft werden kann. Für die Inanspruchnahme des Kreditbetrags berechnet die Bank einen Zinssatz von aktuell 11,0 % p. a. (pro Jahr).

Auch eine über die Grenze von 100.000,00 € hinausgehende Überziehung des Kontos ist möglich. Hierfür berechnet die Bank derzeit 14,0 % p. a.

Die Duisdorfer BüroKonzept KG muss bei jeder Überweisung für die folgende Fragestellung die richtige Antwort finden:

„Lohnt sich die Inanspruchnahme des Skontos, wenn dafür der Kontokorrentkredit in Anspruch genommen werden muss, oder ist die Inanspruchnahme des Lieferantenkredits die günstigere Möglichkeit?"

Zur Klärung dieser Frage wird durch die nachstehenden fünf Rechenschritte eine mathematisch genaue Antwort gefunden:

- **Schritt 1: Ermittlung des Skontobetrags**
  Zunächst wird der Skontobetrag ermittelt, der vom Rechnungsbetrag abgezogen werden kann.

  Rechenweg:
  20.000,00 € · 2 % = $\underline{\underline{400{,}00\ €}}$

- **Schritt 2: Ermittlung des notwendigen Kreditbetrags**
  Hier ist zu beachten, dass die Duisdorfer BüroKonzept KG nur den Betrag in Anspruch nehmen wird, der zum Ausgleich der Rechnung notwendig ist. Von dem obigen Rechnungsbetrag ist somit der Skontobetrag in Höhe von 400,00 € in Abzug zu bringen!

  Rechenweg:
  20.000,00 € – 400,00 € = $\underline{\underline{19.600{,}00\ €}}$

- **Schritt 3: Ermittlung des Kreditzeitraums**
  Um im vierten Schritt die für den Kontokorrentkredit anfallenden Zinsen berechnen zu können, wird der Zeitraum benötigt, für den die Duisdorfer BüroKonzept KG den Kredit in Anspruch nehmen wird. Hierbei wird von folgenden vereinfachenden Annahmen ausgegangen:
  - Der Kredit wird erst an dem Tag aufgenommen, an dem das Unternehmen die Rechnung ausgleicht. Aus Kostengründen ist das in diesem Fall der 10. Tag.
  - Der Kredit wird nur bis zu dem Tag aufgenommen, an dem die Rechnung spätestens hätte ausgeglichen werden müssen. In diesem Fall wäre das der 30. Tag gewesen.

  Rechenweg:
  Kreditzeitraum: 30 Tage – 10 Tage = $\underline{\underline{20\ \text{Tage}}}$

Anmerkung:
Für die Ermittlung des Kreditzeitraums ist das Urteil des EuGH (vgl. LF 3, Kap. 6.8) aus dem Jahr 2008 im Falle eines zweiseitigen Handelskaufs ohne Bedeutung. Grund hierfür ist, dass der Abstand zwischen den Tagen (bei Berücksichtigung des Urteils z. B. Tag 9 und Tag 29 bei unterstellter eintägiger Dauer bis zur Gutschrift auf dem Konto des Lieferanten) stets derselbe ist. Aus diesem Grund wird die hier dargestellte vereinfachte Methode verwendet.

- **Schritt 4: Ermittlung der für den Kontokorrentkredit anfallenden Zinsen**

  Mithilfe der Zinsformel

  $$Z = \frac{\text{Kapital}^{1} \cdot \text{Zinssatz} \cdot \text{Dauer (Tage)}}{100 \cdot 360}$$

  werden die Zinsen in Euro berechnet.

[1] *notwendiger Kreditbetrag, vgl. Rechenschritt 2*

Rechenweg:

$$\text{Zinsen} = \frac{19.600{,}00\ € \cdot 11 \cdot 20\ \text{Tage}}{100 \cdot 360\ \text{Tage}} = \underline{\underline{119{,}78\ €}}$$

- **Schritt 5: Ermittlung des Finanzierungsgewinns**
  An diesem Punkt liegen zwei Werte vor. Die Höhe des Skontobetrags und die Höhe der Zinsen für den notwendigen Bankkredit. Wenn der Skontobetrag höher als die entstehenden Kreditzinsen ist, sollte die Duisdorfer BüroKonzept KG auf jeden Fall den Skonto in Anspruch nehmen!

  Rechenweg:
  Finanzierungsgewinn: 400,00 € – 119,78 € = 280,22 €

Fazit:
Die Inanspruchnahme des Kontokorrentkredits lohnt sich, da die Duisdorfer BüroKonzept KG trotz eines Zinsaufwands in Höhe von 119,78 € einen Gesamtbetrag in Höhe von 280,22 € spart.

Es gibt allerdings auch Situationen, in denen die Duisdorfer BüroKonzept KG in der Vergangenheit gezwungen war, auf die Inanspruchnahme des Skontos zu verzichten. Zahlt die Duisdorfer BüroKonzept KG in dem vorliegenden Beispiel erst nach 30 Tagen, ist von einem sogenannten Lieferantenkredit (vgl. Kapitel 7.2.2) die Rede.

Um darzustellen, dass der Lieferantenkredit im Regelfall ein vergleichsweise teurer Kredit ist, wird nachstehend der Zinssatz des Lieferantenkredits pro Jahr (p. a.) berechnet. Zur Veranschaulichung wird erneut auf die nachstehende Abbildung zurückgegriffen:

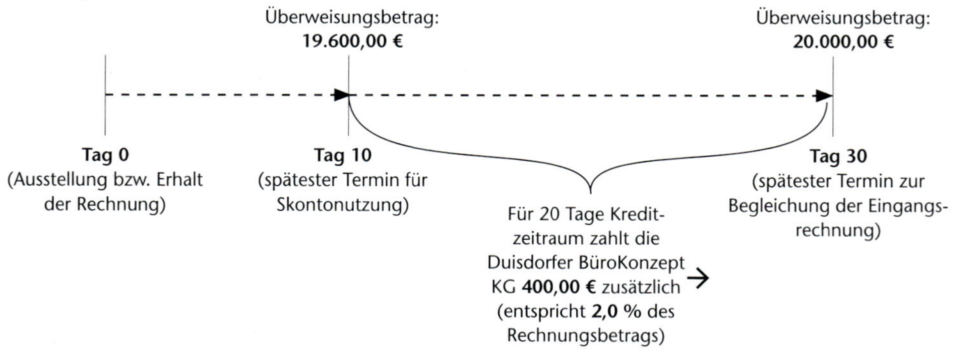

Der im Schaubild dargestellte Zinssatz in Höhe von 2,00 % verleitet häufig zu der Fehleinschätzung, dass der Lieferantenkredit günstiger als beispielsweise der Kontokorrentkredit mit 11 % ist. Der Denkfehler liegt hier in dem Umstand, dass Bankzinssätze grundsätzlich pro Jahr (p. a.) ausgewiesen werden. Der in dem vorliegenden Beispiel ausgewiesene Zinssatz für einen Lieferantenkredit bezieht sich lediglich **auf nur 20 Tage**.

Die Höhe des tatsächlichen Zinssatzes pro Jahr kann mithilfe der zwei nachstehenden Möglichkeiten annähernd bzw. mathematisch genau berechnet werden:

Möglichkeit 1: Die kaufmännische Überschlagmethode

Bei der kaufmännischen Überschlagmethode werden lediglich der Prozentsatz des Skontobetrags und die Kreditdauer (Differenz zwischen den beiden Zahlungszeitpunkten) benötigt. Ausgehend vom obigen Beispiel liegen folgende Daten vor.

Der Verzicht der Skontoausnutzung und somit die Inanspruchnahme des Lieferantenkredits kostet die Duisdorfer BüroKonzept KG 2,0 % des tatsächlichen Rechnungsbetrages.

Mithilfe des Dreisatzes wird der Zinssatz für 20 Tage auf ein volles Jahr hochgerechnet:

$$20 \text{ Tage} = 2\,\%$$

$$360 \text{ Tage} = x\,\%$$

$$x = \frac{2{,}0\,\% \cdot 360 \text{ Tage}}{20 \text{ Tage}} = 36{,}0\,\%$$

Dieser Wert ist aufgrund der Vernachlässigung der zugehörigen Kreditsumme allerdings nur ein Näherungswert und kann nur bei großen Differenzen zwischen dem Kreditzinssatz der Bank und dem des Lieferantenkredits zu einer verlässlichen Aussage führen.

Möglichkeit 2: Die Ermittlung des effektiven Zinssatzes

Für die Ermittlung des mathematisch genauen Zinssatzes wird die Zinsformel nach dem Prozentsatz aufgelöst. Es entsteht die folgende Formel:

$$\text{Zinssatz} = \frac{\text{Zinsen} \cdot 360 \cdot 100}{\text{Kapital} \cdot \text{Dauer (Tage)}}$$

Die Duisdorfer BüroKonzept KG hätte nach zehn Tagen nur den um den Skontobetrag verminderten Rechnungsbetrag bezahlen müssen. Daher wird dieser Betrag (19.600,00 €) als Kapital in die Formel eingesetzt. Diesen Betrag gewährt die Wittmann AG als Lieferant für den Zeitraum von 20 Tagen.

Als Zinsen wird der Betrag eingesetzt, den die Duisdorfer BüroKonzept KG aufgrund der Inanspruchnahme des Kredites hat zusätzlich zahlen müssen. Dies ist der Skontobetrag (400,00 €), der an den Lieferanten gezahlt werden muss.

Beim Einsetzen der erforderlichen Werte in die Gleichung erhält diese das folgende Aussehen:

$$\text{Zinssatz} = \frac{400{,}00\,€ \cdot 360 \text{ Tage} \cdot 100}{19.600{,}00\,€ \cdot 20 \text{ Tage}} = \underline{\underline{36{,}73\,\%}}$$

Es wird ersichtlich, dass die Duisdorfer BüroKonzept KG für den Lieferantenkredit mehr als den dreifachen Satz der Hausbank (11,0 % p. a.) zahlen muss. Im vorliegenden Fall ist die Duisdorfer BüroKonzept KG gut beraten, die Rechnung binnen zehn Tagen zu zahlen, auch wenn dafür der Kontokorrentkredit in Anspruch genommen werden muss.

7.2.4 Darlehensarten als langfristige Finanzierungsmöglichkeiten

Im Gegensatz zum in Kapitel 7.2.1 dargestellten Kontokorrentkredit wird bei den nachstehend erläuterten Darlehensarten dem Kreditnehmer ein gewisser Geldbetrag für einen bestimmten Zeitraum fest überlassen. Von einem Darlehen ist ab einer Laufzeit von mindestens fünf Jahren (§ 285 Abs. 1 HGB) die Rede. In der Realität existieren sogar Darlehen mit Laufzeiten von 20 Jahren oder mehr, z. B. für die Finanzierung von Immobilien.

LS 9.5

Je nach der Art des Investitionsobjekts, den individuellen Wünschen des Kreditnehmers etc. werden die folgenden drei Darlehensarten in der Praxis verwendet:

a) Fälligkeitsdarlehen bzw. Endfälliges Darlehen
b) Abzahlungs- bzw. Tilgungsdarlehen
c) Annuitätendarlehen

Die Unterschiede der jeweiligen Darlehensarten sollen anhand des folgenden Beispiels verdeutlicht werden.

Beispiel
Die Duisdorfer BüroKonzept KG benötigt ein Darlehen mit den folgenden Daten:
Darlehensbetrag: 100.000,00 €
Laufzeit: 5 Jahre
Zinssatz: 12,00 % p. a.
Zeitpunkt der Zahlung für die Zinsen sowie die Tilgung ist jeweils am Jahresende.
Im Falle eines Annuitätendarlehens soll ein anfänglicher Tilgungssatz im ersten Jahr in Höhe von 17,00 % gelten.

Begriffsklärungen:	
Tilgung:	Hierunter versteht man die Rückzahlung des Darlehensbetrags.
Jährliche Rate/Annuität:	Dieser Wert setzt sich aus den jährlich zu zahlenden Zinsen sowie der Tilgung zusammen.

a) Fälligkeitsdarlehen bzw. Endfälliges Darlehen

Wesentliche Merkmale:
- *Die Rückzahlung des Darlehensbetrags (Tilgung) wird erst am Ende der Laufzeit (hier: Ende des fünften Jahres) geleistet.*
- *Mit Ausnahme des letzten Jahres werden am Jahresende nur die Zinsen auf den Darlehensbetrag gezahlt.*

Erläuterungen für das erste bis vierte Jahr:
In den ersten vier Jahren sind jeweils 12 % Zinsen vom Darlehensbetrag (100.000,00 € x 12 % = 12.000,00 €) zu zahlen. Da in diesen vier Jahren keine Tilgung stattfindet, reduziert sich die Restschuld nicht. Die jährliche Rate/Annuität als Summe von Zinsen und Tilgung beträgt in den ersten vier Jahren somit 12.000,00 €.

Jahr	Darlehensbetrag/ Restschuld	Zinsen	Tilgung	jährliche Rate (Annuität)
1	100.000,00 €	12.000,00 €	0,00 €	12.000,00 €
2	100.000,00 €	12.000,00 €	0,00 €	12.000,00 €
3	100.000,00 €	12.000,00 €	0,00 €	12.000,00 €
4	100.000,00 €	12.000,00 €	0,00 €	12.000,00 €
5				

Erläuterungen für das fünfte Jahr:
Auch im fünften Jahr fallen 12.000,00 € Zinsen auf die noch offene Restschuld in Höhe von 100.000,00 € an. Zusätzlich muss im fünften Jahr die gesamte Restschuld in Höhe von

100.000,00 € getilgt werden, sodass die jährliche Rate als Summe aus Zinsen und Tilgung in diesem Jahr mit 112.000,00 € recht hoch ausfällt.

Jahr	Darlehensbetrag/ Restschuld	Zinsen	Tilgung	jährliche Rate (Annuität)
1	100.000,00 €	12.000,00 €	0,00 €	12.000,00 €
2	100.000,00 €	12.000,00 €	0,00 €	12.000,00 €
3	100.000,00 €	12.000,00 €	0,00 €	12.000,00 €
4	100.000,00 €	12.000,00 €	0,00 €	12.000,00 €
5	100.000,00 €	12.000,00 €	100.000,00 €	112.000,00 €
			Summe	**160.000,00 €**

Gründe für die Wahl dieser Darlehensart	Gründe gegen die Wahl dieser Darlehensart
▪ Mit Ausnahme des letzten Jahres muss der Darlehensnehmer eine relativ geringe jährliche Rate zahlen. ▪ Das Darlehen ist in Fällen, in denen aufgrund fehlender Liquidität keine Tilgung in den ersten Jahren möglich ist, häufig die einzig mögliche Darlehensart.	▪ Risiko, dass der Darlehensnehmer bei Vertragsabschluss die einmalig anfallende hohe Tilgung am Ende der Laufzeit außer Acht lässt. ▪ Eine unzureichende Liquidität am Ende der Laufzeit kann ein nicht unbeträchtliches Risiko für das Unternehmen darstellen. ▪ Zudem zahlt der Darlehensnehmer in diesem Fall mit 160.000,00 € die höchste Summe aller drei Darlehensarten.

b) Abzahlungsdarlehen bzw. Tilgungsdarlehen

Wesentliche Merkmale:

- *Der Darlehensbetrag wird gleichmäßig über die gesamte Laufzeit getilgt.*
- *Die jährlichen Zinsen sinken; somit sinkt auch die jährliche Rate/Annuität.*

Erläuterungen für das erste Jahr:

Im ersten Schritt ist neben der Höhe der Zinsen (12 % des Darlehensbetrags = 12.000,00 €) die Höhe des Tilgungsbetrags zu ermitteln. Der gesamte Darlehensbetrag (100.000,00 €) wird hierbei gleichmäßig auf die Laufzeit verteilt (fünf Jahre). Die Tilgung im ersten Jahr – und somit auch in den weiteren vier Jahren – beträgt 20.000,00 €. Die jährliche Rate nimmt im ersten Jahr den Wert von 32.000,00 € an.

Jahr	Darlehensbetrag/ Restschuld	Zinsen	Tilgung	jährliche Rate (Annuität)
1	100.000,00 €	12.000,00 €	20.000,00 €	32.000,00 €
2				
3				
4				
5				

Erläuterungen für das zweite Jahr:

Durch die vorgenommene Tilgung in Höhe von 20.000,00 € sinkt die Restschuld zu Beginn des zweiten Jahres auf einen Wert von 80.000,00 €. Da die Tilgung in allen fünf Jahren denselben Wert annimmt (20.000,00 €), muss nur die Höhe der Zinsen (12 % der Restdarlehensschuld in Höhe von 80.000,00 € = 9.600,00 €) berechnet werden. Die Höhe der jährlichen Rate beträgt somit im zweiten Jahr 29.600,00 €.

Jahr	Darlehensbetrag/ Restschuld	Zinsen	Tilgung	jährliche Rate (Annuität)
1	100.000,00 €	12.000,00 €	20.000,00 €	32.000,00 €
2	80.000,00 €	9.600,00 €	20.000,00 €	29.600,00 €
3				
4				
5				

Erläuterungen für das dritte bis fünfte Jahr:
In den verbleibenden Jahren werden die Werte gemäß der oben dargestellten Vorgehensweise ermittelt. Durch die jährlich kleiner werdende Restschuld verringern sich einerseits die anfallenden Zinszahlungen pro Jahr. Andererseits sinkt auch die jährliche Rate – als Summe aus Zinsen und Tilgung –, da der jährliche Tilgungsbetrag konstant bleibt. Die Tabelle hat für die gesamte Laufzeit folgendes Aussehen:

Jahr	Darlehensbetrag/ Restschuld	Zinsen	Tilgung	jährliche Rate (Annuität)
1	100.000,00 €	12.000,00 €	20.000,00 €	32.000,00 €
2	80.000,00 €	9.600,00 €	20.000.00 €	29.600,00 €
3	60.000,00 €	7.200,00 €	20.000,00 €	27.200,00 €
4	40.000,00 €	4.800,00 €	20.000,00 €	24.800,00 €
5	20.000,00 €	2.400,00 €	20.000,00 €	22.400,00 €
			Summe	**136.000,00 €**

Gründe für die Wahl dieser Darlehensart	Gründe gegen die Wahl dieser Darlehensart
▪ Die jährliche Rate nimmt jedes Jahr kontinuierlich ab. ▪ Das Abzahlungsdarlehen ist – in Abhängigkeit vom anfänglichen Tilgungssatz beim Annuitätendarlehen – oft die günstigste aller drei Darlehensarten.	▪ Im Gegensatz zum Fälligkeitsdarlehen bzw. Endfälligen Darlehen ist die anfängliche jährliche Rate vergleichsweise hoch. ▪ In Situationen, in denen der Darlehensnehmer Wert auf eine möglichst geringe jährliche Rate zu Beginn der Laufzeit legt, ist diese Darlehensart ungeeignet.

c) Annuitätendarlehen

Wesentliche Merkmale:

- *Die jährliche Rate (Annuität) ist im Regelfall über die gesamte Laufzeit gleich hoch. Lediglich im letzten Jahr kann es sein, dass die jährliche Rate einen anderen Wert annimmt.*
- *Die Zinsen sinken jedes Jahr, der jährliche Tilgungsbetrag steigt hingegen.*

Erläuterungen für das erste Jahr:
Im Gegensatz zu den anderen Darlehensarten wird beim Annuitätendarlehen ein anfänglicher Tilgungssatz für das erste Jahr festgelegt. Gemäß den Ausgangswerten beträgt dieser Satz 17,00 %.

Für die Werte des ersten Jahres bedeutet dies, dass die Zinsen im ersten Jahr 12.000,00 € hoch sind (12% von 100.000.00 €) und die Tilgung bei 17.000,00 € liegt (17% von 100.000,00 €). Die jährliche Rate (Annuität) beträgt somit 29.000,00 €. Dieser Wert kann bereits für die nächsten Jahre übertragen werden – nur im letzten Jahr kann es einen abweichenden Wert geben, sodass dieses Kästchen zunächst leer bleibt.

Jahr	Darlehensbetrag/ Restschuld	Zinsen	Tilgung	jährliche Rate (Annuität)
1	100.000,00 €	12.000,00 €	17.000,00 €	29.000,00 €
2				29.000,00 €
3				29.000,00 €
4				29.000,00 €
5				

Erläuterungen für das zweite Jahr:
Durch die vorgenommene Tilgung in Höhe von 17.000,00 € sinkt die Restschuld zu Beginn des zweiten Jahres auf einen Wert von 83.000,00 €. Nachdem die Höhe der Zinsen (12% der Restdarlehensschuld in Höhe von 83.000,00 € = 9.960,00 €) berechnet worden ist, fehlt noch die Berechnung der Tilgung. Die Tilgung im zweiten Jahr ergibt sich als Differenz zwischen der Annuität und der Höhe der Zinsen (29.000,00 € – 9.960,00 € = 19.040,00 €).

Jahr	Darlehensbetrag/ Restschuld	Zinsen	Tilgung	jährliche Rate (Annuität)
1	100.000,00 €	12.000,00 €	17.000,00 €	29.000,00 €
2	83.000,00 €	9.960,00 €	19.040,00 €	29.000,00 €
3				29.000,00 €
4				29.000,00 €
5				

Wichtiger Hinweis:
Beachten Sie nochmals unbedingt, dass sich die Restschuld des zweiten Jahres aus dem Darlehensbetrag des ersten Jahres abzüglich der Tilgung des ersten Jahres ergibt.

Erläuterungen für das fünfte Jahr:
Die Werte für das dritte und das vierte Jahr werden entsprechend den oben aufgeführten Erläuterungen berechnet, sodass die Tabelle vor dem fünften Jahr das folgende Aussehen hat:

Jahr	Darlehensbetrag/ Restschuld	Zinsen	Tilgung	jährliche Rate (Annuität)
1	100.000,00 €	12.000,00 €	17.000,00 €	29.000,00 €
2	83.000,00 €	9.960,00 €	19.040,00 €	29.000,00 €
3	63.960,00 €	7.675,20 €	21.324,80 €	29.000,00 €
4	42.635,20 €	5.116,22 €	23.883,78 €	29.000,00 €
5				

Der Wert für die Annuität aus den ersten vier Jahren kann im letzten Jahr nicht grundsätzlich übertragen werden. Zu beachten ist, dass im letzten Jahr die noch offene Restschuld vollständig getilgt werden muss. Zunächst werden daher die Restschuld (gleich Tilgungsbetrag in Höhe von 18.751,42 €) sowie die hierauf anfallenden Zinsen (2.250,17 €) berechnet. Als Summe aus beiden Werten ergibt sich eine Schlussrate für das letzte Jahr in Höhe von 21.001,59 €.

Jahr	Darlehensbetrag/ Restschuld	Zinsen	Tilgung	jährliche Rate (Annuität)
1	100.000,00 €	12.000,00 €	17.000,00 €	29.000,00 €
2	83.000,00 €	9.960,00 €	19.040,00 €	29.000,00 €
3	63.960,00 €	7.675,20 €	21.324,80 €	29.000,00 €
4	42.635,20 €	5.116,22 €	23.883,78 €	29.000,00 €
5	18.751,42 €	2.250,17 €	18.751,42 €	21.001,59 €
			Summe	**137.001,59 €**

Gründe für die Wahl dieser Darlehensart	Gründe gegen die Wahl dieser Darlehensart
▪ Der Darlehensnehmer kennt bei Aufnahme des Darlehens die genaue jährliche Rate (Annuität) für die gesamte Laufzeit. Er kann diese über die gesamte Laufzeit hinweg unverändert in seinen Kalkulationen verwenden. ▪ Das Darlehen bietet zudem den psychologischen Vorteil, dass der Tilgungswert während der Laufzeit kontinuierlich steigt, während die Zinsen permanent sinken. ▪ Das Annuitätendarlehen ist zudem – über die Gesamtdauer gesehen – deutlich günstiger als das Fälligkeitsdarlehen.	▪ Im Gegensatz zum Endfälligen Darlehen bzw. Fälligkeitsdarlehen ist die anfängliche jährliche Rate vergleichsweise hoch. ▪ Im Gegensatz zum Abzahlungsdarlehen ist das Annuitätendarlehen in vielen Fällen etwas teurer.

d) Exkurs: Berechnung der mathematisch genauen Annuität

Sofern der Kreditnehmer auf eine gleichbleibende Annuität auch im letzten Jahr besonderen Wert legt, kann der für die gesamte Laufzeit geltende Wert mithilfe der nachstehenden Formel berechnet werden:

$$\text{Annuität} = \frac{\text{Kreditbetrag} \cdot (1 + \text{Zinssatz})^{\text{Laufzeit}} \cdot \text{Zinssatz}}{(1 + \text{Zinssatz})^{\text{Laufzeit}} - 1}$$

Werden in diese Formel die entsprechenden Werte des Ausgangsbeispiels eingetragen, erhält die Formel folgendes Aussehen bzw. führt zu folgendem Ergebnis:

$$\text{Annuität} = \frac{100.000 \cdot (1 + 0{,}12)^5 \cdot 0{,}12}{(1 + 0{,}12)^5 - 1}$$

Annuität = 27.740,97 €

Durch Verwendung des ermittelten Ergebnisses erhält die Tabelle folgendes Aussehen:

Jahr	Darlehensbetrag/ Restschuld	Zinsen	Tilgung	jährliche Rate (Annuität)
1	100.000,00 €	12.000,00 €	15.740,97 €	27.740,97 €
2	84.259,03 €	10.111,08 €	17.629,89 €	27.740,97 €
3	66.629,14 €	7.995,50 €	19.745,47 €	27.740,97 €
4	46.883,67 €	5.626,04 €	22.114,93 €	27.740,97 €
5	24.768,74 €	2.972,25 €	24.768,74 €	27.740,99 €
			Summe	**138.704,87 €**

Anmerkung:
Die Abweichung der jährlichen Rate im letzten Jahr (27.740,99 € statt 27.740,97 €) ergibt sich als rundungsbedingter Fehler. Die oben aufgeführte Berechnung der Annuität ergibt – bei Betrachtung von fünf Nachkommastellen – ein Ergebnis von 27.740,97319 €.

e) Exkurs: Monatsgenaue Berechnung des Annuitätendarlehens

Die Annahme, dass für ein Darlehen erst am Jahresende die jeweiligen Zinsen bzw. die Tilgung zu zahlen sind, entspricht zwar § 488 Abs. 2 BGB, wobei Abweichungen hiervon vertraglich möglich sind. In vielen Verträgen wird eine monatliche Abrechnung vereinbart.

§ 488 Abs. 2 BGB:

Die vereinbarten Zinsen sind, soweit nicht ein anderes bestimmt ist, nach dem Ablauf je eines Jahres und, wenn das Darlehen vor dem Ablauf eines Jahres zurückzuzahlen ist, bei der Rückzahlung zu entrichten.

Im Fall der monatsgenauen Ermittlung der jeweiligen Werte ist die Zinsformel (vgl. Kapitel 7.2.3 des aktuellen Lernfelds) zu verwenden. Zu beachten ist, dass die Bank bei der Ermittlung der Zinstage grundsätzlich von 30 Tagen pro Monat ausgeht. *LF 9, 11.3*

Ausgehend von den Werten des zuvor erläuterten Annuitätendarlehens (12 % Zinsen p. a., anfänglicher Tilgungssatz 17 % p. a.) erhält man für den Monat Januar des ersten Jahres einen Betrag in Höhe von 1.000,00 € für die Zinsen und 1.416,67 € für die Tilgung. Der Betrag der ersten Monatsrate (2.416,67 €) ist die Annuität für die gesamte Darlehenslaufzeit. Eine Ausnahme bildet lediglich der letzte Monat im fünften Jahr.

Der nachstehenden Tabelle sind die Werte für das erste Jahr des Annuitätendarlehens zu entnehmen:

Monat	Darlehensbetrag/ Restschuld	Zinsen (12 % p. a.)	Tilgung (17 % p. a.)	monatliche Rate (Annuität)
Januar 01	100.000,00 €	1.000,00 €	1.416,67 €	2.416,67 €
Februar 01	98.583,33 €	985,83 €	1.430,84 €	2.416,67 €
März 01	97.152,49 €	971,52 €	1.445,15 €	2.416,67 €
April 01	95.707,34 €	957,07 €	1.459,60 €	2.416,67 €
Mai 01	94.247,74 €	942,48 €	1.474,19 €	2.416,67 €
Juni 01	92.773,55 €	927,74 €	1.488,93 €	2.416,67 €
Juli 01	91.284,62 €	912,85 €	1.503,82 €	2.416,67 €
August 01	89.780,80 €	897,81 €	1.518,86 €	2.416,67 €
September 01	88.261,94 €	882,62 €	1.534,05 €	2.416,67 €
Oktober 01	86.727,89 €	867,28 €	1.549,39 €	2.416,67 €
November 01	85.178,50 €	851,79 €	1.564,88 €	2.416,67 €
Dezember 01	83.613,62 €	836,14 €	1.580,53 €	2.416,67 €
Gesamt	–	**11.033,13 €**	**17.966,91 €**	**29.000,04 €**

Beim direkten Vergleich der Berechnungen auf Jahres- bzw. auf Monatsbasis fällt auf, dass bei monatlicher Ratenzahlung eine deutliche höhere Gesamttilgung im ersten Jahr stattfindet (vgl. nachstehende Tabelle). Positive Folge hiervon ist, dass das Darlehen bei monatlicher Ratenzahlung bereits im Juni des fünften Jahres vollständig getilgt wird – sechs Monate früher als bei einer jährlichen Tilgung des Darlehens.

Rechenmodell	Zinsen (p. a.)	Tilgung (p. a.)	jährliche Rate (Annuität)
Jahresbasis	12.000,00 €	17.000,00 €	29.000,00 €
Monatsbasis	11.033,13 €	17.966,91 €	29.000,04 €

LS 9.4

8 Kreditfähigkeit und Kreditwürdigkeit

Wird ein Kredit bzw. ein Darlehen[1] bei einem Kreditinstitut beantragt, hängt die Entscheidung des zu gewährenden Kredits von den Antworten der folgenden Fragen ab:

- Ist der Antragsteller kreditfähig?
- Ist der Antragsteller kreditwürdig?

---

[1] *Der besseren Lesbarkeit halber wird nachfolgend lediglich der Begriff Kredit verwendet.*

Die wichtigsten Aspekte zu den oben genannten Fragen werden nachstehend dargestellt:

Prüfung der Kreditfähigkeit

Im Rahmen dieser Prüfung wird zunächst kontrolliert, ob der Antragsteller rechtlich in der Lage ist, einen Kredit zu beantragen. Hierbei ist zwischen natürlichen und juristischen Personen zu unterscheiden.

Beantragt eine **natürliche Person** den Kredit, muss sie **geschäftsfähig** sein. Bei **juristischen Personen** (z. B. in Form einer GmbH oder Aktiengesellschaft) wird hingegen überprüft, ob die antragstellende Person hierzu legitimiert (berechtigt) ist. Dies gilt auch für den Fall, dass eine Personengesellschaft (z. B. Offene Handelsgesellschaft oder Kommanditgesellschaft) einen Kreditantrag stellt. LF 4, 8

Prüfung der Kreditwürdigkeit

Bei der Kontrolle der Kreditwürdigkeit werden die wirtschaftlichen bzw. materiellen Aspekte des Antragstellers genauso überprüft wie seine persönliche Kreditwürdigkeit.

Im Rahmen der Prüfung der **wirtschaftlichen Kreditwürdigkeit** wird die gesamte materielle Situation des Antragstellers untersucht. Zu dieser Überprüfung sind die Kreditinstitute gemäß § 18 KWG (Kreditwesengesetz) rechtlich verpflichtet, wenn der Kreditbetrag einen Wert von mindestens 750.000,00 € annimmt.

Das Kreditinstitut nimmt die Überprüfung der wirtschaftlichen Gesamtsituation bei Personen- oder Kapitalgesellschaften anhand der folgenden Unterlagen vor:

- Auszüge aus dem Handelsregister
- Bilanzen der letzten zwei bzw. drei Geschäftsjahre
- zugehörige Gewinn- und Verlustrechnungen
- Einkommenssteuerbescheide der Gesellschafter (bei Personengesellschaften)
- Auftragsbücher (in einigen Branchen kann anhand dieser Bücher bzw. Dateien die Auslastung des Betriebs für mehrere Monate/Jahre abgelesen werden!)
- Quartals- bzw. Halbjahresbilanzen des laufenden Geschäftsjahres (sofern diese vorliegen)
- Businessplan für die nächsten drei Jahre
- Aufstellung der möglichen Kreditsicherheiten (inklusive Auszüge aus dem Grundbuch, sofern ein Grundstück als Sicherheit angeboten wird)
- […]

Durch die Ermittlung von Kennzahlen (basierend auf den Bilanzen sowie Gewinn- und Verlustrechnungen – vgl. nachstehendes Kapitel 9 des aktuellen Lernfeldes) kann das Kreditinstitut berechnen, mit welcher statistischen Wahrscheinlichkeit der Antragsteller den Kredit pünktlich und vollständig tilgen wird.

Neben der wirtschaftlichen Kreditwürdigkeit ist insbesondere bei natürlichen Personen bzw. bei kleinen Personengesellschaften die **persönliche Kreditwürdigkeit** von Interesse. Gegenstand dieser Prüfung ist die Klärung der Frage, ob der Kreditantragsteller dazu fähig und in der Lage ist, den Kredit zurückzuzahlen. Zur Klärung dieser Frage werden neben den fachlichen Aspekten (schulische und fachliche Ausbildung, Meisterbrief, Hochschulabschlüsse etc.) auch die individuellen Aspekte (Alter, Familienstand, Zuverlässigkeit) berücksichtigt.

Während die fachlichen Aspekte im Regelfall durch die Vorlage von Zeugnissen, Zertifikaten oder dergleichen belegt werden können, sind die individuellen Aspekte nur schwer zu dokumentieren. Bei noch nicht bekannten Antragstellern versucht daher der Mitarbeiter des Kreditinstituts im Rahmen eines persönlichen Beratungsgesprächs einen ersten Eindruck über die persönlichen Aspekte zu gewinnen. Ergänzt werden diese Eindrücke durch Informationen, die von Wirtschaftsauskunfteien gewonnen werden.

Eine Wirtschaftsauskunftei (z. B. SCHUFA, Creditrefom, Bürgel) ermittelt Daten von Privatpersonen und/oder juristischen Personen. Diese Daten werden an die Vertragspartner, die ein berechtigtes Interesse im Sinne des Bundesdatenschutzgesetzes nachweisen können, entgeltlich weitergegeben.

Die SCHUFA Holding AG speichert beispielsweise gemäß eigenen Angaben rund 682 Millionen Informationen (www.schufa.de – Stand: Dezember 2014) über natürliche Personen und Unternehmen. Hierzu gehören Informationen über …

- Name, Vorname, Geburtsdatum und -ort,
- bestehende Anschriften sowie frühere Anschriften (somit wird die Anzahl der getätigten Umzüge in den letzten Jahren deutlich)
- Bankkonten
- Kreditkarten
- Leasingverträge und Ratenzahlungsgeschäfte
- Kredite und Bürgschaften
- Mobilfunkkonten
- Zahlungsausfälle, sofern diese angemahnt und unbestritten sind
- Abgabe der eidesstattlichen Versicherungen und
- Beantragung/Eröffnung eines privaten Insolvenzverfahrens.

Aus den vorgenannten Informationen wird ein Score (engl. Punktstand, Punktzahl, Ergebnis) von 0 bis 100 Punkten ermittelt. Dieser gibt die Ausfallwahrscheinlichkeit (Wahrscheinlichkeit, dass der Kreditnehmer den Kredit nicht zurückzahlen kann) an. Ein Score von 99,5 bedeutet beispielsweise, dass von 1 000 Kreditnehmern mit diesem Score fünf den Kredit nicht zurückzahlen können. Je höher also der Score ist, desto geringer ist die Ausfallwahrscheinlichkeit und desto niedriger ist das Risiko für die kreditgebende Bank.

9 Bilanzanalyse als Grundlage eines Kreditantrags

LS 9.4

Im Rahmen der Prüfung der wirtschaftlichen Kreditwürdigkeit (vgl. Kapitel 8 des aktuellen Lernfeldes) bedienen sich die Kreditinstitute u. a. einer Analyse der vorgelegten Bilanzen sowie der Gewinn- und Verlustrechnungen der letzten zwei bzw. drei Geschäftsjahre.

Zur Beurteilung der wirtschaftlichen Stärke eines Unternehmens und somit seiner Kreditwürdigkeit existieren Dutzende von Kennzahlen, mit deren Hilfe nahezu jede Position der Bilanzen sowie der GuV-Rechnungen miteinander in Beziehung gesetzt werden können. Um die ermittelten Kennzahlen korrekt beurteilen zu können, müssen diese

a) in ihrer zeitlichen Entwicklung und
b) mit Durchschnittswerten von Unternehmen aus derselben Branche

verglichen werden.

Der **zeitliche Aspekt** ist bedeutend, da positive bzw. negative Entwicklungen innerhalb der letzten Jahre aufgedeckt werden können (z. B. kontinuierliche Zunahme der Eigenkapitalquote). Der Vergleich mit den **branchenüblichen Werten** soll gewährleisten, dass branchenspezifische Besonderheiten angemessen beurteilt werden. Zum Beispiel wird ein Unternehmen aus der stahlverarbeitenden Industrie eine deutlich höhere Anlagenintensität haben als ein Unternehmen aus dem Einzelhandel.

Nachfolgend werden einige dieser Kennzahlen dargestellt, mit deren Hilfe sich beispielsweise eine kreditgebende Bank einen Überblick über die

a) Vermögens- bzw. Kapitalstruktur
b) Liquidität sowie
c) Rentabilität eines Unternehmens

verschaffen kann.

Beispiel

Die Duisdorfer BüroKonzept KG beantragt ein Darlehen in Höhe von 100.000,00 €. Das Kreditinstitut analysiert hierfür u. a. die nachstehende Bilanz des vergangenen Geschäftsjahres. Zudem werden für einige Kennzahlen auch die dargestellten Positionen aus der letztjährigen Gewinn- und Verlustrechnung verwendet.

Aktiva		**Bilanz der Duisdorfer BüroKonzept KG**	**Passiva**
I. Anlagevermögen		I. Eigenkapital	685.000,00 €
1. Grundstücke und Bauten	1.020.000,00 €		
2. Technische Anlagen und Maschinen	625.000,00 €	II. Fremdkapital	
3. Betriebs- u. Geschäftsausstattung	290.500,00 €	A Langfristiges Fremdkapital	
		1. Hypothekenschulden	717.500,00 €
II. Umlaufvermögen		2. Darlehensschulden	980.000,00 €
1. Rohstoffe	53.500,00 €		
2. Hilfsstoffe	18.200,00 €	B Kurzfristiges Fremdkapital	
3. Betriebsstoffe	9.100,00 €	1. kurzfristige Rückstellungen	132.500,00 €
4. Unfertige Erzeugnisse	71.000,00 €		
5. Fertige Erzeugnisse	133.500,00 €	2. Verbindlichkeiten a. LL	147.500,00 €
6. Handelswaren	114.000,00 €		
7. Forderungen a. LL	156.600,00 €		
8. Kassenbestand	6.500,00 €		
9. Bank	164.600,00 €		
	2.662.500,00 €		2.662.500,00 €

Auszug aus der GuV-Rechnung:

Kontonummer, -bezeichnung	Betrag
3000 Eigenkapital (Gewinn)	92.330,00 €
5000 Umsatzerlöse für eigene Erzeugnisse	802.000,00 €
5100 Umsatzerlöse für Waren	643.170,00 €
7510 Zinsaufwendungen	152.700,00 €

A. Kennzahlen zur Vermögens- und Kapitalstruktur des Unternehmens

- **Anlagenintensität**

  Diese Kennzahl stellt dar, wie hoch der Anteil des Anlagevermögens am Gesamtvermögen ist.

$$\frac{\text{Anlagevermögen}}{\text{Gesamtvermögen}} \cdot 100$$

$$\frac{1.935.500{,}00\ €}{2.662.500{,}00\ €} \cdot 100 = 72{,}69\,\%$$

Der Wert gewinnt erst im Vergleich zu den Zahlen anderer Unternehmen an Aussagekraft. Im Jahr 2013 lag die durchschnittliche Anlagenintensität deutscher Unternehmen bei 23,5 % (Quelle: Deutsche Bundesbank, Monatsbericht Dezember 2014). Der Nachteil einer hohen Anlagenintensität ist, dass die Duisdorfer BüroKonzept KG ggf. wenig flexibel auf Marktänderungen reagiert. In einer wirtschaftlich schwachen Phase mit einer geringen Kapazitätsauslastung verursachen die nicht genutzten Einheiten der „Technischen Anlagen und Maschinen" beispielsweise weiterhin Kosten für Versicherungen, Wartungsarbeiten etc. Im Fall der Duisdorfer BüroKonzept KG resultiert der hohe Wert aus der Vielzahl von Modernisierungs- und Erweiterungsinvestitionen, durch die das Unternehmen nahezu sämtliche Anlagen auf den technisch neuesten Stand gebracht hat. Mit diesem Hintergrundwissen ist der hohe Wert positiv zu werten.

- **Anlagendeckungsgrad I**

  Diese Kennzahl gibt an, zu welchem Anteil das Anlagevermögen durch das Eigenkapital gedeckt ist.

$$\frac{\text{Eigenkapital}}{\text{Anlagevermögen}} \cdot 100$$

$$\frac{685.000{,}00\ €}{1.935.500{,}00\ €} \cdot 100 = 35{,}39\,\%$$

Dieser Deckungsgrad zeigt auf, dass die Duisdorfer BüroKonzept KG das langfristig im Unternehmen befindliche Anlagevermögen zu 35,39 % durch das langfristig zur Verfügung stehende Eigenkapital deckt. Ideal ist ein möglichst hoher Wert.

- **Anlagendeckungsgrad II**

  Positionen wie „Grundstücke und Bauten" werden unter anderem durch langfristige Hypotheken- und Darlehensschulden finanziert. Der Anlagendeckungsgrad II berücksichtigt diesen Umstand und addiert dem Eigenkapital die Position „langfristiges Fremdkapital" hinzu.

$$\frac{\text{Eigenkapital} + \text{langfristiges Fremdkapital}}{\text{Anlagevermögen}} \cdot 100$$

$$\frac{685.000{,}00\ € + 1.697.500{,}00\ €}{1.935.500{,}00\ €} \cdot 100 = 123{,}09\,\%$$

Das Ergebnis des Anlagendeckungsgrads II zeigt auf, dass die Duisdorfer BüroKonzept KG das Anlagevermögen zu 123,09 % von langfristig zur Verfügung stehendem Eigen- und Fremdkapital deckt. Der Wert übersteigt somit den als Minimum angesehenen Wert von 100,00 %.

Der Anlagendeckungsgrad II wird auch als **Goldene Bilanzregel** bezeichnet. Diese besagt u.a., dass eine Übereinstimmung des langfristigen Anlagevermögens mit dem langfristig zur Verfügung stehenden Kapital vorliegen soll (Fristenkongruenz). Im Umkehrschluss bedeutet dies, dass das kurzfristige Umlaufvermögen durch kurzfristig zur Verfügung stehendes Kapital finanziert werden soll.

- **Eigenkapitalquote**
  Diese Kennzahl gibt an, welchen Anteil das Eigenkapital an dem Gesamtkapital eines Unternehmens hat.

$$\frac{\text{Eigenkapital}}{\text{Gesamtkapital}} \cdot 100$$

$$\frac{685.000{,}00\ €}{2.662.500{,}00\ €} \cdot 100 = 25{,}73\,\%$$

  Die Kennzahl unterstellt, dass ein hoher Wert für finanzielle Unabhängigkeit gegenüber Fremdkapitalgebern steht. Zwar liegt die Duisdorfer BüroKonzept KG deutlich über dem untersten Grenzwert von 20%, sie verfehlt jedoch den durchschnittlichen Wert von 28,0% deutscher Unternehmen im Jahr 2013 (Quelle: Deutsche Bundesbank, Monatsbericht Dezember 2014).

B. Kennzahlen zur Liquidität des Unternehmens

- **Liquidität 1. Grades**
  Die Liquidität 1. Grades (auch Barliquidität genannt) gibt an, zu welchem Teil das Unternehmen seine kurzfristigen Verbindlichkeiten durch liquide Mittel decken kann.

  Merke:
  Liquide Mittel = Kasse + Bank + Wertpapiere
  Kurzfristige Verbindlichkeiten = Verbindlichkeiten a. LL + kurzfristige Rückstellungen

$$\frac{\text{liquide Mittel}}{\text{kurzfristige Verbindlichkeiten}} \cdot 100$$

$$\frac{171.100{,}00\ €}{280.000{,}00\ €} \cdot 100 = 61{,}11\,\%$$

  Die Duisdorfer BüroKonzept KG kann ihre kurzfristigen Verbindlichkeiten nicht zu 100% aus liquiden Mitteln decken. Dieser Umstand ist unproblematisch, da man ab einem Wert von 30% aufwärts von einem zufriedenstellenden Ergebnis spricht.

- **Liquidität 2. Grades**
  Die Liquidität 2. Grades berücksichtigt neben den liquiden Mitteln auch die kurzfristigen Forderungen. Hierbei wird unterstellt, dass die kurzfristigen Forderungen häufig zeitgleich mit den kurzfristigen Verbindlichkeiten fällig sind und daher zum Ausgleich der kurzfristigen Verbindlichkeiten genutzt werden können.

$$\frac{\text{liquide Mittel} + \text{kurzfristige Forderungen}}{\text{kurzfristige Verbindlichkeiten}} \cdot 100$$

$$\frac{171.100{,}00\ € + 156.600{,}00\ €}{280.000{,}00\ €} \cdot 100 = 117{,}04\,\%$$

Kreditinstitute verlangen für diese Kennzahl im Regelfall einen Wert von mindestens 100 %. Dieser Wert stellt sicher, dass das Unternehmen alle kurzfristig anfallenden Verbindlichkeiten begleichen kann. Das Ergebnis von 117,04 % der Duisdorfer BüroKonzept KG ist somit positiv zu werten.

- **Liquidität 3. Grades**
  Die Liquidität 3. Grades berücksichtigt neben den bisherigen Positionen auch die in der Bilanz ausgewiesenen Vorräte (Roh-, Hilfs-, Betriebsstoffe, unfertige und fertige Erzeugnisse sowie Handelswaren). Hierbei wird unterstellt, dass die Vorräte im Bedarfsfall zeitnah in finanzielle Mittel umgewandelt werden können.

$$\frac{\text{liquide Mittel} + \text{kurzfristige Forderungen} + \text{Vorräte}}{\text{kurzfristige Verbindlichkeiten}} \cdot 100$$

$$\frac{171.100{,}00\ € + 156.600{,}00\ € + 399.300{,}00\ €}{280.000{,}00\ €} \cdot 100 = 259{,}64\,\%$$

Aus Sicht der Kreditinstitute ist ein Wert von mindestens 200 % als positiv zu werten. Hier wird unterstellt, dass selbst beim Ausfall mehrerer großer Ausgangsrechnungen das Unternehmen durch den Verkauf von Vorräten in der Lage ist, alle kurzfristigen Verbindlichkeiten zu bezahlen.

C. Kennzahlen zur Rentabilität des Unternehmens

- **Eigenkapitalrentabilität**
  Diese Kennzahl gibt an, ob der Einsatz des Eigenkapitals wirtschaftlich sinnvoll war bzw. sich dieser rentiert hat. Hierfür wird der erzielte Gewinn ins Verhältnis zum Eigenkapital gesetzt.

$$\frac{\text{Gewinn}}{\text{Eigenkapital}} \cdot 100$$

$$\frac{92.330{,}00\ €}{685.000{,}00\ €} \cdot 100 = 13{,}48\,\%$$

Das Ergebnis besagt, dass die Duisdorfer BüroKonzept KG je eingesetzten 100,00 € Eigenkapital einen Gewinn von 13,48 € erzielt hat. Das Ergebnis kann allerdings nicht isoliert betrachtet werden. Es muss stets in Bezug zu anderen Kapitalanlagemöglichkeiten (z. B. Zinsen bei der Hausbank) gesehen werden. Außerdem muss berücksichtigt werden, dass das Eigenkapital im Falle einer Insolvenz vollständig verloren gehen kann, sodass die Eigenkapitalrentabilität deutlich über dem Wert einer „sicheren" Kapitalanlage liegen sollte.

- **Gesamtkapitalrentabilität**
  Da der betriebliche Erfolg des Unternehmens auch zum Teil vom Fremdkapital abhängt, berücksichtigt die Gesamtkapitalrentabilität neben der Verzinsung des Eigenkapitals (Gewinn) auch die des Fremdkapitals. Dies geschieht in Form der Zinsaufwendungen, die vom Unternehmen mit erwirtschaftet worden sind und an die Fremdkapitalgeber gezahlt werden.

$$\frac{\text{Gewinn} + \text{Zinsaufwendungen}}{\text{Gesamtkapital}} \cdot 100$$

$$\frac{92.330{,}00\ € + 152.700{,}00\ €}{2.662.500{,}00\ €} \cdot 100 = 9{,}20\,\%$$

Das Gesamtkapital der Duisdorfer BüroKonzept KG hat sich mit 9,20 % rentiert. Diese Zahl ist im Vergleich zu dem Zinssatz für aufgenommenes Fremdkapital zu sehen. Wird hierfür z. B. nur ein Wert von 8,45 % gezahlt, lohnt sich der Einsatz des Fremdkapitals.

- **Umsatzrentabilität**
  Die Kennzahl Umsatzrentabilität setzt den Gewinn des Unternehmens in das Verhältnis zu den Umsätzen des Geschäftsjahres.

$$\frac{\text{Gewinn}}{\text{Umsatz}} \cdot 100$$

$$\frac{92.330{,}00\ €}{802.000{,}00\ € + 643.170{,}00\ €} \cdot 100 = 6{,}39\ \%$$

Der ermittelte Wert gibt an, dass die Duisdorfer BüroKonzept KG von jeweils 100,00 € Umsatzerlösen einen Gewinnanteil in Höhe von 6,39 € erhält.

Diese Angabe ist isoliert betrachtet relativ aussageschwach. Erst im Zeitvergleich mit beispielsweise den Ergebnissen der letzten Geschäftsjahre lässt sich dieser Wert interpretieren. Betrugen die Werte in den letzten zwei Geschäftsjahren z. B. 4,75 % und 5,47 %, lässt sich eine positive Tendenz ablesen.

Abschließende Auswertung der Bilanzanalyse

Das Kreditinstitut wird zur Klärung der Frage, ob das antragstellende Unternehmen kreditwürdig ist, nicht die einzelnen Kennzahlen isoliert betrachten. Wie bereits zu Beginn des aktuellen Kapitels dargestellt, werden die ermittelten Kennzahlen in ihrer zeitlichen Entwicklung betrachtet und mit den branchenüblichen Werten verglichen. Zudem stellt ein Kreditinstitut im Normalfall SOLL-Werte auf (Mindest- bzw. Höchstwerte), die erreicht werden müssen.

Für den vorliegenden Kreditantrag der Duisdorfer BüroKonzept KG auf Erhalt eines langfristigen Darlehens in Höhe von 100.000,00 € mit einer fünfjährigen Laufzeit (vgl. Kapitel 7.2.4 des aktuellen Lernfeldes) liegen folgende Werte zur endgültigen Entscheidungsfindung vor:

	Werte der aktuellen Bilanz:	Werte der letzten Bilanz:	Werte der vorletzten Bilanz:	Ø Branchenwert:	SOLL-Werte der Bank:
Vermögens- und Kapitalstruktur:					
Anlagenintensität:	72,69 %	74,11 %	75,22 %	65,64 %	n. v.
Anlagendeckungsgrad I:	35,39 %	35,02 %	34,88 %	34,77 %	25,00 %
Anlagendeckungsgrad II:	123,09 %	117,67 %	116,34 %	119,03 %	100,00 %
Eigenkapitalquote:	25,73 %	25,02 %	24,59 %	26,84 %	20,00 %
Liquidität/Zahlungsfähigkeit:					
Liquidität 1. Grades:	61,11 %	63,33 %	57,46 %	56,22 %	30,00 %
Liquidität 2. Grades:	117,04 %	119,86 %	116,96 %	115,41 %	100,00 %
Liquidität 3. Grades:	259,64 %	249,12 %	244,63 %	230,95 %	200,00 %

	Werte der aktuellen Bilanz:	Werte der letzten Bilanz:	Werte der vorletzten Bilanz:	Ø Branchenwert:	SOLL-Werte der Bank:
Rentabilität:					
Eigenkapitalrentabilität:	13,48 %	12,62 %	12,77 %	13,85 %	6,50 %
Gesamtkapitalrentabilität:	9,20 %	9,08 %	9,03 %	9,14 %	5,50 %
Umsatzrentabilität:	6,39 %	6,32 %	6,30 %	6,07 %	3,50 %

Aus den vorliegenden Werten wird ersichtlich, dass die Kennzahlen der Duisdorfer BüroKonzept KG in der zeitlichen Entwicklung – mit Ausnahme der Kennzahl Liquidität 2. Grades – eine positive Entwicklung genommen haben.

Auch im Vergleich zu den durchschnittlichen Branchenwerten sind die Kennzahlen der Duisdorfer BüroKonzept KG positiv zu werten. Lediglich bei der Kennzahl Anlagenintensität liegt das Unternehmen deutlich über dem Branchendurchschnitt. Dieser Wert wird daher vermutlich von der kreditgebenden Bank kritisch hinterfragt werden.

Schließlich erfüllt die Duisdorfer BüroKonzept KG auch alle geforderten SOLL-Werte der Bank, sodass das beantragte Darlehen – sofern ausreichende Sicherheiten angeboten werden können (vgl. nachstehendes Kapitel) – aller Voraussicht nach gewährt wird.

10 Die Kreditsicherung

LS 9.3, 9.4

Der Kredit wurde gewährt. Diese Entscheidung führt beim Kreditgeber zu dem Risiko, dass der ausgezahlte Geldbetrag nicht, nur teilweise oder nicht fristgerecht vom Kreditnehmer getilgt wird. Diese Einschätzung des Risikos wird im Rahmen der Kreditwürdigkeitsprüfung, die vor der Kreditgewährung erfolgt, vorgenommen. Dabei wurden – wie in Kapitel 8 dieses Lernfelds dargestellt – persönliche und sachliche Aspekte untersucht.

Der Kapitalgeber versucht das bestehende Risiko zu beschränken oder auszuschließen, indem vom Kreditnehmer Sicherheiten gefordert werden. Je höher das Risiko eingeschätzt wird, desto höher ist die geforderte Sicherheit. Nur in seltenen Fällen wird ein Blankokredit gewährt, der keine Absicherung verlangt.

10.1 Anforderungen an Kreditsicherheiten

Für die verschiedenen Arten von Kreditsicherheiten gelten Anforderungen, die an das Gut gestellt werden, damit der Kreditgeber es als Sicherheit akzeptiert. Zum einen darf der Gegenstand im Zeitablauf, insbesondere der Kreditlaufzeit, nur geringen Wertschwankungen unterliegen. Zum anderen ist es notwendig, dass die Kreditsicherheit ohne Probleme und Hindernisse in kurzer Zeit zu verwerten und damit in Geld umzuwandeln ist. Auch ist es wichtig, dass die Sicherheit nicht von der Bonität des Kreditnehmers abhängt. Sollte die Bonität z. B. aufgrund wirtschaftlicher Schwierigkeiten sinken, muss der Wert der Sicherheit erhalten bleiben. Eine weitere Anforderung an die Sicherheit ist die Möglichkeit der Absonderung im Fall der Insolvenz; d. h. kann der Kreditnehmer aufgrund erheblicher Zahlungsschwierigkeiten den Kredit nicht zurückzahlen, wird der Bank durch das Absonderungsrecht gestattet, die gesicherten Gegenstände aus dem zahlungsunfähigen Unternehmen zu verwerten. Dazu gehört z. B. eine Versteigerung des Gegenstandes. Dieses Recht darf vorrangig vor anderen Gläubigern, die keine Sicherheiten besitzen, in Anspruch genommen werden.

10.2 Arten von Kreditsicherheiten

Bezogen auf rechtliche Grundlagen werden die verschiedenen Arten der Kreditsicherheiten in Personal- und Realsicherheiten unterschieden.

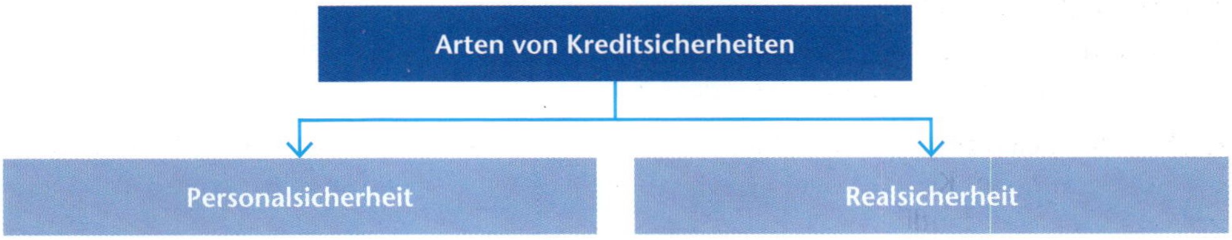

10.2.1 Die Bürgschaft als Form der Personalsicherheit

Bei der Personalsicherheit haften neben dem Kreditnehmer eine oder mehrere weitere Personen für das Fremdkapital. Ob die vorgeschlagene Person vom Kreditgeber akzeptiert wird, hängt von dessen Bonität ab. Neben der Bürgschaft zählen Garantien und Wechsel auch zu den Personalsicherheiten, die hier nicht näher betrachtet werden.

Bei der Bürgschaft verpflichtet sich der Bürge gegenüber dem Kreditgeber, für die Schuld des Kreditnehmers (Hauptverbindlichkeit) einzutreten. Die Bürgschaft ist fest an eine bestimmte Rückzahlungspflicht gebunden, d. h. der Bürge kann nur für eine vorher bestimmte Schuld in Anspruch genommen werden. Der Bürge übernimmt eine sogenannte Nebenverbindlichkeit, die an die Hauptverbindlichkeit gekoppelt ist. Entfällt die Hauptverbindlichkeit, z. B. durch Zahlung, erlischt die Nebenverbindlichkeit. Der Bürgschaftsvertrag, der den Bürgen einseitig verpflichtet, wird grundsätzlich in Schriftform verfasst. Für Kaufleute ist die Schriftform nicht vorgeschrieben, aber aus Beweisgründen zweckmäßig. *LF 4, 12*

Es wird zwischen zwei Arten der Bürgschaft unterschieden. Eine Ausfallbürgschaft liegt vor, wenn der Gläubiger erst nach erfolgloser Zwangsvollstreckung gegen den Hauptschuldner vom Bürgen Rückzahlung verlangen kann. Erst dann, wenn der Kreditnehmer seine Schuld endgültig nicht begleichen kann, tritt der Bürge ein. Solange kann dieser die Einrede der Vorausklage geltend machen, d. h. die Zahlung verweigern.

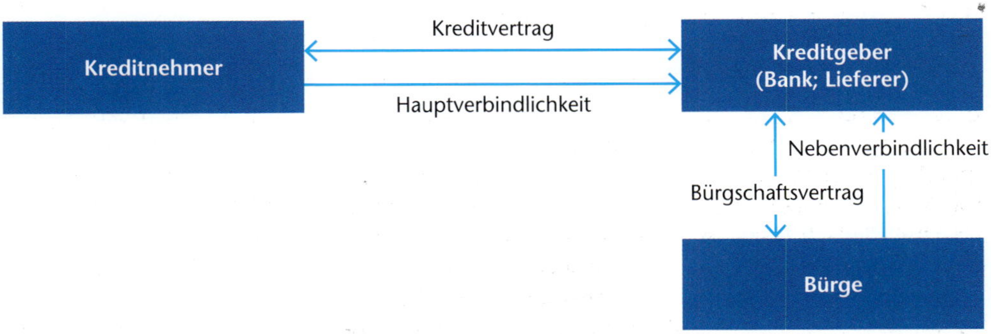

Im Falle der selbstschuldnerischen Bürgschaft haftet der Bürge wie der Hauptschuldner, d.h. so, als ob er selber die Schuld eingegangen wäre. Der Gläubiger kann seinen Bürgschaftsanspruch sofort mit Fälligkeit des Kredites gegenüber seinem Bürgen geltend machen. Allerdings besteht für den Bürgen ein Rückzahlungsanspruch gegenüber dem Kreditnehmer.

Beispiel

Die Rhenag GmbH, Stammkunde der Duisdorfer BüroKonzept KG, hat die letzten Zahlungen immer mit erheblicher Verspätung geleistet. Trotzdem möchte die Duisdorfer BüroKonzept KG den langjährigen Kunden weiter beliefern. In einem gemeinsamen Gespräch wird vereinbart, dass der Geschäftsführer der GmbH, Herr Müller, eine Bürgschaft übernimmt. Auch wenn es rechtlich nicht notwendig ist, wird ein schriftlicher Bürgschaftsvertrag abgeschlossen. Dieser enthält eine selbstschuldnerische Bürgschaft. Diese ermöglicht der Duisdorfer BüroKonzept KG, sich mit der Forderung sofort an Herrn Müller zu wenden. Bei einer Ausfallbürgschaft müsste Herr Müller erst zahlen, wenn alle außergerichtlichen und gerichtlichen Schritte gegen die Rhenag GmbH erfolglos durchlaufen worden wären.

10.2.2 Die Realsicherheiten

Das Kennzeichen einer Realsicherheit besteht darin, dass der Kreditnehmer bestimmte Sachwerte oder Rechte an Sachen zur Sicherung des Fremdkapitals anbietet. Dabei hängt die Bewertung der Realsicherheit von der schnellen Verwertbarkeit ab; also der Frage, ob der Gegenstand zukünftig leicht zu verkaufen oder zu nutzen ist.

Es wird zwischen beweglichen und unbeweglichen Gegenständen unterschieden, die als Sicherheit angeboten werden. Dementsprechend differenziert man einerseits Eigentumsvorbehalt, Zession, Pfandrecht und Sicherungsübereignung bei beweglichen und andererseits Hypothek und Grundschuld bei unbeweglichen Dingen.

Realsicherheiten	
beweglich	**unbeweglich**
▪ Eigentumsvorbehalt ▪ Zession ▪ Pfandrecht ▪ Sicherungsübereignung	▪ Hypothek ▪ Grundschuld

10.2.3 Bewegliche Realsicherheiten

Eigentumsvorbehalt

Verkauft ein Lieferant die Ware mit einem Zahlungsziel an seinen Kunden, so läuft er bei Übergabe der Ware Gefahr, dass der Käufer ohne Gegenleistung Eigentümer der Ware wird. Der Verkäufer sichert sich in der Regel ab, indem er einen Eigentumsvorbehalt vereinbart, der die Eigentumsübertragung bis zur Bezahlung aufschiebt. Mit dieser Vereinbarung wird der Käufer lediglich Besitzer der Ware, nicht aber Eigentümer. Zahlt der Käufer die Verbindlichkeiten aus der Lieferung nicht, kann der Verkäufer seine Ware zurückfordern.

Die Ware bleibt bis zur vollständigen Bezahlung unser Eigentum. Erfüllungsort für die Lieferung ist Bonn. Für sich aus der Lieferung ergebende Streitigkeiten ist für beide Teile das Amts- bzw. Landgericht Bonn zuständig.

Wir hoffen, Ihnen ein attraktives Angebot unterbreitet zu haben und freuen uns auf Ihre Nachricht.

Freundliche Grüße

Duisdorfer BüroKonzept KG

i. A.

Erwin Hummels

Duisdorfer BüroKonzept KG
Rochusstraße 30
53123 Bonn
Ust.-IdNr.: DE 244 111 855

Geschäftsführer:
Sebastian Falo
Katharina Niester
Amtsgericht Bonn
HRA 1221

Telefon: 0228 98765-0
Fax: 0228 98765-80
Internet: www.duisdorfer-bueko.de
E-Mail: info@duisdorfer-bueko.de

Bankverbindungen:
Volksbank Bonn Rhein-Sieg
IBAN DE85 3860 0186 2401 2345 67
BIC GENODED1BRS
Postbank Köln
IBAN DE23 3701 0050 8884 4412 34
BIC PBNKDEFF370

Eine genaue Erläuterung mit den Vor- und Nachteilen des einfachen, des verlängerten und des erweiterten Eigentumsvorbehaltes finden Sie im Themengebiet „Inhalte des Kaufvertrages" im Lehrbuch „BüroWelt 1".

LF 3, 6.10

Zession

Unter Zession versteht man die Abtretung von Forderungen und Rechten zur Absicherung von Krediten. Die Zession, auch Forderungsabtretung genannt, wird über die Laufzeit des Kredites vereinbart. Durch einen formfreien Abtretungsvertrag wird die Forderung vom bisherigen Gläubiger (Zedent) auf den neuen Gläubiger (Zessionar), z. B. das Kreditinstitut übertragen. Eine Benachrichtigung des Drittschuldners ist nicht zwingend erforderlich, damit die Zession wirksam wird. Kennt der Drittschuldner die Vereinbarung zwischen Zedent und Zessionar, handelt es sich um eine offene Zession. Der Drittschuldner wurde über die Abtretung der Forderung unterrichtet. In diesem Fall begleicht er seine Schulden nur dann mit befreiender Wirkung, wenn er seine Zahlung an den Zessionar leistet. Andernfalls bestehen die Forderungen weiter.

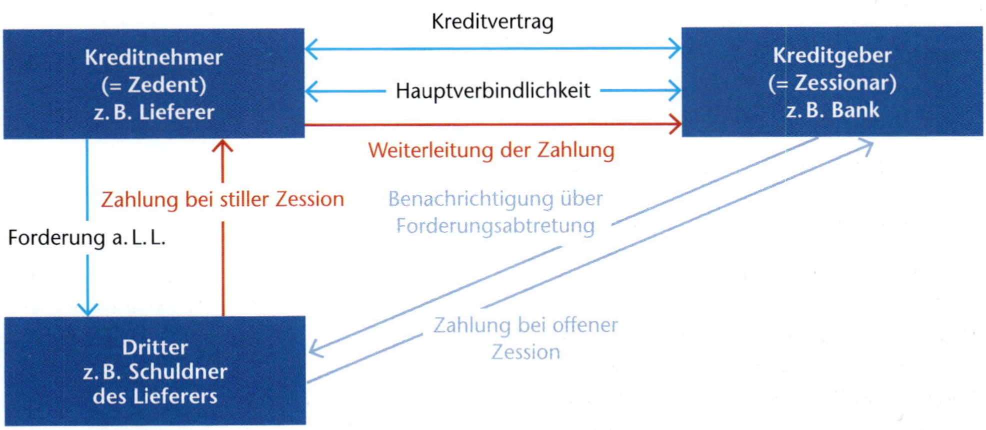

Bei der stillen Zession kennt der Drittschuldner die Forderungsabtretung nicht. Er bezahlt folglich an den bisherigen Gläubiger, der die eingezogene Forderung an den Zessionar weiterleiten muss. Um den Ruf des Unternehmens nicht zu gefährden, wird in der Regel die stille Zession bevorzugt. Allerdings besteht für den Zessionar folgende Problematik:

- Möglicherweise wurde die Forderung bereits abgetreten.
- Die Forderung existiert nicht (mehr).
- Die Forderung wird nicht an den Zessionar weitergeleitet.

Wird ein kurzfristiger Kredit gewährt, reicht die Abtretung einer Einzelforderung. Bei Krediten mit längeren Laufzeiten ist es dagegen notwendig, immer neue Forderungen zu übertragen. Erleichtert wird dies mithilfe einer Mantel- oder Globalzession. Bei der Mantelzession werden bestehende Forderungen in einer vereinbarten Gesamthöhe übertragen, die in ihrer Höhe ausreichen, um den Kredit zu sichern. Wird eine Forderung beglichen, muss der Kreditnehmer eine neue Forderung zur Sicherung abtreten. Dadurch wird sichergestellt, dass die vereinbarte Sicherungssumme erhalten bleibt. Zur Nachvollziehbarkeit muss der Kreditnehmer eine Debitorenliste als Übersicht führen, die zeigt, welche Forderungen offen bzw. beglichen sind.

Die Globalzession umfasst ausgewählte Forderungen eines Kundenkreises, z. B. nach Kundennummer oder nach Anfangsbuchstaben. Bei dieser Zession wird pauschal eine Gruppe von Forderungen übertragen, die in ihrer Höhe ausreicht, um den Kredit zu sichern.

Pfandrecht

Das Pfandrecht wird im Rahmen eines Lombardkredites gewährt. Dabei wird mit Vertragsabschluss des Kredites eine Absicherung durch ein Pfand vereinbart. D. h. der Kreditnehmer übergibt dem Kreditgeber eine Sache, die dieser bis zur Kredittilgung behält, der Kreditgeber gewährt anschließend den Kredit. Man spricht vom sogenannten Faustpfandprinzip.

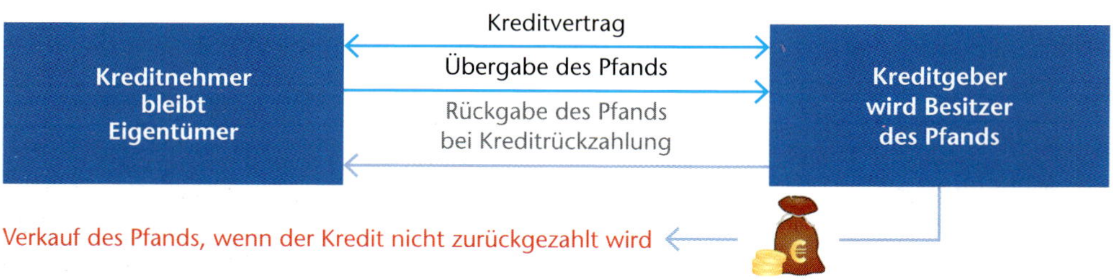

Geeignet ist ein Gegenstand als Pfand, wenn dieser leicht übergeben und aufbewahrt werden kann. Außerdem muss er werthaltig sein, um als Sicherheit dienen zu können. Beispiele für ein Faustpfand sind Aktien oder andere Wertpapiere, Lebensversicherungen und Schmuck. Der Kreditgeber ist über diese Zeit der Besitzer des Pfands, der Kreditnehmer bleibt Eigentümer. Bei der Ermittlung des Pfandwertes wird ein sogenannter Beleihungswert ermittelt, der den wahrscheinlich zu erzielenden Veräußerungserlös darstellt. Dabei wird vorsichtig bewertet, um Risiken beim Verkauf zu berücksichtigen. Zu den Risiken zählen beispielsweise Kursschwankungen bei Aktien.

Merke:
***Beleihungswert** (Definition der Frankfurter Börse)*
Maximaler Kreditrahmen, der durch ein Wertpapierdepot abgesichert ist.
Der Beleihungswert eines beliehenen Wertpapierdepots wird täglich von der Bank berechnet. Dabei legt sie Beleihungsgrenzen für bestimmte Wertpapiergattungen fest: Deutsche Aktien können zumeist mit 50 Prozent ihres Wertes beliehen werden, Anleihen und Fondsanteile mit 60 Prozent.

Ist der Kredit ordnungsgemäß getilgt, erhält der Kreditnehmer seine Sache zurück. Wenn allerdings der Kreditnehmer nicht in der Lage ist, den Kredit zurückzubezahlen, hat der Kreditgeber das Recht, das Pfand zu verwerten. In diesem Fall wird es öffentlich versteigert oder zu vorhandenem Börsen- oder Marktpreis durch einen freihändigen Verkauf veräußert. In beiden Fällen ist ein öffentlich bestellter Makler mit der Abwicklung zu beauftragen. Dabei sind folgende Vorbedingungen zu erfüllen:

- Der Kredit muss ganz oder teilweise fällig sein (§ 1228 BGB).
- Dem Kreditnehmer muss die Veräußerung angedroht werden (§ 1234 BGB).
- Eine Wartezeit von einem Monat nach Androhung muss eingehalten werden (§ 1234 BGB). Unter Kaufleuten beträgt die Wartezeit lediglich eine Woche (§ 368 HGB).

Sicherungsübereignung

Nicht alle Wertgegenstände in einem Unternehmen sind zum Lombardieren geeignet. So stellen zwar Rohstoffe oder Produktionsmaschinen einen hohen Wert im Unternehmen dar, sind aber zwingend für den Produktionsprozess notwendig. Auch wegen der schwierigen Aufbewahrung beim Kreditgeber sind sie nicht als Pfand geeignet. Für diese Gegenstände bietet sich eine Sicherungsübereignung als Kreditsicherheit an. Dabei geht das Eigentum an diesem Gegenstand auf den Kreditgeber über, Besitzer bleibt der Kreditnehmer. Es wird ein sogenanntes Besitzkonstitut vereinbart und der Kreditnehmer behält damit das Nutzungsrecht. Diese Gestaltung erlaubt es ihm, Wertvolles als Sicherheit zu bieten und gleichzeitig dessen Nutzung nicht aufgeben zu müssen. So kann die Produktionsmaschine beispielsweise weiterhin dazu dienen, Erzeugnisse zu produzieren, die zu Umsatzerlösen führen und letztendlich helfen, den Kredit fristgerecht zu tilgen.

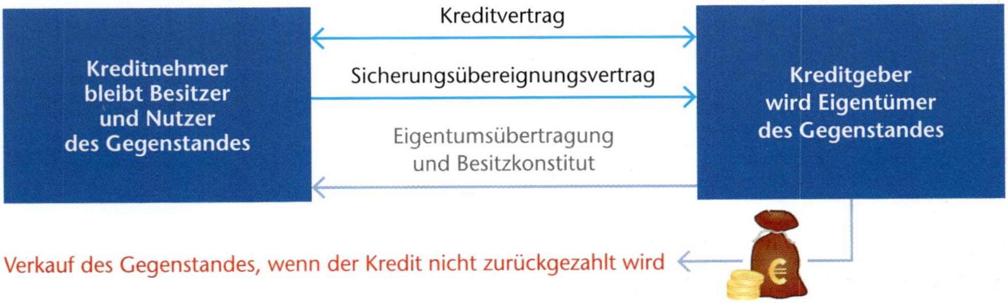

Im Sicherungsübereignungsvertrag muss zweifelsfrei bestimmt sein, welches Gut sicherungsübereignet wird. Bei einzelnen, genau zu bestimmenden Gegenständen wie z. B. einem Lkw ist dies unproblematisch (Einzelübereignung). Werden allerdings Waren oder Rohstoffe vereinbart, die im Laufe der Zeit wechseln, ist eine sogenannte Raumübereignung möglich. Dabei gelten diejenigen Gegenstände als übereignet, die in diesem vereinbarten Raum aufbewahrt werden. Hierbei kann es allerdings zu einem Konflikt zwischen Eigentumsvorbehalt und Sicherungsübereignung kommen. Zusätzlich bestehen folgende Gefahren für den Kreditgeber:

- Der Gegenstand wurde vom Besitzer mehrfach übereignet.
- Der Gegenstand geht beispielsweise durch Brand/Unfall unter.
- Der Gegenstand verliert durch die Nutzung an Wert.
- Der Gegenstand lässt sich nur schwer veräußern.

Dieses größere Risiko berücksichtigt der Kreditgeber wie beim Pfandrecht mithilfe der Beleihungswerte. Die folgende Aufstellung zeigt einige Sicherheiten und gibt Orientierung bei den Beleihungsgrenzen.

Sicherheiten	Beleihungsgrenzen
Kfz	Voraussichtlicher Veräußerungserlös abzüglich Wertabschlag bis zu 50 %. Alternativ 50 % vom Zeitwert.
Maschinen	Wie Kfz, voraussichtlicher Veräußerungserlös abzüglich Wertabschlag bis zu 50 %. Alternativ 50 % vom Zeitwert.
Forderungen aus Lieferungen und Leistungen	Werden nur unter bestimmten Voraussetzungen akzeptiert. Sie müssen zweifelsfrei, werthaltig und abtretbar sein sowie pünktlich reguliert werden. Dann werden sie üblicherweise mit 50 bis 80 % der Rechnungsbeträge angesetzt.
Waren	Marktfähige Waren, die nicht unter Eigentumsvorbehalt geliefert wurden, wenn sie überhaupt akzeptiert werden, bis zu 50 %.
Einrichtung	Falls sie marktfähig ist und falls sie überhaupt akzeptiert wird, bis zu 40 %.

Quelle: Schmitz, Juliane, GADA Ludwigshafen, unter: http://www.buchfuehrungstipps.de/beleihungswerte.html, zuletzt abgerufen am 05.09.2014

Wird nun der Kredit nicht wie vereinbart zurückgezahlt, ist der Kreditnehmer berechtigt, die sicherungsübereigneten Gegenstände freihändig zu verkaufen, bis der ausstehende Betrag beglichen ist. Unter freihändigem Verkauf versteht man den Verkauf durch einen zu solchen Verkäufen öffentlich ermächtigten Handelsmakler oder durch eine zur öffentlichen Versteigerung befugte Person.

10.2.4 Unbewegliche Realsicherheiten

Hypothek

Die Hypothek gehört zu den Grundpfandrechten und dient zur Absicherung eines langfristigen Kredites. Als Sicherheiten gelten Grundstücke und Gebäude. Kommt der Kreditnehmer seiner Rückzahlungspflicht nicht ordnungsgemäß nach, kann der Darlehensgeber, z. B. die Bank, die Hypothek nutzen, indem er die Immobilie veräußert. In der Regel findet die Veräußerung in Form einer Zwangsversteigerung statt. Mit diesem erzielten Erlös kann die noch vorhandene Restschuld beglichen werden.

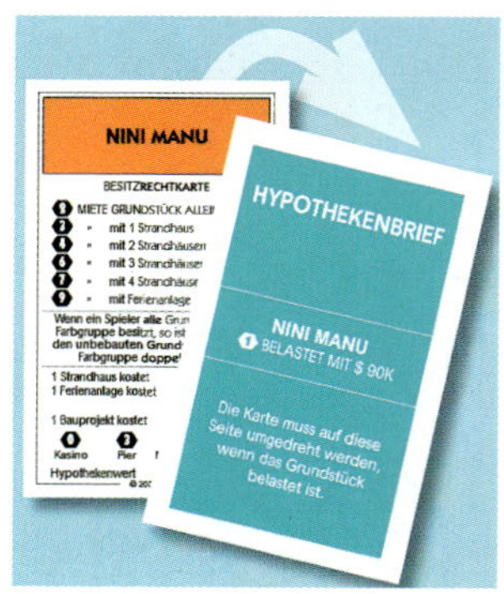

Wesentlich für die Hypothek ist, dass sie zur Sicherung einer genau bestimmten Forderung dient. Ist diese Forderung beglichen, fällt die Hypothek an den Eigentümer zurück.

Beispiel

Die Duisdorfer BüroKonzept KG erwirbt ein Grundstück, um darauf eine neue Lagerhalle zu errichten. Diese Immobilie wird zu einem großen Teil über die Hausbank fremdfinanziert. Als Sicherheit für dieses Darlehen wird eine Hypothek mit dem genau bezeichneten Grundstück in das Grundbuch eingetragen.

Neben diesem Darlehen ist seit Jahren ein Kontokorrentkredit mit der Hausbank vereinbart.

Kommt die Duisdorfer BüroKonzept KG ihren Rückzahlungsverpflichtungen für das Darlehen nicht ordnungsgemäß nach, hat die Hausbank die Möglichkeit, das Grundstück zu veräußern. Wird allerdings der Kontokorrentkredit nicht wie vereinbart bedient, darf die Bank ***nicht*** *das Grundstück zur Begleichung der Schulden aus dem Kontokorrentkredit heranziehen.*

Die Hypothek entsteht durch Einigung zwischen dem Eigentümer und dem Gläubiger sowie einer Eintragung ins Grundbuch. Diese Eintragung in das Grundbuch führt dazu, dass der zutreffende Inhaber der Hypothek ausgewiesen wird. Damit ist gleichzeitig die Übertragung der Hypothek vom Eigentümer auf den Gläubiger vorgenommen worden. Die Hypothek erlischt durch die Rückzahlung des Kredites, durch die Zwangsvollstreckung oder durch vertragliche Vereinbarung.

Exkurs: Grundbuch

Alle Grundstücke in Deutschland müssen im Grundbuch registriert sein. Das Grundbuch ist das vom zuständigen Amtsgericht geführte öffentliche Register aller Grundstücke eines Bezirkes. In ihm werden die Wirtschafts- und Rechtsverhältnisse an Grundstücken dargelegt und festgehalten. Für jedes Grundstück wird ein Grundbuchblatt angelegt, das neben einer Aufschrift (Deckblatt) aus folgenden Teilen besteht:

- einem Bestandsverzeichnis (genaue Bezeichnung des Grundstücks)
- Abteilung I: Eigentümer
- Abteilung II: Lasten und Beschränkungen, z. B. Vorkaufsrechte
- Abteilung III: Grundpfandrechte; z. B. Hypothek.

Einsicht nehmen darf jeder, der ein berechtigtes Interesse nachweisen kann. Dazu gehört z. B. eine Vollmacht des Eigentümers, ein eingetragenes Recht (Grundschuld) oder einen Erbschein.

Grundschuld

Die Grundschuld ist ebenso wie die Hypothek ein Grundpfandrecht, die einen Kredit absichert und im Grundbuch eingetragen wird. Allerdings ist sie nicht an eine bestimmte Forderung gebunden. D. h. die im Grundbuch eingetragene Grundschuld besteht auch dann fort, wenn die ursprüngliche Forderung des Kreditgebers beglichen wurde. Sie kann, nachdem sie nicht mehr belastet ist, erneut verwendet werden, um eine andere Forderung zu sichern. Ist diese Forderung geringer als die eingetragene Grundschuld, kann der restliche Betrag für die Sicherung eines weiteren Kredites dienen. Aufgrund dieser Flexibilität hat die Grundschuld gegenüber der Hypothek an Bedeutung gewonnen.

Beispiel
Die Duisburger BüroKonzept KG hat im obigen Beispiel das fremdfinanzierte Grundstück mit einer Grundschuld abgesichert. Nach der vereinbarten Laufzeit von 10 Jahren wird das Darlehen ordnungsgemäß zurückgezahlt. Nun ist die weiterhin eingetragene Grundschuld frei, um einen anderen Kredit zu sichern, der für die Anschaffung einer Produktionsanlage aufgenommen wurde.

Gerät der Schuldner in Zahlungsschwierigkeiten, kommt es u. U. zur Zwangsversteigerung. Sind nun im Grundbuch mehrere Rechte von Gläubigern eingetragen und reicht der Versteigerungserlös nicht aus, wird der Erlös nicht gleich verteilt. Hier kommt es auf die Reihenfolge der Eintragung, den sogenannten Rang, an. Zunächst wird der Gläubiger im ersten Rang befriedigt, anschließend der im nächsten Rang liegende. Dies geschieht so lange, bis der gesamte Erlös verteilt ist. So besteht das Risiko, dass ein eingetragener Gläubiger aus dieser

Sicherung keine Entschädigung erhält. Dies zeigt, dass die Rangstelle von besonderer Bedeutung für den Wert der Sicherheit ist, und erklärt, dass eine Akzeptanz der Sicherheit für die Kreditinstitute auch von der Rangstelle abhängt.

10.2.5 Wahl der Kreditsicherheiten

	Vorteile	Nachteile	Bewertung
Bürgschaft	▪ sehr geringe Kosten ▪ schuldrechtliche Verpflichtung eines Dritten mit guter Bonität ▪ schnelle Verwertung	▪ Prüfung der Bonität evtl. schwierig	
Eigentumsvorbehalt	▪ geringe Kosten ▪ schnelle Verwertung	▪ je nach Art des Eigentumsvorbehalts: Problem der Weiterveräußerung, -verarbeitung oder Untergang	wird i. d. R. als Sicherheit eines Lieferantenkredites genutzt
Zession	▪ Kunden erfahren nichts von der Abtretung einer stillen Zession ▪ schnelle Verwertbarkeit bei der offenen Zession ▪ flüssige Mittel ohne Verpfändung eigener Vermögenswerte	▪ sehr zeitintensiv bei der Listenerstellung ▪ überwachungsintensiv ▪ Gefahren bei stiller Zession ▪ evtl. Imageverlust bei offener Zession	wird z. B. als Ergänzung zu anderen Sicherheiten gesehen
Verpfändung von Sparguthaben	▪ 100 %ige Kreditsicherung ▪ schnell durchführbar ▪ geringe Kosten	▪ Sperre des Guthabens ▪ meist unwirtschaftlich	von den Banken gerne akzeptiert („sehr gute" Kreditsicherheit)
Verpfändung von Wertpapieren	▪ schnell durchführbar ▪ leicht bewertbar wegen nachvollziehbarer Börsenkurse	▪ hohe Abschläge wegen möglicher Kursschwankungen	gute Sicherheit
Grundschuld	▪ hohe Wertbeständigkeit ▪ wiederholt einsetzbar ▪ hoch beleihbar ▪ i. d. R. problemlose Verwertbarkeit	▪ relativ hohe Kosten (Notar, Grundbuch, Gutachter) ▪ hoher Zeitaufwand durch Grundbucheintragungen ▪ zeitaufwendige Zwangsvollstreckung	von der Bank bevorzugt („sehr gute" Kreditsicherheit)
Hypothek	▪ hohe Wertbeständigkeit ▪ hoch beleihbar ▪ i. d. R. problemlose Verwertbarkeit	▪ relativ hohe Kosten (Notar, Grundbuch, Gutachter) ▪ nicht wiederholt einsetzbar ▪ hoher Zeitaufwand durch Grundbucheintragungen ▪ zeitaufwendige Zwangsvollstreckung	sehr gute Kreditsicherheit

	Vorteile	Nachteile	Bewertung
Sicherungs-übereignung	▪ übereignete Sachen weiterhin nutzbar ▪ bei gängigen Gegenständen leichte und schnelle Verwertbarkeit	▪ schwer bewertbar ▪ aufwendige Überwachung ▪ hohe Abschläge ▪ mögliche Belastung mit anderem Recht (Eigentumsvorbehalt) ▪ Versicherungsprämien	wird bspw. als Ergänzung zu anderen Sicherheiten gesehen

10.3 Sonderformen der Finanzierung

10.3.1 Leasing

LS 9.5

Für ein Unternehmen ist es nicht immer notwendig, Investitionsgüter mit Eigen- oder Fremdkapital zu finanzieren. Als Ersatz für die Aufnahme eines Kredites besteht auch die Möglichkeit, die verschiedensten Gegenstände zu leasen. Weil anstelle der Aufnahme von Geldkapital von einem Leasinggeber Sachkapital zur Verfügung gestellt wird, handelt es sich um eine Sonderform der Finanzierung.

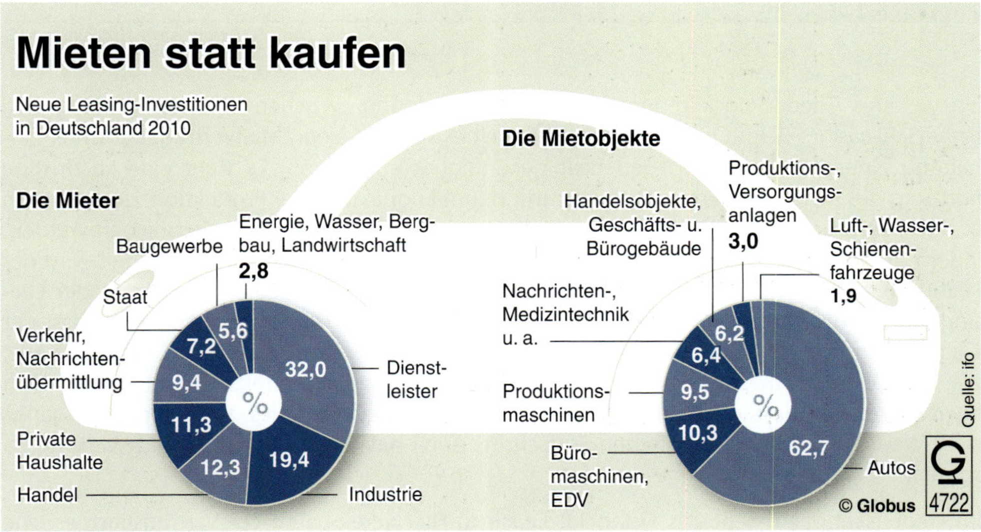

Beim Leasing wird ein Gegenstand über einen vereinbarten Zeitraum zur Nutzung überlassen. Der Leasingnehmer zahlt dafür an den Leasinggeber ein Nutzungsentgelt, die Leasingrate. Es handelt sich um eine besondere Art der Vermietung, d.h. während der Laufzeit des Leasingvertrages ist der Leasingnehmer berechtigt, den Gegenstand zu nutzen. Der Leasinggeber bleibt Eigentümer der Sache.

In der Regel sind beim Leasing drei Parteien beteiligt; der Leasinggeber (meist eine Bank oder Leasinggesellschaft), der Leasingnehmer und der Hersteller des Leasingobjektes. In diesem Fall handelt es sich um ein **indirektes Leasing**. Ist der Hersteller gleichzeitig Leasinggeber, wird von **direktem Leasing** gesprochen.

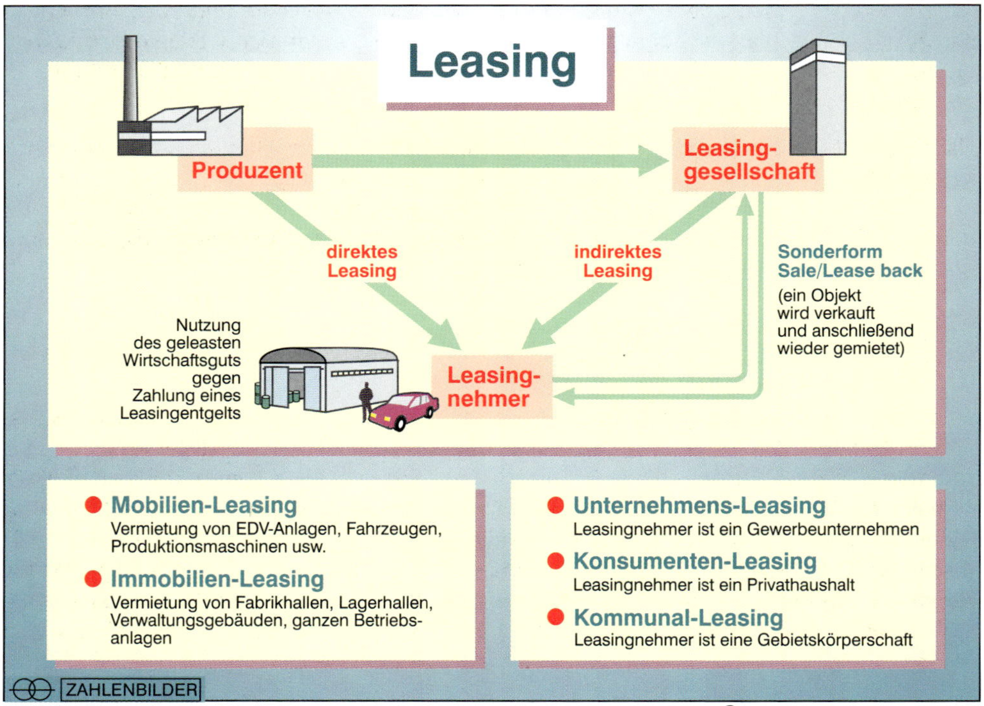

464 010

Ein weiteres Gliederungskriterium ist die Unterscheidung zwischen **Operate Leasing** und Financial Leasing. Beim Operate Leasing handelt es sich um einen Mietvertrag, der unter Einhaltung einer Kündigungsfrist jederzeit gekündigt werden kann. Es steht eine kurzfristige Nutzung des Investitionsgutes im Vordergrund, um Engpässe in der Produktion, dem Vertrieb o. dgl. überbrücken zu können. So kann beispielsweise ein Lieferengpass vermieden werden, indem der fehlende Lkw kurzfristig geleast wird. Am Ende der vereinbarten Mietzeit wird der Leasinggegenstand zurückgegeben. Bei dieser kurzfristigen Art des Leasings kann der Leasinggeber in der Regel die Anschaffungskosten mit den Mieterträgen nicht decken, sodass der Gegenstand mehrfach vermietet werden muss. Es kommen also nur Gegenstände infrage, die von mehreren Mietern nachgefragt werden und universell einsetzbar sind. Neben dem Investitionsrisiko besteht außerdem beim Vermieter die Gefahr des zufälligen Untergangs oder Wertverlust durch technischen Fortschritt. Auch hat er für Reparatur und Wartung zu sorgen.

Im Gegensatz dazu steht das **Financial Leasing**. Hier vereinbaren die Vertragspartner eine feste Grundmietzeit, in der der Vertrag nicht gekündigt werden kann. Die vereinbarte Laufzeit des Financial Leasing ist in der Regel zwar kürzer als die betriebsgewöhnliche Nutzungsdauer, sie ist aber so bemessen, dass Anschaffungskosten und alle weiteren Kosten sowie ein Gewinnaufschlag gedeckt sind. Somit eignet sich das Financial Leasing in der Regel für längerfristige Vermietungen an nur einen einzigen Leasingnehmer. Bei den Leasinggegenständen handelt es sich um langlebige Wirtschaftsgüter oder auch Spezialanfertigungen. Anders als beim Operate Leasing trägt der Leasingnehmer Belastungen wie Reparatur oder Wartung, sodass das gesamte Investitionsrisiko bei ihm liegt.

Je nach Vereinbarung im Leasingvertrag gibt es einerseits Verträge ohne Kauf- oder Mietverlängerungsoption, bei denen der Leasingnehmer nach Vertragsablauf die Sache nicht mehr gebrauchen darf. Andererseits kann ein Vertrag mit Kauf- oder Mietverlängerungsoption vereinbart sein. Dieser gestattet dem Leasingnehmer, den Gegenstand entweder weiter zu mieten oder abschließend zu kaufen. Im zuletzt genannten Fall wird er damit Eigentümer des Gegenstandes.

Bilanziell wird der Leasinggegenstand in der Regel beim Leasinggeber im Anlagevermögen aktiviert. Wird für den Eigentumserwerb ein Kredit aufgenommen, fließt regelmäßig Liquidität in Form von Zinsen und Tilgung ab. Zu den Aufwendungen für den in Anspruch genommenen Kredit zählen Abschreibungen und Zinsen. Der Leasingnehmer bucht die Leasingraten ähnlich wie Mieten als Aufwand.

10.3.2 Vergleich Leasing und Kauf

Um zu entscheiden, ob es günstiger ist, einen Gegenstand zu leasen oder mithilfe eines Kredites zu kaufen, muss verglichen werden, in welcher Höhe finanzielle Mittel abfließen. Die Gesamtkosten des Leasings setzen sich aus den laufenden Leasingraten und eventuell einer einmaligen (Vertrags-)Abschlussgebühr zusammen. Die Leasingraten werden i. d. R. monatlich entrichtet und belaufen sich insgesamt auf 120 % bis 150 % der Anschaffungskosten, die Abschlussgebühr bewegt sich i. d. R. bei ca. 5 % der Anschaffungskosten. Bei Kauf des Leasingobjektes durch den Leasingnehmer sind Übernahmekosten zu berücksichtigen, bleiben jedoch beim folgenden Vergleich unberücksichtigt, da leasen und kaufen gegenübergestellt werden sollen.

Für den entsprechenden Kredit fallen regelmäßig Zinsen und einmalig Provisionen und Gebühren an. Auch die Tilgung muss berücksichtigt werden, die je nach Vertragsvereinbarung regelmäßig oder zum Abschluss der Vertragslaufzeit zu begleichen ist.

LF 9, 7.2

Meist ist Leasing tatsächlich teurer als ein Kreditkauf. Jedoch bietet das Leasing Vorteile, aber auch weitere Nachteile.

Vorteile	Nachteile
▪ Bilanzneutral: der Gegenstand erscheint nicht in der Bilanz und wirkt sich demnach nicht auf Verschuldungsgrad und Eigenkapitalquote aus ▪ Liquidität wird geschont, da der Leasinggeber den Gegenstand finanziert ▪ Kein Zinsänderungsrisiko ▪ Klare Kalkulationsgrundlage durch feste Leasingraten ▪ Flexibilität bei anderen Investitionen	▪ Leasing ist in der Regel teurer als Kreditkauf ▪ Konstante Leasingraten bei eventuell fallenden Zinsen ▪ Leasingnehmer ist nicht Eigentümer ▪ Keine vorzeitige Vertragskündigung ▪ Leasinggeber kann bei Zahlungsversäumnis kündigen

10.3.3 Factoring

LS 9.2

Factoring ist der vertraglich vereinbarte Verkauf von Forderungen aus Lieferung und Leistung an einen Factor. Der Factor ist entweder ein Kreditinstitut oder eine Factoring-Gesellschaft. Durch den Verkauf der Forderung erhält der Veräußerer, im Factoring-Vertrag als Klient oder Anschlusskunde bezeichnet, vor Fälligkeit sein Geld. Beim Factoring handelt es sich also um eine Form der kurzfristigen Fremdfinanzierung. Häufig wird im Factoring-Vertrag vereinbart, dass der Factor das Risiko des Forderungsausfalls übernimmt, sodass der Klient im Falle eines Zahlungsverzugs oder einer Insolvenz des Schuldners seine Zahlung erhalten hat. Zusätzlich können dem Factor die Debitorenbuchhaltung, das Mahnwesen und das Inkassowesen sowie weitere Servicefunktionen übertragen werden.

Die drei Funktionen des Factoring sind demnach:

1. Finanzierungsfunktion: Ankauf und Bevorschussen der Forderung.
2. Delkrederefunktion (Kreditversicherungsfunktion): Übernahme des Ausfallrisikos.
3. Dienstleistungsfunktion: Übernahme des Forderungsmanagements, inklusive Mahn- und Inkassowesen für den Klienten.

Wie die Abbildung zeigt, ist die in Deutschland häufigste Art des Factorings das Inhouse-Factoring, das die Finanzierungs- und Delkrederefunktion beinhaltet, nicht aber die Dienstleistungsfunktion. Beim Full-Service-Factoring übernimmt der Factor die drei Funktionen des Factoring. Die in der Darstellung als Fälligkeits-Factoring bezeichnete Art umfasst die Delkredere- und die Dienstleistungsfunktion und wird in Deutschland selten in Anspruch genommen.

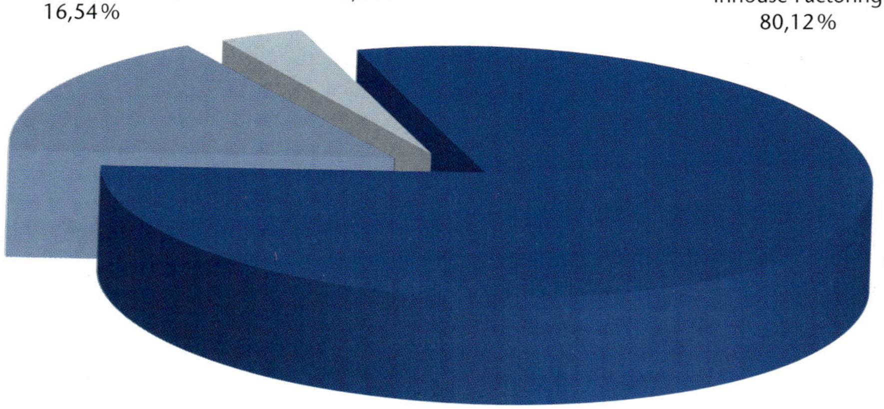

Liegt **echtes Factoring** vor, so übernimmt der Factor alle drei Factoring-Funktionen, insbesondere die Delkrederefunktion. Bleibt das Ausfallrisiko beim Klienten, handelt es sich um **unechtes Factoring**.

Des Weiteren wird zwischen offenem und stillem Factoring unterschieden. Beim **stillen Factoring** wird der Forderungsverkauf vom Lieferanten an den Factor dem Abnehmer (Schuldner) gegenüber nicht offengelegt. Dieser zahlt wie üblich an seinen Lieferanten, der die Zahlung an den Factor weiterleitet. Wurde **offenes Factoring** vereinbart, wird der Schuldner über den Forderungsverkauf an den Factor informiert und aufgefordert, direkt an diesen zu zahlen. Die in Deutschland überwiegende Art ist die offene Abtretung der Forderung.

Bei Abschluss des Factoring-Vertrages zwischen Factor und Klient prüft der Factor die Bonität des Klienten und der Drittschuldner. Anschließend werden entweder alle Forderungen oder Forderungsgruppen übertragen. Durch die Bonitätsprüfung und die Abtretung von Forderungsgesamtheiten (also keine Einzelforderungen) wird das Ausfallrisiko für den Factor gemindert. Nach der Forderungsübertragung zahlt der Factor einen Teilbetrag des Kaufpreises umgehend an den Klienten. Um den Kaufpreis zu ermitteln, wird der Brutto-Rechnungsbetrag um Rabatte, Boni, Skonti sowie Factoring-Gebühren reduziert. Auch mindern Factoring-Gebühren für Prüfungen und Service sowie Zinsen für die Vorfälligkeitszahlung den Kaufpreis.

Tatsächlich ausgezahlt wird von dem vereinbarten Kaufpreis zunächst nur ein Anteil von 80 bis 90%. Die einbehaltenen 10 bis 20% dienen dem Factor dazu, sich vor eventuellen Mängelrügen oder anderen nachträglichen Reduzierungen abzusichern. Begleicht der Drittschuldner nun seine Rechnung, wird der vorsichtshalber einbehaltene Restbetrag an den Klienten überwiesen.

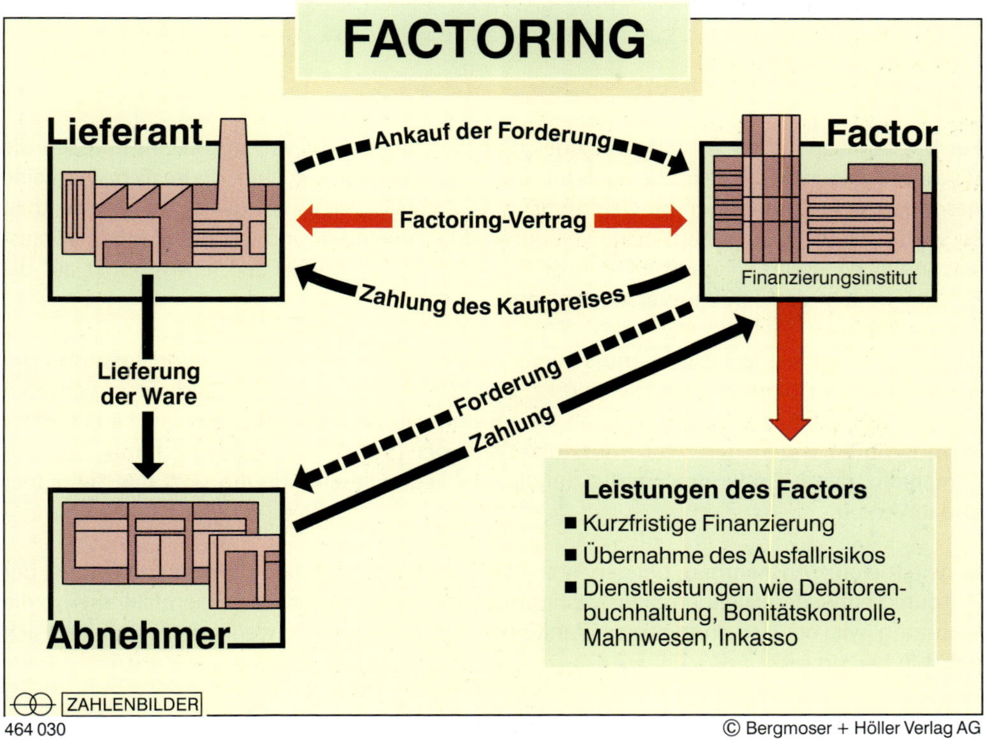

Vorteile	Nachteile
▪ Verbesserung der Liquidität ▪ Bilanzverkürzung: Durch frühzeitigen Liquiditätszufluss können Bank- oder Lieferantenverbindlichkeiten schneller beglichen werden ▪ Gewährung von Zahlungszielen ohne Liquiditätseinbuße ▪ fortlaufende Bonitätskontrolle der Debitoren ▪ Risikoreduzierung vor Zahlungsausfällen ▪ Einsparung von Verwaltungskosten	▪ Kosten durch Factoring-Gebühren, Zinsen, Risikoprämien etc. ▪ Verschlechterung der Kundenkontakte durch fehlende individuelle Betreuung ▪ Vorurteil: Factoring-Klienten sind bonitätsschwache Unternehmen

LS 9.2

11 Der Zahlungsverzug

Bei Kaufvertragsabschluss hat der Käufer sich verpflichtet, die Ware rechtzeitig zum vereinbarten Kaufpreis zu bezahlen. Verstreicht die Zahlungsfrist, ohne dass eine Zahlung erfolgt, gerät der Käufer in Zahlungsverzug. Es handelt sich also um den Schuldnerverzug des Käufers.

11.1 Voraussetzungen

Für das Vorliegen eines Zahlungsverzuges und die Durchsetzbarkeit der Rechte müssen die Voraussetzungen erfüllt sein, die auch für den Lieferungsverzug gelten. Gesetzlich sind keine gesonderten Bestimmungen für Lieferungs- oder Zahlungsverzug festgelegt, sondern enthält verspätete Leistungen, die auf beide Verzugsarten anzuwenden sind. Da die gleichen Voraussetzungen wie beim Lieferungsverzug gelten, wird im Folgenden der Schwerpunkt auf die Besonderheiten des Zahlungsverzuges gelegt.

LF 4, 19.2

Damit Zahlungsverzug besteht, muss zunächst die Fälligkeit der Zahlung vorliegen und der Käufer versäumt die rechtzeitige Zahlung. Der Käufer muss dieses Versäumnis zu vertreten haben, wobei dies der Gesetzgeber als Vermutung zugrunde legt. Es liegt am Käufer, diese Vermutung zu widerlegen. Nun muss der Gläubiger grundsätzlich die versäumte Zahlung anmahnen, damit Zahlungsverzug letztendlich vorliegt. Diese Mahnung setzt den Schuldner also in Verzug.

Es gelten einige Ausnahmen, bei denen auch ohne Mahnung Zahlungsverzug eintritt. Ist der Zeitpunkt entweder kalendermäßig bestimmt oder eindeutig bestimmbar, entfällt ebenso die Mahnung wie bei der endgültigen Zahlungsverweigerung oder wenn der Schuldner sich selbst in Verzug setzt.

Beispiele
Kalendermäßig bestimmt: „zahlbar am 23.04.20..“
Kalendermäßig bestimmbar: „14 Tage nach Rechnungsdatum“
Kalendermäßig nicht bestimmt (Mahnung erforderlich): „zahlbar sofort“, „zahlbar ab dem 1. Mai 20..“
Selbstinverzugsetzung: „ Bis zum 1. Juli 20.. ist es uns leider nicht möglich, die noch offenen Verbindlichkeiten zu begleichen. Wir bitten um Zahlungsaufschub.“

§ 286 BGB Verzug des Schuldners

(1) Leistet der Schuldner auf eine Mahnung des Gläubigers nicht, die nach dem Eintritt der Fälligkeit erfolgt, so kommt er durch die Mahnung in Verzug. Der Mahnung stehen die Erhebung der Klage auf die Leistung sowie die Zustellung eines Mahnbescheids im Mahnverfahren gleich.

(2) Der Mahnung bedarf es nicht, wenn

1. für die Leistung eine Zeit nach dem Kalender bestimmt ist,
2. der Leistung ein Ereignis vorauszugehen hat und eine angemessene Zeit für die Leistung in der Weise bestimmt ist, dass sie sich von dem Ereignis an nach dem Kalender berechnen lässt,

3. der Schuldner die Leistung ernsthaft und endgültig verweigert,
4. aus besonderen Gründen unter Abwägung der beiderseitigen Interessen der sofortige Eintritt des Verzugs gerechtfertigt ist.

(3) Der Schuldner einer Entgeltforderung kommt spätestens in Verzug, wenn er nicht innerhalb von 30 Tagen nach Fälligkeit und Zugang einer Rechnung oder gleichwertigen Zahlungsaufstellung leistet; dies gilt gegenüber einem Schuldner, der Verbraucher ist, nur, wenn auf diese Folgen in der Rechnung oder Zahlungsaufstellung besonders hingewiesen worden ist. Wenn der Zeitpunkt des Zugangs der Rechnung oder Zahlungsaufstellung unsicher ist, kommt der Schuldner, der nicht Verbraucher ist, spätestens 30 Tage nach Fälligkeit und Empfang der Gegenleistung in Verzug.

(4) Der Schuldner kommt nicht in Verzug, solange die Leistung infolge eines Umstands unterbleibt, den er nicht zu vertreten hat.

Im Gegensatz zum Lieferungsverzug gilt beim Zahlungsverzug eine weitere Situation, bei der Verzug ohne Mahnung vorliegt (siehe § 286 Abs. 3 BGB). Diese wurde vom Gesetzgeber hinzugefügt, um dem säumigen Zahler die Möglichkeit zu nehmen, bewusst die Zahlung bis zur ersten Mahnung zu unterlassen, ohne rechtliche Folgen zu befürchten. § 286 Abs. 3 BGB enthält die Bestimmung, dass ein Käufer automatisch in Zahlungsverzug gerät, wenn er die vereinbarte Zahlung nicht bis zum 30. Tag nach Rechnungseingang geleistet hat. Es sei denn, es gilt eine kürzere vereinbarte Zahlungsfrist. Ist der Zugang der Rechnung ungewiss (z. B. streitet der Kunde den Erhalt der Rechnung ab), so tritt an diese Stelle der (quittierte) Empfang der Ware. Danach muss spätestens am 30. Tag nach Erhalt der Ware die Zahlung erfolgen.

Eine Besonderheit ist bei dieser Regelung zu beachten. Diese 30-Tage-Regelung setzt Verbraucher (Privatpersonen) nur dann in Zahlungsverzug, wenn sie als Hinweis auf der Rechnung enthalten ist.

Beispiel
Vermerk bei Rechnungsformularen bei Rechtsgeschäften mit Endverbrauchern:
„Wir bitten Sie, den Rechnungsbetrag alsbald zu zahlen, da 30 Tage nach Erhalt der Rechnung der gesetzliche Verzugszinssatz von … % anfällt."

11.2 Rechte des Lieferers bei Zahlungsverzug

Liegt Zahlungsverzug vor, bestehen für den Gläubiger verschiedene Rechte. Hierbei wird unterschieden zwischen Rechten ohne Nachfrist und Rechten, die nur unter Einhaltung einer Nachfrist durchzusetzen sind.

Rechte ohne Nachfristsetzung

Neben der Erfüllung des Vertrages, d. h. wenn der Gläubiger weiter die Zahlung des vereinbarten Rechnungsbetrages verlangt, kann dieser außerdem pauschal Verzugszinsen berechnen.

§ 288 BGB Verzugszinsen

(1) Eine Geldschuld ist während des Verzugs zu verzinsen. Der Verzugszinssatz beträgt für das Jahr fünf Prozentpunkte über dem Basiszinssatz.

(2) Bei Rechtsgeschäften, an denen ein Verbraucher nicht beteiligt ist, beträgt der Zinssatz für Entgeltforderungen neun Prozentpunkte über dem Basiszinssatz.

(3) Der Gläubiger kann aus einem anderen Rechtsgrund höhere Zinsen verlangen.

(4) Die Geltendmachung eines weiteren Schadens ist nicht ausgeschlossen.

Die Höhe ist gesetzlich geregelt und beträgt im zweiseitigen Handelskauf 9 % über dem aktuellen Basiszinssatz. Liegt ein einseitiger Handelskauf oder ein bürgerlicher Kauf vor, so beträgt der Verzugszinssatz 5 % über dem Basiszinssatz.

Exkurs:
Seit 1. Januar 2015 liegt der Basiszinssatz bei –0,83 % (vorher: –0,73 %). Ausgangspunkt ist der in § 247 Bürgerliches Gesetzbuch (BGB) beschriebene Basiszinssatz, welcher sich zum 1. Januar und zum 1. Juli jeden Jahres verändert (siehe: www.bundesbank.de).

Sind dem Gläubiger nachweislich höhere Schäden entstanden als die gesetzlich vorgegebenen Verzugszinsen, kann er den Ausgleich dieses Schadens verlangen (siehe § 288 Abs. 3 und 4). Dazu zählen beispielsweise Kreditzinsen, die angefallen sind, weil der Gläubiger aufgrund des Verzuges einen Kredit aufnehmen musste, oder auch Mahnkosten sowie Rechtsanwaltsgebühren.

Die Verzugszinsen können ab dem Zeitpunkt geltend gemacht werden, an dem der Kunde in Zahlungsverzug gerät. Dies ist entweder der Tag, an dem die Mahnung zugeht, oder mit Ablauf des Tages, an dem die Zahlung spätestens erfolgen sollte. Als Zugangsdatum für die Mahnung werden üblicherweise zwei Tage nach der Absendung angenommen.

Rechte mit Nachfrist

Wurde nach Eintritt des Zahlungsverzuges vom Gläubiger eine Nachfrist zur Zahlung gesetzt, so kann er mit Ablauf der Frist vom Vertrag zurücktreten. Voraussetzung allerdings ist, dass er die Durchsetzung dieses Rechts angedroht hat. Damit verzichtet er auf die Zahlung und erhält die gelieferte Ware zurück. Dieses Recht ist besonders dann von Bedeutung, wenn der Schuldner zahlungsunfähig ist und so zumindest die Ware gesichert werden kann.

§ 323 BGB Rücktritt wegen nicht oder nicht vertragsgemäß erbrachter Leistung

(1) Erbringt bei einem gegenseitigen Vertrag der Schuldner eine fällige Leistung nicht oder nicht vertragsgemäß, so kann der Gläubiger, wenn er dem Schuldner erfolglos eine angemessene Frist zur Leistung oder Nacherfüllung bestimmt hat, vom Vertrag zurücktreten.
[...]

Neben dem Rücktritt ist es auch möglich, Schadenersatz statt der Leistung zu verlangen. Wurde dieses Recht dem Schuldner mit der Nachfristsetzung angedroht, kann der Gläubiger die Herausgabe der Ware und zusätzlich den entstandenen Schadenersatz verlangen. Ein möglicher Schaden, der dem Gläubiger entstehen kann, sind beispielsweise anfallende Zinsen und Gebühren eines notwendig gewordenen Kredites.

§ 281 BGB

Schadensersatz statt der Leistung wegen nicht oder nicht wie geschuldet erbrachter Leistung

(1) Soweit der Schuldner die fällige Leistung nicht oder nicht wie geschuldet erbringt, kann der Gläubiger unter den Voraussetzungen des § 280 Abs. 1 Schadensersatz statt der Leistung verlangen, wenn er dem Schuldner erfolglos eine angemessene Frist zur Leistung oder Nacherfüllung bestimmt hat.
[...]

Die Pflicht der Nachfristsetzung entfällt, wenn

- der Schuldner die Leistung endgültig verweigert,
- ein Fix- oder Zweckkauf vorliegt oder
- besondere Umstände vorliegen, die unter beiderseitigen Interessen den sofortigen Rücktritt rechtfertigen.

11.3 Zinsrechnen

Zinsen sind der Preis, die der Schuldner für die Überlassung von Kapital (Geld) zu zahlen hat. Liegt Zahlungsverzug vor, bedeutet dies, dass der Schuldner dem Gläubiger eine Zahlung vorenthält. Wie oben beschrieben, hat der Gläubiger nun das Recht, Verzugszinsen für die Tage zu berechnen, die vom ursprünglichen Zahlungsziel bis zum Zeitpunkt der Zahlung angefallen sind. Damit wird deutlich, dass der Schuldner einen Preis für die Ausdehnung des Zahlungszieles zu bezahlen hat.

Anwendung findet die Zinsrechnung neben der

- Berechnung von Verzugszinsen beispielsweise auch
- bei der Berechnung von Guthaben- oder Kreditzinsen bei der Bank oder
- bei der Berechnung von Skonto im Zusammenhang mit Lieferantenkrediten.

Für die Zinsrechnung sind folgende Größen von Bedeutung

Z	Zinsen (in Euro)
p	Zinssatz pro Jahr (in %)
K	Kapital
 t m j	Zeit in: (Zins-)Tage (Zins-)Monate (Zins-)Jahre

Bevor nun die Berechnung der Zinsen in Euro vorgenommen werden kann, muss zuerst die angefallene Zeit (Zinsjahre/Zinsmonate/Zinstage) ermittelt werden. Außerdem hängt die Höhe der Zinsen vom Kapital und vom Zinssatz ab.

11.3.1 Berechnung der Jahreszinsen

Beispiel

Die Duisdorfer BüroKonzept KG nimmt zur Finanzierung eines Geschäftswagens einen Kredit in Höhe von 80.000,00 € auf. Die Laufzeit beträgt 3 Jahre bei einem Zinssatz von 4 % p. a. (per anno ≙ pro Jahr).

Gegeben ist also:

Kapital (K): 80.000 € (≙100 %)
Zinssatz (p): 4 % p. a.
Zeit (j) : 3 Jahre

Daraus ergibt sich folgende Überlegung:

→ zur Ermittlung der Zinsen von 1 % p. a.: $\frac{80.000{,}00\ € \cdot \mathbf{1}}{\mathbf{100}}$

→ zur Erweiterung auf 4 % p. a.: $\frac{80.000{,}00\ € \cdot \mathbf{4}}{100}$

Das Ergebnis entspricht den Zinsen für **ein** gesamtes Jahr (p. a.!)

→ zur Ermittlung der Zinsen für 3 Jahre: $\frac{80.000{,}00\ € \cdot 4 \cdot \mathbf{3\ Jahre}}{100}$

Lösung: Für drei Jahre fallen demnach Zinsen in Höhe von 9.600,00 € an.

Folgende Formel ergibt sich:

$$Jahreszinsen = \frac{Kapital \cdot Zinssatz \cdot Jahre}{100} = \frac{K \cdot p \cdot j}{100}$$

11.3.2 Berechnung der Monatszinsen

Müssen Zinsen nicht für die Laufzeit eines vollen Jahres berechnet werden, sondern für volle Monate, wird die Zinsformel variiert.

Beispiel

Die Duisdorfer BüroKonzept KG benötigt einen kurzfristigen Bankkredit in Höhe von 9.000,00 € für die Laufzeit von sechs Monaten. Der Zinssatz beträgt 7 % p. a.

Gegeben ist also:
Kapital (K): 9.000 € (≙ 100 %)
Zinssatz (p) : 7 % p. a.
Zeit (m) : 6 Monate

Daraus ergibt sich folgende Überlegung:

→ zur Ermittlung der Zinsen von 1 % p. a.: $\frac{9.000,00\,€ \cdot \mathbf{1}}{\mathbf{100}}$

→ zur Erweiterung auf 7 % p. a.: $\frac{9.000,00\,€ \cdot \mathbf{7}}{100}$

Das Ergebnis entspricht den Zinsen für ein gesamtes **Jahr** (p. a.!)

→ zur Ermittlung der Zinsen für 1 Zinsmonat: $\frac{9.000,00\,€ \cdot 7}{100 \cdot \mathbf{12\ Monate}}$

→ zur Ermittlung der Zinsen für 6 Zinsmonate: $\frac{9.000,00\,€ \cdot 7 \cdot \mathbf{6\ Monate}}{100 \cdot 12\ Monate}$

Lösung: Für sechs Monate fallen demnach Zinsen in Höhe von 315,00 € an.

Folgende Formel ergibt sich:

$$\textit{Monatszinsen} = \frac{\textit{Kapital} \cdot \textit{Zinssatz} \cdot \textit{Monate}}{100 \cdot 12} = \frac{K \cdot p \cdot m}{100 \cdot 12}$$

11.3.3 Berechnung der Tageszinsen

Auch für die Berechnung der Zinsen über einen Zeitraum von einigen Tagen wird die Zinsformel verwendet. Allerdings muss auf die Berücksichtigung der Zinstage besonderes Augenmerk gelegt werden. Für die Berechnung der Zinstage gelten verschiedene Verfahren, deren Einsatz rechtlich zulässig ist.

Verschiedene Verfahren zur Berechnung der Zinstage:

Länder	Methode	Anzahl Tage im … … Monat/… Jahr
Deutschland, Norwegen, Schweiz, Dänemark, Russland	Deutsche Methode	30/360
Frankreich, Belgien, Holland, Italien, Spanien, Österreich	Französische Methode (Euro-Zinsmethode)	taggenau/360
Großbritannien, USA, Portugal	Englische Methode	taggenau/365

Exkurs:
Bei der Ermittlung der Verzugszinsen handelt es sich um einen Tageszins für jeden Tag Verzug. Da die Berechnungsmethode für Verzugszinsen nicht gesetzlich vorgeschrieben ist, verbreitet sich in der Praxis die taggenaue Methode (englische Methode). Sowohl Monat als auch Jahr werden kalendermäßig genau gezählt.

Brutto- oder Nettobetrag: Je nach Zeitpunkt der Umsatzsteuerabführung an das Finanzamt ist entweder der Bruttorechnungsbetrag oder der Nettorechnungsbetrag anzusetzen. Vereinfachend wird in den nachfolgenden Berechnungen der Bruttorechnungsbetrag eingesetzt.

Ermittlung der Zinstage:

Für die Berechnung von Verzugszinsen wird in Deutschland in der Regel die kaufmännische Zinsrechnung, die sog. „deutsche Methode"(30/360) verwendet. Es gelten folgende Vorgaben:

- 1 Zinsjahr = 12 Zinsmonate = 360 Zinstage
- 1 Zinsmonat = 30 Zinstage
  Achtung:
  Alle Zinsmonate zählen mit 30 Zinstagen, unabhängig davon ob der Monat 31, 28 (29) Tage hat.
  Ausnahme:
  Endet der Zinszeitraum „Ende Februar", wird dieser Monat taggenau, also mit 28 Zinstagen (bzw. 29 Zinstagen im Schaltjahr), berechnet.
- Bei der Berechnung der Zinstage wird der erste Tag der angegebenen Zeit nicht mitgerechnet, der letzte hingegen zählt mit.

Ermittelt man für den Zahlungsverzug die Zinstage, so gilt als erster Zinstag, der Tag nach der Fälligkeit der Forderung; der letzte ist der Tag, an dem der Verzug beendet, also gezahlt wird. Der angebrochene Tag, an dem die Zahlung geleistet wird, zählt als voller Zinstag im Verzug!

Beispiel
Die Forderung über 5.400,00 € gegenüber der Brinkmann OHG ist am 26. Januar 20.. fällig. Erst am 7. Mai 20.. wird die Überweisung des geforderten Betrages vom Schuldner veranlasst. Entgegen der gesetzlichen Regelung kann die Duisdorfer BüroKonzept KG einen Verzugszinssatz von 10% geltend machen, da ihr nachweislich dieser Schaden aufgrund von Zinskosten entstanden ist.

Zur Ermittlung der Zinstage im Beispiel ist folgende Vorgehensweise möglich:

1. Schritt:	26. Januar bis 30. Januar	4 Zinstage
2. Schritt:	Februar bis April	90 Zinstage
3. Schritt:	1. Mai bis 7. Mai	7 Zinstage
		101 Zinstage

Gegeben ist:
Kapital (K): 5.400,00 € (≙ 100 %)
Zinssatz (p) : 10 % p. a.
Zeit (t) : 101 Zinstage

Daraus ergibt sich folgende Überlegung bei Anwendung der „deutschen Methode" (30/360):

→ zur Ermittlung der Zinsen von 1 % p. a.: $\frac{5.400{,}00\ € \cdot \mathbf{1}}{\mathbf{100}}$

→ zur Erweiterung auf 10 % p. a.: $\frac{5.400{,}00\ € \cdot \mathbf{10}}{100}$

Das Ergebnis entspricht den Zinsen für ein **Jahr** (mit **360 Zinstagen**).

→ zur Ermittlung der Zinsen für 1 Zinstag: $\frac{5.400{,}00\ € \cdot 10}{100 \cdot \mathbf{360\ Tage}}$

→ zur Ermittlung der Zinsen für 101 Zinstage: $\frac{5.400{,}00\ € \cdot 10 \cdot \mathbf{101\ Tage}}{100 \cdot 360\ \text{Tage}}$

Lösung: Für 101 Zinstage fallen demnach Zinsen in Höhe von 151,50 € an.

Folgende Formel ergibt sich:

$$\textit{Monatszinsen} = \frac{\textit{Kapital} \cdot \textit{Zinssatz} \cdot \textit{Tage}}{100 \cdot 360} = \frac{K \cdot p \cdot t}{100 \cdot 360}$$

11.3.4 Berechnung des Kapitals

Zur Berechnung des eingesetzten Kapitals wird die Zinsformel durch Äquivalenzumformung nach K aufgelöst.

Ausgehend von

$$\text{Zinsen} = \frac{K \cdot p \cdot t}{100 \cdot 360} \quad \Big| \cdot 100 \cdot 360 : p : t$$

... ergibt sich:

$$\textit{Kapital} = \frac{\textit{Zinsen} \cdot 100 \cdot 360}{\textit{Prozentsatz} \cdot \textit{Tage}} = \frac{Z \cdot 100 \cdot 360}{p \cdot t}$$

In die umgeformte Gleichung werden die bekannten Größen Zinsen (in €), Zinssatz und Zinstage eingesetzt, um das Kapital zu ermitteln.

Beispiel

Die Duisdorfer BüroKonzept KG beansprucht bei der Geschäftsbank ihren Kontokorrentkredit vom 14.05.20.. bis zum 03.06.20..; der Zinssatz für die Überziehung beträgt 10,8 %. Damit fallen Zinsen in Höhe von 68,40 € an.

$$\textit{Kapital} = \frac{Z \cdot 100 \cdot 360}{p \cdot t}$$

$$\rightarrow K = \frac{68{,}40\ € \cdot 100 \cdot 360}{10{,}8 \cdot 19\ \text{Tage}} = 12.000{,}00\ €$$

Das Geschäftsbankkonto wurde im betrachteten Zeitraum um 12.000 € überzogen.

11.3.5 Berechnung des Zinssatzes

Auch zur Ermittlung des Zinssatzes wird die Zinsformel mithilfe der Äquivalenzumformung nach p aufgelöst.

Ausgehend von

$$\text{Zinsen} = \frac{K \cdot p \cdot t}{100 \cdot 360} \qquad \Big|\ \cdot 100 \cdot 360 : K : t$$

... ergibt sich:

$$\text{Prozentsatz} = \frac{\text{Zinsen} \cdot 100 \cdot 360}{\text{Kapital} \cdot \text{Tage}} = \frac{Z \cdot 100 \cdot 360}{K \cdot t}$$

Durch Einsetzen der vorgegebenen Größen Z, K und t erhält man den zu ermittelnden Zinssatz.

Beispiel

Bei der Überprüfung des Kontoauszuges fällt Frau Müller die Position Soll-Zinsen in Höhe von 245,00 € auf, die für die Inanspruchnahme eines kurzfristigen Kredites in Höhe von 21.000,00 € berechnet wurde. Der Kredit wurde vom 21.06. bis zum 01.08. eingeräumt. Frau Müller überprüft, ob der vereinbarte Zinssatz von 10,5 % eingehalten wurde.

$$\text{Prozentsatz} = \frac{Z \cdot 100 \cdot 360}{p \cdot t}$$

$$\rightarrow p = \frac{245{,}00\ € \cdot 100 \cdot 360}{21.000{,}00\ € \cdot 40\ \text{Tage}} = 10{,}5\,\%$$

Die Überprüfung zeigt, dass die Geschäftsbank die vertraglich vereinbarten Zinsen in Höhe von 10,5 % eingehalten hat.

11.3.6 Berechnung der Zeit

Weiterhin ist die Bestimmung des Kreditzeitraums, beispielsweise in Zinstagen, mithilfe der Umformung der Zinsformel durchzuführen.

Ausgehend von

$$\text{Zinsen} = \frac{K \cdot p \cdot t}{100 \cdot 360} \qquad \Big|\ \cdot 100 \cdot 360 : K : p$$

… ergibt sich:

$$Tage = \frac{Zinsen \cdot 100 \cdot 360}{Kapital \cdot Prozentsatz} = \frac{Z \cdot 100 \cdot 360}{K \cdot p}$$

Durch Einsetzen der vorgegebenen Größen Z, K und p erhält man den in Anspruch genommenen Zeitraum.

Beispiel
Aufgrund einer verspäteten Zahlung stellt die Duisdorfer BüroKonzept KG einem Kunden Verzugszinsen in Höhe von 92,80 € in Rechnung; das sind 7,2 %. Der Rechnungsbetrag beläuft sich auf 14.500,00 €.

$$Tage = \frac{Z \cdot 100 \cdot 360}{K \cdot p}$$

$$\rightarrow t = \frac{92{,}80\ € \cdot 100 \cdot 360}{14.500{,}00\ € \cdot 7{,}2} = 32 \text{ Tage}$$

Der Kunde hat das Zahlungsziel um 32 Tage überzogen.

11.3.7 Berechnung des Kapitals vom vermehrten Grundwert

Liegt ein um die Zinsen vermehrtes Kapital vor, kann man das ursprünglich vorhandene Kapital ermitteln. Dazu bestimmt man zunächst den in Anspruch genommenen Zeitraum. Anschließend geht man folgendermaßen vor:

Als erstes wird der vorgegebene Jahres-Zinssatz auf die in Anspruch genommene Zeit umgerechnet. Danach dient der angepasste Zinssatz zur Ermittlung des ursprünglichen Kapitals bei vermehrtem Grundwert.

Beispiel
Die Duisdorfer BüroKonzept KG nimmt am 29.03.20.. ein Darlehen zu einem Zinssatz von 6 % auf. Am 08.02. des darauf folgenden Jahres wird das Darlehen inklusive Zinsen in Höhe von 7.886,25 € zurückgezahlt.

1. Ermittlung des angepassten Zinssatzes

Vom 29.03. bis zum 08.02. des Folgejahres fallen 309 Zinstage (1 + 10 · 30 + 8) an.

360 Tage = 6 %
309 Tage = X

Daraus ergibt sich

→ der Zinssatz für einen Tag: $x = \frac{6}{\textbf{360 Tage}}$

→ der Zinssatz für 309 Tage: $x = \frac{6 \cdot \textbf{309 Tage}}{360 \text{ Tage}}$

Der angepasste Zinssatz beträgt 5,15 %.

2. Ermittlung des Kapitals mit vermehrtem Grundwert

Im zweiten Schritt wird mit einem weiteren Dreisatz das ursprüngliche Kapital ermittelt:

105,15 % = 7.886,25 €
100 % = X

Daraus ergibt sich

→ das Kapital bei 1 %: $x = \frac{7.886,25\text{ €} \cdot \mathbf{1}}{\mathbf{105,15}}$

→ das Kapital bei 100 %: $x = \frac{7.886,25\text{ €} \cdot \mathbf{100}}{105,15}$

Das ursprüngliche eingesetzte Kapital beträgt 7.500,00 €.

11.3.8 Berechnung des Kapitals vom verminderten Grundwert

In ähnlicher Weise geht man zur Berechnung der Zinsen bei einem um die Zinsen verminderten Kapital vor, mit dem Unterschied, dass der angepasste Zinssatz von der Basis von 100 % abgezogen wird.

Beispiel
Die Duisdorfer BüroKonzept KG benötigt einen Kredit der nach Abzug der Zinsen mit 9.595 € ausgezahlt wird. Die Laufzeit des Kredites beträgt 250 Zinstage, der Zinssatz beträgt 7,2 %.

1. Ermittlung des angepassten Zinssatzes

360 Tage = 7,2 %
250 Tage = X

Daraus ergibt sich

→ der Zinssatz für einen Tag: $x = \frac{7,2}{\mathbf{360\ Tage}}$

→ der Zinssatz für 250 Tage: $x = \frac{7,2 \cdot \mathbf{250\ Tage}}{360\ \text{Tage}}$

Der angepasste Zinssatz beträgt 5 %.

2. Ermittlung des Kapitals mit vermindertem Grundwert

Auch hier wird im zweiten Schritt mit einem weiteren Dreisatz das ursprüngliche Kapital ermittelt. Da allerdings ein verminderter Kapitalbetrag ausgezahlt wurde, liegt dieser Wert um den angepassten Zinssatz unter der Basis von 100 % (100 % – 5 % = 95 %):

95 % = 9.595 €
100 % = X

Daraus ergibt sich

→ das Kapital bei 1 %: $x = \frac{9.595{,}00\ € \cdot \mathbf{1}}{\mathbf{95}}$

→ das Kapital bei 100 %: $x = \frac{9.595{,}00\ € \cdot \mathbf{100}}{95}$

Das ursprüngliche aufgenommene Kapital beträgt 10.100,00 €.

11.4 Verjährung, Neubeginn und Hemmung der Verjährung

Die Rechte bei Vorliegen eines Zahlungsverzuges sind nicht beliebig lange durchsetzbar, sie können verjähren. Es gibt allerdings Möglichkeiten, die Verjährung der Forderung durch Neubeginn oder Hemmung zu beeinflussen.

11.4.1 Verjährung

Der Gläubiger muss darauf achten, die Verjährung von Forderungen zu verhindern. Vor Ablauf der Verjährungsfrist besitzt der Gläubiger die Möglichkeit, seinen Anspruch gegenüber dem Schuldner der Leistung gerichtlich durchzusetzen. Ist die Verjährung eingetreten, verliert der Gläubiger zwar nicht seinen Anspruch auf Zahlung, aber der Schuldner kann die „Einrede der Verjährung" geltend machen. Das bedeutet, er hat die Möglichkeit, die Leistung zu verweigern.

Im Gegensatz zur Verjährung von Mängelansprüchen, die der Gesetzgeber explizit in § 438 BGB erfasst, existiert kein Paragraf, der speziell die Verjährung von Forderungen regelt. Es wird auf die regelmäßige Verjährung zurückgegriffen, die für alle Fälle gilt, für die keine gesonderte Regelung getroffen wurde. Die Regelverjährung beträgt drei Jahre und beginnt zum Ende des Jahres, in dem der Anspruch entstanden ist.

LF 4, 19.1.7

§ 195 BGB Regelmäßige Verjährungsfrist

Die regelmäßige Verjährungsfrist beträgt drei Jahre.

Beispiel

Die Frohn KG, die einige Schreibtische der Serie Ökostar von der Duisdorfer BüroKonzept KG erhalten hat, gerät am 11.04.2015 in Zahlungsverzug. Am 31.12.2015 beginnt die dreijährige Verjährungsfrist und endet am 31.12.2018. Ab dem 01.01.2019 kann die Duisdorfer BüroKonzept KG ihren Zahlungsanspruch vor Gericht nicht mehr durchsetzen.

*Allerdings besteht der Anspruch auf Zahlung für die Duisdorfer BüroKonzept KG weiterhin. D. h. würde die Frohn KG „versehentlich" nach Ablauf der Verjährungsfrist zahlen, könnte sie die Rückzahlung **nicht** mit dem Hinweis fordern, dass die Verjährungsfrist abgelaufen sei.*

Die nachfolgende Tabelle listet die wichtigsten Verjährungsfristen für unterschiedliche Sachverhalte auf:

… Anspruchs	Frist	Fristbeginn
Gewährleistungsansprüche bei gebrauchten Gegenständen, sofern eine verkürzte Frist vereinbart wurde	1 Jahr	Übergabe der Sache bzw. Abnahme des Werkes
Gewährleistungsansprüche aus einem Kaufvertrag oder Werkvertrag	2 Jahre	Übergabe der Sache bzw. Abnahme des Werkes
regelmäßige Verjährung (z. B. Kaufpreisforderung, arglistig verschwiegene Mängel)	**3 Jahre**	**nach Ablauf des Jahres, in dem der Anspruch entstanden ist und der Gläubigers Kenntnis über den Anspruch erhalten hat**
Gewährleistungsrechte aus Werkverträgen zur Erstellung eines Bauwerks	5 Jahre	Abnahme des Werkes
Gewährleistungsrechte bei Kaufvertrag für ein Bauwerk oder mit dem Bauwerk verbundene Gegenstände	5 Jahre	Übereignung der Sache
Rechte an einem Grundstück (z. B. Entstehen, Übertragung, Änderung oder Aufhebung von Rechten an Grundstücken)	10 Jahre	Fälligkeit des Anspruchs
rechtskräftig festgestellte Forderungen (z. B. Urteil, Vollstreckungsbescheid, vollstreckbare Ansprüche aus Insolvenzverfahren, Herausgabeansprüche aus Eigentum)	30 Jahre	Fälligkeit des Anspruchs (d. h. ab Rechtskraft)

11.4.2 Neubeginn und Hemmung der Verjährung

Damit die Verjährung einer Forderung nicht eintritt, hat der Gläubiger die Möglichkeit, Einfluss auf die Verjährung zu nehmen. Zum einen kann er den Neubeginn oder zum anderen die Hemmung der Verjährung anstoßen. Unter **Neubeginn** versteht man die Tatsache, dass die Verjährungsfrist von drei Jahren von neuem beginnt. Der bis dahin verstrichene Zeitraum bleibt außer Betracht.

Achtung:
Der Neubeginn der Verjährung startet unmittelbar nach dem Tag des Ereignisses, das zum Neubeginn geführt hat; nicht zu Beginn des folgenden Kalenderjahres.

§ 212 **BGB Neubeginn der Verjährung**

(1) Die Verjährung beginnt erneut, wenn

1. der Schuldner dem Gläubiger gegenüber den Anspruch durch Abschlagszahlung, Zinszahlung, Sicherheitsleistung oder in anderer Weise anerkennt oder
2. eine gerichtliche oder behördliche Vollstreckungshandlung vorgenommen oder beantragt wird.

(2) Der erneute Beginn der Verjährung infolge einer Vollstreckungshandlung gilt als nicht eingetreten, wenn die Vollstreckungshandlung auf Antrag des Gläubigers oder wegen Mangels der gesetzlichen Voraussetzungen aufgehoben wird.

(3) Der erneute Beginn der Verjährung durch den Antrag auf Vornahme einer Vollstreckungshandlung gilt als nicht eingetreten, wenn dem Antrag nicht stattgegeben oder der Antrag vor der Vollstreckungshandlung zurückgenommen oder die erwirkte Vollstreckungshandlung nach Absatz 2 aufgehoben wird.

Ein Grund für den Neubeginn ist, dass der Schuldner den Anspruch auf Zahlung der Leistung anerkennt. Dies kann er durch schlüssiges Handeln wie z. B das Leisten einer Teilzahlung oder Zahlung von Verzugszinsen vornehmen. Auch durch die Hinterlegung einer Sicherheit oder beispielsweise eines schriftlichen Schuldanerkenntnisses macht der Schuldner deutlich, dass er die eingeforderten Schulden kennt und akzeptiert.

Wird eine gerichtliche oder behördliche Vollstreckungshandlung (z. B. Pfändung durch einen Vollstreckungsbeamten) beantragt, so führt auch dies zum Neubeginn der Verjährung. Wird dieser Antrag jedoch abgelehnt oder aufgehoben, entfällt auch der Grund für den Neubeginn und die Verjährung folgt regelmäßig, d. h. entsprechend der gesetzlichen Vorgabe.

Neben dem Neubeginn kann auch eine Hemmung der Verjährung erfolgen. Unter **Hemmung** versteht man die Unterbrechung der Verjährungsfrist um den Zeitraum des Hemmungsgrundes. Tatsachen, die zur Hemmung führen können, listet der § 204 BGB auf. Dazu zählt unter anderem

- die Erhebung einer Klage auf Leistung oder Feststellung des Anspruches,
- die Zustellung eines Mahnbescheides,
- die Anmeldung des Anspruchs im Insolvenzverfahren und
- Behinderung der Rechtsverfolgung durch höhere Gewalt.

Fällt nun der Grund für die Hemmung weg, so läuft die Verjährungsfrist nach der Hemmung weiter. Der Ablauf der Verjährungsfrist wird daher nur um den Zeitraum der Hemmung aufgeschoben. Die Dauer richtet sich nach dem Grund der Unterbrechung und den dazugehörigen gesetzlichen Bestimmungen. Wird beispielsweise nach Klageerhebung ein positives Urteil für den Gläubiger gesprochen, endet die Hemmung erst sechs Monate nach dem Urteil, wenn dieses rechtskräftig wird. Wird ein Mahnverfahren dagegen positiv beschieden, beginnt die Verjährungsfrist sofort nach Beschluss weiter zu laufen.

Beispiel

Die Duisdorfer BüroKonzept KG lässt einen Monat vor Ablauf der Verjährungsfrist in einem Klageverfahren die Rechtmäßigkeit der Forderung feststellen. Die Duisdorfer BüroKonzept KG ist erfolgreich, allerdings vergehen noch sechs Monate, bis das Urteil rechtskräftig ist. Danach wird die Verjährung fortgesetzt, sodass zu dem einen Monat weitere sechs Monate hinzugerechnet werden, bis die Verjährungsfrist abgelaufen ist. Diese Forderung wäre somit nach weiteren sieben Monaten verjährt.

Gleichzeitig stellt die Duisdorfer BüroKonzept KG einen Antrag auf Erlass eines Mahnbescheides, auch einen Monat vor Ablauf der Verjährungsfrist. Im Gegensatz zur Wirkung eines Urteils läuft die Verjährungsfrist sofort nach Zustellung des Mahnbescheids weiter, d. h. einen Monat nach Zustellung des Mahnbescheides ist die Forderung verjährt!

Achtung:

*Eine Hemmung der Verjährung tritt **nicht** bei außergerichtlichen Mahnverfahren in Kraft, egal in welcher Form und wie oft sie dem Schuldner zugestellt werden.*

11.5 Mahnverfahren

LS 9.2

Es wird zwischen kaufmännischen und gerichtlichen Mahnverfahren unterschieden. Das kaufmännische (außergerichtliche) Mahnverfahren unterliegt nicht einer vorgeschriebenen Vorgehensweise. Das gerichtliche Mahnverfahren dagegen orientiert sich an gesetzlichen Vorgaben.

11.5.1 Das kaufmännische Mahnverfahren

Zahlt der Kunde die ihm gebrachte Leistung nicht fristgerecht, wird er mit einer Mahnung aufgefordert, die noch offene Rechnung zu begleichen. Eine Mahnung ist nach dem BGB die bestimmte und eindeutige Aufforderung des Gläubigers an den Schuldner, die geschuldete Leistung zu erbringen. Ziel des Mahnverfahrens ist es, den Anteil der unbezahlten Rechnungen so gering wie möglich zu halten, um die Zahlungsfähigkeit des eigenen Unternehmens zu sichern.

Das Forderungsmanagement (Mahnwesen) in einem Unternehmen, das die offenen Posten überwacht, kann sich nach den erforderlichen Umständen richten, da keine gesetzlichen Vorschriften gelten. Die Reaktion auf eine ausstehende Zahlung sollte angemessen sein. Es kann beispielsweise darauf Rücksicht genommen werden, ob ein wichtiger Stammkunde erstmals die Zahlung nicht fristgerecht geleistet hat oder ob auf eine Zahlungsverspätung eines unzuverlässigen Kunden reagiert werden muss. Neben der Feststellung, ob eine Rechnung fristgerecht bezahlt wurde, wird außerdem darauf geachtet, ob der vereinbarte Kaufpreis bezahlt wurde. So kann beispielsweise Skonto in Anspruch genommen worden sein, obwohl die Skontofrist abgelaufen ist. Auch in diesen Fällen wird der Unternehmer entsprechend der bestehenden Geschäftsbeziehung reagieren.

Das kaufmännische Mahnverfahren stellt eine Maßnahme dar, die ohne Einschaltung des Gerichtes durchgeführt wird. Es erfolgt i. d. R. in mehreren Stufen und **kann** folgendermaßen ablaufen: Wird die Nichtzahlung der Rechnung festgestellt, wird in höflicher Weise die erste Mahnung in Form einer Zahlungserinnerung formuliert. Zu diesem Zeitpunkt enthält das Schreiben weder eine Zahlungsfrist noch die Androhung weiterer Folgen. Wurde die Rechnung auch nach weiteren 14 Tagen nicht beglichen, wird in der zweiten Mahnung eine ausdrückliche Zahlungsaufforderung formuliert. Darin wird der Schuldner aufgefordert, der Zahlung innerhalb einer bestimmten Frist nachzukommen. Verstreicht auch diese Frist erfolglos, wird in einer dritten und letzten Mahnung unmissverständlich eine letzte Frist gesetzt und gleichzeitig weitere, rechtliche Folgen angedroht.

Die Mahnung ist an keine Form gebunden und kann daher schriftlich, mündlich oder auch durch schlüssiges Handeln erfolgen. Aus Gründen der Beweissicherung ist es üblich, die Schriftform zu wählen. Bestandteile der Mahnung sollten

- Datum und Nummer der Rechnung,
- Datum und Nummer des Lieferscheins,
- Fälligkeit der Leistung sowie
- Rechnungsbetrag und zusätzlich anfallende Kosten

sein, um dem Schuldner Klarheit über die Situation zu verschaffen. Bleibt der Gläubiger im kaufmännischen Mahnverfahren erfolglos, hat er die Möglichkeit, gerichtlich gegen den Schuldner vorzugehen.

11.5.2 Das gerichtliche Mahnverfahren

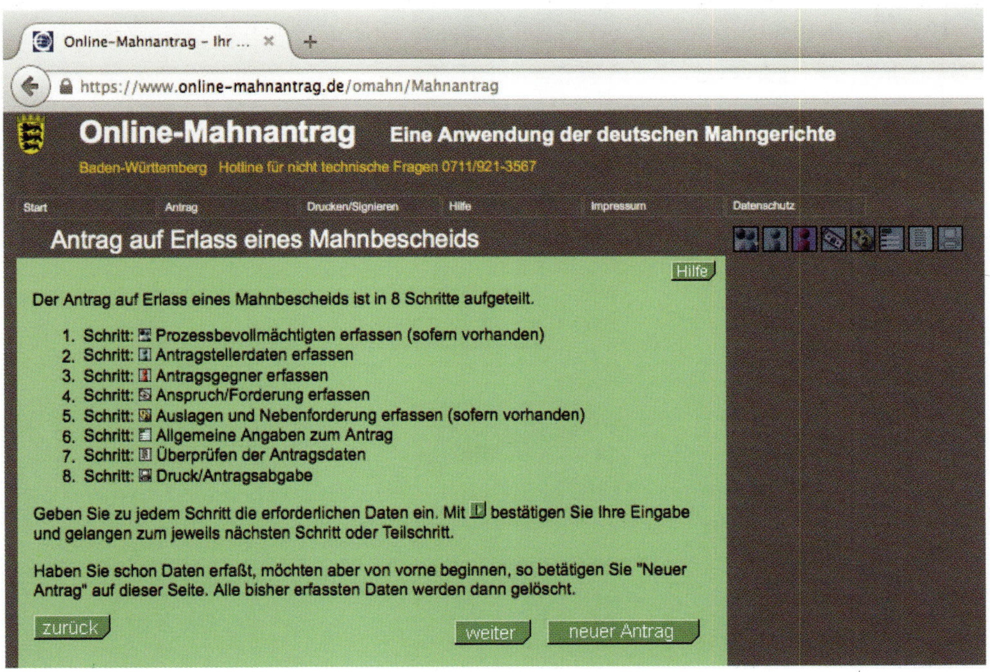

Wenn der Schuldner auch weiterhin nicht zahlt, kann der Gläubiger einen Antrag auf Erlass eines Mahnbescheides stellen. Damit wird das gerichtliche Mahnverfahren eingeleitet. Für den Antrag gibt es ein vorgeschriebenes Formular, das entweder in Papierform ausgedruckt, gekauft oder im automatisierten gerichtlichen Mahnverfahren online erfasst und auf formale Aspekte überprüft werden kann. Es wird vollständig ausgefüllt an das zuständige Amtsgericht gesendet. Sachlich zuständig ist grundsätzlich das Amtsgericht am Wohnort bzw. Sitz des Antragstellers unabhängig von der Höhe der Forderung. Die einzelnen Bundesländer haben inzwischen überwiegend zentrale Mahngerichte eingerichtet, über die das Verfahren online abgewickelt werden kann. In NRW wird das Online-Verfahren bei den beiden zentralen Mahnabteilungen der Amtsgerichte Euskirchen und Hagen eingesetzt.

Das zuständige Amtsgericht stellt dem Schuldner den Mahnbescheid zu. Ziel ist es einen vollstreckbaren Titel, d. h. eine öffentliche Urkunde zu erhalten, die es dem Gerichtsvollzieher ermöglicht, die geforderte Summe für den Gläubiger einzutreiben.

Das nachfolgende Schaubild verdeutlicht den weiteren Ablauf des gerichtlichen Mahnverfahrens und soll einen Überblick geben.

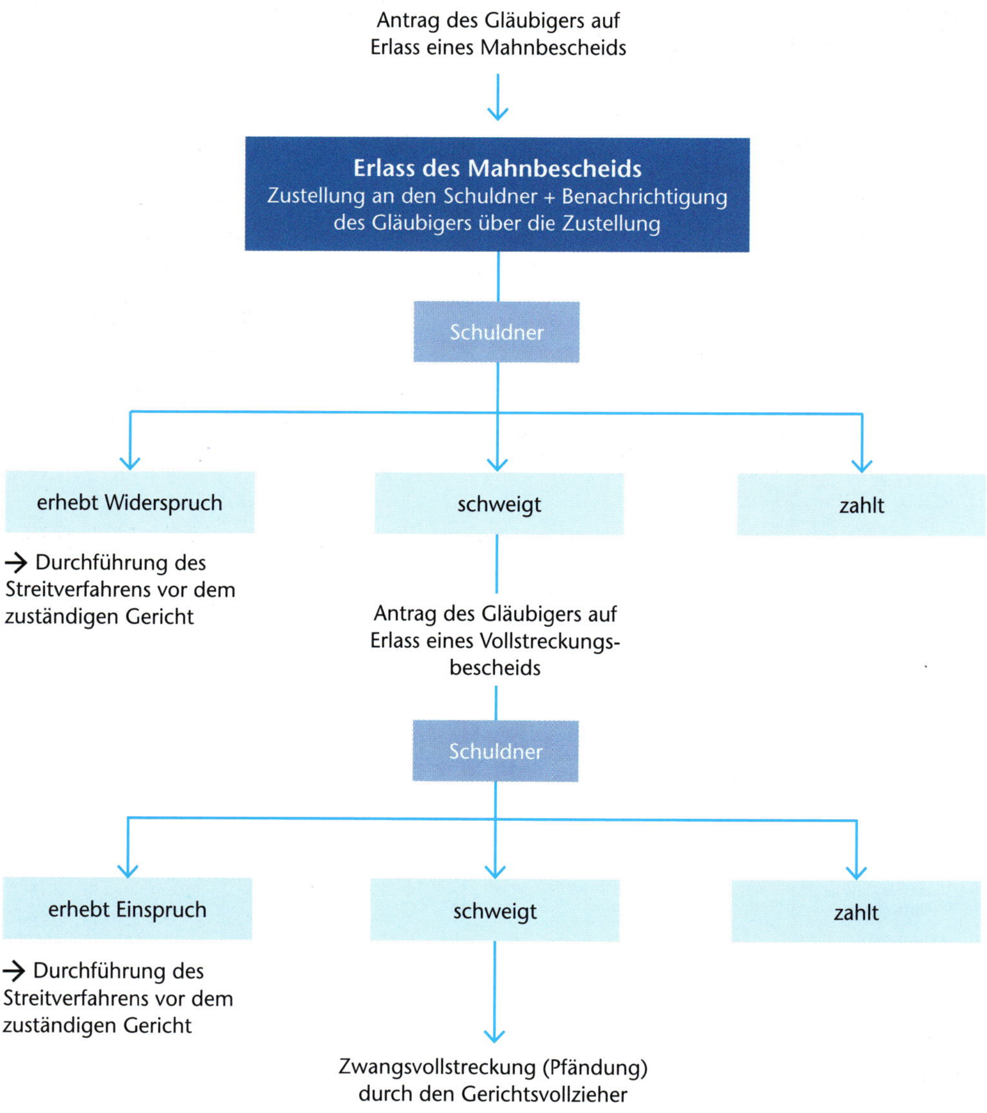

LernFeld 10

Wertschöpfungsprozesse erfolgsorientiert steuern

Überblick Lernfeld

1 Einführung in die Kosten- und Leistungsrechnung (KLR)

1.1 Zusammenhang zwischen Finanzbuchhaltung und Kosten- und Leistungsrechnung

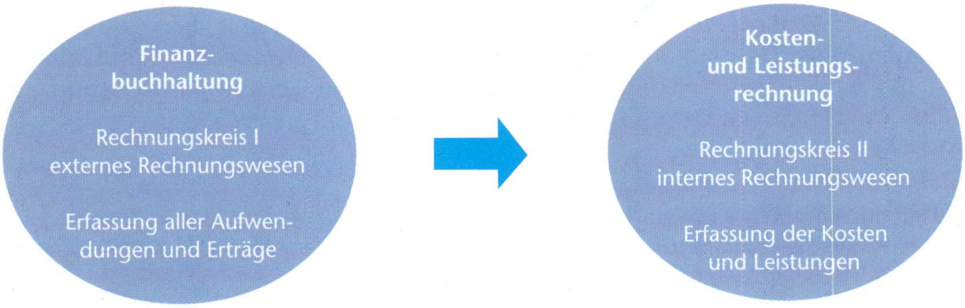

Die Kosten- und Leistungsrechnung (KLR) stellt neben der Finanzbuchhaltung eine wichtige Säule des Rechnungswesens dar. Die **Finanzbuchhaltung** (= Rechnungskreis I) erfasst über die Kontenklassen 0 bis 4 des Kontenrahmens alle Veränderungen der Aktiv- und Passivposten. Die jeweiligen Salden der Bestandskonten werden über die Kontenklasse 8 auf das Schlussbilanzkonto übertragen. LF 6, 1

S	8010 Schlussbilanzkonto	H
Kontenklasse 0		Kontenklasse 3
Kontenklasse 1		Kontenklasse 4
Kontenklasse 2		

Darüber hinaus werden in der Finanzbuchhaltung alle Aufwendungen und Erträge über die Kontenklassen 5, 6 und 7 gebucht und im Gewinn- und Verlustkonto gesammelt.

S	8020 GuV	H
Kontenklasse 6		Kontenklasse 5
Kontenklasse 7		

Durch die Erfassung sämtlicher Aufwendungen und Erträge lässt sich nun das **Gesamtergebnis** des Unternehmens ermitteln.

Definition:
- ***Gesamtergebnis = Erträge – Aufwendungen***
- *Gesamtgewinn = Erträge > Aufwendungen*
- *Gesamtverlust = Erträge < Aufwendungen*

Neben dem Gesamtergebnis ist es für ein Unternehmen aber auch wichtig zu wissen, wie hoch das **Ergebnis der planmäßigen betrieblichen Tätigkeit** ist. Diese Information kann die Finanzbuchhaltung auf den ersten Blick nicht liefern, da sie **alle** Aufwendungen und Erträge erfasst hat, unabhängig davon, ob diese betrieblich oder nicht betrieblich, planmäßig oder außerplanmäßig bedingt sind.

Beispiel
Die Duisdorfer BüroKonzept KG hat einem Geschäftspartner eine Lagerhalle vermietet. Die Mieterträge wirken sich als Ertrag gewinnerhöhend auf das Gesamtergebnis aus. Die Vermietung der Lagerhalle steht aber in keinem Zusammenhang mit dem eigentlichen Kerngeschäft (= Sachziel) der Duisdorfer BüroKonzept KG. Folglich dürfen die Mieterträge bei der Ermittlung des betrieblichen Ergebnisses nicht berücksichtigt werden.

Die **Kosten- und Leistungsrechnung** (= Rechnungskreis II) betrachtet nur den Teil der Aufwendungen und Erträge, der in unmittelbarem Zusammenhang mit dem Sachziel des Unternehmens steht. Das sind bei einem Industriebetrieb alle Aufwendungen und Erträge, die im Rahmen der **betrieblichen Leistungserstellung und Leistungsverwertung** anfallen.

Beispiel
- *Aufwendungen für Roh-, Hilfs- und Betriebsstoffe als Kosten innerhalb der Beschaffung*
- *Abschreibungen der Fertigungsmaschinen als Kosten innerhalb der Produktion*
- *Gehälter als Kosten innerhalb z. B. der Verwaltung*
- *Umsatzerlöse für eigene Erzeugnisse als Leistungen innerhalb des Absatzes*

Die betrieblichen Aufwendungen werden **Kosten**, die betrieblichen Erträge **Leistungen** genannt. Die Differenz aus Leistungen und Kosten ergibt das **Betriebsergebnis.**

Definition:
- ***Betriebsergebnis = Leistungen – Kosten***
- *Betriebsgewinn = Leistungen > Kosten*
- *Betriebsverlust = Leistungen < Kosten*

Für gewöhnlich stellt das Betriebsergebnis lediglich ein Teil des Gesamtergebnisses dar. Diejenigen Aufwendungen und Erträge, die

- nicht betriebsbedingt sind,
- außerplanmäßig anfallen oder
- einem anderen Abrechnungszeitraum zugeordnet werden müssen,

werden zum sogenannten **Neutralen Ergebnis** zusammengefasst (siehe hierzu die Ausführungen in Kapitel 1.3.). Mit dieser Bezeichnung soll zum Ausdruck gebracht werden, dass die betrachteten Aufwendungen und Erträge keinen Einfluss auf das Betriebsergebnis haben. Sie verhalten sich „neutral". Allerdings beeinflusst das Neutrale Ergebnis das Gesamtergebnis des Unternehmens.

Definition:
Gesamtergebnis = Betriebsergebnis + Neutrales Ergebnis

Der Kontenrahmen sieht für die Abwicklung der Kosten- und Leistungsrechnung die Kontenklasse 9 vor. In der Praxis wird die KLR in der Regel tabellarisch durchgeführt. Hier stehen dem Unternehmen einige hilfreiche Instrumente zur Verfügung (z. B. Ergebnistabelle, Betriebsabrechnungsbogen, Kostenträgerblatt).

Merke:
- ***Die Finanzbuchhaltung (Rechnungskreis I) ist unternehmensbezogen und ermittelt das Gesamtergebnis durch Erfassen aller Aufwendungen und Erträge.***

Kosten- und Leistungsrechnung (Rechnungskreis II) ist betriebsbezogen und ermittelt s Betriebsergebnis durch Erfassen aller betrieblichen Aufwendungen (Kosten) und betrieb-ien Erträge (Leistungen).

s Gesamtergebnis eines Industriebetriebes setzt sich in der Regel aus zwei Teilergebnissen sammen, dem Betriebsergebnis und dem Neutralen Ergebnis.

1.2 Aufgaben und Aufbau der Kosten- und Leistungsrechnung

Während die Finanzbuchhaltung als **externes Rechnungswesen** die betriebswirtschaftlichen Vorgänge zwischen Unternehmen und vielfältigen Anspruchsgruppen (z. B. Kunden, Lieferanten, Staat) zahlenmäßig abbildet, liefert die KLR als **internes Rechnungswesen** wichtige Informationen zur Planung, Steuerung und Kontrolle innerbetrieblicher Prozesse. Dabei erfüllt sie folgende Hauptaufgaben:

- **Ermittlung des Betriebsergebnisses** durch Gegenüberstellung von Leistungen und Kosten.
- **Ermittlung der Selbstkosten je Produkt:** Die KLR ermittelt alle Kosten, die von einem Produkt zu tragen sind. Diese Selbstkosten stellen die Grundlage für eine kostenorientierte Kalkulation der Verkaufspreise (langfristige Preisuntergrenze) dar.
- **Kontrolle der Wirtschaftlichkeit:** Die Wirtschaftlichkeit stellt eine zentrale betriebswirtschaftliche Kennzahl dar und ergibt sich aus dem Verhältnis von Leistungen zu Kosten. Eine Steigerung der Wirtschaftlichkeit durch Senkung der Kosten und/oder Erhöhung der Leistungen versetzt das Unternehmen in die Lage, sich den ständig ändernden Wettbewerbsbedingungen anzupassen.
- **Durchführung einer kurzfristigen Erfolgsrechnung:** Durch die systematische Erfassung der Leistungen und Kosten ist die KLR imstande, für einen bestimmten Zeitraum (z. B. Monat, Quartal) den Betriebserfolg zu bestimmen. Dieser Erfolg lässt sich auch nach den jeweiligen Produktgruppen differenzieren und bietet somit Anhaltspunkte für produkt- und preispolitische Entscheidungen des Unternehmens.
- **Ermittlung von Deckungsbeiträgen:** Unter Berücksichtigung der Umsatzerlöse und variablen Kosten einzelner Produkte kann innerhalb der KLR festgestellt werden, ob und in welcher Höhe einzelne Produkte oder Produktgruppen einen Beitrag zur Deckung der fixen Kosten leisten.
- **Entscheidungsgrundlage:** Die Erkenntnisse der KLR liefern eine wichtige Grundlage für Planungen und Entscheidungen des Unternehmens.

Zur Bewältigung dieser Aufgaben stehen der KLR insbesondere zwei **Kostenrechnungssysteme** zur Verfügung:

- Teilkostenrechnung
- Vollkostenrechnung

Die **Teilkostenrechnung** betrachtet nur einen Teil der Kosten. Durch die Fokussierung auf die variablen Kosten ist das Unternehmen besser in der Lage, marktorientierte Entscheidungen zu treffen (z. B. die Bestimmung der kurzfristigen Preisuntergrenze oder die Annahme von Zusatzaufträgen).

Die **Vollkostenrechnung** erfasst alle Kosten und ermöglicht somit die Ermittlung der Selbstkosten, die kostenorientierte Kalkulation der Verkaufspreise, die Durchführung kurzfristiger Erfolgsrechnungen sowie die Bestimmung der Wirtschaftlichkeit.

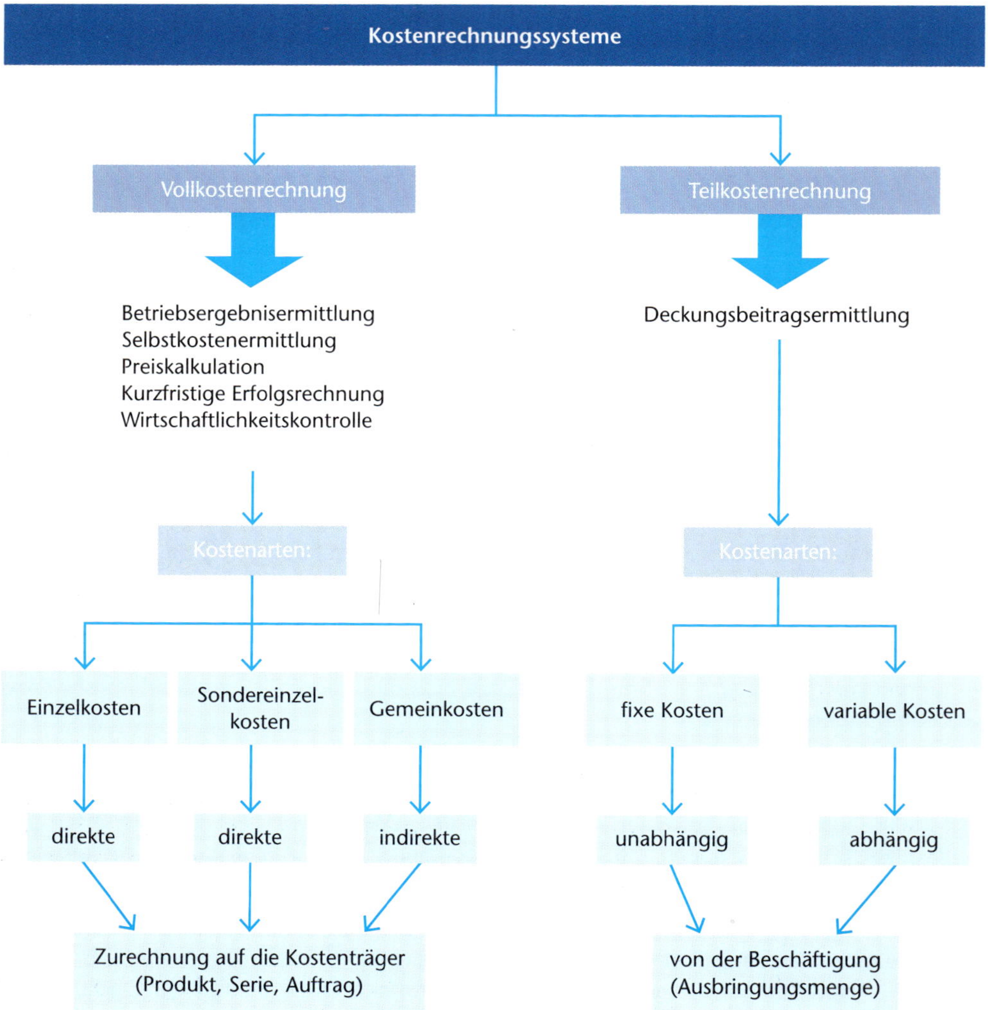

Kostenrechnungssysteme

Die Vollkostenrechnung vollzieht sich in drei Stufen und beantwortet drei zentrale Fragen:

1. **Kostenartenrechnung**: Welche Kosten sind entstanden?
2. **Kostenstellenrechnung**: Wo (in welchen Abteilungen) sind die Kosten entstanden?
3. **Kostenträgerrechnung**: Wer (welche Produkte) hat die Kosten zu tragen?

Der Zusammenhang zwischen den drei Stufen der Vollkostenrechnung soll durch folgende Darstellung deutlich werden:

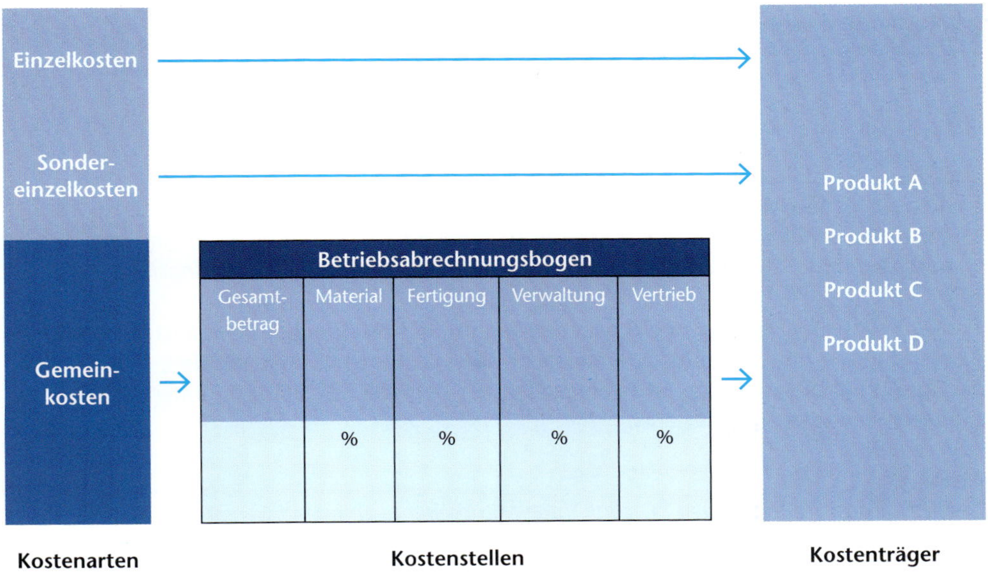

Drei Stufen der Vollkostenrechnung

Nachdem die Kosten ihrer Art nach identifiziert wurden, lassen sich Einzelkosten sofort auf die Kostenträger überwälzen. Gemeinkosten werden zunächst in der Kostenstellenrechnung auf die verschiedenen Abteilungen (betriebliche Funktionen) und danach über die Ermittlung sogenannter Zuschlagssätze auf die Kostenträger verteilt. Diese Vorgehensweise wird in diesem Lernfeld ausführlich dargestellt.

Merke:

- ***Die Finanzbuchhaltung (externes Rechnungswesen) bildet die Beziehungen zwischen dem Unternehmen und seinen Anspruchsgruppen zahlenmäßig ab.***
- ***Die Kosten- und Leistungsrechnung (internes Rechnungswesen) liefert die Zahlen der innerbetrieblichen Vorgänge. Diese Informationen gelangen nicht an die Öffentlichkeit, sondern bilden die Grundlage für das weitere unternehmerische Vorgehen.***
- ***Teilkostenrechnung und Vollkostenrechnung stellen zwei bedeutende und sich ergänzende Kostenrechnungssysteme dar.***
- ***Die Vollkostenrechnung beinhaltet die drei Stufen:***
  - ***Kostenartenrechnung (Welche Kosten sind entstanden?)***
  - ***Kostenstellenrechnung (Wo sind die Kosten entstanden?)***
  - ***Kostenträgerrechnung (Wer hat die Kosten zu tragen?)***
- ***Die Teilkostenrechnung (Deckungsbeitragsrechnung) eignet sich hervorragend für marktorientierte Entscheidungen.***

1.3 Zentrale Begriffe der Kosten- und Leistungsrechnung

Für das Verständnis der KLR ist eine klare Unterscheidung der Begriffe Aufwendungen, Erträge, Kosten und Leistungen erforderlich.

1.3.1 Aufwendungen und Kosten

Definition:

- *Aufwand ist Werteverzehr, d. h. Aufwendungen **mindern** das Eigenkapital.*
- *Kosten bezeichnen den Wert aller in einer **Abrechnungsperiode** für die **Erstellung und Verwertung der betrieblichen Leistungen** eingesetzten Sachgüter und Dienstleistungen.*

Die Definitionen lassen erkennen, dass der Begriff der Kosten enger gefasst ist. Während die Aufwendungen den gesamten Werteverzehr eines Unternehmens darstellen, beziehen sich die Kosten auf die Erstellung und Verwertung der betrieblichen Leistung innerhalb einer bestimmten Periode (Geschäftsjahr).

Beispiele

- *Die Duisdorfer BüroKonzept KG zahlt ihren Mitarbeitern Löhne und Gehälter.*
- *Die Duisdorfer BüroKonzept KG hält Aktien an einem anderen Unternehmen. Da der Kurs der Aktien dauerhaft gesunken ist, verbucht die Duisdorfer BüroKonzept KG den Verlust über das Konto „7600 Außerordentliche Aufwendungen".*
- *Für das letzte Geschäftsjahr muss die Duisdorfer BüroKonzept KG eine Steuernachzahlung an das Finanzamt leisten.*
- *Eine nicht mehr benötigte Fertigungsmaschine wird von der Duisdorfer BüroKonzept KG unter Buchwert (der Verkaufspreis ist geringer als der Restwert der Maschine) verkauft.*

Alle genannten Vorgänge werden im GuV-Konto der Duisdorfer BüroKonzept KG als Aufwendungen erfasst und mindern somit das Eigenkapital. Aber nur die Lohn- und Gehaltszahlungen stellen Aufwand und Kosten zugleich dar. Wenn Aufwendungen und Kosten sich betragsmäßig entsprechen, werden sie als **Zweckaufwand** bzw. **Grundkosten** bezeichnet.

Bei dem Aktienverlust dagegen handelt es sich nicht um Kosten, denn der Erwerb von Aktien steht in keinem Zusammenhang mit dem Sachziel des Unternehmens. Dieser Aufwand wird als **betriebsfremder Aufwand** bezeichnet.

Auch bei der Steuernachzahlung handelt es sich nicht um Kosten, da sie sich auf das vorangegangene Geschäftsjahr bezieht. Dieser Aufwand wird als **periodenfremder Aufwand** bezeichnet.

Der Verkauf der Fertigungsmaschine schließlich ist **außerordentlicher Aufwand**, da es sich hierbei um einen seltenen und außergewöhnlichen Geschäftsfall handelt.

Betriebsfremder, periodenfremder und außerordentlicher Aufwand werden als **neutraler Aufwand** bezeichnet. Diese neutralen Aufwendungen werden nicht in die KLR übernommen und bleiben somit bei der Ermittlung der Selbstkosten und der Kalkulation der Preise unberücksichtigt.

Aufwendungen lassen sich demnach in Neutralen Aufwand und Kosten unterteilen. Die folgende Übersicht soll den Sachverhalt noch einmal verdeutlichen:

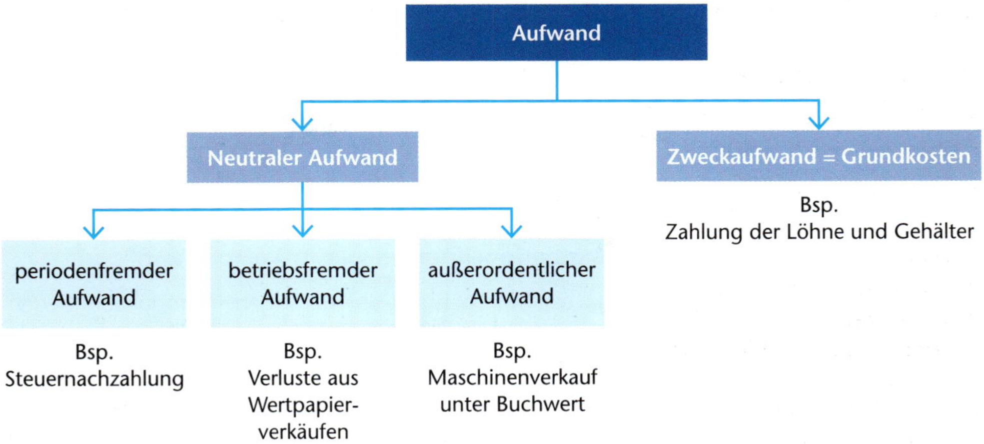

Einteilung der Aufwendungen

Merke:

- ***Aufwand = Neutraler Aufwand + Kosten***
- ***Grundkosten (Zweckaufwand) fließen in die Kalkulation der Verkaufspreise mit ein.***
- ***Neutrale Aufwendungen sind periodenfremder, betriebsfremder und außerordentlicher Aufwand.***
- ***Neutrale Aufwendungen werden bei der Preiskalkulation nicht berücksichtigt.***

1.3.2 Erträge und Leistungen

Eine ähnliche Sichtweise ergibt sich bei der Betrachtung der Erträge und Leistungen.

Definition:

- *Ertrag ist Wertezufluss, d. h. Erträge **mehren** das Eigenkapital.*
- *Leistungen sind das Ergebnis der **betrieblichen Leistungserstellung und -verwertung** innerhalb einer **Abrechnungsperiode**.*

Auch hier wird deutlich, dass der Begriff Leistungen enger ausgelegt wird. Nur das Ergebnis der betrieblichen Tätigkeit innerhalb einer bestimmten Periode (Geschäftsjahr) wird als Leistung bezeichnet. Die Erträge dagegen erfassen alle Wertezuflüsse des Unternehmens.

Beispiele

- *Die Duisdorfer BüroKonzept KG verkauft 10 Tischkopierer Sumsang an ihren Kunden Birkmann OHG.*
- *Die Geschäftsführerin Katharina Niester erwirbt den Bürosessel Tenno für private Zwecke.*
- *Der Schlussbestand des Chefsessels Bonn Maxx ist am Ende des Jahres um 30 Stück höher als der Anfangsbestand.*
- *Die Abteilung Personalwesen der Duisdorfer BüroKonzept KG wird mit 10 Bürostühlen Comfort aus der eigenen Produktion neu ausgestattet.*

Alle genannten Vorgänge werden im GuV-Konto der Duisdorfer BüroKonzept KG als Erträge erfasst und mehren somit das Eigenkapital. Gleichzeitig handelt es sich bei den genannten

Beispielen auch um Leistungen, die **Zweckertrag** genannt werden. Zu den Leistungen eines Industriebetriebes zählen:

- **Umsatzleistungen**: Hierzu gehören in erster Linie die **Umsatzerlöse** aus dem Verkauf der Produkte (eigene Erzeugnisse und Handelswaren). Aber auch die **Entnahmen für private Zwecke** stellen Leistungen dar. Sie werden über das Konto „5420 Entnahme (Eigenverbrauch)" als Ertrag und gleichzeitig als Leistung im GuV-Konto erfasst.
- **Lagerleistungen**: Hierbei handelt es sich um die hergestellten Produkte, die noch nicht verkauft wurden. Sie werden als **Bestandsmehrungen** im GuV-Konto erfasst.
- **Aktivierte Eigenleistungen**: Wenn ein Unternehmen aus der eigenen Produktion Gegenstände (Produkte) entnimmt, um sie für den eigenen Betrieb zu verwenden, werden diese Vorgänge über das Konto „5300 Aktivierte Eigenleistungen" im GuV-Konto berücksichtigt. Gleichzeitig sind diese Eigenleistungen in der Bilanz des Unternehmens zu aktivieren.

Neben diesen Leistungen gibt es aber auch **neutrale Erträge**, die **periodenfremd, betriebsfremd** oder **außerordentlich** sein können.

Beispiele
- *Die Duisdorfer BüroKonzept KG erhält für das letzte Jahr vom Finanzamt eine Steuerrückerstattung* ***(periodenfremder Ertrag)****.*
- *Eine leer stehende Lagerhalle wurde von der Duisdorfer BüroKonzept KG an einen Kunden vermietet* ***(betriebsfremder Ertrag)****.*
- *Ein nicht mehr benötigter Dienstwagen wird über Buchwert verkauft* ***(außerordentlicher Ertrag)****.*

Die neutralen Erträge fließen nicht in die KLR ein und finden somit auch keine Berücksichtigung bei der Ermittlung des Betriebsergebnisses. Die Differenz aus neutralen Erträgen und neutralen Aufwendungen ergibt das **Neutrale Ergebnis**.

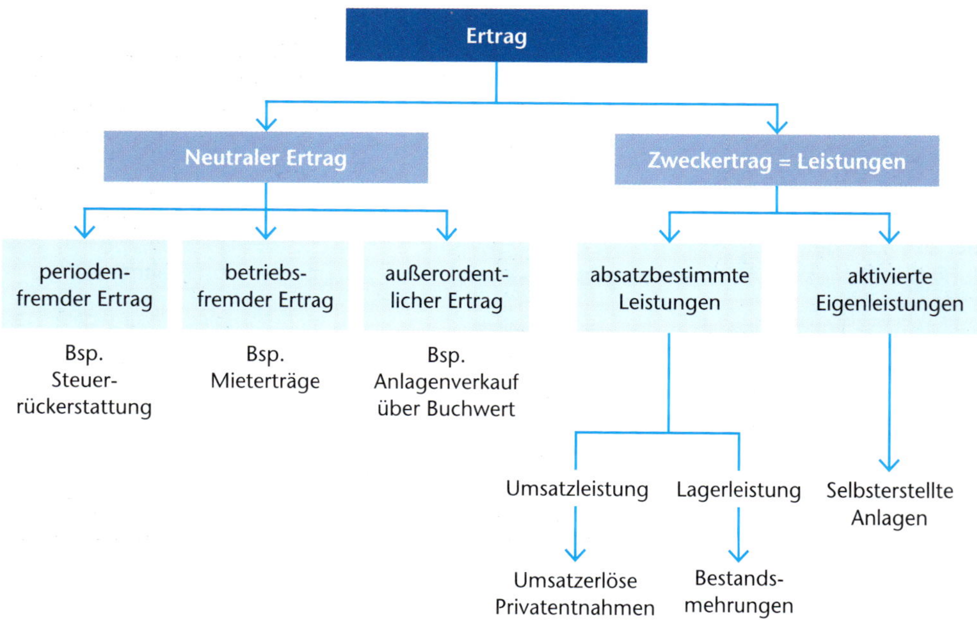

Einteilung der Erträge

Merke:
- *Ertrag = Neutraler Ertrag + Leistungen*
- *Die Leistungen des Industriebetriebes sind*
  - *Umsatzerlöse*
  - *Privatentnahmen*
  - *Bestandsmehrungen bei unfertigen und fertigen Erzeugnissen*
  - *Aktivierte Eigenleistungen*
- *Neutrale Erträge sind periodenfremder, betriebsfremder und außerordentlicher Ertrag.*
- *Neutrales Ergebnis = Neutrale Erträge – Neutrale Aufwendungen*

2 Ergebnistabelle als Instrument der Abgrenzungsrechnung

Die Vorstufe der KLR ist die **Abgrenzungsrechnung**. Sie stellt das Bindeglied zwischen der Finanzbuchhaltung und der Kosten- und Leistungsrechnung dar und erfolgt in zwei Schritten:

1. Die Abgrenzungsrechnung filtert die **neutralen Aufwendungen und Erträge** aus den gesamten Aufwendungen und Erträgen der Finanzbuchhaltung heraus, um sie von der KLR fernzuhalten (vgl. Kapitel 2.1).
2. Die Abgrenzungsrechnung erfasst die **kalkulatorischen Kosten** (vgl. Kapitel 2.2).

Die Abgrenzungsrechnung wird tabellarisch mithilfe der **Ergebnistabelle** durchgeführt. Zum besseren Verständnis soll das folgende GuV-Konto der Duisdorfer BüroKonzept KG den Ausgangspunkt aller weiteren Überlegungen darstellen:

S	GuV-Konto der Duisdorfer BüroKonzept KG		H
6000 Aufw. f. Rohstoffe	240.000,00	5000 Umsatzerlöse f. e. E.	402.000,00
6020 Aufw. f. Hilfsstoffe	78.960,00	5100 Umsatzerlöse f. Waren	623.170,00
6030 Aufw. f. Betriebsstoffe	41.050,00	5200 Bestandsveränderungen	67.200,00
6080 Aufw. f. Waren	157.300,00	5460 Erträge aus VA	18.000,00
6200 Löhne	62.700,00	5710 Zinserträge	9.000,00
6300 Gehälter	73.900,00		
6520 Abschreibungen auf SA	30.000,00		
6800 Büromaterial	3.940,00		
6930 Verluste aus Schadensfällen	8.000,00		
6960 Verluste aus VA	7.800,00		
6990 Periodenfr. Aufwendungen	2.200,00		
7420 Abschr. auf WP des UV	1.600,00		
7510 Zinsaufwendungen	44.170,00		
3000 Eigenkapital	367.750,00		
	1.119.370,00		1.119.370,00

2.1 Ergebnistabelle in der einfachen Form

2.1.1 Aufbau der Ergebnistabelle und Erfassung der Werte

Ergebnistabelle						
① Rechnungskreis I			② Rechnungskreis II			
③ Erfolgsbereich			⑤ Abgrenzungsbereich		⑦ KLR-Bereich	
Gesamtergebnis der Finanzbuchhaltung (FB)			Unternehmensbezogene Abgrenzungen		Betriebsergebnis	
Konto	Aufwendungen	Erträge	neutrale Aufwendungen	neutrale Erträge	Kosten	Leistungen
Summe						
Saldo	④ **Gesamtergebnis**	=	⑥ **Neutrales Ergebnis**	+	⑧ **Betriebsergebnis**	

Aufbau der Ergebnistabelle

- **Rechnungskreis I: Erfolgsbereich**
  Die Ergebnistabelle erfasst im linken Teil die Daten des ① Rechnungskreises I und ordnet sie im rechten Teil den entsprechenden Spalten des ② Rechnungskreises II zu. Um die neutralen Aufwendungen und Erträge von der Kosten- und Leistungsrechnung fernzuhalten, ist es deshalb zunächst erforderlich, **alle** Aufwendungen und **alle** Erträge aus dem GuV-Konto der Finanzbuchhaltung in den ③ Erfolgsbereich der Ergebnistabelle zu übertragen. Durch Summenbildung aller Aufwendungen und aller Erträge lässt sich der Saldo bestimmen, der gleichzeitig das ④ **Gesamtergebnis** des Unternehmens darstellt.

- **Rechnungskreis II: Abgrenzungsbereich**
  Der Rechnungskreis II wird in den ⑤ Abgrenzungsbereich und den ⑦ KLR-Bereich aufgeteilt. Im Abgrenzungsbereich werden alle neutralen Aufwendungen und neutralen Erträge aus dem Rechnungskreis I erfasst. Sie werden als unternehmensbezogene Abgrenzungen gesondert berücksichtigt und somit vom KLR-Bereich ferngehalten. Durch Summenbildung der neutralen Aufwendungen und Erträge lässt sich der Saldo ermitteln, der gleichzeitig das ⑥ **Neutrale Ergebnis** darstellt.

- **Rechnungskreis II: KLR-Bereich**
  Im KLR-Bereich schließlich werden alle Kosten und Leistungen aus dem Rechnungskreis I erfasst. Hier ergibt der Saldo aus den gesamten Kosten und den gesamten Leistungen das ⑧ **Betriebsergebnis**.

Beispiel

Ergebnistabelle						
Rechnungskreis I			Rechnungskreis II			
Erfolgsbereich			Abgrenzungsbereich		KLR-Bereich	
Gesamtergebnis der Finanzbuchhaltung (FB)			Unternehmensbezogene Abgrenzungen		Betriebsergebnis	
Konto	Aufwendungen	Erträge	neutrale Aufwendungen	neutrale Erträge	Kosten	Leistungen
5000		402.000,00				
5100		623.170,00				
5200		67.200,00				
5460		18.000,00				
5710		9.000,00				
6000	240.000,00					
6020	78.960.00					
6030	41.050,00					
6080	157.300,00					
6200	62.700,00					
6300	73.900,00					
6520	30.000,00					
6800	3.940,00					
6930	8.000,00					
6960	7.800,00					
6990	2.200,00					
7420	1.600,00					
7510	44.170,00					
Summe	**751.620,00**	**1.119.370,00**				
Saldo	**367.750,00**					

Erfassung der Aufwendungen und Erträge im Rechnungskreis I der Ergebnistabelle

Erläuterungen:
Die Duisdorfer BüroKonzept KG erfasst zunächst im Rechnungskreis I der Ergebnistabelle alle Aufwendungen (Kontenklassen 6 und 7) und alle Erträge (Kontenklasse 5) aus dem GuV-Konto.

Merke:
Bei dem Konto „5200 Bestandsveränderungen" ist stets zu prüfen, ob es sich um eine Bestandsmehrung oder eine Bestandsminderung bei den unfertigen und fertigen Erzeugnissen handelt. Während die Bestandsmehrung als Ertrag (Lagerleistung) in der Ergebnistabelle erfasst wird, handelt es sich bei den Bestandsminderungen um Aufwendungen.

In der Summenzeile werden alle Aufwendungen (751.620,00 €) und alle Erträge (1.119.370,00 €) aufaddiert. Der Saldo ergibt den Gesamtgewinn der Duisdorfer BüroKonzept KG (367.750,00 €).

Dieser wird unter der Summe der Aufwendungen ausgewiesen (analog zur Darstellung im GuV-Konto). Ein Gesamtverlust würde, genau so wie im GuV-Konto, unter den Erträgen ausgewiesen.

Im nächsten Schritt filtert die Duisdorfer BüroKonzept KG nun die neutralen Aufwendungen und Erträge aus den gesamten Aufwendungen und Erträgen der Finanzbuchhaltung heraus.

Ergebnistabelle						
Rechnungskreis I			Rechnungskreis II			
Erfolgsbereich			Abgrenzungsbereich		KLR-Bereich	
Gesamtergebnis der Finanzbuchhaltung (FB)			Unternehmensbezogene Abgrenzungen		Betriebsergebnis	
Konto	Aufwendungen	Erträge	neutrale Aufwendungen	neutrale Erträge	Kosten	Leistungen
5000		402.000,00				
5100		623.170,00				
5200		67.200,00				
5460		18.000,00	→	18.000,00		
5710		9.000,00	→	9.000,00		
6000	240.000,00					
6020	78.960.00					
6030	41.050,00					
6080	157.300,00					
6200	62.700,00					
6300	73.900,00					
6520	30.000,00					
6800	3.940,00					
6930	8.000,00	→	8.000,00			
6960	7.800,00	→	7.800,00			
6990	2.200,00	→	2.200,00			
7420	1.600,00	→	1.600,00			
7510	44.170,00					
Summe	**751.620,00**	**1.119.370,00**	**19.600,00**	**27.000,00**		
Saldo	**367.750,00**		**7.400,00**			

Erfassung der neutralen Aufwendungen und Erträge im Rechnungskreis II der Ergebnistabelle

Erläuterungen:
Die neutralen Aufwendungen und Erträge werden als unternehmensbezogene Abgrenzungen im Abgrenzungsbereich des Rechnungskreises II erfasst. Bei den Konten „5460 Erträge aus Vermögensabgängen" und „5710 Zinserträge" handelt es sich um neutrale Erträge. Die Erträge aus Vermögensabgängen stellen außerordentliche Erträge dar, da es der Duisdorfer BüroKonzept KG gelungen ist, eine nicht mehr benötigte Maschine mit 18.000,00 € über Buchwert zu verkaufen. Die Zinserträge in Höhe von 9.000,00 € stellen betriebsfremde Erträge dar, da diese Erträge in keinem Zusammenhang mit dem Sachziel der Duisdorfer BüroKonzept KG stehen.

Bei den Konten „6930 Verluste aus Schadensfällen", „6960 Verluste aus Vermögensabgängen", „6990 Periodenfremde Aufwendungen" und „7420 Abschreibungen auf Wertpapiere des Umlaufvermögens" handelt es sich um neutrale Aufwendungen. Die Verluste aus Schadensfällen sind außerordentlicher Aufwand, da es im Lager der Duisdorfer BüroKonzept KG zu einem Wasserschaden kam. Auch die Verluste aus Vermögensabgängen stellen außerordentlichen Aufwand dar, weil die Duisdorfer BüroKonzept KG einen Lkw für 7.800,00 € unter Buchwert verkauft hat. Bei den periodenfremden Aufwendungen in Höhe von 2.200,00 € handelt es sich um eine Steuernachzahlung für das letzte Geschäftsjahr. Die Abschreibungen auf Wertpapiere des Umlaufvermögens in Höhe von 1.600,00 € resultieren aus einem Kurverlust von Aktien, die die Duisdorfer BüroKonzept KG zur kurzfristigen Kapitalanlage erworben hatte. Hierbei handelt es sich um betriebsfremden Aufwand.

In der Summenzeile werden alle neutralen Aufwendungen (19.600,00 €) und alle neutralen Erträge (27.000,00 €) aufaddiert. Der Saldo ergibt den neutralen Gewinn bzw. den neutralen Verlust (hier einen neutralen Gewinn in Höhe von 7.400,00 €).

In einem letzten Schritt werden nun im KLR-Bereich des Rechnungskreises II alle Kosten und Leistungen aus der Finanzbuchhaltung der Duisdorfer BüroKonzept KG erfasst.

Ergebnistabelle						
Rechnungskreis I			Rechnungskreis II			
Erfolgsbereich			Abgrenzungsbereich		KLR-Bereich	
Gesamtergebnis der Finanzbuchhaltung (FB)			Unternehmensbezogene Abgrenzungen		Betriebsergebnis	
Konto	Aufwendungen	Erträge	neutrale Aufwendungen	neutrale Erträge	Kosten	Leistungen
5000		402.000,00	→	→	→	402.000,00
5100		623.170,00	→	→	→	623.170,00
5200		67.200,00	→	→	→	67.200,00
5460		18.000,00		18.000,00		
5710		9.000,00		9.000,00		
6000	240.000,00	→	→	→	240.000,00	
6020	78.960.00	→	→	→	78.960,00	
6030	41.050,00	→	→	→	41.050,00	
6080	157.300,00	→	→	→	157.300,00	
6200	62.700,00	→	→	→	62.700,00	
6300	73.900,00	→	→	→	73.900,00	
6520	30.000,00	→	→	→	30.000,00	
6800	3.940,00	→	→	→	3.940,00	
6930	8.000,00		8.000,00			
6960	7.800,00		7.800,00			
6990	2.200,00		2.200,00			
7420	1.600,00		1.600,00			
7510	44.170,00	→	→	→	44.170,00	
Summe	**751.620,00**	**1.119.370,00**	**19.600,00**	**27.000,00**	732.020,00	1.092.370,00
Saldo	**367.750,00**		**7.400,00**		**360.350,00**	

Erfassung der Kosten und Leistungen im Rechnungskreis II der Ergebnistabelle

Erläuterungen:
Bei den Konten „5000 Umsatzerlöse für eigene Erzeugnisse", „5100 Umsatzerlöse für Waren" sowie „5200 Bestandsveränderungen" handelt es sich um Leistungen, da sie das Ergebnis der betrieblichen Leistungserstellung und -verwertung repräsentieren. Auch die verbleibenden Konten der Kontenklassen 6 und 7 stehen in einem direkten Zusammenhang mit dem Sachziel der Duisdorfer BüroKonzept KG. Sie stellen klassische Kosten dar, die im KLR-Bereich der Ergebnistabelle zu berücksichtigen sind.

In der Summenzeile werden alle Kosten (732.020,00 €) und alle Leistungen (1.092.370,00 €) aufaddiert. Der Saldo ergibt den Betriebsgewinn bzw. den Betriebsverlust (hier einen Betriebsgewinn in Höhe von 360.350,00 €)

Merke:
Da sich das Gesamtergebnis des Unternehmens aus dem Neutralen Ergebnis und dem Betriebsergebnis zusammensetzt, müssen die Ergebnisse im Rechnungskreis I und Rechnungskreis II immer identisch sein.

2.1.2 Aussagegehalt der Ergebnistabelle in der einfachen Form

Aus der erstellten Ergebnistabelle lassen sich für den Unternehmer wertvolle Erkenntnisse ableiten. Zum einen kann die Zusammensetzung des Gesamtergebnisses (Neutrales Ergebnis + Betriebsergebnis) analysiert werden. Zum anderen ist das Unternehmen nun auch in der Lage, über den KLR-Bereich des Rechnungskreises II die Wirtschaftlichkeit zu bestimmen.

Beispiel
Laut Ergebnistabelle der Duisdorfer BüroKonzept KG setzt sich der Gesamtgewinn in Höhe von 367.750,00 € aus dem Neutralen Gewinn in Höhe von 7.400,00 € und dem Betriebsgewinn in Höhe von 360.350,00 € zusammen.

Die Wirtschaftlichkeit lässt sich mit folgender Formel berechnen:

$$\text{Wirtschaftlichkeit} = \frac{\text{Leistungen}}{\text{Kosten}}$$

Unter Berücksichtigung der Leistungen und Kosten aus der Ergebnistabelle ergibt sich folgende Wirtschaftlichkeit:

$$\text{Wirtschaftlichkeit} = \frac{1.092.370,00\ €}{732.020,00\ €}$$

$$\text{Wirtschaftlichkeit} = \mathbf{1,49}$$

Da die Wirtschaftlichkeit über 1 liegt, hat die Duisdorfer BüroKonzept KG wirtschaftlich gearbeitet. Auf 1,00 € Kosten entfallen Leistungen in Höhe von 1,49 €.

Bei der Beurteilung der wirtschaftlichen Situation anhand der vorliegenden Ergebnisse ist allerdings Vorsicht geboten, da es sich um Momentaufnahmen handelt, die keine zeitliche Entwicklung widerspiegeln. Deshalb ist es für ein Unternehmen unerlässlich, sich durch Zeitvergleiche und – wenn möglich – Branchenvergleiche ein umfassenderes Bild über die eigene wirtschaftliche Entwicklung zu machen.

Beispiele
- *Im vergangenen Geschäftsjahr betrug die Wirtschaftlichkeit der Duisdorfer BüroKonzept KG 1,69. In dieser Situation ist der Rückgang um 0,2 Punkte als negativ zu bewerten, auch wenn*

der aktuelle Wirtschaftlichkeitskoeffizient über 1 liegt. Die Gründe hierfür können in einem Umsatzrückgang und/oder einer Kostensteigerung liegen. Eine genaue Ursachenanalyse durch die Duisdorfer BüroKonzept KG ist erforderlich.

- *Auch ein Betriebsgewinn von 360.350,00 € kann positiv oder negativ bewertet werden, je nachdem, ob der Vorjahresgewinn geringer oder höher war (200.000,00 € oder 500.000,00 €). Auch in diesem Fall ist eine intensive Ursachenanalyse geboten.*

2.2 Ergebnistabelle mit kalkulatorischen Kosten

2.2.1 Berücksichtigung von Zusatz- und Anderskosten in der Ergebnistabelle

Mit dem Herausfiltern der neutralen Aufwendungen und Erträge aus den gesamten Aufwendungen und Erträgen der Finanzbuchhaltung ist der erste wichtige Schritt der Abgrenzungsrechnung vollzogen. Der zweite Schritt besteht in der Erfassung der sogenannten **kalkulatorischen Kosten**. Dazu muss zunächst geklärt werden, was unter kalkulatorischen Kosten zu verstehen ist und wie die kalkulatorischen Kosten in der Ergebnistabelle erfasst werden. Hierfür ist eine Erweiterung der Ergebnistabelle erforderlich.

Der Ansatz von kalkulatorischen Kosten in der Kosten- und Leistungsrechnung ist deshalb erforderlich, weil es einerseits Kosten gibt, die in der Finanzbuchhaltung überhaupt nicht erfasst werden. Diese Kosten heißen **Zusatzkosten** (= aufwandslose Kosten). Andererseits gibt es Kosten, die zwar in der Finanzbuchhaltung erfasst werden, deren Ansatz aber für die KLR als ungeeignet erscheint. Diese Kosten werden als **Anderskosten** (= aufwandsungleiche Kosten) bezeichnet.

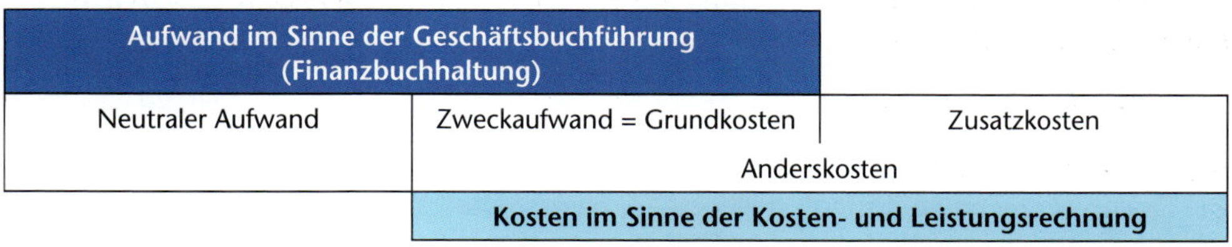

Aufwand im Sinne der KLR

Im Gegensatz zur Finanzbuchhaltung, die sich an handels- und steuerrechtlichen Vorschriften zu orientieren hat, müssen in der KLR Anders- und Zusatzkosten zum Zwecke einer höheren Genauigkeit und besseren Vergleichbarkeit berücksichtigt werden.

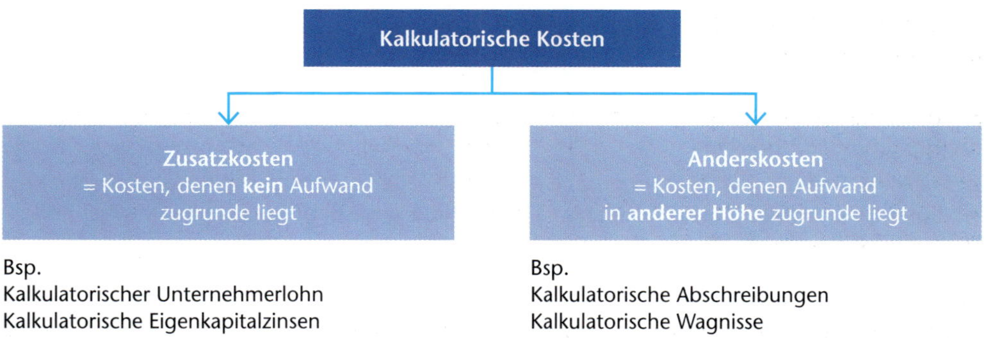

Kalkulatorische Kosten

Zur Erfassung der kalkulatorischen Kosten ist die Ergebnistabelle entsprechend zu erweitern:

Ergebnistabelle								
Rechnungskreis I			Rechnungskreis II					
Erfolgsbereich			Abgrenzungsbereich				KLR-Bereich	
Gesamtergebnis der Finanzbuchhaltung (FB)			Unternehmensbezogene Abgrenzungen		Kostenrechnerische Korrekturen		Betriebsergebnis	
Konto	Aufwendungen	Erträge	neutrale Aufwendungen	neutrale Erträge	Aufwand laut FB	Verrechnete Kosten	Kosten	Leistungen
Summe								
Saldo			Ergebnis aus unternehmensbezogenen Abgrenzungen	+	Ergebnis aus kostenrechnerischen Korrekturen			
			= Neutrales Ergebnis					

Aufbau der Ergebnistabelle mit kalkulatorischen Kosten

Der Abgrenzungsbereich wird um die sogenannten „Kostenrechnerischen Korrekturen" mit den Spalten „Aufwand laut Finanzbuchhaltung" und „Verrechnete Kosten" erweitert. Die Spalte „Aufwand laut Finanzbuchhaltung" wird nur für die Erfassung der Anderskosten benötigt. Hier müssen die Aufwendungen aus dem Rechnungskreis I erfasst werden, da sonst die Ergebnisse von Rechnungskreis I und Rechnungskreis II nicht mehr übereinstimmen würden.

Die Spalte „Verrechnete Kosten" stellt eine **„Ertragsspalte"** dar. Hier wird der identische Betrag, der im KLR-Bereich als kalkulatorischer Kostenansatz berücksichtigt wird, wieder „herausgebucht".

Dieses Vorgehen ermöglicht dem Unternehmen, die kalkulatorischen Kosten in den KLR-Bereich einfließen zu lassen, womit auch diese Kosten

- auf das Betriebsergebnis Einfluss nehmen,
- in die Berechnung der Selbstkosten je Produkt eingehen und
- für Kalkulationszwecke zur Verfügung stehen.

Gleichzeitig werden die kalkulatorischen Kosten unter den „Verrechneten Kosten" wieder als Ertrag erfasst, sodass sie sich nicht auf das Gesamtergebnis auswirken. Das Ergebnis von Rechnungskreis I und Rechnungskreis II bleibt somit weiterhin identisch.

Zusatzkosten werden in der Ergebnistabelle in den Spalten „Verrechnete Kosten" sowie „Kosten" berücksichtigt. Da Zusatzkosten gemäß Definition keine Berücksichtigung im Rechnungskreis I finden, wird **kein** Wert in der Spalte „Aufwand laut Finanzbuchhaltung" vermerkt.

Merke:

- ***Zur Erfassung der kalkulatorischen Kosten in der Ergebnistabelle wird der Abgrenzungsbereich im Rechnungskreis II um „Kostenrechnerische Korrekturen" erweitert.***

- *Die Spalte „Verrechnete Kosten" stellt eine Ertragsspalte dar und wird zur Korrektur für Anders- und Zusatzkosten benötigt.*
- *Zur Erfassung der Anderskosten werden die Spalten „Aufwand laut Finanzbuchhaltung", „Verrechnete Kosten" und „Kosten" benötigt.*
- *Zusatzkosten werden in den Spalten „Verrechnete Kosten" und „Kosten" erfasst.*

Das Betriebsergebnis lässt sich nach wie vor über den Saldo von Leistungen und Kosten ermitteln. Allerdings werden nun auch Zusatz- und Anderskosten berücksichtigt, was eine höhere Genauigkeit der Betriebsergebnisrechnung zur Folge hat.

Das Neutrale Ergebnis kann unter Berücksichtigung von neutralen Aufwendungen und neutralen Erträgen nicht mehr unmittelbar aus der Ergebnistabelle abgelesen werden, denn im Abgrenzungsbereich werden jetzt zwei Teilergebnisse ausgewiesen:

- das **Ergebnis aus unternehmensbezogenen Abgrenzungen** als Saldo aus den neutralen Erträgen und neutralen Aufwendungen
- das **Ergebnis aus kostenrechnerischen Korrekturen** als Saldo aus den Verrechneten Kosten und dem Aufwand laut Finanzbuchhaltung

Beide Teilergebnisse werden zum Neutralen Ergebnis zusammenfasst (siehe hierzu das Beispiel in Kapitel 2.2.3).

Merke:
Neutrales Ergebnis = *Ergebnis aus unternehmensbezogenen Abgrenzungen*
\+ *Ergebnis aus kostenrechnerischen Korrekturen*

2.2.2 Erfassung des kalkulatorischen Unternehmerlohns und der kalkulatorischen Abschreibungen

Kalkulatorischer Unternehmerlohn als Zusatzkosten

Während bei **Kapitalgesellschaften** (AG, GmbH) die Geschäftsleitung (AG: Vorstandsmitglieder, GmbH: Geschäftsführer) Gehälter beziehen, die über die entsprechenden Aufwandsposten als Kosten in der KLR Berücksichtigung finden, beziehen die Inhaber von **Einzelunternehmen** (e. K.) und die Gesellschafter von **Personengesellschaften** (OHG, KG) kein Gehalt. Bei diesen Rechtsformen würde somit bei der Ermittlung des Betriebsergebnisses, der Bestimmung der Selbstkosten sowie der Preiskalkulation eine zentrale Kostenkomponente fehlen: die Entlohnung für die geleistete Arbeit. Aus diesem Grund und zum besseren Kostenvergleich unterschiedlicher Rechtsformen wird bei Einzelunternehmen und bei Personengesellschaften der kalkulatorische Unternehmerlohn angesetzt. Als **Maßstab** für den Wertansatz des kalkulatorischen Unternehmerlohns gilt das **Gehalt eines leitenden Angestellten** in vergleichbarer Position.

Da dem kalkulatorischen Unternehmerlohn kein Aufwand in der Finanzbuchhaltung (Rechnungskreis I) zugrunde liegt, er also ausschließlich im Rechnungskreis II erfasst wird, handelt es sich um **Zusatzkosten** (aufwandslose Kosten).

Beispiel
Die Geschäftsführer Sebastian Falo und Katharina Niester veranschlagen für ihre Tätigkeit bei der Duisdorfer BüroKonzept KG einen kalkulatorischen Unternehmerlohn in Höhe von 180.000,00 € jährlich.

Ergebnistabelle								
Rechnungskreis I			Rechnungskreis II					
Erfolgsbereich			Abgrenzungsbereich				KLR-Bereich	
Gesamtergebnis der Finanzbuchhaltung (FB)			Unternehmensbezogene Abgrenzungen		Kostenrechnerische Korrekturen		Betriebsergebnis	
Konto	Aufwendungen	Erträge	neutrale Aufwendungen	neutrale Erträge	Aufwand laut FB	Verrechnete Kosten	Kosten	Leistungen
U.-lohn						180.000,00	180.000,00	
Summe								
Saldo								

Erfassung des kalkulatorischen Unternehmerlohns in der Ergebnistabelle

Das Beispiel zeigt, dass sich der Unternehmerlohn in Höhe von 180.000,00 € durch die Erfassung als Kosten im KLR-Bereich auf die Ermittlung der Selbstkosten und die Kalkulation der Preise auswirkt. Gleichzeitig verringert sich das Betriebsergebnis um den genannten Betrag. Auf das Gesamtergebnis des Unternehmens hat der Unternehmerlohn keinen Einfluss, da er in der Spalte „Verrechnete Kosten" als Ertrag gebucht wird und dadurch über die kostenrechnerischen Korrekturen ein neutraler Gewinn in Höhe von 180.000,00 € ausgewiesen wird.

Merke:

- ***Bei Einzelunternehmen und Personengesellschaften wird im KLR-Bereich ein kalkulatorischer Unternehmerlohn angesetzt.***
- ***Dem kalkulatorischen Unternehmerlohn steht kein Aufwand in der Finanzbuchhaltung gegenüber. Es handelt sich um Zusatzkosten.***
- ***Der kalkulatorische Unternehmerlohn wird im Rechnungskreis II der Ergebnistabelle im Abgrenzungsbereich unter den kostenrechnerischen Korrekturen als „Verrechnete Kosten" und im KLR-Bereich als „Kosten" erfasst.***

Kalkulatorische Abschreibungen als Anderskosten

In der Regel schöpfen Unternehmen im Rahmen der rechtlichen Bewertungsspielräume ihre Möglichkeiten bei der Bildung von Abschreibungen in vollem Umfang aus, um die vom Gewinn zu entrichtenden Steuern (z.B. Einkommen- oder Körperschaftsteuer) zu reduzieren. Diese in der Finanzbuchhaltung nach handels- und steuerrechtlichen Vorschriften gebildeten **bilanziellen Abschreibungen** stellen jedoch für die Zwecke der Kosten- und Leistungsrechnung einen ungeeigneten Wertansatz dar.

Kalkulatorische Abschreibungen erfassen als **Anderskosten** nur die Positionen des Anlagevermögens, die **betriebsnotwendig**, d.h. für das Erreichen des Sachziels des Unternehmens erforderlich sind. Dabei werden die Abschreibungsbeträge nicht von den Anschaffungs- oder Herstellungskosten ermittelt, sondern vom **Wiederbeschaffungswert**. Damit soll dem Umstand Rechnung getragen werden, dass in Zeiten steigender Marktpreise am Ende der Nutzungsdauer eine inzwischen teurer gewordene Anlage wiederbeschafft werden kann. Wenn es dem Unternehmen gelingt, die kalkulierten Abschreibungen über die Umsatzerlöse der verkauften Produkte wieder zu erwirtschaften, stehen diese finanziellen Mittel für Ersatzinvestitionen zur Verfügung. Die Substanz des Unternehmens bleibt erhalten **(Prinzip der Substanzerhaltung)**.

LF 9

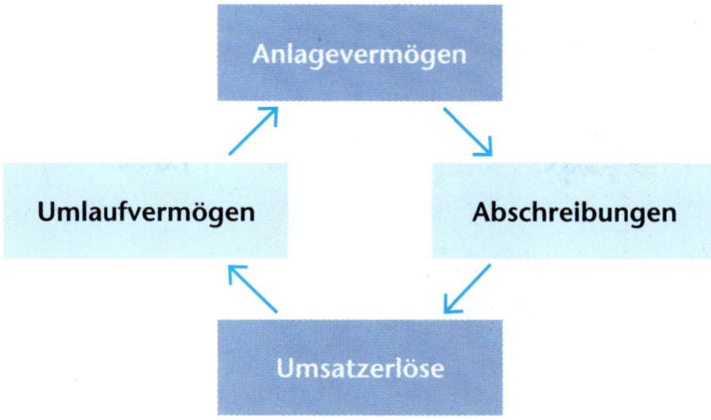

Abschreibungskreislauf

Um den tatsächlichen Werteverzehr des Anlagevermögens in der KLR zu erfassen, bietet sich bei gleichmäßiger Abnutzung des Anlagevermögens als Abschreibungsmethode die **lineare Abschreibung** an.

Beispiel

Im GuV-Konto der Duisdorfer BüroKonzept KG wurden bilanzielle Abschreibungen in Höhe von 30.000,00 € gebucht. Auf der Grundlage der betriebsnotwendigen Anlagegüter und der Wiederbeschaffungswerte berechnet die Duisdorfer BüroKonzept KG kalkulatorische Abschreibungen in Höhe von 45.000,00 €.

Ergebnistabelle								
Rechnungskreis I			Rechnungskreis II					
Erfolgsbereich			Abgrenzungsbereich				KLR-Bereich	
Gesamtergebnis der Finanzbuchhaltung (FB)			Unternehmens-bezogene Abgrenzungen		Kostenrechnerische Korrekturen		Betriebsergebnis	
Konto	Aufwendungen	Erträge	neutrale Aufwendungen	neutrale Erträge	Aufwand laut FB	Verrechnete Kosten	Kosten	Leistungen
6520	30.000,00				30.000,00	45.000,00	45.000,00	
Summe								
Saldo								

Erfassung der kalkulatorischen Abschreibungen in der Ergebnistabelle

Ohne Berücksichtigung weiterer Aufwendungen und Erträge beträgt im Rechnungskreis I der Gesamtverlust 30.000,00 €. Durch den ermittelten kalkulatorischen Ansatz der Abschreibungen beträgt der Betriebsverlust im KLR-Bereich 45.000,00 €. Dieser Verlust wird im Rechnungskreis II durch einen Ertrag aus kostenrechnerischen Korrekturen in Höhe von 15.000,00 € reduziert, sodass in beiden Rechnungskreisen ein einheitliches Ergebnis vorliegt.

Gesamtergebnis Rechnungskreis I		–30.000,00 €
Ertrag aus kostenrechnerischen Korrekturen	+15.000,00 €	
– *Betriebsverlust*	–45.000,00 €	
Gesamtergebnis Rechnungskreis II		–30.000,00 €

Merke:
- ***Kalkulatorische Abschreibungen werden nur für das betriebsnotwendige Anlagevermögen berechnet.***
- ***Die Berechnungsgrundlage für die kalkulatorischen Abschreibungen ist der Wiederbeschaffungswert des jeweiligen Anlagegutes.***
- ***Die Berechnungsmethode ist in der Regel die lineare Abschreibung.***

2.2.3 Aussagegehalt der Ergebnistabelle mit kalkulatorischen Kosten

Dadurch, dass ein Unternehmen in der Ergebnistabelle **alle** Kosten erfasst, d.h. neben den Grundkosten auch Anders- und Zusatzkosten als kalkulatorische Kosten, ergibt sich nun ein differenzierteres Bild im Hinblick auf die Genauigkeit und die Vergleichbarkeit der Kostensituation des Unternehmens.

Beispiel

Unter Berücksichtigung der kalkulatorischen Kosten hat die Ergebnistabelle der Duisdorfer BüroKonzept KG nun das folgende, endgültige Aussehen:

Ergebnistabelle								
Rechnungskreis I			Rechnungskreis II					
Erfolgsbereich			Abgrenzungsbereich				KLR-Bereich	
Gesamtergebnis der Finanzbuchhaltung (FB)			Unternehmensbezogene Abgrenzungen		Kostenrechnerische Korrekturen		Betriebsergebnis	
Konto	Aufwendungen	Erträge	neutrale	neutrale	Aufwand	Verrechnete	Kosten	Leistungen
5000		402.000,00						402.000,00
5100		623.170,00						623.170,00
5200		67.200,00						67.200,00
5460		18.000,00		18.000,00				
5710		9.000,00		9.000,00				
6000	240.000,00						240.000,00	
6020	78.960,00						78.960,00	
6030	41.050,00						41.050,00	
6080	157.300,00						157.300,00	
6200	62.700,00						62.700,00	
6300	73.900,00						73.900,00	
6520	30.000,00				30.000,00	45.000,00	45.000,00	
6800	3.940,00						3.940,00	
6930	8.000,00		8.000,00					
6960	7.800,00		7.800,00					
6990	2.200,00		2.200,00					
7420	1.600,00		1.600,00					
7510	44.170,00						44.170,00	
U-lohn	–					180.000,00	180.000,00	
Summe	751.620,00	1.119.370,00	19.600,00	27.000,00	30.000,00	225.000,00	927.020,00	1.092.370,00
Saldo	**367.750,00**		**7.400,00**		**195.000,00**		**165.350,00**	

Vollständige Ergebnistabelle der Duisdorfer BüroKonzept KG

Die Ergebnisse der beiden Rechnungskreise lassen sich wie folgt abstimmen:

Gesamtergebnis Rechnungskreis I		+ 367.750,00 €
Ergebnis aus unternehmensbezogenen Abgrenzungen	+ 7.400,00 €	
Ergebnis aus kostenrechnerischen Korrekturen	+ 195.000,00 €	
= *Neutrales Ergebnis*		+ 202.400,00 €
+ *Betriebsergebnis*		+ 165.350,00 €
Gesamtergebnis Rechnungskreis II	+ 367.750,00 €	

Das Betriebsergebnis als Ergebnis der betrieblichen Leistungserstellung und -verwertung beträgt 165.350,00 €. Damit hat das Betriebsergebnis einen Anteil von ca. 45 % am Gesamtgewinn.

Sowohl das Ergebnis aus unternehmensbezogenen Abgrenzungen als auch das Ergebnis aus kostenrechnerischen Korrekturen ist positiv. Der Neutrale Gewinn beträgt somit 202.400,00 € und macht etwa 55 % des Gesamterfolges aus.

Am hohen Ergebnis aus kostenrechnerischen Korrekturen ist erkennbar, dass die Duisdorfer Büro-Konzept KG hohe kalkulatorische Kosten veranschlagt, die nicht (Zusatzkosten) oder in anderer Höhe (Anderskosten) in der Finanzbuchhaltung erfasst wurden. Diese Korrekturen fließen als Ertrag in das Neutrale Ergebnis ein (195.000,00 €) und werden über die Umsatzerlöse am Markt voll erwirtschaftet, sodass sowohl das Betriebsergebnis (165.350,00 €) wie auch das Gesamtergebnis (367.750,00 €) positiv sind.

Das Betriebsergebnis zeigt außerdem, dass über die Kostendeckung hinaus Überschüsse erzielt wurden, die das allgemeine Unternehmerrisiko der Duisdorfer BüroKonzept KG abdecken. Zusätzlich stehen diese Überschüsse dem Unternehmen als Instrument der Innenfinanzierung für Investitionszwecke zur Verfügung. LF 9, 6.1

Unter Berücksichtigung der Leistungen und Kosten aus der vollständigen Ergebnistabelle ergibt sich folgende Wirtschaftlichkeit:

$$\text{Wirtschaftlichkeit} = \frac{1.092.370{,}00\ €}{927.020{,}00\ €}$$

Wirtschaftlichkeit = ***1,18***

Dieses Ergebnis zeigt, dass mit jedem Euro Kosten insgesamt 1,18 € Leistungen erzielt wurden. Die Duisdorfer BüroKonzept KG hat im betrachteten Zeitraum wirtschaftlich gehandelt.

2.2.4 Exkurs: Erfassung weiterer kalkulatorischer Kosten

Neben dem kalkulatorischen Unternehmerlohn und den kalkulatorischen Abschreibungen gibt es weitere kalkulatorische Kosten, deren Erfassung die Aussagefähigkeit und Genauigkeit der Kostenrechnung wesentlich erhöht. Hierzu zählen insbesondere

- kalkulatorische Zinsen,
- kalkulatorische Wagnisse und
- Verrechnungspreise.

Kalkulatorische Zinsen

Bei den in der Finanzbuchhaltung auf dem Konto „7510 Zinsaufwendungen" gebuchten Zinsen handelt es sich um Fremdkapitalzinsen, d.h. um Zinszahlungen für aufgenommene Kredite. Ein Unternehmen finanziert sich in aller Regel aber nicht ausschließlich über Fremdkapital, sondern auch über Eigenkapital, das z.B. von den Gesellschaftern eingebracht wurde. Auch dem Eigenkapital steht eine angemessene Verzinsung zu, da es alternativ mit einer entsprechenden Verzinsung bei einem Geldinstitut angelegt werden könnte. Aus diesem Grund werden in der Kosten- und Leistungsrechnung kalkulatorische Zinsen für das gesamte Kapital, das für die Leistungserstellung und -verwertung erforderlich ist, angesetzt, unabhängig davon, ob es sich um Fremd- oder Eigenkapital handelt.

Da im Rechnungskreis I der Ergebnistabelle nur die Zinsaufwendungen für das Fremdkapital erfasst werden, im Rechnungskreis II dagegen ein anderer Wert, stellen die kalkulatorischen Zinsen **Anderskosten** dar. Bei einer Aufteilung der kalkulatorischen Zinsen nach Eigen- und Fremdkapital stellen lediglich die kalkulatorischen Eigenkapitalzinsen Zusatzkosten dar. In der Praxis erfolgt jedoch keine Trennung nach der Kapitalherkunft, sondern für die Berechnung der kalkulatorischen Zinsen muss das sogenannte **betriebsnotwendige Kapital** bestimmt werden.

Merke:

Anlagevermögen	*bewertet zu Anschaffungskosten bzw. kalkulatorischen Restwerten (ohne vermietete Gebäude, verpachtete Grundstücke, Wertpapiere des Anlagevermögens)*
+ Umlaufvermögen	*bewertet zu kalkulatorischen Durchschnittswerten (ohne Wertpapiere des Umlaufvermögens)*
= Betriebsnotwendiges Vermögen	
– Abzugskapital	*(Anzahlungen von Kunden, Lieferantenkredite ohne Skontierungsmöglichkeit)*
= Betriebsnotwendiges Kapital	

Das **betriebsnotwendige Kapital** ist das Kapital, das zur Erfüllung des Sachziels eines Unternehmens benötigt wird. Um es zu berechnen, werden zunächst das Anlagevermögen und das Umlaufvermögen addiert. Dabei ist zu beachten, dass alle Vermögenspositionen, die nicht der betrieblichen Leistungserstellung und -verwertung dienen, abgezogen werden müssen (z.B. vermietete Gebäude im Anlagevermögen, kurzfristige Wertpapiere im Umlaufvermögen).

Von dem ermittelten betriebsnotwendigen Vermögen ist das sogenannte Abzugskapital abzuziehen. Hierbei handelt es sich um Kapital, das dem Unternehmen zinslos zur Verfügung steht (z.B. Kundenanzahlungen, Lieferantenkredite ohne Skontierungsmöglichkeit, Rückstellungen).

Das auf diese Weise berechnete betriebsnotwendige Kapital ist die Berechnungsgrundlage für die kalkulatorischen Zinsen. Bei der Bestimmung des kalkulatorischen Zinssatzes lässt sich das Unternehmen von der Überlegung leiten, welche marktübliche Verzinsung alternativ durch eine langfristige Kapitalanlage erzielt werden könnte. Die Festlegung des kalkulatorischen Zinssatzes stellt eine subjektive Entscheidung des Unternehmens dar.

Beispiel

Die Duisdorfer BüroKonzept KG ermittelt das betriebsnotwendige Kapitel, das mit 4 % kalkulatorisch verzinst werden soll:

	Anlagevermögen nach kalkulatorischen Werten	*1.200.000,00 €*
+	*Umlaufvermögen nach kalkulatorischen Werten*	*350.000,00 €*
=	*Betriebsnotwendiges Vermögen*	*1.550.000,00 €*
–	*Abzugskapital*	*50.000,00 €*
=	***Betriebsnotwendiges Kapital***	*1.500.000,00 €*

Bei dem zugrunde gelegten Zinssatz betragen die ***kalkulatorischen Zinsen:***

1.500.000,00 € · 4 % = 60.000,00 €

Die Erfassung kalkulatorischer Zinsen in der Ergebnistabelle erfolgt analog zur Erfassung der kalkulatorischen Abschreibungen, sodass auf eine ausführliche Erläuterung an dieser Stelle verzichtet werden kann.

Ergebnistabelle								
Rechnungskreis I			Rechnungskreis II					
Erfolgsbereich			Abgrenzungsbereich				KLR-Bereich	
Gesamtergebnis der Finanzbuchhaltung (FB)			Unternehmens-bezogene Abgrenzungen		Kostenrechnerische Korrekturen		Betriebsergebnis	
Konto	Aufwendungen	Erträge	neutrale Aufwendungen	neutrale Erträge	Aufwand laut FB	Verrechnete Kosten	Kosten	Leistungen
7510	44.170,00				44.170,00	60.000,00	60.000,00	
Summe								
Saldo								

Erfassung kalkulatorischer Zinsen in der Ergebnistabelle

Kalkulatorische Wagnisse

Unternehmerisches Handeln ist mit Risiken verbunden und kann letztlich zum Scheitern führen. Risiken, wie z. B. technischer Fortschritt oder Nachfrageeinbrüche aufgrund negativer Entwicklungen der Gesamtwirtschaft, lassen sich von einem Unternehmen nicht kalkulieren. Dieses **allgemeine Unternehmerwagnis** muss letztendlich als Gesamtrisiko durch den Unternehmensgewinn abgegolten werden.

Einzelwagnisse dagegen sind aufgrund von Erfahrungswerten berechenbar. Sie stehen in einem ursächlichen Zusammenhang mit der betrieblichen Leistungserstellung und -verwertung.

Einzelwagnis	Beispiele
▪ Beständewagnis	Schwund, Verderb, Diebstahl, Veralten, Verrosten, Preissenkungen, Modeänderung
▪ Vertriebswagnis	Forderungsausfälle, Kursverluste bei ausländischen Währungen
▪ Fertigungswagnis	Mehrkosten für Nacharbeit und Ausschuss aufgrund von Konstruktions- und Produktionsfehlern sowie minderwertiger Rohstoffqualität
▪ Anlagewagnis	Schadensfälle von Anlagegütern durch Brand, Unfälle, unsachgemäße Bedienung, Anlagenausfall wegen technischem Fortschritt

Einzelwagnis	Beispiele
▪ Entwicklungswagnis	Kosten für fehlgeschlagene Forschung und Entwicklung von Produkten
▪ Gewährleistungswagnis	Kostenlose Reparaturen oder Ersatzlieferungen, Preisnachlässe aufgrund von Reklamationen

Sofern Einzelwagnisse über Versicherungsprämien abgedeckt werden, dürfen keine kalkulatorischen Wagniszuschläge angesetzt werden, da die geleisteten Versicherungsprämien in der Finanzbuchhaltung bereits als Kosten berücksichtigt werden. In allen anderen Fällen können kalkulatorische Wagnisse **Anders- oder Zusatzkosten** sein, je nachdem, ob für Einzelwagnisse in der Finanzbuchhaltung Kosten erfasst wurden (z. B. Konto „6930 Verluste aus Schadensfällen") oder nicht. Die Höhe der kalkulatorischen Wagniszuschläge wird ermittelt, indem aus den tatsächlich eingetretenen Wagnisverlusten der letzten Jahre ein prozentualer Durchschnittswert berechnet wird.

Beispiel

Die Duisdorfer BüroKonzept KG hat in den vergangenen 5 Jahren insgesamt Rohstoffe im Wert von durchschnittlich 1.200.000,00 € eingekauft. Im selben Zeitraum betrug der Verlust durch Schwund, Diebstahl, Verderb etc. 36.000,00 €. Das durchschnittliche kalkulatorische Beständewagnis beträgt somit:

$$\frac{36.000,00\ € \cdot 100\,\%}{1.200.000,00\ €} = 3\,\%$$

Da die Duisdorfer BüroKonzept KG laut GuV-Konto zuletzt Rohstoffe im Wert von 240.000,00 € gekauft hat, kalkuliert sie das Beständewagnis mit 7.200,00 € (240.000,00 € · 3 %).

Sofern im GuV-Konto keine Verluste aus Schadensfällen gebucht wurden (Konto 6930), stellen die kalkulatorischen Wagnisse **Zusatzkosten** dar, die dem kalkulatorischen Unternehmerlohn entsprechend im Rechnungskreis II der Ergebnistabelle erfasst werden. Falls der Industriebetrieb die tatsächlichen Schadensfälle in der Finanzbuchhaltung gebucht hat, stellen die kalkulatorischen Wagnisse **Anderskosten** dar, die wie die kalkulatorischen Zinsen und Abschreibungen in der Ergebnistabelle zu erfassen sind.

Ergebnistabelle								
Rechnungskreis I			Rechnungskreis II					
Erfolgsbereich			Abgrenzungsbereich				KLR-Bereich	
Gesamtergebnis der Finanzbuchhaltung (FB)			Unternehmensbezogene Abgrenzungen		Kostenrechnerische Korrekturen		Betriebsergebnis	
Konto	Aufwendungen	Erträge	neutrale Aufwendungen	neutrale Erträge	Aufwand laut FB	Verrechnete Kosten	Kosten	Leistungen
6930	8.000,00				8.000,00	7.200,00	7.200,00	
Summe								
Saldo								

Erfassung kalkulatorischer Wagnisse in der Ergebnistabelle

Da Schadensfälle zufällig und unregelmäßig auftreten, ist der Wertansatz der tatsächlichen Schadenshöhe für die Kosten- und Leistungsrechnung ungeeignet. Durch die Erfassung kalkulatorischer Wagnisse werden Kostenschwankungen und Zufallseinflüsse bei der Ermittlung der Selbstkosten und der Preiskalkulation vermieden.

Merke:

- ***Das allgemeine Unternehmerwagnis wird durch den Unternehmensgewinn abgegolten.***
- ***Für Risiken, die über Versicherungen abgedeckt sind, dürfen keine kalkulatorischen Wagniszuschläge angesetzt werden.***
- ***Kalkulatorische Wagniszuschläge für Einzelwagnisse werden aufgrund von Erfahrungswerten aus der Vergangenheit ermittelt.***

Verrechnungspreise

Der Verbrauch von Werkstoffen (Roh-, Hilfs- und Betriebsstoffe) wird in der Finanzbuchhaltung über die entsprechenden Aufwandskonten gebucht. Dabei werden die Werkstoffe mit ihren **tatsächlichen Anschaffungskosten** bewertet. Dieser Umstand kann bereits zu erheblichen Unterschieden in den Ergebnistabellen verschiedener Abrechnungsperioden führen, da aufgrund von Preisschwankungen gleiche Verbrauchsmengen mit unterschiedlichen Preisen bewertet werden.

Zur Behebung dieses Mangels besteht die Möglichkeit, die Roh-, Hilfs- und Betriebsstoffaufwendungen im KLR-Bereich der Ergebnistabelle nicht mit ihren tatsächlichen Anschaffungskosten anzusetzen, sondern mit sogenannten **Verrechnungspreisen**. Verrechnungspreise sind durchschnittliche Bezugspreise, die aus den Werkstoffeinkäufen vergangener Perioden ermittelt werden. Aufgrund der Berechnung von Durchschnittspreisen wird der Nachteil starker Preisschwankungen abgemildert.

Beispiel

Für den Werkstoffeinsatz an Rohstoffen ermittelt die Duisdorfer BüroKonzept KG den Verrechnungspreis aufgrund der Einkäufe in der letzten Abrechnungsperiode:

I. Quartal	*245.000,00 €*
II. Quartal	*252.000,00 €*
III. Quartal	*266.000,00 €*
IV. Quartal	*277.000,00 €*

$$x = \frac{245.000,00 + 252.000 + 266.000 + 277.000}{4} = \mathbf{260.000,00\ €}$$

Es ist auch möglich, Perioden, die näher an der Gegenwart liegen, mit einem stärkeren Gewicht in die Berechnung einfließen zu lassen als ältere Perioden.

Dazu werden die Anschaffungskosten mit unterschiedlichen Gewichtungsfaktoren versehen, d.h. der aktuellste Einkauf erhält den höchsten Gewichtungsfaktor, der zeitlich entfernteste den niedrigsten.

Beispiel

Die Duisdorfer BüroKonzept KG gewichtet die Anschaffungskosten der Rohstoffe für die letzte Periode mit folgenden Gewichtungsfaktoren:

Quartal	*Anschaffungskosten*	*Gewichtung in %*
I.	*245.000,00 €*	*10*
II.	*252.000,00 €*	*20*
III.	*266.000,00 €*	*30*
IV.	*277.000,00 €*	*40*

$$x = \frac{245.000,00 \cdot 10 + 252.000 \cdot 20 + 266.000 \cdot 30 + 277.000 \cdot 40}{10 + 20 + 30 + 40} = \mathbf{265.500,00\ €}$$

Statt der tatsächlichen Aufwendungen für Rohstoffe in Höhe von 240.000,00 € (siehe GuV-Konto) wird im KLR-Bereich der Verrechnungspreis in Höhe von 265.500,00 € als kalkulatorischer Ansatz erfasst.

Auch die Berücksichtigung von Verrechnungspreisen in der Ergebnistabelle entspricht der Erfassung von Anderskosten.

Ergebnistabelle									
Rechnungskreis I			Rechnungskreis II						
Erfolgsbereich			Abgrenzungsbereich				KLR-Bereich		
Gesamtergebnis der Finanzbuchhaltung (FB)			Unternehmensbezogene Abgrenzungen		Kostenrechnerische Korrekturen		Betriebsergebnis		
Konto	Aufwendungen	Erträge	neutrale Aufwendungen	neutrale Erträge	Aufwand laut FB	Verrechnete Kosten	Kosten	Leistungen	
6000	240.000,00				240.000,00	265.000,00	265.000,00		
Summe									
Saldo									

Erfassung von Verrechnungspreisen in der Ergebnistabelle

Merke:

- ***Der Ansatz von Verrechnungspreisen in der KLR gleicht den Nachteil starker Preisschwankungen auf den Beschaffungsmärkten aus.***
- ***Verrechnungspreise werden als Durchschnittswert aus den Werkstoffeinkäufen vergangener Perioden ermittelt.***
- ***Über Gewichtungsfaktoren können die unterschiedlichen Zeitpunkte der Werkstoffeinkäufe berücksichtigt werden.***
- ***Verrechnungspreise werden im KLR-Bereich der Ergebnistabelle wie Anderskosten erfasst.***

3 Zusammenhang zwischen Ergebnistabelle und den drei Stufen der Kosten- und Leistungsrechnung

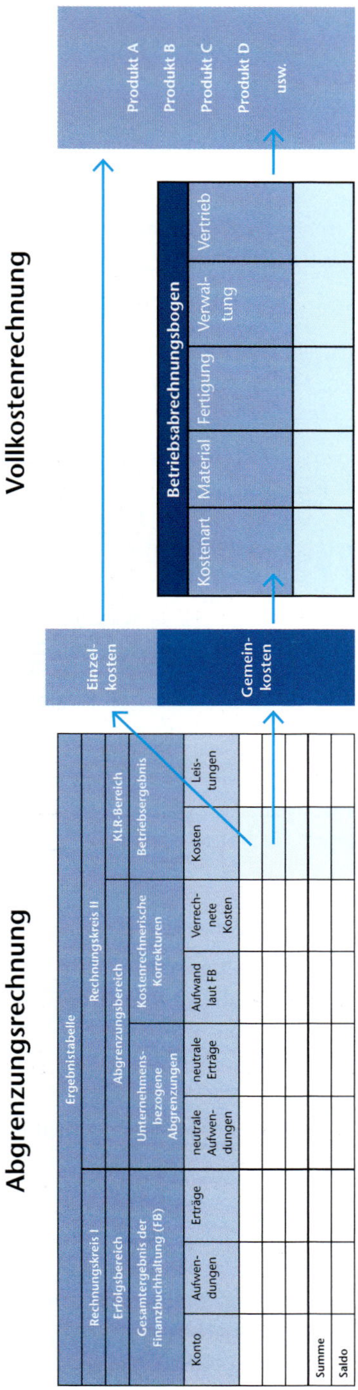

Zusammenhang zwischen Ergebnistabelle und Vollkostenrechnung

Nach dem Herausfiltern der neutralen Aufwendungen und Erträge sowie der Erfassung der kalkulatorischen Kosten ist die Abgrenzungsrechnung vollzogen. In der Ergebnistabelle stehen die aufbereiteten Kosten für die eigentliche Kosten- und Leistungsrechnung zur Verfügung. Die Kosten können nun nach ihrer Art identifiziert und auf die jeweiligen Kostenstellen und Kostenträger verteilt werden.

4 Kostenartenrechnung

Um die Aufgaben der Vollkostenrechnung lösen zu können (vgl. Kapitel 1.2), ist es wichtig, die Kosten danach zu unterschieden, ob sie einem Produkt **direkt** oder nur **indirekt** zugeordnet werden können. Dies führt zu folgender Aufteilung:

- Einzelkosten
- Sondereinzelkosten
- Gemeinkosten

Definition:
Einzelkosten *sind Kosten, die dem Produkt direkt zugeordnet werden können.* ***Gemeinkosten*** *dagegen lassen sich nur indirekt über einen prozentualen Zuschlagssatz dem Produkt zuordnen.*

Beispiel
Bei der Herstellung des Bürosessels Tenno fallen 100,00 € Rohstoffaufwendungen und 60,00 € Fertigungslöhne an. Diese Kosten lassen sich u. a. über Stücklisten, Materialentnahmescheine und Lohnlisten exakt bemessen und dem Bürosessel Tenno zuordnen (Einzelkosten).

Die gefertigten Bürosessel werden vor dem Verkauf in einer angemieteten Halle gelagert. Da die Duisdorfer BüroKonzept KG weitere fertige Produkte in der Halle lagert, können die Mietaufwendungen für die Lagerhalle nicht direkt dem Bürosessel Tenno zugeordnet werden, sondern müssen über einen prozentualen Zuschlag auf alle gelagerten Produkte verteilt werden (Gemeinkosten).

Das Beispiel zeigt, dass in einem Mehrproduktunternehmen eine direkte Zuordnung der **Gemeinkosten** zu einzelnen Produkten (Kostenträgern) nicht möglich ist, da diese Kosten für mehrere oder alle Produkte gemeinsam anfallen. Neben den im Beispiel erwähnten Mietaufwendungen gibt es eine Fülle von Gemeinkosten:

- Gehälter, Zeitlöhne
- Soziale Abgaben
- Abschreibungen
- Betriebliche Steuern
- Aufwendungen für Versicherungen
- Büromaterial
- Zinsaufwendungen
- Aufwendungen für Betriebsstoffe
- [...]

Auch die Aufwendungen für Hilfsstoffe (z. B. Nägel, Schrauben, Farben und Lacke) werden zu den Gemeinkosten gezählt. Zwar lassen sich die Hilfsstoffaufwendungen prinzipiell einem Produkt direkt zuordnen, womit sie zu den Einzelkosten zählen. Die produktbezogene Erfassung des Hilfsstoffverbrauchs und direkte Zuordnung wird in der Praxis häufig aber als wirtschaftlich nicht vertretbar angesehen.

Einzelkosten dagegen können sofort dem Produkt aufgrund geeigneter Belege zugeordnet werden. Im Wesentlichen handelt es sich dabei um:

- Aufwendungen für Rohstoffe
- Fertigungslöhne

Die Aufwendungen für Rohstoffe werden auch als **Fertigungsmaterial** oder als **Materialeinzelkosten** bezeichnet, die Fertigungslöhne als **Fertigungseinzelkosten**, wodurch der Charakter der direkten Zuordnung deutlicher zum Ausdruck kommt.

Sondereinzelkosten stellen eine Sonderform der Einzelkosten dar. Auch sie lassen sich direkt einem Produkt zuordnen:

- Sondereinzelkosten der Fertigung (z. B. Modellkosten, benötigte Spezialwerkzeuge, besondere Konstruktionspläne)
- Sondereinzelkosten des Vertriebs (z. B. Spezialverpackung, Vertreterprovision, abweichende Beförderungskosten

Beispiele

- *Ein Kunde wünscht vor Auftragserteilung die Anfertigung eines Modells im Maßstab 1:20. Die Kosten für das Modell können direkt als Sondereinzelkosten der Fertigung dem Produkt zugeordnet werden.*
- *Ein dringend benötigtes Produkt wird nicht wie üblich mit dem Schiff geliefert, sondern mit dem Flugzeug befördert. Die Kosten für den speziellen Transport können direkt dem Produkt als Sondereinzelkosten des Vertriebs zugeordnet werden.*

Nachdem die Kosten aus der Ergebnistabelle nach Einzel- und Gemeinkosten unterschieden worden sind, stehen sie nun für die zweite Stufe (Kostenstellenrechnung) und dritte Stufe (Kostenträgerrechnung) der Kosten- und Leistungsrechnung zur Verfügung.

Merke:
Für die Kostenstellenrechnung und die Kostenträgerrechnung ist es erforderlich, die Kosten nach Einzel- und Gemeinkosten zu unterscheiden.

5 Kostenstellenrechnung

In der Kostenartenrechnung wurden die Kosten erfasst und nach Arten gegliedert. Die Kostenstellenrechnung baut auf den Ergebnissen der Kostenartenrechnung auf. Sie ist somit die zweite Stufe der Kosten- und Leistungsrechnung. Die Fragestellung der Kostenstellenrechnung lautet:

Wo im Unternehmen sind welche Kosten in welcher Höhe angefallen?

Unter einer Kostenstelle ist ein betrieblicher Teilbereich zu verstehen, der kostenrechnerisch selbstständig abgerechnet wird. Dies kann eine Abteilung (z. B. Beschaffung, Fertigung) sein.

Während die Zuweisung der Einzelkosten auf eine Kostenstelle unproblematisch ist, erweist sich die Verteilung der Gemeinkosten auf die einzelnen Kostenstellen eines Unternehmens als aufwendiger. Sie erfordert Zwischenarbeiten, die sich über mehrere Arbeitsschritte vollziehen.

Trotz des zum Teil hohen Arbeitsaufwandes ist es sinnvoll die Kostenstellenrechnung durchzuführen. Dies wird deutlich an den Aufgaben und Zielen der Kostenstellenrechnung, die im folgenden Kapitel betrachtet werden.

Merke:
Im Rahmen der Kostenstellenrechnung wird ermittelt, an welcher Stelle (z. B. Abteilung) im Unternehmen welche Kosten in welcher Höhe angefallen sind.

5.1 Aufgaben und Ziele der Kostenstellenrechnung

In Lehrbüchern werden die Begriffe „Kostenstellenrechnung" und „Betriebsabrechnungsbogen" häufig gleichgesetzt. Dies hat zur Folge, dass die Verteilung der Gemeinkosten auf die Kostenstellen des Unternehmens als wesentliche Aufgabe der Kostenstellenrechnung angesehen wird, obwohl es sich hierbei vielmehr um eine „Arbeitsvorgabe" des Betriebsabrechnungsbogens handelt. Diese „Arbeitsvorgabe" ist jedoch notwendig zur Umsetzung der folgenden Aufgaben und Ziele der Kostenstellenrechnung:

1. Kontrolle der Wirtschaftlichkeit
   Die Kontrolle der Kosten und damit der Wirtschaftlichkeit erfolgt an den Stellen im Unternehmen, die für die Verursachung der Kosten verantwortlich sind. Die Überprüfung kann z. B. im Zeitvergleich durchgeführt werden, indem die Werte des vergangenen Abrechnungsdurchlaufs mit den Ergebnissen des aktuellen Abrechnungsdurchlaufs verglichen werden. Denkbar ist auch ein Vergleich der Zielwerte mit den tatsächlichen Werten (sog. Soll-Ist-Vergleich). Hierdurch werden beispielsweise erhöhte Energieverbräuche erkannt. In einem zweiten Schritt können die Ursachen für die Abweichungen analysiert werden, um im Anschluss sinnvolle (Gegen-)Maßnahmen einzuleiten.

2. Darstellung der Leistungsbeziehungen innerhalb des Unternehmens
   Durch die Zuweisung der Kosten auf die Kostenstellen wird sichtbar, welche Leistung an welcher Stelle im Unternehmen erbracht wird.

3. Erhöhung der Genauigkeit der Kalkulation
   Bei der Ermittlung (Kalkulation) der Kosten für ein Produkt muss berücksichtigt werden, dass die verschiedenen Produkte eines Unternehmens die Kostenstellen unterschiedlich beanspruchen. Die Herstellung von Produkt A dauert beispielsweise auf einer bestimmten Maschine länger als die Herstellung von Produkt B. Um dies zu berücksichtigen werden im Rahmen der Durchführung der Kostenstellenrechnung für jede (Haupt-)Kostenstelle sogenannte Zuschlagssätze ermittelt. Die Kalkulation der Kosten für ein bestimmtes Produkt wird genauer, da mithilfe der Zuschlagssätze die Möglichkeit geschaffen wird, die Produkte mit den Kosten derjenigen Stellen zu belasten, in denen die jeweilige Leistung erbracht wurde.

4. Identifizierung der für Planungszwecke relevanten Kosten
   Erst die Kenntnis über die in den einzelnen Kostenstellen entstandenen Kosten ermöglicht fundierte Entscheidungen, die den Fortbestand eines Unternehmens sichern. Hierzu zählen beispielsweise Entscheidungen für zukünftige Investitionen.

Die ersten beiden Punkte lassen sich als eigenständige Aufgaben der Kostenstellenrechnung bezeichnen. Die unter Punkt drei und vier beschriebenen Aufgaben und Ziele dienen dagegen der Vorbereitung auf die Kostenträgerrechnung und sind somit nicht eigenständig.

Merke:
Zu den Hauptaufgaben der Kostenstellenrechnung gehören:
- ***Kontrolle der Wirtschaftlichkeit der einzelnen Kostenstellen***
- ***Darstellung der Leistungsbeziehungen zwischen den einzelnen Kostenstellen***
- ***Ermittlung von Zuschlagssätzen für die Kalkulation***
- ***Identifizierung der für Planungszwecke relevanten Kosten***

5.2 Grundsätze für die Bildung der Kostenstellen

Im Einführungskapitel zur Kostenstellenrechnung wurde eine Kostenstelle beschrieben als ein betrieblicher Teilbereich, der kostenrechnerisch selbstständig abgerechnet wird. Aus dieser allgemeinen Begriffsbestimmung lassen sich vier Grundsätze zur Bildung von Kostenstellen ableiten:

1. Eine Kostenstelle muss ein **selbstständiger Verantwortungsbereich** sein. Dies ist notwendig, damit eine wirksame Kostenkontrolle durchgeführt werden kann. Erst die eindeutige Zuweisung der entstandenen Kosten zu den Stellen im Unternehmen, die für die Kostenentstehung verantwortlich sind, ermöglicht eine nachhaltige Kontrolle.
2. Für die festgelegten Kostenstellen muss es eine **genaue Maßgröße der Kostenverursachung** geben, d. h. die entstandenen Kosten müssen sich verursachungsgerecht auf die Kostenstellen verteilen lassen. Der Verteilung kann z. B. bei Mietaufwendungen über die Größe (Quadratmeter Bodenfläche) der Kostenstellen gemessen werden. Lassen sich keine genauen Maßgrößen finden, dann besteht die Gefahr einer unzureichenden Kostenkontrolle und so einer ungenauen Kalkulation.
3. Die **Zuordnung** einzelner Kostenbelege auf die ausgewählten Kostenstellen muss genau und einfach sein.

Die Umsetzung dieser drei Grundsätze kann dazu führen, dass die Bildung der Kostenstellen sehr detailliert erfolgt, d. h., dass das Unternehmen in viele einzelne Kostenstellen unterteilt wird. Sowohl die Möglichkeiten der Kostenkontrolle als auch die Genauigkeit der Kalkulation werden hierdurch positiv beeinflusst. Eine sehr feine Einteilung des Unternehmens in Kostenstellen bedeutet aber auch höhere Abrechnungskosten, da der Aufwand stark steigt. Es besteht also ein Spannungsverhältnis zwischen einem hohen Genauigkeitsgrad und dem Ziel die Kosten niedrig zu halten. Je genauer und feingliedriger die Kostenstellen gebildet werden, desto höher ist der Aufwand, der betrieben werden muss, um die Gemeinkosten auf die Kostenstellen zu verrechnen. Aus diesem Spannungsverhältnis ergibt sich der vierte Grundsatz zur Kostenstellenbildung:

4. Die Bildung der Kostenstellen muss unter **Wirtschaftlichkeitsaspekten** erfolgen und übersichtlich sein.

Aus diesen Anforderungen werden in der unternehmerischen Wirklichkeit Kostenstellen häufig nach **funktionellen Kriterien** gebildet. In der Regel wird von folgenden vier Kostenstellen ausgegangen:

Kostenstellen	Tätigkeitsbereiche
Materialbereich	Zum Materialbereich gehört die Werkstoffbeschaffung, -annahme, -prüfung, -lagerung und -ausgabe. Ausgeführt werden diese Tätigkeiten z. B. in der Abteilung Einkauf oder dem Rohstofflager.
Fertigungsbereich	Zum Fertigungsbereich gehört der Prozess der Leistungserstellung im engeren Sinn. Hierzu zählt z. B. die Arbeit in der Fräserei, Montage und Arbeitsvorbereitung.
Verwaltungsbereich	Zum Verwaltungsbereich gehören die Verwaltungsarbeiten. Diese beinhalten unter anderem die Aufgaben der Geschäftsführung, des Rechnungswesens und der sonstigen Verwaltung (z. B. Poststelle).
Vertriebsbereich	Zum Vertriebsbereich gehören die Lagerung, der Verkauf und der Versand der Fertigprodukte. Anfallende Aufgaben sind z. B. Werbung und Abfertigung der verkauften Erzeugnisse für den Transport zum Kunden.

Eine weitere Untergliederung jeder Kostenstelle ist denkbar. Sie ist unter anderem abhängig vom Aufbau und der Größe des jeweiligen Unternehmens. Nachdem alle Kostenstellen gebildet wurden, kann mit der Verteilung der Gemeinkosten auf die Kostenstellen begonnen werden. Dazu muss zunächst eine Verteilungsgrundlage bestimmt werden.

Merke:
- ***Eine Kostenstelle ist ein selbstständiger Verantwortungsbereich, für den es eine genaue Maßgröße der Kostenverursachung gibt. Die Zuweisung der Kosten muss genau möglich sein und nach den Grundsätzen der Wirtschaftlichkeit erfolgen.***
- ***In der Praxis werden die Kostenstellen häufig nach den vier Funktionsbereichen Material, Fertigung, Verwaltung und Vertrieb gegliedert.***

5.3 Ermittlung der Verteilungsgrundlage

Die Zuweisung der Einzelkosten auf einen Kostenträger ist unproblematisch. Bei den Gemeinkosten ist dies anders. Die Verteilung der Gemeinkosten auf die Kostenstellen ist daher eine Hauptarbeit der Kostenstellenrechnung. Grundsätzlich stehen für die Verteilung der Gemeinkosten auf die Kostenstellen zwei Möglichkeiten zur Verfügung.

Verrechnungsmöglichkeiten für die Gemeinkosten

direkte Verrechnung

Verteilung der Gemeinkosten, die **einen direkten Bezug** zu einer Kostenstelle haben.

Beispiel
Mitarbeiter, die ausschließlich für eine Kostenstelle arbeiten.

Verteilungsgrundlage sind Belege (z. B. Lohnlisten, Rechnungen).

*Diese Gemeinkosten werden auch als **Kostenstelleneinzelkosten** bezeichnet.*

indirekte Verrechnung

Verteilung der Gemeinkosten, die k**einen direkten Bezug** zu einer Kostenstelle haben.

Beispiel
Heizkosten,
Abschreibungen

Verteilungsgrundlage ist ein verursachungsgerechter Verteilungsschlüssel.

*Diese Gemeinkosten werden auch als **Kostenstellengemeinkosten** bezeichnet.*

Während die Verteilung der Kostenstelleneinzelkosten wiederum als unproblematisch anzusehen ist, besteht für die Verrechnung der Kostenstellengemeinkosten ein Verteilungsproblem, da der für die Verrechnung notwendige Verteilungsschlüssel zunächst festgelegt werden muss. Dabei ist zu berücksichtigen, dass der Verteilungsschlüssel verursachungsgerecht sein muss, d. h., zwischen der jeweiligen Gemeinkostenposition und dem gewählten Verteilungsschlüssel muss eine Abhängigkeit bestehen.

Beispiel
*In der Duisdorfer BüroKonzept KG sollen die Energiekosten für die Heizungsanlage auf die einzelnen Kostenstellen verteilt werden. Da die Heizkörper in den verschiedenen Räumen **nicht** mit Energiezählern ausgestattet sind, muss die Zuweisung auf die Kostenstellen anhand eines Vertei-*

lungsschlüssels erfolgen. Für die Heizkosten gilt grundsätzlich, dass der Energieverbrauch mit zunehmender Raumgröße steigt, d. h., zwischen der Raumgröße und dem Energieverbrauch besteht ein Zusammenhang. Somit können die Energiekosten nach der Raumgröße (z. B. gemessen in Kubikmetern) auf die einzelnen Kostenstellen verteilt werden.

Nachdem für alle Kostenstellengemeinkosten ein Verteilungsschlüssel bestimmt wurde, kann mit der Verteilung der Gemeinkosten auf die zuvor festgelegten Kostenstellen begonnen werden. Dies geschieht mithilfe des Betriebsabrechnungsbogens.

Merke:
- ***Die Zuweisung der Einzelkosten auf einen Kostenträger ist unproblematisch.***
- ***Die Gemeinkosten müssen zunächst auf die Kostenstellen verteilt werden.***
- ***Zu unterscheiden sind Kostenstelleneinzelkosten (können direkt auf die Kostenstellen verrechnet werden) und Kostenstellengemeinkosten (benötigen für die Verrechnung auf die Kostenstellen einen Verteilungsschlüssel).***

5.4 Durchführung der Kostenstellenrechnung mithilfe des einstufigen Betriebsabrechnungsbogens

Der Betriebsabrechnungsbogen (kurz: BAB) ist ein technisches Hilfsmittel zur Erfassung und Verteilung der Gemeinkosten auf die Kostenstellen. Die Darstellung des BAB erfolgt in tabellarischer Form:

Betriebsabrechnungsbogen						
Gemeinkosten-arten	**Zahlen der Betriebsergeb-nisrechnung**	**Verteilungs-grundlagen**	**Kostenstellen**			
			I Material	**II Fertigung**	**III Verwaltung**	**IV Vertrieb**
Summe der Gemeinkosten						
		Zuschlags-grundlagen				
		Zuschlagssätze				

Das Ausfüllen eines BAB vollzieht sich in mehreren Schritten. Zunächst sind die Gemeinkostenarten (erste Spalte) sowie die zugehörigen Gemeinkostenhöhe in Euro (zweite Spalte) in den BAB einzutragen. Beide Informationen können der Ergebnistabelle entnommen werden.

In die dritte Spalte wird die zu jeder Gemeinkostenposition bestimmte Verteilungsgrundlage (z. B. Belegbezeichnung bei Kostenstelleneinzelkosten oder ein Verteilungsschlüssel bei Kostenstellengemeinkosten) erfasst. Im Anschluss können die jeweiligen Gemeinkosten gemäß der festgelegten Verteilungsgrundlage auf die Kostenstellen verrechnet werden.

In der Summenzeile werden die Summe der gesamten Gemeinkosten sowie die Summe der Gemeinkosten pro Kostenstelle gebildet. Die in der Kostenstelle Material anfallenden Gemeinkosten werden auch als **Materialgemeinkosten** (kurz: **MGK**) bezeichnet. Die Bezeichnung für die in den übrigen Kostenstellen anfallenden Gemeinkosten lauten **Fertigungsgemeinkosten** (kurz: **FGK**), **Verwaltungsgemeinkosten** (kurz: **VwGK**) und **Vertriebsgemeinkosten** (kurz: **VtGK**). Die folgende Tabelle vermittelt einen kurzen Überblick über die Zugehörigkeit der Gemeinkosten zu den einzelnen Kostenstellen:

Gemeinkosten-Zugehörigkeit	Gemeinkostenbestandteile
Material-gemeinkosten	Gemeinkosten, die im Zusammenhang mit der Materialbeschaffung anfallen (z. B. Personalkosten der Einkaufsabteilung, Kosten des Rohstofflagers, Miete für die genutzten Räume, Abschreibungen für die Anlagengegenstände).
Fertigungs-gemeinkosten	Gemeinkosten, die im Zusammenhang mit dem Produktionsprozess anfallen (z. B. Miete für die Fabrikhalle, Gehalt des Werkstattmeisters, Abschreibungen auf Werkzeuge und Produktionsanlagen).
Verwaltungs-gemeinkosten	Gemeinkosten, die im Zusammenhang mit der Leitung und Verwaltung (z. B. Controlling, Personalverwaltung, Geschäftsführung) des Geschehens im Unternehmen anfallen (z. B. Gehälter für die Verwaltungsmitarbeiter und Geschäftsführer, Miete für die genutzten Räume, Abschreibungen).
Vertriebs-gemeinkosten	Gemeinkosten, die im Zusammenhang mit dem Vertrieb und Marketing der hergestellten Erzeugnisse anfallen (z. B. Gehälter für die Mitarbeiter im Vertrieb und Marketing, Miete für die genutzten Räume, Leasingraten für die PKWs der Vertriebsmitarbeiter, Abschreibungen).

Die Summenzeile hat unter anderem den Zweck, die bereits durchgeführten Berechnungen zu überprüfen. Stimmt die Summe der Beträge in der zweiten Spalte des BAB mit der Summe der gesamten Gemeinkosten pro Kostenstelle überein, ist die rechnerische Richtigkeit der Ergebnisse wahrscheinlich. Außerdem kann anhand der ermittelten Summen eine Kostenkontrolle stattfinden (z. B. mittels eines Vergleichs mit der Vorjahressumme für die jeweilige Kostenstelle). Die Summen der Gemeinkosten pro Kostenstellen werden zusätzlich für die Ermittlung der Zuschlagssätze benötigt, die für die Kalkulation der Selbstkosten eines Produkts benötigt werden.

Die folgenden Ausführungen zeigen beispielhaft den vollständigen Weg von den Ergebnissen der Kostenartenrechnung (hier: Ergebnistabelle) über die Aufstellung eines BAB bis hin zur Ermittlung der Zuschlagssätze für die Durchführung der Kostenträgerrechnung.

Beispiel

Die in der Duisdorfer BüroKonzept KG durchgeführte Kostenartenrechnung hat folgende Gemeinkosten ergeben (siehe Ergebnistabelle Kapitel 2):

Hilfsstoffkosten	*78.960,00 €*	*Büromaterial*	*3.940,00 €*
Betriebsstoffkosten	*41.050,00 €*	*Zinsaufwendungen*	*44.170,00 €*
Gehälter	*73.900,00 €*	*kalk. Untern.-Lohn*	*180.000,00 €*
Abschreibungen auf SA	*30.000,00 €*		

Die Verteilung der Gemeinkosten auf die Kostenstellen soll nach festgelegten Vorgaben erfolgen. Im Einzelnen gilt dabei:

- Die Hilfsstoffkosten, die Betriebsstoffkosten und die Gehälter werden nach vorhandenen Belegen (Materialentnahmescheine und Gehaltsliste) verteilt.
- Die Verteilung der Abschreibungen, der Aufwendungen für das Büromaterial, der Zinsaufwendungen und des kalkulatorischen Unternehmerlohns erfolgt indirekt nach einem verursachungsgerechten Verteilungsschlüssel.

Gemeinkostenart	Verteilungs-grundlage	Kostenstelle			
		Material	Fertigung	Verwaltung	Vertrieb
Hilfsstoffkosten	Entnahmeschein	987,00 €	75.012,00 €		2.961,00 €
Betriebsstoffkosten	Entnahmeschein	1.026,25 €	32.840,00 €	4.105,00 €	3.078,75 €
Gehälter	Gehaltsliste	5.542,50 €	11.085,00 €	49.882,50 €	7.390,00 €
Abschreibungen auf SA	Interner Schlüssel	1	6	2	1
Büromaterial	Interner Schlüssel	3	2	11	4
Zinsaufwendungen	Interner Schlüssel	2	7	3	2
kalk. Untern.-Lohn	Interner Schlüssel	1	3	4	2

Auf der Grundlage dieser Informationen wird der BAB in zwei Schritten aufgestellt. Im ersten Schritt werden die Gemeinkosten auf die Kostenstellen verteilt und es werden die jeweiligen Summen gebildet. Im zweiten Schritt werden die Zuschlagssätze ermittelt.

1. Schritt: Verteilung der Gemeinkosten auf die Kostenstellen mithilfe des BAB.

Betriebsabrechnungsbogen						
Gemeinkosten-arten	**Zahlen der Betriebs-ergebnis-rechnung**	**Verteilungs-grundlagen**	**Kostenstellen**			
			I Material	**II Fertigung**	**III Verwaltung**	**IV Vertrieb**
Hilfsstoffkosten	78.960,00 €	Entnahmeschein	987,00 €	75.012,00 €		2.961,00 €
Betriebsstoff-kosten	41.050,00 €	Entnahmeschein	1.026,25 €	32.840,00 €	4.105,00 €	3.078,75 €
Gehälter	73.900,00 €	Gehaltsliste	5.542,50 €	11.085,00 €	49.882,50 €	7.390,00 €
Abschreibungen auf SA	30.000,00 €	1 : 6 : 2 : 1	3.000,00 €	18.000,00 €	6.000,00 €	3.000,00 €
Büromaterial	3.940,00 €	3 : 2 : 11 : 4	591,00 €	394,00 €	2.167,00 €	788,00 €
Zins-aufwendungen	44.170,00 €	2 : 7 : 3 : 2	6.310,00 €	22.085,00 €	9.465,00 €	6.310,00 €
kalk. Untern.-Lohn	180.000,00 €	1 : 3 : 4 : 2	18.000,00 €	54.000,00 €	72.000,00 €	36.000,00 €
Summe der Gemeinkosten	452.020,00 €		35.456,75 €	213.416,00 €	143.619,50 €	59.527,75 €
		Zuschlags-grundlagen				
		Zuschlagssätze				

Die Verteilung der Hilfsstoffkosten, Betriebsstoffkosten und Gehälter (Kostenstelleneinzelkosten) erfolgt direkt, sodass die Werte ohne weitere Umrechnungen in den BAB übernommen werden können. Für die übrigen Positionen (Kostenstellengemeinkosten) wurde ein Verteilungsschlüssel als Verteilungsgrundlage festgelegt. Die Verrechnung auf die Kostenstellen erfolgt unter Anwendung der Verteilungsrechnung. Für die Position „Abschreibung auf SA" ergeben sich folgende Rechenschritte für die Zuweisung der Kosten auf die einzelnen Kostenstellen:

$$\frac{\text{Abschreibung auf SA}}{\text{Summe der Einzelanteile}} \cdot \text{Abschreibungsanteil der jeweiligen Kostenstelle} = \text{Gemeinkostenanteil der jeweiligen Kostenstelle}$$

Konkret ergeben sich für die einzelnen Kostenstellen folgende Abschreibungsanteile:

Gemeinkostenanteil der Materialkostenstelle

$$\frac{30.000,00\ €}{1 + 6 + 2 + 1} \cdot 1 = 3.000,00\ €$$

Gemeinkostenanteil der Fertigungskostenstelle

$$\frac{30.000,00\ €}{1 + 6 + 2 + 1} \cdot 6 = 18.000,00\ €$$

Gemeinkosten der Verwaltungskostenstelle

$$\frac{30.000,00\ €}{1 + 6 + 2 + 1} \cdot 2 = 6.000,00\ €$$

Gemeinkosten der Vertriebskostenstelle

$$\frac{30.000,00\ €}{1 + 6 + 2 + 1} \cdot 1 = 3.000,00\ €$$

Die Summe aus den ermittelten Ergebnissen muss wiederum 30.000,00 € ergeben. Für die Ermittlung der übrigen Werte sind die Berechnungen nach der gleichen Vorgehensweise durchzuführen.

2. Schritt: Ermittlung der Zuschlagssätze

Die Ermittlung der Zuschlagssätze ist notwendig, um im Rahmen der Kostenträgerrechnung den verschiedenen Produkten die Gemeinkosten zuzurechnen, für deren Entstehung sie verantwortlich sind. Neben der soeben ermittelten Summe der Gemeinkosten pro Kostenstelle wird für die Ermittlung der Zuschlagssätze eine geeignete Zuschlagsgrundlage (auch: Bezugsgröße) benötigt. Als geeignet kann die Zuschlagsgrundlage angesehen werden, wenn eine Abhängigkeit zwischen der Zuschlagsgrundlage und den jeweiligen Gemeinkosten einer Kostenstelle besteht, d. h., dass die Zuschlagsgrundlage mit den ermittelten Gemeinkosten steigt bzw. fällt.

Für die Ermittlung des Zuschlagssatzes der Materialgemeinkosten werden als Zuschlagsgrundlage die Materialeinzelkosten (Fertigungsmaterial, z. B. Rohstoffverbrauch) herangezogen, da die Höhe der Materialgemeinkosten vom Verbrauch des Fertigungsmaterials (also den Materialeinzelkosten) abhängig ist. Die Zuschlagsgrundlage für die Ermittlung des Fertigungsgemeinkostenzuschlagssatzes bilden die Fertigungseinzelkosten (Fertigungslöhne). Zumindest in arbeitsintensiven Unternehmen kann davon ausgegangen werden, dass die Fertigungsgemeinkosten von der Höhe der Fertigungslöhne abhängen. Für die beiden Gemeinkostenpositionen kann somit eine gewisse Abhängigkeit zu den gewählten Zuschlagsgrundlagen unterstellt werden.

Die Wahl einer geeigneten Zuschlagsgrundlage für die Vertriebs- und Verwaltungsgemeinkosten ist problematischer, da es für beide Größen keine Zuschlagsgrundlage gibt, von der die jeweiligen Gemeinkostenpositionen abhängig sind. Aus diesem Grund ist es üblich sowohl für die Verwaltungs- als auch für die Vertriebsgemeinkosten als Zuschlagsgrundlage die **Herstellkosten** zu verwenden. Diese müssen jedoch zuvor mithilfe eines Kalkulationsschemas ermittelt werden.

Auf der Basis des Zahlenmaterials der Duisdorfer BüroKonzept KG ergeben sich folgende Berechnungen:

a) Ermittlung des Materialgemeinkostenzuschlagssatzes

$$\text{MGK-Zuschlagssatz} = \frac{100 \cdot \text{Materialgemeinkosten}}{\text{Fertigungsmaterial}}$$

$$\text{MGK-Zuschlagssatz} = \frac{100 \cdot 35.456{,}75\ €}{240.000{,}00\ €} = 14{,}773646\,\%$$

Das Ergebnis besagt, dass pro 100,00 € Fertigungsmaterial Materialgemeinkosten in Höhe von 14,77 € (z. B. im Einkauf oder Wareneingangslager) anfallen.

b) Ermittlung des Fertigungsgemeinkostenzuschlagssatzes

$$\text{FGK-Zuschlagssatz} = \frac{100 \cdot \text{Fertigungsgemeinkosten}}{\text{Fertigungslöhne}}$$

$$\text{FGK-Zuschlagssatz} = \frac{100 \cdot 213.416{,}00\ €}{62.700{,}00\ €} = 340{,}376396\,\%$$

Das Ergebnis besagt, dass pro 100,00 € Fertigungslöhne Fertigungsgemeinkosten in Höhe von 340,38 € anfallen.

c) Ermittlung des Verwaltungs- und Vertriebsgemeinkostenzuschlagssatzes

$$\text{VerwGK-Zuschlagssatz} = \frac{100 \cdot \text{Verwaltungsgemeinkosten}}{\text{Herstellkosten}}$$

$$\text{VertrGK-Zuschlagssatz} = \frac{100 \cdot \text{Vertriebsgemeinkosten}}{\text{Herstellkosten}}$$

Während die Verwaltungs- und Vertriebsgemeinkosten aus den Ergebnissen des obigen BABs entnommen werden können, müssen die **Herstellkosten** noch berechnet werden. Hierzu ist folgendes Kalkulationsschema aufzustellen:

	Fertigungsmaterial		240.000,00 €	
+	Materialgemeinkosten	14,773646 %	35.456,75 €	
=	**Materialkosten**			**275.456,75 €**
	Fertigungslöhne		62.700,00 €	
+	Fertigungsgemeinkosten	340,376396 %	213.416,00 €	
=	**Fertigungskosten**			**276.116,00 €**
	Herstellkosten (= Materialkosten + Fertigungskosten)			**551.572,75 €**

Somit ergeben nachstehende Berechnungen und Zuschlagssätze:

$$\text{VerwGK-Zuschlagssatz} = \frac{100 \cdot 143.619{,}50\ €}{551.572{,}75\ €} = 26{,}038179\,\%$$

$$\text{VertrGK-Zuschlagssatz} = \frac{100 \cdot 59.527{,}75\ €}{551.572{,}75\ €} = 10{,}792366\,\%$$

Der vollständig ausgefüllte BAB hat nun nachstehendes Aussehen:

Betriebsabrechnungsbogen						
Gemeinkostenarten	**Zahlen der Betriebsergebnisrechnung**	**Verteilungsgrundlagen**	**Kostenstellen**			
			I Material	**II Fertigung**	**III Verwaltung**	**IV Vertrieb**
Hilfsstoffkosten	78.960,00 €	Entnahmeschein	987,00 €	75.012,00 €		2.961,00 €
Betriebsstoffkosten	41.050,00 €	Entnahmeschein	1.026,25 €	32.840,00 €	4.105,00 €	3.078,75 €
Gehälter	73.900,00 €	Gehaltsliste	5.542,50 €	11.085,00 €	49.882,50 €	7.390,00 €
Abschreibungen auf SA	30.000,00 €	1 : 6 : 2 : 1	3.000,00 €	18.000,00 €	6.000,00 €	3.000,00 €
Büromaterial	3.940,00 €	3 : 2 : 11 : 4	591,00 €	394,00 €	2.167,00 €	788,00 €
Zinsaufwendungen	44.170,00 €	2 : 7 : 3 : 2	6.310,00 €	22.085,00 €	9.465,00 €	6.310,00 €
kalk. Untern.-Lohn	180.000,00 €	1 : 3 : 4 : 2	18.000,00 €	54.000,00 €	72.000,00 €	36.000,00 €
Summe der Gemeinkosten	452.020,00 €		35.456,75 €	213.416,00 €	143.619,50 €	59.527,75 €
		Zuschlagsgrundlagen	240.000,00 €	62.700,00 €	551.572,75 €	551.572,75 €
		Zuschlagssätze	14,773646 %	340,376396 %	26,038179 %	10,792366 %

Aus den ermittelten Ergebnissen können außerdem die Selbstkosten ermittelt werden. Hierzu muss zunächst das Kalkulationsschema zur Ermittlung der Herstellkosten um die Verwaltungs- und Vertriebsgemeinkosten erweitert werden, sodass sich folgende Darstellung und Rechnung ergibt:

	Fertigungsmaterial		240.000,00 €	
+	Materialgemeinkosten	14,773646 %	35.456,75 €	
=	**Materialkosten**			**275.456,75 €**
	Fertigungslöhne		62.700,00 €	
+	Fertigungsgemeinkosten	340,376396 %	213.416,00 €	
=	**Fertigungskosten**			**276.116,00 €**
	Herstellkosten (= Materialkosten + Fertigungskosten)			**551.572,75 €**
+	Verwaltungsgemeinkosten	26,038179 %		143.619,50 €
+	Vertriebsgemeinkosten	10,792366 %		59.527,75 €
=	**Selbstkosten**			**754.720,00 €**

Mithilfe der Zuschlagssätze, die in der Kostenstellenrechnung ermittelt werden, können die Einzel- und Gemeinkosten verursachungsgerecht auf die Kostenträger (z. B. hergestellte Erzeugnisse) eines Unternehmens weiterverrechnet werden. Die Kostenstellenrechnung kann somit als Bindeglied zwischen der Kostenartenrechnung und der Kostenträgerrechnung gesehen werden.

Merke:

- ***Der BAB ist ein technisches Hilfsmittel für die Verteilung der Gemeinkosten auf die Kostenstellen.***

- *Die Verteilung der Gemeinkosten erfolgt direkt (z. B. anhand von Belegen) oder indirekt (z. B. anhand eines Verteilungsschlüssels).*
- *Aus den ermittelten Summen je Kostenstelle und einer geeigneten Zuschlagsgrundlage wird ein Zuschlagssatz ermittelt, der für die Durchführung der Kostenträgerrechnung benötigt wird.*

6 Kostenträgerrechnung

In einem Unternehmen fallen Kosten an, weil Leistungen erbracht werden. Die erbrachten Leistungen zeigen sich z. B. in den hergestellten Produkten. Damit ein Unternehmen sich gegenüber seinen Konkurrenten und auf dem Markt behaupten kann, müssen die für die Herstellung eines Produktes entstanden Kosten beim Verkauf des Produktes wieder erwirtschaftet werden. Daher ist es sinnvoll, dass die einzelnen Produkte, die Kosten erwirtschaften, die sie verursacht haben. Mit der verursachungsgerechten Ermittlung der Kosten für ein Produkt beschäftigt sich die Kostenträgerrechnung. Ihre Fragestellung lautet somit:

Wofür und in welcher Höhe sind die Kosten angefallen?

Als Ergebnis liefert die Kostenträgerrechnung also die Herstell- und Selbstkosten für ein **bestimmtes Produkt**. Die Kenntnis über diese Größen ist unter anderem notwendig für

- die **Bewertung der Bestände** an unfertigen und fertigen Erzeugnissen am Geschäftsjahresende,
- eine **fundierte preispolitische Entscheidung**,
- die **Ermittlung der Ertragskraft** (durch Gegenüberstellung der Umsatzerlöse) des gesamten Unternehmens sowie jedes einzelnen Produkts,
- fundierte Make-or-Buy-Entscheidungen.

LF 5, 11.2

Ihre Aufgaben erfüllt die Kostenträgerrechnung als **Kostenträgerzeitrechnung** und als **Kostenträgerstückrechnung.**

Merke:
- ***Die Kostenträgerrechnung hat die Aufgabe die Kosten, die ein Erzeugnis bis zu seiner Fertigstellung verursacht, hat zu ermitteln.***
- ***Die Kostenträgerrechnung tritt als Kostenträgerzeitrechnung und Kostenträgerstückrechnung in Erscheinung.***

6.1 Kostenträgerzeitrechnung

Die Kostenträgerzeitrechnung ermittelt die für ein Produkt insgesamt angefallenen Kosten innerhalb einer bestimmten Abrechnungsperiode (z. B. Ermittlung der Herstell- bzw. Selbstkosten, die für den Bürostuhl Comfort im Januar angefallen sind.).

Die Durchführung der Kostenträgerzeitrechnung geschieht mithilfe des Kostenträgerblatts. Das Kostenträgerblatt kann auf der Grundlage von Normalkosten und Istkosten aufgestellt werden.

6.1.1 Aufstellung des Kostenträgerblatts auf Normalkostenbasis

Die tatsächlichen Kosten (= Istkosten) für eine Rechnungsperiode liegen erst **nach** dem Ablauf der Rechnungsperiode in genauer Höhe vor. Viele Entscheidungen sind aber notwendig, **bevor** die tatsächlichen Kosten bekannt sind (z. B. Ermittlung und Mitteilung des Angebotspreises für ein durch den Kunden angefragtes Produkt). Die Ermittlung der Kosten für ein Produkt (Vorkalkulation) erfolgt dann anhand von Normalkosten, die mithilfe von Normalzuschlagssätzen ermittelt werden. Ein Normalzuschlagsatz ergibt sich aus den durchschnittlichen Istzuschlagssätzen der vergangenen Abrechnungsperioden.

Beispiel

In der Duisdorfer BüroKonzept KG liegen für die Materialstelle folgende Ist-Materialgemeinkostenzuschlagssätze vor:

Juli	*17,34 %*	*August*	*16,28 %*	*September*	*15,30 %*
Oktober	*14,25 %*	*November*	*13,17 %*	*Dezember*	*14,65 %*

Aus diesen Angaben wird durch Anwendung der Durchschnittsrechnung der MGK-Zuschlagssatz ermittelt.

$$\text{MGK-Normalzuschlagssatz} = \frac{17{,}34\,\% + 16{,}28\,\% + 15{,}30\,\% + 14{,}25\,\% + 13{,}17\,\% + 14{,}65\,\%}{6}$$

$$\text{MGK-Normalzuschlagssatz} = 15{,}165\,\%$$

Für die Einzelkosten müssen keine Normalkosten ermittelt werden, da die tatsächliche Höhe der Einzelkosten in der Regel aufgrund vorliegender Preislisten, Fertigungszeiten etc. im Vorfeld genau festgelegt werden kann.

Beispiel: Kostenträgerblatt mit Normalkosten

Die Duisdorfer BüroKonzept KG stellt u. a., den „Bürostuhl Comfort" und den „Bandscheiben-Drehstuhl extra" her. Für den Monat Januar wird im Rahmen der Vorkalkulation mit folgenden Werten gerechnet:

	gesamt	Bürostuhl Comfort	Bandscheiben-Drehstuhl extra
Fertigungsmaterial	2.865,00 €	2.012,00 €	853,00 €
Fertigungslöhne	1.017,00 €	718,00 €	299,00 €
Verkaufspreis pro Stück		228,00 €	299,00 €
verkaufte Menge		41 Stück	16 Stück

Normalzuschlagssätze			
MGK-Zuschlagssatz	15,165 %	VerwGK-Zuschlagssatz	27,560 %
FGK-Zuschlagssatz	338,250 %	VertrGK-Zuschlagssatz	9,870 %

Auf der Grundlage dieser Werte ergibt sich für den Januar das folgende Kostenträgerblatt mit Normalkosten:

Kostenträgerblatt auf Normalkostenbasis					
	Kalkulationsschema		**Normalkosten**	**Bürostuhl Comfort**	**Bandscheiben-Drehstuhl extra**
	Fertigungsmaterial		2.865,00 €	2.012,00 €	853,00 €
+	Materialgemeinkosten	15,165%	434,48 €	305,12 €	129,36 €
=	**Materialkosten**		**3.299,48 €**	**2.317,12 €**	**982,36 €**
	Fertigungslöhne		1.017,00 €	718,00 €	299,00 €
+	Fertigungsgemeinkosten	338,250%	3.440,00 €	2.428,64 €	1.011,37 €
=	**Fertigungskosten**		**4.457,00 €**	**3.146,64 €**	**1.310,37 €**
=	**Herstellkosten**		**7.756,48 €**	**5.463,76 €**	**2.292,73 €**
+	Verwaltungsgemeinkosten	27,560%	2.137,69 €	1.505,81 €	631,88 €
+	Vertriebsgemeinkosten	9,870%	765,56 €	539,27 €	226,29 €
=	**Selbstkosten**		**10.659,73 €**	**7.508,84 €**	**3.150,90 €**

	Umsatzerlöse	**14.132,00 €**	**9.348,00 €**	**4.784,00 €**
–	**Selbstkosten**	**10.659,73 €**	**7.508,84 €**	**3.150,90 €**
=	**Umsatzergebnis**	**3.472,27 €**	**1.839,16 €**	**1.633,10 €**

Zu den wichtigsten Ergebnissen des Kostenträgerblatts gehören die Selbstkosten. Diese können für beide Produkte zusammen abgelesen werden (Spalte 2) und für jedes Produkt einzeln (Spalte 3 und 4). Damit ist eine Hauptaufgabe der Kostenträgerrechnung erfüllt: die verursachungsgerechte Zuweisung der entstandenen Kosten auf die jeweiligen Kostenträger.

Die Aufnahme der Umsatzerlöse in das Kostenträgerblatt ermöglicht durch die Gegenüberstellung mit den Selbstkosten die Ermittlung des Umsatzergebnisses je hergestelltem Erzeugnis. In diesem Bereich macht das Kostenträgerblatt eine Aussage über die Ertragskraft der einzelnen Produkte und wird somit zu einem Instrument der kurzfristigen Erfolgsrechnung.

In der Praxis ist es üblich, dass die tatsächlichen Kosten (Istkosten) von den Normalkosten abweichen. Daher muss das Kostenträgerblatt erneut aufgestellt werden, wenn die tatsächliche Höhe der angefallenen (Gemein-)Kosten feststeht.

Merke:

- ***Die Kostenträgerzeitrechnung ermittelt die gesamten Kosten für einen Kostenträger, die innerhalb eines bestimmten Abrechnungszeitraums angefallen sind.***
- ***Normalzuschlagssätze ergeben sich als Ergebnis einer Durchschnittsrechnung der Istzuschlagssätze vorangegangener Abrechnungsperioden.***
- ***Durch die Verwendung von Normalzuschlagssätzen werden beispielsweise Preis- und Lohnschwankungen geglättet.***
- ***Das Kostenträgerblatt gibt Auskunft über die Selbstkosten der betrachteten Kostenträger sowie über deren jeweilige Ertragskraft.***
- ***Umsatzerlöse – Selbstkosten = Umsatzergebnis***

6.1.2 Aufstellung des Kostenträgerblatts auf Istkostenbasis

Wie bereits beschrieben, handelt es sich bei einem auf Normalkosten basierenden Kostenträgerblatt um eine Vorkalkulation. In der unternehmerischen Praxis weichen die tatsächlich entstandenen Kosten aber von den Normalkosten ab.

Die Gründe für die Kostenabweichungen sind vielfältig. Sie können in drei Bereiche unterteilt werden.

Gründe für die Abweichung der Istkosten von den Normalkosten

Preisabweichungen

Da die Einzelkosten genau bestimmbar sind, geht es hier um Kostenabweichungen bei Positionen, die Einfluss auf die Gemeinkosten haben und damit zu höheren oder niedrigeren Zuschlagssätzen führen.

Beispiele

- *Die Preise für Hilfs- und/oder Betriebsstoffe ändern sich (z. B. kurzfristige Preiserhöhungen oder Preissenkungen aufgrund nicht einkalkulierter Rabatte)*
- *Erhöhung der Gehälter aufgrund neuer Tarifvertragsvereinbarungen oder Reduzierung der Gehälter durch Entlassungen*
- *Erhöhung oder Senkung der Versicherungsbeiträge*

Beschäftigungsabweichungen

Eine Produktionsabweichung kann im Fertigungsbereich beispielsweise zu einem erhöhten Reparaturaufwand, zu Lohnzuschlägen für Sonderschichten oder zu mehr Ausschuss führen. Die Stellengemeinkosten steigen dadurch und somit steigen auch die Zuschlagssätze an.

Während eine Produktionsausweitung wie beschrieben in der Regel eine Erhöhung der Zuschlagssätze zur Folge hat, führt ein Produktionsrückgang gewöhnlich nicht zu einer Senkung der Zuschlagssätze, da die fixen Gemeinkosten sich kurzfristig nicht im gleichen Umfang abbauen lassen.

Beispiele

- *Eine Erhöhung der Produktionsmenge kann durch Nachtarbeit erreicht werden; hierdurch steigen die Lohnkosten je Stück.*
- *Im Falle eines Rückgangs der Produktionsmenge kann das Personal kurzfristig nicht freigesetzt werden; eine Erhöhung der personalbezogenen Gemeinkosten je Produkt ist die Folge.*

Verbrauchsabweichungen

Manchmal können die geplanten Fertigungszeiten oder Materialvorgaben nicht eingehalten werden. Die Über- oder Unterschreitung der Planvorgaben haben steigende oder sinkende Gemeinkosten zur Folge. Dies hat wiederum Auswirkungen auf die Zuschlagssätze.

Beispiele

- *Der Energieverbrauch steigt aufgrund des vorzeitigen Wintereinbruchs.*
- *Die neue Produktionsanlage ist energieeffizienter als prognostiziert.*

Der Fall, dass die Istkosten niedriger als die Normalkosten sind, wird als **Kostenüberdeckung** bezeichnet. Sind die Istkosten dagegen höher als die Normalkosten, liegt eine **Kostenunterdeckung** vor.

Aufgrund der Kostenabweichungen ist eine **Nachkalkulation** notwendig. Hierzu ist das Kostenträgerblatt unter Berücksichtigung der Istkosten erneut aufzustellen. Darüber hinaus müssen die Stellen, an denen Kostenabweichungen (Kostenüberdeckung oder Kostenunterdeckung) stattgefunden haben, herausgearbeitet und analysiert werden.

Beispiel: Kostenträgerblatt mit Istkosten und Kostenüber- und -unterdeckung

Für die beiden Produkte (Bürostuhl Comfort und Bandscheiben-Drehstuhl extra) liegen die folgenden Ist-Gemeinkostenzuschlagssätze vor (entnommen aus obigem BAB):

MGK-Zuschlagssatz	*14,774 %*	*VerwGK-Zuschlagssatz*	*26,038 %*
FGK-Zuschlagssatz	*340,376 %*	*VertrGK-Zuschlagssatz*	*10,792 %*

Die übrigen Werte sind gleich geblieben und dem Beispiel des vorhergehenden Kapitels entnommen.

Kostenträgerblatt auf Istkostenbasis mit Kostenüber- und -unterdeckung						
	Kalkulationsschema	Normalzuschlagssatz	Normalkosten	Istzuschlagssatz	Istkosten	Kostenabweichung
	Fertigungsmaterial		2.865,00 €		2.865,00 €	
+	Materialgemeinkosten	15,165 %	434,48 €	14,774 %	423,28 €	11,20 €
=	**Materialkosten**		**3.299,48 €**		**3.288,28 €**	
	Fertigungslöhne		1.017,00 €		1.017,00 €	
+	Fertigungsgemeinkosten	338,250 %	3.440,00 €	340,376 %	3.461,62 €	–21,62 €
=	**Fertigungskosten**		**4.457,00 €**		**4.478,62 €**	
=	**Herstellkosten**		**7.756,48 €**		**7.766,90 €**	
+	Verwaltungsgemeinkosten	27,560 %	2.137,69 €	26,038 %	2.022,35 €	115,34 €
+	Vertriebsgemeinkosten	9,870 %	765,56 €	10,792 %	838,20 €	–72,64 €
=	**Selbstkosten**		**10.659,73 €**		**10.627,45 €**	32,28 €
	Umsatzerlöse		**14.132,00 €**		**14.132,00 €**	
–	**Selbstkosten**		**10.659,73 €**		**10.627,45 €**	
=	**Umsatzergebnis**		**3.472,27 €**		**3.504,55 €**	
+	Kostenüberdeckung		32,28 €			
–	Kostenunterdeckung					
=	**Betriebsergebnis**		**3.504,55 €**		**3.504,55 €**	

Aus dem Kostenträgerblatt ist ersichtlich, dass im Materialbereich (11,20 €) und im Verwaltungsbereich (115,34 €) eine Kostenüberdeckung vorliegt. Im Fertigungsbereich sowie im Vertriebsbereich liegt hingegen eine Kostenunterdeckung vor. Werden die einzelnen Werte addiert, ergibt sich insgesamt eine Kostenüberdeckung in Höhe von 32,28 €. Auf der Grundlage dieser Ergebnisse ist eine Ursachenanalyse für die jeweiligen Kostenabweichungen durchzuführen. Da die Unternehmen in den meisten Fällen einer gewissen Konkurrenz ausgesetzt sind und ihre Preise sehr genau kalkulieren müssen, müssen einzelne Zuschlagssätze eventuell erhöht bzw. gesenkt werden.

Das Umsatzergebnis ergibt sich wie bereits im Kostenträgerblatt auf Normalkostenbasis aus der Gegenüberstellung von Umsatzerlösen und Selbstkosten. Aufgrund der Kostenabweichungen unterscheidet sich das Umsatzergebnis auf Normalkostenbasis (3.472,27 €) vom Umsatzergebnis auf Istkostenbasis (3.504,55 €) ab. Das Umsatzergebnis auf Istkostenbasis ist zugleich auch das **Betriebsergebnis** (3.504,55 €). Um vom Umsatzergebnis auf Normalkostenbasis auf das Betriebsergebnis zu schließen, ist die Kostenüberdeckung zu addieren. (Im Falle einer Kostenunterdeckung ist diese vom Umsatzsatzergebnis zu subtrahieren.)

Als Instrument der Kostenträgerzeitrechnung werden im Kostenträgerblatt die Selbstkosten sowie das Umsatz- und Betriebsergebnis für einzelne Produkte bezogen auf eine Abrechnungsperiode ermittelt. Mit der Ermittlung der Selbstkosten und des Listenverkaufspreises für ein bestimmtes Produkt befasst sich die Kostenträgerstückrechnung.

Merke:
- *Als Gründe für Kostenabweichungen kommen Preis-, Beschäftigungs- und Verbrauchsschwankungen in Betracht.*
- *Bei einer* **Kostenüberdeckung** *sind die geplanten Selbstkosten höher als die tatsächlich angefallenen Selbstkosten (Normalkosten > Istkosten).*
- *Bei einer* **Kostenunterdeckung** *sind die geplanten Selbstkosten niedriger als die tatsächlich angefallenen Selbstkosten (Normalkosten < Istkosten).*
- *Umsatzergebnis + Kostenüberdeckung = Betriebsergebnis*
- *Umsatzergebnis – Kostenunterdeckung = Umsatzergebnis*

6.2 Kostenträgerstückrechnung

Die Kostenträgerstückrechnung beschäftigt sich mit der Ermittlung der Selbstkosten für ein einzelnes Produkt (oder einer Produktgruppe). Dieser Vorgang wird auch als (Zuschlags-)Kalkulation bezeichnet. Das Schema, anhand dessen die (Zuschlags-)Kalkulation durchgeführt wird bzw. die Selbstkosten für ein Produkt ermittelt werden, entspricht dem Kalkulationsschema aus der Kostenträgerzeitrechnung bekannten Schema. Eine Erweiterung dieses Schemas um die Positionen Gewinn, Kundenskonto, Vertriebsprovision und Kundenrabatt führt zur Kalkulation des Listenverkaufspreis (auch: Angebotspreis). Nebenstehende Darstellung zeigt das vollständige Kalkulationsschema.

	Fertigungsmaterial
+	Materialgemeinkosten
=	**Materialkosten**
	Fertigungslöhne
+	Fertigungsgemeinkosten
=	**Fertigungskosten**
	Herstellkosten
+	Verwaltungsgemeinkosten
+	Vertriebsgemeinkosten
=	**Selbstkosten**
+	Gewinn
=	Barverkaufspreis
+	Vertreterprovision
+	Kundenskonto
=	Zielverkaufspreis
+	Kundenrabatt
=	**Listenverkaufspreis**

Die Kostenträgerstückrechnung wird angewendet für die **Angebotskalkulation** (Zuschlagskalkulation auf Normalkostenbasis) und die **Nachkalkulation** (Zuschlagskalkulation auf Istkostenbasis).

6.2.1 Zuschlagskalkulation mit Normalkosten

Die Zuschlagskalkulation mit Normalkosten (auch: Angebotskalkulation) wird **vor** der Herstellung eines Produkts durchgeführt, d. h. es wird mit den voraussichtlichen Kosten gerechnet. Sie kommt z. B. zum Einsatz, wenn ein Kunde ein Produkt anfragt und im Rahmen der Erstellung eines Angebots die Selbstkosten und letztlich ein Verkaufspreis ermittelt werden muss. Die erwarteten Kosten für das **verbrauchte Fertigungsmaterial** (Materialeinzelkosten) werden in der Regel (unter Berücksichtigung von zu erwartenden Preisänderungen) aus den vorliegenden Preisen der Vergangenheit übernommen. Die Höhe der **Lohnkosten** (Fertigungseinzelkosten) ist von der erwarteten Fertigungszeit abhängig. Hier wird ebenfalls auf Erfahrungswerte aus der Vergangenheit zurückgegriffen. Anstehende Änderungen bezüglich der Höhe des Stundenlohns müssen dabei berücksichtigt werden. Die Zuschlagssätze für die jeweiligen **Gemeinkosten** bilden sich als Durchschnittswert der Istzuschlagssätze vergangener Abrechnungsperioden. Sie werden, wie bereits im Kapitel zur Kostenträgerzeitrechnung beschrieben ermittelt und als Normalzuschlagssätze bezeichnet.

Beispiel

In der Duisdorfer BüroKonzept KG soll im Rahmen der Erstellung eines Angebots für den Kunden Intermöbel GmbH die Kalkulation des Listenverkaufspreises für den „Bürostuhl Comfort" durchgeführt werden. Hierfür liegen folgende Daten vor:

Fertigungsmaterial gemäß Stückliste		*49,07 €*
Fertigungslöhne		*17,51 €*
Normalzuschlagssätze:	***MGK***	*15,165 %*
	FGK	*338,250 %*
	VerwGK	*9,870 %*
	VertrGK	*27,560 %*

*Für den „Bürostuhl Comfort" kalkuliert die Duisdorfer BüroKonzept KG mit **10 % Gewinn, 3 % Vertreterprovision, 1,5 % Kundenskonto** und **7,5 % Kundenrabatt.** Aus preispolitischen Gründen soll der Verkaufspreis auf einen ganzen Eurobetrag abgerundet werden.*

Aufgrund dieser Angaben stellt sich das vollständige Kalkulationsschema wie folgt dar:

	Fertigungsmaterial		49,07 €	100,000 %	
+	Materialgemeinkosten	15,165 %	7,44 €	15,165 %	
=	**Materialkosten**		**56,51 €**	**115,165 %**	
	Fertigungslöhne		17,51 €		100,000 %
+	Fertigungsgemeinkosten	338,250 %	59,23 €		338,250 %
=	**Fertigungskosten**		**76,74 €**		**438,250 %**
	Herstellkosten		**133,25 €**	**100,000 %**	
+	Verwaltungsgemeinkosten	9,870 %	13,15 €	9,870 %	
+	Vertriebsgemeinkosten	27,560 %	36,72 €	27,560 %	
=	**Selbstkosten**		**183,12 €**	**137,430 %**	**100,000 %**
+	Gewinn	10,000 %	18,31 €		10,000 %
=	**Barverkaufspreis**		**201,43 €**	**95,500 %**	**110,000 %**
+	Vertreterprovision	1,500 %	3,16 €	1,500 %	
+	Kundenskonto	3,000 %	6,33 €	3,000 %	
=	**Zielverkaufspreis**		**210,92 €**	**100,000 %**	**92,500 %**
+	Kundenrabatt	7,500 %	17,10 €		7,500 %
=	**Listenverkaufspreis**		**228,02 €**		**100,000 %**

Alle Zwischenergebnisse wurden auf zwei Dezimalstellen kaufmännisch gerundet. Gemäß der Aufgabenstellung ist der Listenverkaufspreis auf einen ganzen Eurobetrag abzurunden. Es ergibt sich somit ein Listenverkaufspreis in Höhe von 228,00 €.

Erläuterungen zu den einzelnen Berechnungen und Zwischenergebnissen:

- **Gewinn**
  Grundlage für die Ermittlung des Gewinns sind die Selbstkosten. Die Höhe des Gewinnzuschlagssatzes wird von der Geschäftsleitung eines Unternehmens festgelegt. Dabei ist zu beachten, dass ein zu hoher Gewinnzuschlagssatz zu einem nicht marktfähigen Listenverkaufspreis führt. Ein zu niedrig angesetzter Gewinnzuschlagssatz deckt dagegen nicht das allgemeine Unternehmerrisiko und lässt keinen Spielraum für notwendige Erweiterungsinvestitionen. Der Rechenweg stellt sich im obigen Beispiel wie folgt dar:

$$100\,\% = \text{Selbstkosten (in €)}$$
$$\text{Gewinnzuschlag in }\% = \text{Gewinn (in €)}$$

$$100\,\% = 183{,}12\text{ €}$$
$$10\,\% = x\text{ €}$$

$$x = \frac{10 \cdot 183{,}12}{100} = 18{,}31\text{ €}$$

- **Kundenskonto und Vertreterprovision**
  Die **Vertreterprovision** fällt für die Bemühungen der Vertriebsmitarbeiter im Rahmen des Verkaufs der Produkte an und wurde mit den jeweiligen Mitarbeitern (als Motivationsanreiz) vertraglich vereinbart. **Skonto** ist ein nachträglicher Preisnachlass, der dem Kunden für eine zügige Zahlung (innerhalb einer vereinbarten Skontofrist) gewährt wird, und gehört für ein Unternehmen mit zum preispolitischen Instrumentarium. Damit weder die Vertreterprovision noch die Gewährung des Skontos zulasten des bereits einkalkulierten Gewinns geht, müssen die Positionen vorher in den Angebotspreis einkalkuliert werden.

  Grundlage für die Ermittlung des Kundenskontos und der Vertreterprovision ist der Zielverkaufspreis, der damit für die Berechnung 100 Prozent ausmacht. Demnach entspricht der Barverkaufspreis dem verminderten Grundwert (100 Prozent – Skontosatz in Prozent und Vertreterprovision in Prozent). Die Berechnung der jeweiligen Euro-Werte erfolgt also durch eine „Im-Hundert-Rechnung" bezogen auf den Barverkaufspreis. Der beschriebene Rechenweg lässt sich dadurch erklären, dass der Kunde bei der Berechnung der Skontohöhe vom Zielverkaufspreis ausgeht (Vom-Hundert-Rechnung), dieser also für ihn den Grundwert (100 Prozent) darstellt. Der Rechenweg für beide Positionen stellt sich im obigen Beispiel also wie folgt dar:

$$100\,\% - \text{Skontosatz in }\% - \text{Vertreterprovision in }\% = \text{Barverkaufspreis (in €)}$$
$$\text{Kundenskonto in }\% = \text{Kundenskonto (in €)}$$

$$95{,}5\,\% = 201{,}43\text{ €}$$
$$1{,}5\,\% = x\text{ €}$$

$$x = \frac{1{,}5 \cdot 201{,}43}{95{,}5} = 3{,}16\text{ €}$$

$$100\,\% - \text{Skontosatz in }\% - \text{Vertreterprovision in }\% = \text{Barverkaufspreis (in €)}$$
$$\text{Vertreterprovision in }\% = \text{Vetreterprovision (in €)}$$

$$95{,}5\,\% = 201{,}43\text{ €}$$
$$3{,}0\,\% = x\text{ €}$$

$$x = \frac{3 \cdot 201{,}43}{95{,}5} = 6{,}33\text{ €}$$

- **Kundenrabatt**
  Rabatte werden für unterschiedliche Gründe gewährt (z. B. Mengenrabatt, Treuerabatt, Wiederverkäuferrabatt). Auch die Rabattpolitik eines Unternehmens gehört zu dessen preispolitischem Instrumentarium und muss in den Verkaufspreis einkalkuliert werden, um den Gewinn nicht zu reduzieren.

  Grundlage für die Ermittlung des Kundenrabatts ist der Listenverkaufspreis (= 100 Prozent), da der Kunde von diesem Preis ausgeht („Vom-Hundert-Rechnung"), wenn er die Höhe des ihm gewährten Rabattes berechnet. Für die Kalkulation des Verkäufers ergibt sich daraus (wie bereits beim Kundenskonto und der Vertreterprovision beschrieben), dass der Zielverkaufspreis dem verminderten Grundwert entspricht (100 Prozent – Rabattsatz in Prozent). Der Verkäufer führt also auch an dieser Stelle eine „Im-Hundert-Rechnung" durch. Der Rechenweg stellt sich im obigen Beispiel also wie folgt dar:

$$100\,\% - \text{Rabattsatz in }\% = \text{Listenverkaufspreis (in €)}$$
$$\text{Rabattsatz in }\% = \text{Rabatt (in €)}$$

$$92{,}5\,\% = 210{,}92\text{ €}$$
$$7{,}5\,\% = x\text{ €}$$

$$x = \frac{7{,}5 \cdot 210{,}92}{92{,}5} = 17{,}10\text{ €}$$

Nachdem der Auftrag ausgeführt und abgeschlossen wurde, muss geprüft werden, ob die tatsächlichen Kosten von den angenommenen Kosten abgewichen sind. Dies ist die Aufgabe der Nachkalkulation.

Merke:

- ***Die Zuschlagskalkulation auf Normalkostenbasis wird auch als Vorkalkulation oder Angebotskalkulation bezeichnet.***
- ***Für die Ermittlung des Gewinns bilden die Selbstkosten die Grundlage.***
- ***Kundenskonto, Vertreterprovision und Kundenrabatt werden in den Verkaufspreis einkalkuliert, damit sie den Gewinn nicht mindern.***
- ***Für die Ermittlung der Vertreterprovision und des Kundenskontos ist der Zielverkaufspreis die Grundlage. Der Barverkaufspreis entspricht somit dem verminderten Grundwert.***
- ***Für die Ermittlung des Kundenrabatts ist der Listenverkaufspreis die Grundlage. Der Zielverkaufspreis entspricht somit dem verminderten Grundwert.***

6.2.2 Zuschlagskalkulation mit Istkosten

Die Zuschlagskalkulation mit Istkosten (auch: Nachkalkulation) wird **nach** der Herstellung eines Produkts durchgeführt. Die tatsächlich angefallenen Kosten bilden somit die Grundlage für die Ermittlung der Selbstkosten. Als Hauptziele der Nachkalkulation können die Aufdeckung von Kostenüberdeckungen oder Kostenunterdeckungen sowie die damit verbundene Erfolgskontrolle einzelner Aufträge genannt werden.

Beispiel

Der Auftrag mit der Intermöbel GmbH über den „Bürostuhl Comfort" wurde erfolgreich abgewickelt. Im Rahmen der Nachkalkulation soll anhand der tatsächlich entstandenen Kosten der Erfolgsbeitrag dieses Produktes überprüft werden. Hierfür liegen folgende Daten vor:

verbrauchtes Fertigungsmaterial		*49,07 €*
Fertigungslöhne		*17,51 €*
Istzuschlagssätze:	***MGK***	*14,774 %*
	FGK	*340,376 %*
	VerwGK	*10,792 %*
	VertrGK	*26,038 %*

Die Zuschlagssätze für das Kundenskonto, die Vertreterprovision und der Kundenrabatt bleiben unverändert. Der Gewinn soll auf der Grundlage dieser Angaben neu berechnet werden (in Euro und Prozent).

Das vollständige Kalkulationsschema stellt sich bezogen auf diese Angaben wie folgt dar:

	Fertigungsmaterial		49,07 €	100,000 %	
+	Materialgemeinkosten	14,774 %	7,25 €	14,774 %	
=	**Materialkosten**		**56,32 €**	**114,774 %**	
	Fertigungslöhne		17,51 €		100,000 %
+	Fertigungsgemeinkosten	340,376 %	59,60 €		340,376 %
=	**Fertigungskosten**		**77,11 €**		**440,376 %**
	Herstellkosten		**133,43 €**	**100,000 %**	
+	Verwaltungsgemeinkosten	10,792 %	14,40 €	10,792 %	
+	Vertriebsgemeinkosten	26,038 %	34,74 €	26,038 %	
=	**Selbstkosten**		**182,57 €** ↓	**136,830 %** ↓	**100,000 %**
+	Gewinn		18,84 €		10,319 %
=	**Barverkaufspreis**		**201,41 €** ↑	**95,500 %** ↑	**110,319 %**
+	Vertreterprovision	3,000 %	6,33 €	3,000 %	
+	Kundenskonto	1,500 %	3,16 €	1,500 %	
=	**Zielverkaufspreis**		**210,90 €**	**100,000 %**	**92,500 %**
+	Kundenrabatt	7,500 %	17,10 €		7,500 %
=	**Listenverkaufspreis**		**228,00 €**		**100,000 %**

Erläuterungen zu den einzelnen Berechnungen und Zwischenergebnissen:

Im Vergleich zur Vorkalkulation zeigen sich bei der Nachkalkulation einige Abweichungen bei den veranschlagten Kosten. Da die Einzelkosten sowohl im Materialbereich (Verbrauch an Fertigungsmaterial) als auch im Fertigungsbereich (Fertigungslöhne) genau eingehalten wurden, liegt die Ursache der Kostenabweichungen bei den veranschlagten Gemeinkosten. In der Summe sind die Selbstkosten um 0,55 € (183,12 €–182,57 €) geringer ausgefallen. Es liegt also insgesamt eine Kostenüberdeckung vor. Diese wirkt sich positiv auf den Gewinn aus, der um 0,53 € (18,84 €–18,31 €) gestiegen ist und nun einem Gewinnzuschlagssatz von 10,319 % (auf drei Dezimalstellen kaufmännisch gerundet) entspricht. Erinnerung: Der in der Angebotskalkulation ermittelte Verkaufspreis wurde von 228,02 € auf 228,00 € abgerundet. Daher ist der Gewinn nicht um 0,55 € gestiegen.

Der Ermittlung des Gewinnzuschlagssatzes in Prozent liegt folgender Rechenweg zugrunde:

Selbstkosten (in €) = 100 %
Gewinn (in €) = x %

182,57 € = 100 %
18,84 € = x €

$$x = \frac{18{,}84 \cdot 100}{182{,}57} = 10{,}319\ \%$$

Merke:

- ***Die Zuschlagskalkulation auf Istkostenbasis wird auch als Nachkalkulation bezeichnet.***
- ***Der Gewinn ergibt sich aus der Differenz von Barverkaufspreis und Selbstkosten.***

6.2.3 Anwendungsformen der Zuschlagskalkulation

Die Zuschlagskalkulation kommt in der Praxis auch in Form der **Rückwärtskalkulation** und in Form der **Differenzkalkulation** vor. Auf das Kalkulationsschema hat dies keine Auswirkungen. Bestimmend für die Wahl der jeweiligen Form ist die jeweils vorliegende Problemstellung.

a) Anwendung der Zuschlagskalkulation als Rückwärtskalkulation

Die Konkurrenzsituation auf dem Markt kann dazu führen, dass der Verkaufspreis angepasst (gesenkt) werden muss. In diesem Fall besteht für den Unternehmer grundsätzlich die Möglichkeit, auf einen Teil des Gewinns zu verzichten oder die Kosten im eigenen Unternehmen zu senken. Wenn diese beiden Möglichkeiten nicht in Betracht kommen, lassen sich möglicherweise im Rahmen von Verhandlungen mit den Lieferanten der für die Produktion notwendigen Werkstoffe die Materialeinzelkosten reduzieren. Hierzu muss zunächst ermittelt werden, wie hoch der Betrag ist, der aufgrund der Konkurrenzsituation und der eigenen Kostensituation für die benötigten Materialen ausgegeben werden kann, damit der Gewinn wie geplant realisiert wird. Die Ermittlung der benötigten Kostenposition erfolgt mithilfe der **Rückwärtskalkulation** anhand des bekannten Kalkulationsschemas.

Beispiel

Die Konkurrenzsituation erfordert eine vorübergehende Senkung des Verkaufspreises für den „Bürostuhl Comfort" auf 225,00 €. Die Geschäftsleitung ist sich einig, dass dies nicht zulasten des angestrebten Gewinns gehen soll. Weitere Kosteneinsparungspotenziale sind derzeit nicht gegeben. Herr Fernandez ermittelt daher, welcher Betrag für das Fertigungsmaterial ausgegeben werden darf. Folgende Informationen zum „Bürostuhl Comfort" liegen vor:

Fertigungslöhne		*17,51 €*		
Normalzuschlagssätze:	***MGK***	*15,165 %*	***Kundenskonto***	*1,50 %*
	FGK	*338,250 %*	***Vetreterprovison***	*3,00 %*
	VerwGK	*9,870 %*	***Kundenrabatt***	*7,50 %*
	VertrGK	*27,560 %*		

Das vollständige Kalkulationsschema stellt sich wie folgt dar:

	Fertigungsmaterial		47,52 €		100,000 %
+	Materialgemeinkosten	15,165 %	7,21 €		(3) 15,165 %
=	**Materialkosten**		**54,73 €**		**115,165 %**
	Fertigungslöhne		17,51 €	100,000 %	
+	Fertigungsgemeinkosten	338,250 %	59,23 €	(2) 338,250 %	
=	**Fertigungskosten**		**76,74 €**	**438,250 %**	
	Herstellkosten		**131,47 €**		**100,000 %**
+	Verwaltungsgemeinkosten	9,870 %	12,98 €		9,870 %
+	Vertriebsgemeinkosten	27,560 %	36,24 €		27,560 %
=	**Selbstkosten**		**180,69 €**	**100,000 %**	**137,430 %**
+	Gewinn	10,000 %	18,07 €	10,000 %	
=	**Barverkaufspreis**		**198,76 €**	**110,000 %**	**95,500 %**
+	Vertreterprovision	3,000 %	6,24 €		(1) 3,000 %
+	Kundenskonto	1,500 %	3,12 €		1,500 %
=	**Zielverkaufspreis**		**208,12 €**	**92,500 %**	**100,000 %**
+	Kundenrabatt	7,500 %	16,88 €	7,500 %	
=	**Listenverkaufspreis**		**225,00 €**	**100,000 %**	

Wenn es gelingt, die Kosten für die benötigten Werkstoffe von 49,07 € auf 47,52 € zu senken, dann kann der „Bürostuhl Comfort" für 225,00 € angeboten werden, ohne dass dies zulasten des Gewinns geht oder im eigenen Unternehmen Kosten eingespart werden müssen.

Erläuterung der Vorgehensweise:

Zu 1: Die Kalkulation beginn mit der Eintragung des Listenverkaufspreises (hier: 225,00 €). Die Ermittlung der Beträge zu den einzelnen Positionen des Kalkulationsschemas erfolgt dann rückwärts von Position zu Position bis zu den **Herstellkosten** (hier: 131,47 €).

Zu 2: Nachdem die Herstellkosten berechnet wurden, müssen als nächstes die Kosten ausgerechnet werden, die im Materialbereich insgesamt anfallen dürfen (= Materialkosten). Dieser ergibt sich aus der Differenz zwischen den Herstellkosten (131,47 €) und den Fertigungskosten (76,74 €) und beträgt im Beispiel 54,73 €. Die Ermittlung der Fertigungskosten erfolgt hierbei als Vorwärtskalkulation (siehe Pfeil).

Zu 3: Da die Kosten, die im Materialbereich nun insgesamt anfallen dürfen bekannt sind (hier: 54,73 €) und die Höhe der Materialgemeinkosten über den Zuschlagssatz festgelegt ist (hier: 15,165 %) kann durch eine Dreisatzrechnung auf die Kosten für das Fertigungsmaterial geschlossen werden:

Materialkosten (in %) = Materialkosten (in €)
Materialeinzelkosten (in %) = x €

115,165 € = 54,73 €
100,000 € = x €

$$x = \frac{100 \cdot 54,73}{115,165} = 47,52\ €$$

b) Anwendung der Zuschlagskalkulation als Differenzkalkulation

Aufgrund der Konkurrenzsituation sind Unternehmen häufig sehr eingeschränkt im Rahmen der Festlegung des Verkaufspreises. Zugleich ist es nicht immer möglich die Preise für die Zulieferung der für die Herstellung benötigten Werkstoffe weiter zu senken. In diesem Fall muss überprüft werden, ob zu den gegebenen Marktbedingungen die Produktion eines Artikels unter kostenrechnerischen Gesichtspunkten erfolgen soll. Maßgeblich für die Beurteilung ist der realisierbare Gewinn, der anhand des bekannten Kalkulationsschemas im Rahmen einer **Differenzkalkulation** ermittelt werden muss.

Beispiel

Die Konkurrenzsituation erfordert eine vorübergehende Senkung des Verkaufspreises für den „Bürostuhl Comfort" auf 219,00 €. Selbst nach hartnäckigen Verhandlungen mit den Zulieferern für das benötigte Fertigungsmaterial konnte keine Preissenkung der Materialkosten erreicht werden. Auch im eigenen Unternehmen sieht die Geschäftsleitung (zumindest kurzfristig) keine Möglichkeiten für weitere Kostensenkungen. Herr Fernandez hat daher die Aufgabe zu prüfen, ob unter den gegebenen Bedingungen die Herstellung des „Bürostuhls Comfort" aus kostenrechnerischen Aspekten sinnvoll ist. Folgende Informationen zum „Bürostuhl Comfort" liegen vor:

Fertigungsmaterial		*49,07 €*		
Fertigungslöhne		*17,51 €*		
Normalzuschlagssätze:	***MGK***	*15,165 %*	***Kundenskonto***	*1,50 %*
	FGK	*338,250 %*	***Vetreterprovison***	*3,00 %*
	VerwGK	*9,870 %*	***Kundenrabatt***	*7,50 %*

Das vollständige Kalkulationsschema stellt sich wie folgt dar:

	Fertigungsmaterial		49,07 €			100,000 %
+	Materialgemeinkosten	15,165 %	7,44 €			15,165 %
=	**Materialkosten**		**56,51 €**			**115,165 %**
	Fertigungslöhne		17,51 €	1	100,000 %	
+	Fertigungsgemeinkosten	338,250 %	59,23 €		338,250 %	
=	**Fertigungskosten**		**76,74 €**		**438,250 %**	
	Herstellkosten		**133,25 €**			**100,000 %**
+	Verwaltungsgemeinkosten	9,870 %	13,15 €			9,870 %
+	Vertriebsgemeinkosten	27,560 %	36,72 €			27,560 %
=	**Selbstkosten**		**183,12 €**	↓	**100,000 %**	**137,430 %**
+	Gewinn	5,641 %	10,33 €		5,641 %	
=	**Barverkaufspreis**		**193,45 €**	↑	**105,641 %**	**95,500 %**
+	Vertreterprovision	3,000 %	6,08 €			3,000 %
+	Kundenskonto	1,500 %	3,04 €	2		1,500 %
=	**Zielverkaufspreis**		**202,57 €**		**92,500 %**	**100,000 %**
+	Kundenrabatt	7,500 %	16,43 €		7,500 %	
=	**Listenverkaufspreis**		**219,00 €**		**100,000 %**	

Bei einem Listenverkaufspreis von 219,00 € kann unter sonst gleichen Bedingungen ein Gewinn in Höhe von 10,33 € (= 5,641 %) realisiert werden. Obwohl der Erfolg deutlich niedriger ausfällt, ist er immer noch positiv. Aus kostenrechnerischen Gesichtspunkten kann der Artikel daher zu dem reduzierten Listenverkaufspreis grundsätzlich angeboten werden.

Erläuterung der Vorgehensweise:

Die Differenzkalkulation ist eine Mischung aus der Vorwärts- und Rückwärtskalkulation. Zunächst erfolgt die Kalkulation vom Fertigungsmaterial (Materialeinzelkosten) bis zu den Selbstkosten (hier: 183,12 €) vorwärts (Pfeil 1). In einem zweiten Schritt wird ausgehend vom Listenverkaufspreis der Barverkaufspreis (hier: 193,45 €) ermittelt (Pfeil 2). Der Gewinn ergibt sich als Differenz zwischen dem Barverkaufspreis und dem Listenverkaufspreis und beträgt im Beispiel 10,33 € bzw. 5,641 %.

Merke:
- ***Die Rückwärtskalkulation kommt zum Einsatz, wenn ausgehend vom Verkaufspreis die Höhe der Materialeinzelkosten ermittelt werden sollen.***
- ***Die Differenzkalkulation kommt zum Einsatz, wenn sowohl der Verkaufspreis als auch die gesamte Kostensituation fest vorgegeben sind und der zu realisierende Gewinn ermittelt werden soll.***

6.3 Handelswarenkalkulation

Neben den selbst hergestellten Erzeugnissen führen Unternehmen häufig auch Handelswaren in ihrem Sortiment. Der wesentliche Unterschied zu den selbst hergestellten Erzeugnissen besteht darin, dass die Handelswaren als fertige Produkte zugekauft und ohne Veränderungen durch Be- oder Verarbeitung den Kunden zum Verkauf angeboten werden.

Genau wie für die selbst hergestellten Erzeugnisse müssen auch die Verkaufspreise für die Handelswaren anhand eines geeigneten Kalkulationsschemas ermittelt werden. Das Kalkulationsschema für die Handelswaren lässt sich in drei Bereiche einteilen:

1. Kalkulation der Bezugskosten
2. Kalkulation der Selbstkosten
3. Kalkulation des Verkaufspreises

Zusammengefasst dargestellt, besteht es aus folgenden Einzelpositionen:

	Listeneinkaufspreis	Kalkulation der Bezugskosten
–	Liefererrabatt	
=	Zieleinkaufspreis (auch: Rechnungspreis)	
–	Liefererskonto	
=	Bareinkaufspreis	
+	Bezugskosten	
=	Bezugspreis (auch: Einstandspreis)	
+	Handlungskosten	Kalkulation der Selbstkosten
=	Selbstkosten	
+	Gewinn	Kalkulation des Verkaufspreises
=	Barverkaufspreis	
+	Kundenskonto	
+	Vertreterprovision	
=	Zielverkaufspreis	
+	Kundenrabatt	
=	Listenverkaufspreis (auch: Nettoverkaufspreis)	

a) Kalkulation der Bezugskosten

Im ersten Teil beginnt die Kalkulation mit der Erfassung des Listeneinkaufspreises. Unter dem Listeneinkaufspreis ist der Wert der Ware selbst zu verstehen. Im nächsten Schritt werden die Preisabzüge berücksichtigt. Grundsätzlich ist zwischen dem Liefererrabatt und dem Liefererskonto zu unterscheiden. Ein Liefererrabatt wird beispielsweise für die Abnahme großer Mengen (Mengenrabatt) oder als Wiederverkäuferrabatt gewährt. Das Liefererskonto wird gewährt, wenn die Zahlung innerhalb einer vereinbarten Frist erfolgt. Wichtig ist, dass das Liefererskonto vom Zieleinkaufspreis berechnet wird, da dies der Betrag ist, der (vor Abzug von Skonto) tatsächlich zu zahlen ist. Abschließend wird in diesem ersten Teil der Handelswarenkalkulation der Bezugspreis unter Berücksichtigung der Bezugskosten ermittelt. Bezugskosten sind die Nebenkosten des Wareneinkaufs. Beispiele sind Frachtkosten, Portokosten, Verladekosten, Verpackungskosten und Versicherungskosten. Der Bezugspreis enthält alle Kosten einer Ware, bis sie im Lager des einkaufenden Unternehmens eintrifft.

b) Kalkulation der Selbstkosten

Nachdem eine Ware beim einkaufenden Unternehmen eingetroffen ist, verursacht sie weitere Kosten. Diese Kosten werden als **Handlungskosten** bezeichnet. Sie entstehen unter anderem im Rahmen der Lagerhaltung (z. B. Löhne, Gehälter, Energiekosten, Mietkosten), des Verkaufs (z. B. Gehälter, Werbekosten, Ausgangsfrachten, Kosten für die Versandverpackung) und der allgemeinen Verwaltung (z. B. Gehälter der Angestellten, Mietkosten, Betriebssteuern). Da diese Kosten einer einzelnen Ware nicht unmittelbar zurechenbar sind, muss für die Kalkulation zunächst ein **Handlungskostenzuschlagssatz** ermittelt werden. Die Berechnung des Handlungskostenzuschlagssatzes kann anhand der gesamten Warenaufwendungen innerhalb eines bestimmten Zeitraums und der gesamten Handlungskosten innerhalb des gleichen Zeitraums ermittelt werden.

Beispiel

In der Duisdorfer BüroKonzept KG betrug der Wareneinsatz im vergangenen Geschäftsjahr 157.300,00 €. Die für die Waren anteiligen Handlungskosten wurden auf 28.314,00 € festgelegt.

Die Berechnung des Handlungskostenzuschlagssatzes erfolgt nach folgender Formel:

$$\text{Handlungskostenzuschlagssatz} = \frac{\text{Handlungskosten} \cdot 100}{\text{Wareneinsatz}}$$

$$\text{Handlungskostenzuschlagssatz} = \frac{28.314 \cdot 100}{157.300,00}$$

$$\text{Handlungskostenzuschlagssatz} = 18,00\,\%$$

Die Ermittlung des Handlungskostenzuschlagssatzes ermöglicht es jeder Ware im Rahmen der Kalkulation anteilig die Handlungskosten zuzurechnen. Nach der Ermittlung der Handlungskosten in Euro ergeben sich die Selbstkosten einer Warenposition durch die Addition mit dem Bezugspreis. Die Selbstkosten enthalten also alle Kosten, die mit dem Ein- und Verkauf einer Ware zusammenhängen.

c) Kalkulation des Verkaufspreises

Die Selbstkosten bilden die Grundlage für die Ermittlung des Gewinns. Ein angemessener Gewinn ist notwendig zur Abdeckung des allgemeinen Unternehmerrisikos sowie zur Bildung von Rücklagen für Erweiterungsinvestitionen. Die Berechnung des Gewinns erfolgt mittels eines Gewinnzuschlagssatzes, dessen Höhe unter Berücksichtigung der Marktbegebenheiten von der Unternehmensleitung festgelegt wird.

Zu den Positionen Kundenskonto, Vertreterprovision und Kundenrabatt wird auf Kapitel „Zuschlagskalkulation mit Normalkosten" verwiesen. Die Ausführungen gelten für die Handelswarenkalkulation gleichermaßen.

In der Praxis tritt die Handelswarenkalkulation als Vorwärtskalkulation und als Rückwärtskalkulation in Erscheinung.

Merke:

- ***Handelswaren werden nach dem Einkauf ohne weitere Be- oder Verarbeitung an die Kunden weiterverkauft.***
- ***Das Handelswarenkalkulationsschema lässt sich in drei Bereiche einteilen:***
  - ***Der Bezugspreis stellt den Wert der eingekauften Waren bis zu deren Einlagerung im einkaufenden Unternehmen dar.***
  - ***Die Selbstkosten beinhalten alle für den Einkauf der Waren angefallenen Kosten.***
  - ***Der Listenverkaufspreis beinhaltet neben dem Gewinn die mit dem Kunden vertraglich vereinbarten Nachlässe in Form des Skontos und Rabatts sowie einer eventuell anfallenden Vertreterprovision.***

6.3.1 Vorwärtskalkulation

Die Vorwärtskalkulation kann auch als **Angebotskalkulation** bezeichnet werden. Sie kommt zum Einsatz, wenn ausgehend vom Listeneinkaufspreis bei bekannten Zuschlagssätzen für Preisnachlässe, Handlungskosten und Gewinn der Listenverkaufspreis ermittelt werden soll. Ausgelöst wird ein Kalkulationsvorgang beispielsweise durch die Anfrage eines Kunden.

Beispiel

In der Duisdorfer BüroKonzept KG soll im Rahmen der Erstellung eines Angebots für den Kunden Stammhaus KG die Kalkulation des Listenverkaufspreises für den „Scann-Chef 100" durchgeführt werden. Hierfür liegen folgende Daten vor:

angefragte Menge	*30 Stück*		
Listeneinkaufspreis	*128,22 €*	***Handlungskostenzuschlagssatz***	*18,0 %*
Liefererrabatt	*20,0 %*	***Gewinnzuschlagssatz***	*4,0 %*
Liefererskonto	*3,0 %*	***Kundenskonto***	*1,5 %*
		Vetreterprovision	*5,0 %*
		Kundenrabatt	*12,0 %*

Die Bezugskosten betragen pro Stück 1,10 €.

Das vollständige Kalkulationsschema stellt sich wie folgt dar (alle Rechenergebnisse wurden auf zwei Dezimalstellen kaufmännisch gerundet):

	Listeneinkaufspreis		*3.846,60 €*	*100,0 %*		vom Hundert
–	*Liefererrabatt*	*20,0 %*	*769,32 €*	*20,0 %*		
=	*Zieleinkaufspreis*		*3.077,28 €*	*80,0 %*	*100,0 %*	
–	*Liefererskonto*	*3,0 %*	*92,32 €*		*3,0 %*	
=	*Bareinkaufspreis*		*2.984,96 €*		*97,0 %*	
+	*Bezugskosten*		*33,00 €*			
=	*Bezugspreis*		*3.017,96 €*	*100,0 %*		vom Hundert
+	*Handlungskosten*	*18,0 %*	*543,23 €*	*18,0 %*		
=	*Selbstkosten*		*3.561,19 €*	*118,0 %*	*100,0 %*	im Hundert
+	*Gewinn*	*4,0 %*	*142,45 €*		*4,0 %*	
=	*Barverkaufspreis*		*3.703,64 €*	*93,5 %*	*104,0 %*	
+	*Kundenskonto*	*1,5 %*	*59,42 €*	*1,5 %*		
+	*Vertreterprovision*	*5,0 %*	*198,06 €*	*5,0 %*		
=	*Zielverkaufspreis*		*3.961,12 €*	*100,0 %*	*88,0 %*	
+	*Kundenrabatt*	*12,0 %*	*540,15 €*		*12,0 %*	
=	***Listenverkaufspreis***		***4.501,27 €***		***100,0 %***	
=	***Listenverkaufspreis***		***150,04 €***			

Die Kalkulation wird für die gesamte angefragte Menge durchgeführt. Dies ist sinnvoll und notwendig, um Rundungsfehler weitestgehend zu vermeiden. Als Listenverkaufspreis pro Stück ergibt sich ein Betrag in Höhe von 150,04 €. Aus preispolitischen Gründen ist es sinnvoll, diesen Betrag auf 150,00 € abzurunden.

Erläuterung der Rechenwege:

- **Listeneinkaufspreis**
  Der Listenverkaufspreis ergibt sich aus der Multiplikation des Stückpreises mit der angefragten Menge (hier: 128,22 · 30 Stück = 3.846,60 €). Aus Gründen der Rechengenauigkeit sollte immer mit den Werten für die gesamte Menge (hier: 30 Stück) kalkuliert werden.

- **Liefererrabatt und Zieleinkaufspreis**
  Vom Listeneinkaufspreis ist zunächst der Liefererrabatt abzuziehen. Das Ergebnis wird als Zieleinkaufspreis bezeichnet. Die Berechnung erfolgt „vom Hundert" und lautet somit:

$$100\,\% = \text{Listeneinkaufspreis (in €)}$$
$$\text{Liefererrabatt (in \%)} = x\text{ €}$$

$$100{,}0\,\% = 3.846{,}60\text{ €}$$
$$20{,}0\,\% = x\text{ €}$$

$$x = \frac{20 \cdot 3.846{,}60}{100} = 769{,}32\text{ €}$$

- **Liefererskonto und Bareinkaufspreis**
  Nach Abzug des Liefererskontos vom Zieleinkaufspreis ergibt sich der Bareinkaufspreis. Die Berechnung erfolgt ebenfalls „vom Hundert“:

$$\begin{aligned} 100\,\% &= \text{Zielverkaufspreis (in €)} \\ \text{Liefererskonto (in \%)} &= x\ € \end{aligned}$$

$$\begin{aligned} 100{,}0\,\% &= 3.077{,}28\ € \\ 3{,}0\,\% &= x\ € \end{aligned}$$

$$x = \frac{3 \cdot 3.077{,}28}{100} = 92{,}32\ €$$

- **Bezugskosten**
  In den meisten Fällen werden die Bezugskosten in Euro angegeben und sind entsprechend ihrer Höhe in das Kalkulationsschema aufzunehmen. Im Beispiel sind die Bezugskosten pro Stück angegeben. Da die Kalkulation aber für die gesamte angefragte Menge erfolgt, müssen auch die Bezugskosten auf diese Menge hochgerechnet werden (hier: 1,10 € · 30 Stück = 33,00 €). Manchmal werden die Bezugskosten auch in Prozent angegeben. In diesem Fall ist darauf zu achten, welche Bezugsgrundlage (z. B. Bareinkaufspreis) laut Aufgabenstellung gelten soll. Die Berechnung erfolgt dann „vom Hundert“. Nach der Addition der Bezugskosten mit dem Bareinkaufspreis ergibt der Bezugspreis (auch: Einstandspreis).

- **Handlungskosten und Selbstkosten**
  Die Handlungskosten werden mittels des Handlungskostenzuschlagssatzes auf den Bezugspreis aufgeschlagen. Als Ergebnis der Addition ergeben sich die Selbstkosten. Die Berechnung erfolgt „vom Hundert“ und gestaltetet sich wie folgt:

$$\begin{aligned} 100\,\% &= \text{Bezugspreis} \\ \text{Handlungskostenzuschlagssatz (in \%)} &= x\ € \end{aligned}$$

$$\begin{aligned} 100{,}0\,\% &= 3.017{,}96\ € \\ 18{,}0\,\% &= x\ € \end{aligned}$$

$$x = \frac{18 \cdot 3.017{,}96}{100} = 543{,}23\ €$$

- **Gewinn und Barverkaufspreis**
  Die Ermittlung des Gewinns erfolgt über den Gewinnzuschlagssatz. Grundlage für die Gewinnermittlung sind die Selbstkosten. Als Ergebnis der Addition des Gewinns mit den Selbstkosten ergibt sich der Barverkaufspreis. Die Berechnung erfolgt wiederum „vom Hundert“:

$$\begin{aligned} 100\,\% &= \text{Selbstkosten} \\ \text{Gewinnzuschlagssatz (in \%)} &= x\ € \end{aligned}$$

$$\begin{aligned} 100{,}0\,\% &= 3.561{,}19\ € \\ 4{,}0\,\% &= x\ € \end{aligned}$$

$$x = \frac{4 \cdot 3.561{,}19}{100} = 142{,}45\ €$$

- **Kundenskonto, Vertreterprovision und Zielverkaufspreis**
  Der Kunde berechnet in seiner Kalkulation die Höhe des Kundenskontos und der Vertreterprovision vom Zielverkaufspreis. Somit entspricht der Zielverkaufspreis bei der Ermittlung beider Positionen dem Grundwert (100 %). Folgerichtig entspricht der Barverkaufspreis dem verminderten Grundwert (hier: 93,5 %). Die Berechnung der beiden Größen erfolgt demnach „im Hundert". Weitere Information zu dieser Vorgehensweise finden sich auch im Kapitel 6.2.1. Der Rechenweg für die Ermittlung der Höhe des Kundenskontos und der Vertreterprovision kann wie folgt angegeben werden:

$$\begin{aligned} 100\,\% - \text{Skontosatz in } \% - \text{Vertreterprovision in } \% &= \text{Barverkaufspreis (in €)} \\ \text{Kundenskonto (in } \%) &= \text{Kundenskonto (in €)} \end{aligned}$$

$$\begin{aligned} 93{,}5\,\% &= 3.703{,}64\ € \\ 1{,}5\,\% &= x\ € \end{aligned}$$

$$x = \frac{1{,}5 \cdot 3.703{,}64}{93{,}5} = 59{,}42\ €$$

$$\begin{aligned} 100\,\% - \text{Skontosatz in } \% - \text{Vertreterprovision in } \% &= \text{Barverkaufspreis (in €)} \\ \text{Vertreterprovision (in } \%) &= \text{Vertreterprovision (in €)} \end{aligned}$$

$$\begin{aligned} 93{,}5\,\% &= 3.703{,}64\ € \\ 5{,}0\,\% &= x\ € \end{aligned}$$

$$x = \frac{5{,}0 \cdot 3.703{,}64}{93{,}5} = 198{,}06\ €$$

- **Kundenrabatt und Listenverkaufspreis**
  Beim Kundenrabatt verhält es sich ähnlich wie bei den beiden zuvor beschriebenen Positionen. Der Kunde berechnet den Rabatt vom Listenverkaufspreis. Dieser stellt also den Grundwert (= 100 %) für die Berechnung dar. Der Zielverkaufspreis entspricht wiederum dem verminderten Grundwert (hier: 88 %), sodass die Berechnung aus Verkäufersicht „im Hundert" stattfindet und wie folgt angegeben werden kann:

$$\begin{aligned} 100\,\% - \text{Rabattsatz in } \% &= \text{Listenverkaufspreis (in €)} \\ \text{Rabattsatz (in } \%) &= \text{Rabatt (in €)} \end{aligned}$$

$$\begin{aligned} 88{,}0\,\% &= 3.961{,}12\ € \\ 12{,}0\,\% &= x\ € \end{aligned}$$

$$x = \frac{12{,}0 \cdot 3.961{,}12}{88{,}0} = 540{,}15\ €$$

In der Praxis gelten häufig für gleichartige Waren auch gleiche Zuschlagssätze für die Handlungskosten, den Gewinn und die Verkaufskonditionen (Preisnachlässe und Vertreterprovision). Um das Kalkulationsverfahren zu vereinfachen, können die Prozentsätze dieser Einzelpositionen entweder zu einem gemeinsamen Prozentsatz oder zu einem Faktor zusammengefasst werden, sodass mit einer einzigen Berechnung vom Bezugspreis auf den Listenverkaufspreis geschlossen werden kann. Hierin ist eine Vereinfachung des Kalkulationsverfahrens zu sehen. Die zu einem Prozentsatz zusammengefassten Zuschlagssätze der Einzelpositionen werden als **Kalkulationszuschlag** bezeichnet. Wenn der Aufschlag als Faktor ausgedrückt wird, erhält man den **Kalkulationsfaktor.**

a) Vereinfachung der Kalkulation durch Ermittlung und Anwendung des Kalkulationszuschlagssatzes

Für die Ermittlung des **Kalkulationszuschlagssatzes** sind ein Bezugspreis und ein auf den zugrundliegenden Kalkulationssätzen ermittelter Listenverkaufspreis erforderlich.

Beispiel

In der bereits durchgeführten Kalkulation für den Artikel „Scann-Chef 100“ beträgt der Bezugspreis (für 30 Stück) 3.017,96 € und der Listenverkaufspreis beträgt 4.501,27 €.

Die Ermittlung des Kalkulationszuschlags erfolgt mit folgender Formel:

$$\text{Kalkulationszuschlag} = \frac{(\text{Listenverkaufspreis} - \text{Bezugspreis}) \cdot 100}{\text{Bezugspreis}}$$

$$\text{Kalkulationszuschlag} = \frac{(4.501{,}27 - 3.017{,}96) \cdot 100}{3.017{,}96}$$

$$\text{Kalkulationszuschlag} = 49{,}1494\,\%$$

Die Anwendung des Kalkulationszuschlags führt zu nachstehender Berechnung:

	Bezugspreis		*3.017,96 €*	*100,0000 %*
+	*Kalkulationszuschlag*	*49,1494 %*	*1.483,31 €*	*49,1494 %*
=	*Listenverkaufspreis*		*4501,27 €*	*149,1494 %*

Wenn kein konkreter Bezugspreis vorliegt, dann muss einer angenommen bzw. festgelegt werden. In der Regel wird als Wert 100,00 € angenommen. Ausgehend von diesem angenommenen Bezugspreis muss mit den bekannten Kalkulationssätzen ein Listenverkaufspreis ermittelt werden, um im Anschluss den Kalkulationszuschlagssatz ermitteln zu können.

Beispiel

	Bezugspreis		*100,00 €*	*100,0 %*	
+	*Handlungskosten*	*18,0 %*	*18,00 €*	*18,0 %*	
=	*Selbstkosten*		*118,00 €*	*118,0 %*	*100,0 %*
+	*Gewinn*	*4,0 %*	*4,72 €*		*4,0 %*
=	*Barverkaufspreis*		*122,72 €*	*93,5 %*	*104,0 %*
+	*Kundenskonto*	*1,5 %*	*1,97 €*	*1,5 %*	
+	*Vertreterprovision*	*5,0 %*	*6,56 €*	*5,0 %*	
=	*Zielverkaufspreis*		*131,25 €*	*100,0 %*	*88,0 %*
+	*Kundenrabatt*	*12,0 %*	*17,90 €*		*12,0 %*
=	***Listenverkaufspreis***		***149,15 €***		***100,0 %***

$$\text{Kalkulationszuschlag} = \frac{(149{,}15 - 100{,}00) \cdot 100}{100{,}00}$$

$$\text{Kalkulationszuschlag} = 49{,}1500\,\%$$

Anmerkung zum Ergebnis:
Die Abweichung zur vorherigen Berechnung ist auf Rundungsdifferenzen zurückzuführen.

b) Vereinfachung der Kalkulation durch Ermittlung und Anwendung des Kalkulationsfaktors

Im Unterschied zum Kalkulationszuschlag wird der **Kalkulationsfaktor** nicht in Prozent angegeben.

Beispiel

Für den Artikel „Scann-Chef 100" soll bei einem zugrundeliegenden Bezugspreis von 3.017,96 € und einem Listenverkaufspreis von 4.501,27 € der Kalkulationsfaktor ermittelt werden.

Nachstehende Vorgehensweise zeigt den Rechenweg zum Ergebnis:

$$\text{Kalkulationsfaktor} = \frac{\text{Listenverkaufspreis}}{\text{Bezugspreis}}$$

$$\text{Kalkulationsfaktor} = \frac{4.501,27}{3.017,96}$$

$$\text{Kalkulationsfaktor} = 1,491494$$

Die Anwendung des Kalkulationsfaktors führt zu nachstehender Berechnung:

Bezugspreis	·	*Kalkulationsfaktor*	=	*Listenverkaufspeis*
3.017,96	·	*1,491494*	=	*4.501,27 €*

Merke:

- ***Die Vorwärtskalkulation findet in der Regel vor der Auftragserteilung statt. Sie wird auch als Angebotskalkulation bezeichnet.***
- ***Die Berechnungen bis zu den Selbstkosten finden „vom Hundert" statt.***
- ***Die Berechnungen vom Barverkaufspreis bis zum Listenverkaufspreis erfolgen „im Hundert".***
- ***Durch die Anwendung des Kalkulationszuschlags oder des Kalkulationsfaktors kann das Kalkulationsverfahren für die Handelswaren vereinfacht werden.***

6.3.2 Rückwärtskalkulation

In der Praxis können Unternehmen den Listenverkaufspreis häufig nicht auf der Grundlage der eigenen Kostensituation festlegen. Vielmehr bestimmen die Marktbegebenheiten den Preis, der z. B. aufgrund der Konkurrenzsituation nicht überschritten werden darf. In diesem Fall müssen die Unternehmen überprüfen, ob der Artikel in das eigene Sortiment aufgenommen werden soll. Da die Kostensituation eines Unternehmens in der Regel zumindest kurzfristig nicht verändert werden kann und der Gewinn für den langfristigen Fortbestand des Unternehmens notwendig ist, muss ermittelt werden, wie teuer der betroffene Artikel im Einkauf höchstens sein darf. Für diesen Fall kommt das bereits bekannte Kalkulationsschema in Form der **Rückwärtskalkulation** zum Einsatz.

Beispiel

Wegen der derzeitigen Konkurrenzsituation auf dem Markt muss der Listenverkaufspreis für den Artikel „Scann-Chef 100" auf 145,00 € gesenkt werden. Herr Fernandez erhält von Frau Niester den Auftrag den Einkaufspreis zu ermitteln, der unter sonst gleichen Kalkulationsbedingungen maximal bezahlt werden kann. Für die Kalkulation liegen somit folgende Daten vor:

neuer Listenverkaufspreis	*145,00 €*			
Liefererrabatt	*20,0 %*		***Gewinnzuschlagssatz***	*4,0 %*
Liefererskonto	*3,0 %*		***Kundenskonto***	*1,5 %*
Handlungskostenzuschlagssatz	*18,0 %*		***Vetreterprovision***	*5,0 %*
			Kundenrabatt	*12,0 %*

Die Bezugskosten betragen pro Stück 1,10 €.

Das vollständige Kalkulationsschema stellt sich wie folgt dar (alle Rechenergebnisse wurden auf zwei Dezimalstellen kaufmännisch gerundet):

	Listeneinkaufspreis		*123,86 €*	*100,0 %*		im Hundert
–	*Liefererrabatt*	*20,0 %*	*24,77 €*	*20,0 %*		
=	*Zieleinkaufspreis*		*99,09 €*	*80,0 %*	*100,0 %*	
–	*Liefererskonto*	*3,0 %*	*2,97 €*		*3,0 %*	
=	*Bareinkaufspreis*		*96,12 €*		*97,0 %*	
+	*Bezugskosten*		*1,10 €*			
=	*Bezugspreis*		*97,22 €*	*100,0 %*		auf Hundert
+	*Handlungskosten*	*18,0 %*	*17,50 €*	*18,0 %*		
=	*Selbstkosten*		*114,72 €*	*118,0 %*	*100,0 %*	vom Hundert
+	*Gewinn*	*4,0 %*	*4,59 €*		*4,0 %*	
=	*Barverkaufspreis*		*119,31 €*	*93,5 %*	*104,0 %*	
+	*Kundenskonto*	*1,5 %*	*1,91 €*	*1,5 %*		
+	*Vertreterprovision*	*5,0 %*	*6,38 €*	*5,0 %*		
=	*Zielverkaufspreis*		*127,60 €*	*100,0 %*	*88,0 %*	
+	*Kundenrabatt*	*12,0 %*	*17,40 €*		*12,0 %*	
=	***Listenverkaufspreis***		***145,00 €***		***100,0 %***	

Für den Artikel „Scann-Chef 100" kann im Einkauf unter sonst gleichen Kalkulationsbedingungen nur noch ein Betrag in Höhe von 123,86 € ausgegeben werden. Ob die Senkung des Verkaufspreises vollständig an den Zulieferer weitergegeben werden kann, muss im Rahmen von Vertragsverhandlungen herausgefunden werden.

Erläuterung der Rechenwege:

- **Listenverkaufspreis**
  Der Listenverkaufspreis ist das Resultat der Marktbedingungen und muss unverändert in das Kalkulationsschema übernommen werden.
- **Kundenrabatt und Zielverkaufspreis**
  Die Berechnung des Kundenrabatts wird hier „vom Hundert" durchgeführt. Nach dem Abzug vom Listenverkaufspreis ergibt sich der Zielverkaufspreis. Der Rechenweg zur Ermittlung des Rabatts stellt sich wie folgt dar:

$$\begin{aligned} 100\,\% &= \text{Listenverkaufspreis (in €)} \\ \text{Kundenrabatt (in \%)} &= x\ € \end{aligned}$$

$$\begin{aligned} 100{,}0\,\% &= 145{,}00\ € \\ 12{,}0\,\% &= x\ € \end{aligned}$$

$$x = \frac{12{,}0 \cdot 145{,}00}{100{,}0} = 17{,}40\ €$$

- **Kundenskonto, Vertreterprovision und Barverkaufspreis**
  Auch die Berechnung dieser beiden Positionen wird „vom Hundert" durchgeführt. Nach dem Abzug der ermittelten Ergebnisse vom Zielverkaufspreis ergibt sich der Barverkaufspreis. Die Rechenwege zur Ermittlung von Kundenskonto und Vertreterprovision sind nachstehend abgebildet:

$$\begin{aligned} 100\,\% &= \text{Zielverkaufspreis (in €)} \\ \text{Kundenskonto (in \%)} &= x\ € \end{aligned}$$

$$\begin{aligned} 100{,}0\,\% &= 127{,}60\ € \\ 1{,}5\,\% &= x\ € \end{aligned}$$

$$x = \frac{1{,}5 \cdot 127{,}60}{1{,}5} = 1{,}91\ €$$

$$\begin{aligned} 100\,\% &= \text{Zielverkaufspreis (in €)} \\ \text{Vertreterprovision (in \%)} &= x\ € \end{aligned}$$

$$\begin{aligned} 100{,}0\,\% &= 127{,}60\ € \\ 5{,}0\,\% &= x\ € \end{aligned}$$

$$x = \frac{5{,}0 \cdot 127{,}60}{5{,}0} = 6{,}38\ €$$

- **Gewinn und Selbstkosten**
  Der Gewinn wird ausgehend vom vermehrten Grundwert des Barverkaufspreises, also „auf Hundert" ermittelt und ergibt nach Abzug vom Barverkaufspreis die Selbstkosten:

$$\begin{aligned} \text{Barverkaufspreis (in \%)} &= \text{Barverkaufspreis (in €)} \\ \text{Gewinnzuschlagssatz (in \%)} &= x\ € \end{aligned}$$

$$\begin{aligned} 104{,}0\,\% &= 119{,}31\ € \\ 4{,}0\,\% &= x\ € \end{aligned}$$

$$x = \frac{4{,}0 \cdot 119{,}31}{104{,}0} = 4{,}59\ €$$

- **Handlungskosten und Bezugspreis**
  So wie der Gewinn werden auch die Handlungskosten „auf Hundert" ermittelt, das heißt, ausgehend von dem vermehrten Grundwert der Selbstkosten. Der Bezugspreis wird berechnet, indem die Handlungskosten von den Selbstkosten abgezogen werden. Der Rechenweg zur Ermittlung der Handlungskosten kann wie folgt dargestellt werden:

$$\begin{aligned} \text{Selbstkosten (in \%)} &= \text{Selbstkosten (in €)} \\ \text{Handlungskosten (in \%)} &= x\ € \end{aligned}$$

$$\begin{aligned} 118{,}0\,\% &= 114{,}72\ € \\ 18{,}0\,\% &= x\ € \end{aligned}$$

$$x = \frac{18{,}0 \cdot 114{,}72}{100{,}0} = 17{,}50\ €$$

- **Bezugskosten und Bareinkaufspreis**
  Die Bezugskosten sind als Eurobetrag vorgegeben und können unverändert in das Kalkulationsschema übernommen werden. Nach Abzug vom Bezugspreis ergibt sich der Bareinkaufspreis (hier: 97,22 € – 1,10 € = 96,12 €).

- **Liefererskonto und Zieleinkaufspreis**
  Das Liefererskonto wird vom verminderten Grundwert des Bareinkaufspreises ermittelt. Die Berechnung erfolgt somit „im Hundert". Durch Addition des Liefererskontos zum Bareinkaufspreis errechnet sich der Zieleinkaufspreis. Folgende Darstellung zeigt den Rechenweg zur Ermittlung des Liefererskontos:

  Bareinkaufspreis (in %) = Bareinkaufspreis (in €)
  Liefererskonto (in %) = x €

  97,0 % = 96,12 €
  3,0 % = x €

$$x = \frac{3{,}0 \cdot 96{,}12}{97{,}0} = 2{,}97\ €$$

- **Liefererrabatt und Listeneinkaufspreis**
  Die Berechnung des Liefererrabatts erfolgt vom verminderten Grundwert des Zieleinkaufspreises und somit auch „im Hundert". Der Listeneinkaufspreis ergibt sich durch Abzug des Liefererrabatts vom Zieleinkaufspreis. Folgender Rechenweg zeigt die Berechnung des Liefererrabatts:

  Zieleinkaufspreis (in %) = Zieleinkaufspreis (in €)
  Liefererrabatt (in %) = x €

  80,0 % = 99,09 €
  20,0 % = x €

$$x = \frac{20{,}0 \cdot 99{,}09}{80{,}0} = 24{,}77\ €$$

Auch die Rückwärtskalkulation kann für Artikel, bei denen die gleichen Kalkulationssätze für Kundenrabatt, Kundenskonto, Vertreterprovision, Gewinn und Handlungskosten gelten, vereinfacht werden, indem diese Positionen zu einem Prozentsatz zusammengefasst werden. Der Prozentsatz, der die vorgenannten Kalkulationspositionen in einem Prozentsatz ausdrückt, wird als **Handelsspanne** bezeichnet. Für die Berechnung der Handelsspanne sind ein auf den Kalkulationssätzen basierender Listenverkaufspreis sowie ein Bezugspreis notwendig.

Beispiel

In der bereits durchgeführten Rückwärtskalkulation für den Artikel „Scann-Chef 100" beträgt der Bezugspreis 97,22 € und der Listenverkaufspreis beträgt 145,00 €.

Die Ermittlung der Handelsspanne erfolgt mit folgender Formel:

$$\textit{Handelsspanne} = \frac{(\textit{Listenverkaufspreis} - \textit{Bezugspreis}) \cdot 100}{\textit{Listenverkaufspreis}}$$

$$\textit{Handelsspanne} = \frac{(145{,}00 - 97{,}22) \cdot 100}{145{,}00}$$

Handelsspanne = 32,952 %

Die Anwendung der Handelsspanne führt zu nachstehender Berechnung:

	Bezugspreis		*97,22 €*	↑	*67,048 %*
+	*Handelsspanne*	*32,952 %*	*47,78 €*		*32,952 %*
=	*Listenverkaufspreis*		*145,00 €*		*100,000 %*

Merke:

- ***Im Rahmen der Rückwärtskalkulation wird ausgehend vom am Markt erzielbaren Listenverkaufspreis der Listeneinkaufspreis ermittelt.***
- ***Die Ermittlung von Kundenrabatt, Kundenskonto und Vertreterprovision findet durch eine „vom Hundert"-Berechnung statt.***
- ***Die Ermittlung des Gewinns und des Handlungskostenzuschlagssatzes erfolgt durch eine „auf Hundert"-Berechnung.***
- ***Die Ermittlung von Liefererskonto und Liefererrabatt sind „im-Hundert"-Berechnungen.***
- ***Die Ermittlung und Anwendung der Handelsspanne kann eine Vereinfachung in der Rückwärtskalkulation darstellen.***

7 Die Deckungsbeitragsrechnung als Hilfsmittel bei kaufmännischen Entscheidungen

7.1 Grundlegende Begriffe zur Deckungsbeitragsrechnung

In diesem Kapitel werden verschiedene teilweise neue Begrifflichkeiten verwendet. Dazu ist es zunächst wichtig, diese einführend vorzustellen. Im Rahmen der Kostenartenrechnung wurden insbesondere die Begriffe Einzel- und Gemeinkosten erläutert. Das Kriterium für die Unterscheidung dieser Begriffe ist die Zurechenbarkeit der Kosten, d. h. **Einzelkosten** können dem einzelnen Produkt direkt zugerechnet werden, **Gemeinkosten** können dem einzelnen Produkt nicht direkt zugeordnet werden (oder ihre Zurechnung wäre nur mit einem unverhältnismäßig hohen und damit nicht wirtschaftlichen Aufwand möglich). *LF 10, 4*

In diesem Kapitel stehen die Begriffe fixe und variable Kosten im Vordergrund. Sie sind insbesondere abhängig von der Aufnahme der Produktion bzw. dem Handel der Waren. **Fixe Kosten** fallen unabhängig von der Produktion bzw. dem Handel in regelmäßigen Abständen an. Auch wenn nicht produziert bzw. verkauft wird, müssen sie bezahlt bzw. gebucht werden. Beispiele hierfür sind Mietkosten, die Gehälter von fest angestellten Mitarbeitern, Leasingverträge, Abschreibungen usw. **Variable Kosten** fallen in dem Moment an, in dem produziert (bzw. gehandelt) wird. Beispiele hierfür sind Kosten für den Materialverbrauch, insbesondere auch die Kosten für die eingekauften Waren (Bezugspreise).

Darüber hinaus wird in diesem Kapitel der Begriff der Teilkostenrechnung vertiefend betrachtet. Er ist zunächst von der Vollkostenrechnung abzugrenzen. Wir betrachten dazu nochmals die wesentlichen Unterschiede:

Die **Teilkostenrechnung** betrachtet nur einen Teil der Kosten. Durch die Fokussierung auf die variablen Kosten ist das Unternehmen besser in der Lage, marktorientierte Entscheidungen zu *LF 10, 1.2* treffen (z. B. die Bestimmung der kurzfristigen Preisuntergrenze oder die Annahme von Zusatzaufträgen).

Die **Vollkostenrechnung** erfasst alle Kosten und ermöglicht somit die Ermittlung der Selbstkosten, die kostenorientierte Kalkulation der Verkaufspreise, die Durchführung kurzfristiger Erfolgsrechnungen sowie die Bestimmung der Wirtschaftlichkeit.

Im Folgenden werden an dem bereits bekannten Beispiel die neuen Begriffe verdeutlicht.

LF 10, 6.3.1

Beispiel

In der Duisdorfer BüroKonzept KG soll im Rahmen der Erstellung eines Angebots für den Kunden Stammhaus KG die Kalkulation des Listenverkaufspreises für den „Scann-Chef 100" durchgeführt werden. Hierfür liegen folgende Daten vor:

angefragte Menge	*30 Stück*		
Listeneinkaufspreis	*128,22 €*	***Handlungskostenzuschlagssatz***	*18,0 %*
Liefererrabatt	*20,0 %*	***Gewinnzuschlagssatz***	*4,0 %*
Liefererskonto	*3,0 %*	***Kundenskonto***	*1,5 %*
		Vetreterprovision	*5,0 %*
		Kundenrabatt	*12,0 %*

Die Bezugskosten betragen pro Stück 1,10 €.

Das vollständige Kalkulationsschema stellt sich wie folgt dar (alle Rechenergebnisse wurden auf zwei Dezimalstellen kaufmännisch gerundet):

	Listeneinkaufspreis		*3.846,60 €*	*100,0 %*	
–	*Liefererrabatt*	*20,0 %*	*769,32 €*	*20,0 %*	
=	*Zieleinkaufspreis*		*3.077,28 €*	*80,0 %*	*100,0 %*
–	*Liefererskonto*	*3,0 %*	*92,32 €*		*3,0 %*
=	*Bareinkaufspreis*		*2.984,96 €*		*97,0 %*
+	*Bezugskosten*		*33,00 €*		
=	*Bezugspreis*		*3.017,96 €*	*100,0 %*	
+	*Handlungskosten*	*18,0 %*	*543,23 €*	*18,0 %*	
=	*Selbstkosten*		*3.561,19 €*	*118,0 %*	*100,0 %*
+	*Gewinn*	*4,0 %*	*142,45 €*		*4,0 %*
=	*Barverkaufspreis*		*3.703,64 €*	*93,5 %*	*104,0 %*
+	*Kundenskonto*	*1,5 %*	*59,42 €*	*1,5 %*	
+	*Vertreterprovision*	*5,0 %*	*198,06 €*	*5,0 %*	
=	*Zielverkaufspreis*		*3.961,12 €*	*100,0 %*	*88,0 %*
+	*Kundenrabatt*	*12,0 %*	*540,15 €*		*12,0 %*
=	***Listenverkaufspreis***		***4.501,27 €***		***100,0 %***
=	***Listenverkaufspreis pro Stück***		***150,04 €***		

An diesem Beispiel können die o. g. neuen Begriffe anschaulich dargestellt werden. Der Bezugspreis für die 30 Stück „Scann-Chef 100" in Höhe von **3.017,96 €** stellt die **variablen Kosten** dar. Er fällt nicht an, wenn wir den Auftrag nicht ausführen.

Die **Handlungskosten** in Höhe von 543,23 € können sowohl fixe, als auch variable Kosten sein. Für unser Beispiel nehmen wir aus Gründen der Vereinfachung an, dass es sich ausschließlich um **fixe** Kosten (also Miete, Leasingraten, Gehälter für fest angestellte Mitarbeiter u. a.) handelt. Diese Kosten fallen unabhängig an, egal ob wir die 30 Stück verkaufen oder nicht.

Gleichzeitig bleibt festzuhalten, dass es sich bei dieser Zuschlagskalkulation um ein Instrument der **Vollkostenrechnung** handelt.

7.2 Die Deckungsbeitragsrechnung als Hilfsmittel bei der kurzfristigen Entscheidung über Zusatzaufträge

Die Deckungsbeitragsrechnung als Instrument der **Teilkostenrechnung** stellt ein Hilfsmittel dar, das eine differenziertere Betrachtungsweise bei der Beurteilung von Aufträgen ermöglicht. Der Deckungsbeitrag wird sehr einfach berechnet:

	Erlöse
minus	variable Kosten
=	Deckungsbeitrag

In diesem Beispiel betragen die Erlöse 3.703,64 € (wenn der Kunde alle Vergünstigungen wie Rabatt und Skonto in Anspruch nimmt). Die variablen Kosten betragen 3.017,96 €. Der Deckungsbeitrag errechnet sich also:

	Erlöse	3.703,64 €
minus	variable Kosten	3.017,96 €
=	Deckungsbeitrag	685,68 €

Der Deckungsbeitrag ist positiv. Man nennt ihn **Deckungsbeitrag, weil er den Geldbetrag (Beitrag) angibt, mit dem die fixen Kosten des Auftrages gedeckt** werden. In diesem Fall werden alle fixen Kosten (543,23 €) gedeckt. Zusätzlich verbleibt noch ein Gewinn in Höhe von 142,45 € (= 685,68 – 543,23 €).

Der Sinn dieser neuen Berechnung erschließt sich, wenn man weitere Aufträge genauer betrachtet.

Beispiel

Die Duisdorfer BüroKonzept KG befindet sich im Sommerloch. Viele Stammkunden haben Betriebsferien und ihre Bestellungen auf den Herbst verschoben. Die Mitarbeiter im Einkauf und im Verkauf haben kaum Aufträge und damit wenig zu tun. Ausgehend von dem bereits bekannten Beispiel mit den folgenden Daten erhält die Duisdorfer BüroKonzept KG eine Anfrage ihres Stammkunden Rhenag GmbH über 50 Stück „Scann-Chef 100". Der Kunde gibt bei seiner Anfrage an, dass er uns gerne den Auftrag geben würde. Er kann das Produkt bei der Konkurrenz aufgrund der allgemeinen Auftragsflaute aber zum Verkaufspreis in Höhe von 135,00 € erhalten. Den Rabatt und den Skonto erwartet er bei diesem Preis weiterhin in der bekannten Höhe. Auch die Vertreterprovision ist noch zu berechnen. Zur Anfrage der Rhenag GmbH liegen die folgenden Daten vor:

angefragte Menge	*50 Stück*	***erwarteter Verkaufspreis***	*135,00 €*
Listeneinkaufspreis	*128,22 €*	***Handlungskostenzuschlagssatz***	*18,0 %*
Liefererrabatt	*20,0 %*	***Gewinnzuschlagssatz***	*4,0 %*
Liefererskonto	*3,0 %*	***Kundenskonto***	*1,5 %*
		Vetreterprovision	*5,0 %*
		Kundenrabatt	*12,0 %*

Die Bezugskosten betragen pro Stück 1,10 €.

Das vollständige Kalkulationsschema stellt sich wie folgt dar (alle Rechenergebnisse wurden auf zwei Dezimalstellen kaufmännisch gerundet):

	Listeneinkaufspreis		*6.411,00 €*	*100,0 %*	
–	*Liefererrabatt*	*20,0 %*	*1.282,20 €*	*20,0 %*	
=	*Zieleinkaufspreis*		*5.128,80 €*	*80,0 %*	*100,0 %*
–	*Liefererskonto*	*3,0 %*	*153,86 €*		*3,0 %*
=	*Bareinkaufspreis*		*4.974,94 €*		*97,0 %*
+	*Bezugskosten*		*55,00 €*		
=	*Bezugspreis*		*5.029,94 €*	*100,0 %*	
+	*Handlungskosten*	*18,0 %*	*905,39 €*	*18,0 %*	
=	*Selbstkosten*		*5.935,33 €*	*118,0 %*	
+	*Gewinn*		**– 381,43 €**		
=	*Barverkaufspreis*		*5.553,90 €*	*93,5 %*	
+	*Kundenskonto*	*1,5 %*	*89,10 €*	*1,5 %*	
+	*Vertreterprovision*	*5,0 %*	*297,00 €*	*5,0 %*	
=	*Zielverkaufspreis*		*5.940,00 €*	*100,0 %*	*88,0 %*
+	*Kundenrabatt*	*12,0 %*	*810,00 €*		*12,0 %*
=	***Listenverkaufspreis***		***6.750,00 €***		***100,0 %***
=	***Listenverkaufspreis pro Stück***		***135,00 €***		

Aus diesem Beispiel ergibt sich **nach der Vollkostenrechnung** ein eindeutiges Ergebnis: der Auftrag würde zu einem Verlust in Höhe von 381,43 € führen. Daher würden wir auf der Grundlage der Kalkulation diesen **Auftrag ablehnen**.

Mithilfe der Deckungsbeitragsrechnung im Rahmen der Teilkostenrechnung können wir den Auftrag unter einem anderen Blickwinkel genauer betrachten. Der Deckungsbeitrag beträgt:

	Erlöse	5.553,90 €
minus	Variable Kosten	5.029,94 €
=	Deckungsbeitrag	523,96 €

Der **Deckungsbeitrag** ist positiv und gibt uns an, dass die fixen Kosten (die sowieso anfallen) mit diesem Auftrag in einer Höhe von 523,96 € gedeckt werden können. Die restlichen fixen Kosten in Höhe von 381,43 € (= 905,39 – 523,96 €) werden nicht gedeckt, daraus resultiert auch der Verlust in dieser Höhe.

Befindet sich ein Unternehmen in einer besonderen Situation, wie in diesem Fall die extrem auftragsschwache Lage, dann können mit der Annahme des Auftrages Teile der fixen Kosten gedeckt werden, die in jedem Fall entstehen. Auf der Grundlage dieser Überlegungen und mithilfe der Ergebnisse der Deckungsbeitragsrechnung **könnte die Duisdorfer** BüroKonzept **KG den Auftrag annehmen.**

Solche Zusatzaufträge, die einen positiven Deckungsbeitrag aufweisen, aber insgesamt zu Verlusten führen, können jedoch nicht über einen längeren Zeitraum angenommen werden. Nur über einen kurzen Zeitraum (abhängig von der Finanzkraft des Unternehmens) und unter besonderen betriebswirtschaftlichen Umständen können derartige Aufträge realisiert werden. Langfristig kann das Unternehmen wirtschaftlich nur existieren, wenn die Produkte mit Gewinn verkauft werden.

7.3 Die Preisuntergrenze bei Zusatzaufträgen

Anhand des Beispiels stellt sich die Frage, wo sich der niedrigste Preis (Preisuntergrenze) für derartige Aufträge befindet, den wir noch akzeptieren können. Hilfreich sind hierbei die Berechnungen der **variablen Stückkosten**[1] und des **Stückdeckungsbeitrages**[2].
Beide werden für das o. a. Beispiel wie folgt berechnet:

variable Stückkosten[1]	Stückdeckungsbeitrag[2]
5.029,94 : 50 = 100,60 €	(5.553,50 : 50) – 100,60 € = 111,07 – 100,60 = 10,47 €

Die variablen Stückkosten in Höhe von 100,60 € stellen hier die **Preisuntergrenze für den Angebotspreis** dar. Aufträge, bei denen dieser Preis unterschritten wird, können und dürfen rechtlich in vielen Fällen nicht ausgeführt werden:

In diesem Beispiel würden die fixen Kosten gar nicht erwirtschaftet und auch ein Teil der variablen Kosten wird nicht gedeckt. Konkret würde das bedeuten: wir kaufen das Produkt zu einem Bezugspreis von 100,60 € ein und würde es unter 100,60 €, also unter unserem eigenen Einstandspreis, verkaufen. Laut Gesetz gegen die Wettbewerbsbeschränkungen ist der Verkauf von Waren unter dem Einstandspreis für „Unternehmen mit relativer oder überlegener Marktmacht" ausdrücklich verboten. Ausnahmen gelten in den Fällen, in denen der Verkauf gelegentlich stattfindet oder „sachlich gerechtfertigt" ist". Untersagt ist dabei nicht erst der Verkauf, sondern bereits ein Angebot unter dem Einstandspreis (vgl. § 20 Abs. 3 Gesetz gegen Wettbewerbsbeschränkungen).

Der Deckungsbeitrag muss also in jedem Fall positiv bleiben, da ansonsten keinerlei fixe Kosten gedeckt werden und der Auftrag ggfs. nicht nur rechtlich verboten ist, sondern auch wirtschaftlich keinen Sinn macht. Ein sehr geringer Deckungsbeitrag (oder wenn dieser Null beträgt) ist nur sinnvoll, wenn betriebswirtschaftliche Überlegungen die Annahme des Auftrages sinnvoll erscheinen lassen. Diese können sein: Weiterbeschäftigung des Personals, keine Entlassungen oder Abwanderungen guter Mitarbeiter zur Konkurrenz, Erhaltung des Marktanteils, kurzfristige Marketingaktivitäten oder Kundenbindungsmaßnahmen u. dgl.

7.4 Die Bestimmung der Gewinnschwelle (die Break-even-Analyse)

Die bekannte Analyse des Break-even-Points ist mathematisch nur sinnvoll, wenn es sich um die wirtschaftliche Beurteilung von einzelnen Produkten (z. B. bei einem Einprodukt-Betrieb oder bei konkreten Erweiterungsinvestitionen für einzelne Produkte) handelt. Für Unterneh-

---

1 *variable Kosten geteilt durch die gekaufte Menge*
2 *Erlöse je Stück minus variable Stückkosten*

men, die eine Vielzahl an Produkten herstellen oder handeln, ist diese Analyse nicht oder nur mit sehr großem mathematischem Aufwand möglich.

Beispiel

Die Duisdorfer BüroKonzept KG kann sich vor Aufträgen für das Produkt „Scann-Chef 100" kaum noch retten. Die Kunden sind begeistert von diesem Gerät. Der Artikel wird in der Saam KG hergestellt. Die dortige Geschäftsführerin Frau Saam möchte sich zur Ruhe setzen, sie hat bisher aber noch keinen geeigneten Nachfolger gefunden. Da die Duisdorfer BüroKonzept KG der beste Kunde ist, bietet Frau Saam dem Gesellschafter der BüroKonzept KG, Herrn Falo, den Kauf der Lizenz zur Produktion dieses Gerätes an.

Die Duisdorfer BüroKonzept KG würde eine neue Lagerhalle bauen müssen, neue Mitarbeiter für die Produktion einstellen und dann das Gerät selber herstellen lassen. Die Finanzabteilung hat errechnet, dass die fixen Kosten sich auf 1.000.000,00 € belaufen (u. a. Zinsen für den Kredit für die Lagerhalle, Löhne für die Mitarbeiter, Abschreibungen, Strom, Reinigung, Versicherungen). Die Herstellkosten für das Gerät werden in Absprache mit dem Leiter der Produktion mit 90,00 € beziffert. Der Nettoverkaufserlös wird in Abstimmung mit der Verkaufsabteilung mit 140,00 € angesetzt. Für die ersten Vertragsgespräche mit Frau Saam möchte Herr Falo wissen, wie viele Geräte in einem Jahr hergestellt und verkauft werden müssen, damit sich ein Gewinn einstellt.

Daten für die Eigenproduktion des „Scan-Chef 100"

fixe Kosten	*1.000.000,00 €*
variable Kosten je Stück	*90,00 €*
Nettoverkaufserlöse je Stück	*140,00 €*

Die Berechnung lässt sich mithilfe der Stückdeckungsbeitragsrechnung durchführen:

	Erlöse je Stück	140,00 €
–	variable Kosten je Stück	90,00 €
=	Stückdeckungsbeitrag	50,00 €

Die Gewinnschwelle wird berechnet, indem man die fixen Kosten durch den Stückdeckungsbeitrag teilt.

Gewinnschwelle = 1.000.000,00 € : 50,00 € = 20 000 Stück.

Dieses Ergebnis gibt an, dass mehr als 20 000 Stück pro Jahr hergestellt und verkauft werden müssen, damit ein Gewinn mit diesem Produkt erzielt wird. Werden weniger als 20 000 Stück verkauft, dann erzielt das Unternehmen einen Verlust. Diese Information kann Herr Falo mit in die Vertragsgespräche nehmen und z. B. mit den aktuellen Verkaufszahlen der Saam KG vergleichen.

7.5 Das Gesetz der Massenproduktion

Das **Gesetz der Massenproduktion** (engl.: economies of large scale) wurde 1910 von Karl Bücher (1847 bis 1930) formuliert. Es besagt, dass mit steigender Produktionsmenge (bzw. steigendem Beschäftigungsgrad)

die Stückkosten sinken. Durch Weiterführung unseres Beispiels soll dieses Gesetz verdeutlicht werden.

Beispiel

Die Vertragsverhandlungen zwischen Herrn Falo und Frau Saam waren durchaus positiv. Im Verlauf des Gesprächs hat ihm Frau Saam auch die Verkaufszahlen des Produkts „Scan-Chef 100" aus den vergangenen Jahren vorgestellt. Dabei zeigten sich starke Schwankungen der Absatzzahlen. Im ersten Jahr wurden 25 000 Stück verkauft, im zweiten Jahr nur 8 000 Stück, im dritten Jahr wurden 15 000 Stück verkauft, in diesem Jahr wird ein Absatz von 35 000 Stück angepeilt. Herr Falo ist etwas irritiert und möchte weitere Zahlen aus der Produktionsabteilung haben. Insbesondere möchte er mehr zu den Selbstkosten für das Produkt „Scan-Chef 100" wissen. Er möchte wissen, wie hoch die Selbstkosten je Stück (Stückkosten) bei den verschiedenen Absatzmengen sind. Dazu liegen ihm die folgenden Daten vor:

Jahr	Jahr 1	Jahr 2	Jahr 3	Jahr 4
Hergestellte Menge in Stück	25 000	8 000	15 000	35 000
variable Kosten je Stück	90,00 €	90,00 €	90,00 €	90,00 €
Summe variable Kosten	2.250.000,00 €	720.000,00 €	1.350.000,00 €	3.150.000,00 €
fixe Kosten	1.000.000,00 €	1.000.000,00 €	1.000.000,00 €	1.000.000,00 €
Gesamtkosten[1]	3.250.000,00 €	1.720.000,00 €	2.350.000,00 €	4.150.000,00 €
Stückkosten[2]	130,00 €	215,00 €	156,67 €	118,57 €

Sortiert man die Jahre aufsteigend nach den Ausbringungsmengen, dann ergibt sich das folgende Bild:

Jahr	Menge		Stückkosten	
2	8 000	+	215,00	−
3	15 000		156,67	
1	25 000		130,00	
4	35 000		118,57	

Mit steigender Produktionsmenge sinken in diesem Beispiel die Stückkosten (die Kosten je produzierter Einheit). Dies resultiert aus der Tatsache, dass sich die fixen Kosten bei steigender Herstellungsmenge auf immer mehr abgesetzte Produkte verteilen und damit die fixen Kosten je Stück sinken.

Die Zahlen und auch die Kenntnis der Selbstkosten bei sehr unterschiedlichen Mengen sind in diesem Beispiel für Herrn Falo wichtig. Man kann erkennen, dass in den Jahren 2 und 3 der Nettoverkaufspreis in Höhe von 140,00 € überschritten wird und damit insgesamt Verluste

---

[1] *Summe aus variablen und fixen Kosten*

[2] *Gesamtkosten durch die hergestellte Menge*

erzielt werden. Nur in den Jahren 1 und 4 liegen die Stückkosten unter dem Nettoverkaufspreis und das Unternehmen erzielt einen Gewinn. Dies könnte in weiteren Verhandlungen eine Rolle spielen. Herr Falo könnte versuchen, die fixen Kosten zu reduzieren, z. B. durch die Verringerung des Kaufpreises für die Lizenz zur Herstellung des Gerätes.

Merke:

- *Fixe Kosten fallen unabhängig von der Produktion bzw. dem Absatz in regelmäßigen Abständen in fester Höhe an.*
- *Variable Kosten sind abhängig von der Produktion bzw. dem Handel von Waren. Wird nicht produziert oder gehandelt, dann fallen sie nicht an.*
- *Die Teilkostenrechnung betrachtet nur einen Teil der Kosten. Individuelle Entscheidungen, z. B. in Bezug auf die Annahme von Zusatzaufträgen bzw. die Festlegung von Preisuntergrenzen ist durch die Unterscheidung in variable und fixe Kosten möglich.*
- *Die Deckungsbeitragsrechnung ist ein Instrument der Teilkostenrechnung.*
- *Der Deckungsbeitrag wird als Ergebnis der Differenz zwischen den Erlösen und den variablen Kosten berechnet. Ein positiver Deckungsbeitrag gibt an, dass die Erlöse neben den variablen Kosten auch einen Teil der fixen Kosten decken.*
- *Die variablen Stückkosten stellen die (absolute) Preisuntergrenze für den Angebotspreis dar. Nur über einen kurzen Zeitraum (abhängig von der Finanzkraft des Unternehmens) können Zusatzaufträge jedoch in Höhe dieser Preisuntergrenze ausgeführt werden.*
- *Die Bestimmung der Gewinnschwelle (Break-even-Analyse) ermittelt, wie hoch die hergestellte und verkaufte Menge pro Jahr sein muss, damit das Unternehmen einen Gewinn erzielen kann. Sie wird berechnet, indem man die fixen Kosten durch den Stückdeckungsbeitrag teilt.*
- *Das Gesetz der Massenproduktion besagt, dass mit steigender Produktionsmenge (bzw. steigendem Beschäftigungsgrad) die Stückkosten sinken.*

LernFeld 11

Geschäftsprozesse darstellen und optimieren

Überblick Lernfeld

1	**Grundlagen der Aufbauorganisation**	**Lernsituation 11.1**
1.1	Das Organigramm	
1.2	Leitungssysteme	
1.3	Führungsstile	
1.4	Managementprinzipien	
2	**Geschäftsprozesse visualisieren und kontinuierlich verbessern**	**Lernsituation 11.2**
2.1	Ist-Aufnahme von Geschäftsprozessen	
2.2	Prozesse darstellen	
2.3	Schwachstellenanalyse	
2.4	Optimierungsvorschläge	
2.5	Kontinuierliche Verbesserungen der Geschäftsprozesse	
2.6	Zertifizierung von Geschäftsprozessen	

1 Grundlagen der Aufbauorganisation

1.1 Das Organigramm

Ein Organigramm (auch **Organi**sationsdia**gramm**) stellt den hierarchischen Aufbau (Über-, Gleich- und Unterordnungen) eines Unternehmens über Bereiche, Abteilungen, Gruppen bis hin zu den einzelnen Stellen dar. Jede Organisationseinheit wird durch ein Rechteck dargestellt, in dem die Bezeichnung der organisierten Einheit (z. B. Beschaffung) und der Stelleninhaber genannt sind. Die zusammengehörigen Organisationseinheiten werden über Linien miteinander verbunden. In einem Organigramm lassen sich Kommunikationswege, Aufgabenverteilungen und Weisungsverhältnisse im Unternehmen erkennen bzw. darstellen. Es gibt mittels der dargestellten Einheiten (Bereiche, Abteilungen, Gruppen, Stellen) Auskunft darüber, wer in einem Unternehmen welche Aufgabe übernimmt (Aufgabenträger) und wie die Transport- und Kommunikationswege verlaufen. Die **horizontale Aufbauorganisation** verteilt die einzelnen Aufgaben auf die Aufgabenträger (Mitarbeiter). Die **vertikale Aufbauorganisation** legt den Instanzenaufbau bzw. die Unternehmenshierarchie fest.

Eine **Instanz** ist eine Stelle mit Leitungs- bzw. Entscheidungsbefugnis. Die Stelle der Leiterin der Abteilung Beschaffung, die von Frau Laura Beckmann ausgefüllt wird, ist eine Instanz. Die Stelle des Sachbearbeiters für die Anlagegüter (Herr Hans Lemke), die sich auf die Sachbearbeitung beschränkt, ist somit eine ausführende Stelle und keine Instanz. Die Stelleninhaber einer Instanz erhalten in der Regel ein höheres Gehalt bzw. einen höheren Lohn als Inhaber einer Stelle ohne Leitungs- bzw. Entscheidungsbefugnis.

Eine **Stelle** entsteht durch Zusammenfassung von einzelnen Aufgaben zu einem Aufgabenbereich einer Person. Eine Stelle ist die kleinste organisatorische Einheit. Das Leistungsvermögen einer Person wird bei der Bildung bzw. Besetzung einer Stelle berücksichtigt. Frau Beckmann leitet als Abteilungsleiterin Beschaffung beispielsweise alle Aufgaben im Zusammenhang mit der Beschaffung von Werkstoffen, Handelswaren und Anlagegütern. Sie hat sich durch ihre bisherige Tätigkeit und durch Fortbildungen stellenspezifische Erfahrungen und Fähigkeiten angeeignet. Das Leistungsvermögen von Frau Beckmann ist auf die Aufgaben der Leitung der Abteilung Beschaffung abgestimmt. Die Entscheidungsbefugnisse (Kompetenzen) von Frau Beckmann sind auf die Abteilung Beschaffung beschränkt. Eine **Abteilung** ist die Zusammenfassung mehrerer Stellen (z. B. drei Stellen in der Abteilung Beschaffung) zu einem Verantwortungsbereich unter einheitlicher Leitung (Abteilungsleitung).

Zur Bildung von Stellen, Instanzen und Abteilungen dienen in der Theorie die Aufgabenanalyse und die anschließende Aufgabensynthese. Bei der **Aufgabenanalyse** wird die Gesamtaufgabe des Unternehmens (z. B. Herstellung und Vertrieb von Ausstattungsgegenständen im Bürobereich sowie die Beratung in allen Fragen der Büroorganisation) nach sog. Bestimmungselementen gegliedert. Diese Bestimmungselemente können beispielsweise die Art der **Verrichtung** (***Wie*** wird die Aufgabe ausgeführt?) oder das **Objekt** (***Woran*** ist die Aufgabe zu vollziehen?) sein.

Die ***Aufgabensynthese*** ist die Zusammenfassung sachlogisch zusammenhängender Aufgaben zu Aufgabenkomplexen im Hinblick auf die Erfüllung durch einen Aufgabenträger. Gründe für die Aufgabensynthese sind die notwendige Spezialisierung, Überschaubarkeit und Kompetenzklarheit. Ergebnis der Aufgabensynthese ist die Bildung von Stellen und Abteilungen. Stellen mit gleichen oder ähnlichen Arbeiten werden zu größeren organisatorischen Einheiten (Abteilungen) zusammengefasst. Abteilungen können beispielsweise nach dem **Verrich-**

tungsprinzip, d. h. nach der Funktion oder der Tätigkeit (z. B. Beschaffung, Produktion, Vertrieb) oder nach dem **Objektprinzip**, d. h. nach dem Arbeitsgegenstand (z. B. eigene Erzeugnisse, Handelswaren, sonstige Büroausstattung) gegliedert werden.

1.2 Leitungssysteme

Ein **Leitungssystem** beschreibt die Weisungs-, Unterstellungs- und Informationsbeziehungen zwischen den Stelleninhabern innerhalb einer Unternehmung.

1.2.1 Einliniensystem

Die Duisdorfer BüroKonzept KG zeichnet sich durch die **funktionale Organisationsstruktur** aus, indem die Organisationseinheiten auf der zweiten Hierarchieebene (Abteilungen) nach der Funktion (Verrichtung: Beschaffung, Vertrieb, Kaufmännische Verwaltung, Personalwesen, Technischer Bereich) gebildet wurden. Es entsteht somit eine Tendenz zur Zentralisierung der Entscheidungen bei der Bereichs- und Abteilungsleitung. Die Unternehmensleitung koordiniert in einer **funktionalen Organisation** die Funktionsbereiche und formuliert bzw. überprüft die Erreichung von strategischen und operativen Zielen. Die Weisungsbefugnisse sind auf einer Linie angeordnet. Ein Stelleninhaber hat jeweils nur eine direkt übergeordnete Instanz, von der er Anweisungen erhält und an die er Informationen abgibt. Die Kommunikation findet formal auf den Linien nur vertikal statt.

Auf der folgenden Seite ist ein Ausschnitt aus dem Organigramm der Duisdorfer BüroKonzept KG ohne Stabsstellen dargestellt. Die rote Linie verdeutlicht den Weg, auf dem die Kommunikation und Information zwischen Geschäftsführung (Sebastian Falo bzw. Katharina Niester) über den Bereichsleiter Technischer Bereich (Achim Langner) und dem Abteilungsleiter Produktion (Karl-Josef Hoffmann) zum Stelleninhaber Produktion-Bürotische (Frank Gerlach) abläuft.

Vorteile dieses Einliniensystems sind die eindeutige Festlegung der Kompetenzen, Kommunikationsbeziehungen und Unterstellungsverhältnisse. Es ist eindeutig geregelt, dass Herr Hoffmann als Abteilungsleiter Produktion berechtigt ist, dem Stelleninhaber der Stelle Produktion-Bürotische, Herrn Gerlach, Weisungen zu erteilen. Herr Gerlach ist eindeutig Herrn Hoffmann unterstellt. Ebenso ist Herr Hoffmann dem Bereichsleiter Herrn Langner weisungsgebunden und dieser wiederum Herrn Falo und Frau Niester.

Die Informationen aus dem Produktionsprozess der Bürotische muss Herr Gerlach an Herrn Hoffmann weiterleiten. Diese Informationen werden dann möglicherweise von Herrn Hoffmann an Herrn Langner und weiter an Herrn Falo oder Frau Niester übermittelt. Informationen können auch von oben nach unten, d. h. von Herrn Falo über Herrn Langner und Herrn Hoffmann an Herrn Gerlach, übermittelt werden.

Nachteile des Einliniensystems können in den langen Instanzenwegen bestehen. Der „Weg" von der Stelle **Produktion-Bürotische** bis zur **Geschäftsführung** (und umgekehrt) ist sehr lang und birgt die Gefahr, dass Abteilungs-, Bereichs- und Unternehmensleitung durch die große Anzahl von untergeordneten Stellen überfordert werden. Die **Leitungsspanne**, d. h. die Anzahl der einem Vorgesetzten direkt unterstellten Mitarbeiter, kann sehr groß werden. Daraus ergibt sich eine breite Instanzengliederung, d. h. weniger Rangstufen bzw. Ebenen mit von oben nach unten steigenden Mitarbeiterzahlen. Darüber hinaus besteht die Gefahr der Informationsverfälschung durch Zwischeninstanzen („stille Post").

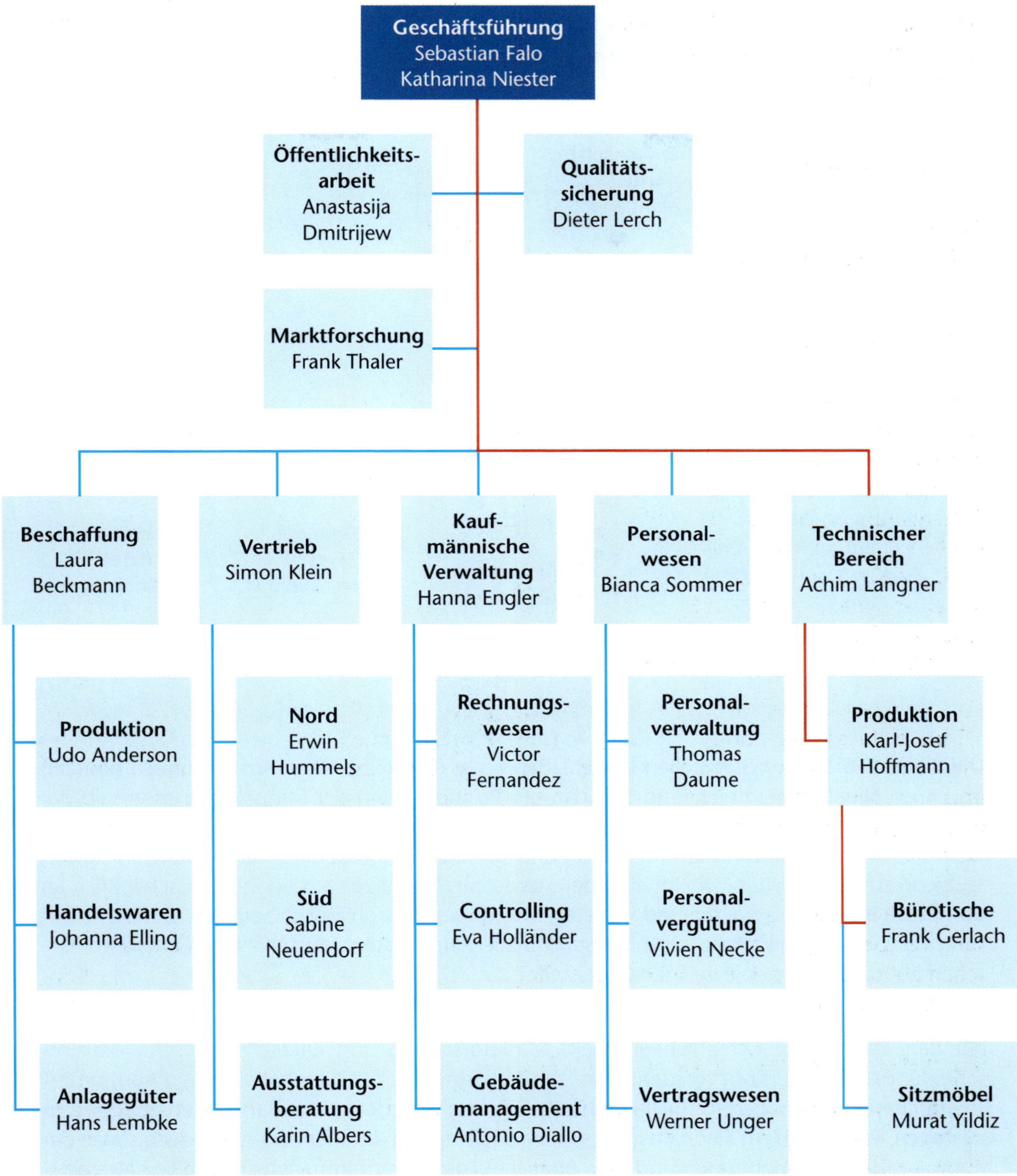

1.2.2 Stabliniensystem

Um die Instanzen, d.h. die Geschäfts-, Bereichs- und Abteilungsleitung zu entlasten und die Gefahr der Überforderung dieser Instanzen zu reduzieren, hat die Duisdorfer BüroKonzept KG zusätzlich sog. Stabsstellen eingerichtet. Diese sind, wie im folgenden Organigramm dargestellt, unterhalb der Geschäftsführung angesiedelt. Das so entstandene Stabliniensystem stellt eine besondere Form des Einliniensystems dar.

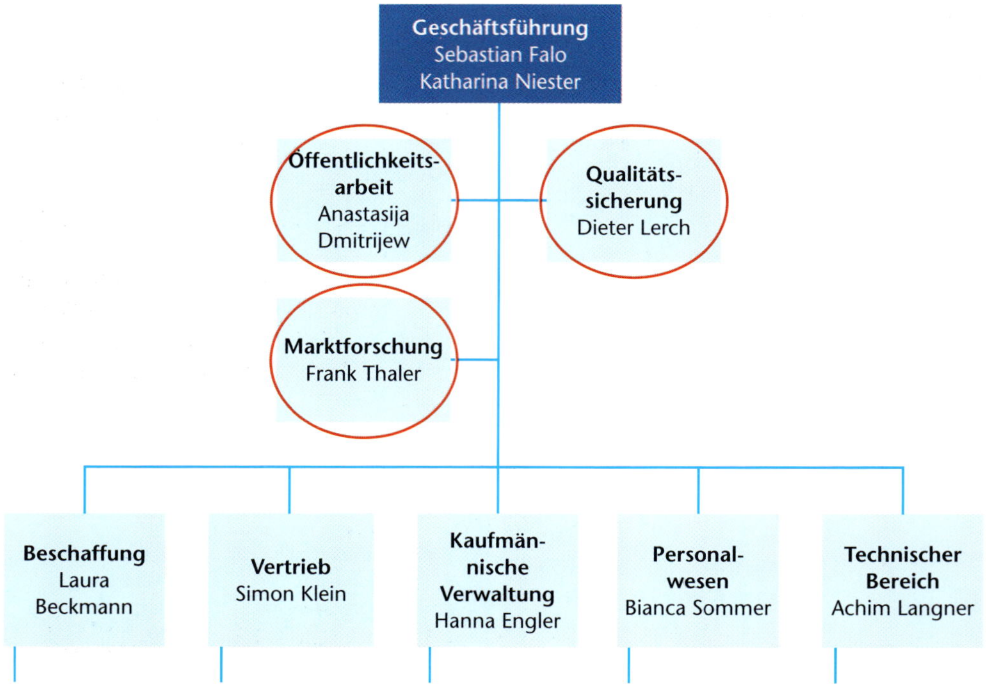

Die Besonderheit von Stabstellen besteht darin, dass sie keine Weisungsbefugnisse besitzen und ausschließlich beratend tätig sind. An der Positionierung der Stabsstellen unterhalb der Geschäftsführung lässt sich erkennen, dass die Stabstellen die Geschäftsleitung in Fragen der Öffentlichkeitsarbeit, der Marktforschung und der Qualitätssicherung beraten und ihr unterstützend zur Seite stehen. Die Inhaber der Stabsstellen geben Informationen ausschließlich an die Geschäftsführung weiter und erhalten Weisungen ausschließlich von der Geschäftsführung. Die Kommunikations- und Weisungsbeziehung besteht ausschließlich zwischen Geschäftsführung und der jeweiligen Stabsstelle.

Die Vorteile des Stabliniensystems bestehen darin, dass durch das Einsetzen von Spezialisten auf den Stabsstellen Öffentlichkeitarbeit, Marktforschung und Qualitätssicherung die Entscheidungsqualität erhöht werden kann. Die Abhängigkeit der Geschäftsführung vom unterstellten Bereich verringert sich. Die Geschäftsführung wird durch die Stabsstellen entlastet. Es bestehen, wie bei jedem Einliniensystem, klare Regelungen der Weisungsbefugnisse sowie der Kommunikationsbeziehungen und eine übersichtliche Unternehmensstruktur. Die Geschäftsführung hat gute Kontrollmöglichkeiten der Stabsstellen.

Als spezifischer Nachteil für die Stablinienorganisation kann die Gefahr von Manipulationen durch eine selektive bzw. unvollständige Weitergabe von Informationen genannt werden. Durch die zusätzlich geschaffenen Stellen entstehen auch zusätzliche Kosten für Gehälter, Schaffung neuer Arbeitsplätze etc. Überdimensionierte Stabsstrukturen können Entscheidungsprozesse zudem verlangsamen. Die langen Anordnungs- und Entscheidungswege bleiben, wie beim Einliniensystem üblich, bestehen.

1.2.3 Spartenorganisation

Die Spartenorganisation (auch divisionale Organisation) stellt ein Einliniensystem dar, bei dem die Bereiche bzw. Abteilungen auf der zweiten Hierarchieebene nach dem Objektprinzip, d.h. nach Sparten (Produkten) gebildet werden. Bei der Duisdorfer BüroKonzept KG wären das beispielsweise die Sparten Bürotische, Sitzmöbel und Handelswaren.

Weiterhin werden Abteilungen auf der dritten Hierarchieebene in der Regel nach dem Verrichtungsprinzip (Funktionsprinzip) gebildet. Dies sind die Abteilungen Beschaffung, Produktion und Vertrieb. Auf der dritten Hierarchieebene findet eine Dezentralisation (Aufteilung gleichartiger Aufgaben auf mehrere Stellen) statt. Trotz vorherrschender Tendenz zur Dezentralisation werden neben den drei Sparten in der nachfolgend beispielhaft dargestellten Spartenorganisation der Duisdorfer BüroKonzept KG noch sog. Zentralbereiche für die Kaufmännische Verwaltung sowie für Lager und Versand geführt.

Der Grund für die Bildung von Zentralbereichen und die Ergänzung der reinen Spartenorganisation liegt darin, dass auf diese Weise gleichartige Aufgaben zentralisiert werden können. Beispielsweise kann es sinnvoll sein, nicht für jede Sparte ein eigenes Lager anzumieten und so mit einem zentralen Lager wiederum Kosten zu sparen.

Vorteile der Spartenorganisation liegen in der Spezialisierung auf die einzelnen Produktgruppen. Es können Besonderheiten der Produktgruppe besser berücksichtigt werden. Die Identifikation der Mitarbeiter mit „ihrem" Produkt ist möglicherweise größer. Die einzelnen Sparten sind weitestgehend wirtschaftlich selbstständig. Der Erfolg eines Produktes kann somit besser analysiert und identifiziert werden. Die Spartenleiter werden zu „Unternehmern im Unternehmen" und entlasten die Unternehmensleitung. In der Spartenorganisation bestehen kurze Entscheidungs- und Kommunikationswege. Es existiert eine gute Marktorientierung, sodass besser auf Kundenwünsche eingegangen werden kann.

Neben den genannten Vorteilen besteht bei der Spartenorganisation aber auch die Gefahr der Verselbstständigung der Sparten, die so das Unternehmensziel außer Acht lassen. Es kann ein „Ressortegoismus" entstehen, indem Mitarbeiter und Vorgesetzte sich nur noch auf ihre

Belange konzentrieren. Durch die mehrfach vorkommenden Abteilungen (z. B. Einkauf) kann es zu Doppelarbeit kommen und Synergien können nicht genutzt werden. Beispielsweise können Mengenrabatte nicht in Anspruch genommen werden, wenn jede Abteilung Einkauf einzeln bei demselben Lieferanten bestellt.

1.2.4 Mehrliniensystem

Beim Mehrliniensystem erhält jede ausführende Stelle, im Gegensatz zum Einliniensystem, von mehreren spezialisierten Vorgesetzten Anweisungen. Auch wenn Mehrliniensysteme eine geringe praktische Bedeutung haben, ist nachfolgend das fiktive Beispiel eines Mehrliniensystems anhand der Duisdorfer BüroKonzept KG dargestellt.

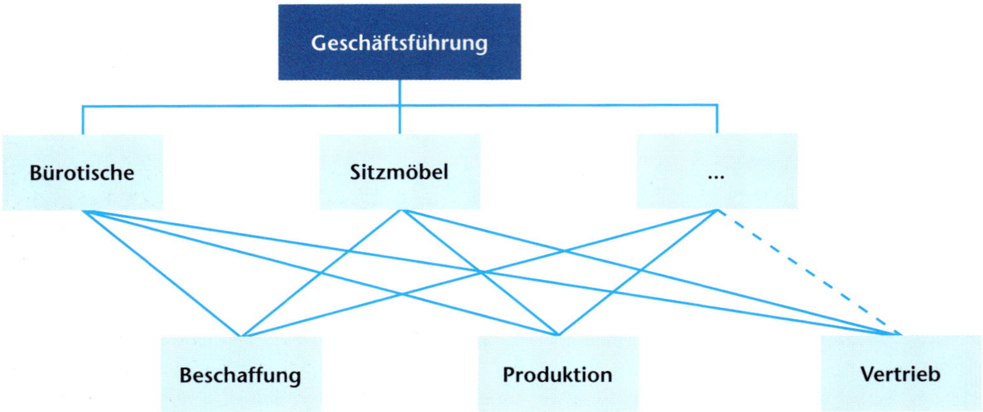

Durch das Mehrliniensystem können bessere Entscheidungen durch die Spezialisierung der Vorgesetzten und schnelle Entscheidungen durch kurze Befehlswege getroffen werden. Es bestehen direkte Weisungs- und Informationswege.

Aufgrund der Mehrfachunterstellung kann es aber auch zu Kompetenzüberschneidungen und Kompetenzkonflikten kommen. Dies kann zur Verunsicherung der Mitarbeiter führen. Fehler und Erfolge können nur schwierig zugeordnet werden.

1.2.5 Matrixorganisation

Das Matrixprinzip stellt ein **Mehrliniensystem** dar, bei dem die Unternehmung beispielsweise horizontal nach dem Objektprinzip und vertikal nach dem Verrichtungsprinzip gegliedert ist. Die beiden so geschaffenen Hierarchien überschneiden sich und bewirken, dass die Entscheidungen das Ergebnis von Verhandlungen zwischen den Vertretern beider Hierarchien sind. Die Mitarbeiter stehen in zwei Weisungsbeziehungen. Beispielsweise sind sie dem „objektorientierten" Leiter Bürostühle und gleichzeitig dem „verrichtungsorientierten" Leiter der Abteilung Vertrieb unterstellt.

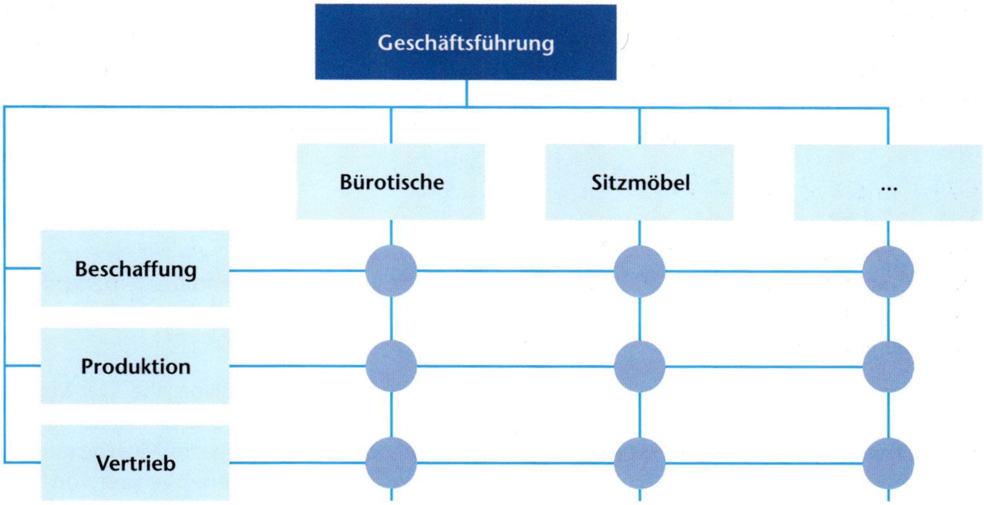

Die Matrixorganisation zeichnet sich durch kurze Kommunikationswege aus. Durch die Spezialisierung der objekt- und funktionsorientierten Abteilungsleiter wird die Geschäftsführung entlastet. Zur Lösung von Problemen können beispielsweise technische und kaufmännische Aspekte gleichermaßen berücksichtigt werden. Die notwendige Abstimmung zwischen den Linienvorgesetzten fördert die Teamarbeit.

Wie bei der Grundform des Mehrliniensystems besteht bei der Matrixorganisation auch die Gefahr von Kompetenzkonflikten, die gegebenenfalls zu Machtkämpfen führen können. Der Aufwand der Kommunikation ist sehr hoch, wodurch Entscheidungsfindungen möglicherweise in die Länge gezogen werden. Bei entstandenen Fehlern können diese nur schwierig zugeordnet werden.

1.3 Führungsstile

In den zuvor dargestellten Organisationsformen bzw. Leitungssystemen können unterschiedliche Führungsstile vorherrschen. Führungsstile beschreiben die Art und Weise, wie Entscheidungen getroffen und den Mitarbeitern Weisungen erteilt werden. Grundsätzlich lassen sich der kooperative und der autoritäre Führungsstil unterscheiden.

Der **kooperative Führungsstil** zeichnet sich dadurch aus, dass der Vorgesetzte und der Mitarbeiter partnerschaftlich zusammenarbeiten. Der Vorgesetzte koordiniert den Entscheidungsprozess. Es bezieht seine Autorität aus seiner fachlichen und persönlichen Kompetenz. Beim kooperativen Führungsstil erfolgt die Entscheidungsfindung durch aktive Beteiligung der Mitarbeiter, indem ein Vorgesetzter ein Problem beschreibt und die Mitarbeiter bei der Entscheidungsfindung mit einbezieht bzw. die Mitarbeiter weitgehend selbstständig entscheiden und handeln lässt. Dieser Führungsstil setzt beim Vorgesetzten das Vertrauen in die Mitarbeiter voraus. Auch muss der Vorgesetzte fähig und aufgeschlossen sein, Entscheidungen zu delegieren.

Beim **autoritären Führungsstil** sind die Mitarbeiter dem Vorgesetzten strikt untergeordnet. Der Vorgesetzte gibt Weisungen an die Mitarbeiter und bezieht seine Autorität überwiegend aus der Stellung als Vorgesetzter. Die Entscheidung erfolgt allein durch den Vorgesetzten. Allein er legt fest, welche Aufgabe in welcher Art und Weise auszuführen ist. Die Mitarbeiter können die Entscheidungen und Anordnungen des Vorgesetzten nur zur Kenntnis nehmen. Einwände und Bedenken der Mitarbeiter sind in der Regel nicht zugelassen. Der autoritäre Führungsstil setzt beim Vorgesetzten die Fähigkeit zur Entscheidungsfindung voraus. Auch muss der Vorgesetze Durchsetzungsvermögen besitzen, um Entscheidungen gegen Widerstände der Mitarbeiter durchsetzen zu können.

1.4 Managementprinzipien

Aufbauend auf dem kooperativen Führungsstil lassen sich in der Theorie Managementprinzipien, d. h. Techniken des Führungsverhaltens, unterscheiden. Nachfolgend werden drei sog. „Management-by"-Prinzipien beispielhaft dargestellt.

Beim **Management by Objectives (MbO)** erfolgt die Führung durch Zielvorgabe. Der Vorgesetzte und die Mitarbeiter erarbeiten eine kooperative Zielvereinbarung. Das Ziel sollte das Ergebnis einer kommunikativen Verhandlung sein. Anschließend versuchen die Mitarbeiter das Ziel eigenständig zu erreichen. Bei einem Mitarbeiter im Vertrieb könnte der Verkauf von 500 Bürotischen pro Jahr als Ziel vereinbart werden. Grundlage für die Höhe des Ziels könnten die in der Vergangenheit abgesetzten Bürotische sein (z. B. vergangenes Jahr 450 Bürotische). Wichtig ist, dass die Unternehmens- bzw. Mitarbeiterziele eindeutige formuliert und messbar sind. Die Mitarbeiter müssen von der Notwendigkeit und Erreichbarkeit der Ziele überzeugt sein.

Die Führung nach dem Ausnahmeprinzip, **Management by Exception (MbE)**, zeichnet sich dadurch aus, dass der Vorgesetzte nur eingreift, wenn Abweichungen vom Gesamtziel, herausragende Probleme oder Nichterfüllung von Aufgaben auftreten. Routineaufgaben werden vollständig an die Mitarbeiter delegiert. Zum Austausch bzw. zur Kommunikation kommt es nur bei den genannten negativen Ereignissen.

Beim **Management by Delegation (MbD)**, der Führung durch Aufgabendelegation, wird ein möglichst großer Aufgabenbereich mit Kompetenzen und Verantwortung vollständig an den untergebenen Mitarbeiter übertragen. Er muss die Unternehmensziele akzeptieren und diese zu seinen eigenen machen, d. h. unternehmerisch denken. Kommunikation zwischen Vorgesetztem und Mitarbeiter ist nicht vorgesehen.

Diese Führungsstile kommen in der Praxis in ihrer „Reinform" nur sehr selten vor. Häufig finden man in Unternehmen Mischformen der Führungsstilen.

2 Geschäftsprozesse visualisieren und kontinuierlich verbessern

Geschäftsprozesse sind organisatorische Abläufe bzw. Abfolgen von Bearbeitungsschritten innerhalb von Unternehmen, wie der Duisdorfer BüroKonzept KG, die logisch und zeitlich auf einander aufbauen. Im Gegensatz zu einem Projekt (siehe auch Lernfeld 13), das einmalig vorkommt, wiederholt sich ein Geschäftsprozess. In Geschäftsprozessen, die in einem Büro stattfinden, wirken beispielsweise Mitarbeiter, Arbeitsmittel und Arbeitsgegenstände zusammen. In der Regel wird bei diesen Geschäftsprozessen arbeitsteilig gearbeitet.

Geschäftsprozesse müssen so gestaltet werden, dass die Kundenzufriedenheit und somit die Qualität der Produkte und Dienstleistungen der Duisdorfer BüroKonzept KG erhöht werden. Darüber hinaus müssen die Kosten und Durchlaufzeiten soweit wie möglich reduziert werden.

Zu den wichtigsten Geschäftsprozessen der Duisdorfer BüroKonzept KG zählen der Produktionsprozess der Büromöbel und der Handel mit Büroartikeln. Diese Prozesse werden als Kernprozesse bezeichnet, die von sog. Unterstützungsprozessen (z.B. Buchhaltung, Personalwesen) und sog. Managementprozessen (z.B. Planung, Organisation, Kontrolle) flankiert werden. Nachfolgend sind die Prozesse innerhalb der Duisdorfer BüroKonzept KG grafisch dargestellt:

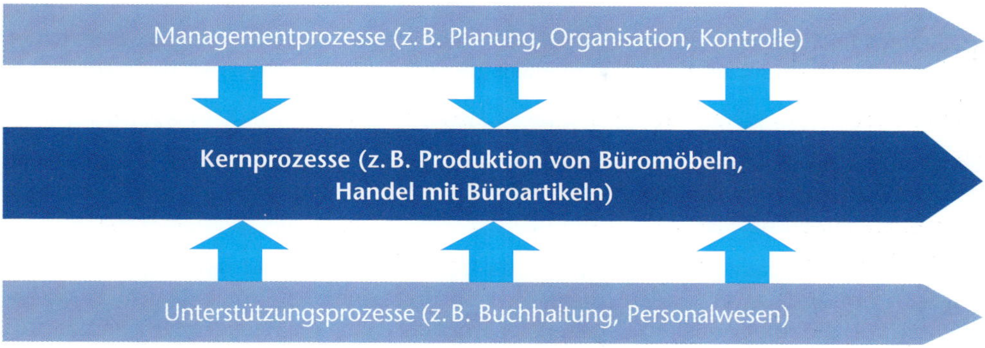

Die Optimierung eines Geschäftsprozesses läuft in der Regel nach einem bestimmten Schema ab. Zunächst muss eine **Ist-Aufnahme** des aktuellen Geschäftsprozesses durchgeführt werden. Anschließend wird der Geschäftsprozess grafisch dargestellt **(Prozessdarstellung)**. Dies kann in Form eines Flussdiagramms oder als erweiterte ereignisgesteuerte Prozesskette (eEPK) erfolgen. Nach der Darstellung sollte eine **Schwachstellenanalyse** durchgeführt werden, aus der **Optimierungsvorschläge** abgeleitet und umgesetzt werden können. In der Duisdorfer BüroKonzept KG wird eine **kontinuierliche Verbesserung** der Geschäftsprozesse angestrebt. Im Folgenden ist das Vorgehen zur Optimierung von Geschäftsprozessen grafisch dargestellt.

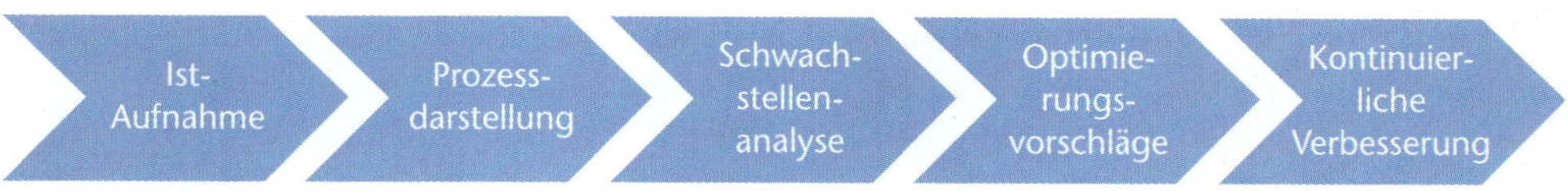

In Anlehnung an: Ministerium für Schule und Weiterbildung des Landes Nordrhein-Westfalen, Curriculare Analyse zum Rahmenlehrplan Kaufmann/Kauffrau für Büromanagement, Seite 83

Die Notwendigkeit der Optimierung von Geschäftsprozessen kann neben dem Vorliegen von Schwachstellen (siehe Kapitel Schwachstellenanalyse) u.a. auch aus der Anschaffung modernerer bzw. leistungsfähigerer Arbeitsmittel, dem Ausscheiden von Arbeitskräften und der Vergrößerung des Betriebs hervorgehen.

Die kontinuierliche Verbesserung von Geschäftsprozessen kann sich ein Unternehmen, wie die Duisdorfer BüroKonzept KG im Rahmen eines Qualitätsmanagements nach ISO DIN 9001 zertifizieren lassen. Diese Zertifizierung wird durch unabhängige Stellen, wie beispielsweise den TÜV Rheinland, durchgeführt.

2.1 Ist-Aufnahme von Geschäftsprozessen

Um mögliche Schwachstellen in Geschäftsprozessen der Duisdorfer BüroKonzept KG zu identifizieren, ist eine Aufnahme des Ist-Zustandes (Ist-Aufnahme) notwendig. Es existieren verschiedene Methoden zur Ist-Aufnahme von Geschäftsprozessen, die im Folgenden dargestellt werden.

Die Ist-Aufnahme von Geschäftsprozessen kann durch eine **Selbstaufschreibung** eines am Geschäftsprozess beteiligten Mitarbeiters durchgeführt werden. Der Mitarbeiter muss bei dieser Methode der Ist-Aufnahme alle Tätigkeiten (Teilprozesse) innerhalb eines bestimmten Zeitraumes (z.B. eines Tages) in zeitlicher Reihenfolge in ein vorgefertigtes Formular eintragen. Dieses Verfahren eignet sich zur Erfassung der Arten, der Anzahl und der hierfür anfallenden Bearbeitungszeiten von Teilprozessen (z.B. Anschrauben von Tischbeinen in der Produktion).

Auch durch Beobachtung kann eine Ist-Aufnahme der Geschäftsprozesse erfolgen. Hier werden die Dauerbeobachtung und die Multimomentaufnahme unterschieden. Bei der **Dauerbeobachtung** beobachtet eine nicht am Geschäftsprozess beteiligte Person den Arbeitsablauf andauernd über einen längeren Zeitraum. Diese Methode der Ist-Aufnahme eignet sich besonders, um die Elemente eines Teilprozesses mit ihren Bearbeitungszeiten sowie die Auslastung von Mitarbeitern oder Maschinen genau ermitteln zu können. Auch Ursachen für Störungen können identifiziert werden.

Im Gegensatz zur Dauerbeobachtung wird bei der **Multimomentaufnahme** der Geschäftsprozess nicht andauernd sondern durch viele stichprobenartige Einzelbeobachtungen betrachtet. Diese Methode erlaubt es, gesicherte Ergebnisse über die Häufigkeit der bestimmten Verrichtungen im Gesamtprozess abzuleiten. Wird beispielsweise die Sachbearbeiterin Doris Schwister aus der Vertriebsabteilung 100-mal beobachtet und ist 43-mal mit Telefonieren beschäftigt, so kann daraus geschlossen werden, dass sie 43 Prozent ihrer Arbeitszeit mit Telefonieren verbringt.

Soll zu einem komplexen Prozess eine Ist-Aufnahme durchgeführt werden, so eignet sich dafür als mündliche Form der Befragung die **Interviewmethode**. Für die Befragung des Leiters der Abteilung Produktion, Herrn Karl-Josef Hoffmann, müssten die im Rahmen des Interviews zu stellenden Fragen und die Struktur des Interviews vorbereitet werden.

Als schriftliche Form der Befragung hat sich die **Fragebogenmethode** besonders zur Erfassung von einfachen Routineprozessen bzw. sich wiederholenden Arbeitsabläufen etabliert. Die Ausarbeitung eines Fragebogens ist zeitaufwendig und komplex. Die Fragestellungen müssen vom Befragten verstanden und eindeutig beantwortet werden können. Um manipulierte Antworten zu vermeiden, sollen Kontrollfragen in den Fragebogen eingebaut werden. Man unterscheidet den quantitativen und den qualitativen Fragebogen. Beim quantitativen Fragebogen werden Antwortalternativen vorgegeben, was die spätere Auswertung beschleunigt. Eine Erfassung der Antworten am PC, beispielsweise mit einer Software, kann die Zeit der Auswertung weiter verkürzen. Beim qualitativen Fragenbogen werden die Fragen offen gestellt. Häufig werden die Antworten aufgezeichnet und erst später schriftlich protokolliert. Der Aufwand des qualitativen Fragebogens ist sehr groß und muss mit der möglichen hochwertigeren Aussagekraft des Ergebnisses abgewogen werden.

Im Folgenden sind die Methoden der Ist-Aufnahme von Geschäftsprozessen dargestellt:

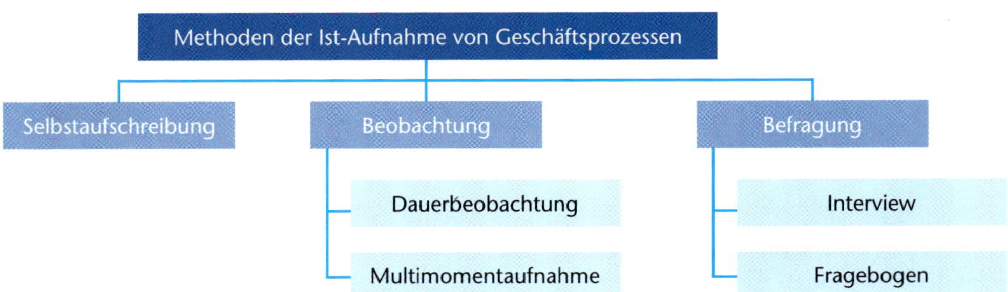

Methoden der Ist-Aufnahme von Geschäftsprozessen

2.2 Prozesse darstellen

Um sich von Prozessen ein „Bild machen" zu können, müssen sie grafisch dargestellt, d.h. visualisiert werden. Es existiert eine Vielzahl von unterschiedlichen Darstellungsformen für Prozesse. Innerhalb dieses Buches werden das Flussdiagramm und die erweiterte ereignisgesteuerte Prozesskette (eEPK) erläutert.

2.2.1 Flussdiagramm

Das Flussdiagramm, auch Ablaufdiagramm genannt, stellt einen Prozess bzw. den Ablauf von Tätigkeiten innerhalb eines Prozesses grafisch dar. Das Flussdiagramm verdeutlicht, in welcher Weise die unterschiedlichen Arbeitsschritte bzw. Tätigkeiten in einem Prozess miteinander in Beziehung stehen. Mit Flussdiagrammen können der Verlauf der einzelnen Schritte und bedingt auch die Beteiligten an einem Prozess dargestellt werden. Durch die Visualisierung der Geschäftsprozesse können Ursachen und Probleme, Verbesserungs- und Rationalisierungsmöglichkeiten besser aufgedeckt werden. Das Flussdiagramm kann für die Darstellung von Geschäftsprozessen verwendet werden. Es dient zur Erklärung logischer und zeitlicher Abläufe. Nachfolgend ist das Beispiel für den Prozess nach Rechnungseingang beim Kauf von Werkstoffen in der Duisdorfer BüroKonzept KG dargestellt:

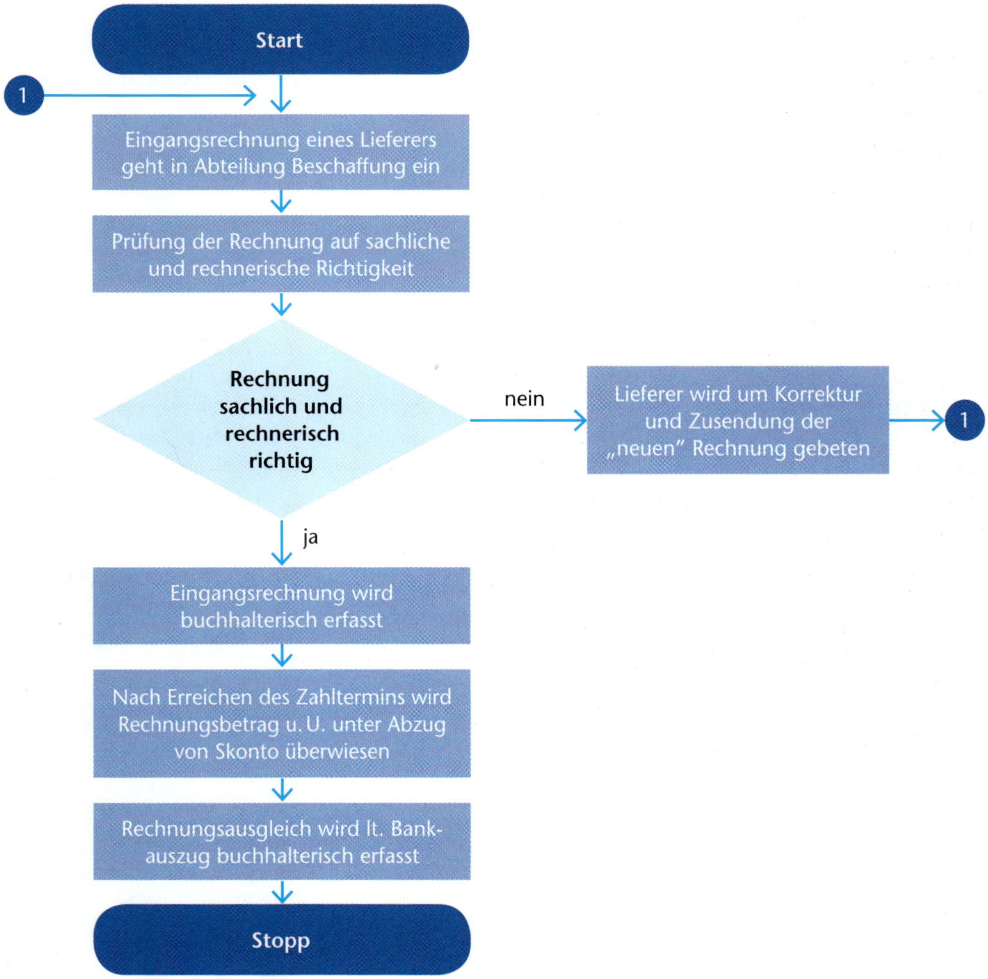

Die Darstellung des Prozesses im Rahmen eines Flussdiagramms beginnt immer mit einem **Start** und endet immer mit einem **Stopp**. Durch diese Symbole sind Anfang und Ende eines Prozesses bzw. eines Prozessausschnitts eindeutig definiert.

Das den Prozess auslösende **Ereignis**, „Eingangsrechnung eines Lieferers geht in Abteilung Beschaffung ein“ , wird im Flussdiagramm als Rechteck dargestellt. Ebenso werden die **Tätigkeiten** „Prüfung der Rechnung auf sachliche und rechnerische Richtigkeit“, „Lieferer wird um Korrektur und Zusendung der ‚neuen‘ Rechnung gebeten“, „Eingangsrechnung wird buchhalterisch erfasst“, „Nach Erreichen des Zahltermins wird Rechnungsbetrag u.U. unter Abzug von Skonto überwiesen“ und der „Rechnungsausgleich wird lt. Bankauszug buchhalterisch erfasst“ als **Rechteck** dargestellt. Für Ereignisse und Tätigkeiten wird demnach das Symbol Rechteck verwendet.

In Form einer Raute wird die **Ja/Nein-Verzweigung**, ob die „Rechnung sachlich und rechnerisch richtig“ ist, verdeutlicht. Daran anschließend existieren ein **Ja-Zweig**, nach dem Ereignis „Eingangsrechnung wird buchhalterisch erfasst“ und ein **Nein-Zweig**, bei dem der „Lieferer […] um Korrektur und Zusendung der „neuen“ Rechnung gebeten“ wird .

Der Prozess wird an der Sprungmarke fortgesetzt, indem auf die Zusendung der „neuen“, korrigierten Eingangsrechnung gewartet wird.

Die Linien bzw. Pfeile geben in einem Flussdiagramm die Richtung an, in der der Prozess verläuft. Die Pfeile stellen demnach die chronologische (zeitliche) Reihenfolge der Tätigkeiten und Ereignisse dar. Die Anordnung der Symbole sollte hauptsächlich senkrecht von oben nach unten verlaufen.

Nachfolgend sind die Symbole des Flussdiagramms in einer Tabelle dargestellt.

Symbol	Erläuterung
	Start, Stopp
	Tätigkeit oder Ereignis
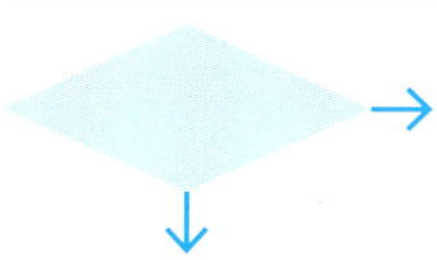	Ja-/Nein-Verzweigung
	Ablauflinie. Die „Flussrichtung“ erfolgt hauptsächlich in der Senkrechten von oben nach unten.
	Sprungmarke

2.2.2 Erweiterte ereignisgesteuerte Prozessketten (eEPK)

Mit erweiterten ereignisgesteuerten Prozessketten (eEPK) kann der logische und zeitliche Ablauf eines Geschäftsprozesses grafisch dargestellt werden. Nachfolgend wird, wie beim Flussdiagramm, beispielhaft ein Ausschnitt aus dem Beschaffungsprozess als erweiterte ereignisgesteuerte Prozesskette dargestellt.

Beispiel

In der Duisdorfer BüroKonzept KG geht in der Abteilung Beschaffung eine Eingangsrechnung eines Lieferers (Ereignis) ein. Anschließend wird diese auf sachliche und rechnerische Richtigkeit geprüft. Dazu werden die Kopie der Bestellung, der Lieferschein und die Eingangsrechnung verglichen. Die Prüfung, ob die Rechnung sachlich und rechnerisch korrekt ist, kann zu zwei verschiedenen Ereignissen führen. Es kann einerseits dazu kommen, dass die Eingangsrechnung korrekt ist oder (XOR) nicht korrekt ist. In beiden Fällen resultieren weitere Tätigkeiten (Funktionen) daraus. Bei Korrektheit der Eingangsrechnung wird diese an die Abteilung Rechnungswesen zur weiteren Bearbeitung gesandt. Ist die Eingangsrechnung nicht korrekt, so wird der Lieferer angeschrieben und um Korrektur der Rechnung gebeten. Nach Eingang der korrekten Rechnung wird diese dann ebenfalls an die Abteilung Rechnungswesen zur weiteren Bearbeitung gesandt. In der Abteilung Rechnungswesen wird die Eingangsrechnung buchhalterisch erfasst. Zum Zahlungstermin werden der Rechnungsbetrag überwiesen, der Rechnungsausgleich lt. Bankauszug buchhalterisch erfasst und die Rechnung und der Bankauszug abgelegt.

Nachfolgend wird zunächst die grundlegende Struktur und anschließend das konkrete Beispiel als eEPK dargestellt.

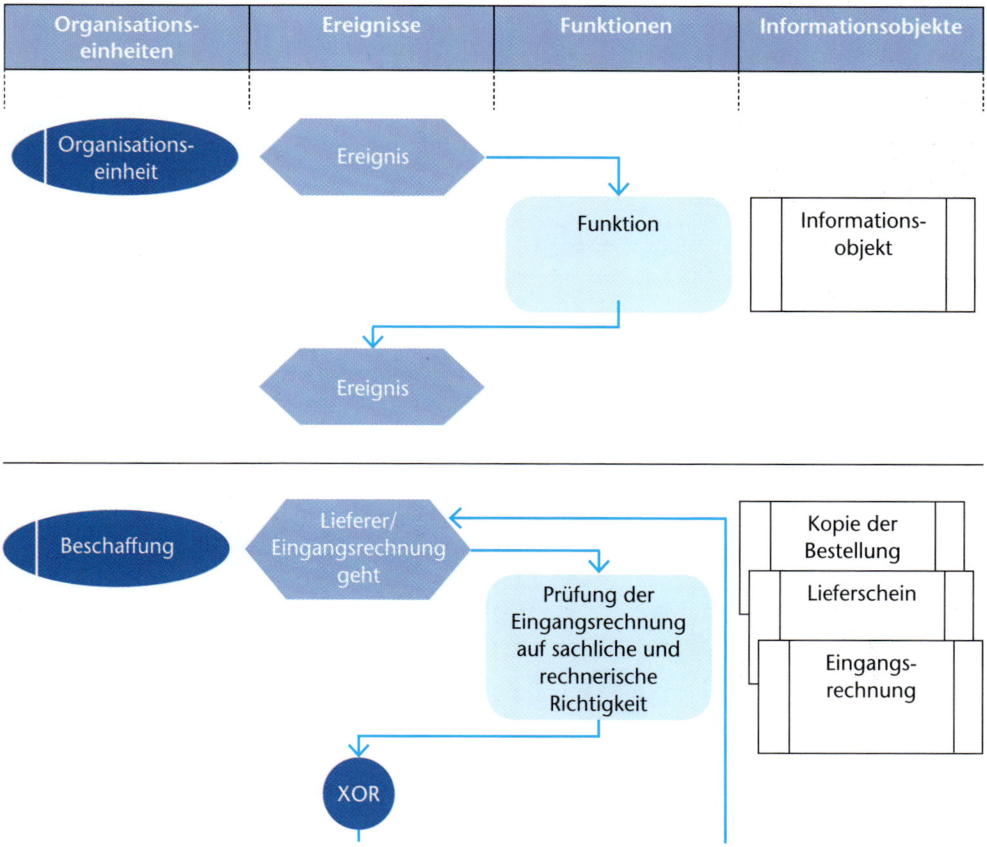

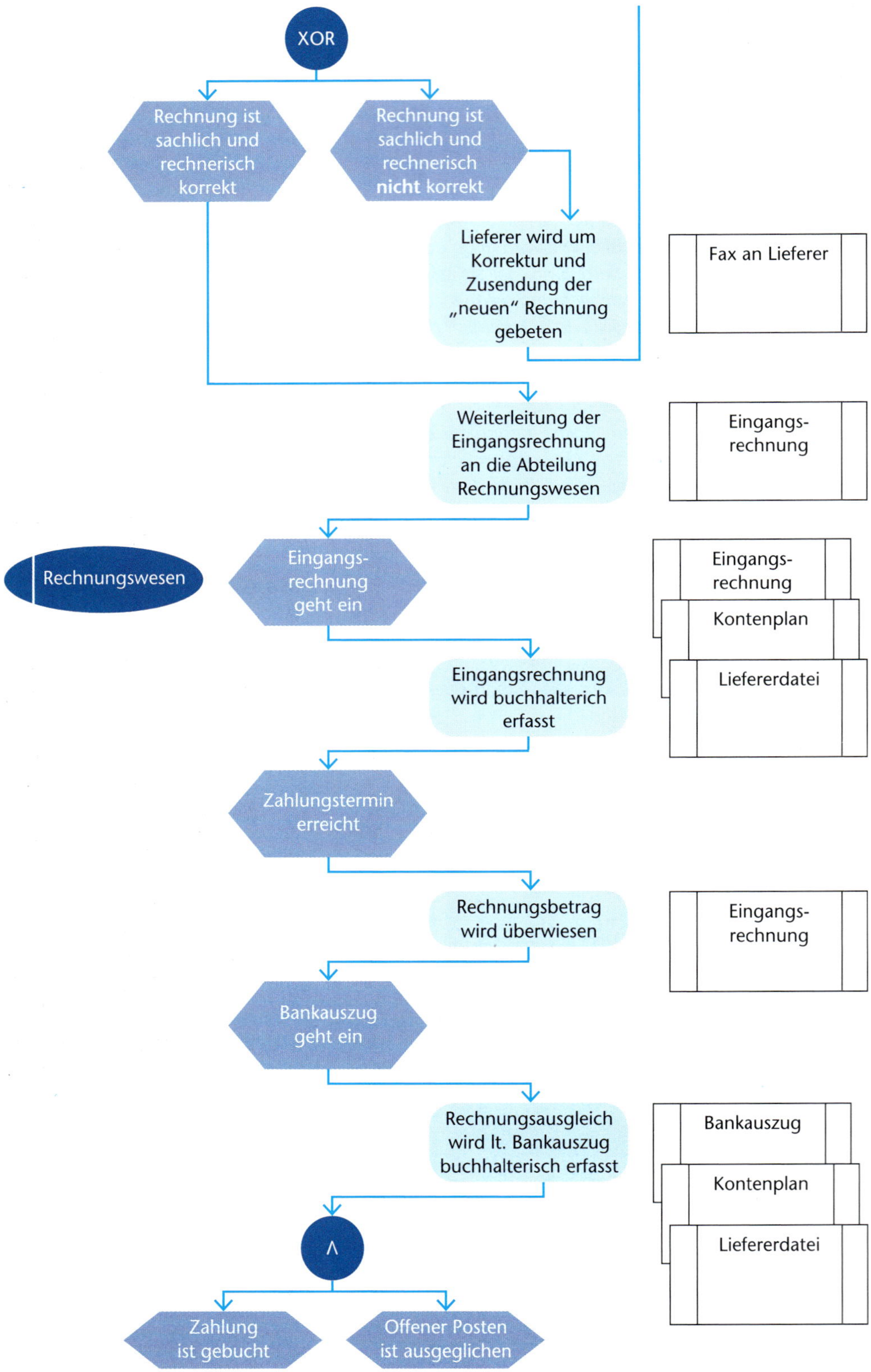
XOR
Rechnung ist sachlich und rechnerisch korrekt
Rechnung ist sachlich und rechnerisch **nicht** korrekt
Lieferer wird um Korrektur und Zusendung der „neuen“ Rechnung gebeten
Fax an Lieferer
Weiterleitung der Eingangsrechnung an die Abteilung Rechnungswesen
Eingangs-rechnung
Rechnungswesen
Eingangs-rechnung geht ein
Eingangs-rechnung
Kontenplan
Liefererdatei
Eingangsrechnung wird buchhalterich erfasst
Zahlungstermin erreicht
Rechnungsbetrag wird überwiesen
Eingangs-rechnung
Bankauszug geht ein
Rechnungsausgleich wird lt. Bankauszug buchhalterisch erfasst
Bankauszug
Kontenplan
Liefererdatei
∧
Zahlung ist gebucht
Offener Posten ist ausgeglichen

Erläuterungen des Beispiels:

Beginnend mit einem **Ereignis** in einer jeweiligen **Organisationseinheit** wird im Rahmen einer eEPK eine **Funktion** mit dem dazugehörigen **Informationsobjekt** ausgelöst, die wiederum zu einem **Ereignis** führt. Eine eEPK beginnt und endet dementsprechend immer mit einem **Ereignis**. (Ergänzend zur obigen Darstellung steht eine mit der Software ARIS Express erstellte Struktur im BPW zum Download bereit.)

Wie zuvor ersichtlich, werden die **Organisationseinheiten** () im Rahmen einer eEPK als Oval notiert. Die Organisationseinheit gibt an, in welchem Bereich, in welcher Abteilung, Gruppe oder Stelle die Funktion (Tätigkeit) ausgeführt wird oder das Ereignis eintritt. Auch wenn im dargestellten Beispiel zur Vereinfachung nur Abteilungen verwendet wurden, können als Organisationseinheit auch Gruppen oder Stellen aufgeführt werden.

Auf der gleichen Ebene wird das auslösende **Ereignis** in Form einer Raute () in die ereignisgesteuerte Prozesskette eingetragen. Ein Ereignis ist das Auftreten eines beobachtbaren betriebswirtschaftlichen Geschehens. Ein Ereignis kann eine Funktion auslösen. Ein Ergebnis kann auch eine Folgerung einer Funktion sein. Jede ereignisgesteuerte Prozesskette und damit auch jeder Geschäftsprozess beginnt mit einem auslösendem Ereignis und endet mit einem abschließenden Ereignis.

Die aus dem Ereignis resultierende **Funktion** bzw. Tätigkeit wird als abgerundetes Rechteck (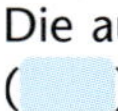) skizziert. Die Funktion beschreibt, was nach einem Ereignis für eine Tätigkeit ausgeführt werden soll. Funktionen werden von Mitarbeitern ausgeführt und sind eine Reaktion auf ein vorheriges Ereignis. Für die Ausführung von Funktionen werden demnach Ressourcen (z. B. Mitarbeiter) benötigt.

Das **Informationsobjekt** (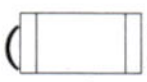) gibt die für die Durchführung der Funktion benötigten Daten und Informationen an. Informationsobjekte werden auf der gleichen Ebene wie die Funktionen angegeben.

Die **Operatoren** () stellen logische Verzweigungen zwischen Ereignissen und Funktionen dar. Es werden drei verschiedene Operatoren unterschieden. Neben der XOR-Verknüpfung (exklusiven Oder-Verknüpfung) werden die inklusive Oder-Verknüpfung und die Und-Verknüpfung unterschieden. Auf die Verknüpfungsarten wird im nachfolgenden Kapitel noch ausführlich eingegangen.

Ereignisse und Funktionen werden mit **Pfeilen** verbunden und stellen den sog. **Kontrollfluss** dar. Der Kontrollfluss gibt die logische und zeitliche Reihenfolge zwischen Ereignissen und Funktionen an. Die Aufspaltung des Kontrollflusses und deren Zusammenführung erfolgt mittels der bereits beschriebenen Operatoren. Es sollte aus Gründen der Lesbarkeit der eEPK von oben nach unten verlaufen. Im Rahmen des Kontrollflusses kann eine Schleife entstehen. Im Beispiel verläuft ein Pfeil von „Lieferer wird um Korrektur und Zusendung der „neuen" Rechnung gebeten" zu „Liefererrechnung geht ein". Nachfolgend sind die Symbole einer ereignisgesteuerten Prozesskette tabellarisch dargestellt:

Symbol	Erläuterung	zusätzliche Bemerkungen
Organisations-einheit	Die Organisationseinheit gibt an, in welchem Bereich, in welcher Abteilung, Gruppe oder Stelle die Funktion ausgeführt wird bzw. das Ereignis stattfindet.	Zur Vereinfachung wurden im obigen Beispiel nur Abteilungen verwendet. Die Nennung von Mitarbeitern ist nicht zulässig, es müssen Stellen genannt werden.
Ereignis	Das Ereignis ist das Auftreten eines beobachtbaren betriebswirtschaftlichen Geschehens, das eine Funktion auslöst oder das Ergebnis einer Funktion ist.	Jede ereignisgesteuerte Prozesskette und damit auch jeder Geschäftsprozess beginnt mit einem auslösendem Ereignis und endet mit mindestens einem abschließenden Ereignis.
Funktion	Die Funktion beschreibt, was nach einem Ereignis für eine Tätigkeit ausgeführt werden soll.	Funktionen werden von Mitarbeitern ausgeführt und sind eine Reaktion auf ein vorheriges Ereignis.
Informations-objekt	Das Informationsobjekt gibt die für die Durchführung der Funktion benötigten Daten und Informationen an.	Informationsobjekte werden im Zusammenhang mit einer Funktion angegeben.
∧ ∨ XOR	Die unterschiedlichen logischen Operatoren ermöglichen das Verzweigen zwischen Ereignissen und Funktionen.	∧ = UND ∨ = ODER XOR = exklusives Oder
	Der Kontrollfluss stellt den zeitlichen und logischen Ablauf zwischen den Ereignissen und Funktionen durch eine ereignisgesteuerte Prozesskette dar.	Der Kontrollfluss der ereignisgesteuerten Prozesskette sollte von oben nach unten verlaufen.

Während die „einfache" EPK nur die Ereignisse und Funktionen darstellt, wird die eEPK um die Organisations- und Informationssicht ergänzt.

Verknüpfungsarten

Der Operator XOR zeigt eine „exklusives Oder" an. Im genannten Beispiel „ist die eingegangene Liefererrechnung sachlich und rechnerisch korrekt" **oder** „ist die eingegangene Liefererrechnung sachlich und rechnerisch **nicht** korrekt". Ein Vorkommen beider Ereignisse ist nicht möglich, die Ereignisse schließen sich gegenseitig aus (entweder oder). Es kann genau nur ein Ereignis eintreten.

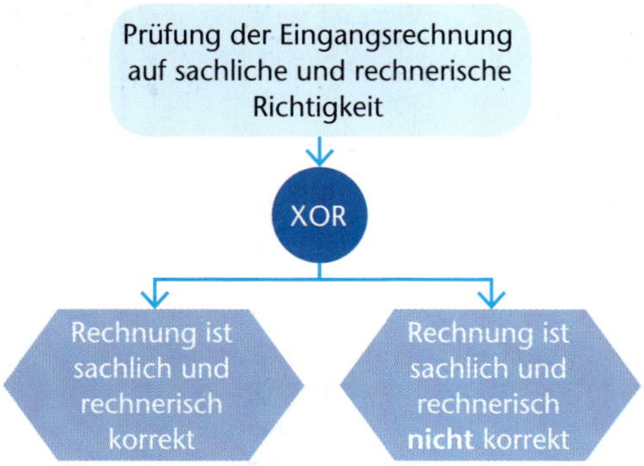

Nachdem die Funktion ausgeführt wurde, kann Ereignis 1 **oder** Ereignis 2 eintreten.

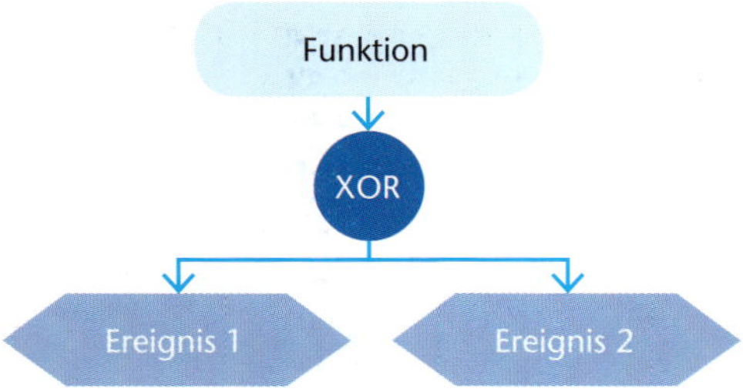

Eine weitere Verknüpfungsmöglichkeit besteht darin, dass nur ein Ereignis (von mehreren möglichen Ereignissen) eintritt, um anschließend eine Funktion ausführen zu können. Entweder tritt Ereignis 1 **oder** Ereignis 2 **oder** Ereignis 3 ein, damit anschließend die Funktion ausgeführt wird.

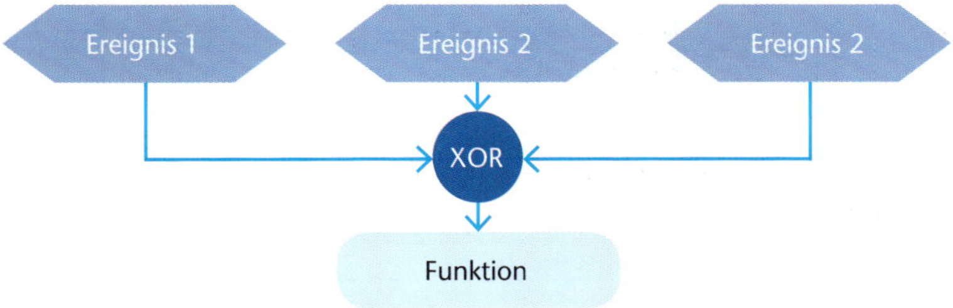

Es kann der Operator XOR auch genutzt werden, wenn genau eine Funktion (Funktion 1 **oder** Funktion 2 **oder** Funktion 3) ausgeführt sein darf, bevor ein nachfolgendes Ereignis eintreten kann.

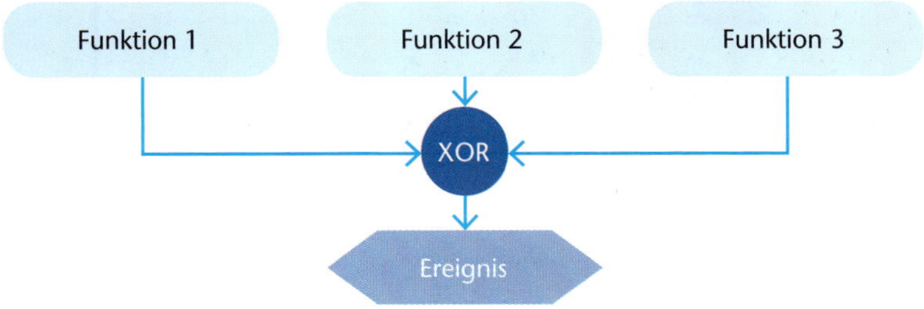

Einige Verknüpfungen sind nicht gestattet und dürfen nicht verwendet werden. Bei der nachfolgend dargestellten „verbotenen“ Verknüpfung müsste ausgehend vom Ereignis entschieden werden, ob Funktion 1 **oder** Funktion 2 **oder** Funktion 3 gewählt werden soll. Ein Ereignis kann aber keine Entscheidungen treffen, Ereignisse „passieren“. Das Treffen von Entscheidungen ist nur den Funktionen bzw. den ausführenden Personen von Funktion vorbehalten.

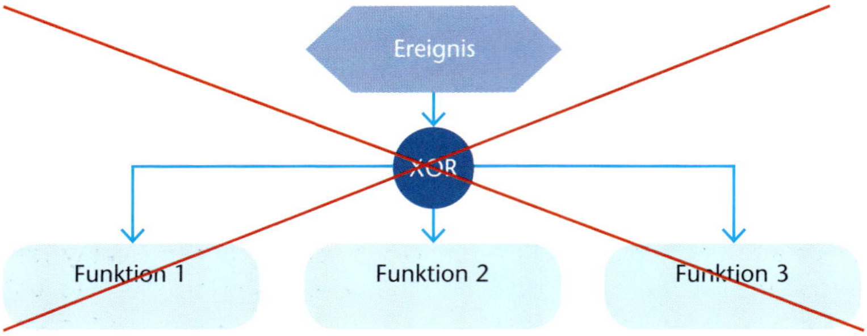

Der **Operator „V = ODER“** (inklusive ODER-Verknüpfung) gibt an, dass mindestens ein Ereignis eingetreten sein muss, bevor die nachstehende Funktion ausgeführt werden kann. Es kann demnach Ereignis 1 **und/oder** Ereignis 2 **und/oder** Ereignis 3 eintreten, bevor die Funktion ausgeführt wird.

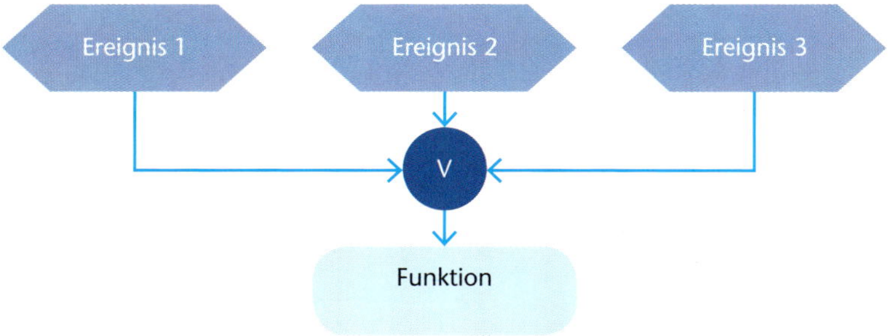

Der Operator „V = ODER“ kann auch verwendet werden, wenn aus einer Funktion mindestens ein Ereignis resultiert. Es kann demnach Ereignis 1 **und/oder** Ereignis 2 **und/oder** Ereignis 3 eintreten, nachdem die Funktion ausgeführt wurde.

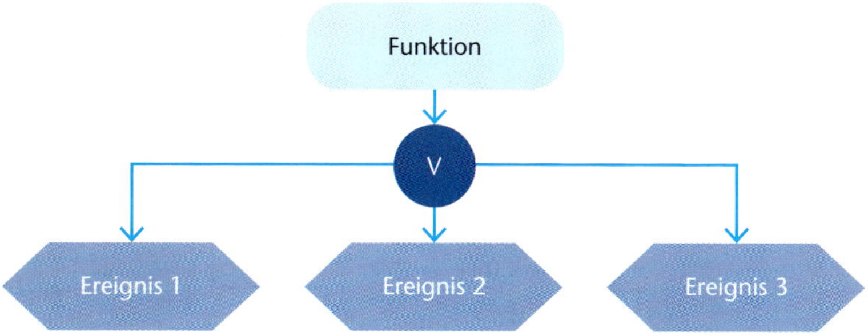

Weiterhin kann der Operator „V = ODER" bedeuten, dass mindestens eine Funktion (oder zwei oder alle) ausgeführt sein muss, damit das nachfolgende Ereignis eintreten kann.

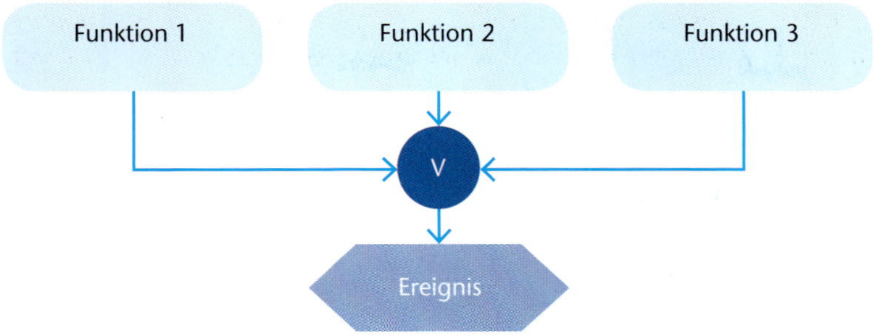

Wie im Abschnitt zum Operator „XOR" beschrieben, sind einige Verknüpfungen nicht gestattet und dürfen nicht verwendet werden. Bei der nachfolgend dargestellten „verbotenen" Verknüpfung müsste ausgehend vom Ereignis entschieden werden, ob Funktion 1 **oder** Funktion 2 oder Funktion 3 gewählt werden soll. Ein Ereignis kann aber keine Entscheidungen treffen, Ereignisse „passieren". Das Treffen von Entscheidungen ist nur den Funktionen bzw. den ausführenden Personen von Funktion vorbehalten.

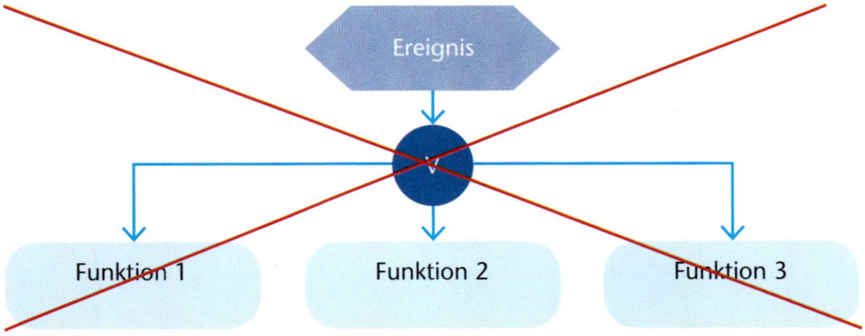

Der Operator „**Λ = UND**" **(UND-Verknüpfung)** bedeutet unter anderem, dass alle Ereignisse eingetreten sein müssen, bevor die nachfolgende Funktion ausgeführt werden kann. Es muss demnach Ereignis 1 **und** Ereignis 2 **und** Ereignis 3 eingetreten sein, damit die Funktion ausgeführt werden kann.

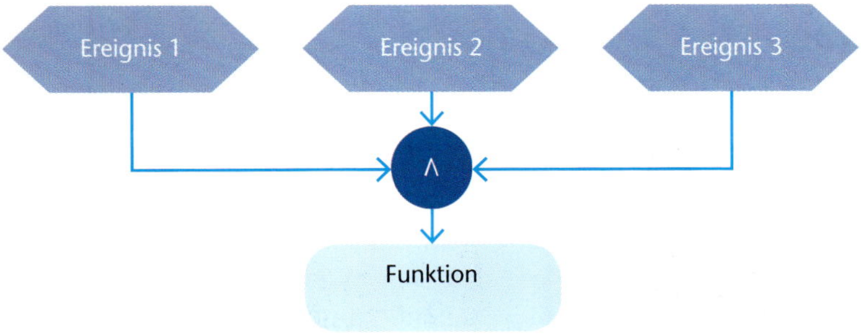

Der Operator „Λ = **UND**" kann auch genutzt werden, wenn alle Ereignisse eintreten, nachdem die vorausgehende Funktion ausgeführt wurde. Es müssen demnach Ereignis 1 **und** Ereignis 2 **und** Ereignis 3 eintreten, nachdem die Funktion ausgeführt wurde.

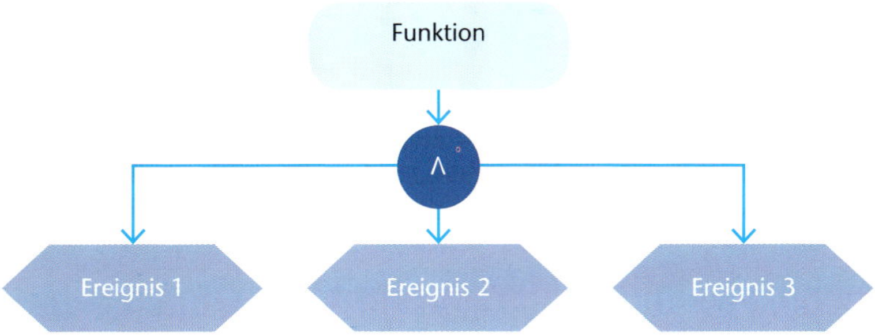

Wie im einführenden Beispiel dargestellt, folgen auf die Funktion „Rechnungsausgleich wird lt. Bankauszug buchhalterisch erfasst" die Ereignisse „Zahlung ist gebucht" **und** „Offener Posten ist ausgeglichen".

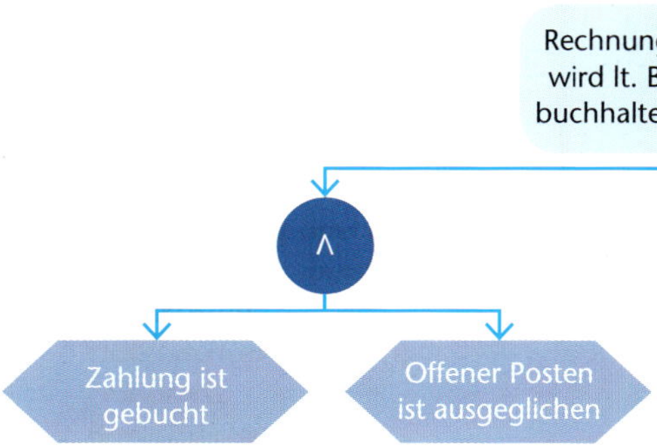

Darüber hinaus kann der Operator „Λ = UND" auch genutzt werden, wenn alle Funktionen (Funktion 1 **und** Funktion 2 **und** Funktion 3) ausgeführt sein müssen, bevor ein nachfolgendes Ereignis eintreten kann.

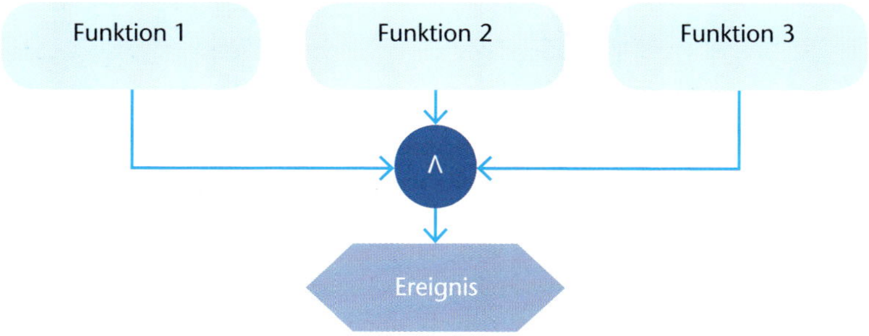

Abschließend kann der Operator „∧ = UND“ genutzt werden, wenn alle Funktionen (Funktion 1 **und** Funktion 2 **und** Funktion 3) ausgeführt werden, nachdem ein Ereignis eingetreten ist. Nach einem Ereignis wird die Funktion 1 **und** Funktion 2 **und** Funktion 3 ausgeführt.

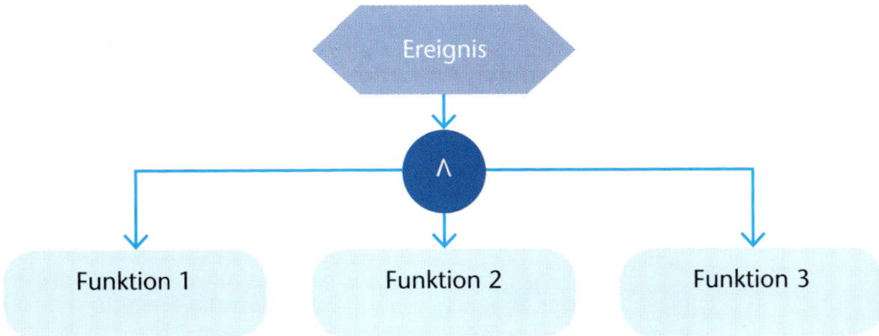

In der nachfolgenden Tabelle sind die gültigen und ungültigen Verknüpfungsmöglichkeiten innerhalb einer eEPK dargestellt und nochmals zusammenfassend erläutert.

	XOR exklusive Oder-Verknüpfung	V Oder-Verknüpfung	∧ Und-Verknüpfung
Verknüpfung mit mehreren Ereignissen	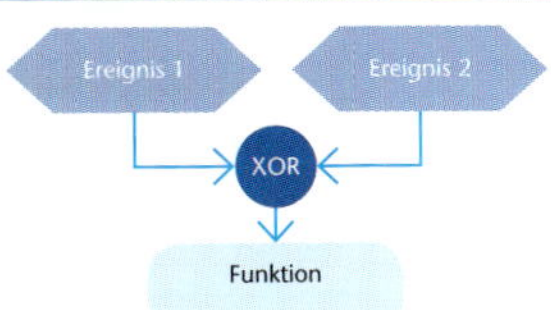 Bevor die Funktion ausgeführt werden kann, muss Ereignis 1 **oder** Ereignis 2 eingetreten sein.	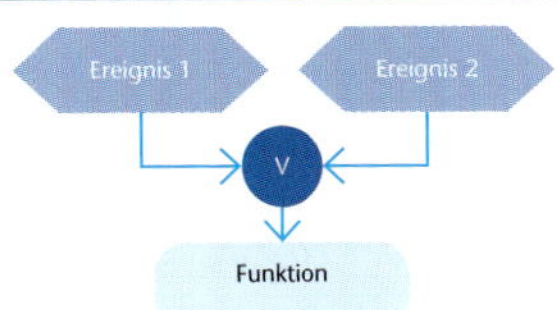 Bevor die Funktion ausgeführt werden kann, muss/müssen Ereignis 1 **und/oder** Ereignis 2 eingetreten sein.	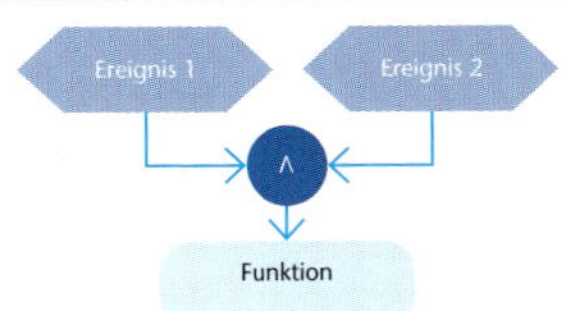 Bevor die Funktion ausgeführt werden kann, müssen Ereignis 1 **und** Ereignis 2 eingetreten sein.
	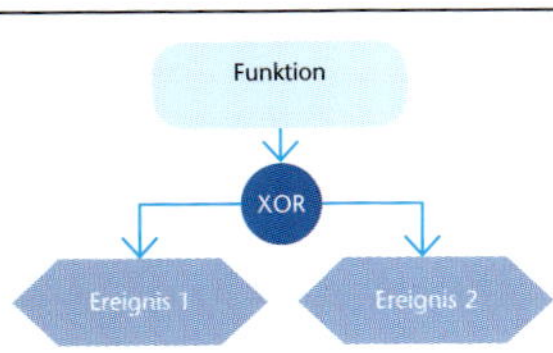 Nachdem die Funktion ausgeführt wurde, kann Ereignis 1 **oder** Ereignis 2 eintreten.	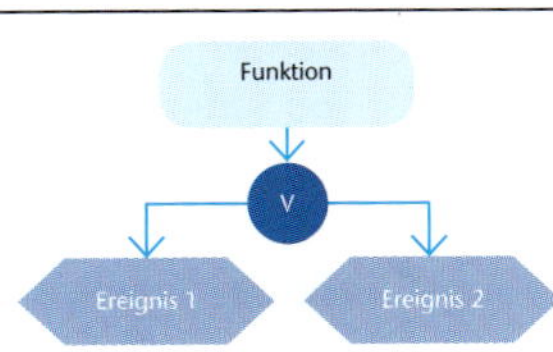 Nachdem die Funktion ausgeführt wurde, kann Ereignis 1 **und/oder** Ereignis 2 eintreten.	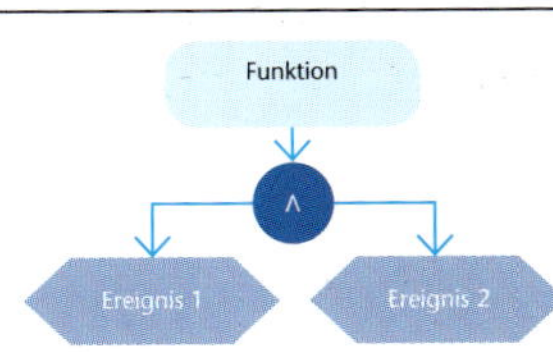 Nachdem die Funktion ausgeführt wurde, tritt Ereignis 1 **und** Ereignis 2 ein.

	XOR exklusive Oder-Verknüpfung	V Oder-Verknüpfung	Λ Und-Verknüpfung
Verknüpfung mit mehreren Funktionen	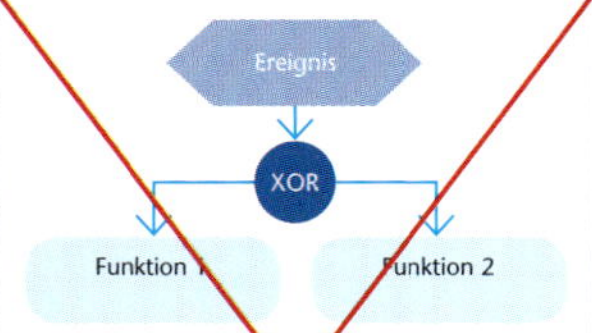 ~~Nachdem das Ereignis eingetreten ist, wird die Funktion 1 **oder** Funktion 2 ausgeführt. **(Unzulässig, da Ereignisse keine Entscheidung treffen können!)**~~	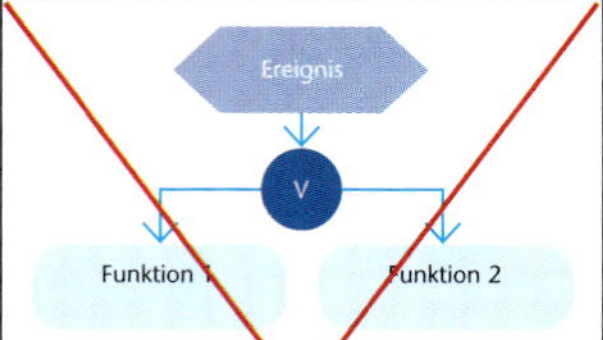 ~~Nachdem das Ereignis eingetreten ist, wird die Funktion 1 und/**oder** Funktion 2 ausgeführt. **(Unzulässig, da Ereignisse keine Entscheidung treffen können!)**~~	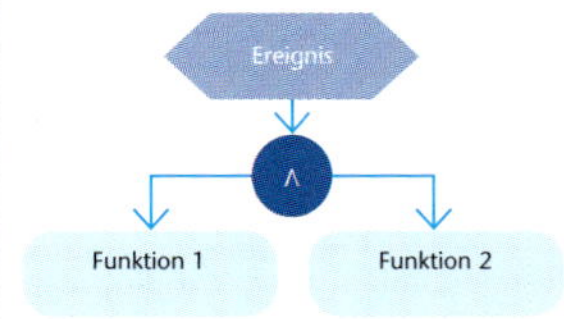 Nachdem das Ereignis eingetreten ist, werden die Funktion 1 **und** Funktion 2 ausgeführt.
	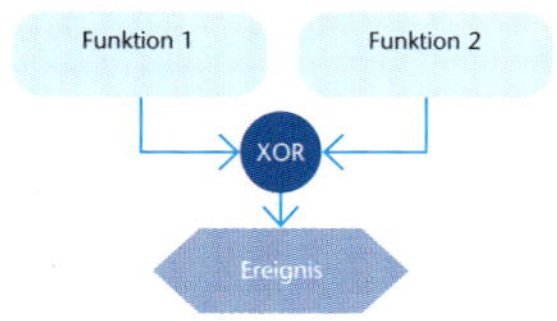 Nachdem die Funktion 1 **oder** Funktion 2 ausgeführt wurde, kann das Ereignis eintreten.	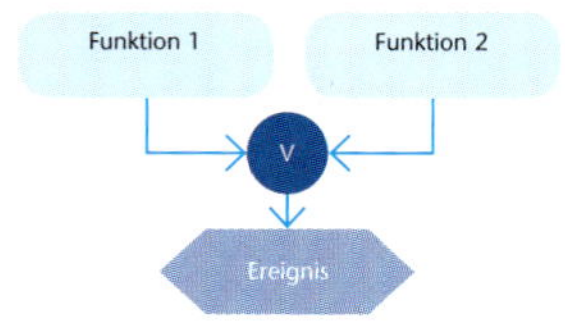 Nachdem die Funktion 1 **und/oder** Funktion 2 ausgeführt wurde(n), kann das Ereignis eintreten.	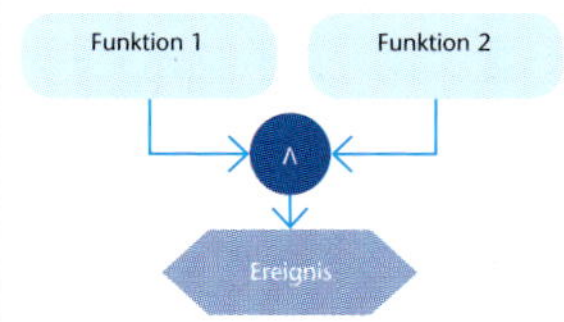 Nachdem die Funktion 1 **und** Funktion 2 ausgeführt wurden, kann das Ereignis eintreten.

Regeln zur Erstellung von eEPK

Bei der Erstellung einer eEPK müssen folgende **Regeln** beachtet werden:

- Es dürfen nur Symbole aus der zuvor abgebildeten Tabelle zur Darstellung einer eEPK verwendet werden.
- Es dürfen nur die gültigen in der Tabelle dargestellten Verknüpfungsoperatoren zwischen Ereignissen und Funktion verwendet werden.
- Eine eEPK beginnt **und** endet immer mit einem Ereignis.
- Eine eEPK enthält mindestens eine Funktion.
- Funktionen und Ereignisse müssen mit Linien verbunden sein.
- Ereignisse dürfen nicht direkt mit anderen Ereignissen und Funktionen nicht direkt mit anderen Funktionen verbunden werden. Reihenfolge immer: Ereignis, Funktion, Ereignis, Funktion, Ereignis usw.

2.3 Schwachstellenanalyse

Anknüpfend an die Analyse des Ist-Zustandes und die Darstellung von Geschäftsprozessen mithilfe von Flussdiagrammen und eEPK stellt sich im Rahmen der Schwachstellenanalyse beispielsweise die Frage, ob technische Arbeitsmittel oder organisatorische Regelungen (z. B. neue bzw. verbesserte Formulare) den Arbeitsablauf verbessern können, ob sich Arbeitselemente einsparen lassen oder ob die Reihenfolge der Arbeitsschritte optimal ist.

Um Geschäftsprozesse in der Duisdorfer BüroKonzept KG kontinuierlich zu optimieren, ist es notwendig eine Schwachstellenanalyse der einzelnen Geschäftsprozesse durchzuführen. Schwachstellen können beispielsweise in folgenden Bereichen vorliegen:

- zu lange Bearbeitungszeiten
- zu große Prozessschritte
- häufige Störungen des Arbeitsablaufs
- Doppelarbeit
- zu geringe Verfügbarkeit von Informationen
- zu hohe Fehlerquoten
- zu geringe Qualität
- zu geringe Motivation der Mitarbeiter
- keine eindeutige Verantwortlichkeit für Teilprozesse oder den gesamten Geschäftsprozess

Im Rahmen der kontinuierlichen Verbesserung der Geschäftsprozesse müssen Erfolgs- und Einflussfaktoren identifiziert, Teilschritte des Prozesses ermittelt, Teilprozesse festgelegt und Prozessverantwortung übertragen werden.

2.4 Optimierungsvorschläge

Aus der Schwachstellenanalyse werden im Rahmen der eigentlichen organisatorischen Aufgabe Optimierungsvorschläge erarbeitet. Diese Vorschläge beschreiben den verbesserten künftigen Geschäftsprozess bzw. Arbeitsablauf.

Vor Einführung des neuen Geschäftsprozesses in der Duisdorfer BüroKonzept KG ist dieser mit den betroffenen Arbeitnehmern und der Geschäfts- oder Abteilungsleitung abzustimmen. Häufig müssen zusätzlich Organisations- und Arbeitsanweisungen ausgearbeitet werden, um eine möglichst reibungslose Umstellung des Prozesses durchführen zu können.

2.5 Kontinuierliche Verbesserungen der Geschäftsprozesse

Um eine kontinuierliche Verbesserung der Geschäftsprozesse durchzuführen, ist eine Kontrolle des realisierten Optimierungsvorschlages nötig. Nach Einführung des Prozesses ist zu prüfen, inwieweit die neuen organisatorischen Regelungen eingehalten werden und, ob der Prozess die erhoffte Verbesserung bewirkt. Wenn nötig, ist der Prozess so lange zu verbessern, bis er optimiert durchgeführt werden kann. Aus der kontinuierlichen Verbesserung und der anschließenden Schwachstellenanalyse entsteht ein Kreislauf. Aufgrund der sich verändernden Umwelt und Kundenansprüche bzw. -wünsche muss regelmäßig eine Schwachstellenanalyse durchgeführt werden, aus der eine Verbesserung mit anschließender Schwachstellenanalyse resultiert.

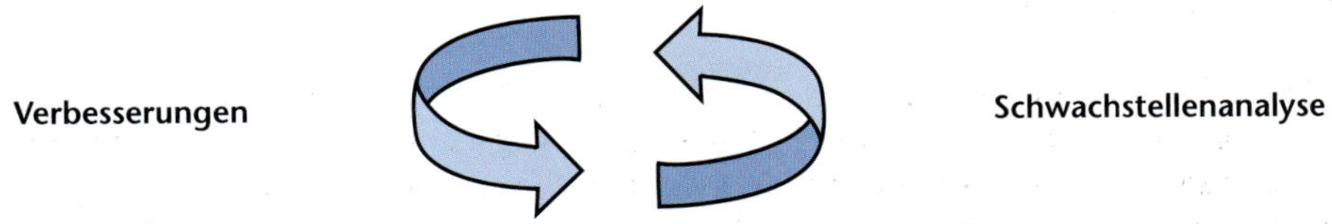

Kreislauf der kontinuierlichen Verbesserungen

Der Leitgedanke für die Verbesserung von Geschäftsprozessen ist die Kundenorientierung. Es wird versucht, die Geschäftsprozesse den Kundenwünschen entsprechend anzupassen bzw. zu optimieren.

2.6 Zertifizierung von Geschäftsprozessen

Die Duisdorfer BüroKonzept KG kann Geschäftsprozesse zertifizieren lassen. Eine solche Zertifizierung zielt darauf ab, durch kontinuierliche Verbesserung der Geschäftsprozesse und Dokumentation der optimierten Geschäftsprozesse eine Steigerung der Qualität zu erreichen. Weitere Gründe können darin liegen, relevante Geschäftsprozesse zu identifizieren, zu dokumentieren und auf den Kundenwüsche auszurichten.

Unternehmen wie die Duisdorfer BüroKonzept KG können ihre Geschäftsprozesse nach der DIN ISO 9000 von neutralen Zertifizierungsstellen, wie beispielsweise dem TÜV Rheinland, zertifizieren lassen. Diese Stellen weisen die Wirksamkeit und Funktionsfähigkeit des Qualitätsmanagementsystems nach und erteilen bei Erfüllung ein Zertifikat. Die DIN ISO 9000 entstand im Jahr 1987 und versuchte unterschiedliche Normen und Regelungen anzugleichen. Grundgedanke der ISO-Normreihe, die sich aus mehreren Teilnormen zusammensetzt, ist der Aufbau eines umfassenden Qualitätssystems.

Im Rahmen eines Qualitätsmanagements werden sog. Audits (lateinisch audire = hören) als Untersuchungsverfahren genutzt, um Geschäftsprozesse hinsichtlich der Erfüllung der Anforderungen und Richtlinien nach der aktuellen DIN ISO 9001 zu bewerten. Diese Audits werden von einem speziell hierfür geschulten Auditor durchgeführt. Die Durchführung, das Ziel und das Ergebnis des Audits werden als Auditdokumentation in einem Bericht schriftlich festgehalten. Nach erfolgreicher Überprüfung der Geschäftsprozesse erhält die Duisdorfer BüroKonzept KG ein Zertifikat. Dieses Zertifikat kann dann anschließend auch für das Marketing genutzt werden. Nebenstehend ist ein Beispiel für ein mögliches Zertifikat abgebildet.

ZERTIFIKAT

Hiermit bestätigt die Zertifizierungsstelle TÜV Rheinland,
dass die Geschäftsprozesse im Bereich Vertrieb der

Duisdorfer BüroKonzept KG

Rochusstraße 30

53123 Bonn

Deutschland

für den Zertifizierungsbereich des Audits

Vertrieb von eigenproduzierten Erzeugnissen und Handelswaren

ein Qualitätsmanagementsystem eingeführt hat und anwendet.
Durch ein Audit, Bericht-Nr. 70724711 wurde der Nachweis erbracht,
dass die Anforderungen der

ISO 9001: 2008

erfüllt sind.

Zertifikats-Registrierungs-Nr.:	12 100 32789/015
Tag des Audits:	27. und 28.05.2015
Zertifikat gültig ab:	01.06.2015
Zertifikat gültig bis:	31.05.2016
Zeitraum des nächsten Audits:	01.05.2016 bis 15.05.2016

Bonn, 29.05.2015

Thomas Davin
Dr. Thomas Davin

TÜV Rheinland AG, Am Grauen Stein, 51105 Köln,
Tel. +49 (0) 221 / 806 – 0, Fax +49 (0) 221 / 806 – 114, E-Mail: info@de.tuv.com

Der Ablauf einer Zertifizierung kann variieren. Häufig findet sie in sechs Schritten statt (vgl. www.tuv.com).

Sechs Schritte für die Duisdorfer BüroKonzept KG auf dem Weg zu einer erfolgreichen Zertifizierung:

1. Das Voraudit (optional)
Die Duisdorfer BüroKonzept KG kann sich einem Voraudit stellen. Dieses bietet eine optimale Vorbereitung für das spätere Zertifizierungsaudit. Die Duisdorfer BüroKonzept KG weiß so frühzeitig, welche Schwächen und Stärken im zu zertifizierenden Geschäftsprozess vorhanden sind und kann sich gezielt auf die „tatsächliche" Zertifizierung vorbereiten. Im Voraudit führen Auditoren eine Vorbeurteilung durch. So wird festgestellt, inwieweit der Geschäftsprozess die Anforderungen der Norm bereits erfüllt.

2. Dokumentationsprüfung
Das Auditteam prüft, ob die Dokumentation des Geschäftsprozesses (u. a. eEPK) in der Duisdorfer BüroKonzept KG den Forderungen der Norm entspricht.

3. Zertifizierungsaudit
Die Duisdorfer BüroKonzept KG demonstriert die praktische Anwendung ihres Managementsystems bzw. des Geschäftsprozesses. Die Auditoren bewerten die Wirksamkeit der Maßnahmen.

4. Zertifikatserteilung
Sind alle Kriterien erfüllt, erhält die Duisdorfer BüroKonzept KG das Zertifikat, das die Konformität mit der Spezifikation und die Funktionsfähigkeit des Managementsystems bescheinigt.

5. Überwachungsaudits
Die jährlichen Überwachungsaudits unterstützen die Duisdorfer BüroKonzept KG bei der kontinuierlichen Optimierung der Geschäftsprozesse.

6. Re-Zertifizierung
Mit der Re-Zertifizierung nach drei Jahren setzt die Duisdorfer BüroKonzept KG den kontinuierlichen Verbesserungsprozess dauerhaft fort und dokumentiert ihren Partnern und Kunden nachhaltig die Standards im Unternehmen.

LernFeld 12

Veranstaltungen und Geschäftsreisen organisieren

Überblick Lernfeld

1 Veranstaltungen organisieren

LS 12.1

In jedem Unternehmen findet eine Vielzahl von verschiedenen Zusammentreffen statt, denen unterschiedliche Zielsetzungen und Anforderungen zugrunde liegen. Dazu gehören u. a.:

- Kommunikation bzw. Gedankenaustausch
- Entscheidungsfindung
- Informationsvermittlung
- Weiterbildung
- Pflege von Kundenbeziehungen
- Steigerung von Image und Bekanntheitsgrad

Vom Ziel der Veranstaltung wird häufig der Veranstaltungstitel oder ein Motto abgeleitet.

Aber auch die Zielgruppe und die Anzahl der Teilnehmer stellen eine wichtige Entscheidungsgrundlage für die Planung einer Veranstaltung dar. Ist dies festgelegt, ergeben sich daraus weitere Überlegungen zur Konzeption der Veranstaltung.

Für die Duisdorfer BüroKonzept KG zählen die Weihnachtsfeier mit den Mitarbeitern, die Präsentation eines neuen Produktes für die Kunden oder auch die Besprechung der Kollegen über die Arbeitsaufteilung in der kommenden Woche gleichermaßen zu solchen Veranstaltungen. Dabei wird in den Blick genommen, welche Zielgruppe mit der Veranstaltung angesprochen werden soll. Es wird beispielsweise zwischen Veranstaltungen mit Mitarbeitern oder mit externen Gästen wie Kunden oder Lieferanten unterschieden.

Nachdem im Folgenden verschiedene Veranstaltungsarten dargestellt werden, schließt sich die Planung, Durchführung und Nachbereitung von Veranstaltungen an.

1.1 Veranstaltungsarten

Sind das Ziel und die Zielgruppe bestimmt, ist nun die Entscheidung wichtig, welche Form gewählt wird, um das angestrebte Ziel der Veranstaltung zu erreichen. Nachfolgend sollen einige Veranstaltungsarten aufgezeigt werden.

Besprechung

Die Besprechung ist eine sehr häufig praktizierte Veranstaltungsart im Unternehmen. Sie ist in der Regel formlos und kann daher kurzfristig ohne Aufwand erfolgen. Sie dient dem Informationsaustausch, einer Problemlösung oder Entscheidungsfindung und benötigt in der Regel nur einen geringen Zeitaufwand. Eine besondere Art der Besprechung ist der Jour fixe, der in regelmäßigen, fest vereinbarten Abständen mit einem bestimmten kleinen Teilnehmerkreis durchgeführt wird.

Sitzung

Auch die Sitzung findet in einem relativ kleinen Personenkreis statt, ist aber im Gegensatz zur Besprechung an Formalitäten gebunden. Die Teilnehmer werden frühzeitig schriftlich eingeladen und erhalten eine geplante Tagesordnung, die neben den Tagesordnungspunkten auch Ort und Dauer der Veranstaltung enthält. Damit ist es den Teilnehmern möglich, sich auf die anstehenden Themen vorzubereiten. Ein Sitzungsleiter führt durch die Veranstaltung und achtet u. a. auf einen effektiven Ablauf.

Konferenz

Kennzeichen einer Konferenz ist der Austausch von Meinungen und Erfahrungen zwischen Experten über ein bestimmtes Fachgebiet, bei der auch strittige Themen zur Sprache kommen. Die Durchführung kann Referate oder Diskussionen enthalten, die Anstöße zu einer Weiterentwicklung geben können. Sie zielt darauf ab, möglichst einen Beschluss zu fassen. Die exakte Vorbereitung der beschlussreifen Teilnehmerunterlagen erfordert einen höheren Organisationsaufwand. Wie bei den meisten Veranstaltungen erfolgt eine schriftliche Einladung, die neben der Tagesordnung auch die geplante Dauer enthält. Die Dauer einer Konferenz umfasst meist mehrere Stunden und die Teilnehmerzahl kann zwischen 30 bis 60 Personen liegen.

Videokonferenz

Die Videokonferenz ist eine Kommunikationsmöglichkeit, bei der die Gesprächsteilnehmer einen synchronen Kommunikations- und Interaktionsaustausch in Bild und Ton vornehmen können. Der Vorteil ist die Aufnahme eines audiovisuellen Kontaktes auch zu weit entfernten Gesprächspartnern. Notwendig sind zur Eingabe Mikrofon und Kamera und zum Empfang Lautsprecher und Monitor an einem leistungsfähigen PC. Bei dieser inzwischen auch gängigen Lösung im privaten Bereich spricht man von einem Desktop- oder Einzelplatz-System. Neben dieser Möglichkeit setzten Betriebe Set-top-Boxen ein, die einen mobilen Einsatz ermöglichen.

Je nach Anforderung arbeiten Unternehmen mit leistungsstärkeren Lösungen, die auch die Möglichkeit bieten, Besprechungen in einem Konferenzraum mit Raummikrofonen und Großmonitoren sehr realitätsnah an andere Teilnehmer zu übertragen. Diese Raumsysteme in einer gemeinschaftlich genutzten Umgebung können durch **M**ulti**p**oint Control **U**nits (MPUs) erweitert werden, sodass die Zuschaltung mehrerer Teilnehmer an verschiedenen Orten zu einer Konferenzschaltung möglich wird.

Durch Videokonferenzen ergeben sich große Kostenvorteile, da Reise-, Hotel- und Personalkosten eingespart werden können. Neben der Umweltfreundlichkeit durch die Vermeidung von Reiseverkehr sind weiterhin der schnelle Informationsaustausch und die einfache Kontaktpflege von Vorteil. Trotzdem ersetzt auch die inzwischen ausgereifte Technik oftmals nicht den persönlichen Kontakt mit den Geschäftspartnern.

Tagung

Eine Tagung, die meist eine Dauer von ein bis zwei Tagen hat, wird für eine Teilnehmerzahl von 25 bis 300 Personen ausgerichtet. Sie orientiert sich an einer Thematik oder auch mehreren speziellen Themen und dient dazu, neue Erkenntnisse durch Vorträge von Referenten vorzustellen. In Gesprächs- und Diskussionsrunden können die Teilnehmer sich anschließend darüber austauschen. Oftmals werden Tagungen in regelmäßigen Abständen wiederholt, um sich in einem Thema auf dem aktuellen Stand zu halten und neue Kenntnisse zu erlangen.

Wegen der großen Teilnehmerzahl ist der Organisationsaufwand höher. Es müssen neben der Organisation des Haupt- und Rahmenprogramms auch Reservierungen der Räumlichkeiten und Unterkünfte und vieles mehr durchgeführt werden.

Kongress

Der Kongress zeichnet sich durch eine Teilnehmerzahl zwischen 100 bis 1 000 Personen aus, die sich an mehreren Tagen zusammenfinden. Ein Kongress kann nationalen, aber auch internationalen Charakter haben. Es werden den Teilnehmern verschiedene Fachvorträge, Podiumsdiskussionen oder Expertenrunden angeboten. In Workshops lassen sich Lösungen zu spezifischen Themen erarbeiten. Es erfolgt ein reger Informations-, Meinungs- und Erfahrungsaustausch. Wegen der hohen Teilnehmerzahl ist im Vergleich zur Tagung eine noch präzisere organisatorische Vorbereitung notwendig.

Messe

Eine Messe ist nach § 64 Gewerbeordnung „eine zeitlich begrenzte, im allgemeinen regelmäßig wiederkehrende Veranstaltung, auf der eine Vielzahl von Ausstellern das wesentliche Angebot eines oder mehrerer Wirtschaftszweige ausstellt". Den gewerblichen Käufern, Wiederverkäufern und Großabnehmern wird meistens ein Kauf nach Muster angeboten. In beschränktem Umfang können Endverbraucher an einzelnen Tagen zu bestimmten Öffnungszeiten zum Kauf zugelassen werden. Neben der Möglichkeit zu kaufen oder zu verkaufen besteht ein wichtiger Aspekt der Messe im Kommunikationsereignis; es können Kontakte geknüpft und Informationen gesammelt werden. Wichtige Standorte mit nationalem und internationalem Stellenwert sind in Deutschland Berlin, Düsseldorf, Frankfurt am Main, Hamburg und Köln. Die Messen stellen einen erheblichen Wirtschaftsfaktor für die Region dar.

Hausmesse

Eine Sonderform der Messe ist die Hausmesse, die ein Unternehmen eigenverantwortlich organisiert und durchführt. Die Hausmesse kann sowohl auf dem Gelände des Unternehmens als auch an einem unternehmensfremden Standort durchgeführt werden. Vorteilhaft für das durchführende Unternehmen ist das Fehlen der Konkurrenzunternehmen. Allerdings beschränkt sich die Besuchergruppe überwiegend auf bestehende Kundenkontakte. Ziel der Hausmesse ist es, auf sich aufmerksam zu machen und beispielsweise neue Produktlinien und Ideen vorzustellen. Neben dem Hauptprogramm wird ein Rahmenprogramm geboten, um u. a. auch andere Interessierte anzusprechen. Aus diesem Grunde finden Hausmessen häufig in wiederkehrenden Abständen statt.

Seminar

Ein Seminar dient der Fortbildung und Schulung der Mitarbeiter. Aufgrund der schnellen Weiterentwicklung des Wissens ist es für die Mitarbeiter eines Unternehmens wichtig, berufliche Kenntnisse und Fähigkeiten immer wieder zu aktualisieren. Ein Referent mit der notwendigen Fachkompetenz unterstützt und vermittelt die wesentlichen Inhalte. Die Teilnehmerzahl eines Seminars variiert und hängt von der Konzeption ab. Die Veranstaltung kann beispielsweise im Betrieb oder auch extern durchgeführt werden. Auch die Dauer kann sehr verschieden sein, ein- oder mehrtägige Seminare sind möglich. Diese Veranstaltungsart wird auch unternehmensoffen durchgeführt und spricht damit nicht nur Mitarbeiter eines Betriebes an.

Webinar

Der Begriff Webinar entsteht durch das Zusammenziehen der Wörter Web und Seminar und bezeichnet ein Seminar, das über das World Wide Web abgehalten wird. Das Webinar, das das Internet als Plattform nutzt, ermöglicht die „Live"-Kommunikation zwischen Seminarteilnehmern und dem Lehrenden, ohne dass die Teilnehmer sich am selben Ort befinden. Neben der Kommunikation ist der Download von Dateien wichtiger Bestandteil eines Webinars. Notwendig zur Durchführung und Teilnahme ist die geeignete Hard- und Software. Die Anzahl der Teilnehmer ist unbegrenzt.

Grundsätzlich ist für die verschiedenen Veranstaltungsarten festzuhalten, dass eine eindeutige Abgrenzung nicht möglich ist. Häufig überschneiden sich wesentliche Aspekte. Für alle gilt allerdings, dass eine sorgfältige Vorbereitung, Durchführung und Nachbereitung zum gewünschten Ziel führt.

Außerdem ist zu beachten: Je größer die Teilnehmerzahl, desto länger die Vorbereitungszeit. So sollte die Planung einer Veranstaltung mit ca. 200 bis 800 Personen ca. sechs bis zwölf Monate im Voraus, Veranstaltungen mit mehr als 800 Teilnehmern zwei bis drei Jahre im Voraus begonnen werden. Die Werte stellen Richtwerte dar, da Einflussgrößen wie Raumreservierungen berücksichtigt werden müssen.

1.2 Veranstaltungsvorbereitung

Damit eine Veranstaltung erfolgreich werden kann, ist es sinnvoll, sich rechtzeitig einige grundlegende Fragen zu beantworten:

- Warum soll die Veranstaltung stattfinden?
- Wer soll an der Veranstaltung teilnehmen?
- Wann soll die Veranstaltung stattfinden?
- Wo soll die Veranstaltung stattfinden?
- Wie lange soll die Veranstaltung dauern?
- Was darf sie kosten?

Beispiel
Die Duisdorfer BüroKonzept KG möchte ein internes Seminar anbieten, in dem die betreffenden Mitarbeiter der Abteilung Rechnungswesen mit der Bedienung des neuen EDV-Systems vertraut gemacht werden. Neben der Wissensvermittlung soll das Netzwerk der Mitarbeiter gefestigt und das Gruppengefühl gestärkt werden, sodass die Teilnehmer sich als Experten gegenseitig unterstützen. Die eintägige Veranstaltung soll am Mittwoch in der 26. Woche stattfinden. Die Fortbildung soll im Gebäude der Duisdorfer BüroKonzept KG im Besprechungsraum mithilfe von Laptops durchgeführt werden.

Diese Orientierung und Festlegung der Eckdaten erleichtert die sich anschließende Grob- und Feinplanung der Veranstaltung. Folgende Punkte müssen geplant und durchgeführt werden:

- Haupt- und Rahmenprogramm erstellen
- Einladungsschreiben formulieren
- genaue Raumplanung mit technischen Hilfsmitteln vorgenehmen
- Bewirtung mit Essen und Getränken planen
- Hotelreservierungen tätigen

Zunächst wird in einer vorbereitenden Sitzung, dem Kick-off-Meeting, die Grundidee der Veranstaltung vorgestellt, und auf dieser Basis werden Vorschläge für geeignete Aktivitäten gesammelt. Dabei können Kreativitätstechniken eingesetzt werden, die zu einer Vielzahl von Ideen führen können. Aus der ungeordneten Liste wird eine Auswahl der gewünschten Programmpunkte ausgewählt und in sogenannte Arbeitspakete zusammengefasst. Diese in sich abgeschlossenen zusammengehörenden Themen werden von einer verantwortlichen Person oder einer verantwortlichen Arbeitsgruppe termingerecht bearbeitet. LF 13, 3

Bei der Planung einer Veranstaltung hat sich die Anwendung von Checklisten bewährt. Diese haben den Vorteil, immer wiederkehrende Arbeitsprozesse zu strukturieren, die Programmpunkte aufzuteilen und einen Überblick zu ermöglichen, sodass nichts Wichtiges vergessen wird.

Beispiel
Die Checkliste für die obige Seminarplanung kann beispielsweise folgende Punkte ergeben:

Checkliste: Internes EDV-Seminar der Abteilung Rechnungswesen

- Besprechungsraum
  - Besprechungsraum reservieren
  - Verdunkelung prüfen
  - Raumordnung anpassen
  - Schulungsunterlagen auslegen
- Referent
  - Referent auswählen
  - Honorar, Reise- Übernachtungs- und Verpflegungskosten vereinbaren

- Zusage prüfen
- Themen besprechen
- Technische Hilfsmittel absprechen
- Unterlagen vorbereiten evtl. kopieren

- Teilnehmer
  - Mitarbeiter der Abteilung Rechnungswesen einladen
  - Vertretungsregelung planen
- Technische Hilfsmittel
  - Laptops reservieren und prüfen
  - Akkus, Verlängerungskabel vorbereiten
  - Beamer und Leinwand reservieren bzw. prüfen
  - Laserpointer
- Tagesordnung festlegen
  - Hauptprogramm
  - Pausen
- Zeitplan erstellen
- Verpflegung festlegen
- [...]

Um den Überblick über die Planung zu behalten, bietet es sich an, Zeit- und Arbeitspläne zu erstellen. Sie enthalten

- die zu erledigenden Tätigkeiten und Aufgaben,
- Zuständigkeiten,
- Verantwortlichkeiten,
- Start- und Endzeit der Arbeitspläne,
- den Status, d.h. den Stand der Vorbereitung, wie z.B. zu erledigen/erledigt,
- Notizen mit aktuellen Informationen zu den Tätigkeiten.

Als Hilfsmittel können Balkendiagramme oder Netzpläne dienen, die mithilfe der geeigneten Software erstellt werden. Bei der Erstellung werden zeitliche Puffer eingeplant, um unvorhergesehene Verzögerungen auffangen zu können.

Da oftmals die Bearbeitung eines Themas wichtig für eine andere Arbeitsgruppe ist, ist die Einhaltung von Terminabsprachen erforderlich und es sind regelmäßige gemeinsame Abstimmungen in Sitzungen oder Besprechungen notwendig.

Bei der Planung von Veranstaltungen handelt es sich um komplexe Zusammenhänge, die innerhalb einer vorgegebenen Frist zu erledigen sind. Deshalb ist es wichtig Zeit- und Arbeitspläne so zu erstellen, dass Stress und Überforderung vermieden werden und die zur Verfügung stehende Zeit möglichst effektiv genutzt wird. Bei einem optimalen Zeitmanagement gelingt es Zeitfresser zu erkennen, Wichtiges von Unwichtigem zu trennen und Prioritäten zu setzen. Übersichtlich dargestellt sind die verschiedenen Methoden des Zeitmanagements, wie z.B. ABC-Analyse, ALPEN-Methode und Pareto-Prinzip im Lehrbuch „BüroWelt 1“.

LF 2, 7.2

1.2.1 Festlegung des Veranstaltungstermins

Bei der Auswahl des Veranstaltungstermins ist zu beachten, dass die vorgesehenen Teilnehmer rechtzeitig die Möglichkeit erhalten, diese Veranstaltung in der eigenen Terminplanung zu berücksichtigen. Je größer die Teilnehmerzahl ist, desto größer ist der Abstimmungsbedarf und umso früher muss eine Einladung erfolgen.

Grundsätzlich gilt, dass Einladungen an

- bis zu 20 Personen mindestens zwei Monate vorher,
- bis zu 40 Personen mindestens drei Monate vorher,
- bis zu 80 Personen mindestens fünf bis sechs Monate vorher erfolgen sollten.

Ist die einzuladende Anzahl Teilnehmer noch größer, wie z. B. bei Kongressen oder Messen, ist die Einladung weitaus früher zu planen und kann sogar mindestens ein Jahr im Voraus notwendig sein.

Bei der Auswahl des Veranstaltungstermins müssen zudem folgende Aspekte beachtet werden:

- Ferientermine der verschiedenen Bundesländer
- Feiertage
- weitere wichtige Veranstaltungen zur gleichen Zeit am geplanten Ort
- evtl. gesetzlich oder satzungsmäßig vorgeschriebene Einladungsfristen

Aber auch innerbetriebliche Termine und die Verpflichtung interner Teilnehmer beeinflussen die Terminierung der Veranstaltung.

1.2.2 Einladungsschreiben

Die Einladung zu einer wöchentlichen Abteilungsbesprechung wird in der Regel per E-Mail erfolgen. Aber je aufwendiger die Veranstaltung für Einladende und Teilnehmer wird, desto mehr wird der Veranstalter sich über die Form der Einladung Gedanken machen.

Mögliche Wege, eine Einladung den Geladenen zukommen zu lassen, können nach internem und externem Teilnehmerkreis unterschieden werden:

Interner Teilnehmerkreis	Externer Teilnehmerkreis
▪ E-Mail ▪ Brief ▪ Schwarzes Brett ▪ Information in der Mitarbeiterzeitung ▪ Einlage zur Gehaltsabrechnung	▪ E-Mail ▪ Brief ▪ Plakate ▪ Aushänge ▪ Anzeigen in Zeitungen und Fachzeitschriften ▪ Beilagen in Zeitungen und Fachzeitschriften ▪ IHK-Mitteilungen, Verbandsinformationen ▪ Mund-zu-Mund-Propaganda

Das Einladungsschreiben ist eine schriftliche Aufforderung und erfordert einige unabdingbare Inhalte:

- Anlass und Thema der Veranstaltung
- Datum, Beginn und voraussichtliche Dauer

- genaue Adresse mit Telefonnummer und Bezeichnung von Gebäude und Raum am Tagungsort
- Tagesordnung/Programm und Rahmenprogramm
- Referenten und Teilnehmerliste
- Anfahrt zum Tagungsort. Dabei ist sowohl die Anfahrtsmöglichkeit mit öffentlichen Verkehrsmitteln als auch mit dem Pkw zu berücksichtigen. Ein Stadtplan erleichtert die Übersicht. Reisen Teilnehmer mit dem Pkw an, sind sie zudem an Informationen zu den Parkmöglichkeiten interessiert. Ausländische Teilnehmer erhalten gesonderte Informationen bezüglich der Anreise.
- Unterkunftsregelung
- evtl. Kleiderordnung, auch in Bezug auf das Rahmenprogramm
- Klärung der Kostenübernahme
- evtl. Teilnahmegebühren
- Anmeldeformular und Anmeldeschluss
- Antwortkarte

Je größer eine Veranstaltung ist, desto wichtiger ist die Antwortkarte. Um die Anzahl der Teilnehmer gut einschätzen zu können, hat es sich bewährt, der Einladung vorbereitete Antwortkarten beizulegen. Darauf kann jeder Teilnehmer angeben, mit wie vielen Personen er teilnimmt und ob er u. U. eine Hotelreservierung wünscht. Durch die Rücksendung der Antwortkarten wird die Organisation der Veranstaltung auf der Basis bekannter Teilnehmerzahlen wesentlich erleichtert.

1.2.3 Programm- und Programmablaufplanung

Nachdem wichtige Eckdaten festgelegt sind, erfolgt die Planung des Veranstaltungsprogramms, also des eigentlichen Inhalts der Veranstaltung. Mit der Entscheidung über die Veranstaltungsart ist oft bestimmt, ob es sich um eine ein- oder mehrtägige Veranstaltung handelt. Daran orientieren sich nun auch die Überlegungen zur Tagesordnung bzw. zum Programm und je nach Veranstaltungsart auch zum Rahmenprogramm.

Bei der Überlegung zum Programmablauf ist darauf zu achten, dass die einzelnen Programmpunkte, wie z. B. Vorträge von Rednern und Referenten, Workshops, Diskussionen und Fachausstellungen, so aufeinander abgestimmt werden, dass den Teilnehmern eine interessante Veranstaltung geboten wird. In dieser Planung müssen der Zeitbedarf einzelner Programmpunkte ermittelt und eine Konzeption für den Gesamtablauf entworfen werden. Der Ablauf des Veranstaltungsprogramms muss auch ausreichend Zeit für das Mittagessen und Pausen berücksichtigen. Neben dem Fachprogramm wird je nach Veranstaltung ein Rahmenprogramm angeboten, das den Teilnehmern die Möglichkeit bietet, Kontakte zu knüpfen und sich kennenzulernen. Bei manchen Veranstaltungen besteht ein gesondertes Rahmenprogramm für Begleitpersonen für die Zeit, in der sich die Teilnehmer dem Fachprogramm widmen. Als Rahmenprogramm bietet sich je nach Veranstaltungsort an:

- (Werks-)Besichtigung
- Ausflug
- Museums-/Theater-/Opernbesuch
- Restaurantbesuch
- Stadtrundfahrt
- Kinderprogramm

Sind die Überlegungen für den Programmablauf getroffen, entsteht daraus für die Teilnehmer eine Tagesordnung bzw. ein mehrtägiges Programm. In dieser schriftlichen Unterlage sollte der zeitliche Ablauf dargestellt sein, sodass die Teilnehmer in übersichtlicher und ansprechender Gestaltung über die bevorstehende Veranstaltung informiert werden. Das Programm sollte einfach gefasste und präzise Formulierungen enthalten, damit ein schneller Überblick gewährt und Interesse geweckt werden. Das Programm wird den Teilnehmern bereits mit der Einladung zugeschickt.

Wichtige Inhalte des Programms sind:

- Programmtitel bzw. Thema
- Name des Veranstalters
- Datum der Veranstaltung
- Veranstaltungsort und evtl. Raumbezeichnung
- übersichtlich gegliederte Programmfolge mit
  - Zeiten der Programmpunkte
  - Ort, an dem der Programmpunkt stattfindet
  - Referenten
  - Pausen/Mittagessen
- voraussichtliches Ende der Veranstaltung

Beispiel: Interne Schulung

Abteilung Rechnungswesen

Duisdorfer BüroKonzept KG

Tagesordnung
für das interne Seminar
am 26. Juni 20..

„Einführung in das neue EDV-System"

26. Juni 20..	9:00 Uhr	Begrüßung: Frau H. Engler
	9:15 – 10:45 Uhr	Referentin: Dr. Caroline Jesse Methoden und Tools des neuen EDV-Systems
	10:45 – 11:00 Uhr	Pause
	11:00 – 12:30 Uhr	Praxisphase: Empfehlungen und Best Practices zum Umgang mit dem System
	12:30 – 14:00 Uhr	Mittagessen
	14:00 – 15:30 Uhr	Praxisphase: Erfolgreiche Anwendungsbeispiele und Einsatzszenarien
	15:30 – 16:00 Uhr	Kaffee-Pause (come together)
	16:00 – 17:00 Uhr	Abschlussbesprechung

Da für manche Veranstaltungen Vorschriften bezüglich der Tagesordnungspunkte gelten, ist darauf bei der Planung genau zu achten. Manche Zusammentreffen erfordern beispielsweise für die Beschlussfähigkeit die Anwesenheit einer bestimmten Anzahl von Teilnehmern oder einen formalen Antrag zur Beschlussfassung. Sowohl inhaltlich als auch bezüglich der Reihenfolge kann eine Tagesordnung demnach folgendermaßen gestaltet sein:

Konferenz ...

I. Begrüßung
II. Feststellung der Anwesenheit und Beschlussfähigkeit
III. Ernennung eines Protokollführers
IV. Berichte zum Veranstaltungsthema
V. Diskussion
VI. Anträge und Abstimmung
VII. Verschiedenes

Handelt es sich bei der Veranstaltung um eine internationale Veranstaltung, sind ausländische Gäste beteiligt, ist es notwendig, Sitten und Gebräuche sowie kulturelle Besonderheiten der ausländischen Teilnehmer zu berücksichtigen.

Beispiel

In asiatischen Kulturen wie z. B. in Vietnam wird eine indirekte Kommunikation betrieben. D. h. ein Problem wird nicht direkt beim Namen genannt, Wünsche und Vorstellungen, insbesondere auch Kritik werden nicht unvermittelt geäußert. Auch mit einer Ablehnung wird im asiatischen Raum anders umgegangen. Ein direktes NEIN wird nicht ausgesprochen. Stattdessen wird in höflicher Form das Nichteinverständnis auf verschiedene Weise beigebracht; aber immer so, dass niemand sein Gesicht verliert und die Würde behält. Diese Art der Kommunikation verlangt Zurückhaltung, Geduld und Einfühlungsvermögen.

1.2.4 Veranstaltungsort und Raumplanung

Zunächst muss entschieden werden, ob die Veranstaltung in den Räumlichkeiten des Unternehmens oder extern, wie z. B. in einem Tagungshotel stattfinden soll. Die Gründe für die Entscheidung für eine interne oder externe Veranstaltung sind vielfältig. Entscheidungskriterien sind beispielsweise:

- Anzahl und Größe der notwendigen Veranstaltungsräume
- Übernachtungsmöglichkeit
- Kosten
- problemlose Anreisemöglichkeit
- Parkplatzsituation

Aber auch der Vorteil einer ungezwungenen Atmosphäre in einer fremden ansprechenden Umgebung beeinflusst die Wahl des Veranstaltungsortes. Ziel ist letztlich der erfolgreiche Verlauf der Veranstaltung. Steht der Veranstaltungsort fest, muss in der Feinplanung eine detaillierte Raumplanung vorgenommen werden. Hier schließen sich beispielsweise Überlegungen zur Bestuhlung, Sitzordnung und technischen Ausstattung an.

Abhängig von der Veranstaltungsart wird der Veranstalter die passende Bestuhlungsart auswählen. Aber auch die Größe der Tagungsräume und die Anzahl der Teilnehmer sind ausschlaggebend für die Anordnung und Aufteilung der Plätze. Unterschieden werden die dargestellten Bestuhlungsformen:

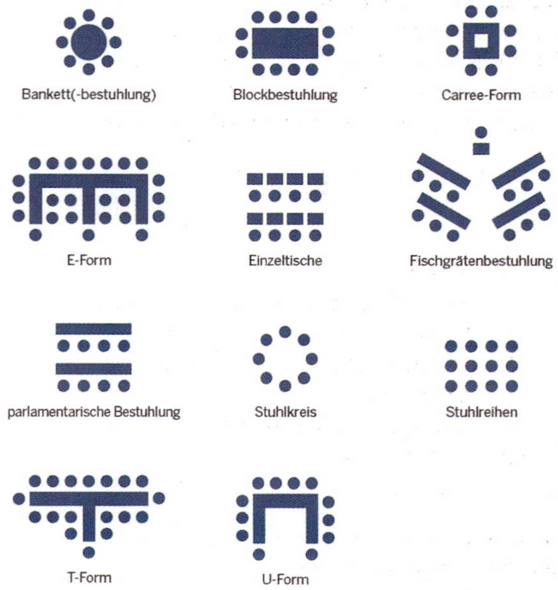

Ist die Bestuhlungsart gewählt, ist es u. U. von Bedeutung, eine Sitzordnung festzulegen. Sie kann zum einen die Stellung von Personen herausstellen, zum anderen ist sie geeignet Kontakte zu knüpfen oder auch Netzwerke zu bilden und zu festigen. Hilfreich dazu sind Namensschilder, damit eine direkte Ansprache des Gesprächspartners möglich wird.

Zur Raumplanung gehören die Überlegungen zur technischen Ausstattung des Ortes. Dazu zählen:

- Visuelle Medien:
  - Videotechnik
  - Beamer
  - Plasmadisplay
  - Panaboard/Smart-Board
  - Flipcharts
  - Overheadprojektoren
  - Leinwände
  - Moderationsmaterial
  - Laserpointer

- Audiotechnik:
  - Beschallung
  - Lautsprecher
  - Mikrophone
  - Dolmetscheranlagen

- Grundsätzliche Tagungstechnik:
  - PC
  - Internet
  - Fotokopierer
  - Telefon
  - Telefax

Um einen reibungslosen Ablauf zu gewähren, ist es notwendig, die Funktionsfähigkeit der technischen Ausstattung rechtzeitig vor Veranstaltungsbeginn zu überprüfen, um unbefriedigende Situationen zu vermeiden. Auch sollten Verbrauchsmaterialien wie Papier und Stifte in ausreichendem Maße zur Verfügung stehen.

Nicht zuletzt sollte, um den jeweiligen Rahmen der Veranstaltung zu betonen, an angemessene Dekoration und Blumenschmuck gedacht werden. Diese soll der Veranstaltung ein unverwechselbares Erscheinungsbild geben.

1.2.5 Gesetzliche Vorschriften und Genehmigungen, Versicherungen, Gebühren und Beiträge

Veranstaltungen finden innerhalb bestimmter gesetzlicher Vorgaben und Vorsichtsmaßnahmen statt, die vor allem dem Schutz der Teilnehmer dienen. Es liegt im Verantwortungsbereich des Veranstalters, dafür zu sorgen, dass alle notwendigen gesetzlichen Vorschriften und Genehmigungen eingehalten, Versicherungen abgeschlossen sowie Gebühren und Beiträge abgeführt werden.

Anmeldepflicht

Plant ein Unternehmen eine Veranstaltung, ist das zuständige Ordnungsamt erste Anlaufstelle zur Anmeldung. Man erhält dort Informationen über spezielle Fragestellungen der geplanten Veranstaltung sowie über Abnahmebestimmungen, die in den Bundesländern unterschiedlich geregelt sind. Grundsätzlich muss jede öffentliche Veranstaltung beim zuständigen Ordnungsamt angezeigt werden. Über online zur Verfügung gestellte Formulare ist eine schnelle und einfache Anmeldung bei den jeweiligen Behörden möglich. Dort erhält man auch weitere Informationen über eventuell notwendige Leistungen wie Straßensperrungen, Umleitungen etc. sowie deren Kosten.

Versammlungsstättenverordnung

In den Versammlungsstättenverordnungen der einzelnen Bundesländer bzw. in der Sonderbauverordnung von Nordrhein-Westfalen sind Sicherheitsbestimmungen und Vorschriften enthalten, die dem Schutz aller Beteiligten dienen. Darin enthalten sind beispielsweise Vorgaben

- zu Rettungswegen und Notausgängen,
- zur Verwendung sicherheitstechnischer Anlagen (Sicherheitsbeleuchtung Rauchabzugs- und Brandmeldeanlagen),
- zur Verwendung von offenem Licht und Feuer,
- zu Polizei, Feuerwehr, Sanitäts- und Rettungsdienst bei Großveranstaltungen,
- zu Sperrzeiten und zur Lärmschutzverordnung.

Vor jeder Veranstaltung ist genau zu prüfen, welche Vorschriften gelten und in der Veranstaltungsplanung berücksichtigt werden müssen. Bei Nichteinhaltung von Vorschriften und Bestimmungen haftet der Veranstalter.

Lärmschutzverordnung

Lärm ist der zusammenfassende Begriff für störende, belästigende oder schädliche Geräusche. Unterschieden wird bei Lärm zwischen Immission und Emission. Dabei spricht man bei Immission vom Schall, der am dem Ort gemessen wird, an dem er wirkt. Emission ist die Quelle, wo der Schall ausgestoßen wird.

Um die Umgebung nicht mit Lärm übermäßig zu belasten, gelten in den einzelnen Bundesländern Lärmschutzverordnungen. Darin enthalten sind Vorschriften für Immissionsrichtwerte u. a. für Gewerbelärm, die auch bei Veranstaltungen nicht überschritten werden dürfen. Wird erwartet, dass der zulässige Lärmpegel für die geplante Veranstaltung nicht eingehalten werden kann, können in einem angemessenen Rahmen Ausnahmen beantragt werden. Die zuständige Behörde wird bei der Genehmigung zwischen dem Wunsch des Veranstalters und den Belangen der Anwohner abwägen und ein zumutbares Maß festlegen.

Feuer- und Diebstahlversicherung

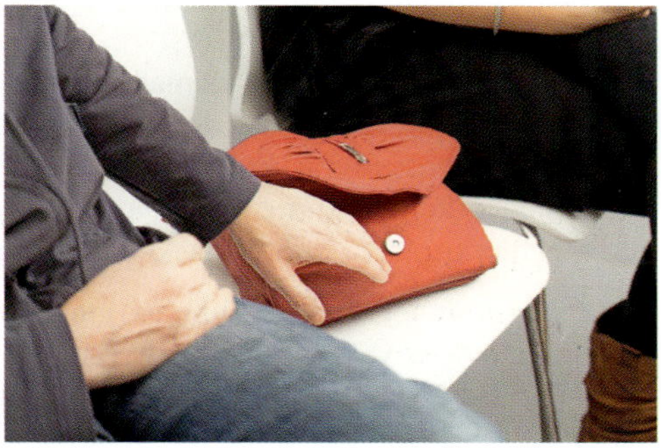

Feuer- und Diebstahlversicherungen zählen zu den Sachversicherungen, einer Form der Schadenversicherung, die auf die Zerstörung, die Beschädigung oder das Abhandenkommen versicherter Sachen abstellt. Sie sollen neben anderen Versicherungen, wie z. B. Haftpflichtversicherungen, das Risiko vor unvorhergesehenen Schäden im Unternehmen reduzieren.

Die Feuerversicherung ersetzt den durch einen Brand entstandenen Schaden. In den Allgemeinen Bedingungen für die Feuerversicherung (AFB) § 1 Abs. 2 ist ein Brand „ein Feuer, das ohne einen bestimmungsgemäßen Herd entstanden ist oder diesen verlassen hat, und das sich aus eigener Kraft auszubreiten vermag". Aber nicht nur bei Brand greift die Feuerversicherung, sondern im Wesentlichen auch bei Blitzschlag oder Explosion. Versichert werden können Immobilien, Mobilien und je nach Vertragsvereinbarung auch Ertragsausfälle. Die Feuerversicherung ist in Deutschland keine Pflichtversicherung und kann als wichtige separate Versicherung von Unternehmen abgeschlossen werden. Für die Feuerversicherung gilt in Deutschland eine Besonderheit: Ein Teil der Versicherungsprämie wird über die Feuerschutzsteuer für vorbeugenden Brandschutz und Unterstützung der Feuerwehren verwendet. Im privaten Bereich ist die Feuerversicherung von geringer Bedeutung, da die meisten Hausbesitzer mit der Wohngebäudeversicherung auch gegen das Risiko von Brandschäden versichert sind.

Je nach Veranstaltungsart ist auch zu überlegen, ob eine Diebstahlversicherung notwendig ist. Je nach Art und Umfang des Diebstahls kann dies dem Unternehmen großen Schaden zufügen. Ob sich die Versicherung lohnt, muss jedes Unternehmen individuell genau prüfen.

Neben diesen Versicherungen gibt es andere, die gezielt auf Risikoreduzierung bei Veranstaltungen zugeschnitten sind. Dazu zählen z. B. die Veranstaltungshaftpflichtversicherung oder die Veranstaltungsausfallversicherung, die im nachfolgenden Abschnitt erläutert werden.

Veranstaltungshaftpflichtversicherung

In Deutschland gilt der Grundsatz, dass jemand, der eine „Gefahrenquelle" schafft oder für eine solche verantwortlich ist, Schutzmaßnahmen zu treffen hat, damit Gefahren vermieden oder gesichert werden. Man spricht von der sogenannten Verkehrssicherungspflicht. Trotzdem kommt es immer wieder vor, dass bei Veranstaltungen Schaden entsteht, der entschädigt werden muss. Um sich als Veranstalter vor Schadensersatzzahlungen zu schützen, bietet es sich an, Versicherungen für die Veranstaltung abzuschließen

Grundsätzlich haftet der Veranstalter für Schäden und Unfälle, die im Rahmen der Vorbereitung, Durchführung und Nachbereitung der Veranstaltung entstehen. Daher ist es sinnvoll, die grundsätzlich freiwillige Veranstaltungshaftpflichtversicherung abzuschließen. Versicherungspflicht besteht lediglich bei Veranstaltungen mit erhöhtem Risiko, wie z. B. Sportveranstaltungen. Der Leistungsumfang umfasst Personen-, Sach- und Vermögensschäden. Beispiele für Schäden, bei denen die Versicherungshaftpflicht greifen würde, sind:

- Ein Besucher stürzt über ein nicht ordnungsgemäß verlegtes Stromkabel und verletzt sich, sodass er für mehrere Tage arbeitsunfähig ist.
- Beim Aufbau eines Festzeltes wird ein in der Nähe stehendes Auto durch herunterfallende Streben beschädigt.
- Einem Teilnehmer wird Rotwein über den Anzug gegossen.

Die Deckungssumme, der Maximalbetrag, den die Versicherung im Schadenfall laut Vertrag aufzubringen hat, hängt von der Veranstaltungsart und dem Umfang der Veranstaltung ab. Für die Deckungssumme wird ein Betrag von mindestens 2 bis 3 Mio. Euro empfohlen. Denn reicht die Deckungssumme im Schadensfall nicht aus, wird der versicherte Veranstalter selbst in die Zahlungspflicht genommen. Daher ist es ratsam, die Summe sehr genau zu planen.

Die Kosten der Versicherung hängen neben der Deckungssumme auch vom jeweiligen Tarif ab. Unter einem Versicherungstarif versteht man die Leistungsbestandteile einer Versicherung, die der Versicherer dem Versicherungsnehmer in unterschiedlichem Umfang anbietet. Je höher die Deckungssumme und je umfangreicher die vereinbarten Leistungen sind, desto teurer wird die Veranstaltungshaftpflichtversicherung.

Beispiel

Tarifdaten einer Veranstaltungshaftpflichtversicherung über eine Deckungssumme von 3 Mio. Euro für Personen- (P) /Sach- (S) und Vermögensschäden (V)

Deckungssumme: 3 Mio. pauschal P/S/V

Tarifdaten:
- Deckungssumme für Personenschäden: 3.000.000,00 EUR
- Deckungssumme für Sachschäden: 3.000.000,00 EUR
- Deckungssumme für Vermögensschäden: 3.000.000,00 EUR
- Maximierung: 2-fach
- Selbstbeteiligung: 150,00 EUR
- Mitversicherte Personen: Versicherungsnehmer
- Ordnerdienst zwecks Einlasskontrolle und Sicherung der Veranstaltung
- Abgabe von Speisen und Getränken
- Unterhalten von Zeiten: Ja, inkl. eigenem Auf- und Abbau
- Unterhalten von Tribünen: Ja, eigener Auf- und Abbau ist nicht mitversichert
- Abwassersachschäden: Ja, bis 500.000,00 EUR (2fach maximiert, 150,00 EUR Selbstbehalt)
- Bearbeitungsschäden: Ja, bis 5.000,00 EUR (3-fach maximiert, 150,00 EUR Selbstbehalt)
- Abhandenkommen von fremden Schlüsseln: Ja, bis 5.000,00 EUR (3-fach maximiert, 150,00 EUR Selbstbehalt)

- Nutzung von Internet-Technologien: Ja, 100.000,00 EUR incl. 50.000,00 EUR für Verletzung von Namensrechten
- Datenschutzrisiko: Ja, in Höhe der Versicherungssumme für Vermögensschäden (2-fach maximiert, 150,00 EUR Selbstbehalt)
- Auslandsschäden auf Geschäftsreisen
- Kraftfahrzeuge, soweit sie nicht nicht zulassungs- und nicht versicherungspflichtig sind
- selbstfahrende Arbeitsmaschinen
- Umwelthaftpflicht-Basisversicherung
- Umwelthaftpflicht-Basisversicherung: Ja, 1.000.000,00 EUR pauschal

Tätigkeitsschäden
- Be- und Entladeschäden: Ja, in Höhe der Versicherungssumme (2-fach maximiert, 150,00 EUR Selbstbehalt)
- Leistungsschäden: Ja, in Höhe der Versicherungssumme (2-fach maximiert, 150,00 EUR Selbstbehalt)

Mietsachschäden
- an Räumen/Gebäuden: durch Leitungs- und Abwasser: Ja, bis 1.000.000,00 EUR (2-fach maximiert, 150,00 EUR Selbstbehalt)
- an Räumen/Gebäuden: durch Brand und Explosion: Ja, bis 1.000.000,00 EUR
- an Räumen/Gebäuden: durch sonstige Ursachen: Ja, bis 10.000,00 EUR (3-fach maximiert, 150,00 EUR Selbstbehalt

Weitere Besonderheiten
- Hüpfburgen und Feuerwerke sind nur gegen Zuschlag versicherbar. Die Zuschläge erhalten Sie auf Anfrage.
- Mietsachschäden an zu Veranstaltungszwecken gemieteten technischem Equipment bis 5.000,00 EUR (SB 250,00 EUR)

Veranstaltungsausfallversicherung

Die Veranstaltungsausfallversicherung ersetzt die Kosten, die durch Ausfall, Abbruch oder Verlegung der angekündigten Veranstaltung unmittelbar entstanden sind. Der Veranstalter muss beweisen, dass die Ursache des Ausfalls außerhalb seiner Einflussmöglichkeit lag.
Der Versicherungsschutz kann sich auf drei verschiedene Bereiche beziehen.

Versicherungsschutz bei

- Ausfall der Veranstaltung, z. B. durch Stromausfall, behördliche Verfügungen
- Nichtauftritt einer wichtigen in der Versicherung aufgeführten Person, wegen Krankheit, Unfall oder Tod
- Ungünstige Wetterverhältnisse für Veranstaltungen im Freien

Kein Versicherungsschutz besteht typischerweise für Versicherungen bei Krieg, Terrorismus und Schäden durch Kernenergie; aber auch bei fehlendem Besucherinteresse wird die Veranstaltungsausfallversicherung nicht zahlen.

Bei Eintritt des Versicherungsfalles können je nach Vertragsbedingungen

- Organisationskosten, z. B. für Personal, Mieten, Werbung,
- Kosten für gebuchte Hotelzimmer,

- Kosten für die Benachrichtigung der Teilnehmer,
- Rückerstattungen von Einnahmen, wie z. B. Eintrittskarten

erstattet werden. Da jede Veranstaltung einen unterschiedlichen Charakter hat, muss die Versicherung entsprechend der jeweiligen Bedingungen und Wünsche des Versicherungsnehmers angepasst werden. Daraus ergibt sich, dass die Kosten, die individuell ermittelt werden, je nach Umfang und Ausgestaltung des Versicherungstarifes sehr unterschiedlich sind.

Lizenzen und Verwertungsrecht

Die Lizenz ist eine Erlaubnis, die es dem Lizenznehmer gestattet, ein Werk zu nutzen oder zu verwerten. Zu unterscheiden sind **einfache Lizenzen** und **ausschließliche Lizenzen**. Die einfache Lizenz gestattet dem Käufer und weiteren Käufern, das Werk gemäß den Vertragsbedingungen zu nutzen. Bei der ausschließlichen Lizenz, dem sogenannten Verwertungsrecht, wird dem Lizenznehmer der exklusive Zugriff gestattet. Selbst dem Urheber ist es dann verboten, sein Werk zu nutzen.

Bekannte Beispiele für einfache Lizenzen sind

- die GEMA-Lizenz für die Nutzung von Musik, die im anschließenden Abschnitt genauer betrachtet wird,
- die FIFA-Lizenz für Public-Viewing-Veranstaltungen bei internationalen Fußballereignissen,
- die Lizenz zur Nutzung von Software-Paketen im Unternehmen.

Der Umfang des Nutzungsrechts kann inhaltlich, räumlich oder zeitlich begrenzt werden, wie beispielsweise eine eintägige Lizenz der GEMA für Musik. Im Gegenzug erhält der Lizenzgeber, der das Werk geschaffen hat, einen Geldbetrag.

GEMA – Gesellschaft für musikalische Aufführungs- und mechanische Vervielfältigungsrechte

Wer Musik außerhalb des privaten Bereiches anbietet, benötigt dafür eine Genehmigung. Dahinter stehen die Bestimmungen über das Urheberrecht, die besagen, dass jeder Urheber das Recht hat, über sein Werk (geistiges Eigentum) und dessen Nutzung frei zu entscheiden. Die GEMA verwaltet die Nutzungsrechte ihrer Mitglieder wie Komponisten, Textdichter und Musikverleger. Die Nutzung durch andere bei öffentlichen Veranstaltungen muss nicht nur genehmigt, sondern auch entsprechend entlohnt werden. Die fällige Vergütung für die öffentliche Nutzung von urheberrechtlich geschützter Musik wird an die GEMA geleistet, die wiederum die Honorare nach Schlüsseln an die Künstler verteilt.

Beispiel

Vor einigen Jahren feierte die Duisdorfer BüroKonzept KG u. a. in einer Abendveranstaltung mit Musik und Tanz ihr fünfjähriges Bestehen. Für die Veranstaltung, bei der auch Lieferanten und Kunden eingeladen waren, wurden Lizenzen für das Abspielen von Musik an die GEMA bezahlt.

Je nach Nutzung gelten unterschiedliche Tarife:

Information

GEMA

Musikaufführungen zu besonderen Anlässen vor geladenen Gästen

Für Veranstaltungen vor geladenen Gästen (wie z.B. Firmenjubiläen, Empfänge, Werbeveranstaltungen, Produktpräsentationen etc.), bei denen der Veranstalter kein Eintrittsgeld oder sonstiges Entgelt erhebt, errechnet sich das Entgelt im Sinne der Vergütungssätze U-V bzw. M-V wie folgt: Die Aufwendungen für musikalische Darbietungen (wie z.B. Künstlerhonorare, Aufwendungen für die Bühne und die Technik, Moderatoren, DJs etc.) werden durch die Anzahl der geladenen Gäste dividiert.

Beispiel:

Kosten für Moderatoren	280,00 EUR
+ Gagen für die ausübenden Künstler:	550,00 EUR
+ Cateringkosten für die ausübenden Künstler	190,00 EUR
+ Sonstige Kosten, die für den Einsatz der Musik entstanden sind	105,00 EUR
+ Technische Ausstattung (Bühnenequipment)	350,00 EUR
= Gesamtaufwand für die musikalische Darbietung:	1.475,00 EUR
dividiert durch	÷
Anzahl der geladenen Gäste:	300
= Entgelt im Sinne des Vergütungssatzes:	4,92 EUR
Tarifliche Raumgröße: Anzahl geladener Gäste ÷ 1,5 =	200 m²
=>Lizenzvergütung gem. Tariftabelle:	**85,09 EUR**

Tarifauszug für Veranstaltungen mit Unterhaltungs- und Tanzmusik ab 01.01.2014

Größe des Veranstaltungsraumes	Eintrittsgeld oder sonstiges Entgelt: ohne oder bis zu 2,00 €	bis zu 3,00 €	bis zu 4,00 €	bis zu 5,00 €	je weitere 1,00 € bis zu 10,00 €	10,00 €	je weitere 1,00 € bis zu 20,00 €	20,00 €	je weitere 1,00 € bis 30,00 €
bis 100 m²	22,55	29,22	35,89	42,56	6,67	75,91	5,00	125,91	3,33
200 m²	45,10	58,43	71,76	85,09	13,33	151,74	10,00	251,74	6,66
300 m²	67,65	87,65	107,65	127,65	20,00	227,65	15,00	377,65	9,99
400 m²	90,20	116,87	143,54	170,21	26,67	303,56	20,00	503,56	13,32
500 m²	112,75	146,08	179,41	212,74	33,33	379,39	25,00	629,39	16,65
600 m²	135,30	175,30	215,30	255,30	40,00	455,30	30,00	755,30	19,98
700 m²	157,85	204,52	251,19	297,86	46,67	531,21	35,00	881,21	23,31
800 m²	180,40	233,74	287,08	340,42	53,34	607,12	40,00	1.007,12	26,64

Bei Veranstaltungen, die ausschließlich mit Tonträgern durchgeführt werden, erhöhen sich die Vergütungen um 20% für die Leistungsschutzrechte der Gesellschaft zur Verwertung von Leistungsschutzrechten (GVL). Bei der Verwendung von Tonträgern vor, während oder nach der Veranstaltung (sog. Pausenmusik) erhöhen sich die Vergütungssätze um 10% für die Leistungsschutzrechte der GVL.

www.gema.de/veranstaltungen

Quelle: GEMA, unter: https://www.gema.de/fileadmin/user_upload/Musiknutzer/Informationen/information_geladene_gaeste.pdf, 12.09.2014

Künstlersozialkasse

Mit der Künstlersozialversicherung werden selbstständige Künstler und Publizisten in den Schutz der gesetzlichen Sozialversicherung einbezogen. Das Gesetz sagt: Künstler ist, wer Musik oder bildende oder darstellende Kunst macht oder lehrt; ein Publizist ist, wer als Schriftsteller, Journalist oder in ähnlicher Weise veröffentlicht oder lehrt. Ähnlich wie bei angestellten Arbeitnehmern zahlt dieser Personenkreis nur die Hälfte des notwendigen Beitrages in die Sozialkasse. Die andere Hälfte wird zum Teil aus Zuschüssen des Bundes und zum Teil aus Abgaben der Unternehmen finanziert, die die Künstler und Publizisten engagieren.

Den Beitrag zur Sozialversicherung, den der Unternehmer für den Künstler leistet, heißt Künstlersozialabgabe. Grundsätzlich abgabepflichtig sind Unternehmen, die typischerweise künstlerische Leistungen verwerten. Dazu zählen beispielsweise Museen, Theater, Verlage und Werbeagenturen; aber auch Unternehmen, die Werbung für ihr eigenes Unternehmen betreiben, wenn diese Werbung nicht nur gelegentlich ist. Danach sind nach dem Künstlersozialgesetz alle verkaufsorientierten Unternehmen abgabepflichtig. Privatpersonen, die Künstler engagieren, sind nicht abgabepflichtig.

Die Höhe der Künstlersozialabgabe beläuft sich auf 5,2% der gezahlten Gage. Zur Bestimmung des Betrages werden alle Zahlungen, die ein Unternehmer an Künstler und Publizisten im Jahr geleistet hat, summiert und mit dem Künstlersozialabgabesatz multipliziert.

Die Aufgabe der Künstlersozialkasse besteht darin, den Beitrag der Sozialversicherung von den drei beteiligten Gruppen – Künstler und Publizisten, Unternehmer sowie Bund – einzuziehen. Für die Durchführung der Renten-, Kranken- und Pflegeversicherung ist die Künstlersozialkasse nicht zuständig; sie meldet lediglich die Versicherten an und leitet die Beiträge an die zuständigen Träger weiter.

1.2.6 Personalplanung

Bei der Personalplanung wird zunächst überlegt, welcher Personalbedarf mit welcher Qualifikation und Anforderung für die Veranstaltung benötigt wird. Bei dieser Personalplanung werden in der Regel nicht nur die Mitarbeiter des Unternehmens berücksichtigt, sondern es muss auch notwendiges Zeitpersonal für die Veranstaltung eingeplant werden. Je nach Veranstaltung zählt zu diesem Personal

- technisches Personal, wie Ton- oder Bildtechniker
- Referenten
- Dolmetscher
- Einlass-, Saal- und Ordnungsdienst
- Fotografen
- Garderobenpersonal, Boten
- Reinigungsdienst
- Sanitätsdienst
- Sicherheitsdienst
- Parkwächter
- [...]

Anschließend wird ein Personaleinsatzplan entwickelt, der zeigt, wer zu welcher Zeit mit welcher Aufgabe im Rahmen der Veranstaltung betraut wird, damit die Veranstaltung erfolgreich durchgeführt werden kann.

1.2.7 Kostenplanung

Für die Veranstaltung wird meist von der Abteilung Controlling ein Budget als Richtwert festgelegt, innerhalb dessen sich die Planung und Durchführung bewegen muss. Wichtige Kostenarten, die je nach Veranstaltungsart Berücksichtigung finden müssen, sind:

- Hotelkosten
- Kosten für die Anmietung von Tagungsräumen
- Kosten für Druckerzeugnisse, wie z. B. Einladungen und Werbematerial
- Kosten für Essen und Getränke
- Kosten für externes Personal
- Kosten für notwendige technische Geräte
- Kosten für Referenten, Moderatoren, Bands etc.
- Kosten für Gebühren und Beiträge, wie z. B. GEMA-Gebühren, Künstlersozialkasse, Lizenzen
- Kosten für Versicherungen, wie z. B. Veranstaltungshaftpflicht-, Veranstaltungsausfall- oder auch Brand- und Diebstahlversicherung
- Kosten für Arbeits- und Umsatzausfall
- Kosten, die für Mehrarbeit anfallen

Wesentliche Einflussfaktoren für die Höhe der Gesamtkosten sind die Entscheidungen, ob die Veranstaltung

- ein- oder mehrtägig ist,
- intern oder extern stattfindet,
- national oder international ausgerichtet ist,
- für die Besucher kostenlos oder kostenpflichtig ist,
- Verkaufs- oder Nicht-Verkaufsmöglichkeiten bietet.

Sind die Kosten festgestellt, kann mithilfe von quantitativen und auch qualitativen Angebotsvergleichen der gewünschte Anbieter ausgewählt werden. Durch gezielte Verhandlungen kann oftmals der Preis für die gewählte Leistung reduziert werden. Bei frühzeitiger Planung der Veranstaltung zeigt sich an dieser Stelle, dass durch die größere Anzahl an alternativen Anbietern die Kosten gesenkt werden können.

Werden die Beträge der in Betracht gezogenen Anbieter summiert, erhält man eine ungefähre Gesamtsumme der benötigten finanziellen Mittel. Wird dabei festgestellt, dass die Kosten höher ausfallen als im Budget vorgesehen, müssen Einsparungsmöglichkeiten gesucht oder ein höheres Budget genehmigt werden. Während der weiteren Planung ist die regelmäßige Kontrolle der Kosten wichtig, damit letztendlich das veranschlagte Budget eingehalten werden kann.

1.3 Veranstaltungsdurchführung

Für den Tag der Veranstaltung bietet es sich an, eine Checkliste vorzubereiten, die alle wesentlichen Punkte zum Ablauf der Veranstaltung enthält. Mit den Verantwortlichen wird zu Beginn eine Ablaufkontrolle durchgeführt und es werden eventuelle aktuelle Änderungen mitgeteilt.

Ein wesentlicher Aufgabenbereich während der Veranstaltung ist die Betreuung der Teilnehmer. Dazu zählen beispielsweise die Begrüßung, Smalltalk, das Bekanntmachen der Teilnehmer, das Vermitteln von Informationen, das Anweisen von Plätzen, das Aufnehmen von Beschwerden und Beseitigen der Gründe sowie die Verabschiedung der Gäste. Dabei ist es wichtig, sich bewusst zu machen, dass jede Äußerung viele Botschaftsebenen enthält: Sach-, Appell-, Beziehungs- und Selbstkundgabeebene; wie im Lehrbuch „BüroWelt 1" genauer dargestellt. In diesem Zusammenhang werden vom Ansprechpartner ein einfühlsames Verhalten und ein aktives Zuhören besonders auch in schwierigen Gesprächssituationen verlangt. Zum aktiven Zuhören gehört es, LF 7, 1.2

- sich in die Lage des Gesprächspartners zu versetzen,
- dem Gesprächspartner ungeteilte Aufmerksamkeit zu widmen,
- sich für den Gesprächspartner Zeit zu nehmen,
- sich zu bemühen, nicht gleichzeitig zuzuhören und selbst zu sprechen.

Durch diese Aufmerksamkeit gegenüber den Teilnehmern gelingt es, auch schwierige Gesprächssituationen für alle Beteiligten zufriedenstellend zu meistern.

Neben der Betreuung der Teilnehmer kommen weitere organisatorische Aufgaben hinzu, wie das Auffüllen der Erfrischungen, Lüften von Konferenzräumen und Verteilen von Informationsmaterial.

1.4 Kommunikation mit Geschäftspartnern

In der Veranstaltung werden zwischen den Gesprächspartnern fachliche Gespräche geführt und es wird besonders bei Verkaufsveranstaltungen zu Verhandlungen kommen. Eine Verhandlung ist ein Prozess, bei dem zwei oder mehrere Parteien mit unterschiedlichen Positionen versuchen, eine für alle Seiten annehmbare Lösung zu finden. Die Verhandlungsparteien verwenden dabei meist Verhandlungstechniken. Geschäftlich üblich sind die distributive und die integrative Verhandlung.

1.4.1 Distributive und integrative Verhandlung

Bei der distributiven Verhandlung handelt es sich um eine harte Verhandlungsweise um eine Position, wobei die andere Partei als Gegner und nicht als Partner gesehen wird. Ziel ist es, die Verhandlungsposition durchzusetzen und einen möglichst großen Erfolg zu erzielen. Es ist nicht beabsichtigt, eine Einigung herbeizuführen. Liegt kein Einigungsbereich – beispielsweise eine Preisspanne – vor, erfolgt bei dieser Verhandlungsstrategie entweder keine Einigung oder ein Beharren auf Interessen, bei dem ein Verhandlungspartner seinen Standpunkt aufgeben muss. Im geschäftlichen Bereich kann es dazu führen, dass geschäftliche Beziehungen leiden oder aufgegeben werden.

Beispiel

Die Duisdorfer BüroKonzept KG bietet einen gebrauchten antiken Sekretär aus Eiche zum Verkauf an. Ein interessierter Käufer hat sich das Möbelstück angesehen und möchte es kaufen. Bei einer distributiven Verhandlung würde um dieses Einzelstück hart verhandelt. Der Käufer möchte 500,00 € zahlen, die Duisdorfer BüroKonzept KG fordert 600,00 €. Wenn beide Verhandlungspartner keine Reservationspreise, also Preisspannen, in ihren Überlegungen eingeplant haben, kommt es zu keinem Vertragsabschluss. Nur wenn ein Einigungsbereich vorliegt (Käufer ist bereit, zwischen 500,00 und 550,00 € zu zahlen, der Verkäufer verlangt zwischen 550,00 € und 600,00 €), kann diese Verhandlung bei 550,00 € zum Erfolg führen.

Im Gegensatz dazu steht der integrative Verhandlungsstil. Ziel ist es, möglichst befriedigende Verhandlungsresultate für beide Seiten zu erzielen. Es wird dadurch erzielt, dass beide Geschäftspartner sich als Gewinner fühlen, die ihre Ziele erreicht haben.

Beim integrativen Verhandlungsstil wird nicht um einen, sondern um mehrere Gegenstände oder Leistungen verhandelt. Allerdings kennt der Verhandlungspartner nicht alle Alternativen. Daher müssen beide Parteien offen und flexibel in die Verhandlung gehen. Stellt sich beispielsweise heraus, dass über den Preis keine Einigung erzielt werden kann, kommen die zusätzlichen Gegenstände oder Leistungen ins Spiel. Der Verhandlungspartner bietet etwas an, dass ihm nicht so wertvoll erscheint wie seinem Gegenüber. So entstehen Tauschgewinne, die den Wert des ursprünglichen Gegenstandes erhöhen und zu einer Einigung führen können.

Beispiel: erweiterter Sekretär-Fall
Als die beiden Vertragsparteien sich nicht über den Preis einigen können, bietet der Käufer die Selbstabholung des Schreibtisches statt der Lieferung frei Haus an. Die Duisdorfer BüroKonzept KG will trotzdem nicht mit dem Preis so weit herunter gehen, wie vom Käufer gewünscht. Stattdessen bietet sie zusätzlich zum Schreibtisch eine passende Schreibtischlampe an, die schon lange nicht verkauft werden konnte. Dem Interessenten gefällt dieser Vorschlag. Aufgrund der Tauschgewinne können sich beide auf den Kompromiss einlassen und sind mit dem Abschluss zufrieden.

1.4.2 Konfliktlösungsstrategien

Konflikte treten in Gruppen häufig auf. Sie sind Teil der Gruppendynamik und entstehen, wenn die betroffenen Seiten voneinander abhängig sind und Handlungen durchgeführt werden, bei denen die andere Partei sich behindert, bedroht oder verletzt fühlt. Die verschiedenen Konfliktebenen verdeutlichen, worin der Grund des Konfliktes liegt. Unterschieden werden

- Sachebene,
- Beziehungsebene,
- Machtebene.

Bei der Sachebene ist der Grund offensichtlich, z. B. herrscht Uneinigkeit über Fakten, den Lösungsweg oder das angestrebte Ziel. Es gibt allerdings Situationen, in denen nur scheinbar unterschiedlich bewertete Fakten Auslöser eines Konfliktes sind. Tatsächlich liegt der Grund auf der Gefühlsebene, die oftmals – gerade im Berufsleben – ungerne angesprochen wird. Machtkonflikte beziehen sich auf Konkurrenzdenken, Angst vor Abhängigkeit oder auch Angst vor Autoritätsverlust und sind demnach regelmäßig am Arbeitsplatz zu finden. In den meisten Fällen sind die drei Ebenen miteinander verknüpft, sodass die Lösung des Konfliktes schwieriger wird.

Solange ein Konflikt besteht, verhindert dieser, dass das Ziel gemeinsam erreicht oder dass vertrauensvoll zusammengearbeitet wird. Konfliktlösungsstrategien sollen helfen, Konflikte zu bewältigen.

Kennzeichen der **Vermeidungsstrategie** ist, dass dem Konflikt aus dem Weg gegangen wird. Manche Konflikte regeln sich tatsächlich von selbst und benötigen keine weitere Aufmerksamkeit. Allerdings wird diese Strategie in einem Konflikt auch von Personen durchgeführt, die sich unterlegen fühlen. Der Konflikt wird nicht offen ausgetragen, oft sogar durch die Vermeidungsstrategie nicht wahrgenommen. Sie hinterlässt bei dem Betroffenen das Gefühl der Niederlage und des Souveränitätsverlusts.

Bei der **Pokerstrategie** handelt es sich um eine Konfliktlösungsstrategie, bei der es Sieger und Verlierer gibt. Einer Partei geht es bei dieser Auseinandersetzung darum, sich durchzusetzen und seine Machtposition zu demonstrieren. Zwangsläufig muss die andere Partei nachgeben. Häufig wird diese Strategie angewendet, um Hierarchien zu festigen. Sie führt oftmals zu einem angespannten Arbeitsklima.

Die **Strategie, einen Kompromiss zu schließen**, zielt im Gegensatz zur Pokerstrategie auf die Toleranz der Konfliktparteien. Bei dem Kompromiss geht es darum, einen gemeinsamen Nenner zu finden, was häufig dazu führt, dass keine der Parteien mit der gefundenen Lösung zufrieden ist. In diesem Fall wurde die eigentliche Konfliktlösung lediglich verschoben.

Die **Problemlösestrategie** geht davon aus, dass jeder Konflikt grundsätzlich lösbar ist und beiden Konfliktparteien Vorteile bringt. Dazu ist es notwendig, dass die Verhandlungspartner an einer ernsthaften Lösung interessiert sind und einige Kernpunkte der Problemlösung beachten:

- Sachebene einhalten und dem Gegenüber Respekt entgegenbringen
- Vertrauen herstellen, indem eigene Gefühle dargestellt werden
- Auswahl einer günstigen Ausgangssituation, gekennzeichnet durch günstigen Ort und günstigen Zeitpunkt und ausreichenden Zeitraum
- evtl. Hinzuziehen eines moderierenden Beraters
- offene Kommunikation durch
  - nachprüfbare Fakten und Ereignisse
  - klare und verständliche Bezeichnung des Problems
  - Formulierung der Argumente aus der Ich-Perspektive

Wichtig bei der Betrachtung des Problems ist es, sowohl die sachlichen als auch die persönlichen Aspekte zu berücksichtigen. Für eine erfolgreiche Konfliktlösung ist es unverzichtbar, dass die Parteien bereit sind, nach einer gemeinsamen Lösung zu suchen. Dies kann gelingen, wenn alle notwendigen Informationen gesammelt und miteinander offen ausgetauscht werden. Der Konflikt ist erst dann bereinigt, wenn die sich gegenüberstehenden Parteien mit der vereinbarten Lösung leben können und keinen Konflikt mehr empfinden.

Die Harvard-Methode

In den 1980er Jahren wurde an der Universität in Harvard die Methode des sachbezogenen Verhandelns entwickelt. Sie hat sich bis heute als eine der wirksamsten Verhandlungstechniken etabliert, weil die Verhandlungspartner in einer friedlichen und konstruktiven Atmosphäre ein Ergebnis erzielen, bei dem jeder als Gewinner hervorgeht. Nicht hartes Verhandeln oder frühzeitiges Nachgeben führen zu einem faulen Kompromiss, sondern die sich gegenüberstehenden Parteien verstehen sich als Partner, die gemeinsam einen fairen Interessenausgleich anstreben. Ziel ist eine für alle gleichwertige Win-win-Situation.

Das Prinzip basiert auf vier Bedingungen:

- **1. Sach- und Beziehungsebene getrennt voneinander behandeln**
  Wichtig ist ein vorurteilsfreier, wertschätzender Umgang miteinander, bei dem es gilt, sich in die Lage des anderen zu versetzen. Emotionale Ausbrüche sind gestattet, führen aber vom Gegenüber nicht zu einer Reaktion, eher zu einer symbolischen Geste des Verständnisses. Für die Kommunikation gilt: aufmerksames Zuhören, Rückmeldung über Gehörtes geben und Probleme und Absichten konkret ansprechen. Außerdem sollte man über sich selbst und nicht über die Gegenseite sprechen. Damit soll gewährleistet werden, das Sach- und Beziehungsebene getrennt voneinander betrachtet werden.

- **2. Auf Interessen konzentrieren – nicht auf Positionen**
  Klassische Verhandlungsstrategien konzentrieren sich auf Durchsetzen, Nachgeben oder Kompromisse finden. Nach dem Harvard-Konzept müssen nicht Positionen, sondern beiderseitige Interessen gefunden werden; gemeinsame, ausgleichbare, aber auch sich widersprechende. In der Regel werden diese Interessen nicht konkret benannt und offen gelegt. Dies ist aber wichtig, da diese Beweggründe für das Einnehmen einer bestimmten Position sind. Herausgefunden werden sie mit „Warum- und Warum nicht-Fragen". Interessen in diesem Sinne können Wünsche, Zwänge, Ängste, Befürchtungen oder Sorgen sein. Sind all diese Interessen aufgelistet, kann die Phase der flexiblen Verhandlung beginnen, damit die verschiedenen Interessen in Einklang gebracht werden können. In der Verhandlung über die jeweiligen Interessen sollte man bestimmt, aber flexibel auftreten. Das Prinzip lautet: Hart in der Sache, sanft zu den Beteiligten.

- **3. Entscheidungsmöglichkeiten entwickeln zum beiderseitigem Vorteil**
  Das Hauptproblem bei der Konfliktlösung besteht darin, dass vorgeschlagene Lösungen vorschnell verworfen oder eine bestimmte, die einzig wahre Lösung angestrebt wird. Dies versperrt den Blick auf Alternativen. Wichtig ist, die Entweder-oder-Haltung zugunsten der flexiblen Sowohl-als-auch-Einstellung aufzugeben und Machtpositionen außer Acht zu lassen. Nur dann ist man offen für Lösungsalternativen. Zum Entwickeln von Alternativen bieten sich Kreativitätstechniken wie z. B. das Brainstorming, an. Nun ist für beide Teile nach Vorteilen zu suchen, indem gemeinsame Interessen gefunden und unterschiedliche miteinander verbunden werden. Dabei ist es wichtig, dass die Hauptanliegen klar formuliert sind.

- **4. Objektive Entscheidungskriterien festlegen**
  Sind Lösungswege gefunden, folgt der Entscheidungsprozess. Notwendig sind dazu objektive Kriterien, die nachweisbar sind. Dazu zählen objektiv anerkannte Fakten wie z. B. Marktwert, frühere Vergleichsfälle, wissenschaftliche Gutachten, Kosten oder Traditionen, sofern diese von beiden Seiten anerkannt werden. Dieses Vorgehen erhöht die Akzeptanz der verhandelten Lösung.

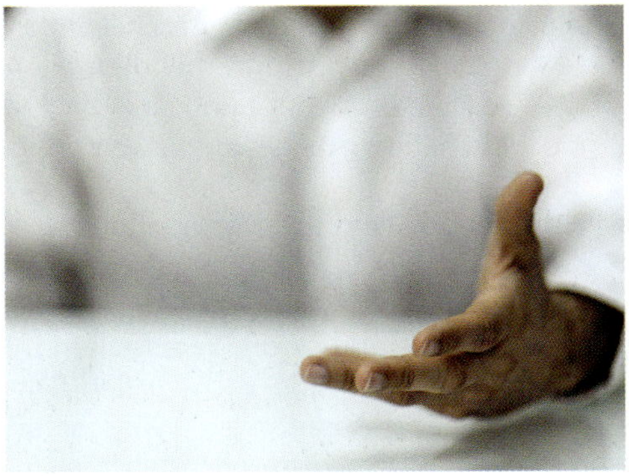

Beispiel

Die Duisdorfer BüroKonzept KG möchte im Rechnungswesen eine frei werdende Stelle besetzen. Für Herrn Fernandez, Abteilungsleiter Rechnungswesen, kommt nur ein Mitarbeiter mit Berufserfahrung infrage. Frau Bianca Sommer, zuständig für das Personalwesen, steht auf dem Stand-

punkt, dass die Stelle mit einem Hochschulabsolventen besetzt werden soll. Es stehen sich gänzlich gegenseitige Positionen gegenüber, die scheinbar keine Lösung zulassen. Betrachtet man die Interessen, also das Warum, stellt sich heraus, dass Herr Fernandez die zeitaufwendige Einarbeitung scheut und auf die Erfahrung des neuen Mitarbeiters baut. Frau Bianca Sommer hingegen möchte auf Personal mit Potenzial setzen, das zudem noch nicht so teuer ist. Das gemeinsame Interesse könnte darin bestehen, jemanden zu finden, der gut ausgebildet ist, etwas Berufserfahrung hat und noch nicht so hohe Gehaltforderungen stellen wird. Als objektive Beurteilungskriterien prüfen Herr Fernandez und Frau Bianca Sommer den Marktwert oder die entstehenden Kosten. Diese Kriterien empfinden beide als nachvollziehbar und fair. Damit sind die Entscheidungskriterien für die Wahl des neuen Mitarbeiters für beide Seiten zufriedenstellend festgelegt.

1.5 Veranstaltungsnachbereitung und Dokumentation

In der Nachbereitungsphase wird zum einen eine umfangreiche Auswertung der Veranstaltung vorgenommen. Durch eine gute Nachbereitung ist es möglich, Arbeit für eine nächste Veranstaltung einzusparen. Zum anderen wird durch gezielte Maßnahmen die Teilnehmer- bzw. Kundenbindung weiter verstärkt.

Zur Nachbereitung gehören folgende Arbeiten:

- **Abbau- und Aufräumarbeiten**
  Nach der Veranstaltung muss die technische Ausstattung abgebaut, die Räumlichkeiten gereinigt und in ihrem Originalzustand zurückversetzt werden.

- **Endabrechnung und Budget-Kontrolle**
  Alle Rechnungen, beispielsweise für
  - Fahrtkosten,
  - Übernachtungskosten,
  - Honorare,
  - Bewirtungskosten,
  - Raummieten,
  - Warenlieferungen und Leistungen,

  müssen beglichen werden. Anschließend wird das Budget kontrolliert. Dabei wird ein Soll-Ist-Vergleich durchgeführt, bei dem die Abweichungen und deren Ursachen erfasst werden. So kann bei der Planung einer nächsten Veranstaltung ein besonderes Augenmerk auf die kritischen Punkte geworfen werden.

- **Führen von Feedback-Gesprächen zur qualitativen Analyse**
  Wurden bei der Veranstaltung Feedbackbögen an die Teilnehmer ausgeteilt, müssen diese nun ausgewertet werden. In den Feedbackbögen können beispielsweise Bewertungen zum Gesamteindruck der Veranstaltung, Konkretes zu Inhalt, Aufbau und Zielerreichung der Veranstaltung und auch zu den Referenten abgegeben werden. Meist gibt es auch Möglichkeiten, Anregungen, Wünsche oder Verbesserungsvorschläge zu formulieren, um die Veranstaltung beim nächsten Mal zu optimieren. Außerdem sollte es eine Rückmeldung innerhalb des Organisationsteams geben, um auch hier Positives oder zu Verbesserndes zusammenzutragen. Während der Veranstaltung sollen eigene Eindrücke festgehalten werden, die für die nächste Veranstaltung berücksichtigt werden sollten. Auch diese sind wie die Feedbacks auszuwerten und evtl. in Checklisten einzuarbeiten.

- **Dokumentation der Ergebnisse**
  Je nach Veranstaltungsanlass werden die Veranstaltungen mithilfe von Protokollen dokumentiert. Meist bietet sich das Verlaufs- oder Ergebnisprotokoll an. Diese Protokollarten werden im Lehrbuch „BüroWelt 1" genauer beschrieben.

LF 2, 9.2

- **Dank an Lieferanten, Sponsoren, Dienstleister und Helfer**
  Dank zeigt die Wertschätzung der erbrachten Leistung und motiviert, auch bei der nächsten Veranstaltung die aufwendige Arbeit zu leisten.

- **Dank an Teilnehmer**
  Oftmals ist es Ziel, die Teilnehmer der Veranstaltung stärker an das Unternehmen zu binden. Deshalb bietet es sich an, im Anschluss an die Veranstaltung allen Teilnehmern zu danken. Gleichzeitig kann das Dankschreiben genutzt werden, um versprochene Unterlagen, Reden, Protokolle usw. zur Verfügung zu stellen und Erinnerungen wie Fotos und Filme zu versenden. Kunden, die nicht kommen konnten, können in einem variierten Anschreiben durch Impressionen der Veranstaltung auf die nächste Möglichkeit aufmerksam gemacht werden. Je nach Veranstaltungsart kann mithilfe einer Pressemeldung zum Veranstaltungsrückblick eine breite Öffentlichkeit erreicht werden.

- **Aktualisieren der Teilnehmerdatei**
  Während der Veranstaltung sind viele Kontakte entstanden, die in einer Teilnehmer- bzw. Kundendatenbank erfasst oder aktualisiert werden müssen. Nur so können sie in Zukunft sinnvoll genutzt werden.

- **Erfolgsmessung**
  Eine Veranstaltung soll auf ihre Zielerreichung hin überprüft werden. Möglich ist dies nur dann, wenn im Vorfeld messbare Ziele formuliert wurden. Diese können beispielsweise Anzahl der Teilnehmer bzw. Neukunden oder ein erzielter Veranstaltungsumsatz sein.

  Eine gute Veranstaltungsnachbereitung zeichnet sich durch eine schnelle Reaktion aus. Daher ist es wichtig, im Vorfeld die Maßnahmen der Nachbereitung vorzubereiten und zeitlich einzuplanen.

2 Geschäftsreisen organisieren

2.1 Bedeutung und Notwendigkeit von Geschäftsreisen

Viele Unternehmen sind zunehmend international tätig. Aber auch in Zeiten des Internets ist der persönliche Kontakt für viele Unternehmer unerlässlich für erfolgreiche Geschäftsbeziehungen, sodass die Häufigkeit von Geschäftsreisen kontinuierlich zunimmt.

In der betrieblichen Praxis spricht man von Geschäftsreisen, wenn jemand aus beruflichen Gründen verreist. Seit der Änderung der Lohnsteuerrichtlinie von 2008 unterscheidet man im Steuerrecht nicht mehr zwischen Dienst- und Geschäftsreise, sondern verwendet den Begriff der „beruflich veranlassten Auswärtstätigkeit".

Da eine Geschäftsreise mit einem hohen Kostenfaktor verbunden ist, sollte vor jeder Geschäftsreise die Möglichkeit geprüft werden, ob das Ziel der Reise nicht auch auf anderem Wege, z. B. über eine Videokonferenz, erreicht werden kann.

LF 12, 1

2.2 Vorbereitung und Planung einer Geschäftsreise

LS 12.2

In größeren Unternehmen übernimmt die Vorbereitung und Planung einer Geschäftsreise häufig eine unternehmenseigene Reiseabteilung oder es werden private Reisebüros beauftragt. Grundlage für die Organisation sind die im Unternehmen geltenden Reiserichtlinien, in denen z. B. festgelegt wird, wer welches Verkehrsmittel für die Geschäftsreise nutzen und welche Hotelkategorie er buchen darf. Vor allem in kleineren Unternehmen fallen die Planung und Organisation einer Geschäftsreise meist in den Zuständigkeitsbereich des direkten Mitarbeiters.

Da die Unternehmen auf Geschäftsreisen ihre wichtigste Ressource, nämlich den hochqualifizierten Mitarbeiter, einsetzen, müssen diese Reisen sorgfältig und effizient geplant werden.

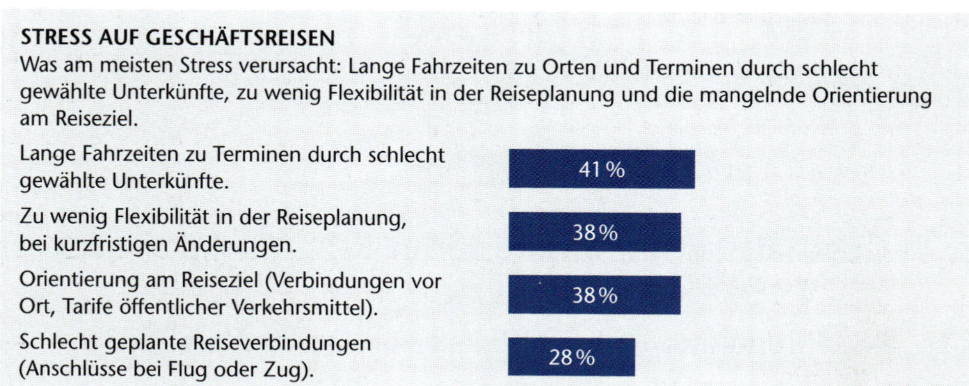

Zunächst aber muss der Mitarbeiter, der mit der Planung beauftragt wird, über folgende Punkte informiert werden:

- **Wer reist?**
  Unter Beachtung der eventuell vorliegenden Reiserichtlinien des Unternehmens sollten bei der Planung der Reise die Wünsche des Reisenden bezüglich des Verkehrsmittels und des Hotels vorab besprochen und berücksichtigt werden.

- **Wann findet die Reise statt und wie lange dauert sie?**
  Um Hotels und Verkehrsmittel frühzeitig buchen zu können, muss der Zeitpunkt von Abfahrt und Rückkehr festgelegt werden. Dies ist außerdem erforderlich, um die Vertretung für den reisenden Mitarbeiter zu organisieren bzw. frühzeitig über die Abwesenheit des Mitarbeiters zu informieren. Unter Umständen müssen auch andere Termine verlegt werden, da sie in den Zeitraum der Reise fallen.

- **Wohin geht die Reise?**
  Sofern es sich um eine Auslandsreise handelt, fallen im Unterschied zur Inlandsreise zusätzliche Aufgaben an, wie z. B. Gültigkeit des Personalausweises oder Reisepasses prüfen, Visum beantragen, Impfungen veranlassen.

- **Was ist der Reisezweck?**
  Zur Vorbereitung der Reise gehört auch die Terminvorbereitung (evtl. Kunden-/Lieferantengespräche; Zusammenstellung der Gesprächsunterlagen).

Um bei der Organisation nicht den Überblick zu verlieren, kann sich zur Planung der Geschäftsreise eine Checkliste, die alle relevanten Punkte umfasst und Punkt für Punkt abgearbeitet werden kann, als sehr hilfreich erweisen.

Diese Checkliste könnte für die Duisdorfer BüroKonzept KG für Inlandsreisen folgendermaßen aufgebaut sein:

Duisdorfer BüroKonzept KG

Checkliste: Inland

Nr.	Aufgabe	Bis wann?	erledigt
	Reisevorbereitung		
	Dienstreisegenehmigung beim Vorgesetzten einholen …		
	Reisebuchung		
	Buchung einer Bahnfahrt		
	Reservierung eines Mietwagens …		
	Ausweise		
	Personalausweis		
	Führerschein		
	BahnCard …		
	Zahlungsmittel		
	Bargeld		
	girocard		
	Kreditkarte …		

Checkliste: Inland		Duisdorfer BüroKonzept KG	
Nr.	**Aufgabe**	**Bis wann?**	**erledigt**
	Reiseunterlagen		
	Reiseplan		
	Hotel-Reservierungsbestätigung		
	Mietwagen-Reservierungsbestätigung …		
	Terminvorbereitung		
	Hintergrundinformationen zu Geschäftspartnern …		
	Wichtige Telefonnummern		
	Telefonnummern bei Verlust von Kreditkarte …		
	Abwesenheit organisieren		
	Vertretung vorbereiten …		
	Kurz vor der Abreise		
	Alle Unterlagen auf Vollständigkeit prüfen …		
	Reise-Nachbereitung		
	Reisekostenabrechnung vornehmen …		

2.2.1 Hotelbuchung

Wenn bei einer Geschäftsreise eine oder mehrere Übernachtungen notwendig sind, so sollte das Hotel frühzeitig gebucht werden.

Größere Unternehmen haben oftmals in den Städten, die von ihnen häufig bereist werden, ein gewisses Zimmerkontingent in bestimmten Hotels für ihre Geschäftsreisenden. Dies vereinfacht die Suche nach einer geeigneten Unterkunft. Die Buchung erfolgt hierbei direkt bei dem gewünschten Hotel.

Das Internet bietet die Möglichkeit über Hotelbuchungsportale, Hotels zu vergleichen und zu buchen, z. B. über www.booking.com, www.hotelsuche.de, www.hotels.com, www.hrs.de, www.hotel-vergleich.net.

Beim Hotelvergleich sollten verschiedene Auswahlkriterien berücksichtigt werden:

- die Wünsche des Reisenden (Nichtraucher- oder Raucherzimmer, Balkon, WLAN-Anschluss)
- die Lage des Hotels (Erreichbarkeit mit Pkw, Bahn oder Flugzeug, ruhig oder an Hauptverkehrsstraße gelegen)
- das Preis-Leistungs-Verhältnis

2.2.2 Auswahl des Verkehrsmittels

Als Verkehrsmittel für die Geschäftsreise stehen der Pkw, als Mietwagen, Privatwagen oder aus dem unternehmenseigenen Fuhrpark, die Bahn oder das Flugzeug zur Verfügung. Bei der Auswahl des Verkehrsmittels sind verschiedene Überlegungen zu berücksichtigen, wie z. B. das Reiseziel, die Anzahl der reisenden Personen, die Dringlichkeit der Reise, die Zuverlässigkeit und Schnelligkeit des Verkehrsmittels, der Umfang des Gepäcks, ökologische Gesichtspunkte und die Stressfreiheit der Reise.

- **Pkw (Mietwagen, Firmenwagen, Privatwagen)**

Fällt die Entscheidung für den Pkw, so hat dies den Vorteil, dass der Mitarbeiter bei den Abfahrtszeiten und -orten sowie vor Ort sehr flexibel ist. Außerdem lässt sich problemlos das Gepäck befördern, was sich als sehr vorteilhaft erweist, wenn umfangreiche Unterlagen mitgenommen werden müssen. Der Pkw stellt sich außerdem als kostengünstige Alternative dar, wenn mehrere Personen reisen.

Diesen Vorteilen stehen allerdings auch einige Nachteile gegenüber. Für den Fahrer kann eine solche Reise bei großen Entfernungen sehr anstrengend und stressig werden, wenn er durch einen Verkehrsstau nicht pünktlich am Zielort eintreffen kann. Mögliche Staus sind deshalb bei der zeitlichen Planung einzukalkulieren.

Verfügt das Unternehmen nicht über einen für Geschäftsreisen nutzbaren Fuhrpark oder wird bei einer Flug- oder Bahnreise zusätzlich ein Pkw notwendig, so kann dieser bei einem Autovermieter (z. B. Sixt, Europcar, Hertz, Avis) angemietet werden.

- **Bahn**

Die Geschäftsreise mit der Bahn hat den Vorteil, dass sie auf langen Strecken weniger ermüdend ist als die Fahrt mit dem Pkw, zumal bei Fahrten über Nacht Liege- oder Schlafwagen gebucht werden können. Außerdem ist es möglich, während der Fahrt zu arbeiten. Die Bahn gilt als das umweltfreundlichste Verkehrsmittel. Wird die Reise frühzeitig gebucht und können mögliche Vergünstigungen (z. B. BahnCard) in Anspruch genommen werden, so stellt die Bahn eine kostengünstige Alternative dar. Die Buchung kann online direkt bei der Deutschen Bahn erfolgen über www.bahn.de.

Jedoch müssen auch Verspätungen der Bahn eingeplant werden, was im schlimmsten Fall zu verpassten Anschlüssen führen kann. Ebenso sind Wartezeiten beim Umsteigen zu berücksichtigen. Reist man zu Hauptverkehrszeiten, so empfiehlt sich eine Sitzplatzreservierung, um eine Sitzplatzsuche in überfüllten Waggons zu vermeiden. Zu beachten ist ebenfalls, dass die Gepäckmitnahme bei einer Reise mit der Bahn eingeschränkt ist. Des Weiteren ist der Geschäftsreisende zusätzlich auf öffentliche Verkehrsmittel oder Taxi angewiesen.

- **Flugzeug**

Bei Auslandsreisen ist das Flugzeug häufig die einzig mögliche Alternative für die Geschäftsreise. Es bietet aber auch im Inland bei großen Entfernungen im Vergleich zur Bahn und zum Pkw einen großen zeitlichen Vorteil. Ein Flug ist zeitlich gut planbar, da es kaum Verzögerungen gibt. Der Mitarbeiter reist bequem und komfortabel und kann die Zeit des Fluges eventuell für seine Arbeiten nutzen. Allerdings müssen vor Ort zusätzlich andere Verkehrsmittel wie Mietwagen, Bahn, Taxi benutzt werden, was zu weiteren Kosten führt. Die Gepäckmitnahme im Flugzeug ist ebenfalls begrenzt. Da die Flughäfen häufig außerhalb der Stadt angesiedelt sind, fallen lange An- und Abfahrtswege zum und vom Flughafen an.

Die Flugreise kann direkt bei den Fluggesellschaften, über Preisvergleichsportale wie z. B. über www.flug.idealo.de, www.google.de/flights, www.swoodoo.com, www.airfasttickets.de, www.lastminute.de oder bei privaten Reisebüros gebucht werden.

2.2.3 Nachhaltige Geschäftsreisen

Nicht nur große Unternehmen haben gemerkt, dass es notwendig ist, neben wirtschaftlichen und sozialen Aspekten auch Umweltziele in den Blick zu nehmen und eine seriöse Strategie zur Nachhaltigkeit zu verfolgen. Auch mittelständische Unternehmen stellen sich mittlerweile dieser Verantwortung und legen Wert auf „grüne" Geschäftsreisen.

Und dies nicht nur bei der Wahl des Verkehrsmittels, sondern auch bei der Auswahl des Hotels. So werden von den Geschäftsreisenden vermehrt „grüne Hotels" gebucht, die ihren eigenen Strom erzeugen, Strom oder Wasser sparen, übermäßigen Müll vermeiden, in ihrer Küche Lebensmittel aus der Region oder fair-gehandelte Produkte verwenden.

Einige Autovermieter verfügen inzwischen über eine „grüne Flotte", sodass umweltbewusste Unternehmen bei der Buchung von Mietwagen auf emissionsarme Modelle beispielsweise mit Hybridantrieb zurückgreifen können.

Die Bahn gilt im Allgemeinen als das umweltfreundlichste Verkehrsmittel, da sie im Vergleich zum Pkw und zum Flugzeug die günstigste CO_2-Bilanz besitzt. Deshalb ist die Bahn für umweltbewusste Unternehmen, vor allem auf Strecken im Inland, eine gute Alternative.

Zur Ermittlung der Umweltbilanz ihrer Geschäftsreisen können die Unternehmen verschiedene Anbieter nutzen.

Die Deutsche Bahn bietet Unternehmen seit zehn Jahren den „Umweltmobilcheck" an, einen Internet-Rechner, der die Umweltbilanz von Reisen mit Bahn, Auto und Flugzeug vergleicht. Über die „Reiseauskunft" auf der Internet-Seite der Deutschen Bahn (www.bahn.de) ist dieser Service abrufbar.

Für eine mögliche Geschäftsreise des Geschäftsführers der Duisdorfer BüroKonzept KG von Bonn nach Berlin ist der Umweltmobilcheck auf der folgenden Seite abgebildet:

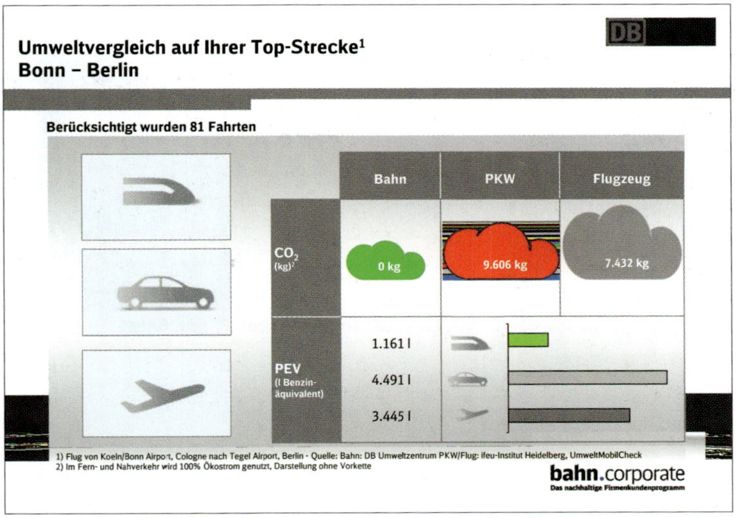

Professionelle Geschäftsreisebüros bieten die Erstellung von CO_2-Reportings an, wenn das Unternehmen analysieren möchte, wie klimafreundlich ihre Mitarbeiter reisen. Auf der Basis der ausgewerteten Daten kann das Unternehmen Ziele definieren, wie die Öko-Bilanz verbessert werden soll, sowie konkrete Maßnahmen zur Zielerreichung.

Mithilfe des Internet-Programms EcoPassenger (www.ecopassenger.org) können ebenfalls Emissionen und Energieverbrauch verschiedener Verkehrsmittel im Bereich des Personenverkehrs für Reisen in Europa verglichen werden. EcoPassenger wurde initiiert von einigen europäischen Bahnunternehmen unter der Leitung des Internationalen Eisenbahnverbandes (UIC).

Die Klimaschutzorganisation „atmosfair", die im Jahr 2005 aus einem gemeinsamen Forschungsprojekt des Bundesumweltministeriums und der Umwelt- und Entwicklungsorganisation „Germanwatch" entstanden ist, bietet auf ihrer Webseite (www.atmosfair.de) den Ausgleich von Treibhausemissionen von privaten und geschäftlich bedingten Flugreisen an (Klimakompensation).

Die von atmosfair ermittelte Klimakompensation für die Geschäftsreise des Geschäftsführers der Duisdorfer BüroKonzept KG von Bonn nach München (Beispiel in Kapitel 2.2.5) sieht folgendermaßen aus:

Meinen Flug kompensieren

1 Eingabe **2 CO_2-Bilanz** 3 Warenkorb 4 Bezahlung

Übrigens: Diese Strecke können Sie viel klimaschonender mit der Bahn fahren: DB BAHN

FLUGDATEN

Flug:	1 mal Hin- und Rückflug, 1 Person
Startflughafen:	Köln / Bonn
Zielflughafen:	München
Flugdistanz:	970 km (Hin- und Rückflug)
Flughöhe:	12.200 m

EMISSIONSDATEN

CO_2-Emissionen	100 kg CO_2
Kondensstreifen, Ozonbildung und andere Effekte:	90 kg CO_2
Klimawirkung gesamt:	**190 kg CO_2**

MEIN FLUG IM VERGLEICH

Emissionen einer Person auf einem Hin- und Rückflug

190 kg CO_2

Betrieb eines Kühlschranks für ein Jahr, durchschnittlicher Strommix

100 kg CO_2

Diese Menge kann atmosfair für Sie in einem Klimaschutzprojekt kompensieren.

Kompensationsbetrag	◉	100%	9,00	EUR für 190 kg CO_2
Einen anderen Betrag wählen:	○	100 %	9,00	EUR

ZURÜCK

2.2.4 Reiseunterlagen

Zur Organisation einer Geschäftsreise gehört auch das Bereitstellen aller benötigten Unterlagen in einer sogenannten Reisemappe. Auch wenn man von „Reisemappe" spricht, heißt das nicht, dass die Unterlagen in eine Mappe eingeordnet werden. Die notwendigen Unterlagen können gerade bei umfangreichen Geschäftsreisen mehrere Ordner, Hefter und dergleichen umfassen.

Damit der Geschäftsreisende schnell auf die Unterlagen zurückgreifen kann, ist es erforderlich, diese übersichtlich zu ordnen. Je nach Umfang der Reise mit mehreren Gesprächsterminen ist es ratsam, die Unterlagen auf mehrere Ordner oder Hefter aufzuteilen.

Was zu den Inhalten einer Reisemappe gehört ist, abhängig von Reiseart, Reiseziel, Reisezweck und genutztem Verkehrsmittel. Folgende Unterlagen könnten Inhalt einer Reisemappe sein:

- **Private Unterlagen**
  - Personalausweis/Reisepass
  - Führerschein
  - Versicherungsunterlagen (z. B. Krankenversicherung)
  - Impfausweis
  - Visum und andere Einreisedokumente
  - Terminkalender
  - Zahlungsmittel (z. B. Bargeld, Kreditkarte)
  - Reiselektüre
- **Reiseunterlagen**
  - Reiseplan
  - Hotelbestätigungen
  - Mietwagenbestätigung
  - Reiseführer, Sprachführer
  - Stadtpläne, Reiserouten
  - Unterlagen für Reisebericht und Reisekostenabrechnung
  - Tagungsprogramme
  - Technische Geräte (z. B. Handy, Laptop)
- **Für Reisen mit dem Dienstwagen:**
  - Fahrzeugschein
  - Versicherungspolice
  - Dienstwagenschlüssel
  - Navigationssystem
- **Für Reisen mit Bahn oder Flugzeug:**
  - Fahrplan/Flugplan
  - Tickets
  - Kundenkarten
  - Platzkarten
- **Geschäftsunterlagen**
  - Anschriften-/Kontaktverzeichnis von Ansprechpartnern vor Ort und zuhause
  - Notwendige Gesprächsunterlagen (z. B. Aktenkopien, Korrespondenzkopien)
  - Vordrucke/Vorlagen des Unternehmens (z. B. Gesprächsnotizen, Verträge)
  - Vollmachten

- Einladungen
- Werbe- und Gastgeschenke
- Werbematerial (z. B. Prospekte, Kataloge, Preislisten)
- Visitenkarten

2.2.5 Reiseplan

In einem Reiseplan werden für den Geschäftsreisenden die Reiseroute, die Abfahrts- und Ankunftstermine, die Gesprächstermine, die gebuchten Hotels und die benötigten Unterlagen systematisch und übersichtlich dargestellt. Aus dem Reiseplan kann der Mitarbeiter den detaillierten Ablauf seiner Reise mit allen wichtigen Informationen entnehmen, wie z. B. Abfahrts- und Ankunftszeiten, Zug-Nr., Flug-Nr., Hoteladresse, benötigte Unterlagen bzw. in welcher Mappe sich die erforderlichen Unterlagen befinden.

Der Reiseplan für eine Geschäftsreise von Bonn nach München des Geschäftsführers der Duisdorfer BüroKonzept KG, Sebastian Falo, könnte auszugsweise den folgenden Aufbau haben:

Reiseplan für

Herrn Sebastian Falo
vom: 14.07.20.. bis 16.07.20..
nach: München

Duisdorfer BüroKonzept KG

Datum	Uhrzeit	Ablauf (Ort/Anschrift)	Flug/Zug (Nummer)	Unterlagen
14.07.20..	12:55 14:00 ab 14:00	Ab Flughafen Köln/Bonn Ankunft Flughafen München Abholen des Mietwagens (Sixt)	LH 1987	Rote Mappe (Buchungsbestätigung, Check-In-Unterlagen) Rote Mappe (Mietwagenreservierung)
	15:00	Farben Keupen AG Industriepark 100 81249 München	Besprechung mit Herrn Sistig	Blaue Mappe (Gesprächsunterlagen, Terminbestätigung)

2.3 Auslandsreisen

Handelt es sich bei der Geschäftsreise um eine Auslandsreise, so sind weitere Vorbereitungen zu treffen. Im Unterschied zur Inlandsreise fallen u. U. die folgenden zusätzlichen Aufgaben an:

- Gültigkeit der Reisedokumente (Personalausweis, Reisepass) prüfen
- Visum beschaffen
- notwendige Impfung veranlassen
- Notwendigkeit eines internationalen Führerscheins prüfen und ggf. beantragen
- Zeitverschiebung bei der Erstellung des Reiseplans beachten
- ausländische Zahlungsmittel beschaffen und Devisenbestimmungen beachten
- Information über Sitten und Gebräuche im Ausland
- Auslandsreisekrankenversicherung in die Wege leiten

- Beschaffung eines (elektronisches) Wörterbuch bzw. einer App für auslandsfähiges Handy
- Anlegen eines Verzeichnisses der deutschen Botschaften bzw. Konsulate für den Fall einer Notlage im Ausland

2.4 Nachbereitung einer Geschäftsreise

2.4.1 Auswertung und Dokumentation einer Geschäftsreise

Alle Informationen und Ergebnisse der Geschäftsreise sollten schriftlich in Form von Aktennotizen oder Protokollen festgehalten werden, um Aussagen über den Erfolg der Reise machen zu können. Diese schriftlichen Reiseberichte dienen als Unterlage für weitere Verhandlungen und zum Aufbau und zur Pflege von Geschäftsbeziehungen. Folgende Aufgaben fallen bei der Auswertung der Reiseberichte an:

- Reiseunterlagen wie z. B. Bestellungen, Verträge, Aktennotizen sortieren, bearbeiten und an die entsprechenden Mitarbeiter weiterleiten
- auf der Reise vereinbarte Termine erfassen und überwachen
- getroffene Vereinbarungen umsetzen
- Maßnahmen zur Pflege der Geschäftsbeziehungen in die Wege leiten, z. B. Dankschreiben an besuchte Unternehmen verschicken
- Hotelverzeichnis und Checkliste aktualisieren
- Reisedatei um wichtige Hinweise zur Optimierung von zukünftigen Geschäftsreisen ergänzen
- Ablage der Unterlagen

2.4.2 Reisekostenabrechnung

LS 12.3

Durch die Geschäftsreise können die folgenden Kosten entstehen:

- Fahrtkosten
- Übernachtungskosten
- Kosten des Verpflegungsmehraufwandes
- Nebenkosten

Die Reisekosten muss der Geschäftsreisende durch Belege nachweisen, um sie in der Reisekostenabrechnung ansetzen zu können. Für die Abrechnung und Erstattung der Reisekosten sind zum einen das Einkommenssteuerrecht zu beachten sowie zum anderen betriebsinterne Regelungen.

Voraussetzung für die steuerliche Geltendmachung bzw. steuerfreie Zahlung von Reisekosten ist das Vorliegen einer auswärtigen beruflichen Tätigkeit. Diese liegt nach der Reisekostenreform von 2014 immer dann vor, wenn der Arbeitnehmer außerhalb seiner Wohnung und außerhalb der sogenannten ersten Tätigkeitsstätte vorübergehend beruflich tätig wird.

Die Abrechnung der Reisekosten ist im Einkommensteuergesetz (EStG) geregelt:

- **Fahrtkosten**
  Aufwendungen, die nicht Fahrten zwischen Wohnung und erster Tätigkeitsstätte sind, sind in tatsächlicher Höhe oder aber bei Benutzung eines eigenen Pkw auch mit pauschalen

Kilometersätzen anzusetzen. Die tatsächlichen Aufwendungen müssen durch entsprechende Belege nachgewiesen werden.

Die Kilometerpauschale orientiert sich am Bundesreisekostengesetz (BRKG) und beträgt für ein Kraftfahrzeug 0,30 €/km (Stand: 01.01.2014; § 9 Abs.1, Satz 3, Nr. 4 EStG).

- **Verpflegungsmehraufwand/Verpflegungspauschale**
  In der Reisekostenreform von 2014 wurden die Mindestabwesenheitszeiten herabgesetzt und die dreistufige Staffelung der Verpflegungspauschale durch eine zweistufige Staffelung ersetzt. Die Höhe der Verpflegungspauschale bestimmt sich ausschließlich nach der Abwesenheit am einzelnen Kalendertag. Für Inlandsreisen gelten die folgenden Pauschalen (§ 9 Abs. 4a EStG):

bis 8 Stunden	0,00 €
mehr als 8 Stunden	12,00 €
mindestens 24 Stunden	24,00 €

Bei mehrtägigen Inlandsreisen, die eine Übernachtung erforderlich machen, können sowohl für den An- als auch für den Abreisetag eine Verpflegungspauschale in Höhe von 12,00 € als steuerfreier Spesenersatz bzw. als Werbungskosten angesetzt werden, ohne dass eine zeitliche Mindestabwesenheit an diesem Tag erforderlich ist.

Beispiel
Der Geschäftsführer der Duisdorfer BüroKonzept KG, Sebastian Falo, unternimmt eine dreitägige Geschäftsreise von Bonn nach München (Kapitel 2.2.5 Reiseplan). Die Reise beginnt am 14.07.20.. um 11:00 Uhr und endet am 16.07.20.. um 13:30 Uhr in der Duisdorfer BüroKonzept KG.
In der Reisekostenabrechnung von Herrn Falo wird für den 15.07.20 die volle Verpflegungspauschale von 24,00 € angesetzt, da es sich um einen vollen Reisetag handelt. Für den 14.07.20.. (Anreisetag) und den 16.07.20.. (Abreisetag) kann die An- und Abreisepauschale von jeweils 12,00 € abgerechnet werden, ohne dass die zeitliche Abwesenheitsdauer geprüft werden muss.

- **Kürzung der Verpflegungspauschalen**
  Stellt der Arbeitgeber während der beruflich veranlassten Auswärtstätigkeit eine „übliche" Mahlzeit zur Verfügung, so muss die Verpflegungspauschale gekürzt werden (§ 9 Abs. 4a, Satz 8 EStG). Als „üblich" gilt eine Mahlzeit, deren Preis 60,00 € nicht übersteigt. Eine durch den Arbeitgeber veranlasste Auswärtstätigkeit liegt vor, wenn die Hotelrechnung auf den Arbeitgeber ausgestellt wurde und der Arbeitgeber oder eine andere von ihm befugte Person die Übernachtung mit Frühstück gebucht hat und eine entsprechende Buchungsbestätigung des Hotels vorliegt.

Die Kürzung der Verpflegungspauschale wird jeweils von der vollen Verpflegungspauschale berechnet und ist für Inlandsreisen um folgende Beträge zu kürzen:

Bei Inanspruchnahme eines:	
▪ Frühstücks	4,80 € (20 % der vollen Verpflegungspauschale)
▪ Mittag- oder Abendessens	jeweils 9,60 € (40 % der vollen Verpflegungspauschale)

Beispiel

Der Geschäftsführer der Duisdorfer BüroKonzept KG, Sebastian Falo, unternimmt eine dreitägige Geschäftsreise von Bonn nach München (Kapitel 2.2.5 Reiseplan). Die Reise beginnt am 14.07.20.. um 11:00 Uhr. An diesem Tag frühstückt Herr Falo zu Hause. Für den 2. und 3. Tag weist die Hotelrechnung jeweils ein Frühstück aus. Das bedeutet, dass die Verpflegungspauschale für diese Tage jeweils um 4,80 € gekürzt werden muss.

- **Verpflegungspauschale bei Auslandsreisen**
  Reist der Arbeitnehmer geschäftlich ins Ausland, so können andere Pauschalen für den Verpflegungsmehraufwand in der Reisekostenabrechnung angesetzt werden. In der nachfolgenden Übersicht sind auszugsweise Pauschalen für Auslandreisen aufgeführt:

Land	Pauschbeträge für Verpflegungsmehraufwendungen		Pauschbetrag für Übernachtungskosten
	Bei einer Abwesenheit von mind. 24 Std. je Kalendertag	Für den An- und Abreisetag sowie bei einer Abwesenheitsdauer von mehr als 8 Std. je Kalendertag	
	€	€	€
Belgien	41,00	28,00	135,00
China			
▪ Hongkong	62,00	41,00	170,00
▪ Peking	39,00	26,00	115,00
▪ Shanghai	42,00	28,00	140,00
Dänemark	60,00	40,00	150,00
Frankreich			
▪ Lyon	53,00	36,00	83,00
▪ Paris	58,00	39,00	135,00
Niederlande	46,00	31,00	119,00
Österreich	36,00	24,00	104,00
Schweiz			
▪ Genf	62,00	41,00	174,00
▪ Im Übrigen	48,00	32,00	139,00
Spanien			
▪ Barcelona	32,00	21,00	118,00
▪ Madrid	41,00	28,00	113,00
Vietnam	38,00	25,00	86,00

Quelle: Bundesministerium der Finanzen, BMF-Schreiben vom 19. Dezember 2014, Steuerliche Behandlung von Reisekosten und Reisekostenvergütungen bei betrieblich veranlassten Auslandsreisen ab 1. Januar 2015

Die Verpflegungspauschale muss auch bei Auslandsreisen bei der Inanspruchnahme eines Frühstücks, Mittag- oder Abendessens gekürzt werden. Ist der Preis für das Frühstück in den Übernachtungskosten enthalten, also auf der Rechnung des Hotels nicht gesondert ausgewiesen, so ist der Gesamtpreis pro Übernachtung um 20 % der vollen Verpflegungspauschale zu kürzen. Für die Inanspruchnahme eines Mittag- oder Abendessens ist die volle Verpflegungspauschale um 40 % zu kürzen. Dabei ist die volle Verpflegungspauschale des Landes zugrunde zu legen, in dem die Übernachtung stattgefunden hat.

Bei der Erstattung der Übernachtungskosten des Arbeitnehmers im Ausland hat der Arbeitgeber die Wahl. Er kann entweder die tatsächlichen Aufwendungen erstatten oder aber die Übernachtungspauschale, die für das jeweilige Land gelten.

Beispiel: *dreitägige Geschäftsreise des Arbeitnehmers nach Belgien; Kosten pro Übernachtung 80,00 €*

- *Erstattung der tatsächlichen Kosten aufgrund der Hotelrechnung*
  2 Übernachtungen · 80,00 € = 160,00 €
- *Erstattung der Übernachtungspauschale für Belgien*
  2 Übernachtungen · 135,00 € = 270,00 €

Die tatsächlichen Übernachtungskosten sind durch Rechnungen nachzuweisen. Erstattet der Arbeitgeber die Übernachtungspauschalen, sind Rechnungen nicht erforderlich.

LernFeld 13

Ein Projekt planen und durchführen

Überblick Lernfeld

1 Projektbegriff

Viele Vorhaben werden als „Projekt" bezeichnet, wie etwa der Bau einer Immobilie, die Anfertigung einer speziellen Maschine nach Anforderungen des Kunden, die kommerzielle Erstellung von Internetseiten oder die Entwicklung einer neuen Werbestrategie für Handelsbetriebe. Aber sind das tatsächlich immer Projekte? Da es zahlreiche Definitionen des Projektbegriffs gibt, kann die Frage so nicht eindeutig beantwortet werden.

LS 13.1

Projekte sind nach allgemeinem Verständnis umfangreiche Vorhaben zur Lösung eines komplexen Problems. Es gibt jedoch verschiedene Meinungen darüber, wie diese Vorhaben aussehen müssen. In der DIN 69901 des Deutschen Instituts für Normung werden mehrere Merkmale benannt, damit ein Vorhaben als Projekt bezeichnet werden kann:

- Einmaligkeit der Bedingungen in ihrer Gesamtheit: Ein Projekt wird demnach von Natur aus immer zum ersten und zum letzten Mal durchgeführt.
- Zielvorgabe: Jedem Projekt werden präzise Ziele vorgegeben, die es erreichen muss.
- Zeitliche, personelle, finanzielle Begrenzung: Ein Projekt hat stets einen konkreten Endtermin und begrenzte Mittel zur Erreichung der Projektziele.
- Abgrenzung von anderen Vorhaben: Das Projekt muss ein in sich geschlossenes Vorhaben mit eigenem Projektergebnis sein.
- Projektspezifische Organisation: Speziell für dieses Projekt müssen organisatorische Rahmenbedingungen eingerichtet werden.

Darüber hinaus gelten folgende Merkmale in der Wirtschaftspraxis als typisch für ein Projekt:

- Komplexität: Die Lösung des Problems muss zahlreiche komplizierte Zusammenhänge berücksichtigen.
- Aufwand: Die Projektarbeit ist umfangreich und erfordert viele Mitarbeiter und finanzielle Mittel.
- Fachübergreifender Charakter: Fachleute verschiedener Disziplinen bzw. Mitarbeiter unterschiedlicher Abteilungen sind beteiligt.
- Teamarbeit: Die Fachleute arbeiten eng zusammen, da ständiger Informationsaustausch und die Weitergabe von Teilleistungen erforderlich sind.

Anhand dieser Kriterien kann man verschiedene Vorhaben daraufhin überprüfen, in welchem Maße sie wirklich als Projekte gelten können.

So handelt es sich bei der Produktion großer Maschinen für verschiedene Auftraggeber im In- und Ausland nicht um Projekte, wenn der Hersteller stets dieselben und im Vorfeld bekannten Produktionsschritte durchläuft. Aber

---

Die Informationstexte im Lernfeld 13 basieren auf Arndt Beiderwieden, Elvira Pürling: Projektmagement – Zielorientierte Bearbeitung von Projekten, Köln 2014 und Projektmanagement für IT-Projekte, Köln, 2014.

auch einmalige Produktentwicklungen gelten nicht als Projekt, wenn dabei etwa auf unbegrenzte Mittel zurückgegriffen werden kann oder diese nicht bis zu einem bestimmten Termin fertiggestellt werden müssen.

Andererseits kann es sich bei der zielorientierten Entwicklung eines einfachen Druckbleistifts durchaus um ein Projekt handeln, sofern einem dafür gebildeten Team begrenzte Mittel zur Verfügung stehen, die Entwicklung eine komplexe Problemlösung erfordert und ein Projektendtermin feststeht.

Externe Projekte

Bei externen Projekten vergibt ein rechtlich eigenständiges Unternehmen einen Projektauftrag an ein anderes rechtlich eigenständiges Unternehmen. Die Auftragnehmer sind dabei in der Regel Unternehmen, die sich auf die Durchführung von Projekten spezialisiert haben.

Beispiele
Ein Industriebetrieb vergibt den Auftrag an ein Bauunternehmen, eine Lagerhalle zu bauen, ein Automobilhersteller erteilt einen Projektauftrag an ein Maschinenbauunternehmen oder ein Großhändler beauftragt einen Softwarehersteller, ein Auftragsbearbeitungsprogramm zu erstellen.

Die vereinbarte Auftragssumme ist im betriebswirtschaftlichen Sinne der Erlös (Umsatz), mit dem der Auftragnehmer seine Projektkosten abdeckt und i. d. R. zusätzlich einen Gewinn erwirtschaftet.

Interne Projekte

Interne Projekte werden innerhalb eines Unternehmens in Auftrag gegeben und als Auftrag angenommen.

Möglicherweise erkennt die Leitung eines Wirtschaftsunternehmens den Bedarf einer betriebsinternen Problemlösung in Form eines Projekts, etwa die Einrichtung eines innerbetrieblichen Netzwerks oder die Erstellung eines Konzepts zur Vermarktung über ein Internetportal. Die Initiative kann aber auch von einer Fachabteilung ausgehen, welche dann zur Durchführung eines Projekts einen **Projektantrag** an eine höhere Unternehmensebene stellen muss.

Für interne Projekte wird ein Budget festgelegt, welches ausreichen muss, die Projektkosten abzudecken. Das Projektteam kann dabei meistens auf Ressourcen (Sachmittel oder Personen) des Unternehmens zurückgreifen.

2 Phasenmodelle zur Steuerung von Projekten

Die Abwicklung eines Vorhabens als Projekt ist stets verbunden mit dem Einsatz spezifischer Methoden und Techniken des Projektmanagements. Diese dienen dazu, das Erreichen von Projektzielen und den Projekterfolg zu sichern. Um Übersichtlichkeit und Struktur im Projektverlauf zu schaffen, werden Projekte häufig in Phasen aufgeteilt. Dabei wird deutlich, dass in unterschiedlichen Phasen auch unterschiedliche Methoden und Techniken zum Einsatz kommen.

2.1 Das 4-Phasen-Modell

Das einfachste Phasenmodell ist das Vier-Phasen-Modell. Es erfreut sich in der Theorie und auch in der Praxis großer Beliebtheit, weil es überschaubar und leicht verständlich ist. In den vier Phasen übernimmt das Projektmanagement mindestens folgende Aufgaben:

- **Definitionsphase:** In dieser Phase werden aus unklaren Vorstellungen klare Vorstellungen formuliert. Am Ende dieser Phase müssen Auftraggeber und -nehmer identische Vorstellungen von der Zielsetzung und auch dem Projektergebnis (Produkt oder Dienstleistung) haben.
- **Planungsphase:** In dieser Phase wird die Projektrealisierung gedanklich durchdrungen. Dazu wird ermittelt, was alles zu tun ist, wann welche Aufgaben von wem mit welchen Mitteln durchgeführt werden und welche Kosten anfallen.
- **Realisierungsphase:** In dieser Phase wird die Planung in die Tat umgesetzt. Das Projektmanagement steuert nach und nach alle Aktivitäten zur Erreichung der Projektziele.
- **Abschlussphase:** In dieser Phase organisiert das Projektmanagement die reibungslose Abnahme des Projektergebnisses durch den Auftraggeber und reflektiert eigene „Verbesserungsbereiche" für zukünftige Projekte.

In der Tabelle sind für jede Phase die konkreten Aufgaben des Projektmanagements aufgeführt. Dabei handelt es sich um eine idealtypische Vereinfachung der Realität, da viele dieser Aufgaben auch phasenübergreifend anfallen können.

Projektphase	Aufgabe des Projektmanagements
Definitionsphase	▪ Analysieren des Ausgangsproblems ▪ Formulieren der Projektziele und Anforderungen ▪ Entwerfen des Lösungskonzepts ▪ Analysieren der Durchführbarkeit des Projekts ▪ Abschließen des Projektvertrags ▪ Einrichten der Projektorganisation ▪ Leiten des Kick-off-Meetings
Planungsphase	▪ Identifizieren der Arbeitspakete ▪ Erstellen eines Projektstrukturplans ▪ Erstellen des Zeitplans ▪ Erstellen des Kapazitätsplans/Ressourcenplans ▪ Erstellen des Kostenplans ▪ Erstellen des Qualitätsplans
Realisierungsphase	▪ Präzisieren und Anpassen der Projektplanung ▪ Motivieren des Projektteams ▪ Koordinieren und Überwachen der Realisierung ▪ Minimieren von Soll-Ist-Abweichungen ▪ Dokumentieren des Projekts ▪ Managen von Änderungen und Nachforderungen
Abschlussphase	▪ Präsentieren von Projekt und Projektergebnis ▪ Managen der Abnahme des Projektergebnisses ▪ Einweisen in das Projektergebnis ▪ Reflektieren des Projekts (Abschlussbesprechung) ▪ Erstellen eines Abschlussberichts ▪ Auflösen des Teams

Phasen eines Projekts

2.2 Branchenspezifische Phasenmodelle

Je nach Aufgabenstellung und Zielsetzung im Projekt können verschiedene Projektarten (z. B. Investitionsprojekte im Anlagenbau oder in der Bauwirtschaft, Produktentwicklungsprojekte für die Serienproduktion, Organisationsprojekte in der Unternehmensverwaltung oder EDV-Entwicklungsprojekte) unterschieden werden. In Abhängigkeit von der Projektart kann eine differenzierte Ausgestaltung der Projektphasen zweckmäßig sein.

Beispiel
Die Duisdorfer BüroKonzept KG plant eine Baumaßnahme zur Erweiterung des Verwaltungsgebäudes um einen Ausstellungsbereich. Im Vorfeld ist zunächst zu klären, ob baurechtlich überhaupt die Möglichkeit des Anbaus besteht. Anschließend müssen Vorbereitungen für die Bauplanung und die Beantragung der Baugenehmigung durchgeführt werden. Es ist die Finanzierung der Baumaßnahme zu klären und es müssen Unternehmen zur Ausführung der einzelnen Gewerke gefunden werden.

Die Einteilung des Bauprojekts in einzelne Phasen könnte zu folgendem Phasenmodell führen:

- *Raumbedarfsanalyse*
- *Grobplanung und Bauvoranfrage*
- *Bauplanung und Bauantrag*
- *Ausschreibung der Gewerke und Auftragsvergabe*
- *Bauausführung*
- *Bauabnahme*
- *Einrichtung des Ausstellungsbereichs*

Phasenmodelle werden in allen Branchen eingesetzt. Abhängig von der jeweiligen Branche werden jedoch andere Phasen und auch andere Phasenbezeichnungen definiert. Im Kern liegt allen Phasenmodellen das oben vorgestellte Vier-Phasen-Modell zugrunde, jedoch sind branchenspezifische Differenzierungen praxisüblich. In der nachfolgenden Übersicht werden typische Phasenmodelle unterschiedlicher Form gegenübergestellt. Auch diese Darstellung stellt eine Vereinfachung dar, da abhängig von Projekt und Betrieb alternative Modelle eingerichtet werden.

Typ 1 Investitionsprojekte		Typ 2 Entw.-Proj.	Typ 3 Organisationsprojekte	
Anlagenbau Bauwirtschaft	**Einzelprodukt**	**Produktentwicklung für Serienprodukte**	**Verwaltungsprojekt**	**EDV-Projekt**
Grundlagenvermittlung	Ideenfindung	Problemanalyse	Vorstudie	Problemanalyse
Vorplanung	Konzeption	Konzeptfindung	Konzeption	Systemplanung
Entwurfsplanung	Durchführbarkeitsstudie	Produktdefinition	Detailplanung	Detailorganisation
Genehmigungsplanung	Entwurf	Produktentwicklung	Realisierung	Realisierung
Ausführungsplanung	Ausführungsplanung	Realisierung	Einführung	Installation
Ausschreibung, Vergabe	Herstellung	Produktion	Abnahme	Abnahme
Bauausführung	Service, Betreuung	Außerdienststellung		Pflege
Objektverwaltung				

2.3 Das Wasserfall-Modell

Ein bereits recht früh entwickeltes Modell zur Steuerung und Abwicklung von Softwareentwicklungsprojekten ist das Wasserfall-Modell. Es entstand bereits in den frühen Anfängen der elektronischen Datenverarbeitung im letzten Jahrhundert und beschreibt ganz allgemein den Prozess der Softwareentwicklung in klar definierten Phasen.

Beispiel

Die Duisdorfer BüroKonzept KG beauftragt die IT-Tech GmbH in Bornheim mit der Entwicklung einer unternehmensspezifischen EDV-Lösung zur Auftragsabwicklung von Spezialanfertigungen. Damit die besonderen Anliegen und Gegebenheiten des Auftraggebers berücksichtigt werden, setzt die IT-Tech GmbH im Rahmen dieses Projekts das ***Wasserfall-Modell*** *ein.*

Das Wasserfall-Modell beschreibt ganz allgemein den Prozess der Softwareentwicklung in klar definierten Phasen:

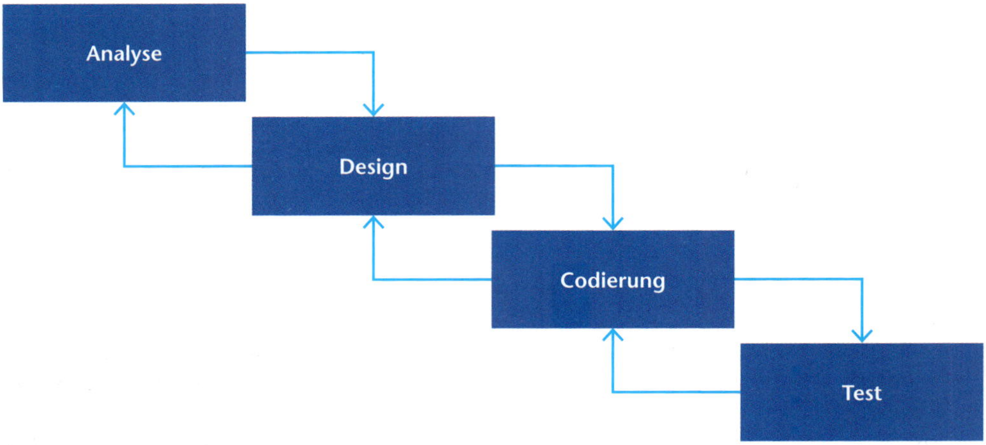

Wasserfall-Modell in der Softwareentwicklung

Sobald die Problemstellung bekannt ist, werden die folgenden Phasen durchlaufen:

- **Analyse**
  Zunächst werden der Ist-Zustand erhoben (Wie sehen Geschäftsprozesse, Ressourcen, Softwarebedingungen usw. zur Zeit aus?) und der Soll-Zustand modelliert (Wie sollen die Prozesse zukünftig ggf. unter veränderten Bedingungen ablaufen?). Ergebnis ist i. d. R. ein Analysemodell. In diesem besteht noch kein Bezug zu der zu entwickelnden Software.

- **Design (Entwurf)**
  Zunächst werden auf Grundlage des Analysemodells die Aufgaben der zu erstellenden Software beschrieben und konkrete Systemanforderungen formuliert. Die Ergebnisse werden in einem Grobentwurf (Fachentwurf) dokumentiert. Aus diesen Informationen kann dann ein Feinentwurf abgeleitet werden, welcher bereits konkrete Daten- und Programmstrukturen enthält und Grundlage für die Programmierung ist.

- **Codierung (Implementierung)**
  Nun wird die Software in der zweckmäßigen Programmiersprache programmiert bzw. eine neuartige Datenbank entwickelt.

- **Test**
  Abschließend wird das System noch einmal insgesamt getestet und schließlich in die Organisation und Prozessabwicklung im Unternehmen des Auftraggebers eingeführt.

  Die Phasen des Wasserfall-Modell werden nacheinander durchlaufen, sodass man von einem „sequenziellen Vorgehen" spricht. Dabei ist es prinzipiell möglich, zu Zwecken der Korrektur immer wieder in vorangegangene Phasen zurückzukehren.

  Da sich spezifisch entwickelte Phasenmodelle letztendlich in der Regel auf das einfache Vier-Phasen-Modell zurückführen lassen, behandeln die nachfolgenden Kapitel den Einsatz der Methoden und Techniken sowie Aufgaben des Projektmanagements in den idealtypischen Phasen **Definitionsphase**, **Planungsphase**, **Realisierungsphase** und **Abschlussphase**.

3 Die Phase der Projektdefinition

> Sage mir, wie ein Projekt beginnt, und ich sage dir, wie es endet!
> *Gero Lomnitz*

LS 13.1

Ein Projekt entwickelt sich immer aus einem Anlass heraus. Auch das Auftreten eines Problems selbst kann der Anlass für ein Projekt sein.

Beispiele

Die folgenden Anlässe und Probleme können Projekte auslösen:

- *Die Geschäftsleitung möchte das 50-jährige Unternehmensjubiläum feiern.*
- *Die Ausstellungsfläche reicht für die Präsentation der neuen Produktlinie nicht mehr aus.*
- *Die Umsatzzahlen sollen nach leichtem Rückgang im vergangenen Jahr wieder gesteigert werden.*
- *Das betriebliche Gesundheitsmanagement soll verbessert werden.*
- *Das Zeiterfassungssystem mit Stempelkarten soll durch ein elektronisches Verfahren abgelöst werden.*

Im Vorfeld eines Projektes herrschen gewöhnlich unklare Vorstellungen darüber, wie das Problem überhaupt beschaffen ist bzw. welche Probleme und Aufgaben der Anlass mit sich bringt und was tatsächlich unter welchen Bedingungen getan werden muss. Deshalb sind zunächst folgende Fragen unmissverständlich zu beantworten:

- Wie sieht das Ausgangsproblem genau aus?
- Wie konnte es zu diesem Problem kommen?
- Soll zur Problemlösung ein Projekt durchgeführt werden?
- Wer ist Auftraggeber des Projektes (für den Fall, dass das Projekt im Auftrag eines anderen Unternehmens durchgeführt wird)?
- Welche Ziele verfolgt das Projekt genau?
- Welche Mittel stehen für das Projekt zur Verfügung?
- Bis wann soll das Projekt bzw. bis wann sollen die Teilprojekte fertig sein?
- Wer soll dem Projektteam in welcher Funktion angehören?
- Wie soll das Projekt organisiert werden?

Das Projektmanagement geht der Beantwortung dieser Fragen in der Phase der Projektdefinition systematisch nach.

3.1 Analysieren des Ausgangsproblems und der Besonderheiten des Projektanlasses

Um sinnvolle Projektziele formulieren zu können, muss zunächst erkannt werden, welches Problem vorliegt bzw. welche Besonderheiten der Projektanlass mit sich bringt. Dies kann an ganz unterschiedlichen Stellen im Unternehmen geschehen.

Beispiele

- *Die Verkaufszahlen des vergangenen Quartals signalisieren einen deutlichen Umsatzrückgang für eine bestimmte Warengruppe.*

- *Aus Anlass des 50-jährigen Unternehmensjubiläums soll eine Jubiläumskampagne organisiert werden.*
- *Das Controlling erkennt eine überproportionale Kostensteigerung im Bereich „Außendienst".*
- *Ein Mitarbeiter legt im betrieblichen Vorschlagswesen ein Konzept zur Verbesserung eines bestimmten Arbeitsablaufs vor.*
- *Im Zusammenhang mit der Einführung einer neuen Branchensoftware sollen alle betroffenen Mitarbeiter bedarfsorientiert geschult werden.*
- *In einem Unternehmen zur Herstellung von Haushaltsgeräten soll der Energieverbrauch der produzierten Geräte reduziert werden.*
- *Die Marketingabteilung beobachtet seit geraumer Zeit, dass ein Konkurrenzanbieter vor allem junge Kunden erfolgreich durch SMS-Werbung anspricht. Nun soll geprüft werden, welche alternativen Kommunikationsmöglichkeiten für Werbemaßnahmen genutzt werden könnten.*
- *Ein Produktionsunternehmen beabsichtigt, im kommenden Geschäftsjahr die Gesamtkosten um zehn Prozent zu reduzieren. Daher sollen die Abteilungen Einkauf, Lager und Produktion gemeinsam Vorschläge zur Optimierung der logistischen Prozesse entwickeln.*
- *Von den Mitarbeitern wird zunehmend ein verbessertes innerbetriebliches Kommunikations- und Informationssystem gefordert. Der Betriebsrat schlägt daher die Einführung eines Intranets vor.*
- *Der Vorstand einer Bank erwägt die Entwicklung und Einführung eines neuen Betreuungskonzeptes für die Vermögens- und Anlageberatung der Kunden.*
- *Eine Einzelhandelskette vermutet ein bisher ungenutztes Marktpotenzial in einer Kleinstadt im Frankfurter Raum und erwägt daher die Einrichtung und Eröffnung einer neuen Filiale.*

Dient das Projekt der Lösung eines Problems, ist die Ausgangslage stets so, dass die derzeitige Situation – das Ist – erheblich von einem gewünschten Zustand – dem Soll – abweicht.

Ein erster Schritt, um zum Kern des Problems vorzudringen, ist eine Analyse des Problems, welche sich in zwei Schritten vollzieht: einer detaillierten Problembeschreibung und einer anschließenden Analyse der Problemursachen. Ziel dieser Analyse ist es, mehr über das Problem zu erfahren, um daraus die Aufgabenstellung des Projekts und effektive Lösungswege zu entwickeln.

Problembeschreibung

Im Rahmen der Problembeschreibung soll das Problem näher erfasst werden. Dazu werden Antworten auf folgende Fragen gesucht:

- Welches Problem tritt konkret auf?
- Wie macht sich das Problem bemerkbar?
- In welchen Unternehmensbereichen bzw. bei welchen Produkten bzw. bei welchen Prozessen tritt das Problem auf?
- Auf welche Weise können die derzeitige Situation bzw. der betroffene Prozess im Detail erhoben und dargestellt werden (**Istanalyse**)?
- Seit wann tritt das Problem auf?
- Welche betriebswirtschaftlichen Auswirkungen hat das Problem?
- Welche Personen sind beteiligt?
- Welche Sachmittel kommen gegenwärtig zum Einsatz?

- Wie laufen die Prozesse derzeit ab?
- In welchem wirtschaftlichen und technischen Umfeld wird das Problem beobachtet?

Ursachenanalyse

In einem zweiten Schritt wird analysiert, wie es zu diesem Problem kommen konnte und ob das Problem selbst Ursache anderer Probleme ist. Häufig kann aus den Problemursachen bereits auf mögliche Problemlösungen geschlossen werden. Nun müssen folgende Fragen beantwortet werden:

- Wie konnte es zu der Abweichung zwischen Ist und Soll kommen?
- Hängen die Ursachen mit den beteiligten Personen zusammen?
- Liegt die Ursache für das Problem in der Organisation des Unternehmens oder des Geschäftsprozesses?
- Liegen Ursachen in den verwendeten Sachmitteln, Verfahren oder technischen Hilfsmitteln?
- Sind Veränderungen im Umfeld für die Entstehung des Problems verantwortlich – und wenn ja, welche?

Soll mit dem Projekt ein besonderes Vorhaben realisiert werden, liegt der Schwerpunkt der Überlegungen in der Definitionsphase auf der Bestimmung der einzelnen Themenbereiche und Maßnahmen des Projekts. Ausgangspunkt ist auch hier, dass als Projektergebnis ein Sollzustand angestrebt wird, der ohne das Projekt nicht erreicht werden kann.

Beschreibung des Anlasses und Überlegungen zum Vorhaben

Die Beschreibung des Projektanlasses soll klären, welche Besonderheiten vorliegen und welche Rückschlüsse auf mögliche Einzelmaßnahmen und Teilergebnisse bei der Bearbeitung des Vorhabens zu ziehen sind. Dazu werden Antworten auf folgende Fragen gesucht:

- Welcher Anlass hat konkret das Projekt ausgelöst?
- Welche Chancen liegen darin, den Anlass für das Projekt zu nutzen?
- Welche Teilergebnisse können zur Lösung des Gesamtvorhabens beitragen
- Welche Unternehmensbereiche können Beiträge zum Projektergebnis leisten?
- Welche betriebswirtschaftlichen Auswirkungen können mit dem Projekt angestrebt werden?
- Welche Personen sind zu beteiligen?
- Welche Sachmittel kommen bei der Entwicklung des Projektergebnisses zum Einsatz?
- Welche Besonderheiten müssen bei der Gestaltung des Vorhabens berücksichtigt werden?

Die Ergebnisse der Problemanalyse bzw. der anlassbezogenen Überlegungen werden schriftlich in einer Projektskizze dokumentiert. Gliederungspunkte einer Projektskizze können z. B. sein:

1. Thema des Projekts
2. Ergebnisse und Gegenstände des Projekts
3. benötigte Ressourcen im Projekt (personell, materiell, finanziell)
4. Dauer des Projekts
5. Rahmenbedingungen des Projekts
6. besondere Risiken im Projekt

3.2 Nützliche Kreativitätstechniken bei der Bearbeitung eines Projekts

Aufgrund der besonderen Merkmale eines Projekts sind stets individuelle Gegebenheiten zu berücksichtigen und neue bzw. andere Lösungswege zu finden. Damit wird vom Projektteam immer auch eine spezifische Kreativität gefordert, mit der die Aufgaben in den einzelnen Projektphasen innovativ gelöst werden können. Verschiedene Kreativitätstechniken helfen, Ideen zur zielorientierten und effektiven Bearbeitung von Problemstellungen zu entwickeln. Den hier vorgestellten Kreativitätstechniken ist gemeinsam, dass sie im Team eingesetzt werden und somit das kreative Potenzial von mehreren im Projekt tätigen Personen nutzen.

3.2.1 Brainstorming

Der Grundgedanke beim Brainstorming ist, dass sich aus der Idee eines Teilnehmers weitere Ideen entwickeln und somit in kurzer Zeit vielfältige Lösungsansätze entstehen. Wichtig ist, dass alle Ideen für alle Sitzungsteilnehmer sichtbar verschriftlicht werden. Dies kann z. B. auf Karten geschehen, die an eine Pinnwand geheftet werden.

Der Sitzungsleiter informiert zu Beginn der Brainstorming-Sitzung alle Teammitglieder über das zu lösende Problem. Anschließend werden alle Teilnehmer über die Regeln des Brainstormings in Kenntnis gesetzt:

- Jede Idee wird notiert. Es spielt keine Rolle, ob die Idee realisierbar ist oder unsinnig erscheint.
- Die Ideen werden nicht bewertet oder beurteilt. Killerphrasen sind nicht zulässig.
- Jeder darf die Idee eines anderen aufgreifen und für die Entwicklung eigener Ideen verwenden.
- Ziel des Brainstormings sind viele Ideen. Die Menge zählt.

Der Sitzungsleiter achtet im Laufe des Brainstormings auf die Einhaltung der Regeln. Bei Bedarf fordert er auch ruhigere Sitzungsteilnehmer zu einer aktiven Beteiligung auf. Der Sitzungsleiter sorgt dafür, dass das zu lösende Problem im Zentrum der Überlegungen steht. Es ist durchaus erwünscht, dass in einem gruppendynamischen Prozess eine phantasiefördernde Atmosphäre entsteht.

Nach der Phase der Ideenfindung werden die entwickelten Ideen sortiert und in einem Protokoll dargestellt. Sie werden anschließend durch die Sitzungsteilnehmer selbst oder durch Unbeteiligte nach ausgewählten Kriterien bewertet. Erst dann wird entschieden, welche Idee umgesetzt wird oder ob die Ideen durch weitere Vorschläge ergänzt werden sollen.

3.2.2 Brainwriting

Auch bei der Methode des Brainwritings werden Ideen im Team entwickelt. Die Rolle des Sitzungsleiters und der Ablauf der Sitzung entsprechen weitgehend dem Brainstorming.

Die Sitzungsteilnehmer sitzen beim Brainwriting an einem Tisch und schreiben ihre Ideen auf Karten, die sie in die Mitte des Tisches legen. Jeder darf die Ideen der anderen lesen, aufgreifen und in eigenen Ideen weiterentwickeln, die wieder auf Karten geschrieben werden. Der Sitzungsleiter kann die Karten auch in regelmäßigen Abständen sammeln und an eine Pinnwand heften.

Nach Abschluss der Kreativitätsphase werden die Ideen wie beim Brainstorming geordnet und protokolliert. Wie beim Brainstorming erfolgen anschließend die Bewertung der Ideen und die Umsetzungsentscheidung.

Gegenüber dem Brainstorming hat das Brainwriting die folgenden Vorteile:

- Die Teammitglieder können sich zunächst ungestört durch andere mit dem Thema beschäftigen und über Lösungsmöglichkeiten nachdenken.
- Die Anonymität wird weitgehend gewahrt.
- Die Konzentration auf das zu lösende Problem wird nicht durch abschweifende Gesprächsbeiträge gestört.
- Die Gefahr der frühzeitigen Bewertung von Ideen besteht nicht.
- Die Methode ist gut geeignet für Gruppen, deren Mitglieder sich noch nicht gut kennen.

3.2.3 6-3-5-Methode

Die 6-3-5-Methode ist eine Anwendungsform des Brainwritings. Das Kreativitätsteam besteht aus sechs Teilnehmern. Jeder erhält nach der Eröffnung der Sitzung ein Blatt, auf dem er drei Ideen notiert. Anschließend wird jedes Blatt nach Ablauf einer festgelegten Zeit im Uhrzeigersinn nacheinander an alle anderen Teilnehmer weitergegeben. Jeder Sitzungsteilnehmer notiert auf jedes Blatt weitere drei Ideen. Am Ende der Sitzung wurden im besten Fall 6 x 3 x 5 = 108 Ideen formuliert.

Eine Empfehlung ist, die Blätter als Tabelle mit drei Spalten und 6 Zeilen zu gestalten. Jeder Teilnehmer füllt jeweils drei Zellen in einer Zeile aus. Das erhöht die Übersicht und erleichtert die Ableitung von Ideen aus den vorherigen Ideen.

Die 6-3-5-Methode stellt sicher, dass eine Vielzahl von Ideen entwickelt wird. Die weitere Vorgehensweise nach der Kreativitätsphase entspricht der beim Brainwriting.

3.2.4 Mindmap

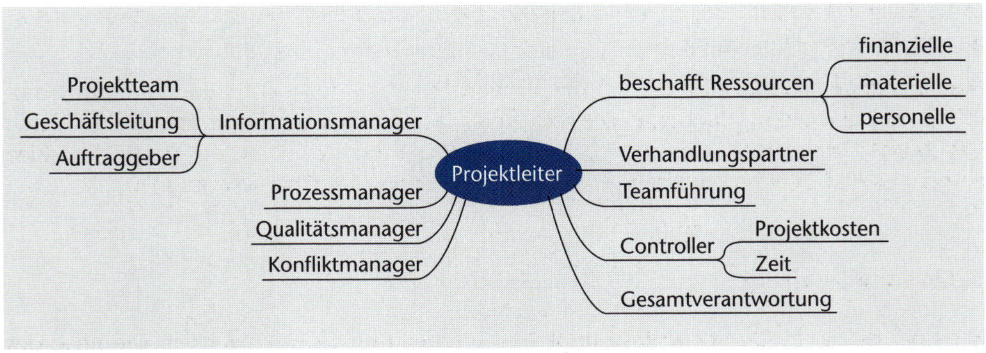

Beispiel für eine Mindmap zur Darstellung der Funktionen eines Projektleiters

Die Entwicklung einer Mindmap kann auch als Kreativitätstechnik im Team genutzt werden. Benötigt wird eine Präsentationsfläche (z. B. Plakat auf Pinnwand, Flipchart-Bogen, Tafel). Der Sitzungsleiter notiert in die Mitte den Schlüsselbegriff und umkreist diesen. Die erste Idee wird gleichsam als Zweig ausgehend von dem Schlüsselbegriff auf eine abgehende Linie notiert. Von dieser Idee abgeleitete Ideen werden auf weiteren von dieser Idee abgehenden Linien notiert.

Ein Vorteil gegenüber der Methode des Brainstormings besteht darin, dass durch die Verästelungen die Ideen von vornherein strukturiert dargestellt werden.

3.2.5 Denk-Hüte

Bei dieser Kreativitätstechnik werden den Sitzungsteilnehmern bestimmte Rollen zugewiesen und durch „Denk-Hüte" kenntlich gemacht. Dies kann z. B. durch unterschiedlich farbige Karten geschehen, die die Teilnehmer vor sich auslegen. Die Farben drücken die zugeordnete Rolle aus. Es kommen mindestens sechs „Denk-Hüte" zum Einsatz.

Beispiel

Farbe	Rolle
weiß	der Rationale (analytisch, sachlich)
gelb	der Optimist (zuversichtlich, positiv)
grün	der Kreative (innovativ, erfinderisch)
blau	der Systematische (strukturiert, ordnend)
rot	der Emotionale (gefühlsorientiert, subjektiv)
schwarz	der Pessimist (kritisch, risikobetont)

In der Entwicklung und der Diskussion von Ideen nimmt nun jede Person ihre Rolle mit dem entsprechenden Blickwinkel wahr. Auf diese Weise soll sichergestellt werden, dass alle wesentlichen Aspekte bei unterschiedlichen Vorgehensweisen berücksichtigt werden.

Eine Kreativitätssitzung nach der Methode der „Denk-Hüte" hat den folgenden Ablauf:

1. Der Sitzungsleiter informiert über das Thema und die Spielregeln.
2. Jedem Sitzungsteilnehmer wird sein „Denk-Hut" zugewiesen.
3. Jeder Sitzungsteilnehmer beschäftigt sich mit dem Thema unter Berücksichtigung seines „Denk-Huts" und dokumentiert seine Gedanken.
4. Die „Denk-Hüte" wechseln nach einem vorher festgelegten Schema und nach einer bestimmten Zeit.
5. Die Schritte 2 und 3 werden mindestens fünfmal wiederholt, damit jeder Teilnehmer jeden „Denk-Hut" mindestens einmal getragen hat.
6. Die entwickelten Ideen werden diskutiert und bewertet.

Vorteile der Kreativitätstechnik „Denk-Hüte" sind:

- Eine vielfältige Betrachtung eines Themas bzw. der Ideen wird sichergestellt.
- Jeder Teilnehmer kann sich auf seine jeweilige Rolle berufen und muss sich nicht für seine Gedanken rechtfertigen.
- In der jeweiligen Rolle werden Potenziale aktiviert, die sonst möglicherweise nicht zum Einsatz kommen.
- Eine mögliche Konfrontation wird versachlicht.

3.3 Formulieren der Projektziele

> Wer nicht genau weiß, wo er hin will, darf sich nicht wundern, wenn er ganz woanders ankommt.
> *Mark Twain*

Aus den Ergebnissen der Problemanalyse bzw. der Analyse der Besonderheiten des Projektanlasses sowie der Projektskizze können nun sinnvolle Projektziele abgeleitet werden. Diese gelten für das gesamte Projekt und stellen eine Richtschnur für alle Projektbeteiligten dar. Am Grad der Erreichung dieser Ziele wird letztlich der Projekterfolg gemessen.

Ziel

Gedanklich vorweggenommener zukünftiger Zustand, der
– bewusst ausgewählt wird und
– durch aktives Handeln erreicht wird.

Auftraggeber und Auftragnehmer müssen gleiche Vorstellungen von den Projektzielen haben, wenn es keine bösen Überraschungen hinsichtlich des Projektergebnisses geben soll. Diese Übereinstimmung wird über die Vereinbarung von Projektzielen erreicht.

Zielfunktionen

Im Laufe des gesamten Projekts übernehmen die Projektziele mehrere Funktionen, die dem Projekterfolg dienlich sind und sich wie folgt zusammenfassen lassen:

- **Präzisierungsfunktion:** Auftraggeber und Auftragnehmer wird die Konkretisierung des Projektauftrags detailliert vor Augen geführt.
- **Orientierungsfunktion:** Projektleiter und Projektteam können sich bei allen Maßnahmen an den betreffenden Zielen orientieren.
- **Motivationsfunktion:** Das nachweisliche Erreichen von Teilzielen wirkt motivierend auf die Projektmitglieder.
- **Kontrollfunktion:** Mithilfe konkreter Ziele kann objektiv überprüft werden, wie erfolgreich das Projektteam gearbeitet hat.

Zielkomponenten

Projektziele lassen sich grundsätzlich in drei Zielkomponenten zerlegen:

Zielkomponenten von Projektzielen

Während sich das **Sachziel** auf das Projektergebnis bezieht, dienen das **Kosten**- und das **Terminziel** der Einhaltung der Rahmenbedingungen. Alle drei Zielkomponenten lassen sich sowohl auf das Gesamtziel als auch auf isolierte Teilziele beziehen.

Bedeutende Teilziele des Projekts, wie etwa die Fertigstellung des Rohbaus bei einem Immobilienprojekt, werden als **Meilensteine** bezeichnet und häufig mit einem Terminziel verknüpft. Bei externen Projekten können Meilensteine zur Fälligkeit vertraglich vereinbarter Teilzahlungen führen.

Formulierung der Projektziele

Da die Projektziele Grundlage für den Projektauftrag und damit für das weitere Vorgehen sind, muss ihrer richtigen Formulierung unbedingt große Aufmerksamkeit und ausreichend Zeit geschenkt werden. Für die Formulierung zweckmäßiger Projektziele gibt es daher Regeln, von denen die wichtigsten in folgender Checkliste zusammengefasst sind:

Checkliste: Regeln zur Formulierung zweckmäßiger Projektziele

▪ Das Ziel muss verständlich und klar formuliert werden (keine undeutlichen Formulierungen, hinter denen sich weitere Ziele verstecken können).	**s** pezifisch
▪ Das Ziel muss objektiv messbar (operationalisierbar) sein.	**m** essbar
▪ Das Ziel muss von allen Beteiligten akzeptiert sein.	**a** kzeptiert
▪ Das Ziel muss tatsächlich erreichbar sein.	**r** ealistisch
▪ Jedes Ziel weist aus, bis wann es erreicht sein soll (Zeitbezug).	**t** erminiert

Erfüllt das formulierte Ziel alle Elemente der Checkliste, dann wird es als **smart** bezeichnet. Der Begriff **smart** ergibt sich als „Kunstwort" aus den Anfangsbuchstaben der Zielmerkmale spezifisch, messbar, akzeptiert, realistisch und terminiert.

Präzisieren der Projektziele durch einen Anforderungskatalog

Die vereinbarten Projektziele werden anschließend durch einen Anforderungskatalog präzisiert. In diesem Katalog werden alle Anforderungen schriftlich festgehalten, denen das Projektergebnis genügen muss. Bei Großprojekten können solche Detailanforderungen ganze Aktenordner füllen. Die Grenze zwischen übergreifenden Projektzielen einerseits und Detailanforderungen an das Projektergebnis andererseits verläuft häufig fließend. Sofern ein externes Projekt öffentlich ausgeschrieben wird, dienen Projektziele und Anforderungskatalog den Bewerbern (Auftragnehmern) als verbindliche Vorgabe zur Entwicklung eines Entwurfs für ein Lösungskonzept. Alle Forderungen (einschließlich der Anforderungen) des Auftraggebers gegenüber dem Auftragnehmer werden in einem sogenannten Lastenheft dokumentiert. Auch bei Projekten, die innerhalb eines Unternehmens ausgeführt werden (interne Projekte) stehen sich Auftraggeber und Arbeitnehmer gegenüber. Auftraggeber ist z. B. die Geschäftsleitung bzw. ein Unternehmensbereich. Auftragnehmer ist das Projektteam, das unter Führung der Projektleitung das Projekt bearbeitet.

Entwerfen des Lösungskonzepts

Auf Grundlage der vorliegenden Projektziele und der Anforderungen an das Projektergebnis entwickelt das Projektteam (Auftragnehmer) eine oder mehrere Lösungen auf Entwurfsebene.

Beispiele
- *Darstellung des Marketingkonzepts zur Steigerung der Umsatzzahlen*
- *Raum- und Ablaufpläne für die Feierlichkeiten im Rahmen des Unternehmensjubiläums*
- *technische Realisierungsmöglichkeiten für das elektronische Zeiterfassungssystem*
- *mögliche Bestandteile des Konzepts zur Verbesserung des Gesundheitsmanagements*

Der Entwurf eines Lösungskonzepts wird zu diesem Zeitpunkt aus zwei Gründen vorgenommen:

- Der Auftraggeber bekommt eine konkrete Vorstellung vom Projektergebnis und kann an dieser Stelle noch Änderungswünsche anmelden.
- Der Auftragnehmer kann aus dem Entwurf die Projektplanung ableiten.

In der Praxis wird dieser Entwurf gemeinsam mit der gesamten Projektplanung in Form eines verbindlichen Angebots an den Auftraggeber geschickt. Dieses Lösungskonzept und die Projektplanung sind die Hauptinhalte des sogenannten Pflichtenheftes nach DIN 69901.

3.4 Analysieren der Durchführbarkeit

Ob ein Problem überhaupt durch ein Projekt gelöst werden soll, hängt von den verantwortlichen Entscheidungsträgern im Unternehmen ab. Entscheidungskriterien sind dabei vor allem:

- **Machbarkeit:** Das Projekt muss tatsächlich realisierbar sein.
- **Projektrisiken:** Alle Projektrisiken, z. B. technische, personelle, planerische, vertragliche oder politische Risiken, müssen abschätzbar und begrenzt sein.
- **Wirtschaftlichkeit:** Aufwand und Erfolg müssen in einem angemessenen Verhältnis stehen.

Gibt es alternative Problemlösungsmöglichkeiten neben dem Projekt, so muss eine fundierte Entscheidung für eine Lösungsalternative getroffen werden. Nicht immer ist das Projekt die ideale Problemlösung, denn es ist aufwendig und verursacht hohe Kosten.

Grobplanungen und Vorstudien

Bei kleineren Projekten wird eine Entscheidung zur Projektdurchführung häufig sehr früh getroffen. Bei größeren Projekten beschaffen sich die Entscheidungsträger in der Regel zunächst fundierte Informationen, bevor sie sich für ein Projekt entscheiden. Oft ist es erforderlich, umfangreiche Planungskonzepte zu entwickeln, um Aussagen über Kosten und Nutzen des Projekts zu erhalten. Dazu greift der zukünftige Projektleiter auf Experten zurück, um in einer groben Projektplanung vorrangig Projektkosten zu schätzen und Meilensteine zu benennen. Umfangreiche Grobplanungen, die die Grundlage der Entscheidung zur Projektdurchführung darstellen, nennt man **Vorstudien**. Diese können ebenfalls in Form eines Projektes entwickelt werden.

3.5 Formulieren des Projektauftrags

Der Projektauftrag enthält die Vereinbarungen zwischen Auftraggeber und Auftragnehmer zur Durchführung eines Projekts. Projektaufträge werden stets schriftlich abgefasst, da neben Gründen der Nachweisbarkeit schriftliche Dokumente weniger Raum für Missverständnisse lassen als mündliche Vereinbarungen. Bis ein Projektauftrag fertig unterschrieben ist, vergeht meist viel Zeit, denn Auftraggeber und Auftragnehmer müssen häufig aus unklaren Vorstellungen einen präzisen Auftrag herausarbeiten. In der Praxis wird ein Projektauftrag gewöhnlich erst dann erteilt, wenn mindestens eine grobe Projektplanung vorliegt, aus der alle wichtigen Termine und die Projektkosten hervorgehen.

Die Vorlage für einen Projektauftrag ist meist ein standardisiertes Formular, das die wichtigsten Eckdaten des Projekts in übersichtlicher Form enthält. Typischerweise enthält es folgende Angaben:

- Projektname: Jedes Projekt bekommt einen eigenen Namen
- Projektleiter: Name der für das gesamte Projekt verantwortlichen Person
- Projektanlass: zusammengefasste Ergebnisse der Problemanalyse
- Projektziele: Hauptziele des Projekts (Detailanforderungen an das Projektergebnis werden in eine Anlage ausgelagert.)
- Projektbudget: Geldbetrag, der für das Projekt zur Verfügung steht
- Randbedingungen: alle Bedingungen, die bei der Projektdurchführung beachtet werden müssen (z. B. Gesetze, einzuhaltende Zeiten usw.)
- Termine und Meilensteine: Meilensteinergebnisse, -termine und Abgabetermin
- Unterschriften: Auftraggeber und -nehmer unterzeichnen den Projektauftrag

3.6 Die Projektorganisation

3.6.1 Projektleitung

Gewöhnlich trägt der Projektleiter allein die Verantwortung für das Erreichen der Projektziele. Deshalb muss er mit entsprechenden Befugnissen ausgestattet werden. So entscheidet der Projektleiter in Abstimmung mit der Unternehmensleitung über die Auswahl des Projektteams und die Verteilung des Budgets. Nicht selten gibt es dabei Konflikte mit anderen Projekten, die parallel von der Geschäftsleitung angestoßen werden, was häufig zu einem „Kampf um Ressourcen" führt. Der Projektleiter hat allen Mitarbeitern gegenüber Weisungskompetenz und Anspruch auf alle projektrelevanten Informationen. Im Zweifelsfall liegt die letzte Entscheidung bei ihm. Dementsprechend werden an den Projektleiter hohe Anforderungen in fachlicher, methodischer wie auch sozialer Hinsicht gestellt. Die Hauptaufgaben des Projektleiters sind:

- Abstimmung der Projektziele im Rahmen des Projektauftrags mit dem Auftraggeber
- Zusammenstellung des Projektteams
- Organisation der Infrastruktur (siehe unten)
- Leitung des Planungsprozesses bzw. eine eigene Planung des Projektverlaufs
- Steuerung und Kontrolle des gesamten Projektverlaufs
- Führung der Projektmitarbeiter
- gelegentliche Mitarbeit in Teilbereichen
- Sicherstellung des Informationsflusses unter den Projektmitarbeitern
- Kontakt zum Auftraggeber
- Präsentation des Projektergebnisses
- Sicherstellung einer erforderlichen Dokumentation einschließlich Abschlussbericht

3.6.2 Projektteam

Erfolgreiche Teamarbeit ist eine Grundvoraussetzung für das Gelingen eines Projekts. Um ein erfolgreiches Projektteam zusammenzustellen, führt der Projektleiter im Idealfall zunächst Gespräche mit den entsprechenden Mitarbeitern und deren Vorgesetzten zu folgenden Fragen:

- Sind die Mitarbeiter angemessen qualifiziert?
- In welchem Umfang sind zusätzliche Qualifikationsmaßnahmen erforderlich?
- Müssen bestimmte Spezialisten in bestimmten Projektphasen eingeplant werden?
- Wie sieht es mit der Motivation der Mitarbeiter aus?
- Sind die Mitarbeiter im Projektzeitraum tatsächlich verfügbar (Urlaub, Anforderungen aus anderen Abteilungen, Fortbildungen usw.)?
- Verstehen sich die Mitarbeiter untereinander?

3.6.3 Projektinfrastruktur

Hinsichtlich der Infrastruktur unterscheidet man Räumlichkeiten, Arbeitsmittel und Dienstleistungen:

- **Räumlichkeiten:** Büros, Arbeits- und Konferenzräume und ein Sekretariat. Diese sind zu prüfen auf Eignung hinsichtlich Größe, Lage, Verfügbarkeit und technischer Anbindung (Anschlüsse für Telefon, Telefax, Internet, Netzwerk).

- **Arbeitsmittel:** Computer, ggf. vernetzt, in ausreichender Anzahl mit erforderlichen Leistungsmerkmalen und erforderlicher Software, Scanner, Drucker, CD-Brenner, Kopierer, Telefone und Faxgeräte, Moderationsmaterial (Flipcharts, Stifte, Pinnwände, Karten, Whiteboard usw.).

- **Dienstleistungen:** Dienstleistungen des Sekretariats oder anderer Unternehmenseinheiten, z. B. Dokumentationsstelle.

3.6.4 Projektinformationssystem

Ein Kernproblem vieler Projekte ist das der Informationsweitergabe bzw. -beschaffung. Viele Projektmitarbeiter werden unabsichtlich über wichtige Entscheidungen nicht informiert, andererseits wissen diese häufig nicht, wen sie wann worüber informieren sollen. Zu diesem Zweck wird ein Projektinformationssystem eingerichtet.

Leitfrage: Wer informiert wen wann wie worüber?

Mithilfe folgender Techniken und entsprechender Vereinbarungen über deren Nutzung kann der Informationsfluss optimiert werden:

- **Projektordner/Dateiablage:** Diese werden zu Projektbeginn in Verantwortung des Projektleiters angelegt und dienen der gesamten Projektdokumentation, d. h. der schriftlichen Erfassung des Projektprozesses und der Produktentstehung.
- **E-Mail:** Diese wird als das wichtigste Element eines Projektinfomationssystems angesehen. Dabei sollte ein standardisiertes E-Mail-Formular gewährleisten, dass alle grundsätzlich relevanten Informationen enthalten sind. Damit der Absender die Kenntnisnahme der E-Mail kontrollieren kann, sollte er vom Adressaten eine Empfangsbestätigung verlangen, denn eine nicht gelesene Mail hat keinen Nutzen.
- **Intranet**: In diesem hauseigenen Medium können Info-Plattformen eingerichtet werden, auf die alle bzw. entsprechend befugte Projektmitarbeiter Zugriff haben. Dieses Medium kann als eine Art „virtueller Projektordner“ betrachtet werden.
- **Teambesprechungen**: Diese stellen sicher, dass die Mitarbeiter der verschiedenen Bereiche regelmäßig über Entwicklungen in anderen Teilbereichen des Projekts informiert sind.
- **Review** (engl.: Nachprüfung): In solchen Veranstaltungen informieren alle Projektmitarbeiter das gesamte Projektteam über ihre Zwischenergebnisse. Die Anwesenheit ist i. d. R. Pflicht und wird dokumentiert. Die Effizienz von Reviews kann gesteigert werden, wenn sie von Experten begleitet werden.

Die einzelnen Techniken sind jedoch völlig nutzlos, wenn es kein für alle transparentes und einfaches **Regelsystem** gibt. Beispielsweise kann die Regel formuliert werden, dass Änderungen am Zeitplan an alle Mitarbeiter des Projektes per E-Mail weitergegeben werden müssen.

3.7 Kick-off-Meeting

Das Kick-off-Meeting ist die erste gemeinsame Sitzung des gesamten Projektteams nach Erteilung des Projektauftrags. Sinn dieses Meetings ist es, die Projektmitarbeiter mit den Bedingungen des Projektes vertraut zu machen und diesen die Möglichkeit zu geben, sich in das Team einzubringen. Die inhaltliche Arbeit soll dabei eher im Hintergrund stehen.

Üblicherweise verfolgt ein Kick-off-Meeting die im Folgenden aufgeführten Ziele:

- **Gleicher Informationsstand**
  Der Projektleiter informiert alle Teammitglieder über:
  - Auftraggeber und dessen Bedeutung für das Unternehmen
  - Projektauftrag, Projektziele und Projektaufgaben
  - Projektorganisation
  - wichtige Meilensteine
  - Vorgehensweisen, Methoden oder den Einsatz von Werkzeugen

- **Kennenlernen der Projektmitglieder untereinander**
  Da alle Beteiligten in nächster Zukunft eng zusammenarbeiten sollen, ist es sinnvoll, dass sich die Teammitglieder kennen. Falls dies noch nicht der Fall ist, ist es sinnvoll, dass sich die Projektmitarbeiter untereinander vorstellen. Das kann beispielsweise geschehen, indem sich jeweils zwei Mitarbeiter gegenseitig befragen und anschließend den jeweils anderen vorstellen. Später werden sich die Projektmitglieder intensiver im Rahmen der gemeinsamen Arbeit kennenlernen.

- **Rolle und Erwartungen der einzelnen Teammitglieder**
  In diesem Zusammenhang sollten die Teammitglieder sowohl ihre Fachkenntnisse und Erfahrungen in Projektarbeit einerseits, als auch ihre Erwartungen und Wünsche hinsichtlich des Projektverlaufs andererseits mitteilen.

- **Vereinbaren von Spielregeln**
  Für die Zusammenarbeit eines Teams sollten stets gemeinsam Spielregeln formuliert werden, die anschließend schriftlich festgehalten werden. An dieser Stelle können sich zuvor geäußerte Erwartungen von Teammitgliedern in konkreten Regeln niederschlagen und vom gesamten Team verabschiedet werden. Sie sind dann verbindlicher Verhaltensmaßstab für dieses Projekt.

  Das können etwa Regeln zum Ablauf von Besprechungen sein, z.B. die Einhaltung einer Rednerliste, damit kein Beitrag übergangen wird, aber auch Regeln zum Konfliktmanagement oder Regeln der Weiterleitung von Informationen oder Arbeitsergebnissen.

- **Verteilung von Aufgaben und Qualifizierungsmaßnahmen**
  Sofern eine Grobplanung des Projekts vorliegt, kann an dieser Stelle bereits die Zuordnung konkreter Aufgaben oder grober Aufgabenbereiche zu den einzelnen Projektmitgliedern bzw. Teilteams erfolgen. Dabei sollte sich der Projektleiter an der Qualifikation und den Interessen der Projektmitglieder orientieren.

  In diesem Zusammenhang sind ergänzende Schulungsmaßnahmen zur Qualifizierung der Mitarbeiter mit den betreffenden Projektmitarbeitern zu diskutieren oder zu vereinbaren, sofern solche für die Bearbeitung des Projektes erforderlich sind.

3.8 Praxisfall 10-jähriges Unternehmensjubiläum

Im nächsten Jahr besteht die Duisdorfer BüroKonzept KG seit zehn Jahren. Dieses Jubiläum möchte die Geschäftsführung zur öffentlichkeitswirksamen Präsentation des Unternehmens nutzen. In unterschiedlichen Aktionen sollen als Zielgruppen Kunden, Lieferanten, Kooperationspartner, Familien der Mitarbeiter und die interessierten Anlieger im regionalen Umfeld angesprochen werden. Möglichst viele Unternehmensbereiche sind an der Gestaltung der

Jubiläumsaktivitäten zu beteiligen. Die im Leitbild akzentuierte Unternehmensphilosophie der BüroKonzept KG soll im Rahmen der Jubiläumsaktivitäten zum Ausdruck gebracht werden.

Die beiden geschäftsführenden Gesellschafter Sebastian Falo und Katharina Niester treffen sich zur Vorbereitung des Jubiläums zu einer moderierten Sitzung. Die Ergebnisse zum Tagesordnungspunkt „Welche Einzelaktionen sollen im Rahmen des Jubiläums durchgeführt werden?" wurden auf einem Plakat dokumentiert:

Projektskizze
Welche Einzelaktionen sollen im Rahmen des Jubiläums durchgeführt werden?

Nr.	Aktionen	Bemerkungen
1	Jubiläums-Event 1. Tag: Geschlossener Teilnehmerkreis (geladene Gäste) mit Bewirtung (Kunden, Lieferanten, Mitarbeiter, Kooperationspartner, auch Vertreter der Verbände) 2. Tag: Familienangehörige der Mitarbeiter und interessierte Öffentlichkeit (Bewirtung, Tombola, Luftballonwettbewerb und weitere Attraktionen für Kinder, Besichtigung der Produktionsanlagen, Videoshow zur Unternehmensgeschichte)	Offizielle Reden, Produktausstellung mit Jubiläumskonditionen Ausstellung mit Verkauf von Ausstellungsstücken und besonderen Angeboten für den Endverbraucher
2	Jubiläumsangebote für Kunden	In- und Ausland Umsatzziel: 200.000,00 €
3	Jubiläumsseiten auf der Homepage	Geschichte und Leitbild des Unternehmens
4	Publikationen in Tageszeitungen und Verbandszeitschriften	Anzeigen und redaktioneller Teil
5	Infostand zum Thema Ökologie	Jubiläums-Event
6	Infostand zum Thema Qualität	Jubiläums-Event
7	Aktion „Wir suchen Auszubildende"	Jubiläums-Event (Auszubildende mit einbeziehen)
8	Infostand „Duisdorfer BüroKonzept KG – Unser Leitbild"	Jubiläums-Event (Bezüge zu Geschäftsprozessen)
9	Aktion „Wir in der Duisdorfer BüroKonzept KG"	Jubiläums-Event (Personalabteilung und Betriebsrat)

Als Termin für die Aktionen auf dem Unternehmensgelände wurde das 3. Wochenende im Mai vereinbart. Die Terminierung der übrigen Aktionen sollen die betroffenen Unternehmensbereiche entscheiden. Sie müssen allerdings im Zeitraum von drei Wochen vor und zwei Wochen nach dem Jubiläums-Event stattfinden. Für die Gestaltung der Jubiläumsaktivitäten stellt die Geschäftsleitung ein Budget in Höhe von 35.000,00 € zur Verfügung. Die aufgewendeten Mitarbeiterstunden müssen dokumentiert werden und dürfen 500 Stunden nicht übersteigen.

Am Ende der Sitzung macht Herr Falo deutlich, dass das Unternehmensjubiläum nach seiner Einschätzung einen großen Vorbereitungs- und Koordinationsaufwand mit sich bringen wird: „Das wird alles nicht so einfach neben dem Tagesgeschäft zu bewerkstelligen sein. Ich schlage vor, wir denken über die Einrichtung eines Projekts nach."

Die Prüfung, ob das Jubiläum die Kriterien für ein Projekt erfüllt, kam zu einem eindeutig positiven Ergebnis.

Merkmal	erfüllt?	Begründung
Einmaligkeit der Bedingungen in ihrer Gesamtheit	ja	Das 10-jährige Jubiläum ist ein einmaliger Anlass, der in der Unternehmensgeschichte noch nicht stattgefunden hat.
Zielvorgabe	ja	Das Projekt „Unternehmensjubiläum" hat zum Ziel, die Jubiläumsaktivitäten zu planen und durchzuführen.
Zeitliche, personelle, finanzielle Begrenzung	ja	Die Geschäftsleitung stellt für das Jubiläum ein Budget in Höhe von 35.000,00 € zur Verfügung. Die Hausmesse findet am 3. Wochenende im Mai statt. Alle Jubiläumsaktionen sind für den Zeitraum drei Wochen vor und zwei Wochen nach der Hausmesse vorgesehen. Der Mitarbeiteraufwand im Projektteam darf 500 Stunden nicht übersteigen.
Abgrenzung von anderen Vorhaben	ja	Im Projekt sind nur jubiläumsspezifische Aufgaben zu realisieren. Das Projektergebnis ist klar definiert.
Projektspezifische Organisation	ja	Das Projekt erhält eine spezifische Organisation mit eigenem Informationssystem und zu vereinbarenden Arbeits- und Kommunikationsstrukturen.
Komplexität	ja	Das Projekt „Unternehmensjubiläum" weist einen komplexen Zusammenhang der einzelnen Aktivitäten auf. So sind unterschiedliche Aktionen mit teilweise unterschiedlichen Zielgruppen zu unterschiedlichen Zeiten mit unterschiedlichen Rahmenbedingungen zu koordinieren.
Aufwand	ja	Der personelle Aufwand ist so groß, dass sich die einzelnen Tätigkeiten nicht ohne eigene Projektstruktur neben den Routinetätigkeiten der einzelnen Mitarbeiter realisieren lassen.
Fachübergreifender Charakter	ja	Am Projekt sind die unterschiedlichen Unternehmensbereiche und die Geschäftsleitung sowie Projektmitarbeiter mit spezifischen, voneinander unterschiedlichen Qualifikationen beteiligt und erforderlich.
Teamarbeit	ja	Die Projektergebnisse können nur im Austausch und im Zusammenwirken der am Projekt beteiligten Mitarbeiter erzielt werden.

Alle bisherigen Überlegungen und die getroffenen Vereinbarungen wurden im **Projektauftrag** schriftlich fixiert.

Web

Projektauftrag[1]	
Projektname	10-jähriges Unternehmensjubiläum
Projektleiter/in	Anastasija Dmitrijew
Projektanlass	Die Duisdorfer BüroKonzept KG möchte sich aus Anlass der 10-jährigen Unternehmensexistenz gegenüber Kunden, Lieferanten, Mitarbeitern, Kooperationspartnern, Familien der Mitarbeiter und der interessierten Öffentlichkeit in der Region in unterschiedlichen Aktionen präsentieren.
Projektziele: ▪ **Sachziel**	Planung, Koordination und Nachbereitung aller Aktionen (siehe Anforderungsliste) im Rahmen des Jubiläums ▪ Jubiläumsangebote für Kunden; Umsatzziel: 200.000,00 € ▪ Jubiläumsbezogene Informationen auf unserer Homepage ▪ Zweitägiges Jubiläums-Event am 2. Wochenende im Mai (der 1. Tag wird gezielt für Kunden, Lieferanten und Kooperationspartner als geschlossene Veranstaltung mit geladenen Gästen gestaltet, der 2. Tag ist für die Familien unserer Mitarbeiter und die interessierte Öffentlichkeit in der Region zu gestalten) ▪ Publikation von Unternehmensberichten in den regionalen Tageszeitungen und Verbandszeitschriften ▪ …
▪ **Kostenziel**	▪ maximal 500 Mitarbeiterstunden ▪ weitere Kosten: maximal 35.000,00 €
▪ **Terminziel**	Das Jubiläums-Event findet am 3. Wochenende im Mai 20.. statt. Alle weiteren Jubiläumsaktionen sind im Zeitraum drei Wochen vor und zwei Wochen nach diesem Wochenende durchzuführen.
Weitere Vereinbarungen	Das Projektteam darf die Infrastruktur des Unternehmens zur projektbezogenen Kommunikation nach eigenem Ermessen nutzen. Besprechungsräume stehen nach Terminabstimmung mit der Hausverwaltung ohne Kostenverrechnung zur Verfügung.
Auftrags-bedingungen	Das Grobkonzept für alle Jubiläumsaktivitäten ist bis Ende Januar des Jubiläumsjahres mit der Geschäftsleitung abzustimmen. Die Detailkonzepte aller Aktionen müssen mit der Geschäftsleitung mit einer Vorlaufzeit von mindestens sechs Wochen abgestimmt werden.
Termine und Meilensteine	▪ Präsentation des Grobkonzepts bis 15. Januar ▪ Änderungswünsche der Geschäftsleitung bis 31. Januar ▪ Präsentation und Abstimmung der Feinkonzepte der einzelnen Jubiläumsaktionen bis jeweils spätestens sechs Wochen vor Start der Aktion
Unterschriften	*Sebastian Falo* — Auftraggeber *Anastasija Dmitrijew* — Auftragnehmer

[1] *siehe FORM-Projektauftrag unter BuchPlusWeb*

Anforderungsliste als Anlage zum Projektauftrag
10-jähriges Unternehmensjubiläum

- Bei allen Aktionen muss die Unternehmensphilosophie unseres Unternehmens in angemessener Form zum Ausdruck kommen.
- An der Durchführung der Aktionen sind alle Unternehmensbereiche und möglichst viele Mitarbeiter zu beteiligen.
- Im Rahmen des Jubiläums-Events werden die Informationsstände und Aktionen zu den folgenden Themenbereichen installiert:
  - Ökologie in der Duisdorfer BüroKonzept KG
  - Qualität in der Duisdorfer BüroKonzept KG
  - Duisdorfer BüroKonzept KG – Unsere Märkte
  - Wir in der Duisdorfer BüroKonzept KG – Unsere Mitarbeiter
  - Wir suchen Auszubildende – Nachwuchsqualifizierung in der Duisdorfer BüroKonzept KG
- Im Rahmen des Jubiläumsevents soll eine Videoshow zur Unternehmensgeschichte der Duisdorfer BüroKonzept KG in einem abgeschirmten Raum mit Sitzplätzen permanent vorgeführt werden.
- Im Rahmen des Jubiläums-Events (2. Tag) sind Führungen durch die Geschäfts- und Produktionsräume zu organisieren.
- Für die Kunden soll im Rahmen des Jubiläums-Events eine Produktshow organisiert werden.
- Für die interessierte Öffentlichkeit sollen im Rahmen der Jubiläums-Events Ausstellungsstücke zu günstigen Konditionen angeboten werden.
- Am ersten Tag des Jubiläums-Events soll eine Bewirtung der Gäste auf gehobenem Niveau organisiert werden. Entsprechende Speisen und Getränke werden in angemessener Form angeboten.
- Der zweite Tag des Jubiläums-Events soll den Charakter eines Volksfestes widerspiegeln. Entsprechende Aktionen sind zu planen. Die Erwartungen von Kindern und Jugendlichen sind zu berücksichtigen. Das Außengelände ist in die Platzierung der Aktivitäten mit einzubeziehen.
- Einladungen für den zweiten Tag der Jubiläumsfeier erfolgen vor allem durch Jubiläumsanzeigen.
- Der Abbau der Stände soll am Tag nach dem Jubiläums-Event erfolgen.

Für die Mitarbeit im Projektteam wurden Dieter Lerch (Qualitätssicherung), Frank Thaler (Marktforschung), Udo Anderson (Beschaffung), Andrea Winter (Aus- und Weiterbildung), Mara Sommer (Vertrieb), Michael Bollig (Controlling) und Daniela Mettendorf als Auszubildende ausgewählt. Im Rahmen der eingerichteten Projektorganisation arbeiten die Teammitglieder nur zu einem Teil ihrer Arbeitszeit im Projekt und nehmen ihre Tätigkeiten an ihren normalen Arbeitsplätzen weiterhin wahr. Ihre fachlichen Anweisungen erhalten sie also sowohl von der Projektleiterin als auch von ihrem Vorgesetzten.

In einem Kick-Off-Meeting zum Abschluss der Definitionsphase haben sich die Projektmitarbeiter kennen gelernt und ihre Erwartungen an das Miteinander im Projekt geäußert. In regelmäßigen Arbeitssitzungen wird sich das Team montags in der Zeit von 10:00 bis 12:00 Uhr treffen. Weitere Sitzungen kann die Projektleiterin bedarfsorientiert einberufen. Der Projektauftrag liegt den Teammitgliedern vor.

Für das **Projektinformationssystem** werden die folgenden Vereinbarungen getroffen:

- Für die Dokumentation wird ein Projektordner als elektronische Ablage im Intranet organisiert. Auf diese Ablage haben die Projektleiterin, die Geschäftsführung, alle Abteilungsleiter und alle Mitglieder im Projektteam Zugriff.
- Der interne Schriftverkehr erfolgt per E-Mail. Die Projektleiterin ist stets in Kopie zu informieren.
- Jeden Montag findet ohne weitere Einladung in der Zeit von 10:00 bis 12:00 Uhr eine Teamsitzung in Raum E02 statt. An diesen Sitzungen nehmen die Projektleiterin und alle Mitglieder im Projektteam teil. Die Projektleiterin entscheidet in Abstimmung mit dem Projektteam über weitere Teilnehmer, die per E-Mail gesondert einzuladen sind.
- Jede Projektsitzung wird mit einem standardisierten Protokollformular dokumentiert und im Projektordner abgelegt.
- …

4 Phase der Projektplanung

LS 13.2

> Ein Mensch ohne Plan ist wie ein Schiff ohne Steuer.
> *Emil Oesch*

Tatsächlich kommt es in der Praxis immer wieder vor, dass unzureichend geplante Projekte nicht rechtzeitig fertig werden, den Kostenrahmen weit übersteigen und überdies ein qualitativ unbefriedigendes Projektergebnis hervorbringen. Häufig werden Projekte aus diesen Gründen auf halbem Wege abgebrochen und führen bei den Projektmitarbeitern zu Frustrationen aufgrund ihres unergiebigen Arbeitseinsatzes und des erlebten Misserfolgs. Dieses Problem lässt sich auf alle Arten von Projekten übertragen.

Merke:
Ohne eine zielorientierte, systematische und detaillierte Planung haben Projekte nur eine geringe Erfolgschance.

Unter Planung versteht man grundsätzlich die geistige Vorwegnahme zukünftigen Handelns. Das Planungsverständnis des Projektmanagements geht jedoch darüber hinaus, indem es den Planungsprozess in standardisierte Teilschritte zerlegt und bestimmten Spielregeln unterwirft. Diese Methode wird im folgenden Abschnitt vorgestellt.

4.1 Aufgaben in der Phase der Projektplanung

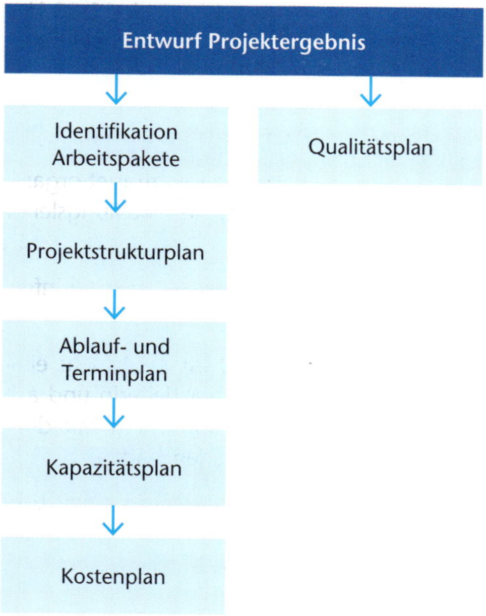

Im Projektmanagement wird die Planung in sechs systematisch aufeinander aufbauenden Schritten vollzogen.

Dabei ist die Planung am Ende der Planungsphase nicht endgültig abgeschlossen, sondern zieht sich als dynamischer Prozess durch das gesamte Projekt. Denn veränderte Bedingungen im Projekt, neue Erkenntnisse, der im Laufe des Projekts immer bessere Informationsstand oder einfach Abweichungen von den Plandaten erfordern eine ständige Anpassung der existierenden Planung. Spezielle Software-Tools zur Projektplanung unterstützen dabei sowohl die eigentliche Projektplanung als auch die spätere Steuerung und Kontrolle des Projektverlaufs in der Phase der Projektrealisierung.

4.2 Identifizierung der Arbeitspakete

Am Anfang der Planungsphase werden alle erforderlichen Aktivitäten zur Erstellung des Projektergebnisses (ggf. mithilfe von Experten) in einer Aktivitätenliste gesammelt und anschließend zu sogenannten Arbeitspaketen zusammengefasst. Diese zerlegen das Projekt in handhabbare Portionen und können als **Projekt im Projekt** verstanden werden. Arbeitspakete sind die kleinste ausgewiesene Einheit der Projektplanung. Die Zerlegung eines Projekts in zweckmäßige Arbeitspakete ist für den Projekterfolg von höchster Wichtigkeit, deswegen gilt für die Arbeitspaketentwicklung folgender Regelkatalog:

Checkliste: Regeln der Arbeitspaketentwicklung

- Für jedes Arbeitspaket wird eine ausführliche Arbeitspaketbeschreibung auf dem Formblatt Arbeitspaketbeschreibung erstellt.
- Für jedes Arbeitspaket gibt es einen Verantwortlichen.
- Jedes Arbeitspaket ist
  - in sich abgeschlossen,
  - in sich steuer- und kontrollierbar,
  - in Art und Umfang übersichtlich (nicht zu groß und nicht zu klein).
- Das Ergebnis des Arbeitspakets ist präzise beschrieben und von den Ergebnissen anderer Arbeitspakete klar abgrenzbar.
- Jede Tätigkeit im Projekt kann genau einem Arbeitspaket zugeordnet werden.
- Extern vergebene Aufgaben sind als Arbeitspakete zu definieren.
- Jedes Arbeitspaket erhält eine aussagefähige Arbeitspaketbezeichnung.

In der anschließenden Projektplanung sind diese Arbeitspakete Grundlage

- einer systematischen und überschaubaren Gliederung des gesamten Projekts (Projektstrukturplan),
- der Ermittlung von logischen Abhängigkeiten zwischen den einzelnen Arbeitspaketen (Projektablaufplan) sowie der Zuordnung einer Laufzeit und eines Abschlusstermins (Terminplan),
- der Zuordnung erforderlicher personeller und sachlicher Ressourcen (Kapazitätsplan),
- der Ermittlung der Projektkosten (Kostenplan).

4.3 Projektstrukturplan

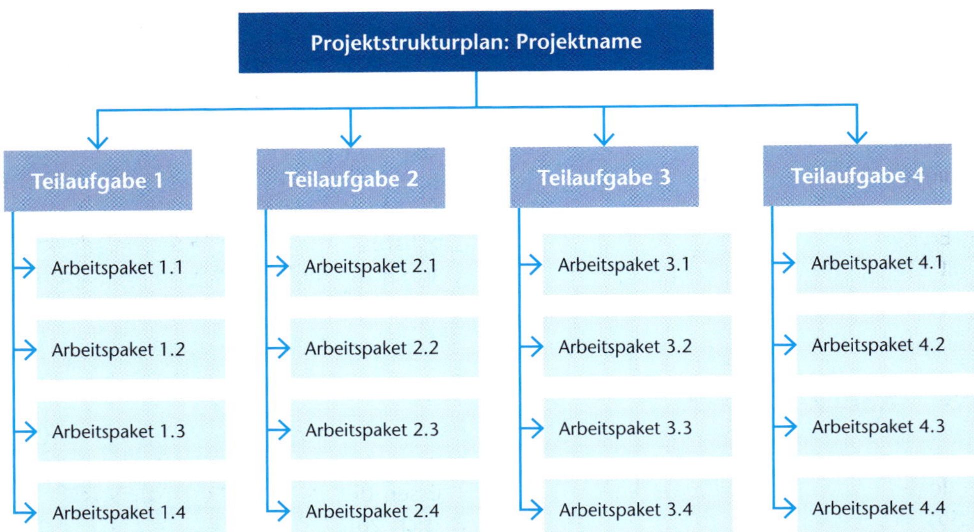

Der Projektstrukturplan (PSP) als Baumdiagramm hat die Aufgabe, komplexe Projektstrukturen übersichtlich und hierarchisch geordnet darzustellen. Auf einen Blick lassen sich alle Arbeitspakete des Projekts erfassen und einordnen, was die Kommunikation im Projektteam erheblich erleichtert.

Dazu werden alle ermittelten Arbeitspakete zweckmäßigen Oberbegriffen zugeordnet, ggf. mit einer Nummerierung (Codierung) versehen und in grafischer Form dargestellt.

Auf der obersten Ebene des Projektstrukturplans steht der Projektname. Die zweite Ebene gibt die Oberbegriffe an, die zugleich Teilprojekte darstellen können. In der dritten Ebene finden sich dann die den Oberbegriffen zugeordneten einzelnen Arbeitspakete.

Im Projektstrukturplan sind grundsätzlich zwei Gliederungsprinzipien möglich:

- **Objektorientierte Gliederung:** Hier stellen die Arbeitspakete und deren Oberbegriffe konkrete Gegenstände bzw. Arbeitsergebnisse dar. Die objektorientierte Gliederung findet man häufig bei Projekten im Anlagenbau.
- **Funktionsorientierte Gliederung:** Hier werden die Arbeitspakete und Oberbegriffe als Aufgabe bzw. Maßnahme benannt. Dieses Prinzip bietet sich immer dann an, wenn es sich um abstrakte Projekte handelt, deren Teilergebnisse schwer vorstellbar sind bzw. keine materiellen Gegenstände darstellen, z. B. die Entwicklung eines Warenwirtschaftssystems.

Für die Darstellung eines Projektstrukturplans kann z. B. das Präsentationsprogramm MS PowerPoint genutzt werden.

4.4 Projektablaufplan und Terminplan

Die Aufgabe des Zeitplans (Ablauf- und Terminplan) ist es, dem Projektverlauf eine zeitliche Komponente hinzuzufügen, wobei der Ablaufplan die Dauer und die zeitliche Staffelung der einzelnen Arbeitspakete festlegt und der Terminplan dem Projektverlauf konkrete Kalendertermine zuweist. Ablauf- und Terminplan werden häufig als **Balkendiagramm** dargestellt.

Die ermittelten Arbeitspakete werden dazu um zwei Aspekte ergänzt:

1. Es werden die logischen Abhängigkeiten zwischen den einzelnen Arbeitspaketen ermittelt. Hierbei wird die Frage beantwortet, welche Arbeitspakete zwingend abgeschlossen sein müssen, bevor die folgenden Arbeitspakete begonnen werden können, bzw. welche Arbeitspakete parallel bearbeitet werden können.
2. Für jedes Arbeitspaket wird eine **Dauer** ermittelt, die als Grundlage für die Terminplanung dient.

Als Ergebnis dieser Überlegungen wird eine **Vorgangsliste** – meist in Form einer Tabelle – erstellt. Sie ist verbindliche Grundlage für die Erstellung sämtlicher Projektablauf- und Terminpläne.

4.5 Kapazitätsplan

Um die in den bisherigen Planungsschritten definierten Vorgänge mit ihren logischen und zeitlichen Abhängigkeiten realisieren zu können, müssen die erforderlichen **Ressourcen** zur Verfügung gestellt werden. Die Ressourcen setzen sich zusammen aus Personen mit bestimmten Qualifikationen (z. B. Programmierer, Netzwerkspezialisten, Projektleiter, Trainer) und aus Sachmitteln (z. B. Personalcomputer mit entsprechender Software, Telekommunikationsmittel, Besprechungsräume und Fahrzeuge). Die Kapazitätsplanung war dann erfolgreich, wenn die erforderlichen Ressourcen in der Projektdurchführung

- in der richtigen Art und Qualität,
- in der richtigen Menge,
- zur richtigen Zeit,
- am richtigen Ort

bereitstehen.

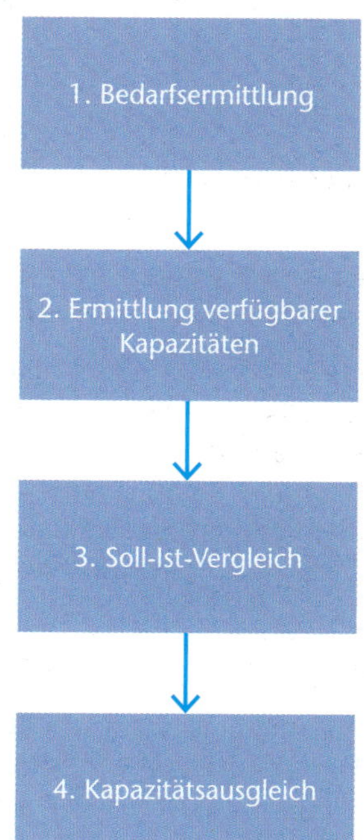

Die Kapazitätsplanung erfolgt in vier Schritten.

In einem ersten Schritt wird mithilfe der vorliegenden Arbeitspakete ermittelt, welche Personen und Sachmittel zu welchem Zeitpunkt an welchem Ort benötigt werden. Je detaillierter die Arbeitspakete beschrieben sind, desto einfacher ist dieser Schritt der Kapazitätsplanung. Die Zusammenfassung der erforderlichen Ressourcen aller Arbeitspakete führt zu den benötigten Ressourcen des gesamten Projekts. Häufig werden in diesem Zusammenhang **Kapazitätsgruppen** gebildet. Zum Beispiel könnte eine Kapazitätsgruppe Programmierer gebildet werden, in der alle Mitarbeiter derart qualifiziert sind, dass sie sich gegenseitig vertreten können. In einem zweiten Schritt werden die tatsächlich verfügbaren Kapazitäten ermittelt. Auch wenn im Unternehmen oder der Projektgruppe grundsätzlich genügend Programmierer vorhanden sind, führen bereits geplante Abwesenheiten, etwa durch Urlaub oder durch Weiterbildungsmaßnahmen, zur Reduzierung der Verfügbarkeit. Auch können erforderliche Qualifikationen nicht gegeben sein, wenn der Kunde die Anwendung einer Programmiersprache wünscht, die bisher im Unternehmen noch nicht genutzt wurde. So kommt es in einem dritten Schritt zum Vergleich der für das Gesamtprojekt benötigten Ressourcen einerseits mit den tatsächlich verfügbaren Ressourcen andererseits, der in der Regel Abweichungen zwischen beiden Größen deutlich macht. Im **Kapazitätsausgleich** als viertem Schritt wird ein Kompromiss zwischen der vorhandenen Istkapazität und der geforderten Sollkapazität gesucht. Als Ausgleichsmaßnahmen im Rahmen gegebener Pufferzeiten können Vorgänge

- zeitlich verschoben werden,
- verlängert werden, sodass zur selben Zeit weniger Ressourcen benötigt werden,
- geteilt werden, sodass die Teilvorgänge in Zeiten ausgeführt werden, in denen die Kapazität zur Verfügung steht.

In diesem Zusammenhang kann der Projektleiter entscheiden, ob es sinnvoll bzw. erforderlich ist, den Projektmitarbeitern fehlende Qualifikationen, z. B. durch Schulungen, zu vermitteln.

4.6 Kostenplan

Mit der Planung der Projektkosten werden drei Ziele verfolgt:

1. Ermittlung des gesamten Projektbudgets vor Projektbeginn
2. Kalkulation eines Angebots bei externen Projekten
3. Überwachung von Projektkosten

Diesem Verfahren (bottom-up = von unten nach oben) liegt der Projektstrukturplan mit all seinen Arbeitspaketen zugrunde. Dabei werden die Kosten eines jeden Arbeitspaketes geschätzt und am Ende addiert. Eine besondere Rolle spielt dabei die Anwendung von **Verrechnungssätzen**. Soll etwa ermittelt werden, wie viel die Einsatzstunde eines kaufmännischen Mitarbeiters kostet, so müssen alle Kostenbestandteile erfasst werden, die mit seiner Arbeit verbunden sind. Das sind neben seinem Gehalt auch die Lohnnebenkosten (z. B. der Arbeitgeberanteil für Sozialversicherungen), sein Büro mit Möbeln und Bürogeräten aller Art (Miete und Abschreibungen), Schulungskosten, Kosten durch Nutzung von Dienstfahrzeugen usw. Alle Kosten werden anteilig auf eine Leistungseinheit (z. B. Stunde) bezogen und in einem Verrechnungssatz zusammengefasst.

Es müssen aber auch anteilig die Kosten berücksichtigt werden, die auf den ersten Blick mit der Leistung dieses Mitarbeiters gar nicht in Verbindung stehen, wie z. B. Verwaltungs- oder Vertriebskosten. Für unterschiedliche Arten von Mitarbeitern werden entsprechend der Kosten, die sie verursachen, unterschiedliche Verrechnungssätze ermittelt. Je nachdem, wie viele Stunden die einzelnen Gruppen von Mitarbeitern mit ihren spezifischen Verrechnungssätzen in einem Arbeitspaket tätig sind, lassen sich diese Kosten je Arbeitspaket hochrechnen. Dazu kommen die Kosten für Rohstoffe bzw. Halb- oder Fertigteile, die in das Projektprodukt eingehen (z. B. Stahl beim Schiffbau).

4.7 Qualitätsplan

Leitfrage der Qualitätssicherung: Wann macht wer was wie, um die Qualität zu garantieren?

Unter Qualität versteht man im Projektmanagement die Erfüllung vereinbarter Anforderungen an Teilprodukte und an das Endprodukt. Darüber hinaus soll das Projektergebnis den Erwartungen des Auftraggebers genügen. Zu diesem Zweck wird ein Qualitätsplan entwickelt, welcher im Kern folgendermaßen aufgebaut ist:

- **Formulierung von Qualitätszielen**
  Qualitätsziele können identisch mit Projektzielen aus dem Lastenheft sein oder daraus abgeleitet werden. Es ist zweckmäßig, die Erwartungen und Anforderungen des Auftragnehmers mit ihm gemeinsam in Qualitätsziele umzusetzen.

  Beispiel
  Projekt „Entwicklung von Regenkleidung": Atmungsaktivität des Innen- und Außenmaterials

- **Benennung der Qualitätskriterien**
  In einem zweiten Schritt müssen solche Qualitätsziele an konkreten und messbaren Kriterien festgemacht werden. So kann man später überprüfen, ob diese Ziele tatsächlich erreicht wurden.

  Beispiel
  Projekt „Entwicklung von Regenkleidung": Wasserdampfdurchlässigkeit von 10 000 g/m^2/24 h

- **Wege zur Erreichung des Qualitätsziels**
  Nun wird geplant, wann welche Maßnahmen durch wen erfolgen sollen, um diese Ziele zu erreichen.

  Beispiel
  Projekt „Entwicklung von Regenkleidung": Spezielle Verfahren der Materialbeschaffung durch die Einkaufsabteilung, z. B. Einkauf von mindestens drei Materialvarianten, welche bereits durch unabhängige Institute getestet worden sind.

- **Qualitätskontrolle**
  Schließlich wird genau festgelegt, wann wer mit welchen Maßnahmen welche Ergebnisse prüft.

  Beispiel
  Projekt „Entwicklung von Regenkleidung": Hauseigene Dauertests von Halbfertigprodukten und vernähten Fertigprodukten im Labor sowie in realen Outdoor-Tests durch bestimmte Testpersonen vor der Weiterverarbeitung.

Solche Qualitätspläne können durch projektübergreifende und standardisierte Maßnahmen der Qualitätssicherung ergänzt werden. Diese betreffen den gesamten Verfahrensablauf im Betrieb bzw. im Projekt des Auftragnehmers. Hier können beispielsweise Anforderungen an das Verfahren der Auftragsgestaltung oder Projektplanung festgelegt werden. Im Rahmen der ISO 9000ff. (Normen zur Qualitätssicherung betrieblicher Abläufe) kann sich jeder Betrieb zertifizieren lassen. Dieses Zertifikat garantiert zwar noch keine gute Qualität, aber es weist nach, dass der Betrieb die Rahmenbedingungen für gute Qualität geschaffen hat.

4.8 Praxisfall 10-jähriges Unternehmensjubiläum

Die Geschäftsleitung der Duisdorfer BüroKonzept KG und die Projektleiterin Frau Dmitrijew haben sich auf die Durchführung des internen Projekts „10-jähriges Unternehmensjubiläum" verständigt und einen entsprechenden Projektauftrag formuliert. Nun ist zu Beginn der Planungsphase zu bestimmen, was im Laufe des Projekts alles zu tun ist. Ergebnis dieser Überlegungen ist eine **Aktivitätenliste**. Das Team hat sich zu einer funktionsorientierten Benennung der Aktivitäten entschieden. Diese Art der Formulierung leistet einen Beitrag zur selbsterklärenden Benennung der einzelnen Aktivitäten.

Aktivitätenliste
Rahmenprogramm 1. Tag Jubiläums-Event bestimmen
Rahmenprogramm 2. Tag Jubiläums-Event bestimmen
Catering 1. Tag Jubiläums-Event bestimmen
Catering 2. Tag Jubiläums-Event bestimmen
Aktion „Jubiläumsangebote" planen
Aktion „Jubiläumsangebote" durchführen
Gästeliste für Jubiläums-Event aufstellen
Rednerliste 1. Tag Jubiläums-Event aufstellen
Gäste für Jubiläums-Event einladen
Artikel für die örtliche Presse verfassen
Platzierung der Artikel vereinbaren
Anzeigen schalten
Event-Management für 2. Tag Jubiläums-Event
Videoshow zur Unternehmensgeschichte planen und erstellen
Jubiläumsseiten auf der Homepage planen und gestalten
Infostand „Ökologie" planen und gestalten
Infostand „Qualität" planen und gestalten
Personaleinsatzplan für Jubiläums-Event erstellen
Wegweiser für Jubiläums-Event planen und gestalten
...

Aktivitätenliste im Projekt 10-jährigiges Unternehmensjubiläum

Anschließend leitet das Projektteam aus den einzelnen Aktivitäten die **Arbeitspakete** ab. Die hier aufgeführten Arbeitspakete enthalten neben den tätigkeitsorientierten (funktionsorientierten) Benennungen auch ergebnisorientierte (objektorientierte) Benennungen.

Arbeitspaket	verantwortlich
Zeitungsanzeigen gestalten und schalten	Anastasija Dmitrijew
Programmkoordination 1. Tag JE	Michael Bollig
Jubiläumsseiten Homepage	Anastasija Dmitrijew
Infostand „Ökologie"	Dieter Lerch
Infostand „Qualität"	Dieter Lerch
Auswahl und Auftrag Catering 1. Tag JE	Daniela Mettendorf
Führungen planen	Michael Bollig
Auswahl und Auftrag Catering 2. Tag JE	Daniela Mettendorf
Besucherfeedback 2. Tag JE	Frank Thaler
Videoshow „Unternehmensgeschichte"	Anastasija Dmitrijew
Aktion „Wir in der Duisdorfer BüroKonzept KG"	Andrea Winter
Sonderverkauf Ausstellungsstücke	Frank Thaler
Aktion „Wir suchen Auszubildende"	Andrea Winter
Jubiläumsseiten Homepage	Anastasija Dmitrijew
Infostand „Unsere Märkte"	Frank Thaler
Einladungen/Anzeigen für 2. Tag JE	Anastasija Dmitrijew
Planung der Jubiläumsangebote	Frank Thaler
Besucherprogramm 2. Tag	Michael Bollig
...	

Liste der Arbeitspakete im Projekt 10-jähriges Unternehmensjubiläum

In der nächsten Teambesprechung entwickelt das Projektteam den **Projektstrukturplan**. In diesem Zusammenhang entscheidet man sich, einige Arbeitspakete anders zu benennen bzw. teilweise neu zu strukturieren. In dieser Sitzung werden die Namen der einzelnen Arbeitspakete auf Moderationskarten geschrieben und vom Sitzungsmoderator in der gewählten Baumstruktur an eine Pinnwand geheftet. Abschließend werden die entstandenen Zweige mit einer geeigneten Überschrift versehen. Die Überschriften sind **keine** Arbeitspaketbezeichnungen. Später wird die Struktur mithilfe eines Grafikprogramms digitalisiert.

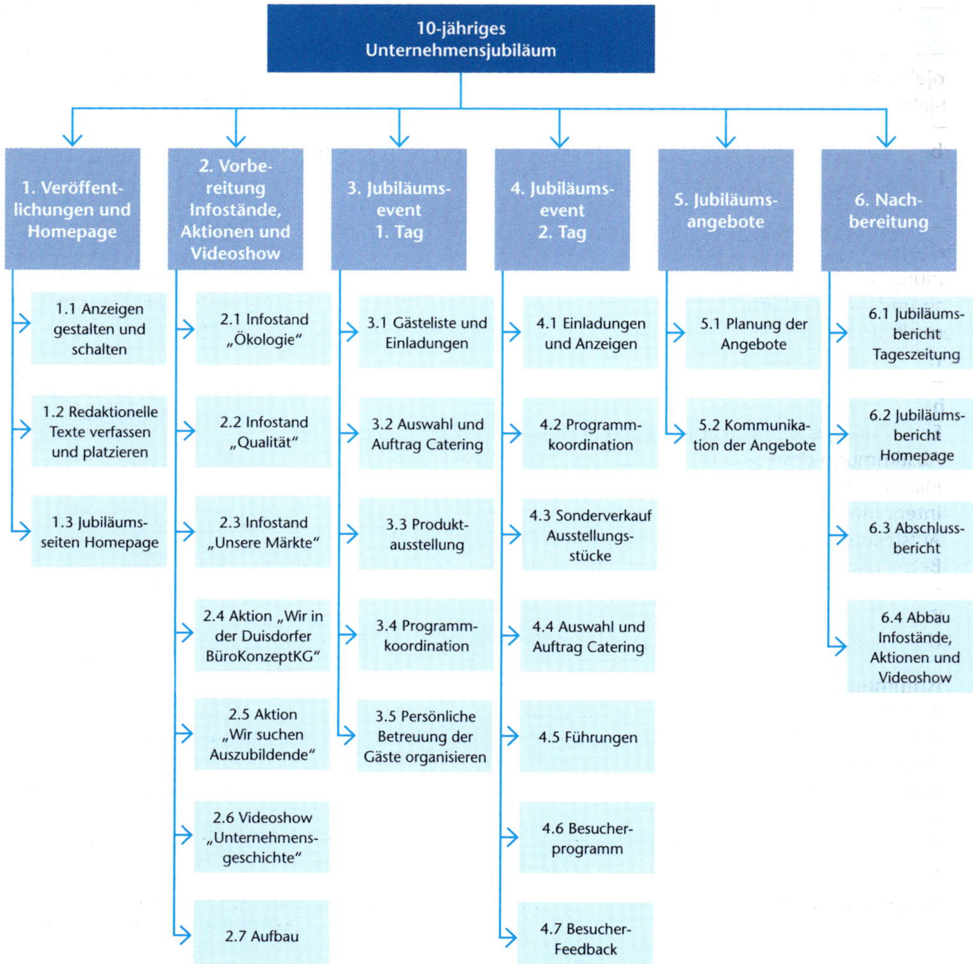

Zur Präzisierung der Inhalte der Arbeitspakete vereinbart das Projektteam, dass für jedes Arbeitspaket eine Arbeitspaketbeschreibung erstellt wird. Die Arbeitspaketbeschreibung für das Arbeitspaket **Infostand „Ökologie“** wird hier als Beispiel abgedruckt.

<table>
<tr><th colspan="3">Arbeitspaketbeschreibung[1]</th></tr>
<tr><td colspan="2">Projektname:
10-jähriges Unternehmensjubiläum</td><td>Projektleiter/in:
Anastasija Dmitrijew</td></tr>
<tr><td>Arbeitspaket-Nummer:
2.1</td><td>Arbeitspaket-Bezeichnung:
Infostand „Ökologie“</td><td>Arbeitspaket-Verantwortliche/r:
Frank Thaler</td></tr>
<tr><td colspan="3">Ziel(e):
Planung, Gestaltung und Organisation eines Infostands zum Thema „Ökologische Materialbeschaffung und -verwendung, ökologische Materialentsorgung und Emissionsschutz in Produktion und Verwaltung in der Duisdorfer BüroKonzept KG“ im Rahmen der Aktivitäten aus Anlass des 10-jährigen Unternehmensjubiläums</td></tr>
<tr><td colspan="3">Inhalte/Ergebnisse:
▪ Entwicklung eines Feinkonzepts zum Infostand
▪ Abstimmung des Feinkonzepts zum Infostand mit der Geschäftsleitung
▪ Planung und Gestaltung der Elemente des Feinkonzepts zum Infostand
▪ Integration der einzelnen Elemente
▪ Aufstellung des Infostands im Rahmen des Jubiläums-Events
▪ Betreuung des Infostands während der Jubiläums-Aktivitäten organisieren</td></tr>
<tr><td colspan="3">Voraussetzungen/Randbedingungen:
Verfügbarkeit des Jubiläumskonzepts in der endgültig abgestimmten Form</td></tr>
<tr><td colspan="3">Abstimmungs-/Koordinierungsmaßnahmen:
▪ Standort mit den Arbeitspaketen 2.x abstimmen
▪ Betreuung des Infostands während der Jubiläumsaktivitäten mit Arbeitspaket Durchführungskoordination abstimmen
▪ Abbau des Infostands nach dem Jubiläums-Event mit Arbeitspaket 6.4 Abbau Infostände, Aktionen und Videoshow abstimmen</td></tr>
<tr><td>Anastasija Dmitrijew
Unterschrift Projektleiter/in</td><td colspan="2">Frank Thaler
Unterschrift Arbeitspaket-Verantwortliche/r</td></tr>
</table>

Arbeitspaketbeschreibung Infostand „Ökologie“

Nach der Projektstrukturplanung folgt die **Projektablaufplanung**. Dazu ruft Frau Dmitrijew eine Teambesprechung mit der folgenden Tagesordnung ein:

TOP 1 Schätzung der jeweiligen Dauer der Arbeitspakete

TOP 2 Ermittlung der logischen Abhängigkeiten zwischen den Arbeitspaketen

TOP 3 Entscheidung über den Einsatz eines Tools zum Projektmanagement

TOP 4 Sonstiges

Nach der Besprechung erstellt ein Teammitglied mit dem Softwaretool Microsoft Project[2]) den Balkenplan (Gantt-Diagramm), der den Zeitablauf des Projekts abbildet. Aus dem Plan sind die Dauer der einzelnen Arbeitspakete (auch Vorgänge genannt) und die logischen Abhängigkeiten erkennbar.

---

[1] *siehe FORM-AP-Beschreibung unter BuchPlusWeb*

[2] *Falls das Projektteam nicht über eine entsprechende Software verfügt, kann der Projektablaufplan auch mit einem Tabellenkalkulationsprogramm abgebildet werden. Die einzelnen Zellen stellen mit gleicher Breite dann jeweils eine Zeiteinheit dar.*

	Vorgangsname	Dauer	Vorgänger
1	Anzeigen gestalten und schalten	5 Tage	
2	Redaktionelle Texte verfassen und platzieren	5 Tage	
3	Jubiläumsseiten Homepage	5 Tage	2
4	Infostand „Ökologie"	20 Tage	
5	Infostand „Qualität"	20 Tage	
6	Infostand "Unsere Märkte"	20 Tage	
7	Aktion „Wir in der Duisdorfer BüroKonzept KG""	20 Tage	
8	Aktion „ Wir suchen Auszubildende"	20 Tage	
9	Videoshow „Unternehmensgeschichte"	45 Tage	
10	Aufbau	3 Tage	4;5;6;7;8;9
11	Gästelisten und Einladungen (1. Tag)	10 Tage	
12	Auswahl und Auftrag Catering (1. Tag)	20 Tage	11
13	Produktausstellung (1. Tag)	20 Tage	
14	Programmkoordination (1. Tag)	1 Tag	3;12;13;15;10;23
15	Persönliche Betreuung der Gäste organisieren (1. Tag)	5 Tage	11
16	Einladungen und Anzeigen (2. Tag)	10 Tage	
17	Programmkoordination (2. Tag)	1 Tag	18;19;20;21;14
18	Sonderverkauf Ausstellungsstücke	10 Tage	
19	Auswahl und Auftrag Catering (2. Tag)	20 Tage	16
20	Führungen (2. Tag)	20 Tage	16
21	Besucherfeedback (2. Tag)	5 Tage	
22	Planung der Jubiläumsangebote	20 Tage	
23	Kommunikation der Jubiläumsangebote	35 Tage	22
24	Ende Jubiläumsaktionen	0 Tage	
25	Jubiläumsbericht Tageszeitung	5 Tage	17
26	Jubiläumsbericht Homepage	5 Tage	17
27	Abschlussbericht	5 Tage	25;26;28;24
28	Abbau Infostände, Aktionen und Videoshow	1 Tag	17

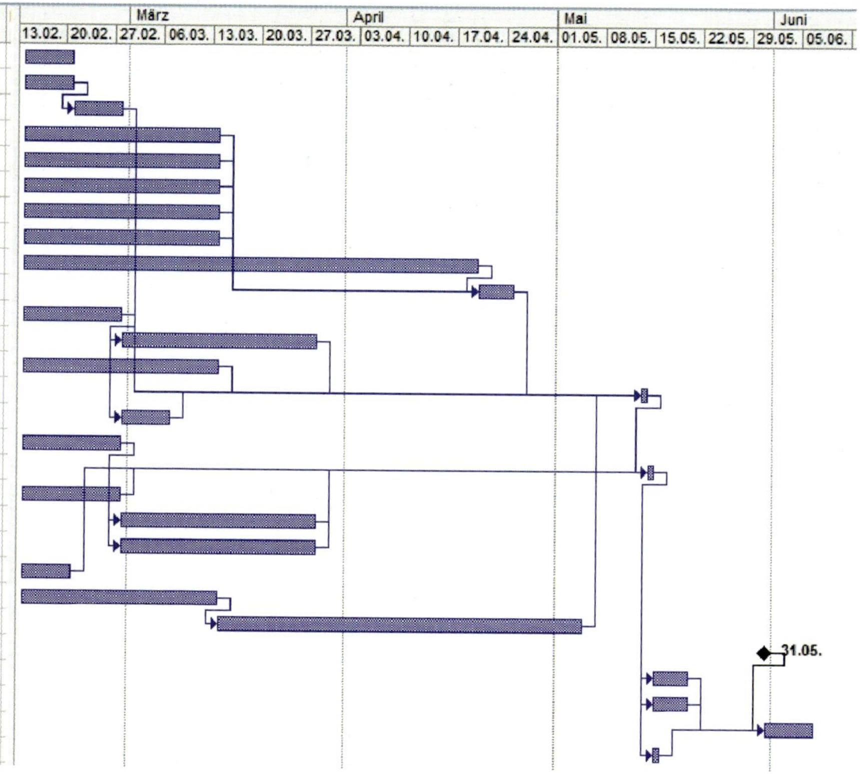

Für die Bearbeitung der Aufgaben im Projekt „10-jähriges Unternehmensjubiläum“ werden sowohl personelle und sachliche Ressourcen als auch Verbrauchsmaterial benötigt. Neben der Materialbeschaffung muss zur Sicherstellung der Verfügbarkeit der Kapazitäten im jeweiligen Arbeitspaket der Ressourceneinsatz zielorientiert geplant werden. Dazu ermittelt das Projektteam zunächst den Ressourcenbedarf und prüft die Verfügbarkeit der erforderlichen Ressourcen.

Nach der Kapazitätsplanung nimmt das Projektteam als nächsten Schritt die Kostenplanung vor. Die Aufwendungen der einzelnen Arbeitspakete werden ermittelt und dienen der Berechnung der gesamten Projektkosten sowie als Grundlage für die Überwachung der Projektkosten bei der Projektdurchführung.

Als Beispiel wird hier die Ressourcen- und Kostenplanung für das Arbeitspaket **Infostand „Ökologie“** abgedruckt. Die Projektleiterin Frau Dmitrijew geht davon aus, dass dem Arbeitspaketverantwortlichen und den Mitarbeitern die üblichen Sachmittel am Arbeitsplatz (z. B. Rechner und Telefon) ohne weitere Planung zur Verfügung stehen. Die Bereitstellung der weiteren Sachmittel für den Infostand im Rahmen der Hausmesse (z. B. Beamer und Notebook) ist in den Arbeitspaketen zu den Aktionen und Infoständen zu planen.

Ressourcenname	Ressourcenart	Einheit	Geplanter Einsatz
Frank Thaler	Personal	Stunde	15
Mara Sommer	Personal	Stunde	5
Mitarbeiter Produktion	Personal	Stunde	5
Mitarbeiter Beschaffung	Personal	Stunde	5
Pinnwand	Sachmittel	Stück	4
Plakatpapier	Material	Stück	8
Digitalkamera	Sachmittel	Stunde	20
Fotopapier A4	Material	Stück	20
Broschüre der Duisdorfer BüroKonzept KG zum Thema „Ökologie“	Material	Stück	500
Beamer und Rechner	Sachmittel	Stunde	2
...	...	...	...

Ressourcenplanung für das Arbeitspaket Infostand „Ökologie“

Aus der Ressourcenplanung können nun die zu planenden Kosten abgeleitet werden. Hierbei wird für die Berechnung der Personalkosten ein Verrechnungssatz je Stunde in Höhe von 50,00 € angesetzt. In diesem Verrechnungssatz werden z. B. die Vergütung der am Projekt beteiligten Mitarbeiter, die Arbeitgeberanteile zur Sozialversicherung, anteilige Kosten der Personalverwaltung sowie Raumkosten für die Arbeitsplätze der am Projekt beteiligten Mitarbeiter berücksichtigt. Betroffen sind hiervon nur die Kosten, die dem Projekt nicht direkt zugeordnet werden können.

Nach der Summierung aller Kosten, die für die einzelnen Arbeitspakete ermittelt wurden, stellt das Projektteam die gesamten Kosten für das Projekt fest.

Kostenposition	Einheit	Anzahl	Einzel-preis in €	Gesamtpreis in €
Mitarbeiterkosten (Verrechnungssatz)	Stunde	480	50,00	24.000,00
Summe der Materialkosten aus den einzelnen Arbeitspaketen				850,00
Summe der verrechneten Kosten bei Sachmitteleinsatz				360,00
Catering Jubiläums-Event 1. Tag	Gast	125	90,00	11.250,00
Catering Jubiläums-Event 2. Tag	Besucher	520	20,00	10.400,00
Besucherprogramm 2. Tag				8.800,00
Kosten für Mietfahrzeug				260,00
Kosten für die Übertragung des Films auf DVDs				180,00
Kosten für Anzeigen				1.380,00
Porto	pauschal	800,00		
Gesamtkosten				58.280,00

Kostenplanung für das Projekt 10-jähriges Unternehmensjubiläum

Zur Sicherung der Qualität im Projekt werden im Projektteam die folgenden Vereinbarungen getroffen und mit der Geschäftsleitung abgestimmt:

- Vor der Auswahl der Catering-Unternehmen (1. und 2. Tag) werden Referenzen eingeholt. Probespeisen sind vor der Beauftragung zu verkosten.
- Bei der Auswahl des Unternehmens/der Unternehmen zur Gestaltung des Besucherprogramms am 2. Tag müssen ebenfalls Referenzen eingeholt und bei der Auswahl berücksichtigt werden.
- Das Besucherprogramm am 2. Tag muss im Außenbereich zu 50 % Elemente enthalten, die wetterunabhängig genutzt werden können.
- Alle Arbeitspaketverantwortlichen müssen bei der Gefahr von Zeitverzögerungen und Budgetüberschreitungen die Projektleiterin unverzüglich informieren.
- Alle Feinkonzepte zu den Einzelaktionen müssen spätestens sechs Wochen vor dem Jubiläum mit der Geschäftsleitung abschließend abgestimmt sein.
- ...

5 Phase der Projektrealisierung

> Alles, was in einem Projekt schieflaufen kann, läuft schief.
> *Veit Didczuneit, Projektmanager*

LS 13.3

Gute Projektdefinition und -planung sind zwar notwendige, aber keine hinreichenden Voraussetzungen für eine erfolgreiche Projektrealisierung. Auch in dieser Phase hat das Management wichtige Aufgaben zu erledigen. Im Kern ist das die Projektsteuerung.

Die Steuerung in der Phase der Projektrealisierung ist vergleichbar mit dem Steuern eines Viermasters durch die raue See im letzten Jahrhundert: Der Kapitän eines solchen Schiffes verfolgte einen theoretisch ermittelten Kurs mithilfe seiner Karten, musste aber täglich mit unerwarteten Schwierigkeiten (Strömungen, Unwetter, Versorgungsengpässen, Meuterei usw.) rechnen. Ein Kapitän war ein guter Kapitän, wenn sein Schiff termingerecht und ohne größere Probleme den Zielhafen erreichte. Dazu musste er sich im Kartenlesen ebenso gut auskennen wie in den Bereichen Wetterkunde, Schiffskunde und Menschenführung.

Auch Projekte sind mit vielen unvorhersehbaren Problemen und Risiken behaftet. Um die Projektziele dennoch in der vorgegebenen Zeit zu erreichen, ist eine professionelle Steuerung des Projekts erforderlich.

5.1 Aufgaben in der Phase der Projektrealisierung

Anpassen der Planung im Projektverlauf

Grundsätzlich muss die Projektleitung immer darauf bedacht sein **Soll-Ist-Abweichungen** (also Abweichungen der Realität von der Projektplanung) zu vermeiden. Die Projektplanung ist im Idealfall wohldurchdacht und berücksichtigt zahllose Zusammenhänge und Wechselwirkungen in einem abgestimmten System von Teilplänen. Eine leichtfertige Planänderung kann daher zu bösen Überraschungen führen. Änderungen sollten in jedem Falle gut abgewogen und mit betroffenen Entscheidungsträgern abgestimmt werden. Plananpassungen betreffen vorrangig die

- Zeitplanung,
- Kapazitätsplanung (Ressourcenplanung),
- Kostenplanung.

Der Projektstrukturplan und die Arbeitspaketbeschreibungen werden nur noch in seltenen Ausnahmefällen geändert. Die Anpassung von Plänen kann jederzeit in der Realisierungsphase erforderlich sein, das Aufgabengebiet „Planung" bleibt daher eine Projektmanagementaufgabe bis zum letzten Tag des Projekts. Die Projektleitung muss sicherstellen, dass das Projektteam jederzeit über die aktuelle Planung informiert ist.

5.2 Projektbesprechungen

Besprechungen kosten den Arbeitgeber des Projektteams viel Geld und das Projektteam oftmals viele Nerven. In vielen Betrieben haben die Mitarbeiter das Gefühl, dass mit Besprechungen wertvolle Zeit vergeudet wird und wenig dabei herauskommt. Deshalb ist eine effektive

Vorbereitung und Durchführung der Besprechungen oberstes Gebot. Dabei sind zu unterscheiden:

- **externe Besprechungen** (mit Vertragspartnern, Zulieferern usw.) und **interne Besprechungen** (im Projektteam) sowie
- geplante **Routine-Besprechungen** und spontan einberufene **Ad-hoc-Besprechungen** (etwa bei unvorhergesehenen Problemen).

Bei den meisten Besprechungen entscheidet die Qualität der Vorbereitung über den Besprechungserfolg. Eine gute Vorbereitung umfasst folgende Maßnahmen:

- Checkliste: Vorbereitung der Besprechung
- Festlegen der Besprechungsziele: Was genau soll in der Besprechung erreicht werden?
- Ableiten der Tagesordnungspunkte (TOPs) aus den Zielen
- Zusammenstellen aller erforderlichen Dokumente
- Auswählen der Teilnehmer (Adressatenanalyse): Wer muss dabei sein?
- Einladen der Teilnehmer mit allen Informationen (Ort, Zeit, Dauer, TOPs usw.).

Bei Routinebesprechungen sind folgende Ziele üblich:

- Prüfen des Projektfortschritts in den Teilprojekten,
- Erfassen aufgetretener oder absehbarer Probleme,
- Sammeln und Auswählen von Lösungsvorschlägen der Probleme.

Abhängig von den Besprechungszielen können darüber hinaus folgende Vorbereitungsmaßnahmen erforderlich sein:

- Entwickeln von Verhandlungsstrategien,
- Vorbereiten spezieller Medien zur Visualisierung (z. B. Pinnwände),
- Vorbereiten von Workshops (ggf. mit externen Moderatoren).

In der Durchführung der Besprechung fallen folgende Aufgaben für die Sitzungsleitung an:

Checkliste: Durchführung der Besprechung

- Festlegen der Besprechungsziele: Was genau soll in der Besprechung erreicht werden?
- Ableiten der Tagesordnungspunkte (TOPs) aus den Zielen
- Zusammenstellen aller erforderlichen Dokumente
- Auswählen der Teilnehmer (Adressatenanalyse): Wer muss dabei sein?
- Einladen der Teilnehmer mit allen Informationen (Ort, Zeit, Dauer, TOPs usw.).

Für jede Besprechung wird ein Ergebnisprotokoll erstellt, in dem nur die wichtigsten Besprechungsergebnisse zu den einzelnen TOPs festgehalten werden. Das Formular „Sitzungsprotokoll" kann dazu wie auch zur Vorbereitung der Besprechung herangezogen werden.

<table>
<tr><th colspan="4">Sitzungsprotokoll[1]</th></tr>
<tr><td colspan="2">Projektname:</td><td colspan="2">Protokollant/-in:</td></tr>
<tr><td>Datum:</td><td>Ort:</td><td colspan="2">von bis Uhr</td></tr>
<tr><td colspan="4">Teilnehmer/-innen:</td></tr>
<tr><td colspan="4">Ziel(e) der Arbeitssitzung:</td></tr>
<tr><td colspan="4">Ergebnisse und Bemerkungen</td></tr>
<tr><td>TOP-Nr.:</td><td>Ergebnisse</td><td colspan="2">Bemerkungen</td></tr>
<tr><td></td><td></td><td colspan="2"></td></tr>
<tr><td></td><td></td><td colspan="2"></td></tr>
<tr><td></td><td></td><td colspan="2"></td></tr>
<tr><td></td><td></td><td colspan="2"></td></tr>
<tr><td colspan="4">Maßnahmen, die sich aus der Arbeitssitzung ergeben:</td></tr>
<tr><td colspan="2">was?</td><td>wer?</td><td>bis wann?</td></tr>
<tr><td colspan="2"></td><td></td><td></td></tr>
<tr><td colspan="2"></td><td></td><td></td></tr>
<tr><td colspan="2"></td><td></td><td></td></tr>
<tr><td colspan="2"></td><td></td><td></td></tr>
<tr><td colspan="4">Termin der nächsten Arbeitssitzung:</td></tr>
<tr><td colspan="2">Unterschrift Protokollant/-in</td><td colspan="2">Unterschrift Projektleiter/-in</td></tr>
</table>

5.3 Abweichungsanalysen

Arten und Ursachen von Soll-Ist-Abweichungen

Mit Fertigstellung der Projektplanung hat das Projektmanagement die Aufgabe, die vorliegenden Pläne zu realisieren. Im Idealfall wird das Projekt dabei so realisiert, wie es geplant worden ist. Tatsächlich aber kommt es in der Realisierungsphase immer wieder zu drei Arten von Soll-Ist-Abweichungen – also Abweichungen des tatsächlichen Ist-Zustandes vom geplanten Soll-Zustand:

- **Terminabweichungen:** Vorgänge dauern länger oder weniger lange als geplant.
- **Kostenabweichungen:** Kosten fallen höher oder geringer aus als geplant.
- **Qualitätsabweichungen:** Teilergebnisse entsprechen nicht der geplanten Qualität.

Diese sind auf Fehler in der Planung, Fehler in der Ausführung und auf geänderte Rahmenbedingungen zurückzuführen: Folgende typische Ursachen für Soll-Ist-Abweichungen lassen sich in der Projektpraxis unterscheiden:

---

[1] *siehe FORM-Sitzungsprotokoll unter BuchPlusWeb*

Planungsfehler	Ausführungsfehler	Änderungen der Rahmenbedingungen
▪ Bei Tätigkeiten – vergessen – fehlerhafte Schätzung – Termine nicht überprüft – Risiko unberücksichtigt ▪ Kapazitätsplanung – Überbelastung nicht beachtet – Verfügbarkeit nicht abgestimmt ▪ Bezogen auf den Mitarbeiter – Know-how nicht beachtet – Schulung/Einarbeitung nicht eingeplant – Urlaub/Fortbildungen usw. nicht berücksichtigt	▪ Mitarbeiterführung – falsche Auswahl – mangelnde Einweisung – mangelnde Aufsicht ▪ Fehler der Bearbeitenden – mangelhafte Einkaufskontrolle von Zukaufsteilen – unsachgemäße Lagerung/Transport – verspätete Disposition	▪ Leistungsänderung – durch Auftraggeber – durch Behördenauflagen – u. Ä. ▪ Witterungseinflüsse ▪ Streik ▪ Kündigungen ▪ Krankheiten ▪ Maschinenausfall ▪ Veränderte Prioritäten des Auftraggebers

Typische Ursachen für Soll-Ist-Abweichungen

Maßnahmen des Projektmanagements

Das Projektmanagement versucht zunächst, solchen Abweichungen vorzubeugen – also dafür zu sorgen, dass sie gar nicht erst entstehen. Dazu gilt es, auf Grundlage der Planungen für alle betroffenen Teilbereiche vorausschauend mitzudenken und Fehlentwicklungen frühzeitig zu erkennen, zu analysieren und zeitnah Gegenmaßnahmen einzuleiten.

5.4 Projektdokumentation

In jedem Projekt ist eine Vielzahl von Dokumenten zu erstellen, mit deren Hilfe jederzeit von jedem alles nachvollzogen werden kann. In einem Projekt fallen nicht selten Hunderte bis Tausende von Dokumenten an. Grundsätzlich sind die Produkt- und die Projektdokumentation zu unterscheiden.

Produktdokumentation

Grundsätzlich muss das eigentliche Produkt (bzw. Projektergebnis) – angefangen von den ersten Grobentwürfen bis hin zu detaillierten Produktplänen – vollständig dokumentiert werden. Abhängig vom Produkt sind dabei zu unterscheiden:

- Bauzeichnungen,
- technische Zeichnungen,
- Schaltpläne,
- Programmcodes,
- Ausstellungsdokumentationen,
- Bedienungsanleitungen,
- ...

Projektdokumentation

Im Projekt fallen mindestens nachfolgende Dokumente an. Dabei sind viele Dokumente, die in vorherigen Projektphasen erstellt wurden, in der Realisierungsphase zu präzisieren und/oder abzuändern.

Projektphase	Dokument
Definitionsphase	▪ Problembeschreibung und -analyse (ggf. Ist-Analyse) ▪ Projektziele und Anforderungen ▪ Lösungskonzept ▪ Machbarkeits-, Rentabilitäts-, Risikoanalysen ▪ Projektvertrag (Projektauftrag bzw. Lasten-/Pflichtenheft) ▪ Protokoll der Projektstartsitzung
Planungsphase	▪ Projektstrukturplan mit Arbeitspaketbeschreibungen ▪ Zeitplan ▪ Kapazitätsplan (Ressourcenplan) ▪ Kostenplan ▪ Qualitätsplan
Realisierungsphase	▪ Soll-Ist-Abweichungsanalysen ▪ Sitzungsprotokolle ▪ Statusberichte (zum Projektfortschritt) ▪ Sonderberichte (bei Problemfällen) ▪ Prozessbeschreibungen im Falle von Änderungswünschen
Abschlussphase	▪ Präsentationsunterlagen (Folien, Handouts) ▪ Abnahmeprotokoll mit Nachbesserungsliste ▪ Einweisungsunterlagen ▪ Protokoll der Abschlussbesprechung ▪ Abschlussbericht (mit Projektreflexion)

Dokumente in den einzelnen Projektphasen

Bei so vielen Dokumenten besteht immer die Gefahr, dass Dokumente veralten oder gar nicht mehr wiedergefunden werden. Das Projektmanagement hat deshalb die Aufgabe, dafür zu sorgen, dass alle Dokumente in aktueller Version zur rechten Zeit am rechten Ort vorliegen und jederzeit problemlos wieder aufgefunden werden können. Die Dokumente müssen darüber hinaus nicht nur erstellt, sondern auch gekennzeichnet, registriert, freigegeben, aktualisiert, verteilt archiviert und ggf. auch wieder vernichtet werden. Im Idealfall arbeitet das Management mit einer professionellen Dokumentenverwaltungssoftware oder sogar einer Dokumentationsabteilung.

5.5 Optimierung der Projektprozesse

Störungen im Projektverlauf bergen immer die Gefahr, dass die Qualität des Projekts und die rechtzeitige Zielerreichung im Projekt gefährdet werden. Der Projektleiter hat als „Steuermann" im Projekt den größten Einfluss auf die Optimierung der Projektprozesse. Aus diesem Grund sind hier einige Tipps aufgeführt, die auf dem Weg zur erfolgreichen Projektabwicklung hilfreich sein können.

- **Tipp Nr. 1: Die Pläne als Ausgangspunkt Ihrer Arbeit**
  So wie der Kapitän eines stolzen Viermasters in der Vergangenheit über seinen Seekarten den Kurs berechnete, so sollten auch Sie stets Ihre Pläne als Ausgangspunkt Ihrer Arbeit betrachten. Sie liefern die erforderliche Transparenz und ein ständiges Bezugssystem zur Beurteilung der Arbeitsfortschritte. Verlieren Sie sich nicht in fachlichen Detailproblemen.

- **Tipp Nr. 2: Bei Kritik die Sach- und Beziehungsebene auseinanderhalten**
  Projektverantwortliche sollten bei jeder Form von Kritik stets die Sach- und die Beziehungsebene klar auseinanderhalten: Beispielsweise wird ein Mitarbeiter einsehen, wenn Sie ihn

darauf hinweisen, dass er vertrauliche Unterlagen beim Kunden nicht offen herumliegen lassen darf. Es liegt in der Natur der Sache, dass auf diese Weise empfindliche Informationen an die falsche Stelle gelangen. Er wird jedoch Widerstände entwickeln, wenn Sie diese Kritik mit persönlichen Beleidigungen und Geringschätzungen („Ich habe Ihnen schon 1 000 Mal gesagt ... Sie kapieren das nie ...“ usw.) formulieren. Anders verhält es sich, wenn der Mitarbeiter einen verdeckten Beziehungskonflikt austrägt (Tipp 3).

- **Tipp Nr. 3: Beziehungskonflikte mutig ansprechen**
  In vielen Fällen sind vermeintliche Sachdiskussionen oder Konflikte zu einem Sachthema in Wirklichkeit verdeckte Beziehungsprobleme, z. B. Machtkämpfe, Akzeptanzprobleme. Handelt es sich um ein reines Beziehungsproblem, ist der Projektleiter gut beraten, vollständig auf die Beziehungsseite zu wechseln („Ich habe das Gefühl, Sie sind unzufrieden mit mir, könnte das sein?“). Auf diese Weise kann ein Beziehungsproblem geklärt werden und das Projekt kann weitergehen. Das Unterdrücken schwelender Beziehungskonflikte führt dazu, dass die Stimmung nur noch schlechter wird. Die Faustregel bei Beziehungskonflikten lautet: „Störungen haben Vorrang“ (Ruth Cohn).
- **Tipp Nr. 4: Eine Feedbackkultur aufbauen**
  Viele Führungskräfte scheuen ein negatives Feedback und ziehen es vor, mögliche Unzufriedenheiten besser zu unterdrücken, als sich ihnen zu stellen. Das aber führt einerseits dazu, dass unzufriedene Mitarbeiter in die „innere Emigration“ verschwinden, andererseits werden Verbesserungspotenziale für das ganze Unternehmen nicht genutzt. Wenn aber der Projektleiter deutlich macht, dass er jeden mit seinen Überlegungen und Sorgen ernst nimmt und zur Lösung von Problemen bereit ist, so darf er mit breiter Unterstützung durch das Team rechnen.
- **Tipp Nr. 5: Geleistete Projektstunden täglich erfassen**
  Um die Entwicklung der Projektkosten gleichzeitig und realistisch verfolgen zu können, ist es in der Praxis hilfreich, die tatsächlich geleisteten Projektstunden so früh wie möglich zu erfassen. Halten Sie Ihre Mitarbeiter an, die Projektarbeitszeit spätestens am Ende des Tages zu notieren. Das gilt vor allem in den Fällen, in denen die Projektmitarbeiter auch während des Projekts in ihren Fachabteilungen bleiben (Projektkoordination, Matrixorganisation).
- **Tipp Nr. 6: Die Einhaltung von Spielregeln von Anfang an gewährleisten**
  Projektregeln für das gesamte Projektteam sind von großer Bedeutung für einen reibungslosen Projektablauf. Wenn Sie als Projektleiter jedoch nicht auf die konsequente Einhaltung dieser Regeln achten, verlieren Sie an Glaubwürdigkeit und Sie riskieren, dass sich nach und nach Fehlverhalten verbreitet, welches Sie irgendwann nicht mehr korrigieren können. Dazu müssen Sie öfter den Mut haben, unangenehme Konflikte anzugehen.

5.6 Praxisfall 10-jähriges Unternehmensjubiläum

In der Phase der Projektrealisation hat sich das Projektteam regelmäßig zu Besprechungen getroffen, die Besprechungsergebnisse in Protokollen dokumentiert, den Projektstatus regelmäßig überprüft, leichte Plananpassungen vorgenommen und die Kommunikations- und Spielregeln eingehalten. Wenn es Störungen gab oder es zu Konflikten kam, wurden diese unmittelbar konstruktiv angesprochen und zielorientiert gelöst. Auch wenn es manchmal zu Frustrationserlebnissen kam, haben sich die Teammitglieder gegenseitig motiviert und gemeinsam mit der Projektleiterin „Kurskorrekturen“ vorgenommen.

Als Beispiel für ein Besprechungsprotokoll ist die Dokumentation der Besprechung vom 13. März 20.. abgedruckt.

Sitzungsprotokoll		
Projektname: 10-jähriges Unternehmensjubiläum		**Protokollant/-in:** Daniela Schaub
Datum: 13. März 20..	**Ort:** Raum E02	**von** 10:00 **bis** 11:45 **Uhr**
Teilnehmer/-innen: Anastasija Dmitrijew Andrea Winter Udo Anderson Mara Sommer Michael Bollig Daniela Mettendorf	**entschuldigt:** Frank Thaler	
Ziel(e) der Arbeitssitzung: ▪ Informationen über den aktuellen Stand der Arbeitspakete geben ▪ Verfahren zur Erfassung der Arbeitszeiten im Projekt verbessern ▪ Ansprechpartner für Arbeitspaket **Infostand „Ökologie"**		

Ergebnisse und Bemerkungen

TOP-Nr.:	Ergebnisse	Bemerkungen
1	*Aktueller Stand der Arbeitspakete* Die anwesenden Arbeitspaketverantwortlichen berichten über den aktuellen Stand. Alle Arbeitspakete befinden sich im Plan.	Über das Arbeitspaket **Infostand „Qualität"** kann aufgrund der Abwesenheit von Frank Thaler nicht berichtet werden.
2	*Erfassung der Arbeitszeiten im Projekt* Es wird über Unzulänglichkeiten im System der Arbeitszeiterfassung berichtet. Nach einer Diskussion wird beschlossen, dass Andrea Winter einen Zeiterfassungsbogen entwirft, den alle Projektbeteiligten benutzen müssen. Kommuniziert wird der Bogen über die Arbeitspaketverantwortlichen.	
3	*Ansprechpartner für Arbeitspaket Infostand „Ökologie"* Udo Anderson berichtet, dass aufgrund des Urlaubs des auf die Beschaffung von Holz spezialisierten Mitarbeiters erforderliche Informationen nicht eingeholt werden können.	Anastasija Dmitrijew wird bis morgen einen Ansprechpartner benennen.

Maßnahmen, die sich aus der Arbeitssitzung ergeben:

was?	wer?	bis wann?
Zeiterfassungsbogen erstellen	Andrea Winter	15. März 20..
Anschreiben für den Versand des Zeiterfassungsbogens formulieren	Andrea Winter	15. März 20..
Zeiterfassungsbogen und Anschreiben mit Anweisung an die Arbeitspaketverantwortlichen per E-Mail versenden	Andrea Winter	15. März 20..
Ansprechpartner für das Arbeitspaket **Infostand „Ökologie"** benennen	Anastasija Dmitrijew	14. März 20..

Termin der nächsten Arbeitssitzung: 20. März 20.., 10:00 Uhr, Raum E02

Unterschrift Protokollant/-in	Unterschrift Projektleiter/-in
Daniela Schaub	Anastasija Dmitrijew

6 Phase des Projektabschlusses

LS 13.4

Ende gut, alles gut.
Volksweisheit

Häufig unterliegt das Projektmanagement dem verbreiteten Irrtum, mit Fertigstellung des Produktes sei ein Projekt beendet. Tatsächlich aber werden in dieser Projektphase von verschiedenen Seiten ganz unterschiedliche Interessen an das Projekt herangetragen. Diese **Interessengruppen** werden im Folgenden vorgestellt:

- **Kunde/Auftraggeber**
  Dieser wünscht gewöhnlich eine ausführliche Produktpräsentation sowie die sofortige Übergabe bzw. Installation des fehlerfreien und vollständigen Produktes. Darüber hinaus verlangt er eine vollständige Produktdokumentation, um unabhängig vom Auftragnehmer zu einem späteren Zeitpunkt Änderungen am Produkt vornehmen oder bei Dritten in Auftrag geben zu können.

- **Anwender des Produktes**
  Das können beispielsweise Sachbearbeiter sein, die eine fachgerechte Einweisung in das Produkt erwarten. Diese Anwender können, müssen aber nicht identisch mit dem Auftraggeber sein.

- **Projektteam**
  Die Projektmitarbeiter wünschen nach Produktfertigstellung ein Feedback von den anderen Projektmitarbeitern, dem Projektleiter und dem Auftraggeber, in dem ihre Leistungen beurteilt und gewürdigt werden. Außerdem besteht in den meisten Fällen das Interesse an einer Abschlussfeier, in der man sich noch einmal über andere Themen als die Arbeit unterhalten kann.

- **Projektleitung**
  Die Projektleitung strebt an, die zurückliegenden Monate anstrengender Tätigkeit in persönlich nutzbare Projekterfahrung zu überführen. Außerdem will sie einen eindeutig definierten Schlusspunkt des Projektes und der damit verbundenen Verantwortung erreichen.

- **Andere Projektleitungen und zukünftige Projektteams**
  Diese haben ein vorrangiges Interesse an Informationen über gute und schlechte Erfahrungen aus dem Projektverlauf, denn wer die Verantwortung für den Erfolg von Projekten trägt, in denen viele unvorhergesehene Situationen bewältigt werden müssen, möchte gern wissen, wie andere Projektteams verwandte Probleme gelöst haben.

- **Unternehmensleitung**
  Für die betriebswirtschaftliche Bewertung des Projekts ist die Unternehmensleitung interessiert an einer kurzen Übersicht über den Projektverlauf, einer Rückmeldung der Kundenzufriedenheit und einer **Abschlusskalkulation** für die quantitative Erfolgsermittlung.

In der Abschlussphase ist es die Aufgabe des Projektmanagements, diesen unterschiedlich gearteten Interessen gerecht zu werden.

6.1 Aufgaben in der Phase des Projektabschlusses

Für die Abschlussphase sieht das Projektmanagement folgende Instrumente vor:

- ***Abschlusspräsentation:*** Dem Kunden wird das Projektergebnis (Produkt) vorgestellt. Als Abschlusspräsentation wird auch eine abschließende Präsentation gegenüber der eigenen Unternehmensleitung oder anderen Projektteams des eigenen Unternehmens zum Projektverlauf (Prozess) bezeichnet.
- ***Abnahme:*** Der Auftraggeber nimmt das Projektergebnis offiziell ab.
- ***Einweisung:*** Der Anwender wird in das Projektergebnis (Produkt) eingewiesen.
- ***Abschlussbesprechung:*** Der Projektleiter nimmt mit dem Projektteam vorrangig eine Rückschau des Projektverlaufs, aber auch eine Vorschau auf etwaige zukünftige Aktionen vor.
- ***Abschlussbericht:*** Der Projektleiter trägt alle relevanten Informationen über den Projektverlauf und das Projektergebnis zusammen.
- ***Auflösung des Projektteams:*** Die Projektmitarbeiter erhalten neue Aufgaben.

6.2 Präsentation von Projekt und Ergebnis

Die Abschlusspräsentation soll unterschiedliche Zielgruppen (Unternehmensleitung, Auftraggeber, andere Teams im eigenen Hause usw.) zeitnah über relevante Aspekte zum Projektergebnis oder Projektverlauf informieren.

Abschlusspräsentationen sind für das Projektteam eine große Chance, die eigene Projektarbeit so gut wie möglich zu „verkaufen". Sie ist Bestandteil des sogenannten „ **Projektmarketings**".

An jede Abschlusspräsentation werden abhängig von Inhalt und Zuhörererwartungen spezifische Anforderungen gestellt, die vor allem für die Vorbereitung der Präsentation maßgeblich sind. Im Folgenden sind daher die wichtigsten Grundregeln zur Vorbereitung und Durchführung einer erfolgreichen Präsentation zusammengestellt.

Grundsätzliche Vorüberlegungen

Bevor eine Präsentation vorbereitet werden kann, sollten folgende Fragen sorgfältig beantwortet werden:

- Was ist das genaue Ziel der Präsentation? Soll die Präsentation informieren, überzeugen oder die Zuhörer zu einem bestimmten Verhalten veranlassen?
- Auf welche Zielgruppe ist die Präsentation zugeschnitten? Wie sind Erwartungen, Wissensstand, Einstellungen, etwaige Vorbehalte sowie Gemeinsamkeiten und Unterschiede innerhalb der Zuhörerschaft einzuschätzen?
- Wie sollen Präsentationsthema, Aufbau und inhaltlicher Schwerpunkt der Präsentation aussehen?
- Wie viel Zeit steht für die Präsentation und die anschließende Beantwortung von Fragen zur Verfügung?

Gestaltung der Einleitung

Zur Gestaltung der Einleitung sollte man sich an den Fragen orientieren, die sich die Zuhörer zu Beginn einer Präsentation vermutlich stellen:

- Wer redet da und welche Rolle spielt er bzw. für wen arbeitet er?
- Worum wird es hauptsächlich gehen und lohnt sich das für mich?
- Wie wird die Präsentation aufgebaut sein und wann kommt welche Information?
- Wie ist es mit Fragen, muss ich mitschreiben, wann kommen Pausen und wie lange dauert die Präsentation überhaupt?

Grundsätzlich sollte jede Einleitung Antwort auf diese Fragen geben können. Es hat sich daher folgender Einleitungsaufbau bewährt, welcher als Checkliste genutzt werden kann.

Checkliste: Einleitung

- Begrüßung des Publikums
- Kurzvorstellung und Rolle
- Thema mit Abgrenzung und Schwerpunktsetzung
- Hauptgliederungspunkte
- Organisatorische Hinweise
- Einstimmung auf das Thema

Eine **Begrüßung** sollte in jedem Fall allem vorangehen. **Rolle** bedeutet in diesem Zusammenhang, dass der Redner begründet, warum gerade er dieses Thema präsentiert. In der **Abgrenzung** wird erklärt, welche Inhalte ausdrücklich nicht Gegenstand dieser Präsentation sein werden, die **Schwerpunktsetzung** soll dagegen deutlich machen, worum sich die Präsentation hauptsächlich dreht. Die **Hauptgliederungspunkte** sollten unbedingt visualisiert werden, um dem Publikum die Orientierung zu erleichtern. Damit diese Punkte auch während der Präsentation sichtbar bleiben, bietet sich die Visualisierung auf einem separaten Flipchart an. Die **organisatorischen Hinweise** betreffen Informationen oder Vereinbarungen hinsichtlich Dauer der Präsentation, vorgesehener Pausen, möglicher Handouts im Anschluss und zum Zeitpunkt der Beantwortung von Fragen. In der **Einstimmung** auf das Thema soll das Interesse geweckt werden und es soll die Aufmerksamkeit zum Thema gelenkt werden.

Gestaltung des Hauptteils

Die Gestaltung des Hauptteils lässt sich nicht verallgemeinern, da diese abhängig ist von

- Zielsetzung der Präsentation,
- Umfang der Präsentation,
- Inhalt der Präsentation.

Grundsätzlich sollte jedoch jeder Hauptteil in wenige übersichtliche Hauptblöcke zerlegt werden, damit der rote Faden deutlich wird.

Gestaltung des Schlussteils

Der Schlussteil dient der Abrundung einer Präsentation. Er schließt sich an die eigentlichen Aussagen an und soll keine neuen Themen beinhalten. Auch hier lässt sich eine allgemeine Empfehlung als Checkliste formulieren.

Checkliste: Schluss

- Ankündigung des Schlussteils
- Zusammenfassung der Hauptaussagen/Schlussfolgerungen/Appell
- Fragenteil
- Dank für Aufmerksamkeit und Verabschiedung

Die **Ankündigung des Schlussteils** macht dem Zuhörer deutlich, dass die eigentlichen Hauptaussagen nun vollständig vorgetragen sind.

Eine **Zusammenfassung der Hauptaussagen** führt dem Zuhörer noch einmal die wichtigsten Aspekte vor Augen und fördert damit den Überblick.

Etwaige **Schlussfolgerungen**, etwa zum Projektverlauf, stellen logische Folgerungen aus den Ausführungen im Hauptteil dar, etwa zu Folgeprojekten.

Ein **Appell** ist der klassische Schluss einer Überzeugungspräsentation.

Selbst wenn der Redner das Publikum gebeten hat, Fragen im Verlauf der Präsentation zu stellen, so sollte unabhängig davon dem Publikum im Anschluss an die Präsentation die **Möglichkeit zur Beantwortung von Fragen** eingeräumt werden.

Eine freundliche **Verabschiedung** trägt zur harmonischen Abrundung der Präsentation bei und wird vom Publikum stets durch Klopfen oder Applaus gewürdigt.

6.3 Projektabschlussbesprechung

Die Abschlussbesprechung ist für die Projektleitung und alle Teammitglieder die letzte offizielle gemeinsame Dienstveranstaltung des Projektes. Folgende Tagesordnungspunkte sollten Gegenstand der Sitzung sein:

Berichterstattung zur Kundenzufriedenheit

Es bietet sich an, die Abschlussbesprechung mit der Bekanntgabe der Kundenzufriedenheit mit dem Projekt einzuleiten. Zu diesem Zweck muss der Projektleiter bereits im Vorfeld ein Feedback des Auftraggebers zum Projektergebnis und ggf. zum Projektverlauf eingeholt haben. Abhängig von der Zielsetzung der Feedbackrunde kann der Auftraggeber aber auch an dieser Stelle persönlich teilnehmen.

Reflexion und Feedback des Projektteams

Für die Durchführung von Projekten gilt in besonderem Maße, dass man aus Erfahrungen am besten lernt. Das betrifft gute wie schlechte Erfahrungen. Leider haben viele Menschen große Probleme damit, Fehler zuzugeben: Eingestandene Fehler werden häufig als Schwäche oder Gesichtsverlust interpretiert, viele Manager sind daher auch nicht wirklich kritikfähig. Eine solche Grundhaltung steht einem konstruktiven Lernprozess im Weg.

In diesem Zusammenhang bietet sich eine gemeinsame Reflexion mit einem gegenseitigen Feedback von Projektteam und Projektleitung an. Dabei geht es weder darum, seinen Ärger loszuwerden und seine Überlegenheit unter Beweis zu stellen, noch den Projektablauf zu beschönigen. Vielmehr geht es darum, den Projektverlauf aus Sicht der einzelnen Teammitglieder nachzuvollziehen und somit gute Ideen wie auch Fehlentwicklungen und Verbesserungsvorschläge besser verstehen zu können.

Die Feedbackrunde soll Antworten auf folgende Fragen liefern:

- In welchem Maße wurden die vereinbarten Ziele bzw. Teilziele hinsichtlich Zeit, Kosten und Qualität erreicht und wo wurden sie nicht erreicht bzw. auch „übererreicht"?
- Was waren die Gründe für das Nichterreichen von Zielen?
- Was lief in den Augen aller Beteiligten gut und was müsste verbessert werden?
- Was ist den Projektbeteiligten im Projektverlauf aufgefallen?
- Welche Empfehlungen würde das Projektteam für Folgeprojekte abgeben?

Die Dokumentation dieser Ergebnisse ermöglicht die Nutzbarmachung und Weitergabe wertvoller Projekterfahrungen.

Alle Projektbeteiligten können dieses Gespräch darüber hinaus nutzen, mögliche Konflikte aus einer anderen Perspektive wahrzunehmen und diese dann ggf. beizulegen.

6.4 Abschlussbericht

Der Projektabschlussbericht des Projektleiters ist das letzte Dokument der Projektdokumentation. Er wird gemeinsam mit dem Projektordner archiviert und umfasst insgesamt folgende Aspekte:

- **Projektauftrag**
  Zum Projektauftrag gehört das Lastenheft und ggf. der damit verbundene Schriftverkehr mit dem Auftraggeber.

- **Planungsunterlagen**
  Dazu gehören hauptsächlich der Projektstrukturplan, die Arbeitspaketbeschreibungen, der Zeitplan, der Kapazitätsplan, der Kostenplan sowie der Qualitätsplan.

- **Bestandsaufnahme Zielerreichung**
  Ein Soll-Ist-Vergleich soll den tatsächlichen Zielerreichungsgrad hinsichtlich der Dimensionen Produktqualität, Zeiteinhaltung sowie Projektkosten erfassen.

- **Abweichungsanalyse**
  In dieser Analyse werden die Ursachen für die einzelnen Soll-Ist-Abweichungen analysiert. Eine große Rolle spielen in dem Zusammenhang die Ergebnisse der Feedbackrunden.

- **Abgeleitete Empfehlungen**
  Schlussfolgerungen aus der Abweichungsanalyse und anderen Problemen für zukünftige Projekte.

- **Weitere Empfehlungen für zukünftige Projekte**
  Empfehlungen anderer Art, die aus den Projekterfahrungen abzuleiten sind.

- **Nachkalkulation**
  Der Projektleiter muss für jedes Arbeitspaket nachweisen, welche Projektmittel für welche Zwecke aufgewendet wurden. Die Summe der einzelnen Posten ergibt die Projektgesamtkosten, die im Idealfall das Projektbudget nicht übersteigen.

- **Ansprechpartner**
  Für weitere Rückfragen, die sich aus dem Projekt ergeben können, werden schließlich die betreffenden Ansprechpartner benannt. Das können beispielsweise Rückfragen des Kun-

den zur Produktdokumentation oder der Unternehmensleitung zur Verwendung der Projektmittel sein.

6.5 Auflösen des Teams

Etwa zeitgleich mit der Abgabe des Abschlussberichts erfolgt nun die offizielle Teamauflösung mit der damit verbundenen Überführung der Projektmitarbeiter in neue Aufgabengebiete.

Ausgenommen von dieser Maßnahme sind Projektmitarbeiter, die für Anschlussarbeiten im Projekt verbleiben sollen.

6.6 Praxisfall 10-jähriges Unternehmensjubiläum

Die Aktionen im Zusammenhang des 10-jährigen Unternehmensjubiläums der Duisdorfer BüroKonzept KG und der Verlauf des Jubiläums-Events können als großer Erfolg bezeichnet werden. Das Unternehmensgelände und die Präsentationsräume waren prächtig hergerichtet. Die erwarteten Gäste und zahlreichen Besucher zeigten sich sehr beeindruckt von den Informationen zum Unternehmen und den Darbietungen im Rahmen des Jubiläums. Die Geschäftsleitung fühlte sich wohl in der Rolle als Gastgeber. Nachdem am Montag nach dem Jubiläums-Event alle Stände abgebaut waren und die Routine wieder Einzug in das Arbeitsleben gehalten hatte, wird zwar deutlich, dass die beteiligten Mitarbeiter noch ziemlich geschafft sind von den vergangenen Tagen, sie aber doch sehr zufrieden auf ihre Leistungen der letzten Wochen zurückblicken.

Das Projektteam trifft sich noch einmal, um die Erledigung der Arbeiten in der Abschlussphase des Projekts zu vereinbaren. So wird auch gesammelt, wer im Unternehmen an welchen Informationen interessiert ist und welche Instrumente jetzt genutzt werden können.

Interessensgruppe	Konkrete Interessen	Instrumente
Geschäftsleitung (als Auftraggeber des Projekts)	▪ Information über die aufgewendete Arbeitszeit ▪ Information über die Projektausgaben ▪ Information über den Grad der Erreichung der Projektziele ▪ Information über den Projektverlauf ▪ Empfehlungen für zukünftige Vorhaben ähnlicher Art	▪ Abschlussbericht ▪ Nachkalkulation mit Aufstellung der zeitlichen und finanziellen Aufwendungen ▪ Abschlusspräsentation
Mitglieder des Projektteams	▪ Feedback über ihre Leistungen als Gesamtteam ▪ Feedback über die individuellen Leistungen ▪ Anerkennung der Geschäftsleitung ▪ Geselliges Treffen außerhalb des Unternehmens vor Auflösung des Projektteams	▪ Gruppenfeedback im Rahmen einer Abschlussbesprechung ▪ Einzelfeedback im Rahmen von Mitarbeitergesprächen ▪ Abschlussfeier

Interessensgruppe	Konkrete Interessen	Instrumente
Mitarbeiter im Unternehmen	▪ Information über das Jubiläum ▪ Information über die Ergebnisse des Jubiläums ▪ Anerkennung der Geschäftsleitung	▪ Jubiläumsbericht in der Mitarbeiterzeitschrift oder im Intranet ▪ Jubiläumsbericht in der regionalen Presse
Besucher des Jubiläums-Events	▪ Information über die Jubiläumsaktivitäten	▪ Jubiläumsbericht in der regionalen Presse ▪ Informationen zum Jubiläum im Internet
Kunden als Gäste des Jubiläums-Events	▪ Information über das Jubiläums-Event	▪ Persönliches Schreiben mit Foto des Kunden beim Jubiläums-Event ▪ Informationen zum Jubiläum im Internet
Projektleiter	▪ Feedback der Geschäftsleitung über seine Leistungen ▪ Feedback des Teams zu seinem Führungsverhalten	▪ Beurteilungsgespräch zwischen Geschäfts-leitung/Vorgesetztem und Mitarbeiter ▪ Schriftliches oder mündliches Feedback der Teammitglieder (Gruppenfeedback und/oder Einzelfeedback)
Andere Projektleiter	▪ Information zum Projektverlauf ▪ Erfahrungen zu Problemen und Konflikten im Projekt	▪ Abschlussbericht

Der Projektabschlussbericht hat die folgende Gliederung und enthält damit die wichtigsten Informationen zum Projekt. Er wird mit dem Projektordner archiviert und steht der Geschäftsführung und den zukünftigen Projekten zur Verfügung:

1. **Projektauftrag** mit Lastenheft/Anforderungsliste und dem damit verbundenen Schriftverkehr mit dem Auftraggeber
2. **Planungsunterlagen** (Projektstrukturplan, Projektablaufplan, Kapazitätsplan, Kostenplan, Qualitätsplan)
3. **Bestandsaufnahme der Zielerreichung** als Soll-Ist-Vergleich zwischen Projektzielen und Projektergebnis, aber auch hinsichtlich Projektqualität, Zeiteinhaltung und Projektkosten
4. **Abweichungsanalyse:** Soll-Ist-Abweichungen werden benannt und begründet.
5. **Abgeleitete Empfehlungen** aus der Abweichungsanalyse für zukünftige Projekte
6. **Weitere Empfehlungen** für zukünftige Projekte
7. **Nachkalkulation** (arbeitspaketbezogene Aufstellung der Kosten und Aufstellung der Gesamtkosten im Vergleich zum Projektbudget)
8. **Ansprechpartner** für weitere Rückfragen zu einzelnen Aspekten des Projekts

Für die abschließende Projektpräsentation wählt das Projektteam die folgende Gliederung:

1. Thema des Projekts
2. Anlass des Projekts
3. Ziele der Abschlusspräsentation
4. Projektziele und Auftragsbedingungen
5. Kurze Schilderung des Projektverlaufs
6. Projektergebnis – Soll und Ist
7. Projektkosten – Soll und Ist
8. Kritische Reflexion des Projektverlaufs
9. Empfehlungen für weitere Projekte
10. Dank an das Projektteam und die Projektbeteiligten
11. Abschluss der Präsentation

Sachwortverzeichnis

Bildquellenverzeichnis

Fotos

atmosfair gGmbH, Bonn: S. 363.2, 364
Beauftragte der Bundesregierung für die Belange behinderter Menschen, Berlin: S. 83
Bergmoser + Höller Verlag AG, Aachen: S. 35, 210, 213
Bundesagentur für Arbeit, Nürnberg: S. 53
Deutsche Bahn AG, Hannover: S. 363.1
Deutscher Fachverlag GmbH, Frankfurt am Main: S. 343
dpa Infografik GmbH, Hamburg: S. 209
dpa picture alliance GmbH, Frankfurt am Main: S. 155, 300
DRV Service GmbH, Berlin: S. 358 (2x)
Fotolia Deutschland GmbH, Berlin: S. 27 (M&S Fotodesign), 34 (Ideenkoch), 40 (nmann77), 42 (VRD), 47 (Coloures-pic), 50 (Daniel Ernst), 57 (A_Bruno), 59 (contrastwerkstatt), 62 (contrastwerkstatt), 73 (Kautz15), 76 (VRD), 79.1 (shockfactor), 79.2 (Alex White), 80.1 (VRD), 80.2 (B. Wylezich), 86 (Fr@nk), 88 (MacX), 94 (kwarner), 99 (B. Wylezich), 101 (kathrinm), 110 (Trueffelpix), 111 (Photocreo Bednarek), 117 (Brian Jackson), 118 (Johan Larson), 120.1 (stockyimages), 120.2 (forkART Photography), 122 (Joachim Lechner), 125 (Jeanette Dietl), 128 (arahan), 138.1 (Max Diesel), 139.1 (Trueffelpix), 139.2 (Johan Larson), 140 (Gina Sanders), 151 (Erwin Wodicka), 157 (begiz), 163 (Thomas Bethge), 169 (auremar), 194 (Marco2811), 204 (iconshow), 205 (iconshow), 218.1 (Kurhan), 218.2 (Jürgen Fälchle), 219 (Marco2811), 221 (Trueffelpix), 222.1 (Trueffelpix), 222.2 (gena96), 226 (fovito), 231 (Butch), 272 (Fineas), 297 (kaipity), 303 (Oliver Boehmer), 331 (photomorphic PTE), 334 (ldprod), 336 (kasto), 337 (CandyBox Images), 340 (Rawpixel), 342 (Kzenon), 345 (Photographee.eu), 352 (flairimages), 354 (michaeljung), 355 (vege), 361.1 (Erwin Wodicka), 361.2 (www.Elbe-Pictures), 362 (The Photos), 367 (Marco2811), 371 (contrastwerkstatt), 373 (illustrez-vous), 382 (contrastwerkstatt), 389 (contrastwerkstatt), 392 (pico), 395 (Lucky Dragon)
Justizministerium des Landes Nordrhein-Westfalen, Düsseldorf: S. 229.1, 229.2
mess-elektronik-groß GmbH, Woltersdorf b. Berlin: S. 91 (2x)
Pilavas & Heller Infografik/Bildungsverlag EINS GmbH, Köln: S. 138.2
Senator für Justiz und Verfassung der Freien und Hansestadt Bremen, Bremen: S. 229.3

Zeichnungen

Elisabeth Galas, Bad Breisig/Bildungsverlag EINS GmbH, Köln: S. 113

Umschlagfoto: MEV Verlag GmbH, Augsburg